国家社会科学基金重大项目"汉魏六朝集部文献集成"（13&ZD109）子课题"汉魏六朝集部文献研究"阶段性成果；

陕西师范大学优秀著作出版基金资助出版；
陕西师范大学中国语言文学世界一流学科建设经费资助出版

汉魏六朝集部文献整理与研究丛书

刘跃进 主编

汉魏六朝文学研究著作提要

上

杨晓斌

马燕鑫 杨沐晓 著

中国社会科学出版社

图书在版编目(CIP)数据

汉魏六朝文学研究著作提要:全2册/杨晓斌,马燕鑫,杨沐晓著.—北京:中国社会科学出版社,2024.3

(汉魏六朝集部文献整理与研究丛书)

ISBN 978-7-5227-3045-5

Ⅰ.①汉… Ⅱ.①杨…②马…③杨… Ⅲ.①中国文学—古典文学研究—汉代—著作—内容提要②中国文学—古典文学研究—魏晋南北朝时代—著作—内容提要 Ⅳ.①Z89:I206.2

中国国家版本馆 CIP 数据核字(2024)第 037397 号

出 版 人	赵剑英
责任编辑	宫京蕾
责任校对	王佳玉
责任印制	郝美娜

出 版	中国社会科学出版社
社 址	北京鼓楼西大街甲 158 号
邮 编	100720
网 址	http://www.csspw.cn
发 行 部	010-84083685
门 市 部	010-84029450
经 销	新华书店及其他书店

印刷装订	北京君升印刷有限公司
版 次	2024 年 3 月第 1 版
印 次	2024 年 3 月第 1 次印刷

开 本	710×1000 1/16
印 张	41.5
插 页	2
字 数	748 千字
定 价	238.00 元(全 2 册)

凡购买中国社会科学出版社图书,如有质量问题请与本社营销中心联系调换
电话:010-84083683

总　序

　　汉魏六朝，是文学观念不断进步、文学体裁竞相发展、文学理论初步成熟、文学作品大量涌现的重要时期，是唐宋文学繁荣的重要基础，也是唐代以后文学在创新性发展、创造性转化时寻找理论依据的重要源头。这个时期，图书按照四部分类的观念和方法逐渐明晰起来。其中的集部，与近代以来的文学观念相近，在魏晋以后得到长足发展。一些阀阅世家，甚至人人有集。《隋书·经籍志》中的著录，可谓洋洋大观。

　　辑录、汇编汉魏六朝时期的集部文献，明清以来成果卓著。张燮《七十二家集》、张溥《汉魏六朝百三家集》为综合性文献整理成果。清代严可均以一己之力，取广义之文，倾其半生心血，汇纂而成《全上古三代秦汉三国六朝文》。现代学者逯钦立编《先秦汉魏晋南北朝诗》，收录重点在诗。这几部大书，至今依然是研究汉魏六朝文学不可或缺的重要文献资料。然而，限于当时闻见和学术观念，这些著作在整体性、系统性等方面还存在一些不尽如人意的地方。近百年来，敦煌遗书等出土文献的面世以及域外汉籍的传入，为我们从全局视野出发，重新认识并系统整理汉魏六朝集部文献提供了新的历史契机。

　　在文献资料积累不断丰富和现代学科观念日益发展的背景下，如何运用现代科学的研究方法与学术理论，重新整理与研究汉魏六朝集部文献，确实是一个值得深入思考的问题。为此，我们应当跳出狭隘的纯文学研究路径，更广泛地关注政治文化背景；跳出中国原有的学术疆域，更密切地跟踪境外学术界的新数据、新方法、新成果；跳出理论与文献孰重孰轻的无谓纷争，在文献与理论并重的基础上，强调文本细读的重要性。在此基础上，回归传统的经典著作，回归主流的思想方法。

　　2013年度国家社科基金重大项目《汉魏六朝集部文献集成》努力践行这一理念，从五个方面开展研究：

　　第一是《文选》研究，华侨大学文学院徐华负责。核心成果是刘跃进编纂的《文选旧注辑存》。此外，还有徐华的《历代选学文献综录》、宋展云的《〈文选〉诗类题解辑考》，黄燕平的《〈文选〉应用文体叙说》，赵建成的《李善〈文选注〉引书考录》，崔洁的《〈文选〉目录标注》，马燕鑫的《〈文选〉音注辑考》，王玮的《现当代〈文选〉研究论著分类目录索引》等，充分体现出《文选》作为文学经典所蕴含的丰富内容。第二是《玉台新咏》研究，北京大学傅刚负责，主体成果是《〈玉台新咏〉校笺》。第三是先唐集部文献叙录，厦门大学胡旭负责。主要成果是《先唐总集叙录》《先唐别集叙录》和《先唐诗文评叙录》三部著作。第四是汉魏六朝文集研究综录，陕西师范大学杨晓斌负责。成果有杨晓斌的《汉魏六朝集部文献研究著作提要》，蔡丹君的《陶渊明集文献研究》等。第五是汉魏六朝文学批评文献研究，中国社会科学院文学研究所孙少华负责。主要成果有孙少华的《汉魏六朝文学纪事》，梁临川的《诗品疏证》等著作。

　　为完整体现"集成"特色，课题组已获得国家社科基金滚动经费的支持，正在组织学术团队编纂这个项目的二期工程《汉魏六朝集部文献丛刊》。这项工作具体由孙少华和刘明负责。

　　汉魏六朝集部文献，浩如烟海。我们尽可能以不同形式、不同层次向学界呈其整体面貌，相信能对汉魏六朝文学史研究有所裨益。重大课题研究，是一个系统工程，需要全体参与人员通力合作，共同提高。通过这次重大课题的集体攻关，我们试图探索出一条既有鲜明学术个性，又能呈现整体风貌的有效途径。更重要的是，通过这种合作，各位同仁取长补短，精诚合作，开阔视野，增进友情，大家都受益匪浅。希望这套丛书的出版，能有力地推进汉魏六朝文学研究的深入。对此，我们充满期待。

刘跃进

2016 年 3 月 27 日

凡　例

　　本书是对汉魏六朝作家及其作品研究著作所撰写的提要，力求以文献编排的方式，呈现整个汉魏六朝作家及其作品研究的专题（或个案）学术史。

　　本提要的撰写，遵从以下原则：

　　1. 收录研究著作的范围和时限。包括从 1900 年至 2015 年在中国（包括港澳台）正式出版的汉魏六朝作家及其作品研究的学术著作、提交的博士学位论文和博士后研究出站报告，其中也包括对汉魏六朝作家作品的整理校点类著作。发表在期刊及报纸上的论文一概不收。博士学位论文、博士后研究出站报告以专著形式出版者，按照正式出版的著作来著录、撰写提要；还未正式出版者，以博士学位论文、博士后研究出站报告的形式来著录、撰写提要。

　　2. 纲目标立及编排顺序。以汉魏六朝作家为纲标立条目；如果某作品的作者有争议者，以旧题作者为准。众作家一律按照生年时间先后排列（生年不清楚的按照卒年，生卒年都不清楚的按照生存或交往确定大致时代）。在每一个作家条目下，按照研究著作出版或学位论文提交的时间先后顺序排列。凡出版年月都相同的著作，按作者姓氏音序排列。博士学位论文排列在该年出版的研究著作之末。在某个具体作家名下，有关其生平及作品研究的重要学术著作尽量全部收罗。

　　3. 提要撰写主要内容：著录作者及著作版本信息，概述主要内容，并作简要评价。

　　4. 为避免内容的重复，内容完全相同的同一著作再次出现时不再撰写提要，仅注明"见前'某某'条"。同一著作中包含几位作家或几个研究对象时，如果内容有所侧重，则各自分别撰写提要；如果其中有部分内容相同，则相同的内容不再重复撰写提要，仅注明"余详'某某'条"，以便参见。

5. 需要特别说明：对于总集性质作品的研究著作，如汉魏六朝乐府的研究著作提要、《文选》研究著作提要，另有专书收录，故此提要中不再收录。此外，关于陶渊明的研究，"汉魏六朝集部文献整理与研究丛书"系列著作中专门有"陶渊明集文献研究"，故此提要中也不再重复收录。传统史学、子学的著作，首先是其内容本身很难彻底和文学划清界限，其次也有侧重从文学角度进行的研究，因此也酌情收录。

　　　　　　　　　　　　　　　　　　　　　　　　　杨晓斌

总目录

上　卷

下　卷

上卷目录

贾谊（前200—前168）

陶秋英《汉赋之史的研究》，昆明：中华书局1939年4月出版

本书第三篇第三章第一节论述了贾谊，内容包括：贾谊事略、作品列目、作品示例、作品略论。其中"作品略论"部分最有价值。作者认为，贾谊的忠直气质较屈原为柔和。作品方面，表情清峻哀凉；赋有说理成分，于骚赋之外开启汉赋端倪；修辞上，不重藻绘，以"情""志"胜。本书又有台北新文丰出版公司1980年2月版。浙江古籍出版社1986年6月重印时更名为《汉赋研究》。

祁玉章《贾子探微》，台北：三民书局1969年5月出版

本书共五章：一、贾子行谊，分为闻名郡中、朝廷献策、失意长沙、陈治安策、天年早夭。二、贾子年表，据《史记》《汉书》及《风俗通义》，并参照汪中《贾子年表》，重加校订。三、贾子著述考证，分真伪考、版本考、佚文考。四、贾子品评，包括经术治体、怀才不遇、悼伤凭吊，辑录了从司马迁、班固到姚鼐、袁枚，以及近代章太炎及日本宽延年间晋木敦书等名家评论，可资借鉴处较多。

王更生《贾谊学术三编》，台北：学生书局1969年12月出版

本书分序例、前编、后编、余编四个部分。序例说明著作动机及本书凡例，前编考查贾谊生平、著作存目及学术传授，后编探讨贾谊《新书》和辞赋内容并加以评论，余编考查贾谊《新书》版本。本书在搜索资料上较为细致，对贾谊的生平、思想、艺术成就及后世影响等方面有较为独到的研究。

祁玉章《贾子新书校释》，台北：中国文化出版社1974年12月出版

本书对《新书》加以句读、分段、校勘、释义，并分析了原文正误、

补脱、删衍、疑缺之处。该书首先考谬订讹，裨补缺漏，校正文辞，而后训诂名物，剖判疑滞，疏通义义。卷末附有贾子年表、篇目、版本、佚文考及旧书序跋，凡与贾谊有关之文，悉加撮录，并且对后人评论也广为搜集，分类缀辑，具有较高的文献价值。

北京维尼纶厂工人理论小组、北京对外贸易学院写作小组编《西汉初期青年法家——贾谊》，北京：北京人民出版社 1976 年 1 月出版

本书共有七节内容：一、贾谊所处的时代和他的生平。二、反对分裂割据，主张中央集权。三、主张重农抑商，发展封建经济。四、反对妥协投降，主张积极抗战。五、总结历史经验，作为巩固西汉王朝的借鉴。六、朴素的唯物论和朴素的辩证法。七、结束语。后附贾谊年表。

嘉兴地区法家著作注释小组编《贾谊晁错文选》，杭州：浙江人民出版社 1976 年 3 月出版

本书贾谊部分，首先是贾谊简介，其次是《治安策》（节选）。文前有题解，对文章的出处、时代背景、思想内容有详细的说明，并指出其现实意义。注释主要解释词义，兼作句意串讲疏通。文后有译文。

北京汽车制造厂工人理论组编写《贾谊和晁错》，北京：中华书局 1976 年 4 月出版

本书首先概述了贾谊、晁错的生活时代。第二部分专论贾谊，分别讲述了年轻有为的法家，在长沙的日子，反分裂反复辟反投降的战斗檄文《治安策》，农本思想和民本思想，贾谊留给后世的历史遗产。第三部分为晁错。四为结语。本书为普及性的知识读物。

第十七冶金建设公司、安徽劳动大学政治系评法小组编写《读贾谊的〈治安策〉和〈论积贮疏〉》，合肥：安徽人民出版社 1976 年 4 月出版

本书按原文与评论相结合的体例编排而成。首先是贾谊简介。其次为《治安策》选注及评论文章《坚持集中统一、反对分裂复辟——读〈治安策〉》。再次为《论积贮疏》注释及评论文章《发展农业生产、巩固新兴政权——读〈论积贮疏〉》。注释简明，并有译文。评论就原文的思想观点及其意义作了分析评价。

上海人民出版社编《贾谊集》，上海：上海人民出版社 1976 年 6 月出版

本书为当代第一部贾谊著作校点本，其中收录《新书》58 篇（其中两篇仅存目）、疏 7 篇、赋 5 篇。《新书》选用卢文弨抱经堂本，奏疏部分除《上都输疏》录自《通典》外，其余皆选自《汉书》。辞赋部分，《吊屈原赋》和《鵩鸟赋》据《文选》，《旱云赋》和《虡赋》据《古文苑》，《惜誓》据《楚辞集注》。每篇文章均有校勘记，吸收了前人成果的精华。书后附录佚文、贾谊传、贾谊生活时代大事年表、著录、序跋等。该书校勘虽不详尽，但精要严谨，为后来研究提供了可资依据的蓝本。

王更生《贾谊》，台北：商务印书馆 1978 年 6 月出版

本书收入"中国历代思想家"丛书第四册，是一部较为简要的传记。书中首先叙述了贾谊不平凡的际遇。其次概述了汉初这一青黄不接时代的政治、经济、国防等诸种忧患。再次较为详细地介绍了贾谊治国安邦的思想，包括道术、政治、经济、攘夷、劝学五方面。接着探讨了贾谊的师承关系，并评述了贾谊传世的作品。最后从板本、校注及其他三方面介绍了一些重要的参考用书。本书又有台湾商务印书馆 1999 年 2 月更新版，台北文史哲出版社 2013 年 7 月又将作者的另一部传记作品《陆贾》与此合并，以《中国历代思想家——陆贾、贾谊》之名出版。

吴忠烈《贾谊》，北京：中华书局 1981 年 3 月出版

本书为"中国历史小丛书"之一。全书内容共五节：一、青年入朝；二、总结历史经验；三、做长沙王的老师；四、改做梁王的老师；五、后人对贾谊的怀念。该书为普及读物，简明通俗。

于首奎《贾谊》，收入辛冠洁、丁健生、蒙登进主编《中国古代著名哲学家评传》（续编一），济南：齐鲁书社 1982 年 8 月出版

本书分为四节内容：一，简述了贾谊的生平和著作。二，阐述了贾谊的社会政治思想。三，从《道德说》《道术》《鵩鸟赋》以及衣、食、势四方面，论述了贾谊的哲学思想。四，讨论了贾谊的历史评价。

董治安《贾谊》，收入吕慧鹃、刘波、卢达编《中国历代著名文学家评传》（第一卷），济南：山东教育出版社 1983 年 5 月出版

本传主要内容有四部分：一，叙述了贾谊早期任职中央时的经历及

《过秦论》《论积贮疏》等政论文的创作。二，主要分析了贾谊谪居长沙时所写的《吊屈原赋》和《鵩鸟赋》。三，叙述了贾谊返回中央后的遭遇及其《陈政事疏》的内容。四，分析了贾谊人生悲剧的历史原因，同时概述了他的著作流存情况与文学成就。

蔡廷吉《贾谊研究》，台北：文史哲出版社 1984 年 6 月出版

本书对贾谊的著述、思想、文学进行了深入全面的研究。全书共七章：第一章为贾谊传略。第二章贾谊著述考，从《新书》的名称、篇名、真伪、版本、引经、佚文、与《汉书》关系七方面进行了考证，此外还有贾谊辞赋考一节。第三章叙述贾谊之时代背景。第四章贾谊之思想渊源，探讨了其与儒、道、法、阴阳四家思想的关系。第五章贾谊之思想体系，讨论了贾谊的哲学、政治、经济、边防、教育思想。第六章贾谊之文学成就，分析了贾谊辞赋、散文的内容、风格、修辞技巧、谋篇布局，并说明了其作品的价值与成就。第七章为结论。本书是一部较有学术价值的研究著作。

龚克昌《汉赋研究》，济南：山东文艺出版社 1984 年 9 月出版

本书《骚赋作家贾谊》篇，首先说明贾谊怀才不遇的情感特征，同时介绍了《吊屈原赋》《惜誓》《旱云赋》《鵩鸟赋》的思想内容。其次从两个方面分析了贾谊赋的艺术表现：一是继承骚体赋，二是注意对客观事物作比较细致、生动、形象的描绘。

高光复《汉魏六朝四十家赋述论》，哈尔滨：黑龙江教育出版社 1988 年 9 月出版

本书《贾谊赋》篇首先标举了贾谊与屈原在精神上的相通之处，接着分析了《吊屈原赋》《鵩鸟赋》《旱云赋》所蕴含的情感内容，最后简述了贾谊辞赋在体式上的特色，并将其定位为楚辞与汉赋的过渡者。

吴云、李春台校注《贾谊集校注》，郑州：中州古籍出版社 1989 年 5 月出版

本书收录《贾子新书》58 篇（其中两篇有目无文）、赋 5 篇。正文《新书》据卢文弨抱经堂本，并参上海人民出版社 1976 年《贾谊集》。校注部分，每篇之下第一条揭明全篇大意或写作背景，其余校注合一。注释包括释词、释事、释义，较为详细。校勘以卢校为主，并收前人成果。书后附录

一为贾谊生平大事年表，附录二为奏疏 7 篇、贾子新书佚文辑补、补遗，附录三为《新书》的版本，罗列出了南宋以来 19 种不同版本。该书增订版由天津古籍出版社于 2010 年 1 月出版，附录二增入《夏侯婴传》一文。

徐超、王洲明《贾谊文选译》，成都：巴蜀书社 1991 年 10 月出版

本书选译了《新书》中的 23 篇作品，另附《吊屈原赋》《鵩鸟赋》《旱云赋》三篇辞赋。该书注释简明，并有译文。本书修订版由凤凰出版社于 2011 年 5 月出版。

王兴国《贾谊评传》，南京：南京大学出版社 1992 年 1 月出版

本书首先对贾谊的生平事迹及著作真伪、写作年月进行了比较详尽的考辨。其次对贾谊的礼治、仁政及维护中央集权和大一统的政治思想，以及经济、哲学、伦理、教育、文艺思想进行了全面探索。最后叙述了后人对贾谊的怀念与评论。本书材料丰富，分析深入，在某种程度上是贾谊研究的总结性著作，也是研究贾谊重要的参考文献之一。

罗文宗《屈原贾谊辞赋释译》，天津：天津古籍出版社 1994 年 9 月出版

本书贾谊赋部分收录了《惜誓》《吊屈原赋》《鵩鸟赋》《旱云赋》四篇作品。每篇篇题下以一两句话点明主旨。译文多采用八、七、六言句式，句式整齐，并全部用韵，且用直译。注释简要，译文不足囊括原义时才加详释。

方向东《贾谊〈新书〉集解》，南京：河海大学出版社 1994 年 11 月出版

本书以卢文弨抱经堂本为底本，并参以吉府本、《子汇》本、王谟本。书中校释部分先校文，后注释。校文收录卢氏全部校记外，又征引诸家校勘成果。后有按语判断是非或作补充。注释部分，凡见于其他几种古籍且均有注释者，则择一家之说，基本迻录。本书校勘精详审慎，注释简明扼要，有较高的学术价值。

林家骊《新译贾长沙集》，台北：三民书局 1996 年 7 月出版

本书收录贾谊赋 4 篇、骚 1 首、疏 7 篇、论 3 篇。书中内容除正文外，

分为题解、章旨、注释、语译、析评五部分。题解说明写作缘起与全篇主旨，章旨概括每段要点，注释以释词为主，语译为白话译文。每篇篇末有析评，针对文章思想内容的特点、艺术修辞的优长之处，加以分析评论。书后附录有"贾谊年表"。

夏汉宁《贾谊文赋全译》，南昌：百花洲文艺出版社 1996 年 7 月出版

本书共收贾谊文 40 篇，赋 5 篇。每篇分段注释、翻译，其中注释部分对字词、句意加以解释疏通，较为详明。书后附录《贾谊评传》《贾谊年表》《贾谊研究资料选》。

王洲明、徐超《贾谊集校注》，北京：人民文学出版社 1996 年 11 月出版

本书分为三编，甲编为《新书》，以卢文弨抱经堂本为底本，乙编为赋，丙编为奏疏、《惜誓》及佚文。正文为求可解，偶有改动旧文之处。每篇分段注释，释词为主，间有串讲。注文第一条对全篇内容或相关问题加以简要说明，相当于题解。每篇末有校勘记，辑录了前人较有价值的版本资料和校勘意见。书后附录贾谊传、贾谊年谱、著录、序跋、评述。该书是一部较为翔实的贾谊文集注本。

饶东原《新译〈新书〉读本》，台北：三民书局 1998 年 5 月出版

本书对《新书》加以注译，每篇篇题下有"题旨"，简要介绍全篇中心意旨，每段并有"章旨"，概括其大意。"注释"以释词为主，也有校勘。"语译"为白话翻译。书后附录贾谊赋 5 篇（并加注译）、疏 7 篇。

方向东《贾谊集汇校集解》，南京：河海大学出版社 2000 年 6 月出版

本书第一部分（同时也是主要部分）为作者《贾谊〈新书〉集解》（见上）。此外，第二部分为增入的贾谊赋，并依照前书体例作了校勘注释。第三部分为附录，收录贾谊疏七篇及《惜誓》一篇，均白文无注。第四部分为佚文。第五部分为研究资料，包括贾谊传、贾谊年谱、著录、序跋、评述、贾谊材料考。以上附录部分、佚文、研究资料（"贾谊材料考"除外）均采自王洲明、徐超《贾谊集校注》一书。

阎振益、钟夏《新书校注》，北京：中华书局 2000 年 7 月出版

本书为新编诸子集成之一。全书十卷，以明正德十年吉府本为底本，并

参校他本，加以校勘。注释采取集解体例，征引前人研究成果，有考辨或补充之处出以案语。书后附录《新书》未收文赋及佚文、贾谊传、著录、序跋、集评、资料等。全书校勘精审，内容全面，是一部较为完整的贾谊著作及资料汇编。

于智荣《贾谊〈新书〉译注》，哈尔滨：黑龙江人民出版社 2003 年 1 月出版

本书将贾谊《新书》现存 56 篇文章加以译注。注释部分校注合一，同时每篇文题加注，简要概括其主旨，词语注释简洁通俗。译文部分以直译为主，间或采用意译。

汪耀明《贾谊和西汉文学》，上海：复旦大学出版社 2003 年 2 月出版

本书结合西汉文学背景及散文、辞赋的发展情况，比较客观系统地论述了贾谊的生平及其著作，评价了其政治主张在西汉政治、经济方面的积极作用。然后分析了贾谊散文与辞赋的思想内容和艺术特点，肯定了其文学作品在西汉文学方面的开创意义。同时探讨了贾谊与西汉散文创作、辞赋创作的密切关系，以及他对西汉文学思想的价值和意义，最后指出他对后世文学的影响。该书是一部对贾谊及其作品研究较为全面深入的著作。

唐雄山《贾谊礼治思想研究》，广州：中山大学出版社 2005 年 9 月出版

本书探讨了贾谊具有核心意义的礼治思想。第一章提出了礼治是贾谊的理想政治。第二章考察贾谊论"礼"与"道"。第三、四章论述了"礼"与贾谊民本论、君臣观的关系。第五章论述了"礼"与汉初主要政治与社会问题的解决。第六章考察贾谊论"礼"与"法"。第七章讨论实现礼治的根本保障是教育太子。最后分析了贾谊礼治思想的内在逻辑与历史地位。

梁安和《贾谊思想研究》，西安：三秦出版社 2007 年 7 月出版

本书内容共九章。第一章从汉初社会状况入手，介绍了贾谊思想形成的社会历史背景。第二章分析了贾谊思想形成的理论基础。第三章讨论了贾谊入仕前的思想，包括认识论、本体论和伦理思想。第四章至第八章分别就贾谊的礼治思想及社会历史观、民本思想和农本思想、对自然社会人生的重新思考、割地定制与定经制的思想、大一统的民族思想及教育思想等作了论

述。第九章将贾谊与陆贾、晁错进行了比较研究。

熊永祥《贾谊文化品格研究》，扬州：博士学位论文，扬州大学，
2007 年

本论文创新点体现在：一是将历代贾谊研究分为三个时期：汉朝—五代
时期，宋朝—清朝时期，近现代—当代时期。二是对贾谊的文化品格进行系
统论述。本论文认为贾谊的文化品格主要包括五个方面的内容，即深刻的历
史反思和现实批判精神，强烈的经世变革意识，坚贞的忠君爱国理想，深厚
的爱民情怀，不断超越的求索精神。这些文化品格在其作品中得到充分表
现。在讨论贾谊对后代文人的影响时，本文提出"贾生意象"这一概念，
并对之进行考察和论述。最后从湖湘文化的特质及其文化精英的人生实践两
个方面考论贾谊文化品格的影响。

吴松庚《贾谊》，长沙：岳麓书社 2008 年 4 月出版

本书为传记。第一章至第四章将贾谊一生分为四个阶段，分别就其早
年、初仕、长沙王太傅、梁怀王太傅时期的经历与创作加以论述。第五章分
析了贾谊的政治、国防、教育、哲学等思想。第六章介绍了《新书》整理
出版等传播情况，并对近五十年来大陆与台湾的贾谊研究情形作了概述。第
七章"名流与贾谊"评述了毛泽东、王安石、杜甫、苏轼与贾谊的关系。
第八章考查了贾谊故居自西汉至今的历史变迁。

乔向春《贾谊〈新书〉思想研究》，北京：博士学位论文，北京师范大
学，2009 年

本论文首先简述了贾谊及其《新书》思想研究的状况。其次从"道的
观念"和"德的观念"分析了《新书》的基本哲学思想。再次，对《新
书》的世界、本质、整体、整体与人自身关系、人自身成就等基本哲学思
维作了概括。然后研究了《新书》的社会政治思想，包括社会秩序思想的
基本观念、君主观念、民众观念。最后论述了《新书》中的社会文明与教
化思想。

陈司直《贾谊〈新书〉思想探究》，台北：花木兰文化出版社 2010 年 9
月出版

本书比较系统地研究了贾谊《新书》的思想。首先绪论部分介绍了贾

谊生平及《新书》，并说明了研究方法与章节结构。第二章哲学思想讨论了道德论、天论、人性论。第三章至第六章分别从政治思想、社会思想、经济思想、匈奴政策四方面分析了相应的时代状况与贾谊的相关主张。第七章为结论。本书着重从贾谊《新书》思想与时代环境之间的关系角度来进行探讨，这是其研究方法上的一个特点。

彭昊、赵勖校点《贾谊集·贾太傅新书》，长沙：岳麓书社 2010 年 11 月出版

本书是贾谊作品的校点整理本，为"湖湘文库"中的一种。全书收录了贾谊《新书》、疏、赋等文章。作品辑录依照上海人民出版社 1976 年版《贾谊集》一书。全书内容仅作校勘，无注释。书后附录影印明正德滇省刊本何孟春订注《贾太傅新书》十卷。

李春云《两宋贾谊接受史研究》，杭州：博士学位论文，浙江大学，2010 年

本论文第一章论述了两宋贾谊接受的政治文化渊源，以及两宋对贾谊思想接受的方面（包括救济天下的政治情怀、不畏权贵的批判精神、礼重大臣的政治思想、老庄自适的心理模式）。第二、三章考察了两宋散文、辞赋对贾谊散文、辞赋的接受和发展，描述了两宋文学对贾谊接受的共同性。第四章为个案研究，分析了欧阳修、苏洵、苏轼、李纲对贾谊的接受和新变，指出了各个具体审美主体对贾谊接受呈现的差异性。附录有《浅论贾谊不遇之历史必然》和《从接受史论贾谊〈鵩鸟赋〉》两篇文章。

徐丽霞《贾谊晁错政论思想比较研究》，台北：花木兰文化出版社 2012 年 9 月出版

本书内容共有四部分：前论部分为绪论与贾谊、晁错思想概述。本论部分分别就贾谊、晁错的藩国、经济、边防等政论思想进行了分析比较研究。余论部分考察了贾谊、晁错政论思想的影响，此外为总论。作者认为贾谊、晁错的政论思想因政局环境的需要而生，均为汉初无为政治的反动，并为汉武帝大一统事业扫除了障碍。二人不同之处在于贾谊儒主法辅，为理想派改革家；晁错法主儒辅，为实务派改革家。附录部分有"近人贾谊晁错研究论文一览表"。

　　闫利春《贾谊"道"论研究》，武汉：博士学位论文，武汉大学，
2012 年

　　本论文以贾谊"道"论为中心，阐释了其基本的哲学内涵及其在政治、
礼治、文学等方面的具体表现。文章首先分析贾谊的"道"论是以"道德"
为根本的。贾谊认为"道"有本末之分，本是"虚"，末是"术"，本末皆
道。同时贾谊在讨论"道虚"的基础上，引进"德"的概念，并借"德有
六理"与"德有六美"两个命题来说明"道"在天地间的扭转、运作方式。
而且他用"以六为法"将他的"道德"论贯穿起来。其次论述了贾谊"道
德"在其政治哲学、礼治思想以及生命实践和文学创作中的具体表现。

枚乘（？—前 140）

陶秋英《汉赋之史的研究》，昆明：中华书局 1939 年 4 月出版

本书第三篇第三章第二节论述了枚乘，内容包括：枚乘事略、作品列目、作品示例、作品略论。其中作品略论部分最有价值。作者认为，枚乘赋的特点，一是以雄健欢愉变革了骚赋的悲怨；二是在赋里尽量写事写物；三是第一个追踪荀卿用主客问答方式，对汉赋影响甚巨；四是确立七体。本书又有台北新文丰出版公司 1980 年 2 月版。浙江古籍出版社 1986 年 6 月重印时更名为《汉赋研究》。

费振刚《枚乘》，收入吕慧鹃、刘波、卢达编《中国历代著名文学家评传》（第一卷），济南：山东教育出版社 1983 年 5 月出版

本传首先结合汉初的历史背景简述了枚乘的生平，然后说明他作品中所蕴含的进步的思想倾向和鲜明的时代特点。其次，以《七发》为重点，介绍了其主要内容、文学史上的地位及其在铺叙夸张与结构上的艺术特色。

龚克昌《汉赋研究》，济南：山东文艺出版社 1984 年 9 月出版

本书中《散赋作家枚乘》篇共有两大部分。首先分三层阐释了《七发》的思想内容，指出枚乘该篇既是对诸侯王疾病的诊治，也是对诸侯王精神上、思想上、政治上疾病的治疗。其次揭示了《七发》由骚赋向大赋发展的过渡性质的艺术特点，表现在韵散结合、篇幅渐长、虚构夸张的笔墨、精细的叙事和描绘等方面。

高光复《汉魏六朝四十家赋述论》，哈尔滨：黑龙江教育出版社 1988 年 9 月出版

本书《枚乘赋》篇首先简述了西汉初期的政治环境，然后重点对《七

发》从题旨和表现两方面作了分析，其次探讨了枚乘能够写出《七发》在环境和个人条件方面的原因，最后说明了《七发》在辞赋史上的地位和意义。

涂元恒《汉赋名家选集——枚乘、司马相如、扬雄》，台北：汉湘文化事业公司 2001 年 8 月出版

本书枚乘部分选录《七发》，文前有"作者小传"，简介作者生平与创作情况。其次为"导读"，主要说明时代背景，同时对文章内容主旨作简要归纳。正文分段，每段之后对该段的思想内容和意义加以较为详细的评述。文后"赏析"部分，对文章结构、文学手法、思想艺术加以分析，并说明其文体价值与文学史意义。最后指出其不足。

晁错（前 200？—前 154）

北京卫戍区某部六连理论小组编写《晁错及其著作》，北京：中华书局1975 年 7 月出版

本书分为三部分内容：第一部分评晁错，对晁错的治国思想、经济思想、军事思想进行了分析评论，同时对晁错之死也作了评析。第二部分晁错的著作，收录晁错策疏 8 篇，另有"杂篇"，辑录佚文 13 条。文中注释比较简略，每篇附有译文。第三部分晁错生平及有关问题的资料，分为晁错生平、削藩、抗击匈奴、发展农业生产四方面内容，分别从《史记》《汉书》中摘选了相关资料。本书是一部材料丰富的晁错集整理著作。

《法家著作选读》编辑组编《晁错著作选注》，北京：北京人民出版社1975 年 9 月出版

本书首先为晁错简介，其次为《言兵事疏》《守边劝农疏》《论贵粟疏》三文。篇题下有"作品说明"对作品出处、时代背景、思想内容有详细说明。注释以释词为主，比较简明。篇后有译文。

天津市南开区法家著作注释小组编《晁错文选》，天津：天津人民出版社 1976 年 1 月出版

本书选收晁错《守边备塞疏》和《论贵粟疏》两文。篇题下"说明"对文章的出处、时代背景、内容主旨有较为详细的说明。注释部分兼有释词和句意串讲，并对原文观点有所评判。篇后有译文。

武威地区、甘肃师范大学注释组编选《晁错著作选注》，兰州：甘肃人民出版社 1976 年 2 月出版

本书选录晁错四篇文章，分别是《言兵事疏》《言守边备塞疏》《论贵

粟疏》《削藩》。每篇题下有"说明"对文章内容加以归纳说明，并对其思想有所分析评判。注释部分以释词为主，每篇之后为译文。

嘉兴地区法家著作注释小组编选《贾谊晁错文选》，杭州：浙江人民出版社 1976 年 3 月出版

本书晁错部分，首先是晁错简介，其次是《守边劝农疏》《论贵粟疏》。文前有题解，对文章的出处、时代背景、思想内容有详细的说明，并指出其现实意义。注释主要解释词义，兼作句意串讲疏通。篇后有译文。

北京汽车制造厂工人理论组编《贾谊和晁错》，北京：中华书局 1976 年 4 月出版

本书首先概述了贾谊、晁错生活的时代。第二部分为贾谊。第三部分晁错，分别讲述了晁错申商之学、以法治国，抗击匈奴的军事路线，重农抑商的经济政策，阐述法家政治路线的举贤良对策，削藩政策，评价。第四部分为结语。本书为普及性知识读物。

上海人民出版社编《晁错传注》，上海：上海人民出版社 1976 年 5 月出版

本书首先是《晁错反复辟的斗争》和《晁错抗击匈奴的战略思想》两文。其次为《晁错传》，注释部分包括简单的校勘、名词术语的解释、词汇的训释、句意的串讲。

《晁错集注释》组注《晁错集注释》，上海：上海人民出版社 1976 年 6 月出版

本书共收晁错奏疏 8 篇，另佚文 10 条。每篇题下有"说明"，归纳文章内容要点、写作背景及对其主张观点的评价。注释部分以释词和句意串讲为主，同时也较为详细地解释了一些重要的术语，并在句意串讲后对其思想言论加以评判。除评价部分有浓厚的时代特征外，注释部分精详明白，富有参考价值。书后附录《晁错传》和"刘知几、李贽、王夫之论晁错"。

费振刚、宗明华《晁错》，收入吕慧鹃、刘波、卢达编《中国历代著名文学家评传》（续编一），济南：山东教育出版社 1989 年 12 月出版

本传主要内容有三部分：首先叙述了晁错在政治上的经历和政见。其次

以晁错现存的《上言兵事疏》《守边劝农疏》《论贵粟疏》为中心，阐述了晁错的政治思想及对重大社会问题的见解和措施。第三部分从文学角度，分析了晁错政论文在笔力风格、表现手法、语言运用上的艺术特色。

刘玉娥《晁错传》，郑州：中州古籍出版社 1993 年 12 月出版

本书共有九章：一、青少年时代；二、东宫智囊；三、抗击匈奴；四、重农贵粟；五、贤良对策；六、议削诸侯；七、峭直刻深、结怨大臣；八、善谋国而不善谋身；九、为国远虑、祸反及身。附记"晁错墓及其它"考证了晁错墓址所在。附录为"鲁迅论贾谊晁错"。全书按照年代顺序对晁错政治主张作了较为详明深入的分析阐释，具有较高的学术价值。

徐丽霞《贾谊晁错政论思想比较研究》，台北：花木兰文化出版社 2012 年 9 月出版

见前"贾谊"条。

董仲舒（前 179—前 104）

中法汉学研究所编写《〈春秋繁露〉通检》，北平：中法汉学研究所 1944 年 1 月出版

本书为中法汉学研究所通检丛刊之四。该书以抱经堂本为底本，将《春秋繁露》分条编成检索，条目按笔画顺序排列，并有法文拼音检字、英文拼音检字、各板卷叶推算法。本书对于检索原文极为便利。该书又有上海古籍出版社 1986 年 8 月影印版，附四角号码检字。

周辅成《论董仲舒思想》，上海：上海人民出版社 1961 年 9 月出版

本书共三章。第一章论述了董仲舒思想的来源。第二章分析董仲舒的政治理论，包括君主与天、礼的精神与实现。第三章阐述董仲舒的世界观，包括天志、元气与阴阳五行、气与心、认识论、道德论等。作者认为董仲舒建立了一套完整的封建制度理论体系，但它具有积极与反动两重性，因此仍将董仲舒列为反动、唯心主义的代表人物。

林丽雪《董仲舒》，台北：商务印书馆 1978 年 6 月出版

本书收入"中国历代思想家"丛书第四册。该传内容分七节：第一节为生平事略；第二节为时代背景，包括政治思想、社会风气、学术潮流；第三节论述了天人哲学的基础和方法；第四节分析了天人哲学的人性论、伦理学与养生法；第五节讨论了天人哲学的正名说与历史观；第六节阐释了天人哲学的政治教育观与社会经济观；第七节为结论。该书台湾商务印书馆于 1999 年 2 月有更新版。

于首奎《董仲舒》，收入辛冠洁、丁健生、蒙登进主编《中国古代著名哲学家评传》（第二卷），济南：齐鲁书社 1980 年 11 月出版

本书分为四节内容：一，简述了董仲舒的生平和著作。二，分析了董仲

舒的社会政治思想。三，探讨了董仲舒的神学唯心主义哲学体系，包括天人感应的神学目的论、"天不变，道亦不变"的形而上学思想、"名各顺于天"的神秘主义先验论、唯心主义的人性论、三纲五常的道德观。四是对董仲舒的历史评价。

王孺松《董仲舒天道观》，台北：教育文物出版社 1985 年 4 月出版

本书共三章。第一章天道观之源流，首先分析了"天"的不同含义，接着探讨了天道观的演变，然后考察了先秦诸子的天道观。第二章天人合一论，从天意、天志、天性、天道等十七个方面分述了董子天道观的特色。第三章总论，简述了秦朝学术思想概况、儒家与汉朝发展之经过，并依其著作，对董子天道论的渊源、天人合一学说进行了凸显本旨、考辨流别的论述。

杨鹤皋《董仲舒的法律思想》，北京：群众出版社 1985 年 5 月出版

本书评述了董仲舒的法律思想，分为八节内容：一、儒家春秋公羊学派的大师，二、维护皇权的《春秋》法统说，三、"受命于天"的"君权神授"论，四、维护封建等级制的"三纲五常"论，五、"阳德阴刑"的"德主刑辅"论，六、犯罪根源与预防犯罪论，七、《春秋》决狱与"原心论罪"说，八、董仲舒的历史评价。

韦政通《董仲舒》，台北：东大图书公司 1986 年 7 月出版

本书共十章。第一章至第三章分别为生平与著作、董仲舒与先秦各家、董仲舒的"《春秋》学"，指明了董仲舒的思想资源、学术基础和智性发展的线索。第四章至第八章分别论述了董仲舒天人感应的理论结构、人性论、伦理思想、政治思想、历史思想，对其思想作了系统整理。第九章讨论尊儒运动的背景、真相及影响。第十章分析董仲舒处理儒家与专制关系的理论。

河北省社会科学院、河北省哲学社会科学联合会编《董仲舒哲学思想研究》，石家庄：河北人民出版社 1987 年 12 月出版

本书为全国首次董仲舒哲学思想讨论会论文集，共收录论文 21 篇，另有附录一篇。全书大致可分为四方面内容：一、董仲舒哲学思想的历史地位问题。二、董仲舒哲学的性质，包括是否属于唯心主义、神学目的论、天人感应论、认识论、发展观、人性等问题。三、董仲舒哲学与自然科学的关

系。这是一个比较有突出色彩的论题。四、研究董仲舒哲学思想的方法论。本论文集从多方面反映出董仲舒研究所取得的新突破。

周桂钿《董学探微》，北京：北京师范大学出版社 1989 年 1 月出版

本书对董仲舒的学说思想进行了较为详细的考察和分析。全书共十四章。第一章董仲舒考，对其生卒年、对策之年、任相、故里等作了考证。第二至十三章分别就宇宙论、人性论、仁义论、义利论、贤庶论、德才论、贵志论、名讳论、辞指论、常变论、中和论、大一统论等内容作了论述。最后是总评，对董学与社会现实和思想现实的关系，以及董学在后世的影响作了评述。本书后收入《周桂钿文集·秦汉思想研究》，福建教育出版社 2015年 1 月出版。

华友根《董仲舒思想研究》，上海：上海社会科学院出版社 1992 年 3月出版

本书运用马克思主义的立场、观点、方法，以求客观地、实事求是地对待董仲舒和全面系统地探讨他的思想及其在中国历史上的地位。全书共七章。第一章从政治经济和思想学术两方面说明董仲舒的思想是时代的产物。第二章探讨了董仲舒"天"的理论、阴阳五行、大一统、三纲五常、历史观等方面的思想渊源。第三章至第五章分别论述了董仲舒的哲学思想、政治法律思想、社会经济思想。第六章分析了董仲舒重视历史和"爱及四夷"的历史思想与民族思想。第七章论述了董仲舒与今文经学的关系。附录有董仲舒年表、董仲舒年表中有关年代考释、董仲舒主要著作说明。

黄朴民《董仲舒与新儒学》，台北：文津出版社 1992 年 7 月出版

本书共七章。第一章论述周秦汉初学术思想的对峙、交流与董仲舒学说的形成。第二章董仲舒新儒学的多元结构，论述了《春秋繁露》的真伪、体例、内容分类，并阐释了董仲舒新儒学理论框架的多元特征及其政治思想的兼容特色。第三章董仲舒新儒学支柱：天人合一论，辨析了天人合一与早期天人感应说之间的联系和区别，指出二者之间存在"体""用"关系。第四章分析了董仲舒新儒学的经、权、平衡理论。第五章论述了董仲舒新儒学的社会政治思想，认为其既有孟学色彩浓厚的仁义说，又有荀学影响下的礼义观，具有双重性特点。第六章讨论了《白虎通义》对董仲舒新儒学的继承和发展。第七章为董仲舒新儒学的困境及其反思。

傅新友《董仲舒的传说及其它》，石家庄：花山文艺出版社 1994 年 2 月出版

本书"董仲舒的传说"部分，是作者根据民间传说和史事，用历史再现与艺术表现手法加工而成，属于文艺性质之作，可增广异闻。

周桂钿《董仲舒评传——独尊儒术奠定汉魂》，南宁：广西教育出版社 1995 年 1 月出版

本书内容分为十节：一，介绍其生平。二，论述天人感应的理论与时代需求。三，独尊儒术的原因与方法及其功过。四，调均制度的建议与意义。五，人性论。六，义利旧说与新证。七，论述董仲舒的教育思想。八，《春秋》大义与《春秋》学。九，处世道理。十，后世评价。本书后收入《周桂钿文集·秦汉思想研究》，福建教育出版社 2015 年 1 月出版。

王永祥《董仲舒评传》，南京：南京大学出版社 1995 年 9 月出版

本书从董仲舒所处的时代入手，简述了董仲舒治经著述、出仕践儒、构建封建理论大厦的一生，重点评述了其改铸的新儒学体系，包括：自然神论的宇宙观，"天人感应"的目的论，"变而有常"的天道观，辨物理、发天意的认识论，待教而善的人性论，以三纲五常为核心的封建伦理思想，应天改制和应人制礼的进化历史观，取法于天的王道论，独尊儒学的大一统论，继乱世必须"更化"的改革思想，从而明确了董仲舒在中国历史和学术思想史上的地位。本书突破了以往将董仲舒视为反动思想家的旧套，重新树立了其进步思想家的形象。

周桂钿、吴锋《董仲舒》，长春：吉林文史出版社 1997 年 2 月出版

本书按照时间顺序，对董仲舒一生的仕宦、学术、思想及对后世的影响作了深入浅出的叙述，是一部集学术性与可读性为一体的传记。

曾振宇、范学辉《天人衡中——〈春秋繁露〉与中国文化》，开封：河南大学出版社 1998 年 8 月出版

本书阐述了《春秋繁露》与中国文化的关系，全书内容有十节。第一节为董仲舒传略和《春秋繁露》考索。第二至十节分别论述了《春秋繁露》与中国古代气文化、传统天信仰、古代人性学说、传统伦理价值观、君道观、臣道观、"德主刑辅"教化学说、大一统思想、传统经学的思想关系，

由此说明《春秋繁露》在中国文化史上的重要地位。

黄朴民《天人合一——董仲舒与汉代儒学思潮》，长沙：岳麓书社1999年3月出版

本书是在作者博士学位论文《董仲舒与新儒学》（山东大学1988年）的基础上增订而成。全书内容首先为绪论，第一、二章阐述董仲舒学说形成的文化背景。第三章为董仲舒其人与《春秋繁露》。第四章董仲舒儒学的多元结构。第五章天人感应与天人合一。第六章董仲舒儒学的"经权""平衡"观。第七章董仲舒社会政治思想及其特色。第八、九章儒学思潮与汉代政治和军事。第十章《白虎通义》对董仲舒儒学的继承和发展。第十一章董仲舒儒学的困境与儒林异化。第十二章东汉中后期对儒学的反思律动。本书又有岳麓书社2013年6月版，改题《天人合一——董仲舒与两汉儒学思潮研究》。

李金松《董仲舒》，深圳：海天出版社1999年10月出版

本书介绍了董仲舒的生平和思想，共有八节内容，分别为求学四方、专心学问、殿堂对策、江都王相、飞来横祸、晚年岁月、董仲舒的儒学思想（包括大一统、阴阳五行、天人感应、性三品说、三纲五常、仁义论、常变经权论）、结束语。该书简明扼要，既有学术性，也有趣味性。

马勇《旷世大儒——董仲舒》，石家庄：河北人民出版社2000年7月出版

本书共十章。第一章模糊的少年时代与家世。第二章儒术独尊：初登政治舞台。第三章谠言访对：为世纯儒。第四章帝国的梦想，论述了大一统思想。第五章究天人之际，论述天人感应的理论与实践。第六章通古今之变，论述董仲舒《春秋》公羊学的内容与特质。第七章构造中国传统社会发展模式，讨论了董仲舒在传统政治模式建构中的贡献。第八章白衣三公与相国悲剧。第九章一代儒宗与万世师表。第十章正统思想家的历史定位。最后是"董仲舒年谱简编"。该书（香港）中华书局2001年有简编本。中国社会出版社2010年2月依照河北人民出版社版再版，改题《董仲舒评传》。东方出版社2015年6月又据初版出版，题为《帝国设计师——董仲舒传》。

张鸣岐《董仲舒教育思想研究》，北京：人民教育出版社 2000 年 7 月出版

本书共五章。第一章介绍董仲舒的生平及其修学与教育活动。第二章论述了董仲舒教育政策思想及其实施。第三章探讨董仲舒的人性论与教育的作用及其政治意义。第四章分析了关于纲常的道德教育及其教育原则方法。第五章探讨了董仲舒论教学与教师。由此对董仲舒在中国教育发展史上的地位和影响进行了较为全面的论述和评析。附录有《董子祠堂记》《董子书院记》《董仲舒事略及时事年表》。

赖美琴《韩非与董仲舒政治哲学研究》，广州：广东人民出版社 2000 年 12 月出版

本书共九章。第一章为绪论。第二章韩非与董仲舒政治哲学的形成。第三章从人性角度分析了韩董政治哲学的基础。第四章比较了二人崇今与尚古的不同历史观。第五章比较了二人尚力与崇天的不同天人观。第六章从人际观角度考察了二者的政治价值观。第七章论述了二人的统治术。第八章分析了二人思维方式上排异与趋同的差异及其君权至上的共同旨趣。第九章论述了二人政治哲学的历史地位和影响。

邓红《董仲舒的春秋公羊学》，北京：中国工人出版社 2001 年 3 月出版

本书分为两编。前编有四篇文章，分别为"《春秋繁露》所引《春秋公羊传》之综合研究""关于董仲舒的两个《春秋》公羊学""董仲舒《春秋》公羊学中的三段式推论""日本的董仲舒研究"。下编有两篇文章，分别为"《春秋繁露》所引《春秋公羊传》诠释比义""《春秋繁露》所引《春秋公羊传》索引"。

戴莹《董仲舒对各家思想的吸收和改造》，北京：博士学位论文，北京大学，2001 年

本论文共五章。第一章董仲舒与先秦儒家思想，包括义利观、仁义说、人的本性、礼治、养生思想等。第二章论述董仲舒传授《春秋》公羊经学的情况及其与谶纬的关系。第三章董仲舒对黄老之学的吸收与改造。第四章董仲舒对阴阳五行说的吸收发挥及其具体实践。第五章董仲舒对其他诸子百家思想的兼收并蓄，包括《墨子》《管子》《韩非子》《淮南子》。附录有董仲舒交游考、《春秋繁露》真伪问题研究、《春秋繁露》版本考。

袁长江等校注《董仲舒集》，北京：学苑出版社 2003 年 7 月出版

本书收录了现存董仲舒的所有著作，包括《士不遇赋》《天人三策》《春秋繁露》《春秋决事》《董仲舒〈公羊〉治狱》以及严可均《全汉文》所辑董仲舒的作品。书中分为原文和注释两部分，注释部分释词、释事、释典，较为简明。附录有四部分：一、《汉书·五行志》和《食货志》所引董仲舒说。二、《史记》《汉书》中的《董仲舒传》。三、历代著录序跋。四、苏舆《春秋繁露·董子年表》。该书是目前收录董仲舒作品最全的集子，具有较大的参考价值。

魏文华《董仲舒传》，北京：新华出版社 2003 年 8 月出版

本书较为详细地叙述了董仲舒的生平、故里、仕宦、著作、后代、哲学思想等内容，同时辑录了有关董仲舒的诗文，并介绍了董子祠、墓和书院的情况。书后附录董仲舒年谱。本书偏重资料性。

余治平《唯天为大——建基于信念本体的董仲舒哲学研究》，北京：商务印书馆 2003 年 12 月出版

本书以"天"为核心观念，分三部分探究了董仲舒的哲学。第一部分，天如何能够成为人心信念本体，阐释了董仲舒哲学产生的时代和学术原因，以及作为儒家信念本体的"天"。第二部分，作为信念本体之天的哲学建构，探讨了阴阳五行的哲学提升、性情形上地位的最初确立、感应思想。第三部分，天道信念向生活世界与历史哲学的渗透，论述了天人相与之际的伦常世界、终始转移的历史哲学观念、帝国政治哲学与圣王行动指南。余论为董仲舒与《春秋》公羊之学、董学的圣王之合与新儒学批评、董仲舒思想对重构中国哲学的启示。

魏文华《董仲舒珍闻》，北京：中国青年出版社 2006 年 6 月出版

本书是一部关于董仲舒的生平、故里、思想、后世等内容的故事集，由作者新搜集的一些董仲舒故事和《儒学大师董仲舒》《董仲舒传》两书中的相关故事修改合并而成。本书通俗易懂，为普及性读物。

王淑蕙《董仲舒〈春秋〉解经方法探究》，台北：花木兰文化出版社 2007 年 3 月出版

本书旨在还原董仲舒春秋经、公羊传的传承问题。全书七章。一，导

论。二，资料检别。三，董仲舒《春秋》解经方法，主要说明董氏解经的形成与师说、当时解经方式的大略差异，并论述了董氏的解经方法。四、五两章，董仲舒《春秋》解经的效果，分类探讨了"合而通之""缘而求之"，与"偶其类、览其绪、屠其赘"的解经方法，并分析了灾异解经的类别。六，董仲舒《春秋》解经效果检讨，包括内部解经的一致性、合理性、师承观念薄弱。七，结论，说明董仲舒《春秋》解经的特色，并对研究方法作了反省。

刘国民《董仲舒的经学诠释及天的哲学》，北京：中国社会科学出版社2007年8月出版

本书共五章。第一章叙述了董仲舒的时代及人生形态，并将对策的年代作了考辨。第二章董仲舒对《春秋》《公羊传》的诠释，借用诠释学理论，分析了董仲舒诠释《春秋》《公羊传》的目的、根据、方法及其对《春秋》灾异的诠释。第三章董仲舒的人道思想，论述了董仲舒的三纲五常之说，对孟子、荀子人性论的诠释及董仲舒的德治思想。第四章董仲舒天的哲学，对董仲舒哲学思想中天、天道及其与人道之关系进行了阐释。第五章董仲舒的哲学思想对文学的影响，分别从奉天、征圣、宗经的文之枢纽，天人合一的境界，"《诗》无达诂"的解释理论，"微言大义"的书法四个方面作了论述。

张实龙《董仲舒学说内在理路探析》，杭州：浙江大学出版社2007年12月出版

本书是在作者博士论文《董学新论》（浙江大学2001年）基础上增订而成。全书内容分上中下三篇，分别为董学之"意"、董学之"象"、董学之"言"。作者从人的"本心"出发，以《周易》思维来观照董子学说，按意、象、言三方面来探析董学内在理路，认为社会政治学为董学之"意"，天论为董学之"象"，《春秋》学为董学之"言"。本书视角独特，较有新意。

邓红《董仲舒思想研究》，台北：文津出版社2008年6月出版

本书主要内容有五部分。绪论介绍了董仲舒的生平、著作、时代及本书的构造和内容。"天道篇"论述天思想的发展过程、天神天道天命、人道、天人合一。"阴阳五行篇"论述阴阳五行说的起源及其媒体机能、阴阳、五行、阴阳五行合论。"代后记"比较了董仲舒与宋学的关系。附录部分为

"董仲舒思想与黄老之学""日本中国学界有关《春秋繁露》伪篇问题的论争"。

马国华《孔子与董仲舒伦理思想比较研究》，福州：博士学位论文，福建师范大学，2008 年

本论文运用马克思主义、马斯洛人本主义心理学和大小传统等理论，从思想与社会互动的角度，将孔子与董仲舒的伦理思想放在周秦汉社会变迁的大背景下进行了比较研究。全文内容分为六章，一、绪论。二、从宗族本位与皇权本位的不同入手，比较了孔子与董仲舒伦理思想的社会背景。三、由"仁"与"天"的不同，对孔子与董仲舒伦理价值本源预设作了比较。第四至六章依次对孔子与董仲舒的人性论、义利观、人伦思想作了分析比较。

聂春华《董仲舒美学思想研究》，武汉：博士学位论文，武汉大学，2008 年

本论文第一章论述了董仲舒思想的核心"天人感应论"的内容和性质，并指出其与政治的紧密关系。第二章分析了董仲舒的自然美思想，包括比德思想、中和美思想及其隐喻思维。第三章从社会美论的角度，探讨了董仲舒的礼论、乐论以及二者与权力的关系。第四章阐释了董仲舒的经学诠释理论，认为他关于《春秋》辞与指的研究对中国美学隐显论产生了重要影响。同时"诗无达诂"对后世的诗学与美学影响很大，奠定了中国古代诠释美学的品格。

张文英《董仲舒政治哲学研究》，长春：博士学位论文，吉林大学，2008 年

本论文内容有五章。第一章论述了董仲舒政治哲学的时代背景及思想渊源。第二章从"唯天为大"和"天人感应"两方面论述了董仲舒政治哲学的理论前提，即天人合一。第三章董仲舒政治哲学的人性论基础，分析了董仲舒的性三品说与王道教化。第四章循天而治：社会政治生活与普遍法则的统一，分别就大一统的价值取向、德主刑辅的治国理念、三纲五常的伦理原则作了论述。第五章对董仲舒政治哲学的评价，论述了董仲舒对先秦儒家政治哲学的转变与继承，并分析了董仲舒政治哲学的逻辑缺陷及其经学谶纬化的历史境遇。

黄国祯《董仲舒〈春秋繁露〉与纬书〈春秋纬〉之关系研究》，台北：花木兰文化出版社 2009 年 3 月出版

本书共七章：第一章绪论，第二章董仲舒其人其书。第三章纬书与《春秋纬》，说明二者的思想内涵。第四章《春秋繁露》与《春秋纬》中的异文现象，通过比较分析，论证了两者在思想内容上的相承关系。第五章从《春秋繁露》与《春秋纬》看古代天人感应观，论述了天人感应的发展过程，为两书的天人感应思想求得明确的立足点。第六章《春秋繁露》与《春秋纬》对两汉思潮的影响，揭示其导致政治上重灾异祥瑞及五德终始，社会上好言灾祥及后来反谶纬等风潮。第七章为结论。

魏文华《大儒董仲舒》，石家庄：花山文艺出版社 2009 年 4 月出版

本书在作者《董仲舒传》一书的基础上增订而成，辑录了董子一生鲜为人知的故事传闻，诸家评说，后人的序跋、题辞、碑文、诗、词、铭文、年谱等。

孟巧颖《"大一统"与董仲舒的政治哲学》，广州：博士学位论文，华南师范大学，2009 年

本论文共四章。第一章从人生际遇、生活时代、学术背景三方面阐述了董仲舒政治哲学思想产生的渊源。第二章董仲舒政治哲学思想的核心，分析了"元"的含义、自然之天与人格神之天、阴阳五行支配下的灾异谴告论、"三统"说等问题。第三章论述了董仲舒政治哲学思想与西汉社会的"大一统"理念。第四章董仲舒政治哲学思想评述，讨论了它的历史地位、积极意义及理论缺陷。

［美］桂思卓著，朱腾译《从编年史到经典——董仲舒的春秋诠释学》，北京：中国政法大学出版社 2010 年 1 月出版

本书共十章。第一章为导论。第二至第四章为第一编，从董仲舒的生平、著作流传史、《春秋繁露》的作者三个视角审视了《春秋繁露》的可信性。第五至第十章为第二编，分别论述了《春秋》与公羊学传统，对秦律的改造，放大的汉代法律理论，重塑帝国礼制，经典、宇宙观与朝廷支持。最后是结论，阐释了董仲舒的经典诠释学的历史意义。附录有董仲舒的生卒年、《汉书》第五十六卷所载之策论的完成时间、汉代公羊学的传承、汉代时期董仲舒的后学、归于董仲舒名下的引文及论著、《春秋繁露》之不同版

本的流传史。

沈子杰《董仲舒政治思想研究》，台北：博士学位论文，辅仁大学，2010 年

本论文共八章。第一章绪论。第二章汉初政治形势与董仲舒政治思想之形成。第三章董仲舒政治思想架构分析，包括天之观念、历史之观点、治民之理念、天子与士人之关系、诸侯与外夷国之政策、大始与正本。第四章论董仲舒政治思想的构成与理路。第五章论董仲舒思想中之阴阳灾异。第六章论《春秋》在董仲舒政治思想中之运用。第七章董仲舒政治思想之影响及评价。第八章结论。作者认为董仲舒政治思想的内涵不离《春秋》之王道思想，阴阳五行之灾异则为此思想运用之褒贬工具。

孙秀伟《董仲舒"天人感应"论与汉代的天人问题》，西安：博士学位论文，陕西师范大学，2010 年

本论文内容分五部分。绪论概述了研究现状等问题。第一章董仲舒与汉代社会上层建筑的建设工作，从汉初经济、政治、思想背景出发，联系汉武帝的"有为政治"，考释了董仲舒《天人三策》出现的年代和契机。第二章董仲舒的《春秋》学与"天人感应"论的初步表现，论述了董仲舒从《春秋》学到建构、完善天人感应思想的发展过程。第三章董仲舒的"天人感应"论，评述了该思想的来源、内涵、历史意义。第四章董仲舒的"天人感应"论与汉代的天人问题，考察了汉代天人问题的主要表现形式及产生发展的原因，并评价了其历史意义与价值。

陈礼彰《董仲舒天人思想研究》，台北：花木兰文化出版社 2011 年 3 月出版

本书共五章。第一章绪论，介绍董仲舒的生平与著作、汉初政治思想与学术潮流，并说明董仲舒思想的多元特性。第二章从天的含义和天人思想的类型两方面考察了先秦天人思想的发展。第三章分析董仲舒天人思想的建立，包括以《春秋》公羊学为基础、以阴阳五行为架构、以天人相与为原则。第四章董仲舒天人思想的实践，从四方面加以论述，即以奉天法古作为施政依据、以性未善论强调教化功能、以三纲五常处理人际关系、以三统四法推行改制更化。第五章结论，通过与先秦诸子的比较，说明了董仲舒天人思想的特色，同时论述了其时代意义。

杨济襄《董仲舒春秋学义法思想研究——文献回顾与方法论》，台北：花木兰文化出版社 2011 年 3 月出版

本书以董仲舒"春秋学"之"《春秋》义法"与"儒学内容"为研究对象，全书共七章。第一章为绪论。第二章董仲舒春秋学与《春秋》经传之关系，包括董仲舒春秋学在春秋学史上的定位、与《春秋》三传的异同、对《公羊传》的补充。第三章董仲舒春秋学的方法论，包括董仲舒春秋学的思维方式、解经方法、对《春秋》书写方式的阐释。第四章董仲舒春秋学对春秋义法之诠释，包括义法总论、春秋义法彰举道德行为的实践、以《春秋》"大一统"论礼制、由《春秋》"正名"论"成性之教"。第五章董仲舒春秋学"远外近内"考义，主要探讨董仲舒与何休《公羊传》释义之异同。第六章董仲舒春秋传"灭国五十有余，独先诸夏"考义，分析现存注本对董仲舒春秋学解经方法的误解。第七章为结论。附录有"董仲舒年谱""董仲舒所发凡之'春秋学义法'原文一览表""今本《春秋繁露》篇目与所论之'春秋义法'统计一览表"。

冯树勋《阴阳五行的阶位秩序——董仲舒的儒学思想》，新竹：清华大学出版社 2011 年 7 月出版

本书共七部分内容。序言阐述了处理董仲舒相关文献的诠释方法。第一章董仲舒生卒年与对策考。第二章董仲舒与黄老学派辨。第三章从阴阳五行的阶位秩序角度分析了董仲舒的天人哲学观。第四章论述了先秦到西汉中叶中国阴阳五行的"家族相似"结构。第五章董仲舒对《春秋》的诠释，包括诠释的方法、方向、核心、规矩、印证、弥缝等。第六章董仲舒从师到素王的心结。

韩进军《董仲舒王道论研究》，北京：博士学位论文，中国人民大学，2011 年

本论文内容分为七部分。首先是绪论。第一章，王道通三：王道论的提出。第二章，王道法天道：王道论的逻辑起点。第三章，三纲五常：王道社会秩序及其伦理准则。第四章，德主刑辅：王道政治手段的价值取向。第五章，大一统：国家意识形态与王道理想。第六章王道论的得失与王霸综论。

林苏闽《西汉儒学的自然主义转型——董仲舒哲学研究》，上海：博士学位论文，复旦大学，2011 年

本论文除引言外共六章。第一章通过考证董氏的生年和时代，概述了董

仲舒所面对的人性过度扩张问题。第二章总论董仲舒哲学对早期儒学所作的转折，即引进"自然主义"原则。第三章分析董仲舒哲学的主要思想资源《春秋》公羊学，认为董仲舒哲学引入自然主义原则丰富了早期儒学以孔子的《春秋》思想为中心的人本主义传统。第四章分析董仲舒哲学的概念基础"天"，认为董氏的天的概念以对天的认识为基础，指以上天为核心和标志的物质世界。第五章分析董仲舒哲学的知识背景阴阳五行学，认为董氏的阴阳五行学的重要内容之一是阴阳五行学化的人性论。第六章分析董仲舒哲学的社会政治实质。

周桂钿《董仲舒研究》，北京：人民出版社 2012 年 7 月出版

本书共十六讲。第一、二讲考证了董仲舒的传记资料，阐述了对策的内容。第三至五讲为《春秋繁露》选读。第六至十六讲分别就董仲舒的人性论、天人感应论、天与《圣经》中的上帝、独尊儒术、大一统论、仁义论、义利论、名讳论、辞指论、常变论、政治哲学等作了论述。本书是一部讲义性论著，可读性较强。

栗玉仕《儒术与王道：董仲舒伦理政治思想研究》，北京：中国社会科学出版社 2012 年 8 月出版

本书共有五章。第一章论述了秦汉社会转型与汉代意识形态的定位。第二章分析了董仲舒新儒学的实质、逻辑结构和社会功能。第三章大一统政治的伦理架构，包括公羊春秋的基本精神、三纲五常的伦理架构、王道政治的伦理目标。第四章阐述了董仲舒的立国原则，在于仁义之道和德主刑辅。第五章论述了伦理政治的现实运作，包括吏治改革、贫富"调均"、生活重塑。结束语讨论了董仲舒伦理政治思想的历史影响、历史反思及现代转换等问题。

刘红卫《董仲舒与儒家文化的普世化——董仲舒天人思想研究》，台北：花木兰文化出版社 2012 年 9 月出版

本书共有四章。首先论述了董仲舒的天人体系，包括天的三重含义（自然义的天、伦理义的天、人格义的天）、天人秩序、以天限君思想。其次讨论天人体系下的人性理论，并与孟子性善论、荀子人性教化作了比较。再次分析了元理论体系，包括元作为一种本原性的中和秩序而存在，"始""微""正"对天人秩序的意义。最后论述天人感应，提出天人中和，并说明神秘性感应对建构天人体系的意义，然后分析了董仲舒对天人感应的物质

性和义理性阐释。

汪高鑫《董仲舒与汉代历史思想研究》，北京：商务印书馆 2012 年 9 月出版

本书内容除导论之外，分为上中下三编。上编论述了董仲舒的"天人感应"论与汉代"究天人之际"的历史思想。中编讨论了董仲舒的"三统""五德"说与汉代"通古今之变"的历史思想。下编分析了董仲舒的"大一统"说与汉代"大一统"历史思想。

江新《天道、王道与汉道——董仲舒春秋公羊学与汉代更化》，北京：博士学位论文，北京大学，2012 年

本论文分为三章。第一章考辨了董仲舒对策之年，并详细考辨了《春秋繁露》各篇的基本情况和作者。第二章从"天道是王道的根据"视角，论述了董仲舒天人之学成果的三统说和天人感应论。第三章阐述了董仲舒在《贤良对策》中为汉代更化提出的建议，包括大一统、"少损周之文致用夏之忠"、任德不任刑（以德善化民和以《春秋》大义决狱）。

藏明《五德终始说的形成与演变——从邹衍到董仲舒、刘向》，西安：博士学位论文，西北大学，2012 年

本论文重点探讨了五德终始说的产生，以及董仲舒、刘向对其的传承与发展。论文首先叙述邹衍吸收诸家学说，创出五德终始说的过程，并分析了五德终始说的四层含义：历史观的意义、正统论的意义、政治上的意义、思想上的意义。然后着重探讨了五德终始说的思想史意义。其次论述了董仲舒与刘向对五德终始说的继承与发展。就董仲舒而言，其继承了五德终始说中的"贵土"思想、自然之天理论。发展方面，一、他将阴阳观念、五行观念引入社会控制领域，并引申出了"三纲"观念与"五常"观念，弥补了"五德终始说"缺乏社会控制的缺陷。二、他以五德终始说为蓝本构建起了自身的"天人感应"学说，并对五德终始说的"符应"理论进行了初步的解释。除此之外，董仲舒还在五德终始说的基础上了构建起了自身的"三统说"。

张宏斌《秦汉国家形态建构中的儒教因素——以董仲舒思想为中心进行的考察》，北京：博士学位论文，中国社会科学院研究生院，2012 年

本论文分为三章。第一章以《吕氏春秋》和《淮南子》为样本，论述

了一种天下观的两种视角。第二、三章围绕董仲舒思想这一核心，得出两点结论：其一，董仲舒承接中国三代政治文化的传统，接续了"斯文"，使现实政治复归正道，奠定了嗣后中国几千年政治文化的儒家色调。其二，在新帝国版图既定、政治完成一统之后，董仲舒力图以儒家思想整合与包容众多族属、部裔，建构新的国族意识，换言之，即完成政治上的文化认同。

萧又宁《董仲舒〈春秋繁露〉气论思想研究》，台北：花木兰文化出版社 2013 年 3 月出版

本书共八章。第一章绪论。第二章董仲舒生平及著作。第三章时代背景与思想构成，其中思想架构渊源包括墨子的"天"、法家、黄老之学、《吕氏春秋》《淮南鸿烈》《春秋公羊传》等。第四章气化宇宙论的架构，分别论述元气、阴阳与五行。第五章气论视野下天人感应，认为人以气与天相贯通。第六章气论视野下的人性论，重新诠释董仲舒的人性论。第七章对后世的影响，论述了董仲舒对扬雄、《白虎通》、王充等的影响，并说明董仲舒在汉代气论中承先启后的地位。第八章为结论，以历来评价确立其历史地位，并再次强调了其思想特色，凸显其"气论"观。

吴龙灿《天命、正义与伦理——董仲舒政治哲学研究》，北京：人民出版社 2013 年 5 月出版

本书从参通天命（天）、正义（地）和伦理（人）三个维度的儒家王道观诠释了董仲舒的政治哲学，以天命为政治正当性根据，以正义为政治运行原则，以伦理为社会行为规范。董仲舒政治哲学及"推明孔氏、表章六经"建议经汉武帝采纳推行，奠定了中国传统政治哲学范式和主流文化学术形态。全书内容分为四部分：首先是导论。第一章"天命"，从正当之源、上下求索、天人相与、受命改制四方面论述。第二章"正义"，从德法之争、德礼之辨、德治原则、通权达变四点加以分析。第三章"伦理"，分别从道德政治、伦理源流、纲常重建、士治教化四方面阐述。

倪凌《旷古大儒董仲舒》，扬州：广陵书社 2013 年 6 月出版

本书上册内容分为三部分。一，介绍了董仲舒的治学经历和思想。二，概述了董仲舒的哲学思想、政治思想、教育思想，并评价了他的学术地位。三，评述董仲舒，分为董子言论著述选释和吟咏董子诗词选读。末附录董仲舒年谱简编。下册《正谊明道之广陵》，主要介绍董子祠和书院的情况。

聂春华《董仲舒与汉代美学》，桂林：广西师范大学出版社 2013 年 6 月出版

本书共七章。第一章为董仲舒生平与著述。第二章分析了董仲舒思想的两个面相，春秋学与天的哲学。第三章阐释了董仲舒天人思想的美学向度。第四章讨论董仲舒思想中的美与信仰。第五章论述董仲舒思想中的自然美论。第六章论述董仲舒思想中的礼乐美论。第七章阐述了董仲舒的经学诠释美学与诗学。

崔涛《董仲舒的儒家政治哲学》，北京：光明日报出版社 2013 年 7 月出版

本书在作者博士学位论文《董仲舒政治哲学发微》（浙江大学 2004 年）基础上修订而成。第一章论述了董仲舒对《春秋》的政治哲学解读。第二章是对儒家政治理念的历史性言说。第三章考察了儒家政治理念的形上诉求。第四章论述了世俗君权的合法性与儒学制度化。余论论述了儒家革命论与话语专制的历史宿命。书后附录 "《春秋繁露》的成书与流传"等三篇文章。

杨冰《董仲舒、王充教育名著导读》，长春：吉林文史出版社 2013 年 11 月出版

本书董仲舒教育名著导读部分，分为五部分内容：一、董仲舒其人。二、《对贤良策》简介，包括成书、篇章结构、历史评价。三、《对贤良策》教育章句导读，分为教化为治国大务、天命、情性与任德任刑、三大文教政策。四、《春秋繁露》简介，包括成书、篇章结构、版本流传、历史评价。五、《春秋繁露》教育章句导读，分为论人性和教育在人发展中的作用、论道德教育、论教学。

康喆清《董仲舒教化思想研究》，南京：博士学位论文，南京理工大学，2013 年

本论文共七部分：一、绪论。二、董仲舒教化思想的形成，论述了其时代背景、理论基础、对传统儒学的继承与发展。三、董仲舒论教化的目标、原则与功能。四、董仲舒论教化的具体内容，包括对君王、官吏、民众的教化。五、董仲舒教化思想评析，讨论了它的特点和历史地位。六、董仲舒教化思想对当代思想政治教育的启示。七、结语。

张俊峰《董仲舒政治思想研究》，长沙：湖南人民出版社 2014 年 2 月出版

本书内容连同导论共六部分。第一章叙述了董仲舒所面临的主要社会问题。第二章提出董仲舒政治思想的根本目标为理想社会，价值基础为以民为本，核心原则为尊君安民。第三章论述了董仲舒政治思想的内容及形上依据。第四章讨论了董仲舒政治思想与儒学官学化地位的确立。第五章考察了董仲舒政治思想与西汉政治实践的互动情况。

王永祥《研究汉代大儒的新视角——董仲舒自然观》，深圳：海天出版社 2014 年 3 月出版

本书共七章。一、秦汉时期的自然科学及其社会、学术背景。二、董仲舒的宇宙论与天道观。三、董仲舒的"天人感应"论及其"无类类比"和"循名得理"的方法论。四、董仲舒的"元气"说及其"元"论。五、董仲舒的阴阳说及其"天"论。六、董仲舒的五行说及其"天"论。七、董仲舒自然观在中国古代科学史上的历史地位。本书阐述了董仲舒的宇宙观及其对自然规律的认识和肯定，拓展了董仲舒思想研究的领域。

段宜廷《荀子、董仲舒、戴震气论研究》，台北：花木兰文化出版社 2014 年 9 月出版

本书第三章董仲舒气论，从气的宇宙观、阴阳气化的人性论、气在工夫论中的呈现三方面分析了董仲舒的气论型态。同时通过与荀子、戴震气论比较，认为三人均属"自然气本论"，由此指出可以将董仲舒、戴震归属于荀学性格（思路），是荀学思想史脉络上的重要环节。

徐广东《三纲五常的形成和确立——从董仲舒到〈白虎通〉》，哈尔滨：黑龙江大学出版社 2014 年 11 月出版

本书从伦理学角度考察了三纲五常观念从先秦到近代的萌芽、形成、确立、流变、崩溃等过程。第三章论述了董仲舒"三纲""五常"观念的形成，并阐明了其历史作用。

刘安（前 179—前 122）

《〈淮南子〉精华》，上海：中华书局 1915 年 1 月出版

本书为教科自修参考书，分上下两卷。上卷选《俶真训》《缪称训》《诠言训》，下卷选《兵略训》《泰族训》，共五篇。每篇页眉有明人评语，篇末有总评。次为"音释"，选录高诱旧注。（台北）文听阁"民国时期哲学思想丛书第一编"于 2010 年 5 月有影印版。

卢锡烺等《读〈淮南子〉》，昆明：云南东陆大学 1921 年出版

本书为"东陆大学丛书"的一种，"改造"特别号。其中收录民国时期学者解读《淮南子》一书的相关研究著作九种，包括卢锡烺、苏玉麟、江国柱、俞荣宝、杨恩浓、赵迺广、陈德文、刘麟春、熊韵篁。这些论著探讨了淮南王的生平、世系、时代、著述，对《淮南子》一书的哲学思想、人生思想及政治思想进行了较为全面的研究，将其学术思想的源流加以多角度呈现。本书又有知识产权出版社 2013 年 4 月版。

刘文典《淮南鸿烈集解》，上海：商务印书馆 1923 年 4 月出版

本书以庄逵吉校本为底本，大量采录清人校勘成果，搜集王念孙、孙诒让、俞樾以下二十余家之说，且遍引《艺文类聚》《北堂书钞》《初学记》《白帖》《意林》《太平御览》等唐宋类书为证，校订本书，资料丰富，论断精当，是一部重要的《淮南子》校理本。该书又有中华书局 1989 年 5 月版，其余版本极多，不具列。作者对该书后有拾遗订补，写成《淮南子校补》与《淮南子校录拾遗》，收入《三余札记》中。

刘家立《〈淮南〉集证》，上海：中华书局 1924 年出版

本书采撷陈奂、顾广圻、谭献、王念孙、刘台拱、钱塘、蔡云、桂馥、

俞樾、孙诒让等诸家之说，并附以己见。

吴承仕《淮南旧注校理》，民国十三年（1924）年刻印本

该书针对庄逵吉本"妄有删易，未足保信"，而刘文典《集解》又"因而不革"的缺点，对庄本"校其短长，理其肴乱"，共四百多条，多有精到之说。该书后收入"吴检斋遗书"，由北京师范大学出版社于1985年2月重版。

吕传元《〈淮南子〉斠补》，民国十五年（1926）铅印本

本书一卷，为"戴庵丛书"之一。该书据庄逵吉校刻本，参校刘泖生影写宋本、道藏本、辑要本、汪一鸾、茅一桂等本，校订原文，辨正诸家之说。著者恪守高邮王氏家法，论断精审，学术价值较高。（台北）文听阁"民国时期哲学思想丛书第一编"于2010年5月有影印版。

胡适《淮南王书》，上海：新月书店1931年12月出版

本书是第一部研究《淮南子》思想的学术专著。此书本是作者《中国中古思想史长编》的第五章。该书重在阐发《淮南子》书中所蕴含的哲学思想，对道、无为与有为、政治、出世、阴阳感应等均有论述，尤其对出世主义和阴阳感应思想作了深入研究，分析了道教的宗教化问题。该书又有商务印书馆1934年4月版、台湾商务印书馆1962年9月版、岳麓书社2011年12月版。

沈德鸿选注《淮南子》，上海：商务印书馆1933年11月出版

本书为"学生国学丛书"之一。该书以刘文典《淮南鸿烈集解》为底本，选录《俶真》《览冥》《精神》《齐俗》《道应》《诠言》《人间》《要略》八篇。每篇有简略的注释，兼注音义，皆采自集解。（台北）文听阁"民国时期哲学思想丛书第一编"于2010年5月有影印版。

中法汉学研究所《〈淮南子〉通检》，北平：中法汉学研究所1944年12月出版

本书为中法汉学研究所通检丛刊之五。该书以《四部丛刊》本为底本，将《淮南子》分条编成检索，条目按笔画顺序排列，并有法文拼音检字、英文拼音检字、各板卷叶推算法。本书对于检索原文极为便利。该书又有上

海古籍出版社 1986 年 8 月缩印版，附四角号码检字。

杨树达《〈淮南子〉证闻》，北京：中国科学院出版社 1953 年 9 月出版

本书运用声训、文法、修辞之理，又援引先秦两汉典籍为证，对王念孙《读书杂志》和刘文典《淮南鸿烈集解》多所匡正。同时本书对《淮南子》所本的先秦文献，揭示其材料来源，对各篇意旨也有阐发。本书又有上海古籍出版社 1985 年 8 月版。

郑良树《〈淮南子〉斠理》，台北：嘉新水泥公司文化基金会 1969 年 6 月出版

本书以道藏本《淮南子》为底本，参校众本及古注类书，详加校勘而成。该书搜罗版本甚多，用以校雠的有二十二种。正文摘句校勘，案语先列诸本异同，然后断以己见。书后附录《淮南子》传本知见记、《淮南子》注校诸家述评、刘绩本《淮南子》斠记三文。

于大成《淮南论文三种》，台北：文史哲出版社 1975 年 7 月出版

本书收录论文三篇，《淮南王书考》辑考历代《淮南子》版本及研究著作。《淮南鸿烈遗文考》辑录了类书中所见《淮南子》佚文，并加考证。《淮南杂志补正》通过考辨并据新出古籍，对王念孙《淮南子杂志》加以补正。上述三文后又收入作者《淮南鸿烈论文集》中。本书又有（台北）里仁书局 2005 年 12 月版。

张严《淮南子绌义》，台南：成功大学文学院 1977 年 7 月出版

本书将《淮南子》二十一卷与众本比对，并以《艺文类聚》《北堂书钞》《太平御览》等类书参校、解释。该书《绪言》中介绍《淮南子》内容包含论道、自然说、天人合一论、生死观、有用无用论、是非论、不道之道，及圣人、真人、至人、达人之说。其次从《淮南子》的《俶真训》《览冥训》《精神训》《齐俗训》《道应训》中做出绌义；再评议《淮南子》二十一卷论次得失，评议各家版本得失，列举历代著录与品评；最后为淮南王刘安事略及引用书目。该书为《淮南子》研究的重要参考书目。

于大成《刘安》，台北：商务印书馆 1978 年 6 月出版

本书为"中国历代思想家"丛书第四册。该传内容分四节，一为传略，二为著作，三为思想，讨论了刘安的杂家学派、道（宇宙观）、人生观、政

治观，四为结论。该书（台湾）商务印书馆有1999年2月更新版。

谷方《刘安》，收入辛冠洁、丁健生、蒙登进主编《中国古代著名哲学家评传》（续编一），济南：齐鲁书社1982年8月出版

本书分为四节内容：一，简述了刘安的生平和著作。二，分析了刘安的政治思想。三，阐述了刘安的哲学思想，包括天与人、无为和顺时因势、朴素辩证法思想、认识论等。最后是结语。

吕凯《神仙道家——〈淮南子〉》，台北：时报文化出版公司1983年11月出版

本书是通俗著作，正文为《淮南子》原文的白话译文，按内容分段，每段后有"分析"，对本段内容作简要评析。本书又有该公司1987年1月新版、海口三环出版社1992年10月版和海南出版社、三环出版社1998年10月版。线装书局、中国友谊出版公司又有2013年版，改题《道家的美丽世界——〈淮南子〉》。

马宗霍《淮南旧注参正》，济南：齐鲁书社1984年3月出版

本书对原文当注而旧注未注之处加以补充，对旧注艰涩难懂处进行疏通发挥，并订正传写讹误，共参正八百一十五条，很有参考价值。

段秋关《〈淮南子〉与刘安的法律思想》，北京：群众出版社1986年2月出版

本书是较早对《淮南子》法律思想进行研究的专著。全书共九节内容：一、刘安与《淮南子》。二、秦汉之际的法律思想。三、刘安的思想倾向。四、"以道统法"的法律观。五、"因其自然"的"天为"之法。六、"发于人间""生于仁义"的法律起源论。七、法律在治国中的作用与地位。八、顺势因时、论世而立的立法观点。九、"精诚""无私"的执法主张。最后结语总结了刘安在中国法律思想史上的三个突出贡献，及其法律观点和主张的五个鲜明特点。

牟钟鉴《〈吕氏春秋〉与〈淮南子〉思想研究》，济南：齐鲁书社1987年9月出版

本书将《吕氏春秋》与《淮南子》一起研究，认为两书在思想格调、

编排体例、思想背景、著作方式等方面有前后相继的关系。同时指出两书的主导思想都是道家，学派归属为秦汉道家，且均以道家为底色，吸收儒学成果，初步形成儒道互补的思想格局。在《淮南子》思想部分，论述了《淮南子》的成书与结构、无为新说与认识论、生命观、历史辩证法等七个问题。附录历代有关《淮南子》的考评辑要。本书又有人民出版社 2013 年 3 月版。

费振刚《刘安》，收入吕慧鹃、刘波、卢达编《中国历代著名文学家评传》（续编一），济南：山东教育出版社 1989 年 12 月出版

本传主要内容有三部分：一，简介了汉初的社会形势和刘安谋划叛乱的政治活动。二，从思想史角度，叙述了《淮南子》的内容和思想，同时分析了它的文章风格，并且说明了它在保存先秦文献方面的重要贡献。三，从文学史角度，叙述了刘安《离骚传》与辞赋创作的情况。

陈广忠《淮南子译注》，长春：吉林文史出版社 1990 年 6 月出版

本书为"中国古代名著今译丛书"之一。全书以庄逵吉本为底本。内容共 21 卷，每卷有题解、原文、注释、译文四部分。题解对每篇内容思想加以说明。注释主要释词义，比较简明。其次为译文。本书为普及性读物。又有（台北）建宏出版社 1996 年版。

刘淑贞《淮南子神话寓言研究》，台中：建华图书出版社 1990 年 11 月出版

本书以《淮南子》中的神话寓言为研究主题。全书分五章：第一章介绍《淮南子》及其相关背景知识，第二章探究《淮南子》中的神话，第三章研讨《淮南子》中的寓言，第四章论述《淮南子》对后世文学的影响，第五章总结《淮南子》的文学地位。该书对于认识《淮南子》对于后世文学的影响，有着较为重要的参考价值。

沈晋华《〈淮南子〉箴言录》，北京：北京广播学院出版社 1992 年 5 月出版

本书选取《淮南子》的至理名言，依天人、善恶、情性、智慧、治学、修身、处世、哲理、国家、政治、军事、法律分为十二类。每类之中，各条分原文、注释、译文、点题四部分，均极简略。

李增《淮南子》，台北：东大图书公司 1992 年 7 月出版

本书研究了《淮南子》的学术思想。全书分为五篇：一、《淮南子》人论，分述天人合一、人自身、人之社会性、人之风俗。二、《淮南子》道德论，分述人之道德、社会伦理、法与道德及总论道德。三、《淮南子》社会进化论，包括自然与人文、生活与经济、道德与风俗、政治之进化等。四、《淮南子》政治思想，包括政治结构和政治政策。五、《淮南子》势论，分为君势论、众势论、兵势论。后附淮南王刘安年表。

刘治《〈淮南子〉——说仙论道》，沈阳：春风文艺出版社 1992 年 9 月出版

本书与上述吕凯《神仙道家——〈淮南子〉》内容全同。

刘殿爵、陈方正编《淮南子逐字索引》，香港：商务印书馆 1992 年 10 月出版

本书为香港中文大学中国文化研究所“先秦两汉古籍逐字索引丛刊”之一。本书主要内容分为《淮南子》正文与逐字索引两部分。正文以刘泖生影钞宋本为据，标识行数，页下有相关校勘。逐字索引部分按汉语拼音顺序排列条目，每条目之后标明原文卷数、正文页数及行数。书后附录全书用字频数表，便于检索。

许匡一《淮南子全译》，贵阳：贵州人民出版社 1993 年 3 月出版

本书为“中国历代名著全译丛书”之一。该书以刘文典《淮南鸿烈集解》为底本，每篇篇首有导读，介绍主旨及重要思想。注释部分广采诸家校勘训释成果，详细全面，且兼疏通句意。段落后有简短文字总结内容要点。次为译文。书后附录“《淮南子》佚文”、高诱《淮南子·叙目》。本书是阅读《淮南子》的一部有价值的参考书。本书又有台湾古籍出版公司 2000 年 6 月版。

陈一平《淮南子校注译》，广州：广东人民出版社 1994 年 1 月出版

本书以刘文典《淮南鸿烈集解》为底本，全书内容由说明、原文、注释、校勘、译文五部分组成。说明部分解释题意，概括主要内容。注释用页下注，释词简明，也有句意串讲。校勘精简，置于原文之末。最后是

译文。

邹丽燕《〈淮南子〉与黄老思潮》，北京：博士学位论文，北京大学，1994 年

本论文探讨了《淮南子》与黄老思潮之间的内在关系。全文分三章：第一章从历史角度探讨了黄老思想与先秦道家思想关系，其次分养生学和刑名学略述了先秦黄老学的内容。第二章黄老思潮与汉初政治，从社会政治层面阐述黄老学在当时社会的运用，分为清静无为的因循术和崇上抑下的刑名学两方面。第三章《淮南子》中的黄老思潮，首先概述了《淮南子》的道家性质，其次从道论、治身论、治国论三方面分析了《淮南子》中的黄老学。最后讨论了《淮南子》中之黄老学在学术史上的地位。

龙汉宸等《淮南子》，北京：北京燕山出版社 1995 年 10 月出版

本书为"中国传统文化读本丛书"之一。全书 21 卷，每卷开篇有简短的题解性文字。正文分段，每段后有"大意"，撮述内容要点。本书无注无译，与通行的古籍注译体例不同。

陈广忠《刘安评传》，南宁：广西教育出版社 1996 年 8 月出版

本书共有七节内容：一、淮南王与淮南国。二、《淮南子》成书。包括书名辨析、成书背景、谋篇布局、博采群书。三、《淮南子》的思想，包括无为而治、论世立法、返性于初、学不可见。四、道家哲学的集大成，包括自然天道观、认识论、逻辑思维、辩证思维。五、刘安的文学与美学，包括《楚辞》的研究整理、《淮南子》的文采、淮南王与美学。六、科学研究的巨星，包括天文、物理、化学、农学、医药、生物进化观、地理等。七、《淮南子》的传播和影响。

熊礼汇《新译〈淮南子〉》，台北：三民书局 1997 年 2 月出版

本书注译以刘文典《淮南鸿烈集解》为据，参酌诸家校释而成。正文分为题解、正文、章旨、注释、语译五部分。题解说明篇章主旨、重要概念、文献来源等。正文分段作注，每段后先标章旨，概括文意，次为注释，采用许慎、高诱旧注及清以来各家校注，详明顺畅。最后为语译。该书融炼众家之说，精审详赡，是一部学术水平较高的校注本。

王云度《刘安评传》，南京：南京大学出版社 1997 年 5 月出版

本书以思想为着眼点，对淮南王刘安进行了全面评论。全书共分五章：第一章为绪论，概述生平与著作，并指出评价刘安的难点与刘安史料辨析。第二章刘安所处时代的社会变化，从社会经济、政治、思想文化三方面进行了论述。第三章历史转折时期的悲剧人物，阐述了刘安作为诸侯王自丧父至谋反的人生、政治悲剧。第四章传世巨著《淮南子》，论述了其学术地位、哲学思想、安民的治国方案、科技文史成就。第五章余论与结语，将刘安与董仲舒作了比较，并论述了刘安对后世的影响。

陈一平《汇集各家学说的巨著——〈淮南子〉》，北京：中国文联出版公司 1997 年 8 月出版

本书分导言和选读两部分。导言首先是《刘安小传》，并简括《淮南子》的理论构架。其次分别概述了《淮南子》的道论、宇宙论、人性论、君主论、臣子论。选读部分节选了十四篇内容，并加注释，以释词为主，对意蕴较深的词也有阐明。

张双棣《〈淮南子〉校释》，北京：北京大学出版社 1997 年 8 月出版

本书以明正统《道藏》本为底本，参校以影宋本、明刘绩补注本等，并参考出土文字、古代类书及史传旧注，详细勘读，校注并重，是一部质量较好的本子。

李增《〈淮南子〉哲学思想研究》，台北：洪叶文化事业公司 1997 年 10 月出版

本书分为七章：一、《淮南子》思想结构，其特点是先秦诸子思想的冲突与融合。二、《淮南子》之思想范畴，包括儒、法、阴阳家等。三、《淮南子》之道论。四、《淮南子》之修养论。五、《淮南子》之知识理论。六、《淮南子》对先秦法家之法之批判。七、《淮南子》的无为思想，从道、儒、法三家之无为进行了分析。本书原题《〈淮南子〉思想之研究论文集》，由（台北）华世出版社 1985 年 4 月出版。

何宁《〈淮南子〉集释》，北京：中华书局 1998 年 10 月出版

本书以光绪二年浙江书局刻庄逵吉校刊本为底本，参校以《道藏》本、《道藏辑要》本、中立四子本、茅一桂刻本、刘泖生影写宋本、唐写本《兵

略》残卷，以及唐宋类书所引文字，同时搜罗了乾嘉以来各家注释，附以己见。后附《淮南子书目》、各本序跋等，富有参考价值。

陈德和《〈淮南子〉的哲学》，嘉义：南华管理学院 1999 年 2 月出版

本书从道、气、人等中国哲学的概念入手，并依据文献，对《淮南子》的哲学作了深入探究。全书分六章：一、绪论，简述了《淮南子》的创作意图、研究的价值等。二、《淮南子》思想性格的厘叛，通过背景分析，讨论了《淮南子》性向的归属类别，认为《淮南子》固属稷下黄老一系，但因无极端之尊君与重法，故当名之为淮南道家。三、《淮南子》的道论，论万有本根。四、《淮南子》的气论，论阴阳显化，澄清气概念有形上与形下的区分。五、《淮南子》的人论，论自我实现。六、结论。

丁原植《〈淮南子〉与〈文子〉考辨》，台北：万卷楼图书公司 1999 年 9 月出版

本书主要在考辨《淮南子》与《文子》资料间的对应关系。全书共十七篇，不仅对每篇主旨有详细的分析总括，且将两者材料相同之处一一标明，加以校勘辨析。该书对研究《淮南子》成书材料来源有较大的参考意义。

[韩] 朴胜显《〈淮南子〉与汉初的庄学》，北京：博士学位论文，北京大学，1999 年

本论文通过《淮南子》研究了汉初庄学的地位和作用。全文分为六章：一、绪论。二、汉初的学术动向与《淮南子》的思想倾向。三、庄学在《淮南子》庄学体系中的地位。四、从本体论、生成论、境界论三方面论述了《淮南子》道论与庄学的影响。五、《淮南子》人生论与庄学的影响。六、结论。

阮青注释《淮南子》，北京：华夏出版社 2000 年 5 月出版

本书为《淮南子》全文注释本，其注释主要吸收前人校注成果，间下己意，比较简明扼要，属于普及性读物。

陈广忠《〈淮南子〉科技思想》，合肥：安徽大学出版社 2000 年 6 月出版

本书集中研究了《淮南子》的科技思想和相关成就，全书内容分为七

章：一、《淮南子》的天文观。二、物理、化学及纺织科学。三、农学、水利、气象和物候。四、地理研究。五、《淮南子》的医药科学。六、生物进化思想。七、乐律及度量衡研究。本书搜罗资料丰富，文献价值较高。

雷健坤《综合与重构——〈淮南子〉与中国传统文化》，北京：开明出版社 2000 年 9 月出版

本书是在作者博士学位论文《〈淮南子〉新探》（南开大学 1999年）基础上修改而成。全书主要内容分四章：第一章从汉初社会转型与儒道争胜的学术思想背景，论述了淮南王刘安学术的文化特点。第二章首先辨析了《淮南子》的学派归属，然后论述了它在汉武帝文化专制前以道为归、集于大成，及整合儒道、前后承转的学术成就。第三章贯通天人古今的理论重构，以无为而治为《淮南子》的中心思想，从道、天、性、事、因五方面作了分析阐释。第四章论述了《淮南子》与道家文化、儒家文化、中国古代的文学艺术、自然科学的关系，说明它在文化史上的地位和价值。

刘德汉《〈淮南子〉与〈老子〉参证》，台北：乐学书局 2001 年 1 月出版

本书采用例述式，将《淮南子》与《老子》的相同之处作了稽考。全书分为两部分：一是《淮南子》明引《老子》考，如"故老子曰""故老聃曰"等属之，然后以今存各本《老子》参校，审其异同，以推定《淮南子》所据之版本。该部分共五十七例。二是《淮南子》暗用《老子》考，通过参详文意，指出其暗用或化用《老子》原文。此部分有三十八例。本书对研究《淮南子》与《老子》的关系有比较重要的参考价值。

王洁红译注《淮南子》，广州：广州出版社 2001 年 6 月出版

本书为《淮南子》选译本，选录《原道训》《精神训》《主术训》《缪称训》《诠言训》《人间训》六篇。内容分正文、注释、译文三部分。正文以刘文典《淮南鸿烈集解》为底本，注释简略，译文直白，属于普及读物。

杨有礼《新道鸿烈——〈淮南子〉与中国文化》，开封：河南大学出版社 2001 年 8 月出版

本书内容分为七部分。一、刘安、新道家、《淮南子》，介绍了作者、

时代、学派归属、书名、版本、宗旨、研究情况等。二、从道论、宇宙论、政治论三方面分析了《淮南子》的主要思想。三、《淮南子》与中国古代政治观,论述了"霸王道杂之"与《淮南子》的无为政治。四、《淮南子》与传统教育观,总结了《淮南子》的德育、智育、审美教育观。五、《淮南子》与道教,认为《淮南子》为道家到道教的桥梁,其思想蕴含了道教的义理。六、《淮南子》与传统军事理论,讨论了《淮南子》的义战论、政胜论、用兵术。七、评价了《淮南子》作为集众家之长归于新道家的历史地位,及对后世学术的影响。附录为《淮南子》选译。该书涵盖全面,分析深入,具有较高的学术价值。

刘康德《淮南子直解》,上海:复旦大学出版社 2001 年 9 月出版

本书以刘文典《淮南鸿烈集解》为底本,全书内容由解题、原文、今译、注释、评析五部分组成。解题简述各篇要点和内容。原文为校点的文句。今译以直译为主,难懂处用意译。注释包括训释词义,及说明重要的人名、地名、礼制、典故等。评析部分对原文思想内涵加以分析评论。该书是一部水平较高的古籍读本。

赵宗乙《淮南子译注》,哈尔滨:黑龙江人民出版社 2003 年 1 月出版

本书译注《淮南子》,每篇题下有"题解",对内容、形式、思想、艺术作了简要说明。正文分段,每段的注释辑录许慎、高诱原注及清代以来诸家校释,并有作者之注。后为译文。本书征引各家之说,精审可信,富有学术参考价值。

陶磊《〈淮南子·天文〉研究——从数术史的角度》,济南:齐鲁书社 2003 年 7 月出版

本书是对《淮南子·天文训》的专篇研究。全书分九章:一、评述了钱塘《淮南天文训补注》的长处与不足。二、分析了《天文》的内容和结构。三、《天文》图局研究。四、《天文》诸神考略。五、太阴纪年研究。六、《天文》述殷历说。七、论《天文》所见刑德学说。八、以《天文》为基础,探析《汉书·艺文志·数术略》的《黄帝五家历》。九、论《天文》所见"阴阳五行时令"。附录《淮南子·天文》汇校。本书对完善《淮南子》研究有专业意义。

　　林琳《〈黄帝内经〉与〈淮南子〉比较研究》，沈阳：博士学位论文，辽宁中医学院，2003 年

　　本论文运用文献学方法，考察了《黄帝内经》和《淮南子》的理论体系，加以比较，指出二者之间的亲缘关系。全文分为九章：一、《黄帝内经》和《淮南子》概述。第二至九章分别从宇宙生成观、天人观、地人观、气论观、阴阳观、五行观、形神观、养生观八方面分析比较了二书的理论体系，认为二书写作风格、文字特点、学术思想均很接近，其成书时间相近，《黄帝内经》应略晚于《淮南子》。

　　陈静《自由与秩序的困惑——〈淮南子〉研究》，昆明：云南大学出版社 2004 年 11 月出版

　　本书分为上中下三篇。上篇背景与材料，研究了《淮南子》的问世与流传、版本系统、淮南王其人与《淮南子》的旨趣。中篇阐释《淮南子》思想，讨论的问题包括《淮南子》的学派归属、道的属性与人之当然、道与宇宙的生成、《淮南子》宇宙生成论的理论前史、道与性、分类与越类。下篇杂论，收入《说〈淮南子〉的杂篇》等四篇文章。

　　孙纪文《〈淮南子〉研究》，北京：学苑出版社 2005 年 7 月出版

　　本书采用朴学为本、西学参照的研究方法，通过解读经学、史学、诸子学、文学与神话学等相关内容，探讨了《淮南子》的经学史价值、历史哲学思想的意义、诸子学的构成特征、文学特质的复合性以及所录神话的嬗变规律，揭示了它的文化史价值。本书主体部分有五章，一、经学素质的探究，二、历史哲学思想的审视，三、诸子思想构成考论，四、文学特质的观照，五、文学视野下的神话解读。

　　戴黍《〈淮南子〉治道思想研究》，广州：中山大学出版社 2005 年 9 月出版

　　本书主体部分共六章。第一章从道、人、史三个角度考察了《淮南子》的论治方式。第二章以君势、众势为焦点，论述了《淮南子》对"君本"与"民本"的调和。第三章由法、德、风俗分析了《淮南子》对"汉代秦起"的反思。第四章从无为、因、权三方面阐释了《淮南子》对前人为治范畴的拓展。第五章探析了《淮南子》的兵学思想。第六章讨论了《淮南子》的思想史地位及其对后世的影响。附录有淮南王刘安年表、淮南王刘安所处的时代、国内《淮南子》研究状况、国外的《淮南子》研究。

于大成《淮南鸿烈论文集》，台北：里仁书局 2005 年 12 月出版

本书收录了作者研究《淮南子》的相关论文 30 篇，内容大体可分为三类：考证类，如《淮南王书考》《刘绩本〈淮南子〉出于藏本考》等；校释类，如对《淮南子》21 篇摘句校释，并有校释补、补正等文，此为该集主要部分；阐述类，如《淮南子的文学价值》《六十年来淮南子学》等。本书考证精详，校释审慎，论述全面，具有较高的学术价值。

何志华、朱国藩《唐宋类书征引〈淮南子〉资料汇编》，香港：香港中文大学出版社 2005 年出版

本书为"汉达古籍研究丛书"之一。书中蒐罗唐宋重要类书所引《淮南子》正文及注文，以句列并排的方式对比今传世刘泖生影钞北宋本《淮南子》，并考其异同。本书所引类书有《北堂书钞》《艺文类聚》《初学记》《白孔六帖》《事类赋注》《太平御览》《册府元龟》《记纂渊海》，并收入《群书治要》《正续一切经音义》，共十一种。正文部分依照《淮南子》原书篇目次序，分为二十一卷。每条先列原文，次以时间顺序排列各种类书所引文句。最后为佚文。该书资料完备，极便检索。

漆子扬《刘安与〈淮南子〉》，兰州：博士学位论文，西北师范大学，2005 年

本论文共五章。第一章刘安的身世与生平，叙述了刘安诸侯王的一生，并对其谋反作了辨析。第二章刘安的生活时代，论述了社会政治背景、学术文化背景。第三章刘安及宾客著述考述，从文献著录和《楚辞》《离骚传》两方面作了文献考证和论述。第四章《淮南子》编撰的有关问题，涉及作者及书名，编撰体系、目的和各章主题，版本源流和许高注释的纷争，还有引用前代典籍的情况。第五章论述了《淮南子》的黄老思想和文艺思想及文学价值。

王雪《〈淮南子〉哲学思想研究》，西安：陕西人民出版社 2007 年 5 月出版

本书以"道"在各层次的表现与运用为核心，展现了《淮南子》对道家的继承和发展，并说明其对诸子尤其儒家思想的吸收。全书分为七章，一、淮南王与《淮南子》，介绍了生平和背景，讨论了其道家还是杂家的学派归属之争。二、"通"的学术观。三、自然哲学。四、论知与道。五、人

性与人生。六、道治与治道。七、德与道。

何志华《高诱注解发微——从〈吕氏春秋〉到〈淮南子〉》，香港：
香港中文大学中国文化研究所中国古籍研究中心 2007 年出版

本书是关于高诱古籍注释的论文集，共收七篇文章。其中涉及《淮南子》
的有《高诱注解体例探微——兼论高〈注〉于群籍考据之用》《〈淮南子〉
〈吕氏春秋〉〈战国策〉三书高〈注〉互异集证》《〈淮南子〉高诱〈注〉校
释》《〈汉语大词典〉收录〈淮南子〉罕用词汇义例献疑——兼论高诱注解之
参考作用》，这些文章对于研究高诱注和《淮南子》均有积极的参考价值。

夏道虎《秦汉杂家法律思想研究——对〈吕氏春秋〉和〈淮南子〉的
解读》，北京：博士学位论文，北京大学，2007 年

本论文以《吕氏春秋》《淮南子》作为秦汉杂家的代表，探讨了其法律
思想的内容和特征。其中第三章《淮南子》法律思想解读，论述了道论，
贯通天地人的法观念，道、德、仁义、法律之关系，法律变革观，法论五部
分内容。第四章比较了《吕氏春秋》和《淮南子》的法律思想，归纳出七
个共同理念和三个不同见解。第五章从思想学术史角度对秦汉杂家法律思想
加以评述，包括其对先秦儒墨道法四家思想的融合、汉初思想对《淮南子》
的影响、《淮南子》对《春秋繁露》的影响、秦汉杂家法律思想在"大一
统"背景下的历史归宿和现代启示。

安徽省《淮南子》研究会编《〈淮南子〉研究》（第二卷），合肥：黄
山书社 2008 年 5 月出版

本集收录论文 27 篇，大体可分为三类：一、思想研究，如人学、哲学、
儒道、法律思想等。二、文艺研究，如音乐审美、辞章和结构艺术、神话研
究等。三、考据类，如《淮南子》引《诗》，《楚辞章句》《汉书》引《淮
南子》考，《淮南子》"明堂"考等。

陈广忠《淮南子斠诠》，合肥：黄山书社 2008 年 6 月出版

本书以北宋本为底本。该书在作者《淮南子译注》（吉林文史出版社
1996 年）一书基础上修订而成。本书体例一仍其旧，"题解"对文献来源有
所补充，并标注陶方琦《淮南许注异同诂》，另对题解旧文也有删订。注释
部分增入了许慎、高诱原注，并进一步补充详细。译文也略有改订。本书在

校勘方法、考证力度、译文准确度方面均有改观。中华书局 2012 年 1 月所出作者译注《淮南子》，收入"中华经典名著全本全注全译"丛书，按其内容，实本此书，不另列条目。

黄淑贞《〈淮南子〉天道观之研究》，台北：花木兰文化出版社 2008 年 9 月出版

本书共六章。第一章为绪论。第二章从客观环境（学术环境）与主观因素（刘安）切入，讨论了《淮南子》成书的背景。第三章为先秦思想界之天道观，介绍了《淮南子》所承袭的儒、道、墨、法、阴阳家的天道观。第四章为《淮南子》天道观之析论，从天道的渊源、性质、作用、万物与天道的关系展开论述。第五章为《淮南子》天道观对后世的影响，以思想、文学、美学、宗教为论述中心。第六章为结论。

潘秋平《〈淮南子〉医学思想研究》，北京：博士学位论文，北京中医药大学，2008 年

本论文论述了《淮南子》的医学思想，并提炼出对中医学具有指导意义的理论。全文分为六章：一、《淮南子》与阴阳五行学说，二、《淮南子》天人合一的整体观，三、《淮南子》与藏象学说，四、《淮南子》与病因病机，五、《淮南子》与治疗学，六、《淮南子》与养生学。

尹志源《〈淮南子〉思想研究》，北京：博士学位论文，北京大学，2008 年

本论文共分六章：一、刘安与《淮南子》，论述了作者与成书问题。二、《淮南子》形成背景的社会考察，包括政治背景、社会经济背景、学术文化背景。三、《淮南子》与先秦诸子学说，从其引用先秦诸子文献，分析了其与道、儒、法、墨、阴阳家的关系。四、《淮南子》道论。五、《淮南子》人论，重点探讨了形神、养生及人性问题。六、《淮南子》无为论，研究了它的政治思想。

顾迁译注《淮南子》，北京：中华书局 2009 年 3 月出版

本书以何宁《淮南子集释》为底本，每篇首有解题，次为原文分段，次为注释与全译。注释简略，译文通俗，为普及读本。

　　王巧慧《〈淮南子〉的自然哲学思想》，北京：科学出版社 2009 年 3 月出版

　　本书为专门研究《淮南子》自然哲学思想的专著，明晰地展示了《淮南子》自然哲学思想的基础范畴及《淮南子》自然观、认识论、科学思想和技术思想，并对《淮南子》自然哲学思想形成的机制和动力进行了讨论。

　　墨樱《〈淮南子〉启示录》，北京：京华出版社 2009 年 5 月出版

　　本书是《淮南子》选注本，共选《原道训》《俶真训》《天文训》《地理训》《时则训》五篇。每篇篇首有阅读提示，总括篇旨。正文分段，并加标题，重要段落的大义以眉批形式说明。页侧有简明校注，每段有译文。

　　孙明材、张丽、刘斌《〈淮南子〉思想类说》，哈尔滨：黑龙江人民出版社 2009 年 5 月出版

　　本书对《淮南子》的思想加以分门别类，列为修德、养才、立志、教育、治国、安民、军事七类。每类中摘取原书各卷的相关内容，下有"通解"，翻译原文，次为"论说"，对其内容思想及意义加以详细评述。

　　马庆洲《〈淮南子〉考论》，北京：北京大学出版社 2009 年 7 月出版

　　本书是在作者博士学位论文《〈淮南子〉研究》（北京大学 2001 年）基础上增订而成。本书以文献为主，在汉初文化的大背景下，全面考察了《淮南子》的作者、产生的学术背景、思想渊源及其文学成就。全书共八章：一、绪论。二、《淮南子》成书与作者。三、刘安"谋反案"考辨。四、从汉初学术杂家化分析了《淮南子》的杂家特征。五、《淮南子》与先秦文献。六、《淮南子》思想解析，包括天文学、地理学、天人关系论、人生论、历史观、无为的政治思想。七、《淮南子》的文学成就，讨论了其文学成就的表现和文学理论，章末附录《淮南子》神话钩沉。八、《淮南子》的流传与整理，汇总了历代《淮南子》研究述论。

　　邓俊庆《〈淮南子〉：建构的道经》，上海：上海古籍出版社 2009 年 8 月出版

　　本书是《淮南子》精选本，按内容类型分为六章：道家总纲、博识多术、世道人心、驳世要诀、妙语珠玑、后事之师。每章开首有题解，正文分若干节，每节先引原文，次为今译，次为述评，最后为思考。述评部分讨论深入浅出，论述也较全面。

赵宗乙《淮南子札记》,哈尔滨:黑龙江人民出版社 2009 年 12 月出版

本书以训诂学的方法,通过考据,对原文和注文的讹误不通之处进行了深入细致的校勘辨正。该书对正确理解原文有着不可或缺的参考价值。

张双棣《〈淮南子〉用韵考》,北京:商务印书馆 2010 年 3 月出版

本书在王念孙《淮南子韵谱》启发下,对《淮南子》的用韵资料和特点作了全面深入的钩稽和分析。全书分为四部分内容:一、《淮南子》韵例,分析了《淮南子》用韵的各种类型。二、《淮南子》用韵分析,分类考察了《淮南子》独韵、通韵、合韵的情况,并编"入韵字表"和"归字说明"。三、《淮南子》韵谱,按独韵、通韵、合韵三类,分韵部辑录了书中韵脚字。四、《淮南子》韵读,抄录原文,将韵字及用韵类型在句末标识。本书对研究《淮南子》及汉初语言有重要参考价值。

翟江月今译,翟江月、牟爱鹏英译《淮南子》,桂林:广西师范大学出版社 2010 年 5 月出版

本书为"大中华文库"之一。全书采用汉英对照形式编排。汉语部分包括原文及今译。该书首次将《淮南子》全部译为英文,对《淮南子》的普及和研究具有积极的意义。

陈静注译《淮南子》,郑州:中州古籍出版社 2010 年 8 月出版

本书是《淮南子》选本。选文按照突出主题、故事完整为原则进行。全书 21 卷,内容分为题解、正文、注释、译文四部分。题解阐释本篇主旨思想,注释明白通俗。最后是译文。

黄悦《神话叙事与集体记忆:〈淮南子〉的文化阐释》,广州:南方日报出版社 2010 年 8 月出版

本书除导论和结语之外,主要内容分为五章。第一章《淮南子》的神话结构,从文本结构、宇宙论、空间秩序和神话历史方面作了论述。第二章汉代的神话重述及其功能,从帝国神话、族群神话、圣王神话、英雄神话四个具体类型,阐述了《淮南子》的神话功能,即理想范型的现实映射。第三章《淮南子》神话的文化语境,分析了其中神话的文化因子和巫文化。第四章探讨了《淮南子》神话与早期道家思想。第五章通过具体形象讨论

了《淮南子》中的女神。

文心工作室《中文经典 100 句：〈淮南子〉》，台北：商周出版、城邦
文化事业公司 2010 年 9 月出版

本书选录《淮南子》中名言百句，按四部分编排，首先是"名句的诞
生"，指明原句出处。其次"完全读懂名句"，为简略注释及语译。再次
"名句的故事"，征引史事加以说明。最后"历久弥新说名句"，旁引其他相
关或类似的典事相互发明。本书为通俗读物。

杜绣琳《文学视野中的〈淮南子〉研究》，北京：中国社会科学出版社
2010 年 10 月出版

本书分为上下两编，上编《淮南子》文艺理念研究，包括文艺思想研
究（本末论、感应论、异同论、文艺理念的辩证与矛盾）和文艺范畴研究
（文质论、形神气论、心性论、礼乐论）。下编《淮南子》的意象描写及文
体特征，分为《淮南子》中的意象（神游、山水、珠玉意象、对御艺的文
学展现）和文体特征（《要略》的书序体特征、《道应训》的解经体特征、
《说山训》的语录体特征、《淮南子》的论体特征）。

杨有礼注说《淮南子》，开封：河南大学出版社 2010 年 10 月出版

本书为《淮南子》全注本。书前《〈淮南子〉通说》长文，详细介绍
了刘安生平时代，《淮南子》的版本内容、研究情况、主要思想，历史地位
和评价，另有《淮南子》导读。本书以刘文典《淮南鸿烈集解》为底本，
每篇分段注释，注文以释义为主，辅以句意串释，通俗简明。本书是一部较
好的《淮南子》注本。

李建光《神仙与阴阳——〈淮南子〉神仙道家思想研究》，武汉：博士
学位论文，武汉大学，2010 年

本论文阐明了《淮南子》的神仙道家思想及其在道教发生史上的地位
与作用。论文首先论述了《淮南子》独特的神仙道家思想体系及其对《太
平经》产生过范型性的重大影响。其次从先秦至秦汉初期的神仙思想出发，
考察了《淮南子》"真人"观念的发展和具体内涵。再次讨论了《淮南子》
的神仙修炼论的内容和核心观点。然后阐述了《淮南子》道德倒退论的社
会历史阶段论。接着将《淮南子》和《太平经》的宗教哲学与社会政治哲

学思想加以比较，发现两者在基本立场及整体思想方式上具有高度的一致性。由此推断：从形式与现实或事实的角度看，原始道教的教义思想源自《太平经》；从本质与历史的角度看，原始道教的宗教思想与社会行为模式早已被《淮南子》的神仙道家思想所预定。最后论述了《淮南子》独具特色的神仙道家思想的现实意义。

金妤《问道〈淮南子〉——〈淮南子〉名言解读》，合肥：安徽人民出版社 2011 年 1 月出版

本书属于学术随笔性质。全书通过名言解读方式，阐述了《淮南子》所蕴含的人生、政治、哲学等方面的深刻哲理。内容分为七类，分别是和谐之道、修养之道、学习之道、为人之道、为政之道、用人之道、变化之道。

陈广忠《〈淮南子〉研究书目》，合肥：黄山书社 2011 年 6 月出版

本书搜集了有关《淮南子》研究的众多成果，辑录了中外研究有关版本、辑佚、笺释、翻译、综合研究、国外与港台研究、谋反与冤案研究等方面的论著，是一部有重要参考价值的工具书。

李秀华《〈淮南子〉许高二注研究》，北京：学苑出版社 2011 年 10 月出版

本书共四章。第一章对《淮南子》许高二注的文献状况进行了全面系统的调查与考校。第二章《淮南子》许注八篇研究，从问世时间、训诂特征、思想性及与《说文解字》的关系等方面展开论述。第三章《淮南子》高注十三篇研究，主要讨论高诱的生平著述、高注的内容及特色、高注的思想性、高氏群经之学等问题。第四章从社会及学术背景、注解体例、训诂异同等方面对《淮南子》许高二注进行了比较研究，并综合评价了其学术地位和价值。附录有《〈淮南子〉许、高注本版本源流图》《两千年来〈淮南子〉研究资料辑目》二文，搜罗甚富。

刘秀慧《〈淮南子〉与汉初文学》，西安：博士学位论文，陕西师范大学，2011 年

本论文共五章。首先为绪论。第一章从《淮南子》与汉初文化思想的关系阐释了《淮南子》产生的社会历史背景。第二章对《淮南子》与汉初审美特质的阐述。第三章关于《淮南子》与汉初散文，认为《淮南子》的

艺术特征促进了散文的发展。第四章《淮南子》与汉初辞赋，论述了二者的楚文化元素、自然意象，并讨论了《淮南子》对汉初辞赋的突破和超越，及其本身所具有的赋体特征及意义。第五章阐明《淮南子》与汉初的神话寓言的关系。结语为《淮南子》在汉初文学中的地位。

刘康德《淮南子鉴赏辞典》，上海：上海辞书出版社 2012 年 1 月出版

本书设有文本篇、主题篇、名言篇、寓言篇四类，共收鉴赏 90 篇。每篇包括原文、注释、鉴赏三方面内容。原文以刘文典《淮南鸿烈集解》为底本。注释较为简明。鉴赏部分各有侧重，文本篇的鉴赏力求突出本卷的主题思想和写作原旨；主题篇的鉴赏旨在突出原书对相关议题的建设性思考，特别是其对现代人类生活的启示；名言篇和寓言篇的鉴赏主要突出相关名言或寓言故事所蕴含的深刻哲理，并注重发明其在整个思想文化史中的影响及其对现实人生的重要启发。附录有《淮南子》的作者、《淮南子》的思想特色及其影响、《淮南子》主要版本和注本简介等。

安徽省《淮南子》研究会编《〈淮南子〉研究》（第五卷），合肥：黄山书社 2012 年 10 月出版

本集收录研究论文 29 篇，其中多数涉及《淮南子》的哲学和思想，如治国的内化思想、新道家的创新思想、"权"思想、教育思想、军事哲学等。其次是文学艺术方面的研究，如《淮南子》中的音乐表演、荆楚乐舞、文学表述等。再次是比较研究，如《楚辞》《淮南子》意象塑造比较，《论语》《淮南子》美感差异比较，《淮南子》《史记》中孔门弟子形象异同等。另有札记类文章数篇。

罗毓平《〈淮南子〉的哲学思想》，西安：博士学位论文，陕西师范大学，2012 年

本论文从四个方面研究了《淮南子》的哲学思想，分别是：第一章论述了《淮南子》哲学思想产生的社会历史背景。第二、三章分别从宇宙生成论和本体论角度探讨了《淮南子》的"道"论。第四章论述《淮南子》的辩证法和认识论。第五章分析《淮南子》的社会政治哲学。

郑毅《身体美学视野下的〈淮南子〉研究》，成都：博士学位论文，四川师范大学，2012 年

本论文从身体美学的理论视角，以"身体"为中心，"身体"之生存

"空间"与"身体"之"文艺"表现为研究进路,对《淮南子》进行了文化研究。论文首先阐明《淮南子》身体美学发生的文化语境。其次论述《淮南子》身体美学的哲学基础与叙事策略。再次为《淮南子》身体美学思想研究,系统阐述了其自然身体观、身体时空说、身体批评的物质与文学向度、身体教育与关怀等内容。最后探讨了《淮南子》身体美学的当代意义。

周叶君《〈淮南子〉对老庄思想的继承和发展》,合肥:博士学位论文,安徽大学,2012 年

本论文主要是文献研究、思想研究、比较研究。内容分为六章,分别从道论、无为思想、生命观、社会历史观、人性论、生死观方面,论述了《淮南子》对老庄思想的继承和发展,同时指出《淮南子》在上述方面改造的动因是出于解决当时人生社会的现实问题,且加速了儒道合流的进程。

[日] 川津康弘《〈淮南子〉认识论研究——以把握本质的方法为中心》,台北:花木兰文化出版社 2013 年 3 月出版

本书共四章:第一章介绍了《淮南子》的成书、作者、内容,并说明了时代背景与地理文化对于《淮南子》的影响。第二章分析了《淮南子》的认识论特征,包括主体认识能力和对象、认识的来源、真理性问题、途径方法,另外又讨论了《淮南子》认识论的研究趋势与启示。第三章综述了《淮南子》之前诸子的认识论,以及对《淮南子》的影响。第四章考察了把握本质的方法。

马庆洲《淮南子今注》,南京:凤凰出版社 2013 年 3 月出版

本书以张双棣《淮南子校释》为底本,每卷之首有题解,比较详细地说明全篇主旨和要点。注释采用页下注,条目较详,注文简明,且以解释字词为主,间加串讲。书后附司马迁《刘安传》、高诱《淮南鸿烈解叙》。本书属于普及读本。作者先此书有"历代名著精选集"本《淮南子》(凤凰出版社 2009 年 6 月版),属于节选本,内容与本书差别不大,不另出条目。

刘爱敏《〈淮南子〉道论研究》,济南:山东人民出版社 2013 年 7 月出版

本书主体部分有七章。第一章阐述了《淮南子》的写作背景,分政治

背景和学术背景。第二章讨论《淮南子》的学派归属及思想结构，认为全书按照天道—人道—治道的思路，从老庄道家出发，依次吸收了阴阳五行家、黄老道家、思孟学派等的思想。第三章探究《淮南子》的宇宙论，运用比较方法，论证了《淮南子》与老庄、董仲舒和出土文献宇宙思想的不同。第四章考察《淮南子》的人性论，重点探讨了儒、道两家人性论的异同，并寻找全书中两家人性论融合贯通的媒介和轨迹。第五章审视《淮南子》的政治论，认为神化、因循、权变三者结合，共同构成了《淮南子》无为而治的政治论体系。第六章《淮南子》对齐学的继承和发展，追溯了其道论的思想来源。第七章《淮南子》道论对后世的影响，包括文献评价、宗教、学术和政治四方面。

刘殿爵《〈淮南子〉韵读及校勘》，香港：香港中文大学出版社 2013 年出版

本书在王念孙《淮南子韵谱》书稿的基础上，除了校勘，同时加以补订。书中正文按句排列，凡用韵处，在句末标明韵脚的韵目以及四声声调（入声韵目字省略声调）。页下为详细的校勘记，兼采诸家异说，并有自己见解。该书对汉初楚语言研究及《淮南子》原书校理方面有重要参考价值。

陈辉《〈淮南子〉社会思想研究》，合肥：博士学位论文，安徽大学，2013 年

本论文首先探讨了《淮南子》丰富社会思想内容的背景、渊源和产生原因。其次从道论和人性论两个角度分析了《淮南子》社会思想的理论基础。再次从思想、经济、军事、政治以及法律等层面论述了《淮南子》社会思想的具体内容。最后将《淮南子》与《吕氏春秋》和《春秋繁露》作了对比，考察了其间的社会思想的异同及其原因。

杨楠《〈淮南子〉"道"论文艺思想研究》，沈阳：博士学位论文，辽宁大学，2013 年

本论文以道事结合的文艺观照方式，通过对《淮南子》文本的细读和"道"范畴的全项性、多向度研究，全面探讨了《淮南子》"道"论文艺观的思想体系。全文共七章。第一章为绪论部分，主要探讨研究现状、出土简帛的相关佐证情况和《淮南子》文艺思想产生、形成的地理文化因素三个问题，并说明了研究方法和研究内容。第二章为《淮南子》作者考论，总

结了学术界形成的三个主要观点，即"刘安说""集体创作说"和"刘安主编说"，并对其作了分析与论述。第三章论述"道"的本体阐释与核心旨要。第四章论述"道"论文艺观的审美源起与历史发生。第五章论述"道"论文艺观的艺术表征与体系建构。第六章论述"道"论文艺观的人格塑造与主体修养。第七章论述"道"论文艺观的文化向度与审美思辨。

王英娜《〈淮南子〉"道"论解析》，沈阳：辽宁教育出版社 2014 年 3 月出版

本书共五章。第一章《淮南子》作者及成书。第二章《淮南子》天地之"道"，对其加以溯源，并探讨了它与宇宙生命的演化及丰富蕴含。第三章《淮南子》人事之"道"，对其进行了溯源，并分析了道家思想发展中与儒家经典引用中的人事之"道"。第四章《淮南子》天人感应之理，阐释了其以"道"为统摄的天人相通，及天人感应中的因果之理。第五章《淮南子》"道"论文艺观，讨论了文艺与自然、文艺中的形气神、文艺中的文与质三个问题。

萧旭《淮南子校补》，台北：花木兰文化出版社 2014 年 3 月出版

本书以道藏本为底本，广泛参考古今各类校释著作及相关学术笔记与报刊论文，依摘句之例，对《淮南子》加以校补、正误、引申、补充，共 2043 条。后附录《淮南万毕术》辑证、《淮南子》古楚语举证。作者自述其治学理念为"考本字、探语源、寻语流、破通假、征方俗、系同源"，这些特点在本书中有突出表现。该书是研读《淮南子》的重要参考书。

张中平《〈淮南子〉气象观的现代解读》，北京：气象出版社 2014 年 4 月出版

本书分析了《淮南子》的气象思想及科学价值，共分六节内容：一、绪论，二、气象观发微，三、气象观形成，四、气象观特质，五、历史评估，六、现代运用。

陈广忠、陈青远、付芮《淮南子译注》，上海：上海三联书店 2014 年 5 月出版

本书是《淮南子》节选本，以北宋本为底本。全书 21 卷，每卷节选原书精要部分，并加简单校注，次为译文。

　　陈广忠译《淮南子》，北京：中华书局 2014 年 10 月出版

　　本书是《淮南子》的全译本，以北宋本为底本。全书内容文白对照，无注释校勘，只有译文，译文以直译为主。

　　赵欣《〈淮南子〉生命艺术思想研究》，杭州：浙江大学出版社 2015 年 8 月出版

　　本书是在作者博士学位论文《〈淮南子〉的宇宙论、生命论、艺术论研究》（山东大学 2010 年）基础上修订而成。本书以"生命"为核心论述了《淮南子》的艺术思想。全书共五章。第一章对《淮南子》中道的宇宙生成论与生命美学意蕴作了形而上的探讨。第二、三章从形而下的角度，考察了生命构成的形气神、生命的现实存在（人性思想、人性之美）。第四章从创作、审美、鉴赏等范畴论述了《淮南子》的艺术论。第五章分析了《淮南子》生命艺术思想的生态意义。

　　朱新林《〈淮南子〉征引先秦诸子文献研究》，杭州：浙江大学出版社 2015 年 8 月出版

　　本书是在作者博士学位论文《〈淮南子〉与先秦诸子承传考论》（浙江大学 2010 年）基础上修订而成。该书对《淮南子》内容体系与学术史之间的脉络进行了发掘研究。全书共六章。第一章为导言。第二章从《淮南子·要略》看刘安及其门客对先秦学术的评判与反思。第三章《淮南子》引《老子》考论。第四章《淮南子》引《庄子》。第五章《淮南子·兵略》引先秦兵家文献考。第六章《淮南子》方术文献研究，包括《天文篇》《坠形篇》所见邹衍遗说考、《淮南子》阴阳五行说考、《淮南万毕术》考论。

司马相如（前 179？—前 118）

陶秋英《汉赋之史的研究》，昆明：中华书局 1939 年 4 月出版

本书第三篇第三章第三节论述了司马相如，内容包括：司马相如事略、作品列目、作品示例、作品略论。其中作品略论部分最有价值。作者认为，司马相如赋的成就表现在，一是题材宏博，且刻意描绘，有了客观的题材，真正达到"赋者，铺也"；二是体制上扩大加繁，且铺写事、泛引物、发议论；三是形式上改革了骚赋整齐的句式，尽量地用散文格式写赋；四是遣词上刻意修饰；五是境界风格颇有高致，并确立了"作赋以讽"。本书又有（台北）新文丰出版公司 1980 年 2 月版。浙江古籍出版社 1986 年 6 月重印时更名为《汉赋研究》。

费振刚《司马相如》，收入吕慧鹃、刘波、卢达编《中国历代著名文学家评传》（第一卷），济南：山东教育出版社 1983 年 5 月出版

本传首先概述了司马相如的仕宦经历，以及他的性格与思想的特点。其次介绍了《子虚上林赋》的主要内容和创作动机，在艺术特色上铺写更为夸张、更为程式化的特征，以及对汉赋文体确立所作的贡献。再次简要叙述了《长门赋》的内容。文后三条附注分别对司马相如受文翁派遣入长安受儒家经书、《子虚赋》《上林赋》的分合、《长门赋》的作者等问题作了考论。

龚克昌《汉赋研究》，济南：山东文艺出版社 1984 年 9 月出版

本书《汉赋奠基者司马相如》篇首先从《史记》记载、创作规律、赋本身的构造、时代背景四个角度分析，认为《天子游猎赋》并非萧统所说的《子虚赋》和《上林赋》，而是《子虚》《上林》以外的另一篇。其次结合大一统、诸侯淫逸、武帝好仙等现实政治问题解说了司马相如赋的思想内

容，并讨论了讽谏渐趋平缓弱化的问题。第三概述了司马相如赋的艺术成就，即完成了汉赋这种文学体裁，表现手法上的虚构、夸张等浪漫主义倾向，开辟了对客观事物进行大量、细致、生动、形象描绘的先河。

高光复《汉魏六朝四十家赋述论》，哈尔滨：黑龙江教育出版社 1988 年 9 月出版

本书《司马相如赋》篇首先简介了司马相如的生平，接着重点分析了《子虚赋》和《上林赋》以颂扬为特色的思想内容。再次从结构规模的宏大、描绘手法的铺张、以宏丽为美的艺术特质三个角度，说明《子虚赋》和《上林赋》作为典型汉赋的特征。然后又概述了《哀二世赋》《大人赋》《长门赋》的内容。最后说明了司马相如在辞赋发展史上的重要地位。

费振刚、仇仲谦《司马相如文选译》，成都：巴蜀书社 1991 年 10 月出版

本书选录司马相如赋、檄、难、疏、符命等文章共 10 篇，每篇篇目下有题解，注释主要为释词，篇后有白话翻译。本书修订版由凤凰出版社于 2011 年 5 月出版。

金国永《司马相如集校注》，上海：上海古籍出版社 1993 年 9 月出版

本书在《汉魏六朝百三家集》本《司马文园集》的基础上，加以标点校注。书中共收赋六篇、书二篇，以及檄、难、符命、传各一篇，歌二首。每篇有解题，对相关问题加以说明、考辨、评论。该书体例采用注校合一，先释文，后校记。注释以《文选》注与《汉书》注为主，较为详细。书后附录残句、《史记·司马相如传》《司马文园集题词》。

朱一清、孙以昭《司马相如集校注》，北京：人民文学出版社 1996 年 2 月出版

本书以傅增湘所校明汪士贤辑刻《汉魏六朝诸家文集二十二种》中的《司马长卿集》为底本，并参其他版本整理而成。书中收赋六篇，歌二首，书两篇，檄、难各一篇。该书体例，先列校记，次为注释。注释简明。书后附录古辞《白头吟》，并有考辨。

龚克昌、苏瑞隆《司马相如》，沈阳：春风文艺出版社 1999 年 1 月出版

本书为"插图本中国文学小丛书"之一。全书内容有九节，一、赋家

青少年时代与蜀郡成都；二、入京为武骑常侍，到客游梁作《子虚赋》；三、追求自由婚姻，作《美人赋》；四、语言侍从生活，作《天子游猎赋》《谏猎疏》《哀二世赋》《大人赋》；五、出使西南夷，作《喻巴蜀檄》《难蜀父老文》；六、免官家居，作《长门赋》；七、从郎官到孝文园令，为乐府写作诗赋，作《封禅书》；八、汉赋的奠基者；九、关于司马相如的生卒年问题。附录为司马相如生平大事表。全书深入浅出，可读性强。

李孝中《司马相如集校注》，成都：巴蜀书社 2000 年 12 月出版

本书收录司马相如各体作品 14 篇。校注部分，校记、注文合编。注释以释词为主，兼采前人注疏，间或疏串句意。书后附录有《史记·司马相如列传》、轶事、历代题咏、集评，有关自叙传论争二则，及相关论文两篇（司马相如爵里质疑，司马相如其人其文）。本书是一部学术价值较高的整理本。

涂元恒《汉赋名家选集——枚乘、司马相如、扬雄》，台北：汉湘文化事业公司 2001 年 8 月出版

本书司马相如部分选录《子虚赋》《上林赋》《长门赋（并序）》，文前有"作者小传"，简介作者生平与创作情况。其次为"导读"，主要说明时代背景，同时也对文章内容主旨有简要归纳。正文分段，每段之后对该段的思想内容和意义加以较为详细的评述。文后"赏析"部分，对文章结构、文学手法、思想艺术加以分析，并说明其文体价值与文学史意义。最后指出其不足。

张连科《司马相如集编年笺注》，沈阳：辽海出版社 2003 年 12 月出版

本书分正文、辑佚、附录三部分。正文收 10 篇作品，并按年代先后排列。辑佚有《梨赋》等五条内容。附录为琴歌二首、司马相如列传、研究资料选辑。每篇注释首条较详尽地考证了作品的写作年代，简要说明了作品的主要思想。注释择用古注，兼释用典，有分歧的加案语说明。本书注释详细，是一部关于司马相如文集的重要注本。

李天道《司马相如赋的美学思想与地域文化心态》，北京：中国社会科学出版社、华龄出版社 2004 年 10 月出版

本书首先对司马相如辞赋的美学思想进行了现代阐释。然后第一至第七章分别从审美主体修养论、审美构思特征论、审美想象论、审美灵感论、司马相

如赋的审美精神、审美价值论等方面作了较为全面的探讨。第八章和第九章分别论述了中国地域文化、巴蜀地域文化与司马相如辞赋的艺术精神。

刘南平、班秀萍《司马相如考释》，天津：天津古籍出版社 2007 年 7 月出版

本书除绪论和附录外，主要包括三章内容。第一章为司马相如行迹系年考及真伪辨，对司马相如的出生、仕宦、游历及归蜀前后与再度出蜀后、三度为郎前后的行迹和创作进行了系年考辨。第二章对司马相如"慕蔺相如之为人"这一"原始情结"作了分期考察，分为萌生、压抑、隐蔽、勃发、挫而不泯五个阶段。第三章对司马相如的六篇辞赋加以具体的考释，包括题解、校注、今译、综述等内容，较为全面地提供了相关的研究成果。附录"20 世纪 20 年代至 21 世纪初国内司马相如研究综述"和"司马相如生平考述评"。本书是司马相如研究方面比较重要的参考书。

李孝中、侯柯芳《司马相如作品注译》，成都：四川人民出版社 2007 年 10 月出版

本书收录司马相如各体作品 13 篇。全书注释部分，第一条为文章出处和题解。注文不避旧注，不作疏串。译文直译为主，意译为辅，比较通俗简明。附录有《史记·司马相如列传》、轶事、历代题咏、集评、《凡将篇》与小学、风月瑞仙亭、杂剧传奇中相如文君戏曲目录等，汇辑的资料相当丰富。

踪凡《司马相如资料汇编》，北京：中华书局 2008 年 11 月出版

本书主要收录了历代文人对司马相如的生平仕履、思想品格、文学创作等诸多方面的记载与评论。书中所收资料包括西汉至民国时期，并按作者时代先后排列。书中也择要收录了卓文君的资料以及关于相如、文君爱情故事的歌咏、评论。书后附录"司马相如研究论著索引"和"表现相如生平及其与卓文君爱情故事的文艺作品和相关论著"。该书资料详备，采摭广泛，是一部便利有益的资料汇编。

丁忆如《司马相如赋篇之音韵风格研究》，台北：花木兰文化出版社 2012 年 3 月出版

本书以司马相如赋为例，采取语言风格学概念，通过归纳统计常用声

母、韵部和声调，说明了西汉赋的音韵特征，并借赋篇音值的构拟，呈现其朗诵是音韵和谐、对比的表现。具体内容如下：第一章交代研究动机、方法及范围，并整理前人研究成果。第二章从"声母相谐的排偶句""顶真的声母复沓"两项，整理出相关的例子及其比例。第三章根据韵脚通押关系，归纳"韵部相谐的虚字排比句""韵部相谐的排偶句""阳入声韵搭配的排偶句"的例子。第四章整理声调复沓或对比的排偶句，凸显相如赋既相谐又对比的音韵搭配。第五章比较相如赋双声、叠韵、叠字三种音韵特征。最后在第六章结论与附录中以具体拟音，呈现赋的朗诵实况。

熊伟业《司马相如研究》，成都：电子科技大学出版社 2012 年 11 月

本书是一部比较全面的司马相如研究专著。全书内容共四编。第一编司马相如生平新订，对相如县、故里、家世、生年、生平经历进行了考证，并对《西京杂记》所载相如事迹、司马相如作品流传也作了考论。第二编《子虚上林赋》研究，分析了该赋的创作问题、创作背景、修辞、人物、结构、主题、物色等内容。第三编司马相如其他赋作研究，对《美人赋》《哀二世赋》《长门赋》《大人赋》的真伪、作年、结构、音韵、立意等问题进行了考察。第四编司马相如文研究，对《喻巴蜀檄》《难蜀父老》《谏猎疏》《封禅颂》的主题、文体特点、修辞及时代意义作了探讨。

邓郁章《天下文宗司马相如》，成都：四川人民出版社 2013 年 5 月出版

本书为一部普及传记读物，共有四讲内容。第一讲"相如故里，本在蓬安"，通过文献记载，再次提出相如故里不在成都，而在今南充市蓬安县。第二讲"辞宗赋圣，文化之光"，叙述了相如辞赋的相关史事、内容与艺术特色。第三讲"琴挑文君，爱情经典"，通过文本解读，阐释了其故事内蕴，说明了其历史价值，同时也反驳了后世对相如此事的批评。第四讲"通西南夷，功业千秋"，记述了司马相如的政治理想与历史功绩。

东方朔（前161—?）

傅春明《东方朔作品辑注》，济南：齐鲁书社 1987 年 8 月出版

本书辑录东方朔各体作品十四篇，每篇都有注释。注释中首先为题解，针对作品的写作背景、时间、文章内容、艺术特色、文体源流等作了相关说明。注文对字词、典故等有较为详明的解释。书后附录东方朔生平大事记、传记、《东方朔画赞》《东方大中集题辞》《东方先生文集序》等。

高光复《汉魏六朝四十家赋述论》，哈尔滨：黑龙江教育出版社 1988 年 9 月出版

本书《东方朔赋》篇首先指出东方朔是具有特殊性格、富于个性的人物。其次阐述了《非有先生论》的牢骚不平之气和《答客难》的滑稽讽刺，同时又说明东方朔敢于直言切谏的性格。最后又点出东方朔赋在两汉以抒发悲愤不平为特点的辞赋创作传统中的地位和价值。

龚克昌《东方朔》，收入吕慧鹃、刘波、卢达编《中国历代著名文学家评传》（续编一），济南：山东教育出版社 1989 年 12 月出版

本书主要内容有：一、主要经历及其辨正，列叙了东方朔的仕宦情况，并对《汉书·东方朔传》的记载在系年上作了考辨正误。二、思想倾向与滑稽失意，提出了东方朔以儒家思想为主导的儒法思想倾向，同时又分析了他不得志的原因。三、作品简说，重点评论了《答客难》的内容和艺术上的特点。

孟祥才《滑稽大师淳于髡与东方朔》，济南：山东文艺出版社 2004 年 10 月出版

本书东方朔部分共七节内容，分别为：俳优一生、谏阻建上林苑、正朝

廷礼法、谏武帝节俭、《答客难》《非有先生论》露心声、赋作评析、成仙的传说。最后结语部分对淳于髡与东方朔的人生际遇、思想境界、事功成就作了简要的比较。该书融历史性和故事性于一体，有一定的参考价值。

林春香《东方朔及其文学形象研究》，福州：博士学位论文，福建师范大学，2012 年

本论文主要从三个层面对东方朔及其文学形象的演变进行了研究：一是对东方朔生平、交游、人生经历等进行考述，在此基础上，勾勒东方朔一生经历及心态变化的历程，探究其政治失意的原因。二是对东方朔创作成就的考述，大致确认为东方朔的作品数量至少在 32 篇以上，体裁涉及骚、疏、赋、论、书、设难、颂、铭、诗、祝盟多种文体，并以此为依据，分析探讨了东方朔创作内容及其艺术成就。三是对以历史中的东方朔为原型的文学作品中的东方朔人物形象演变进行研究。其形象经历了由人到神的转变过程，继承发扬了正史中滑稽机智、博闻强识等特点。在绝大多数相关的文学作品中，东方朔与汉武帝紧密相连，成为汉武故事系列中的一个重要分支。

刘彻（前 156—前 87）

荣真《汉武帝》，台北：知书房出版社 1992 年 9 月出版

本书共有二十一章，按照汉武帝文治武功等活动的不同类型，运用类似"纪事本末体"的写法，同时注意到时间的连续性，对汉武帝充满矛盾和冲突的一生进行了详细入微的评述。全书详明流畅，既具学术价值，可读性也较强。本书又有中州古籍出版社 2004 年 5 月版、外文出版社 2013 年 10 月版。

杨生民《汉武帝传》，北京：人民出版社 2001 年 8 月出版

本书内容共有十二章：一、传奇的少儿时代，二、尊儒术、重法治、悉延百端之学，三、施德治安定社会，四、财政危机与经济改革措施，五、政治体制改革，六、外事四夷、教通四海，七、文化、科技方面的贡献，八、祭祀礼仪大典与方士、神仙，九、晚年的形势与悔过，十、汉武帝和他的臣下，十一、后宫制度与淫侈生活，十二、汉武帝的历史地位。本书史料丰富，论述生动，评价也十分中肯。该书又有台湾商务印书馆 2005 年 5 月版。

庄春波《汉武帝评传》，南京：南京大学出版社 2001 年 12 月出版

本书以贾谊《治安策》提出的九大问题开篇，分析了至武帝由"无为之治"转变为"有为政治"的必然性。其后各章，叙述和分析了汉武帝复兴儒学，建立大一统的政治体制，实行"利出一孔"的经济政策，以及征战匈奴和西域等方面的历史功绩；同时也指出了"权力集于君主"一人而无法保障政权的稳定性，而最终不能不导向神秘主义，神秘主义更加破坏政权稳定的历史必然性。作者认为汉武帝的一生实际上是人们认识中国古代君主专制制度的典型案例。

安作璋、刘德增《汉武帝大传》，北京：中华书局 2005 年 7 月出版

本书内容分为十章，分别是：继承帝位、大有作为的时代、颁定治国思想、强化君主专制中央集权、改革兵制与选官制度、外事四夷、缓解财政危机、宫廷生活、晚年的转变、论汉武帝。附录汉武帝大事年表。本书材料翔实、考辨精审，具有较高的学术价值。

何新《雄：汉武帝评传及年谱》，北京：中国民主法制出版社 2005 年 8 月出版

本书包括论汉武帝、《淮南子》与汉初政治斗争、汉武帝建元新政之失败、董仲舒与武帝之元光决策、焚书坑儒及秦汉之际意识形态转型、经学今古文分野与汉初政治斗争、武帝晚年的巫蛊之乱、巫蛊之乱背后的外戚集团斗争、卫太子的平反与轮台罪己之诏、汉武帝抗击匈奴之十五战役、匈奴对汉朝的生物战争及其历史后果等内容。最后是"汉武帝年谱"。该书对汉武帝一朝政治史事中若干历来难解之疑给予了解析，富有启益。

龙文玲《汉武帝与西汉文学》，北京：社会科学文献出版社 2007 年 9 月出版

本书从帝王这一特殊读者和特殊作者影响文学的角度，研究了汉武帝在即位前及在位前期后期不同阶段的文学观念、文化政策和文学创作对文学的不同影响。第一章论述了汉武帝即位前的文化教育与文学观念萌芽。第二章论述了在位前期汉武帝的文学观念，及其对诗、赋、政论散文、诗骚的影响。第三章阐述了在位后期汉武帝的文学观念，及其对上述各体文学及小说的影响。本书对中国文学史上帝王与文学关系的普遍规律研究，提供了值得借鉴的理论和方法。

罗义俊《汉武帝评传》，上海：学林出版社 2008 年 8 月出版

本书共九章。第一章叙述了面对"文景"盛世及皇储竞争优胜的时代幸运儿汉武帝。第二章从尊儒兴学、悉延百家，论述了汉武帝的文化活动。第三章论述了汉武帝构筑皇权专制统治的各项措施。第四章讨论统制经济、垄断财利等各类经济政策。第五章叙述戡定边患、开拓疆域等外交军事活动。第六章分析了汉武帝外施仁义、缓和矛盾的对内政策。第七章分述了武帝豪奢的宫廷生活与残酷的宫闱斗争。第八章论述了晚年武帝的悔悟。最后总体评价了汉武帝的历史地位、人物角色与其统治期间朝廷社会的状况及政

治形态。本书为修订新版，初版由上海人民出版社于 1988 年 10 月出版。

　　许结《汉武帝》，南京：南京大学出版社 2008 年 10 月出版

　　本书为"中国思想家评传简明读本"之一。全书分为十四节，简要叙述了汉武帝一生的事迹。其内容包括：一、汉武帝的出身及其时代。二、从胶东王到皇太子。三、"金屋藏娇"与两代外戚。四、亲政后的改制与施政。五、群贤并举的武帝朝堂。六、中官制度的建立。七、元朔改革与易后立嗣。八、推恩削藩与淮南王案。九、抗匈名将卫青、霍去病。十、贰师将军与卫、李家族的兴衰。十一、张骞两通西域。十二、求仙与鼎湖之病。十三、巫蛊之祸。十四、武帝托孤。

　　辛德勇《制造汉武帝：由汉武帝晚年政治形象的塑造看〈资治通鉴〉的历史构建》，北京：生活·读书·新知三联书店 2015 年 10 月出版

　　本书对《资治通鉴》所载汉武帝晚年政治路线由尚武到崇文的改变这一史学定论，提出质疑。从史源学研究和新史学的思路出发，论述《资治通鉴》对汉武帝晚年政治形象的塑造，指出其所依据的史料《汉武故事》等存在严重问题，认为汉武帝晚年并没有司马光所期望的政治路线转变，指出《通鉴》不能作为研治秦汉史的一般史料使用。本书通过个案研究，说明史料的准确性是历史著作立论的基础。

司马迁（前145？—前87）

郑鹤声《史汉研究》，上海：商务印书馆1930年8月出版

本书绪言首先简述了《史记》《汉书》学史。正文第一章《史记》部分，分为传略、组织、补窜、源流、条例、制作六部分对司马迁及《史记》作了扼要的论述。第三章《史》《汉》比较，除总述之外，从体例、增删、叙事三方面进行了比较研究。本书又有山西人民出版社2014年12月版。

郑鹤声《司马迁年谱》，上海：商务印书馆1931年9月出版

本书以王国维《太史公系年考略》为蓝本，并征引其他典籍中相关记载，尤其是《太史公自序》《报任安书》以及《韩城县志》《同州府志》等当地文献，加以梳理而编撰成书。书中对司马迁生平事迹作了考证，对于司马迁的《史记》及朋辈交游也有论述。同时书内附有《司马氏世系表》《尚书传授世系表》《司马迁游历区域表》《司马迁交游表》四表。另外书后附有《司马迁生年问题的商榷》一文。本书又有商务印书馆1956年2月版，仅修正个别字句。

李景星《史记评议》，济南：济南精艺印刷公司1932年出版

本书为屺瞻草堂《四史评议》之一。书中每篇评议文章包括三部分，即艺术特色的分析研讨、太史公赞语的评论、史实考辨。其中评文部分，虽沿评点派之风，但多注意结构层次及其义法，这是全书的重点。评史部分稍逊评文，然也常能阐发新意。该书有东北师范大学出版社1985年10月陆永品点校本，该本又有上海古籍出版社2008年11月版。另有岳麓书社1986年11月韩兆琦、俞樟华校点《四史评议》本。

陈衍《史汉文学研究法》，无锡：无锡国学专修学校 1934 年 4 月出版

本书从文章学的角度，通过字法、句法、章法等综合分析，对《史记》《汉书》的艺术特点进行了深入的研究，如"司马子长叙事长篇者多用是时、当是时提振，且以结束上文""文有宜繁而不宜杀者""《史记》有通篇命意一线到底者""写生语有不在多者""措辞用笔以曲折达意者""《汉书》叙轇轕不清之事最叙得井井有条"等。书中举出一命题，然后广引相关文例，加以说明。该书的论述，具体深入集中，显示了一定的理论水平，一些观点与当代叙事学相吻合。此书在《史记》《汉书》辞章学研究史上有重要的地位。

王骏图、王骏观《〈史记〉旧注平义》，南京：正中书局 1936 年 10 月出版

本书为订正《史记》三家注之作。该书以乾隆四年经史馆校刊殿本为底本。内容按照原书篇次，摘列本句，先载旧注，后加案语加以辨正。案语包括文字校勘、注文评判、句意疏通，对三家注不确之处进行了考订正误。本书又有上海正中书局 1947 年 9 月沪一版、台北正中书局 1967 年 4 月版。

鲁实先《〈史记会注考证〉驳议》，长沙：湘芬书局 1940 年出版

本书为驳正泷川资言《史记会注考证》而作。书中共归纳出七类弊病，分别是体例未精、校刊未善、采辑未备、无所发明、立说疵谬、多所剽窃、去取不明。全书引证博赡，论断精审。该书又有岳麓书社 1986 年 7 月版。

朱东润《〈史记〉考索》，上海：开明书店 1943 年 8 月出版

本书共收录论文十八篇，内容分为五类：一、论史例，如《史记纪表书世家传说例》等。二、论史实，如《史记终于太初考》等。三、论史注，如《司马贞史记索隐说例》等。四、辑佚，如《邹诞生史记音义辑佚》等。附录考订类，如《太史公名称考》《史记名称考》等。本书又有香港太平书局 1962 年 9 月版、华东师范大学 1996 年 12 月版、武汉大学出版社 2009 年 11 月版等多种版本。

洪业等《史记及注释综合引得》，北平：哈佛燕京学社 1947 年 12 月出版

本书所据《史记》本文、三家注及考证为光绪癸卯（1903）上海五洲同文书局石印《二十四史》本，泷川龟太郎《会注考证》则据昭和七年（1933）日本东方文化学院东京研究所排印本。书中条目按照"中国字庋撷

法"排列，每条依次注明所在卷数、页数、版面。书首附"五洲同文书局本《史记》卷叶表"，便于与其他版本《史记》互推。另附笔画检字表。该书是研读《史记》的重要工具书。本书又有上海古籍出版社 1986 年 11 月版影印版，增入四角号码检字表及汉语拼音检字表。

李长之《司马迁之人格与风格》，上海：开明书店 1948 年 9 月出版

本书主要从文学、兼从史学的角度展开分析论述。第一至三章论述《史记》产生的时代特点，司马迁的学术渊源、历史观点、政治思想。第四至六章从无限之象征、必然的悲剧、《史记》各篇著作先后三方面论司马迁之体验与创作。第七章分析了司马迁浪漫的自然主义精神。第八章从美学上分析了司马迁的风格。第九章从文学史上评价了司马迁的贡献。本书又有生活·读书·新知三联书店 1984 年 5 月版及商务印书馆 2011 年 9 月版。

季镇淮《司马迁》，上海：上海人民出版社 1955 年 3 月出版

本书分为七个部分：一，家世。二，童年。三，漫游、侍从和奉使。四，为太史令——从内廷到外廷。五，著述理想的开始、挫折和坚持。六，伟大的现实主义的历史家和文学家，该部分主要论述了《史记》创作的方法、态度、思想、人物评价及文学成就。七，司马迁在中国文化上的地位和影响。本书关于司马迁的履历基本依照王国维《太史公行年考》一文。

瞿蜕园《〈史记〉故事选》，上海：上海文化出版社 1956 年 3 月出版

本书从《史记》中选取有代表性的人物故事二十二篇，并进行了剪裁加工，较好地保存了原著的文学色彩。该书是一部普及读物。

中国科学院历史研究所第一、二所编辑《史记研究的资料和论文索引》，北京：科学出版社 1957 年 4 月出版

本书搜罗了《史记》研究方面的众多论著资料，并加以分类编辑。全书分为十部分，版本部分罗列了从汉简到现代印本以及日本所存的各种版本，并有工具书、译本。目录部分为今人所编各种目录学著作。解题部分搜集了重要目录学著作对《史记》相关的叙录。其次为关于史记"全书"的研究、关于史记"各个部分"的研究、司马迁的生平事迹及其学术贡献、稿本和未见传本目录、有关史记的非专门著作目录、唐宋元明笔记中有关史记的文字条目、外国学术期刊中有关史记的论文及专著目录。该索引对

《史记》研究的相关重要资料搜罗较为完备，参考价值也很高。

王伯祥《史记选》，北京：人民文学出版社 1957 年 4 月出版

本书选录《史记》中描写生动而故事性较强的记叙文 20 篇，特别强调它在传记文学上的文学性。书前有《序例》，系统地论述作家的生平、《史记》的伟大史学成就、伟大文学成就、深远的影响以及版本知识等。本书校注合一，校勘部分注明各本文字的异同正讹。注释部分，包括音读、字义、语汇、地名、人名、官名、器物名和典章制度等，详赡准确。注释之外还有简略的史学评议。该书是《史记》选本中的典范之作。本书又有该出版社 1982 年 10 月版。

张友鸾等《〈史记〉选注》，香港：中流出版社 1957 年 6 月出版

本书选录《史记》本纪、世家、列传及《太史公自序》共 26 篇。每篇先照录原文，然后是注释。注释部分释词精要，对涉及历史文化的术语有着详明的注解，同时也有一些校勘和句意疏通。本书是一部质量较高的《史记》选注本。

文史哲杂志编辑委员会编《司马迁与〈史记〉》，北京：中华书局 1957 年 9 月出版

本书选集了关于司马迁及《史记》的论文九篇。文章对司马迁的一生行事、学术思想及其对祖国学术文化的影响，以及《史记》一书的内容意义、语言特点、编撰体例等，作了比较具体而深入的分析和研究。

贺次君《史记书录》，北京：商务印书馆 1958 年 10 月出版

本书对《史记》现存历代钞刻众本加以整理比勘，为目录与校勘提供了参考。书中著录以宋元明刻本为主，上探六朝及唐钞本，下及清代民国刊本，相互比较，并尽可能追溯其源流。本书是一部有着很高的学术价值和实用性的版本学论著。本书又有（台北）地平线出版社 1972 年 5 月版，署名改为"本社编"。

人民文学出版社编辑部《史记选》，北京：人民文学出版社 1959 年 4 月出版

本书为"文学小丛书"之一。全书节选了《史记》中的十篇片段，注

文大部分采用了王伯祥《史记选》和严敦易《史记选注》的注释。该书为普及性的小册子。

顾颉刚等《史记》，北京：中华书局 1959 年 9 月出版

本书是点校本二十四史之一。该书以清同治金陵书局《史记集解索隐正义》合刻本为底本，并据张文虎《校勘史记集解索隐正义札记》及清代以来诸家之说，订正《史记》正文及三家注的文字讹误脱衍，校勘记附于每卷之后。该本分段精善，校勘审慎，标点妥帖，技术得当，是一部极具参考价值的《史记》整理本。该书又有 1977 年 4 月出版点校本《史记》线装大字本，以及 1982 年 11 月第二版。

郑权中《〈史记〉选讲》，北京：中国青年出版社 1959 年 11 月出版

本书选录《史记》中传诵的名作十二篇。其体例为每篇篇首有简短的题解，注释部分包括解释词语和通释全句，篇后为分析性的文字，或说明时代背景，或分析人物形象和细节描写等。

谢介民《司马迁》，北京：中华书局 1959 年 12 月出版

本书为"中国历史小丛书"之一。书中共有五节内容，扼要地叙述了司马迁所处的时代背景与其生平事迹，同时对《史记》的内容和写作过程也作了简要的介绍和分析。

胡佩韦《司马迁和〈史记〉》，北京：中华书局 1962 年 11 月出版

本书为"古典文学基本知识丛书"之一。全书共有十三节：一至四节叙述司马迁的少年、漫游、入仕和扈从封禅、制订太初历与继《春秋》而述作。五、六节叙述了李陵案和发愤著书。七至九节分别从《史记》体例、司马迁对待历史的态度（考信和实录）、司马迁的史识（不与圣人同是非）作了叙述。十至十二节分别从文学的思想性（歌颂和讽刺）、艺术特色（小故事的描写和大场面的表现、语言艺术）对《史记》文学成就作了评述。最后讲《史记》的流传和影响。本书又有上海古籍出版社 1979 年 11 月版。

金德建《司马迁所见书考》，上海：上海人民出版社 1963 年 2 月出版

本书对司马迁著作《史记》所凭借的各种典籍加以探讨，辨析出司马

迁所见书名总计有 82 种。其中今存 36 种，残 6 种，亡 40 种。同时对这些书当时之有无、真伪及其后之流传、今本某书是否即其所见之书等进行考辨评论。本书是一部富有启发意义和实用价值的著作。

黄福銮《史记索引》，香港：香港中文大学崇基书院远东学术研究所 1963 年 12 月出版

本书以中华书局《四部备要》本及商务印书馆《四部丛刊》本《史记》为底本。索引分类依照《太平御览》分为人名部、地理部、天时部等二十四类。每条索引按照笔画顺序排列，有需解释者，悉附简注，并注明其在两本中的卷数、页数、行数。该书分目详细，便于检索。

钱穆《史记地名考》，香港：龙门书局 1968 年 9 月出版

本书共三十四卷，主要考证《史记》中所涉及的地名，其体例为每一地名下，罗列该地名出处及相应篇章，然后列三家注相关注解，次为案语，注明该地名对应的现今政区位置，并对旧注误解处加以辨正。书后附录地名总目和地名索引各一卷。本书文体简净，要言不烦，不仅是研读《史记》的重要参考著作，并且也是一部历史地理学的力作。该书现有 1949 年前上海开明书店版，后（香港）太平书局 1962 年 10 月版，作者改题为"前开明书店"。此版作者新加序文及附录，正式出版。此后又有（台北）三民书局 1984 年 2 月版、台湾联经出版事业公司 1998 年《钱宾四先生全集》版、商务印书馆 2001 年 7 月版、九州出版社 2011 年 7 月据联经《全集》重排版。

杨家骆《〈史记〉今释》，台北：正中书局 1971 年 12 月出版

本书选录《史记》35 篇，分甲乙两编，皆为作者所藏诸选本中，互选达十八次以上的篇目，其中甲编 19 篇为互选达二十四次以上者，其余 16 篇为乙编。本书所选篇目，兼顾史事与文章。甲编于文字事实，详加注释，并有考订，难解之句译以今语。乙编则仅简注古今字之通假、难读字之音义、古地名之今在。附编"《史记》名称探源""太史公世系及太史公父子年谱及著史年代考""《史记》参考资料"等三部分内容。

徐文珊《史记评介》，台北：维新书局 1973 年 9 月出版

本书介绍了司马迁的家世、生平、《史记》的名称、篇数以及补续与改

审情况，同时论述了司马迁的学术思想与文章风格等。该书从十个方面说明怎样阅读《史记》，对司马迁在史学、文学上的成就作了评述，并用现代眼光对司马迁的创作与《史记》诸方面进行了研讨和评述。

刘伟民《司马迁研究》，台北：国立编译馆 1975 年 2 月出版

本书从史学角度对司马迁及《史记》作了较为全面的研究。本书内容共有十二章：一，司马迁在中国文化思想史上的地位；二，司马迁之时代背景与生活事略；三，"史记"与"太史公"名称考释，以及《史记》的散佚、增补与注释、版本；四，司马迁与儒、道、法、阴阳各家思想之关系；五，司马迁的历史哲学；六到十一章分别论述了司马迁的政治思想、经济思想、社会思想、伦理思想、宗教思想、教育思想；十二，由对《史记》篇目的研究，考察了司马迁的史学地位和史学方法等问题。

吴福助《史汉关系》，台北：文史哲出版社 1975 年 4 月出版

本书主要内容为针对《汉书》和《史记》异同做的比较研究，《汉书》孝武以前袭录《史记》，《汉书》袭录《史记》诸篇与《史记》之关系，《汉书》善袭《史记》体例，还有对于《汉书》《史记》具体材料和文句的对比。最后指出，《史》《汉》宜兼治并重。该书材料论据充分，论断较为中肯。

陈新雄、于大成《史记论文集》，台北：木铎出版社 1976 年 5 月出版

本书选辑《史记》研究的多人数篇论文，主要内容有：《史记》导论，《史记》的体制、短评、材料来源，《史记》的纪事起讫年限，《史记》的版本等。该书是研究《史记》的重要参考文献之一。

北京卫戍区某部六连《史记》选译小组《〈史记〉选译》，北京：中华书局 1976 年 9 月出版

本书选录了本纪、世家、列传中人物传记共二十篇。每篇前有简评，对其历史作用加以简要的评论。正文以中华书局点校本为据，并分段注释，其中主要是人名、地名、词语的解释说明，较为简明扼要。正文后为译文。书后附有"西汉前期大事年表"。

钟华《〈史记〉人名索引》，北京：中华书局 1977 年 4 月出版

本书以中华书局点校本《史记》为据编制。书中对《史记》中出现的

人名按照四角号码加以编排，并对一人数名数称或数人同名同称的情况作了考辨。索引条目用专门符号标出凡在《史记》中有正传、附传之人，或本纪、世家的世系中有专载的人，便于分别其主次。书后附笔画索引。该书是一部便利实用的工具书。

郑樑生《司马迁的世界——司马迁戏剧性的一生与〈史记〉的世界》，台北：志文出版社 1977 年 6 月出版

本书分为两篇。第一篇为司马迁传，从出仕以前、在朝为官、撰述《史记》三方面陈述了司马迁悲剧性的一生，并对其撰述《史记》的动机作了较为深入的探讨。第二篇《史记》的世界，从本纪、世家、年表、列传四个方面对相关体例、史事、人物等作了别具一格的论述。

施之勉《史汉疑辨》，台南：利大出版社 1978 年 2 月出版

本书为论文集，收入作者对《史记》《汉书》考辨文章 19 篇。其中关于《史记》的考证文章 13 篇，包括《禹禅会稽考》《殷亳考》《殷人兄弟相及质疑》《墨子姓墨辨》《荀卿五十始来游学于齐考》《荀子年表》《秦博士职掌考》《汉王从五诸侯入彭城考》《枚乘谏吴王书非出后人假托辨》《终军上对在元狩五年考》《董仲舒对策在元光元年考》《董子年表订误》《河西四郡建置考》。

周虎林《司马迁与其史学》，台北：文史哲出版社 1978 年 5 月出版

本书共七章：一、导论，论述《史记》的名称及史学地位等相关问题，并详考史字的意义与史官源流。二、叙述司马迁的家世生平，重点考订其生年。三、四章论述《史记》的编纂（包括写作动机与著述过程）和内容体裁。五、讨论《史记》的增补与流传，并略述其版本问题。六、七章分析其历史哲学与史学方法，如《史记》的综合组织与义法，同时对"太史公曰"也作了研究。最后是结论。附录司马迁与其史学、司马迁的儒家思想、史学方法新论。

梁弼《〈史记〉故事选译》，上海：上海古籍出版社 1978 年 7 月出版

本书是"中国古典文学作品选读"丛书之一。书中选择了《史记》中的典型人物故事，如孙庞斗智、火牛阵、鸿门宴、飞将军李广等。每篇故事前有题解文字加以说明，词语训解随文注释，正文后为译文。本书属于普及

读物。

陈直《〈史记〉新证》，天津：天津人民出版社 1979 年 4 月出版

本书运用"二重证据法"，充分利用考古材料与文献相结合以证明《史记》的史料价值。书中广泛引用甲骨文、两周铜器铭文、秦汉权量、石刻、简牍等，同时征引文献典籍，将文献与考古合二为一，展现了《史记》研究的新面貌，是一部具有重要意义的学术著作。

马持盈《〈史记〉今注》，台北：商务印书馆 1979 年 7 月出版

本书内容按照《史记》原书篇目排列，每篇分为若干段落，对其中的人名、地名作了说明，同时对字词也加以训释，多数情况下对句子有串讲疏通，虽题为"注"，实则等同于"译"。该书具有较大的参考价值。

谢介民《司马迁和〈史记〉》，北京：中华书局 1980 年 8 月出版

本书是"中国历史小丛书"之一。全书共六节内容：一、史官家世、刻苦自学，二、游历全国、实地考察，三、担任史官、继承父志，四、直言敢谏、无辜受刑，五、忍受耻辱、发愤著书，六、"史家之绝唱、无韵之《离骚》"。该书为普及读本，十分简略。

顾立三《司马迁撰写〈史记〉采用〈左传〉的研究》，台北：正中书局 1980 年 10 月出版

本书分为八节。第一节为前言，第二至第七节分别从义理的取舍与文词的减省、史事的减省、关联及战争史事的减省、个别国家史事的减省、史事及文词的增加、史事及文词的改写等六个方面论述了《史记》对《左传》的改编处。最后第八节为结论。

白寿彝《〈史记〉新论》，北京：求实出版社 1981 年 8 月出版

本书共有六篇，对司马迁编著《史记》的宗旨、历史背景、写作方法以及《史记》在我国史学史上的重要地位和贡献，作了较为系统的论述。后附《司马迁寓论断于序事》一文。全书叙述清晰，时有新见，在《史记》研究方面有着较为重要的地位。

郭维森《司马迁》，南京：江苏古籍出版社 1982 年 4 月出版

本书为"中国历代名人传丛书"之一。全书由八节内容组成，分别是：一、故乡与家世，二、二十漫游，三、由郎中到太史令，四、李陵之祸，五、刑余的史臣，六、史家之绝唱，七、无韵之离骚，八、光照千古。其中第六和七节较为详细地论述了《史记》在史学和文学上的杰出成就。本书又有南京大学出版社 2008 年 10 月版，为中国思想家评传简明读本。另外南京大学出版社于 2010 年又有该书的中英文与中日文对照版，英文版由澳大利亚杨国生、爱博译，日文版由横田隆志译。

历史研究编辑部《司马迁与〈史记〉论集》，西安：陕西人民出版社 1982 年 4 月出版

本书共收入论文十五篇，内容分六组：一是总论司马迁与《史记》；二是论述司马迁的史学贡献与编纂学；三是司马迁的思想；四是司马迁著史方法；五是对司马迁及《史记》中问题考证；六是《史记》的传播与评价。书后附录"司马迁与《史记》研究论文目次"。

段书安《〈史记〉三家注引书索引》，北京：中华书局 1982 年 6 月出版

本书以中华书局点校本《史记》为据，将裴骃《集解》、司马贞《索隐》、张守节《正义》中所引书名依照四角号码加以排列，每条注明该条书名所在卷数及页数。书后附有笔画索引。

施丁、陈可青《司马迁研究新论》，郑州：河南人民出版社 1982 年 8 月出版

本书为论文集，共收入十四篇文章。其中所收文章就司马迁的历史撰述、史学思想（历史观、政治观、经济观、社会观、学术观）、历史文学、马班异同，作了较为全面的论述。同时还将历来学者对司马迁的研究著作及评价，作了简要的介绍和评论。

吴季桓《司马迁》，台北：名人出版事业公司 1982 年 8 月出版

本书以《汉书·司马迁传》与《史记》中的材料勾勒了司马迁的一生。全书分为六节，分别是：世居龙门司马氏，壮游东南是少年，侍从君侧为郎中，继承父业任太史，飞来横祸李陵案，巫蛊奇冤报任安。

张智彦《司马迁》，收入辛冠洁、丁健生、蒙登进主编《中国古代著名哲学家评传》（续编一），济南：齐鲁书社 1982 年 8 月出版

本书分为五节内容：一，简述了司马迁的生平及其《史记》。二，阐述了司马迁的哲学思想，包括自然观、究天人之际、"形""神"问题、对实际的态度。三，分析了司马迁的社会历史观，包括历史的变化发展观、对经济生活的重视、注意经济与政治的关系、物质生活与道德的关系、重视农民起义。四，从"仁政"与"无为"的统一、对封建专制统治的抨击两方面探讨了司马迁的政治思想。最后为结束语。

黄沛荣《〈史记〉论文选集》，台北：长安出版社 1982 年 9 月出版

本书从专书及期刊中采录民国学者有关司马迁与《史记》研究著作 18 篇。前 7 篇着重讨论太史公的生平与思想，后 11 篇则分别讨论《史记》的相关问题，包括《史记》解题、总论，司马迁的史学、《史记》纪事终讫年限考，风格、语言等。本书所收论文兼具概述、评论、考辨、赏析四类，涵括较为全面。

韩兆琦《〈史记〉选注集说》，南昌：江西人民出版社 1982 年 11 月出版

本书共选《史记》作品 28 篇，包括本纪、世家、列传。其选文标准为：反映的史实重要；作品的文学性强；与作者的思想关系密切；司马迁个人独创的篇章。书中将原文分段注释，每段有段落主旨，注文比较简明，间或附有前人对相应字句的评点，篇末"集说"为前人论说本篇或篇中某人物的文字。书后附录有"历代对《史记》的总评（摘录）"，并有地图"战国形势简图""陈涉起义及楚汉战争形势图"两幅。本书又有"续编"，又增选书、表。本书又有海口南海出版公司 2003 年版。

洪淳昶《〈史记〉的世界》，香港：岭南大学出版部 1982 年出版

本书内容主要有：司马迁的生平、《史记》的时代、《史记》的写作过程、《史记》的体裁及内容、《史记》的世界。书后附有司马迁及《史记》年谱。本书是《史记》研究的入门书。

赖明德《司马迁之学术思想》，台北：洪氏出版社 1983 年 2 月出版

本书较为全面地评述了司马迁的学术思想，内容共分为十章：一，司马

迁所生长的时代和社会。二，司马迁的读书游历和师友。三，司马迁撰写
《史记》的心理背景。四，司马迁的经学。五，司马迁的史学。六，司马迁
的诸子之学。七，司马迁的文学。八，司马迁的历学。九，司马迁的政治、
经济、社会等思想。十，司马迁学术与思想的评价。原书初版于 1982 年 3
月，此处所录为增订版。

季镇淮《司马迁》，收入吕慧鹃、刘波、卢达编《中国历代著名文学家
评传》（第一卷），济南：山东教育出版社 1983 年 5 月出版
　　本书从五个方面较为详细地叙述了司马迁的生平和《史记》著作的情
况：一，家庭和少青时代；二，漫游祖国和郎官经历；三，开始著作《史
记》；四，发愤完成著作计划和理想；五，《史记》人物传记的思想性及其
叙事特点。

陆永品《司马迁研究》，南京：江苏人民出版社 1983 年 5 月出版
　　本书为论文集，共收 10 篇文章。其内容大致可分为四类：一是史事考
述，如太史公行年考辨、司马迁与李陵事件；二是思想研究，包括司马迁的
文艺观、历史观、社会观、哲学思想等；三是文学研究，如司马迁传记文学
的艺术成就、司马迁笔下项羽和刘邦的形象；四是其他，如司马迁取得伟大
成就的途径、司马迁与《史记》有关问题的简介等。

林聪舜《〈史记〉的人物世界》，台北：三民书局 1983 年 7 月出版
　　本书选取《史记》中的典型人物，如伯夷、信陵君、吕不韦、荆轲、
项羽以至酷吏等，在叙述中对其命运、思想等加以深入的诠释，由此说明司
马迁笔下的这些人物是反映历史普遍性的人物典型，并呈现了"更高的真
实"。

王叔岷《史记斠证》，台北：中研院历史语言研究所 1983 年 10 月出版
　　本书以日本泷川资言《史记会注考证》为底本。斠证分为五项内容：
一、字句整理，包括证成旧说、补充旧说、修正旧说、审定旧说、旧说所无
而自发创见。二、史实探索，包括史实来源、史实补充、史实参证。三、陈
言佐证，对《史记》中所载陈言，考辨旧注之误，辨明文句出处。四、佚
文辑录，包括可补入正文者、可补注正文者、无从附丽者。五、旧注斠补，
包括字句校理、位置审定、立说所本、佚注拾补。本书又有中华书局 2007

年 7 月版。

徐朔方《史汉论稿》，南京：江苏古籍出版社 1984 年 11 月出版

本书分上下两编。上编多为考据式的短文，对《史记》《汉书》中的相关历史问题进行考辨，同时也有对人物的评论。下编对《汉书》因袭《史记》的篇章作了比对，详细注明二者的异同。

张衍田《〈史记正义〉佚文辑校》，北京：北京大学出版社 1985 年 1 月出版

本书将泷川资言《史记会注考证》与水泽利忠《史记会注考证补》中所辑的《史记正义》佚文加以汇编，共计 1645 条，并标明出处，且作了校勘和辨释。书后选载五篇有关《正义》佚文的论述。本书对于研究《史记》有重要的参考意义。

程金造《〈史记〉管窥》，西安：陕西人民出版社 1985 年 3 月出版

本书为论文集，内容大体可分为四组：一是总论《史记》，如《史记》体例溯源、史记辨旨等。二是关于司马迁生平问题的考证，如司马迁之卒年、奉使西南等。三是论述三家注，包括正义与索隐之关系、对《史记汇注考证》新增正义的看法等。四为司马迁的著述，包括立传的本意、相关的学养、著史的技巧。

郭双成《史记人物传记论稿》，郑州：中州古籍出版社 1985 年 3 月出版

本书是从文学角度评价《史记》人物传记的著作。论述了司马迁的时代、生平和思想，并从思想性和艺术性两方面对《史记》人物传记进行了研究。其中第二章"《史记》人物传记的思想评价"，分析了帝王、贤臣、豪杰、诸子、爱国英雄、中下层社会人物。第三章"《史记》人物传记的艺术成就"从材料取舍、结构安排、艺术手法、语言运用等方面对《史记》的艺术成就作了探讨。最后讲《史记》对今人的启益。

张大可《史记研究》，兰州：甘肃人民出版社 1985 年 4 月出版

本书为论文集，共收论文 23 篇，分为五组。第一组总论司马迁其人其书，兼及司马谈作史考论。第二组讨论《史记》疑案，如司马迁生卒年、

太史公释名、《史记》断限、《史记》残缺与补窜等问题。第三组剖析《史记》编纂学，探索司马迁的史学理论与史学研究方法。第四组研讨司马迁思想，包括历史观、政治观、经济思想等。第五组为从 1951 年至 1982 年三十年来《史记》研究述评。该书又有商务印书馆 2011 年 2 月版，是在原书基础上加以增补，共收入 39 篇论文。除原有内容外，又增四组，分别为：总结司马迁对中国史学、文学的贡献；历史人物专题评论，揭示司马迁以人为中心述史的释例；司马迁的文学观；司马迁的写人艺术。本书又有华文出版社 2002 年 1 月版，商务印书馆 2013 年 1 月版，收入《张大可文集》第二卷。

安平秋译注《司马迁》，北京：中华书局 1985 年 5 月出版

本书为《汉书·司马迁传》的注释和翻译。原文与注释在前，译意在后。注释简明，是一本普及读物。

韩兆琦《〈史记〉评议赏析》，呼和浩特：内蒙古人民出版社 1985 年 6 月出版

本书内容分为两部分。第一部分是总论，论述司马迁其人与《史记》其书，兼顾历史与文学。其中包括司马迁忍辱著书、进步的历史观、求实精神、文学观以及《史记》的小说因素、抒情性、书法释例等 12 篇文章。第二部分是对《史记》单篇作品的分析论述，主要从史书内容和文学特色两方面展开，其中包括《项羽本纪》《高祖本纪》《陈涉世家》《留侯世家》等 13 篇。附录有《史记》的一些常识、司马迁生平年表。

宋嗣廉《〈史记〉艺术美研究》，长春：东北师范大学出版社 1985 年 9 月出版

本书从美学角度，对《史记》的写作艺术作了探讨。全书共五章。第一章概述历代对《史记》的审美评价。第二至第五章主要评述司马迁的审美观以及《史记》的艺术美，包括讽刺艺术美与艺术辩证法，同时比较了《史记》《汉书》艺术风格的异同。附录五篇通过分析具体篇章，论述了司马氏的美学观念和《史记》的艺术及《史》《汉》游侠传的异同。

张维岳编《司马迁与史记新探》，台北：崧高书社 1985 年 11 月出版

本书萃集多位学者研究《史记》的论文，主要内容有司马迁的生平和

思想、《史记》的内容和价值、《史记》研究资料三个方面。具体内容有：
司马迁生平及其在历史上的伟大贡献，司马迁的生年考及入仕考，司马迁下
狱、受刑年考，司马迁"发愤著书"的因素和条件，论司马迁的"通古今
之变"及"一家之言"，司马迁的社会经济思想和历史观，司马迁的政治思
想及功利观，司马迁写当代史，太史公书名考，《史记》名称之由来及其体
例之商榷，《史记》体制义例，《史记》断限，《史记·天官书》大部分为
司马迁原作之考证，关于《史记》的整理和研究，以及三十种《史记》研
究书目提要等。该书选取代表性的研究论文，呈现了司马迁与《史记》研
究的重要选题和内容。

吴忠匡《〈史记·太史公自序〉注说会纂》，哈尔滨：黑龙江人民出版
社1985年12月出版

本书援引众书，对于能发明太史公著书之旨和能补订三家注阙讹的材料
观点，比类编缀，相互参证，对《太史公自序》详加考辨，是一部学术价
值较高的著作。

张添丁《司马迁春秋学》，台北：博士学位论文，国立政治大学中国文
学研究所，1985年

本论文详细考察了司马迁春秋学。全书分四章。第一章概论，简述汉初
的学术环境、司马迁与孔子及儒学的渊源。第二章从《史记》采《公羊传》
的史料与义理两方面论述司马迁《春秋》公羊学。第三章从《史记》采
《左传》的史料与史说两方面论述司马迁《春秋》左氏学。第四章结论，主
要有《史记》所录春秋大指皆直录《春秋经》之文字，《史记》所论春秋
事理均用《公羊传》之义例，《史记》所释春秋事迹均依《左传》之史
说等。

杨燕起、陈可青、赖长扬《历代名家评〈史记〉》，北京：北京师范大
学出版社1986年3月出版

本书为资料摘要汇编，选录自《史记》问世以来至1949年年底，历代
420位学者对《史记》的评论资料。全书分上、下两篇，上篇总论，分为十
个子目：通论、论作者生平、论学术思想、论编纂体例、论取材、论叙事、
论缺补增改、论马班异同、论流传和影响、论其他。下篇分论，按《史记》
130篇序列分篇评论。取材范围主要有六个方面：一，关于司马迁的学术思

想；二，关于司马迁的学术源流、学派倾向；三，关于《史记》的文学成就；四，关于《史记》的体例；五，关于司马迁的生平行状；六，关于《史记》所载重大史实及重要疑案的卓有成效的考证发明。这是一部具有总结性和指导性的文献资料书。本书又有（台北）博远出版公司1990年版。

　　周经《司马迁、〈史记〉与档案》，北京：档案出版社1986年3月出版

　　本书考察了司马迁、《史记》与档案工作的关系。书中主要内容有三部分："史官与档案"简述了商周秦汉史官与档案工作的历史情况。"司马迁与档案工作"从档案工作者的角度论述了司马迁。"《史记》与档案"介绍了《史记》写作中使用档案的情况，并论述了竹简、甲骨文档案对佐证纠正《史记》的作用。

　　肖黎《司马迁评传》，长春：吉林文史出版社1986年5月出版

　　本书共有五章：第一章简述了司马迁生活的历史时代。第二章叙述司马迁的生平事迹，包括家世、壮游、出使、遭命、治史、忍辱、完稿。第三章评述了司马迁的史学成就，包含开创纪传体体例、创立"太史公曰"史评形式、互见法、实录精神、司马迁的史学思想等方面。第四章分析了司马迁的文学、美学思想和《史记》的文学艺术特色。第五章论述了作为思想家的司马迁，包括司马迁与诸家思想、司马迁的哲学、政治、经济、人才、道德思想诸方面。另篇首有《三十五年（1951—1984）来〈史记〉研究述评》一文，也有参考价值。

　　刘光义《司马迁与老庄思想》，台北：商务印书馆1986年6月出版

　　本书发掘司马迁与老庄思想间的关系。全书分为四章。第一章论述了司马迁生平、家学，并探讨了司马迁思想中的自然主义倾向。第二章从三个角度分析了《史记》中合于老庄旨趣精神的文章，分别从品评人物的篇章、从论事的角度、从写作的精神技巧展开论述，另外论述了庄周、司马迁同为文学艺术家的特点。第三章论述了司马迁兼怀儒道的思想领域。第四章为结论。本书又有1992年9月版。

　　吴汝煜《史记论稿》，南京：江苏教育出版社1986年10月出版

　　本书是论文集，其中内容分为三部分。一是探讨司马迁的哲学思想，包括《史记》与公羊学的关系、司马迁的儒道思想。二是探讨《史记》的文

学成就，如《史记》散文的艺术美、人物形象的塑造、司马迁对历史素材的艺术处理等。三是从史学角度的论述，包括《史记》的著述目的、司马迁生年问题、魏国徙都大梁时间考辨等。

李少雍《司马迁传记文学论稿》，重庆：重庆出版社 1987 年 1 月出版

本书为论文集，主要有六部分内容：《史记》纪传体的创立问题；纪传体产生的原因问题；《史记》纪传体的文学意义；"列传"新解，阐释"列"字有次序的含意；《史记》纪传体对我国小说发展的影响，包括体式、风格、手法、题材等方面；司马迁与普鲁塔克，从传记文学的角度对《史记》与《比较传记集》（即《希腊罗马名人传》）作了比较研究。

聂石樵《司马迁论稿》，北京：北京师范大学出版社 1987 年 1 月出版

本书的研究主要从史传文学角度着眼。全书共五章：第一章叙述了司马迁的生平。第二章叙述了司马迁的思想。第三章论《史记》的内容，包括批判现实、歌颂陈胜吴广起义、赞许崇尚游侠、货殖、刺客等十个方面。第四章论司马迁笔下的十七位主要人物，如孔子、信陵君、屈原、项羽、韩信、李广等。第五章论司马迁的文笔，包括善序事理、文直事核、不虚美不隐恶、原始察终、于序事中寓论断、以人物为本位、择其言尤雅者七点。本书又有人民教育出版社 2001 年 6 月版及中华书局 2010 年 5 月版。

范文芳《司马迁的创作意识与写作技巧》，台北：文史哲出版社 1987 年 5 月出版

本书内容共有四章。第一章从学术思想的转变、政治形态的转变、经济民生的转变、文学观念及文体形式的转变四方面介绍了司马迁所处的时代及对他的冲击。第二章主要探讨司马迁的个性，包括多情敏感、仰慕先贤、悲剧精神等。第三章司马迁的创作意识，分析他创作《史记》的缘由及完成该著作的具体方式。第四章司马迁的写作技巧，从作品中举例详解其在艺术上的成就，包含善于取材、把握主题、长于布局、写人生动、活用语言。

刘乃和《司马迁和〈史记〉》，北京：北京出版社 1987 年 5 月出版

本书为论文集，共收入论文十六篇。其中除全面论述司马迁和《史记》者外，各篇分别阐述了司马迁的历史思想、史论、战争观、文学观、审美观、医学和天文学思想，以及司马迁与先秦诸子思想、前人对《史记》的

研究成果等。

韩兆琦《〈史记〉赏析集》，成都：巴蜀书社 1988 年 8 月出版

本书为赏析文章的汇编，选收《史记》作品 29 篇，另加《报任安书》。本书选录标准为历史价值大而艺术成就高。书中正文间或有节略，注释也较为简单，以鉴赏为主。赏析部分大致从作品的思想、史事、艺术等角度加以分析，并吸收了前人的评论。

霍必烈《司马迁传》，台北：国际文化事业公司 1988 年 10 月出版

本书以带有文学色彩的笔触从四个方面评述了司马迁。一、司马迁魅力十足，介绍了《史记》、司马迁的生卒年、姓氏、时代。二、司马迁的至亲近友，讲述了司马迁的家世、司马迁和孔子、汉武帝、李陵的关系。三、司马迁走过从前，陈述司马迁游历天下、扈驾四方的经历。四、司马迁精神人格，论述了司马迁的民间精神、历史哲学，并讨论了《史记》中的"太史公曰"。

黄绳《〈史记〉人物画廊》，广州：广东人民出版社 1988 年 11 月出版

本书从韩兆琦《〈史记〉选注集说》中选取《史记》作品 25 篇，从文学角度分析作品的艺术特色和作者使用的艺术手法。同时深入作者的内心世界，探究司马迁的写作意图和借鉴历史的弦外之音。

王利器主编《〈史记〉注译》，西安：三秦出版社 1988 年 11 月出版

本书以中华书局校点本《史记》为底本，分段注释，注文参考众家，详明扼要，篇后为白话译文。书前有王利器《太史公书管窥》和易孟醇《史记版本考索》两文。另编《史记注译人名地名索引》一册。

吉春《司马迁年谱新编》，西安：三秦出版社 1989 年 4 月出版

本书对司马迁的行年进行了逐年考证，推定其生于汉景帝中元五年（前 145），卒于汉武帝征和二年（前 91），享年五十五岁。每年下先述国家大事，次列司马迁的相关履历。叙述履历时，结合有关史料与后人研究论著，以及实地考察，对司马迁的生平事迹作了细致的考辨。附录包括司马谈、司马迁遗著考，司马迁妻子、侍妾考，司马迁子女、后裔考，司马迁祠墓、碑文考四部分内容。

李国祥、李长弓、张三夕《史记选译》，成都：巴蜀书社 1989 年 4 月出版

本书为选译本，原文据中华书局点校本，篇目依照王伯祥《史记选》，共选录二十篇，包括本纪、世家、列传三种体裁。每篇篇首有简单题解。注释采用页下注形式，较为简略。正文后为译文。本书属于普及读本。该书修订本由凤凰出版社 2011 年 5 月出版。

杨燕起、俞樟华《〈史记〉研究资料索引和论文、专著提要》，兰州：兰州大学出版社 1989 年 5 月出版

本书在中国科学院历史研究所 1957 年编《〈史记〉研究的资料和论文索引》的基础上增补而成，港台论著并参考（台北）学海出版社 1976 年王民信《〈史记〉研究资料与论文索引》。本书所收资料论著自《史记》问世至 1986 年年底。全书共三部分，第一部分《史记》研究资料索引，分为版本、目录索引、解题、关于"史记"全书的研究等十二类内容。第二部分《史记》研究论文提要，为 1949 年后的百余篇有代表性的论文作了提要。第三部分六十种《史记》研究专著提要，对唐代至当代的 68 种《史记》研究的重要专著作了评介。

覃启勋《〈史记〉与日本文化》，武汉：武汉大学出版社 1989 年 6 月出版

本书共十章。第一章是对《史记》研究成就的归纳与研究发展的规划。第二章考述了《史记》始传日本的时间。第三章讨论《史记》盛传日本的时代。第四章分析《史记》东传日本的各种原因。第五至八章分别论述了《史记》对日本政治、教育、史学、文学的影响。第九章论述日本《史记》书目研究成就。第十章为余论。附录"日本《史记》、《史记》关联书一览表"。

何世华《〈史记〉美学论》，西安：陕西师范大学出版社 1989 年 7 月出版

本书共十章。一、介绍了司马迁的生平，二、论述了司马迁的审美意识，三、讨论司马迁美学思想的哲学基础，四、分析司马迁写《史记》的基本美学原则，五、分析《史记》的结构和体例，六、叙述《史记》流传中的残缺、增补和断限，七、论述《史记》评价人物的特色，八、分析

《史记》描写人物的艺术，九、论述《史记》的悲剧色彩，十、讨论《史记》对史传散文的继承和影响。本书又有（台北）水牛出版社 1992 年 4 月版。

　　李晓光、李波《〈史记〉索引》，北京：中国广播电视出版社 1989 年 10 月出版

　　本书以中华书局标点本《史记》为底本编纂而成。全书分为单字索引、人名索引、地名索引、援引著作索引、专有名词索引、补遗索引、衍文索引等部分。附录以上各索引表，以及部首、拼音、四角号码检字表。本书又有 2001 年 9 月修订版。

　　周一平《司马迁史学批评及其理论》，上海：华东师范大学出版社 1989 年 12 月出版

　　本书对司马迁史学批评理论进行了全面深入的研究。全书共六章。第一章序论。第二章考察了司马迁史学批评及理论形成的历史条件和思想理论基础。第三章探讨司马迁史学研究的目的和任务。第四章论述其史学研究的对象。第五章分析了司马迁史学研究的思想观点，包括他的天道自然观、物质观、经济观、地理观、人决定论、无神论、进化论、历史观等。第六章归纳了司马迁史学研究的方法，如五体合一论、类传论、互见论、寓论断于叙事论等。全书特别于方法论述、笔法史例方面言之详细。附录对《史记》的"倒书"作了探讨。

　　金苑《〈史记列传〉义法研究》，台北：博士学位论文，国立政治大学中文研究所，1989 年

　　本论文首先说明了列传在《史记》中的分量并释义法，穷溯其源流。接着就《史记列传》的精神、形式、内容、句法、字法部分进行分析，并深入剖析《史记列传》的篇法及章法。最后讨论《史记列传》义法对后世文学的影响，以及历代名家对《史记列传》义法的评论。该论文分析较为深入，是研究《史记》义法的重要参考文献之一。

　　嵇超、郑宝恒、祝培坤、钱林书《〈史记〉地名索引》，北京：中华书局 1990 年 3 月出版

　　本书以中华书局点校本《史记》为据，收录了先秦诸侯国名、邑名、

地名，秦汉属于政区的王国、州、郡、县、侯国以及城、乡、里、亭的县级以下地名。此外还收录地区、道路、关塞、山川、湖泽、津梁、宫苑、门、台、陵、观、祠、庙等地名。条目按照四角号码编排，每条注明所在原文的卷数和页数。书后附有笔画索引。

朱靖华、顾建华等《史记名篇赏析》，北京：北京十月文艺出版社1990年8月出版

本书选录《史记》经典作品20篇，包括正文、注释、赏析三部分。注释部分对难字、难词、生僻典故作了注解。赏析部分对作品的思想、艺术特点，特别是传记的立意取材、形象塑造、描写手法、语言运用等进行了分析和鉴赏。

韩兆琦《〈史记〉选注汇评》，郑州：中州古籍出版社1990年10月出版

本书为作者将旧作《史记选注集说》与《史记选注集说续编》加以归并选择、修改而成。其中共选作品30篇，涵括本纪、世家、书、表、列传五种体例，兼顾思想性的同时仍突出文学性。"集说"部分较旧作也有较多增加。其余参《〈史记〉选注集说》条。

汪惠敏《〈史记〉政治人物述评》，台北：台湾师大书苑公司1991年4月出版

本书以《史记》十二本纪所述帝王为经，以与其相关的宰相、谋臣、酷吏、佞幸、滑稽等人物为纬，以人格心理学的观点，探讨《史记》重要政治人物的心理特质，从其处世态度来探究其人格特征，由其人格分析获悉当时朝代盛衰存亡的线索。

张克、黄康白、黄方东《〈史记〉人物辞典》，南宁：广西人民出版社1991年5月出版

本书以中华书局点校本《史记》为据，依照朝代顺序及出生年月排列人物，收录词目6266条，计3775人。每条词目介绍人物的姓名、身份、籍贯、生卒年和生平事迹。词目之后注明人物在《史记》中出现的卷别、篇名、页数。

仓修良《〈史记〉辞典》，济南：山东教育出版社 1991 年 6 月出版

本书为二十五史专书辞典之一。该辞典以中华书局点校本《史记》为据，共收录《史记》原书中语词、人名、地名、民族、职官、著作、天文、历算、音乐、动植物以及器物典制、历史事件等 16800 余条。每条之后均括注中华本页码。书后附录西周、春秋、战国、秦、西汉全图五幅。本书是研读《史记》重要的工具书。

梁容若《文学二十家传》，北京：中华书局 1991 年 10 月出版

本书综合了中外学者对司马迁传记与《史记》研究的成果，分为七部分叙述：一、司马迁的传记；二、《史记》的编纂；三、《史记》的增补窜改；四、《史记》的注解与研究；五、《史记》的版本；六、《史记》的海外流传与影响；七、《史记》的评论。

阎汉武、田化青、袁存惠《司马迁经济思想及经济著作注译》，银川：宁夏人民出版社 1991 年 12 月出版

本书首先论述了司马迁的经济思想，其次是《货殖列传》和《平准书》注译，最后附录陶朱公经商理财十八则。

李寅浩《〈史记〉文学价值与文章新探》，台北：博士学位论文，台湾师范大学国文研究所，1991 年

本书内容大体上分为三个部分：历来研究《史记》文章的概况，《史记》的文学价值，《史记》文章新探。主要对以往研究成果进行系统全面的梳理，并对《史记》的文章和文学价值作了较为详细的分析与探讨。

丘述尧《史记新探》，台北：明文书局 1992 年 1 月出版

本书名"新探"二字，盖取与旧说不同，有涵泳旧学、商量新知的意思。本书作者认为司马迁杂采古史旧闻，取《诗》《书》《左传》《国语》《国策》，然后断以己意而成《史记》。后人传抄、翻刻，致使众本杂陈、错脱讹衍，经历代学者匡谬正疵，仍有遗漏传讹，不免有失。本书从细致的文本阅读中发现问题，提出一些非常具体的问题，参照成说，缜密比勘。本书适用于对《史记》有一定研究的读者。

张高评《〈史记〉研究粹编》，高雄：复文图书出版社 1992 年 4 月出版

本书选录《史记》研究专著与论文 33 篇，其中前六篇关于《史记》通论概说、七、八篇为比较史学研究，九到十四篇为《史记》历史学研究，十五至十九篇为《史记》思想探讨，二十、二十一篇为《史记》文学理论研究，二十二至二十六篇为《史记》传记文学探讨，二十七至三十篇为《史记》文学价值论述，最后三篇为《史记》版本考察。

刘操南《史记春秋十二诸侯史事辑证》，天津：天津古籍出版社 1992 年 9 月出版

本书共四卷，正文按年代次序逐年排列，每条先列《史记》正文，据本纪、世家所载十二诸侯，核以《左传》所纪，并引百家之说，加以考辨。注文于人名、地名、字义涉及史事，则间加训释。

冯永轩《〈史记·楚世家〉会注考证校补》，武汉：湖北教育出版社 1993 年 6 月出版

本书为作者对泷川资言《史记会注考证》中的《楚世家》部分所作的补充与订正。本书体例先依《楚世家》文字次序于每段下罗列旧注考证，然后为"补正"。补正内容包括：旧注已注而不详者有所增补，考证不确处有所更正，应注而未注者辑佚补注。

陈桐生《中国史官文化与〈史记〉》，汕头：汕头大学出版社 1993 年 9 月出版

本书从史官文化背景探究了其对司马迁的影响及《史记》创作构思的来源。作者认为在《史记》以前，中国史官文化的发展可分为上古三代的天人文化、孔子《春秋》的王道文化哲学和战国史官文化三个阶段。司马迁正是在此传统的影响下形成了以天人感应为特征的天道观、以德治为核心的王道观与及时建功立业的士道观，由此构成《史记》"究天人之际、通古今之变、成一家之言"的宏伟构思。同时又考辨了"谤书说"，分析了《史记》思想近《易》说，讨论了司马迁与董仲舒异同，评价了《史记》对中国史官文化的贡献。本书又有（台北）文津出版社 1993 年 11 月版。

徐仁甫《〈史记〉注解辨正》，成都：四川大学出版社 1993 年 12 月出版

本书依《史记》五体分为五卷（其中卷五又分上中下三部分），共一千

二百余条。全书运用文法、训诂、校勘等法，对古今《史记》的注解加以辨正，颇多胜义。书后附录《史记校读举隅》。

张大可《司马迁评传》，南京：南京大学出版社 1994 年 6 月出版

本书着重从中国思想文化发展史的角度，深入分析了《史记》赖以产生的历史、社会、家世、师承及个人经历等主观条件；具体评述了司马迁在其"究天人之际，通古今之变，成一家之言"的治学纲领下所形成的哲学、史学和文学成就，进而分析了在这些成就中所体现的哲、政、经、史、战争及人才诸思想。同时结合《史记》传播的历史和"史记学"的形成和发展，阐明了《史记》的不朽价值。

赵生群《太史公书研究》，西安：陕西人民出版社 1994 年 6 月出版

本书为论文集，收入 15 篇论文，主要从文献学角度来研究《史记》。全书内容可分三组：第一组探讨《史记》相关的专题，如《史记》的断限、亡缺与续补、司马谈作史等。第二组探讨《史记》的取材及其史料价值。第三组论述《史记》的编纂体例。

韩兆琦《〈史记〉选注》，台北：里仁书局 1994 年 7 月出版

本书在作者《史记选注集说》和《史记选注汇评》基础上修订而成。书中共选本纪、表（序）、书、世家、列传及《太史公自序》计 30 篇，以生动性、可读性为标准，并且是司马迁个人独创较多的篇章。注释及集说部分基本依照上述两书，变动不大。该书不同之处在于增加了作者的讲评，对其内容、思想、艺术等进行评析。该部分以"谨按"标示。本书是一部资料丰富的《史记》读本。

［韩］朴宰雨《〈史记〉〈汉书〉比较研究》，北京：中国文学出版社 1994 年 8 月出版

本书主要从三个方面对《史记》《汉书》作了比较研究：一，总体比较，包括著者与写作背景、《史》《汉》所显示之作者精神倾向、《汉书》承袭《史记》之概要。二，《史》《汉》传记文在编纂体例、形式及所传人物方面的比较。三，《史》《汉》传记文写作技巧比较，包括布局、人物刻画、事件描写技巧、语言运用、主题呈现等。

许凌云《司马迁评传——史家绝唱、无韵离骚》，南宁：广西教育出版社1994年11月出版

本书共有六节内容，分别如下："龙门灵秀"，介绍了司马迁的学术渊源，叙述了他的漫游。"发愤著书"，讲述了司马迁继任太史，蒙冤被刑，以及发愤著作《史记》的人生经历。"千古良史"上下两节评述了《史记》开创的纪传史法和史评形式，以及宣明史学宗旨、发扬实录精神。"旷代奇文"，分析了《史记》的文学思想、传记文学、艺术风格。"贞魂永存"，记述了司马迁对后世文化的深远影响。

俞樟华《〈史记〉新探》，北京：民族出版社1994年12月出版

本书分为上下两篇。上篇为《史记》的思想与艺术，论述了《史记》"太史公曰"、人物传记，及司马迁的法律思想、民俗观，司马迁与古代姓氏学、地名学，并考察了古代学者对《史记》艺术的评论。下篇为《史记》源流论，首先讨论了司马迁与先秦诸子、屈原，《史记》与《左传》《晏子春秋》的关系，其次分析了《史记》与《汉书》《新五代史》的异同，并讨论了《史记》与戴名世、三苏，最后探讨了《史记》对《三国演义》《水浒传》及戏曲的影响。

吴树平等《全注全译史记》，天津：天津古籍出版社1995年3月出版

本书注译《史记》，原文以金陵书局刻本为底本。书中正文分段注释，注释对人名、地名、字词等加以说明，并对史事加以考订。同时有些地方吸收了当代考古学、人类学等方面的成果，印证典籍，充实了《史记》的内容。有些篇目注释较为简略，注释中也兼有异文校勘。正文后为译文。

李志慧《〈史记〉文学论稿》，西安：三秦出版社1995年4月出版

本书共有六章：一、文学地位论，论述了传记文学在先秦的发展趋势和两汉以后的发展情况，同时简述了《史记》传记文学的主要特征。二至六章分别从典型人物论、褒贬之义论、结构艺术论、语言艺术论、艺术风格论五方面具体论述了《史记》的文学成就。

王玉震《史圣司马迁》，台北：秋海棠出版公司1995年4月出版

本书是一部传记，全书共二十八节内容，详细而通俗地叙述了司马迁一生的荣辱经历与时代变动。第一至第四、第六节，写司马迁的家世与早期教

育。第五节，讲述征伐匈奴。第七至第十八叙述漫游。第十九至二十八节，写其初入仕途到与世长辞之间的各件大事，包括李广之死、出巡郡县、抚西南夷、接受遗命、改历著书、李陵败降、身受宫刑、巫蛊大祸等。

陈桐生《〈史记〉与今古文经学》，西安：陕西人民教育出版社1995年7月出版

本书为"司马迁与华夏文化丛书"之一。全书从经学的角度，揭示《史记》的文化学术渊源。全书共分八节内容：第一至六节分别论述了《春秋》《周易》《尚书》《诗经》、"三礼"与《史记》在学术及思想上的深层关系。第七节讨论了《史记》考信于六艺、从六经异传取义、取镕经义而自铸伟辞。第八节分析了《史记》今古文经说对后世的影响。

程世和《〈史记〉：伟大人格的凝聚》，西安：陕西人民教育出版社1995年7月出版

本书为"司马迁与华夏文化丛书"之一。书中以《史记》为主要依据，刻画了司马迁悲壮伟大的人格历程。全书共有八节内容：一、生命的崛起，二、走向历史，三、生命的颤抖，四、英雄的传奇，五、伸张冤屈的灵魂，六、人的深层探索，七、历史的炼狱，八、面对现实与未来。

徐兴海《司马迁的创造思维》，西安：陕西人民教育出版社1995年7月出版

本书为"司马迁与华夏文化丛书"之一。全书探讨了司马迁创造思维的动力，指出其思维创造性的表现形式，同时分析了其形成创造思维的非智力因素。全书共十节内容，分别如下：怀疑与批判、继承与创新、矛盾思维、整体思维、直觉思维、模糊思维、"中庸"与遵从先例、情感与思维、顽强的意志、独特的知识结构。

徐兴海、今鹰真、尚永亮《司马迁与〈史记〉论集》，西安：陕西人民出版社1995年7月出版

本书共收录论文37篇，分为六类内容，包括：一、模式与结构研究，如司马迁的思维方式，《史记》的结构等。二、思想研究，如经济、法律、文学、科学、史学思想等。三、《史记》主题和人物，如《刺客列

传》的主题和变奏，司马迁笔下的李斯等。四、文字训诂研究，如《史记》通假字说略，《史记》注释商榷等。五、司马迁家族研究。六、《史记》研究史。

张强《司马迁与宗教神话》，西安：陕西人民教育出版社 1995 年 7 月出版

本书为"司马迁与华夏文化丛书"之一。全书内容包括：导论，论述司马迁与史官文化及宗教神话。一、司马迁与原始宗教神话，探讨了司马迁的宗教观、天命观等。二、讨论司马迁对神话传说的关注情况。三、历史与神话传说，论述司马迁史前史的系统研究，神话传说与司马迁的历史统一观等。四、司马迁对道教文化起源的发微。五、分析了宗教神话对司马迁浪漫气质的作用。

池万兴《司马迁民族思想阐释》，西安：陕西人民教育出版社 1995 年 8 月出版

本书为"司马迁与华夏文化丛书"之一。全书共有八节内容：一、列叙了司马迁之前的民族、民族关系与民族观。二、三节论述了秦汉统一多民族国家的建立与司马迁民族大一统思想的形成。四、论述司马迁民族大一统思想。五、分析《史记》的体制结构与司马迁的民族大一统思想。六、七两节阐述《史记》首创民族史传，详究民族历史。八、探讨司马迁民族思想的意义及其影响。

韩兆琦《〈史记〉选注集评》，桂林：广西师范大学出版社 1995 年 8 月出版

本书是在作者《〈史记〉选注集说》（江西人民出版社 1982 年 11 月）、《〈史记〉选注汇评》（中州古籍出版社 1990 年 10 月）两书基础上修订而成。除选文篇目删简至 27 篇，以及"历代学者对《史记》的总评"有所增删外，其余参上述两书相关论述。

施丁《司马迁行年新考》，西安：陕西人民教育出版社 1995 年 8 月出版

本书为"司马迁与华夏文化丛书"之一。全书对司马迁的行年作了进一步的考证，共有十节内容，分别是：生于景帝中五年、南游始于元朔三

年、入仕始于元狩年间、西征始于元鼎六年、关于扈从巡祭、"仆与李陵俱居门下"、受腐刑于天汉三年、《史》迄于太始元年、《报书》写于太始元年冬、卒于太始元年末。附录近人考辨司马迁行年的文章十篇。

韦苇《司马迁经济思想研究》，西安：陕西人民教育出版社 1995 年 8 月出版

本书为"司马迁与华夏文化丛书"之一。全书首次全面考察了司马迁的经济思想及其影响。全书共七章。第一章总体介绍司马迁的经济思想体系。第二章探讨其渊源。第三章分析历史背景和地位。第四章考察其对后世的影响。第五、六章分古近代与现代两个历史阶段，总结学术界的研究成果，评述学术发展的轨迹。第七章评述司马迁经济思想与当代市场经济。

杨生枝《司马迁教育思想述略》，西安：陕西人民教育出版社 1995 年 8 月出版

本书为"司马迁与华夏文化丛书"之一。本书共五章。第一章论述了儒学独尊时代与司马迁教育思想的形成状况。第二章分析了司马迁的教育思想与时代精神的融合与冲突。第三章讨论了司马迁《史记》中反映出的古代教育，并首创中国教育史传。第四章阐述了司马迁的教育观点及其主要学说。本书后收入《鹑觚文集》第四卷，三秦出版社 2005 年 6 月出版。

张大可、俞樟华等《司马迁一家言》，西安：陕西人民教育出版社 1995 年 8 月出版

本书为"司马迁与华夏文化丛书"之一。全书围绕司马迁"成一家之言"的追求为中心，比较全面深入地阐述了一家言的目的、核心、体例、书法、文理、文采、渊源、价值等方面的问题。

蔡信发《话说〈史记〉：历史兴衰胜负的症结》，台北：万卷楼图书公司 1995 年 10 月出版

本书收录作者史评类文章 19 篇，其内容包括讨论《史记》体例、探究《史记》章法、分析太史公史识、评论历史人物、探析传文微义、析论奇闻异事。

周先民《司马迁的史传文学世界》，台北：文津出版社 1995 年 10 月
出版

本书内容分为序论和三编。序论从司马迁的时代、个人、文学三方面对
其史传文学世界作了探源。第一编人物篇，依次分析了五帝、秦始皇、项羽
和刘邦、孔子的形象。第二编主题篇讨论了士与用士者、君与臣之间的关系
问题，并分析了列传中的人性主题。第三编情感篇首先从体裁、人物、史料
的选择角度探讨了《史记》建立抒情的渠道，其次分别从结构、描述、议
论方面论述了《史记》的抒情功能，最后从主要内容和整体性质上对《史
记》情感表现作了整体考察。

韩兆琦《〈史记〉博议》，台北：文津出版社 1995 年 11 月出版

本书内容共分六个部分：一、司马迁其人。二、《史记》其书，介绍了
《史记》的真实性、矛盾性及书法释例。三、司马迁的思想。四、《史记》
的艺术性，包括小说因素、悲剧性、抒情性、语言艺术。五、《史记》的继
往与开来，论述《史记》与先秦诸史、诸子的关系，及其对后代传记文学、
散文、小说、戏曲的影响。六、《史记》名篇鉴赏，选取八篇作品加以
评析。

陈桐生《〈史记〉名篇述论稿》，汕头：汕头大学出版社 1996 年 1 月出版

本书共选《史记》15 篇及《报任安书》。全书每一篇首先为原文与注
释，对生僻词语与地名简单解释。其次为对该篇的史事因果与文学特点等从
微观上加以分析论述。

韩兆琦《〈史记〉通论》，桂林：广西师范大学出版社 1996 年 4 月出版

本书共有六部分内容：一、简述司马迁的时代、家世、生平及其忍辱著
书的情况。二、阐述了《史记》一书的真实性与矛盾性，并作了《史记》
书法释例。三、论述司马迁的思想，包括民族观、政治思想、经济思想、文
学观、人生观及生死观等，并论述了司马迁与先秦士风的终结。四、从写人
艺术、悲剧性、抒情性、语言艺术方面讨论《史记》的艺术性。五、考察
了《史记》对先秦典籍的继承及其对后世史书与文学的影响。六、《史记》
精品题评 50 篇。本书原由北京师范大学出版社于 1990 年 9 月出版，此为新
编本，约四分之三内容为新增，因此旧本不另立条目。

刘永康《〈史记〉与现代文明》，成都：四川人民出版社 1996 年 5 月出版

本书内容分为九部分，分别是：民族之魂、改革之路、经商之道、道德之美、谋略之窗、管理之术、用人之法、教育之方、天人之际。每部分辑录《史记》相关材料若干条，每条包括原文、注释、译文、评析与应用四点内容。其中"评析与应用"部分，结合现代社会，对历史作了评述。

余鑫炎《司马迁与商战谋略》，武汉：湖北人民出版社 1996 年 5 月出版

本书讲述了司马迁记载的商业经营谋略，并结合现代商战实例加以说明其对当今的意义。全书共论述了六点内容，分别是：乘时射利、亿则屡中、鸷鸟之发、自然之验、富用奇胜、富行其德。

杨燕起《〈史记〉的学术成就》，北京：北京师范大学出版社 1996 年 7 月出版

本书共有七章内容：第一章绪论，论述司马谈的学术与《史记》的时代特色。第二章讨论了《史记》区分的时期及内容特征、司马迁文献整理的原则方法、实录精神。第三章评述了《史记》五体的特点和创新。第四至七章分别论述了司马迁的哲学思想、政治思想、历史思想、经济思想。余论是《史记》研究史述略。

周啸天、尤其《〈史记〉全本导读辞典》，成都：四川辞书出版社 1997 年 5 月出版

本书内容分三部分：一是提示，在篇首介绍全篇主要内容，简要介绍其艺术特色。二是段意，对原文分段，并逐段概述段意。三为注释，对疑难字加以注解，并对疑难句子进行句意疏通。本书又有台北合记图书出版社 1998 年 4 月版，题名《〈史记〉全本导读》。

陈晓芬《司马迁散文选集》，天津：百花文艺出版社 1997 年 8 月出版

本书共选《史记》纪传 19 篇（含节录）与《报任少卿书》一篇。每篇原文后有题解，简介本篇内容和艺术特点。注释部分比较简明。

李轲《〈史记〉精华点评》，重庆：西南师范大学出版社 1997 年 8 月出版

本书摘录《史记》中的经典故事，每段拟加标题，原文之后为译文，最后是简短的点评。

　　杨锺贤、郝志达主编《全校全注全译全评〈史记〉》，天津：天津古籍出版社 1997 年 8 月出版

　　本书体例包括说明、今译、原文和注释四部分。原文据金陵书局本、武英殿本和中华书局点校本重新整理点校。各篇的"说明"，重在说明篇旨，揭示该篇的成功点。译文以直译为主。注释部分侧重生难语词或词语的特殊用法，力求简明，对历史事件和名物制度等注释则较为翔实。原文之误，或前后矛盾，或与他书不一致，或旧注简略不明之处，也在注释中有所说明。书后附录有"《史记》人名地名职官名简释辞典"和"《史记》研究论著索引"。

　　张家英《〈史记〉十二本纪疑诂》，哈尔滨：黑龙江教育出版社 1997 年 9 月出版

　　本书以《史记》三家注与《史记会注考证》为基础，着重训释《史记》十二本纪中的疑难语词。凡上述二书所无者诂之，误者正之，不足者补释之。所诂者重在语词，间及语句，共释疑难语词二百余条。另附录《〈史记〉十二本纪标点举误》《读〈读书杂志·史记杂志〉札记》。

　　王子今《〈史记〉的文化发掘——中国早期史学的人类学探索》，武汉：湖北人民出版社 1997 年 10 月出版

　　本书从人类学角度，并结合考古学，从新的视角和层次考察了《史记》的文化涵括。全书分为十一章：序章从"究天人之际"命题论述了早期史家的历史责任和文化责任。第一章考察了历史的传说时代，并探索了传说的历史基因。第二章讨论秦史与秦文化。第三章论述日神和海神。第四章从建筑"象天"出发讨论天文与人文的映合。第五章阐释封禅典礼的文化内涵。第六章论述鬼神的世界。第七章探析巫风与蛊道。第八章阐释了朱雁与白麟的文化意义。第九章讲述了礼俗迷信与社会生活的深层联系。第十章探讨了《史记》关于历史与人生的思考。

　　郑之洪《〈史记〉文献研究》，成都：巴蜀书社 1997 年 10 月出版

　　本书总结司马迁其人其书和两千年来"史记学"的研究成果。全书由三部分组成：首先是序论，介绍了 20 世纪的《史记》研究与文献价值。正文八章，分别论述了《史记》产生的环境与条件、司马迁生平、《史记》名称与断限、《史记》体制、取材、《史记》残缺与补窜、《史记》义例和司

马迁的历史观、《史记》流传。附录为《史记》精言妙语二百四十一条、《史记》研究论著索引、《史记》研究论文索引。

汪受宽《史记》，上海：上海古籍出版社 1997 年 11 月出版

本书为"二十五史新编"丛书之一，为历史通俗读物。书中将原书的体例进行改编，分为纪事、传记、志、表四部分。全书以人物"传记"为主，辅以反映历史梗概的"纪事"、社会文化和典章制度的"志"、皇朝传承世系的"表"。行文一律用白话，每篇传记之后有"评"，对人物作简要评价。本书又有 2002 年 12 月修订版，以及（香港）中华书局 2005 年 2 月版。

张元济《百衲本二十四史校勘记：史记校勘记》，北京：商务印书馆 1997 年 12 月出版

本书校勘《史记》，以百衲本所据宋本为底本，校以武英殿本，同时参校众本。凡各本异文，巨细皆录，网罗无遗。该书体例，上栏为宋本原文摘句，并注明其所在的卷、叶、行数。下栏为殿本相应字句，并附他本异文。最下为备注，对各本异文情况、相互优劣等加以说明。本书是治史的重要参考书籍。

梁晓云《〈史记〉与〈左传〉的比较研究》，北京：博士学位论文，北京师范大学，1997 年

本论文通过比较研究《史记》与《左传》的异同，分析了司马迁"究天人之际""通古今之变""成一家之言"的作旨及贡献。全文分为三章。第一章探讨《史记》和《左传》在天人关系上的认识。第二章探讨两书中有关古今之变的思想。第三章探讨司马迁采纳或改写《左传》等史料时所表现出的政治理想和身世之悲。

赖汉屏《〈史记〉评赏》，台北：三民书局 1998 年 1 月出版

本书选录《史记》纪传 19 篇，节选其中精彩段落，并通过评述赏析将其加以贯穿。评赏内容除了分析研究上的疑难问题外，着重对司马迁的写作艺术作了详细入微、生动真切的阐述。该书对于深入理解《史记》的文学情感特色有着较为重要的参考价值。

程生田、高巨成、程宝山《司马迁的人才观》，西安：西北大学出版社
1998 年 3 月出版

本书以《史记》所描写的人物为核心，对照历史人物的具体事迹和司
马迁对他们的感情来分析司马迁的人才思想，从人才标准、人才作用、人才
任命、人才考核、人才协作、人才培养、人才心理素质等多方面作了细致具
体的论述。

来新夏、王连升《史记选注》，济南：齐鲁书社 1998 年 4 月出版

本书为"中国古典名著普及丛书"之一。该书以中华书局标点本为底
本，选录了本纪、表（序）、书、世家、列传及《太史公自序》共 28 篇。
文中注释简洁明了。该书是一种较好的普及读本。

齐效斌《〈史记〉文化符号论》，西安：陕西师范大学出版社 1998 年 5
月出版

本书运用符号学理论对《史记》进行了阐释。全书共八章：一、论述
《史记》文本的符号学特征。二、具体论述《史记》本体论维度及其意识形
态模式。三、论述司马迁的矛盾型思维形态与《史记》构造的符号体系之
间内在的逻辑性。四、运用精神分析法研究司马迁的无意识领域，分析了发
愤著作效应。五、用海德格尔的存在论评述了司马迁的存在意识。六、分析
《史记》的叙事逻辑及叙事模式。七、对典型人物的分析，认为《史记》人
物是历史实存人物与精神实体的合一。八、《史记》的神话——原型研究。

施丁、易才《史家之绝唱——〈史记〉》，北京：中国文联出版公司
1998 年 6 月出版

本书为《史记》选注本，兼顾五体，选录 18 篇，另有 5 篇存目。选篇
原文据中华书局点校本，注释以释词为主，比较简略。

孙家洲《命运与性格的对话——再品〈史记〉的人物、故实和思想》，
北京：中国人民大学出版社 1998 年 7 月出版

本书为历史评述类著作。全书共有八节内容，分别就刘项之争、君王求
贤、宰相、武将、辩士、刺客游侠、弃官归隐、义利之交八类人物、思想作
了叙述、分析和评论。

邓鸿光《史家绝唱——〈史记〉与中国文化》，开封：河南大学出版社
1998 年 8 月出版

本书阐述了《史记》与中国文化的关系，全书内容有八节：一、太史
公司马迁，二、《史记》的结构与内容，三、《史记》与中国史学传统，四、
《史记》的历史哲学，五、《史记》提供的历史经验，六、《史记》与中国
史学，七、《史记》与中国文学，八、《史记》在中国文化史上的地位。附
录《史记》选译。

冯国超、江小涛等译，丁华民、唐汉编选《毛泽东读批〈史记〉》，北
京：红旗出版社 1998 年 8 月出版

本书体例首先辑录《史记》全本原文，每篇之后附录译文。同时将毛
泽东对其相关评点论述的文字附于原文之旁。这些评点论述文字辑自毛泽东
本人的诗词、书信、谈话、文章、批注，以及他人的回忆录、文章等处，具
有一定的参考价值。

陈雪良《司马迁人格论》，上海：上海人民出版社 1998 年 9 月出版

本书从人格角度，对司马迁一生的思想脉络进行了梳理和研究。全书共
五章。第一章论述《史记》为史公人格的写照。第二章围绕"立功"论述了
司马迁早期人格的特点。第三章以"立言"为中心，论述了司马迁成熟后的
人格。第四章从"立德"出发，论述了司马迁人格的升华。第五章指出司马
迁的伟大人格所体现的民族之魂，并论述了其对中华民族的功业和德泽。

晏昌贵《史圣司马迁》，武汉：湖北人民出版社 1998 年 9 月出版

本书为"走近圣人丛书"之一。全书共十节内容：首先叙述了司马迁
的天官世家、宦游生涯以及武帝时的经历和遭遇，其次论述了司马迁草创
《史记》的心理动机，并阐述了"究天人之际、通古今之变、成一家之言"
的具体内涵，同时还分析了《史记》的文学成就。最后论述了后世对《史
记》的流传、评价、注解，以及《史记》的影响。

杨海峥选注《中华古典名著读本：〈史记〉〈汉书〉卷》，北京：京华
出版社 1998 年 12 月出版

本书节录了《史记》本纪、世家、列传的八篇内容，每篇分段，按照
正文、译文并列的方式编排。页脚有简略注释。

黄镇伟《历史的黄钟大吕——〈史记〉》，昆明：云南人民出版社1999年7月出版

本书内容分为十部分：一、司马迁的生平及时代，二、《史记》的成书与续补，三、《史记》的继承和创新，包括史学传统、五体结构、史论形式、取材范围。四、博大精深的历史著作，分析了历史观、当代史色彩、实录精神等。五、争光日月的文学成就，包括司马迁的审美观、写人叙事的艺术手法、悲剧色彩等。六、《史记》的版本与流传。七、《史记》研究的历史进程。八、《史》《汉》比较。九、《史记》的文化影响及其读法。最后是《史记》选读。该书为介绍性的读物，兼顾知识性与学术性。

吴岛《经营之神——〈史记〉货殖传者》，台北：利丰出版公司1999年7月出版

本书从《史记·货殖列传》中挑选陶朱公、吕不韦、任公、刁间代表四种类型与性格的货殖家，分析了其经营商业之道，以期为当代提供借鉴。

朱枝富《司马迁政治思想通论》，延吉：延边大学出版社1999年8月出版

本书论述了司马迁的政治思想，在综合分析司马迁与《史记》的基础上，对司马迁继《春秋》撰史、对汉兴以来思想家的继承和发展、成一家之言、撰史宗旨、政治思想体系，以及司马迁的爱国思想、德治思想、刑法思想、人才思想、经济思想、民族思想、变革思想、功业思想等进行了分析论述，同时还将司马迁与司马谈、司马光的政治思想进行了比较研究。

朱枝富《司马迁经济思想通论》，延吉：延边大学出版社1999年8月出版

本书论述了司马迁的经济思想，在综合分析司马迁在《史记》中所撰写的经济史传的基础上，对司马迁经济思想中的经济发展思想、经济人才思想、经济管理思想、富民治国思想、财政经济思想、经济地理思想、义利并重思想、本末并重思想、均输平准思想、货币经济思想等进行了探讨，并将司马迁的经济思想与桑弘羊、班固作了比较研究，同时对司马迁经济史传进行注译分析。另外还辑录了历代对司马迁经济思想的评论。

张立楷《〈史记·历术甲子篇〉解读》，北京：中国档案出版社1999年10月出版

本书对《史记·天官书》中的《历术甲子篇》作了详密的释读和推算。内容分为"原文"和"解读"两部分。书后附录一有三篇文章：《左传》"日南至"辨正，屈原放逐离开郢都时日考，《殷历》浅探。附录二为"关于先祖父古天文历法观的说明"。该书作为专门性质的著作，对研究《史记》历法有重要的意义。

张大可《〈史记〉文献研究》，北京：民族出版社1999年12月出版

本书主要内容分三部分：第一部分回顾20世纪"史记学"的发展与成就，提供《史记》研究的前沿信息。第二部分系统阐述了《史记》的文献依据与价值，包括《史记》产生的环境与条件、名称与断限、体制、取材、残缺与补窜、义例等，同时还介绍了《史记》流传的概况。第三部分是对《史记》文献专题研究的论文七篇。最后附录书评十篇。

杭刃《英雄绝唱：〈史记〉随笔》，杭州：浙江文艺出版社2000年1月出版

本书是阅读随笔集，针对《史记》所记的史事进行评述，并提出作者自己的读史心得。

张大可《〈史记〉新注》，北京：华文出版社2000年1月出版

本书体例包括序论、五体说明、题解、段意、简注、简论六项内容。序论介绍司马迁其人及《史记》的结构、书法、史事等。五体说明评述《史记》编纂学。每篇题解包括解释篇题、介绍传主、揭示篇旨和作者意向。段意对段落内容点题、剖析，并加以归纳。简注对象包括音、义、人物、地理、职官、制度、典故等，注解简要，难句加以串讲。简论包括抒发见解、补述史事等。本书初以《〈史记〉全本新注》之名由三秦出版社于1990年6月出版。

赵生群《〈史记〉文献学丛稿》，南京：江苏古籍出版社2000年1月出版

本书为论文集，共收18篇，分为三部分：一是关于《史记》撰述方面的论述，包括《史记》记事的断限、亡缺与续补，同时还考证了司马谈作史的情况与司马迁的生年。二是关于《史记》取材问题的论述，包括取材

与诸侯史记、《战国策》等。三是《史记》体例与文学方面的论述，包括标题、书法、纪传体与传记文学等。

陈桐生《〈史记〉与〈诗经〉》，北京：人民文学出版社2000年2月出版

本书共九章。前五章分别就司马迁的《诗》学渊源、孔子删《诗》说的形成原因、四始理论内涵、传统《诗》学中的风雅正变之说、辩驳《商颂》为宋诗之说五个旧问题作了论述。第六至九章从宇宙观、思维方式、取材、诗学批评四个方面讨论了《诗经》对《史记》的渗透。

缪雨《〈史记〉与新闻学》，北京：新华出版社2000年4月出版

本书从新闻学的角度观照《史记》，全书共九章：一、序论。二、司马迁——伟大的"记者"，论述游历与使命感。三、《史记》的实录精神，包括"客观报道"、第一手材料等。四、从哲学角度论述历史家和新闻记者的"识"。五、独立思考，成一家之言。六、讨论民族精神。七、论述太史公的"爱奇"。八、说明《史记》历史编纂学的启示。九、评价司马迁的文采风流。

管锡华《〈史记〉单音词研究》，成都：巴蜀书社2000年5月出版

本书采用共时描写、历史比较和数理统计相结合的方法，系统发掘、描写了《史记》中的700多个单音词新义，深入分析了其中二十多组单音同义词的发展演变，探讨了从先秦到《史记》成书时代汉语单音词和词义的发展趋势与规律。

田人隆《穷究天人通古今——司马迁与〈史记〉》，台北：万卷楼图书公司2000年6月出版

本书是关于司马迁和《史记》的概述读物。全书分十节内容，分别为：引言、时代、家世、童年、壮游、入仕、磨难、奋斗、奇书、思想。附录为司马迁大事年表。

韩兆琦《〈史记〉题评》，西安：陕西人民教育出版社2000年9月出版

本书为"司马迁与华夏文化丛书"之一。全书分为两大部分：首先是"《史记》总体概说"，分别就司马迁其人与《史记》其书、《史记》

的先进思想、艺术成就、对后世的影响四点加以论述。其次是"《史记》分篇题评",将原书每篇从内容方面加以解题,并从其思想与艺术方面给予评论。

吕培成《司马迁与屈原和楚辞学》,西安:陕西人民教育出版社2000年9月出版

本书为"司马迁与华夏文化丛书"之一。书中将司马迁楚辞研究的贡献放到文化发展的历史过程中加以考察。全书共有七节内容:一、论述了司马迁对南北文化的吸收融合,二、分析比较了司马迁与屈原的相同遭遇及心灵共鸣,三、论述了司马迁对屈原美学思想的继承和发扬,四、比较了"无韵之离骚"的《史记》与《离骚》在思想、精神、艺术上的内在联系,五、讨论司马迁在汉代楚辞学中的地位,六、论述了《史记·屈原列传》对楚辞学所具有的奠定性意义,七、评述了近现代以来人们对《屈原列传》的关注情况。

吴守贤《〈史记〉与中国天学》,西安:陕西人民教育出版社2000年9月出版

本书为"司马迁与华夏文化丛书"之一。全书论述了《史记》的天文学内容,共有五节:一、历法改革,二、司马迁的恒星体系,三、对日月行星运行规律认识的前科学时期,四、特殊天象的"常"与"变",五、论天文学家司马迁。

徐日辉《〈史记〉八书与中国文化研究》,西安:陕西人民教育出版社2000年9月出版

本书为"司马迁与华夏文化丛书"之一。全书共有七节内容:一、从八书的题名出发,概述了其内容和主导思想,并探讨了其来源。二、讨论了八书的序列。三、分析了八书各自的旨意。四、阐述了八书重构与扩展的情况。五、分析八书产生的时代、文化、政治等历史条件。六、考察了八书对中国文化中百家、政书、方志、科技、水利的直接影响。七、评价了八书的历史地位。

赵安启、王宏涛《〈史记〉与中国古代建筑文化》,西安:陕西人民教育出版社2000年9月出版

本书为"司马迁与华夏文化丛书"之一。书中从七个方面讨论了《史

记》中所表现出的古代建筑与文化。第一至六节分别从《史记》中的城邑、宫殿、礼制建筑、苑囿、陵墓、军事建筑及道路桥梁等方面论述了《史记》中所记载的建筑形式，并结合考古发掘成果对其加以说明。最后一节论述了《史记》中的建筑思想，包括建筑节俭与侈靡思想、城市选址与规划思想、建筑设计思想、陵墓建筑思想、建筑艺术及美学思想等。

杨生枝《〈史记〉语林》，西安：三秦出版社 2000 年 12 月出版

本书辑录《史记》中的妙言佳句，按照每句首字拼音顺序排列。正文原句下有简单注释，其次为说明。本书后收入《鹑瓠文集》第三卷，三秦出版社 2005 年 6 月出版。

顾竺《〈史记〉十大名篇解读》，北京：华文出版社 2001 年 1 月出版

本书据梁启超所提出的《史记》十篇为本，正文外，主要分为注释、今译、讲析三项内容对其加以分析评述。该书是一部较为通俗的赏析读本。

杨燕起《〈史记〉全译》，贵阳：贵州人民出版社 2001 年 7 月出版

本书为"中国历代名著全译丛书"之一。本书以中华书局点校本为底本，标点、分段也基本照录。书中在每一体裁前，对该体裁的主旨和特点有简要说明。每篇有解题，概括主旨及写作意愿。正文分段注释，注词简明，人物、史事、典制等注释则较详。译文置于每段注释之后。

张玉春《〈史记〉版本研究》，北京：商务印书馆 2001 年 7 月出版

本书主要内容有六章。第一章考察了《史记》版本流传存佚的情况。第二章研究《史记》魏晋六朝异本。第三章《史记》唐写本研究，考察了敦煌石窟藏本、传世唐写本。第四章《史记》北宋刻本研究，讨论了十行《史记集解》和十四行《史记集解》本，并论述了杏雨藏本与景祐本的关系。第五章《史记》南宋刻本研究，分别研究了十二行本、九行本、北大图书馆藏南宋刊《史记集解》，以及《集解索隐》二家注合刻本、黄善夫三家注合刻本。第六章《史记》三家注合刻本版本系统研究，分述了元彭寅翁本、明廖铠本、嘉靖三刻本、明南北国子监本等。

梁建邦《〈史记〉论稿》，西安：西北大学出版社 2001 年 8 月出版

本书为论文集。主要内容包括《史记》的修辞研究，如重复、夸张、

比喻、讳饰等；还有对"司马迁为李陵辩护"的辨析，及李陵之祸对司马迁思想与《史记》创作的影响；还论述了司马迁和《史记》的爱国思想；同时校勘方面有《史记》勘误十五则。

　　杨旭升《〈史记〉研究》，成都：四川大学出版社 2001 年 8 月出版

　　本书从八个方面研究了《史记》：一、讨论了《史记》的作者问题。二、对《史记》加以文化审视。三、阐述《史记》的思想意义。四、说明《史记》的人生启示。五、分析《史记》的纪传体本质及人物选择等。六、分析《史记》的人物描写。七、论述《史记》的表现方法。八、分析"太史公曰"的特色、作用与影响。

　　李笠《广史记订补》，上海：复旦大学出版社 2001 年 10 月出版

　　本书是在作者《史记订补》基础上增订而成，全书共十二卷。书前叙例十二条说明全书体例，分别为繁重例、牴牾例、互见例、假托例、草创例、错综例、异文例、异义例、正名例、辨讳例、别裁例、旁证例。该书从训诂校勘入手，对《史记》的文字作了订正，具有较高的参考价值。

　　陈桐生《史魂——司马迁传》，北京：东方出版社 2001 年 11 月出版

　　本书由八章内容组成，在翔实史料和严谨求实的基础上，运用文学笔法，描述了司马迁的生命历程，展示了他的成长足迹。作者将笔触深入司马迁的心灵世界，揭示其悲欢苦乐。书中还以司马迁为中心，描写了司马谈、汉武帝等一系列历史人物，再现了司马迁当年所处的政治文化氛围。

　　陈海波《〈史记〉并列式、偏正式双音词研究》，武汉：博士学位论文，武汉大学，2001 年

　　本论文共有五部分：首先是绪论，介绍研究状况、所用语料、词汇理论的思考等。第一章是《史记》并列式双音词，分别对名词、动词、形容词进行了穷尽考察，然后数据统计，归纳了词义与语素义的六种关系，并说明了词序的制约机制。第二章研究《史记》偏正式名词，考察了后字的语义类型、前字的语义功能、语法功能、《史记》偏正式双音名词的来源和发展。第三章研究偏正式动词、副词及少量形容词，描述了各类词的数据和语法分布特点、前字的语义功能等。最后是余论。

葛传彬《明清〈史记〉文学批评述论——兼论古文、小说叙事原则的对立》，上海：博士学位论文，复旦大学，2001 年

本论文结合《史记》创作实际，通过对《史记》的批评来分析有关的理论观点及得失，并对古文与小说在叙事方面的相关问题作了比较研究。全文共有五部分：首先为绪论。第一章明清《史记》文学批评概况。第二章从叙事技法、人物写生、散文风格角度讨论了古文视野下的《史记》。第三章论述小说批评中的《史记》与《史记》的小说化批评。第四章从实与虚、简与繁、雅与俗三个范畴比较了古文与小说的叙事。

杨俊库《〈史记〉：人性的历史和反讽的艺术》，北京：博士学位论文，北京师范大学，2001 年

本论文借鉴历史哲学、文艺美学、叙事学等理论，联系中国思想史和传记文学发展史，探索了《史记》的历史观、悲剧观及叙事艺术。全文共四章。前两章从人性的历史和人性的悲剧两方面论述了《史记》的思想内容。后两章从经纬交织的叙事文本与有意味的形式两方面讨论了《史记》的叙事艺术。

俞樟华《〈史记〉艺术论》，北京：华文出版社 2002 年 1 月出版

本书共九章，分别从司马迁的传记文学理论、《史记》人物传记的艺术成就、《史记》的艺术结构、《史记》的语言艺术、名篇解析等方面探讨分析了司马迁写人与叙事的艺术。同时本书还考察了《史记》文学艺术对后世作家与文体的影响，探讨了后代传记文学无法超越《史记》的原因，并论述了《史记》研究的历史与现状。

安平秋、张大可、俞樟华主编《史记教程》，北京：华文出版社 2002 年 3 月出版

本书共十一章。第一章导论，论述了《史记》的民族凝聚力与研究现状。第二章以下分别论述了《史记》产生的环境、创作宗旨、体制、取材、创立纪传体通史、创立纪传文学、《史记》的语言成就、蕴含的进步思想、疑案与史公疏略、《史记》流传等内容。其中特别对《史记》的史学、文学两个方面的价值、内涵与意义，司马迁如何将文史熔于一炉，作了较有见地的评说。

王初庆《纪实与浪漫——史记国际研讨会论文》，台北：洪叶文化事业公司 2002 年 3 月出版

本书分为"国际论坛"和"单篇论文"两部分，前者包括 6 篇文章，后者收录论文 17 篇，论题涵盖《史记》的时代背景、核心思想、篇章内涵、语法、编撰方法、后世评论与考证、外文译本以及两汉时代文字之东传等各个方面。单篇论文部分，每篇之后附有讲评意见。

池昌海《〈史记〉同义词研究》，上海：上海古籍出版社 2002 年 4 月出版

本书对《史记》同义词作断代研究，按一个义位和共时角度对全书的同义词作了穷尽性、系统性的钩稽组合，并加以辨析其同中之异，在此基础上进行理论研究，对《史记》同义词的来源、构成、区别性特征、修辞功能作了全方位的考察，并进而对古汉语同义词研究中理论和实践方面的一些难点热点问题作了清理和探讨。

李埏等《〈史记·货殖列传〉研究》，昆明：云南大学出版社 2002 年 5 月出版

本书收录 18 篇论文，分为上下两编，对《货殖列传》作了经济学研究。全书内容大致包括文本词义解读、经济理论阐释，同时还有比较研究及司马迁经济思想的评述。

可永雪《走进〈史记〉人物长廊——〈史记〉人物论》，呼和浩特：内蒙古人民出版社 2002 年 8 月出版

本书赏析和评论《史记》所写各时期有代表性的人物，分为先秦之属、秦汉之间、汉初将相、文景时代人物、武帝时代人物五组，着重对其做历史、道德、人性和美学上的评价，推求和阐明这些人物在民族精神形成和发展中所发生的作用和影响，及其至今仍具有的现实意义。

阎崇东《司马迁之史学贡献》，呼和浩特：内蒙古人民出版社 2002 年 8 月出版

本书以"司马迁之史学贡献"为中心，将其分为六十三个课题，然后对其或加以阐释，或将有关该课题的论著给以综合性的论述和评议。在论著评述中，按照时间顺序，逐一指出其观点依据，并加解析和简单评价。

徐元南《论清代的〈史记〉研究》，北京：博士学位论文，北京大学，2002 年

本论文共五章。第一章为绪论，介绍历代《史记》研究概况，及清代学术演变下的《史记》研究情况。第二章论述清人对《史记》文学性的研究，包括清人对《史记》文学价值的研究、桐城派论《史记》文章艺术。第三章为清人对《史记》编纂的研究，分为《史记》编纂学和对《史记》分体与篇章的评论两方面。第四章为清代学者对《史记》的考证，包括对《史记》全面性考证、注重版本的清代《史记》学、对《史记》本文内容的考证。第五章为结论。附录"清代《史记》研究资料"。

张桂萍《〈史记〉对先秦史传文的继承与发展》，北京：博士学位论文，北京大学，2002 年

本论文共三章。第一章主要论述了史传文学的名称和体制特点、史官文化的演进与史传文学的产生、先秦用史与史传文学的发展三个问题。第二章以《左传》与《战国策》为主，从"文史结合""叙事写人""语言艺术""褒贬倾向"等角度论述了《史记》对其继承和发展。第三章论述《史记》作为史传文学的典范之作的具体表现及其对后世文、史传统的影响。附录"20 世纪《史记》研究及其方法论"。

陈桐生《儒家经传文化与〈史记〉》，台北：洪叶文化事业公司 2002年 9 月出版

本书以《春秋》为《史记》的理论基石作为切入点，细究了《周易》《尚书》《诗经》、"三礼"和《史记》的关系及其观念，探讨《史记》对六经异传学术思想的批判与吸取，指出《史记》不仅从六经异传中取材、取义，更重要的是从六经异传中汲取学术思想理论，在整合六经异传的学术思想基础后内化出自己的内容。六经异传学术思想对《史记》的影响，它所关涉的不是一字一句一篇的问题，而是关联到《史记》一书的整体构思。《史记》的学术思想体系正是建立在"厥协六经异传，整齐百家杂语"之上。该书对于认识和理解儒家经传文化与《史记》整体思想关系，具有较为重要的参考价值。

　　左海伦《司马迁与〈史记〉——经验筑成的巨塔》，台北：商务印书馆
2003 年 2 月出版

　　本书包括八篇文章，首先评述了《史记》的个性、司马迁其人其事、
《史记》的方案设计（形式与内容）。其次精微地解读了列传，并论述了李
陵公案、悲剧人物、英雄事迹、变奏的士人等。本书援引中西，相互映发，
具有较大的启益。

　　杨海峥《汉唐〈史记〉研究论稿》，济南：齐鲁书社 2003 年 6 月出版

　　本书是在作者博士学位论文《〈史记〉学史》（北京大学 2001 年）基础
上修订而成。全书共四章：一、汉代的《史记》研究，论述了扬雄、王充、
班固父子对《史记》的评论。二、魏晋南北朝时期的《史记》研究。三、
唐代的《史记》研究，主要探讨三家注。四、《史通》对《史记》的评论，
阐述了刘知几对《史记》体例、思想、叙事的评论。

　　白玉林等主编《史记解读》，北京：世界知识出版社 2003 年 10 月出版

　　本书以历史事实为依据，采用问答体的形式，按照时代顺序，从原书中
提出了 486 个问题，并用原典中所载的内容进行了简明扼要的回答。内容涉
及较为广泛，问题回答也较浅显。该书属于通俗读物。本书又有华龄出版社
2006 年 6 月版、云南教育出版社 2011 年 12 月版。

　　张新科《史记学概论》，北京：商务印书馆 2003 年 11 月出版

　　本书比较系统地总结了两千年来《史记》研究的成果，并阐释了这一学
科的研究过程、研究方法、研究目标。书中按照范畴论、价值论、源流论、
本质论、方法论、生存论、主体论诸方面分别加以论述。该书从理论、方法、
实践等方面对“史记学”的建构提出了较为系统的研究范畴和研究方法。

　　张大可《〈史记〉选评》，上海：上海古籍出版社 2003 年 12 月出版

　　本书选录《史记》五体作品共 27 篇。每体有简略说明，介绍《史记》
五体结构的特色及《史记》130 篇目录。每篇作品包括题解、注释、讲评
等。本书是一部普及读本。

　　安平秋主编《史记》，上海：汉语大词典出版社 2004 年 1 月出版

　　本书为“二十四史全译”丛书之一。本书以百衲本《史记》为底本，

每篇采用双栏文白对照的方式，便于对比阅读。本书又有北京同心出版社
2012 年 12 月繁体字版。

徐蜀《〈史记〉订补文献汇编》，北京：北京图书馆出版社 2004 年 4 月
出版

本书辑录影印清人《史记》研究著作 16 种，分别为：崔适《史记探
源》，张文虎《校刊史记集解索隐正义札记》，李蔚芬《史记正义佚文纂
录》，李笠《史记订补》，沈家本《史记琐言》，雷浚等《学古堂日记·史
记》，王筠《史记校》，周尚木《史记识误》，杭世骏《史记考证》，王元启
《史记正讹》，佚名《史记校注》，林茂春《史记拾遗》，方苞《史记注补
正》，张锡瑜《史表功比说》，龙良栋《景祐本史记校勘记》，丁晏《史记
毛本正识》。本书对于《史记》研究具有一定的文献学价值。

王毅、刘立《司马迁及其经济思想论要》，西安：陕西人民出版社 2004
年 5 月出版

本书内容共有十三节：一、概述司马迁生平，二、分析司马迁经济思想
的哲学基础，三至六节分别讨论了司马迁关于社会经济发展动力、"善者因
之"、商品经济、"素封"的思想。七、分析司马迁的财政思想与汉武帝
时期的财政危机，八、论述司马迁对汉武帝时期与民争利政策的评价，九、
探讨司马迁关于上层建筑与经济基础关系的思想，十、论述司马迁之崇尚道
家和批判汉儒，十一、概括司马迁笔下的西汉兴衰的历史轨迹，十二、说明
司马迁写作《史记》的目的和特点，十三、评论汉武帝与司马迁的悲剧。

张强《司马迁学术思想探源》，北京：人民出版社 2004 年 11 月出版

本书共有六章内容。第一章论述汉初世风与司马迁的天人思想，第二章
探讨司马迁与史官文化及历史研究，第三章分析司马迁与西汉政治的关系，
第四章阐述司马迁与阴阳五行及改制，第五章讨论司马迁与经学的内在联
系，第六章论述司马迁的帝王史观与帝王批判。

韩兆琦《〈史记〉笺证》，南昌：江西人民出版社 2004 年 12 月出版

本书原文基本据中华书局点校本。正文分段，每段末概括段落大意，并
用本证、旁证与理校等方法，对通行本《史记》的字句讹误和标点失当加
以校改。注释采录三家注及各种新旧注本的注释文字，对字词、人物、地

名、制度等有比较详细的解释，且博采考古资料、出土文物以及古代遗迹等可与历史人物、事件相互印证者录入注释。篇末为集评，选录古今中外评论作品、情节、人物、事件的文字，对理解原文富有启发意义。

杨树增《史记艺术研究》，北京：学苑出版社 2004 年 12 月出版

本书内容共有十章：一至三章论述了我国传记文学的兴起发展，并介绍了司马迁。四至九章分析了《史记》的艺术特点，包括人物形象、创作的基本原则和方法、创作的艺术构思、人物形象塑造的主要艺术手法、语言、艺术风格。第十章讨论了《史记》传记文学的地位、价值及对后世的影响。

[韩]李宗澈《〈史记〉量词研究》，上海：博士学位论文，复旦大学，2004 年

本论文共四章内容：第一章《史记》量词词义考辨，将其分为名量词与动量词，并分析了其用义。第二章从共时角度对《史记》量词的语法功能、语义功能、语用特征等作了描述和分析。第三章从历时角度，通过将《史记》与《左传》《汉书》《世说新语》《三国志》的比较，分析出量词的变化与发展。第四章《史记》量词与韩国语分类词的比较，考察了《史记》量词对韩国语分类词影响的情况及其用法上的异同。

张大可、安平秋、俞樟华《史记研究集成》，北京：华文出版社 2005 年 1 月出版

本书为"史记学"研究丛书，共 14 卷，收录著作包括张大可《司马迁评传》，安平秋《史记通论》，韩兆琦等《史记题评与咏史记人物诗》，张大可等《史记论赞与世情研究》，张大可《史记精言妙语》，杨燕起等《史记集评》，王明信等《史记人物与事件》，阎崇东《史记史学研究》，可永雪《史记文学研究》，王明信等《司马迁思想研究》，张大可等《史记文献与编纂学研究》，张玉春等《史记版本与三家注研究》，张新科等《史记研究史及史记研究家》，俞樟华等《史记论著提要与论文索引》。本丛书在工具性、资料性、学术性方面，有着较大的参考价值。

何乐士《〈史记〉语法特点研究》，北京：商务印书馆 2005 年 3 月出版

本书从语法角度对《史记》作了研究，包括四篇论文：第一篇通过与《左传》的比较，总结了《史记》定语丰富多彩、介宾状语的大量出现、无

介词补语的增加等若干特点。第二篇通过与《左传》比较，研究了《史记》的动补式结构。第三篇通过与《左传》比较，研究了《史记》的介宾短语位置前移现象。第四篇比较了《左传》《史记》名词作状语的语言现象。

杨生枝《〈史记〉札记》，《鹁鸪文集》第四卷，西安：三秦出版社2005年6月出版

本书为读书随札，针对人物、地名、制度、风俗等问题作了相关考证。

汪耀明《挥笔传神——〈史记〉〈汉书〉〈后汉书〉〈三国志〉写人艺术谈》，上海：学林出版社2005年7月出版

本书结合中国历史文化背景和古代史传著作、写人散文的发展过程，系统论述了前四史的写人艺术。全书共十章，分别是：选材典型、在矛盾冲突中表现人物、言为心声、揭示人物内心世界、细节传神、场面描写绘声绘色、运用多种表现手法、以文传人、写人叙事议论抒情融为一体、四史写人艺术的承前启后。

沙志利《〈史〉〈汉〉比较研究》，北京：博士学位论文，北京大学，2005年

本论文主要内容有六章。第一章回顾并概述了《史》《汉》比较研究史的情况。第二章从体裁上比较了《史记》与《汉书》编纂的不同。第三章从文字、史料层面及专题角度，考察了《汉书》对《史记》的增删润色，并分析了其特点及原因。第四章比较分析了《史记》与《汉书》的叙事特色。第五章马班思想比较，主要从创作意图、游侠传、货殖传、儒林传及其他论赞材料方面展开。第六章为结论。附录《史记》《汉书》重复内容（包括部分重复）篇目表。

吴庆峰《〈史记〉虚词通释》，济南：齐鲁书社2006年1月出版

本书收《史记》单音虚词为主，兼及复合虚词、惯用词组和固定格式，共计457条。所收虚词范围包括助动词、代词、副词、介词、连词、助词、语气词、叹词八类。词条按照汉语拼音顺序排列，每条按照词类、用法、意义、举例等部分组成，例句少则一例，多则近十例不等，力求体现语境的作用。该书是一部极为便利的《史记》虚词工具书。

张兴吉《元刻〈史记〉彭寅翁本研究》，南京：凤凰出版社 2006 年 1
月出版

本书是以彭寅翁本《史记》为研究对象的《史记》版本个案研究。全
书共七章。第一章是《史记》版本研究回顾，第二章论述前人对元刻《史
记》彭寅翁本的著录研究，第三章分析现存《史记》彭寅翁本的版本状况
与内在联系，第四章探究彭寅翁本所据的底本，第五章为《史记》彭寅翁
本增删三家注考辨，第六章为日藏《史记》彭寅翁本中的日人批注剖析，
第七章评价彭寅翁本在《史记》版本研究中的地位。附录有《史记》版本
存世目录。

高祯霙《〈史〉〈汉〉论赞之研究》，台北：花木兰文化出版社 2006 年
3 月出版

本书分别对《史记》"太史公曰"与《汉书》"赞曰"的意义、性质、
特色与各篇内容加以探析，并对《史》《汉》论赞的比较及影响进行了论
述。全书共十二章。第一章绪论，第二至四章分别讨论了《史记》体例与
太史公曰、太史公曰的内容、对太史公曰的评议。第五至七章论《汉书》
赞曰。第八、九章分别就《史》《汉》论赞重叠篇章及两书论赞史文的特质
作了比较研究。第十、十一章论述了两书论赞对后世史学、文学的影响。最
后是结论。

林珊湘《〈史记〉"太史公曰"之义法研究》，台北：花木兰文化出版
社 2006 年 3 月出版

本书阐发《史记》"太史公曰"的义法，"义"指所体现的学术思想、
创作精神及褒贬标准，"法"指文章创作的法则、结构及艺术表现。全书共
八章：一、绪论，二、"太史公曰"创作的文化背景，三、"太史公曰"的
作用与特点，四至五讨论"太史公曰"与黄老思想、儒家思想的关系，六、
"太史公曰"的艺术表现，七、"太史公曰"对后世的影响，八、结论。

陈桐生《〈史记〉与诸子百家之学》，合肥：安徽大学出版社 2006 年 5
月出版

本书从《史记》与儒家、道家、法家、阴阳家、纵横家、兵家、墨家、杂
家等方面，探讨了《史记》与诸子百家学术思想的继承和改革，以及《史记》
对周秦思想文化所作的统一或整合，由此所形成的一套独特的思想体系。

张大可、田志勇《司马迁与史记学》，西安：陕西人民教育出版社 2006 年 8 月出版

本书是"司马迁与华夏文化丛书"之一。全书旨在对司马迁思想和《史记》流传及研究情况作一勾勒，并对"史记学"加以理论性的总结。全书内容共有七节：第一节介绍了司马迁这位大一统时代的文化巨人，第二节介绍了《史记》这部继往开来的历史百科全书，第三节论述司马迁一家言的思想体系，第四至第六节依次论述了《史记》在汉唐、宋元明清及近代，以至现当代的传播与研究状况。最后分析了《史记》历久弥新的原因，并对三十种《史记》论著作了提要。

毛金霞《〈史记〉叙事研究》，西安：陕西人民教育出版社 2006 年 9 月出版

本书是"司马迁与华夏文化丛书"之一。全书以《史记》叙事为研究对象，全面系统地对其作了研究。全书主体部分共有九节，分别为叙事主旨、叙事时间、叙事结构、叙事材料、叙事立场、叙事视角、叙事艺术、叙事语言、叙事风格。

毛曦、段建海《司马迁与中国史学》，西安：陕西人民教育出版社 2006 年 9 月出版

本书是"司马迁与华夏文化丛书"之一。书中对司马迁史学的一些根本性问题进行了探讨论述。全书共分八节，分别就司马迁史学继承论、创作动因论、历史哲学论、史学思想论、历史编纂论、历史地位论、史学影响论、史学价值论等方面做了全面深入的分析阐述。

宋嗣廉《司马迁兵学纵横》，西安：陕西人民教育出版社 2006 年 9 月出版

本书是"司马迁与华夏文化丛书"之一。全书共有九部分内容：导论总括了司马迁对《孙子兵法》以来兵家人物、史事、理论的贡献。第一节综述了《史记》作为古代军事史传对《左传》的继承和发展。第二节论述了司马迁的兵学思想。第三至六节分别叙述了司马迁所写的自五帝至秦汉时期的战争。第七节论述司马迁对兵家名将摹写的艺术手法和特点。第八节讨论了司马迁兵学对后世的影响。

吴宏岐、王元林《司马迁与中国地理》，西安：陕西人民教育出版社 2006 年 9 月出版

本书是"司马迁与华夏文化丛书"之一。全书内容由五节组成：一、

司马迁的地理学思想及其历史地位。二、《史记》与中国自然地理，论述了其中所记载的地形地貌、气候规律、水文地理、土壤分布与土地开发、动植物地理、地质矿产、灾害地理等。三、《史记》与中国人文地理，论述司马迁对中国古典经济地理学的开创意义、人地关系思想，以及《史记》中的城市与人口地理、军事地理思想、宗教地理等。四、《史记》与中国区域地理和地图学。五、司马迁地理学思想的渊源。附录"《汉书·五行志》引录《史记》资料及解释""《史记》所见司马迁游迹的记载"。

张崇文《〈史记〉列传图志》，西安：陕西人民教育出版社 2006 年 9 月出版

本书是"司马迁与华夏文化丛书"之一。该书通过示意图形，勾勒人物活动及事件的空间过程，清晰地突出了地域方位的概念。全书首先是西周、春秋、战国、秦国、西汉形势图，并附时代简说。此后依次对每篇列传的传主及主要人物、主要事件之行踪、地点、地域方位，皆绘制示意地图，一幅至数幅不等，并以不同线条、箭头和简要文字加以标示。图后附有地名简要注释，注明其今日所在地。同时每篇有列传主要内容的简要解说。本书是阅读《史记》列传一部有价值的参考著作。

赵生群《〈史记〉编纂学导论》，南京：凤凰出版社 2006 年 11 月出版

本书从编纂学角度，对《史记》撰写过程中的问题作了较为全面的论述。全书共有十一章，分别是：一、《史记》的成书过程，二、《史记》的内容，三、《史记》体例分析，四、《史记》的取材，五、《史记》与几种主要史籍，六、史料运用与史料价值，七、《史记》的述史框架，八、《史记》的书法，九、史学理论的探索，十、《史记》编纂的几个问题，十一、《史记》纪传与传记文学。附录《史记》《战国纵横家书》史料价值考论。

杨光熙《司马迁的思想与〈史记〉编纂》，济南：齐鲁书社 2006 年 12 月出版

本书分上下两编。上编三章，分别论述了司马迁的哲学思想、经济思想、社会政治思想。下编讨论《史记》的编纂问题，包括《史记》产生前的史学著述，《史记》在体例上的发展、编纂与写作技巧、艺术风格，司马迁的文艺观。

汤勤《〈史记〉与〈战国策〉语言比较研究》，武汉：博士学位论文，华中科技大学，2006年

本论文共八部分内容：一、绪论。二、研究材料和研究方法。三、《史记》与《战国策》同义词语比较研究。四、《史记》与《战国策》行为类词语比较研究。五、《史记》与《战国策》言语类词语比较研究。六、《史记》与《战国策》语法比较研究。七、《史记》与《战国策》语言变化的特点。八为结语。附录"《史记》及其106种源文献""《史记》语言研究主要论文索引"。

康全诚《〈史记·五帝本纪〉辑证》，台北：花木兰文化出版社2007年3月出版

本书共七章。前三章辑录上古黄帝、颛顼、帝喾之史料，以证司马迁多本《大戴礼记·五帝德》之说，另采诸家训释、《路史外纪》、唐宋类书，以正三家注、考证之失，补充疏通，重加诠次。又据钱穆《史记地名考》重订上古地名，以明古今地理沿革。第四、五章尧舜本纪，通过比合经史，说明文字假借、训诂字代本字、史文隐括经文等体例。第六章疏证赞词。第七章为结语。

逯耀东《抑郁与超越：司马迁与汉武帝时代》，台北：东大图书公司2007年5月出版

本书通过对《太史公自序》与《报任安书》的深入解读，以及寻绎史公在《史记》全书中的架构安排、篇章联系、撰写方法及个别纪传的背后深意，条分缕析地描绘出司马迁如何借由《史记》的传世，既抒发满腔抑郁，又完成自我超越的完整图像。本书又有生活·读书·新知三联书店2008年12月版。

陈曦《〈史记〉与周汉文化探索》，北京：中华书局2007年7月出版

本书是在作者博士学位论文《〈史记〉探索》（北京师范大学2000年）基础上修订而成。全书内容共分三编。上编为《史记》的艺术探索，论述了《史记》的战争叙述、隐含叙述、历史虚构、传记艺术、悲剧艺术等。中编《史记》人物实例分析，通过对比《史记》先秦人物形象与先秦文献记载的差异，或对其中秦汉人物加以阐释，探索司马迁凝聚于这些人物身上的思想内涵。下编为《史记》的文化探索，论述了司马迁与孔子的崇

古意识、司马迁与墨学的精神关联以及《史记》的幽暗意识。

雷虹霁《秦汉历史地理与文化分区研究：以〈史记〉〈汉书〉〈方言〉为中心》，北京：中央民族大学出版社 2007 年 9 月出版

本书将《史记》《汉书》《方言》等文献中所述不同视角的文化分区与考古学文化分区结合起来，并通过对三者的比较，较为全面地讨论了秦汉历史时期的文化区域与文化分区问题。全书共有七章，其中第二章论述了司马迁的"经济文化"区域观。

李纪祥《〈史记〉五论》，台北：文津出版社 2007 年 9 月出版

本书收入《史记》研究论文五篇，分别是：一、《太史公书》由"子"之"史"考，二、《史记》之"家言"与"史书"性质论，三、太史公"成一家之言"别解，四、历史与历史剧——"豫让"叙事与历史塑成，五、曹沫与柯之盟。

张大可辑评《百家汇评本〈史记〉》，武汉：长江文艺出版社 2007 年10 月出版

本书采取按《史记》原书分卷的体例，以旁批的形式辑录古今三百余名评家的评语。评点文字注重在前人微观阅读的基础上，立足于宏观全面系统地解读《史记》一书的架构与内容。

曲英杰《〈史记〉都城考》，北京：商务印书馆 2007 年 12 月出版

本书对《史记》所载帝王与诸侯王国的都城作了全面系统的考述。书中以经考古发掘的城址为研究重点，通过丰富的文献资料和考古材料，详细考证了《史记》中的都城地望、规模、布局，以及街道、宫殿、官署、市场、民居等，并将古代都城与当前城市、村落等结合起来进行考察。

何志华《经史考据：从〈诗〉〈书〉到〈史记〉》，香港：香港中文大学中国文化研究所中国古籍研究中心 2007 年出版

本书收录两篇有关《史记》的文章，第一篇是《司马迁〈太史公自序〉"承敝通变"义训解诂——简论其内蕴之〈易〉学及道论思想》，第二篇是《〈史记〉"重"训"还更"义例探究——兼论粤方言"重""仲"两字渊源》。两文从训诂出发，对《史记》中的字句作了通解。

董焱《清代〈史记〉研究》，北京：博士学位论文，北京师范大学，2007 年

本论文比较全面地考察了清代学者对《史记》的研究情况。全文共三章。第一章清代学者对《史记》的考证，包括版本、校勘、内容三方面。第二章清代学者对《史记》的评论，首先指出历史编纂学视野中的清代《史记》研究，其次为清人对《史记》分体与篇章的评论。第三章清代辞章之学与《史记》研究，总结了桐城派的研究成果，并梳理了清人对《史记》在语言、写人、叙事方面的成就及《史记》对其他文体的影响。

韩兆琦注译《新译〈史记〉》，台北：三民书局 2008 年 2 月出版

本书体例包括题解、正文、章旨、注释、语译五部分。注释部分除训解字词外，还有文字标点的校勘，评论资料以及考古成果的增补。语译较为通俗口语化。该书可与作者《〈史记〉笺证》参阅。

曹晋《屈原与司马迁的人格悲剧》，上海：上海世纪出版公司、上海古籍出版社 2008 年 4 月出版

本书从文化对屈原与司马迁人格的熏染，人格悲剧之实质以及人格悲剧对文学作品之影响方面进行了论述，阐释了战国至西汉中期的中国文化变迁，以及相应的人格成长对文学艺术的决定性力量。全书主要内容共有六章：第一章为研究概述，第二、三章论述大一统政治意识形态的兴起和定型，第四章为屈原与司马迁人格探源，第五章论述了屈原与司马迁的人格悲剧，分析了其实质及社会意义，第六章从历史意识与文学意识角度对二人人格悲剧作了探讨。

康清莲《〈史记〉考论》，郑州：中州古籍出版社 2008 年 4 月出版

本书共分为五章：第一章为绪论，介绍司马迁及《史记》。第二章从政治思想、经济思想、民族史观、学术思想讨论了司马迁对汉武帝时期朝政问题的思考。第三章分析了《史记》的精神品格，包括奋发图强的进取精神、侠义精神、荣辱观等。第四章分析《史记》的艺术品格，包括言外之旨、人物之死描写、戏剧冲突、人物出场法等。第五章针对《史记》中的问题进行了考辨。附录为《史记》经典篇目评点。

杨惠昶《司马迁的西方现代经济思想》，长春：长春出版社 2008 年 4 月出版

本书以西方现代经济思想为出发点，从人类致富的天性、贫贱无价值、供求关系、贸易富国、经济自由、货币管理、资本、天赋人权等方面，将司马迁的经济思想与西方现代经济思想进行了比较分析，揭示了其中重大的学术价值。

张富春《〔清〕吴见思〈史记论文〉研究》，成都：巴蜀书社 2008 年 8 月出版

本书分上下两篇。上篇分别就吴见思的生平、《史记论文》的评例、内容，以及对《史记论文》的评价四个方面作了研究。下篇为《史记论文》选注，选取其中二十三篇，加以标点，原文中的各种评点符号也予以保留。

韩兆琦《〈史记〉解读》，北京：中国人民大学出版社 2008 年 9 月出版

本书为"国学经典解读系列教材"之一，选入了《史记》中的三篇本纪、五篇世家、十四篇列传及《太史公自序》。书中选篇兼顾其进步思想、写作艺术与强烈的抒情性，并注意到《史记》所反映的历史过程和社会生活的一些重要方面。书中体例分为原文、段意、注释、解读四部分。

黄庆萱《〈史记〉〈汉书〉儒林列传疏证》，台北：花木兰文化出版社 2008 年 9 月出版

本书分为两篇。第一篇《史记·儒林列传》疏证，分为序文与正文两章。本书疏证主要包括定句读、通训诂、辨声音、订羡夺、正错误、校异同、征故实、援旁证，同时对今文、古文，齐学、鲁学，师法、家法等问题也详加说明。第二篇为《汉书·儒林传》疏证。附录西汉儒林师承传授图、西汉儒林大事年表。

吕世浩《从五体末篇看〈史记〉的特质——以〈平准〉〈三王〉〈今上〉三篇为主》，台北：花木兰文化出版社 2008 年 9 月出版

本书通过论析《史记》书体、世家体、本纪体的末篇作意，并结合前人对表体、列传体末篇的相关研究成果，论证了《史记》五体的寓意在于太史公欲以五体首末对照，暗寓讥刺。同时揭示了《史记》"论治之书""百王大法"的特质。

刘宁《〈史记〉叙事学研究》，北京：中国社会科学出版社 2008 年 11 月出版

本书借鉴西方叙事学理论，对《史记》的叙事成就进行了较为全面系统的研究，内容涉及《史记》的叙事立场、叙事视角、叙事情节、叙事时间、叙事结构、叙事话语、叙事接受等方面。

霍有光《〈史记〉地学文化发微》，西安：西安交通大学出版社 2008 年 12 月出版

本书运用文献、矿冶、考古、经济等学科成果，全面探讨了五帝至夏商周时代、春秋战国至秦代以及汉兴百年间的地学文化，内容包括非金属矿产、金属矿产、地图、地质灾害等方面。同时书中还探讨了司马迁的天地（世界）观与方法论、灾异观、资源观等。

宋嗣廉《历代吟咏〈史记〉人物诗歌选读》，长春：吉林人民出版社 2008 年 12 月出版

本书收录了 160 多位诗人 600 余首诗歌和 1500 余条相关诗句。每首诗歌有简要注释，同时对相应《史记》人物作了必要的介绍，对吟咏同一人物的诗歌加以简要评说。

应三玉《〈史记〉三家注研究》，南京：凤凰出版社 2008 年 12 月出版

本书主要通过对《史记集解》《史记索隐》和《史记正义》的版本、注释以及相关情况的全面考释，从整体上把握《史记》三家注的全貌。全书共六章：一、《史记》注家佚著考索，二、《史记集解》考释，三、《史记索隐》考释，四、《史记正义》考辨，五、《史记》三家注相关渊源关系考论，六、《史记》三家注通论。附录"《史记》三家注引各家索引"。

江君《由史而文、融雅于俗——从〈史记〉到"史记戏"》，广州：博士学位论文，暨南大学，2008 年

本论文共七章：一、分析了《史记》戏剧性因素，包括人物容貌描写、语言描写、场面描写、主观性表述方式。二、论述《史记》在传播过程中文学性的张扬。三、论述元明清时期"史记戏"繁盛的局面及原因。四、通过与原作对比，探索"史记戏"在角色添设和剧情增饰方面的艺术规律。五、分析"史记戏"剧中人物情感处理方式，有联想术、综合术、对比术、

减轻术。六、以"司马相如戏"为例，探讨了同题材"史记戏"间的继承与创新问题。七、运用接受美学理论，探讨"史记戏"带给观众的心理满足。附录"现存或残存'史记戏'杂剧一览表""现存或残存'史记戏'传奇一览表"。

池万兴《〈史记〉与民族精神》，济南：齐鲁书社 2009 年 1 月出版

本书分为上下两编。上编"民族精神的历史积淀"，论述了从三皇五帝到秦汉的历史过程中民族凝聚力和民族精神的形成，同时说明《史记》的创作宗旨与民族精神的自觉弘扬。下编"《史记》弘扬的民族精神"，分析了《史记》中所弘扬的六种民族精神，包括大一统思想、以人为本的精神、变革创新精神、刚健有为自强不息的精神、爱国主义精神、坚持气节舍生取义的人格自尊精神。

施丁、廉敏《〈史记〉研究》，北京：中国大百科全书出版社 2009 年 1 月出版

本书为研究资料汇编，收录了从 1901 年到 2000 年中国学者在报刊上公开发表的研究论文，以及有关的文章、讲话等。正文分两部分。第一部分为论文精选，从对司马迁和《史记》研究的文章中选取了各个方面的重要论文。第二部分为"主要论著索引"，汇编了近百年来大陆、港台、国外关于《史记》及司马迁的研究专著和论文。论文分为司马迁其人、《史记》通论（包括总论、版本、体例、文献、思想、史学、文学语言、经济、比较、其他）、《史记》分论、《史记》三家注、其他五大类。

林聪舜《〈史记〉的世界——人性与理念的竞逐》，台北：国立编译馆 2009 年 4 月出版

本书收入九篇论文，分为三编。第一编《史记》的理想与表现方式，讨论了《史记》特殊的行文方式，"以史为经"的抱负，人物个性与共性的结合等。第二编理想人生的寄托与价值观主宰的行动世界，论述范蠡、张良的功成身退，刺客与游侠的价值观，项羽性格的转变。第三编世界观、战略思维与成败，分析了韩信的世界观、周亚夫的战略思维，并评价三苏父子对刘邦、项羽的论议。

师立德《中华文化之瑰宝——〈史记·八书〉研究》，昆明：云南大学出版社 2009 年 6 月出版

本书以《史记》中的"八书"为中心，结合所涉及《史记》本纪、世家、列传中的人物与史事，从政治、军事、经济、文化、天文、礼制等方面对"八书"进行了阐述。

杨丁友《〈史记〉写作文化研究》，成都：四川大学出版社 2009 年 7 月出版

本书从写作学的角度对《史记》写作进行了研究，内容分为六部分：材料采集篇论述了材料采集途径及材料鉴别与使用。构思篇论述了《史记》的五体结构。叙事篇从叙事特点、叙事视角、叙事方法展开分析。人物篇探讨了《史记》以人物为中心的新创，以及写人的成就与人物形象塑造方法。艺术篇论述了《史记》互见、虚实、详略、对比、复笔五种写作艺术。语言篇讨论了《史记》的叙述语言与人物语言艺术。

张新科《〈史记〉概论》，西安：陕西师范大学出版社 2009 年 7 月出版

本书分为"专题部分"和"作品提示部分"。专题部分共十一章，论述了《史记》的时代背景、体制及宗旨、百科全书特征、进步思想、民族精神、叙事风格、写人艺术、语言成就、抒情色彩、文化史地位和价值、研究史略。作品提示部分节选《史记》30 篇作品，与论述部分相互印证。该书属于高校教材。该书又有本社 2014 年 1 月版。

王成军《中西古典史学的对话：司马迁与普鲁塔克传记史学观念之比较》，北京：中国社会科学出版社 2009 年 8 月出版

本书是在作者博士学位论文《司马迁与普鲁塔克传记史学观念之比较》（北京师范大学 2007 年）基础上修订而成。全书内容共有八部分：首先是绪论。第一章论述了中西传记史学产生的源流及其趋向。第二章从传记史学的历史观角度，比较了普鲁塔克的"实质主义"史学与司马迁的"通变"史学。第三章分析了两人传记价值观的内容及其特征，并作了比较。第四章探讨了《史记》和《名人传》所表现的轶事观，讨论了"轶事"与"宏大叙事"的对立与统一。第五章从文与史的交融与对立，论述了两书的传记史学的真实观。第六章论述两书人物的历史比较，同时对二人传记史学的比较观念作了比较。第七章评价了两人的历史影响与地位。

古国顺《司马迁〈尚书〉学》，台北：花木兰文化出版社 2009 年 9 月出版

本书共八章：一、介绍司马迁的生平志业，并论述司马迁《史记》在《尚书》学上的地位。二、陈述《史记》征引《尚书》的范围，并归纳了征述方式。三、分述《史记》引《尚书》文的条例，包括迻录原文、摘要剪裁、训诂文字、翻译文句、改写原文、增插注释六类。四、从文字、章句、解说三方面举述《史记》引今古文《尚书》的情形。五、考述《史记》与《尚书》的异说及原因。六、探讨《史记》与《书序》的关系。最后两章分述司马迁对《尚书》学之贡献及影响。附录《史记》引《尚书》篇目对照表，《尚书》《史记》合钞。

刘国民《好学深思，心知其意：司马迁〈史记〉二十讲》，北京：中国社会科学出版社 2009 年 9 月出版

本书第一至十六讲选取《史记》十八篇作品加以解读，解读分为序论、原文、注释、讲解、总论和补论几部分。序论提示文章的基本特点，总论概括突出本文的重要思想内容，补论则补充本文内容。最后四讲论述了司马迁的死亡之思、司马迁对法家人物悲剧命运的表现和评价、司马迁价值评价的片面性、司马迁的"天命""命"的思想。

任刚《〈史记〉战国人物取材研究》，西安：陕西人民出版社 2009 年 9 月出版

本书是在作者博士学位论文《〈史记〉人物取材研究》（以战国为中心，兼及秦汉）（陕西师范大学 2007 年）基础上修订而成。全书主要内容分为五章：一、司马迁对《史记》取材的论述，说明其取材途径、取材过程等。二、战国人物取材概述，分析了战国时代的文字材料和非文字材料，以及战国人物取材特点。三、四章战国人物取材，是对具体人物取材的考察。五、对秦汉之际人物取材的考察。

许淑华《两宋〈史记〉评点研究》，台北：花木兰文化出版社 2009 年 9 月出版

本书共七章：一、绪论。二、两宋评家生平考略，辑考评家称谓、行谊、学术、著述等。三、《史记评林》两宋评点校勘，包括标明评语出处、恢复评语原貌、校正字形异同等。四、补《史记评林》宋人评点之阙，包

括增补评论条目之不足、增补未收评家之评语等。五、两宋评家史评分析，其评语类别有义理、考据、辞章、史识四类，其中史识类居多，其余平均分配。对史公评论，北宋倾向贬抑。班马比较，多扬马而抑班，两宋评家居轩轾班马转折的关键。六、两宋《史记》评点对后世的影响。七、结论。附录《史记》各篇宋代评点索引、两宋评家评点篇目索引、两宋评家生平考略索引。

吕世浩《从〈史记〉到〈汉书〉——转折过程与历史意义》，台北：台湾大学出版中心 2009 年 12 月出版

本书以《史记》到《汉书》的转折过程为中心，对两汉的史学和政治的互动情形作了全面详细的分析，并阐明其在中国史学发展上的意义。全书内容分七章：一、序论。二、论述《史记》对汉代政治的挑战。第三、四章论述从《史记》到《汉书》的转折过程，分为抑禁与传抄期、公布与删削期、撰续与褒扬期、论罪与取代期。五、两汉之际的史学与《史记》。六、从《史记》到《汉书》的转变，包括体例、论赞、天人观与古今观等。七、结论。

陈莹《唐前〈史记〉接受史论》，西安：博士学位论文，陕西师范大学，2009 年

本论文借用西方接受美学和接受理论，考察了《史记》在唐前传播的历史原貌。全文分八章：一、唐前《史记》传播述略。二、唐前史书对《史记》的接受，包括编撰体例、著述思想、写作方式及内容题材等方面。三、唐前诗歌对《史记》的接受，包括接受方式和题材拓展。四、唐前小说对《史记》的接受，包括小说观念、体例写法、题材内容。五、唐前文学理论对"发愤著书"说的接受。六、唐前学者对《史记》的接受，主要有《法言》《论衡》《史记集解》《文心雕龙·史传篇》。七、唐前班马优劣论的演变。八、唐前《史记》传播与接受中的儒化现象。

刘海平《〈史记〉语序研究》，武汉：博士学位论文，华中科技大学，2009 年

本论文由六章内容组成：一、导言，交代语料选取原则，概述《史记》语序研究情况。二、讨论了《史记》双宾语结构的语序。三、讨论《史记》中所处结构的语序。四、分析《史记》数量结构的语序。五、分析《史记》特殊宾语语序。六、讨论《史记》"者"字结构定语语序。

芮文浩《〈史记〉百衲本研究》，南京：博士学位论文，南京师范大学，2009 年

本论文主要内容有四章：一、《史记》百衲本辑印考。二、《史记》百衲本校勘研究。三、《史记》百衲本与殿本异文研究。四、《史记》百衲本与中华书局点校本异文研究。通过上述研究，总结了百衲本《史记》在文献校勘上的参考价值。

王俊杰《〈史记〉战争文学研究》，武汉：博士学位论文，武汉大学，2009 年

本论文分五部分：首先是导论，概述了《史记》中的战争史与战争文学，以及相关研究方法等。第一章论述了司马迁的战争观。第二章论述了《史记》宏阔深邃的战争叙事。第三章分析了《史记》中穷形尽相的战争人物。第四章为《史记》战争文学的艺术风范，阐释了其以兵驭文的风采与其美学特征。结语总结了《史记》战争文学对先秦战争文学的继承与超越，还有其独特性、影响、瑕病等。

刘道锋《〈史记〉动词系统研究》，成都：四川大学出版社 2010 年 3 月出版

本书运用结构主义语言学理论对语言进行描写，运用认知语言学理论对语言进行解释，以《史记》动词系统为切入，以动词的聚合特征和组合特征为展开维度，探讨人和生存环境的互动关系，特别是人的活动对语言结构所产生的影响，人的活动对语言范畴化进程的影响。

刘俊男《〈史记·六国年表〉与史料编纂》，台北：花木兰文化出版社 2010 年 3 月出版

本书借分析《六国年表》序文，说明司马迁创作《六国年表》的意图，并通过对比《六国年表》表内文字、纪年、记事与相关史料，凸显了它的特色。全书分五章：一、绪论；二、《六国年表》的创作意义；三、《六国年表》的撰写依据及相关史料探讨；四、《六国年表》的编纂、内容与特色；五、结论。

李全华《史记疑案》，长沙：湖南大学出版社 2010 年 7 月出版

本书按问题内容分为 13 类，每类提出 10 个问题并加考证阐释。书中新奇之见颇多，可增广异闻，如秦始皇"遣徐市发童男女数千人入海"，并非

为求仙或求不死药，而是根据邹衍大九洲之说到海外寻找新大陆，进行海外殖民。

司荷丹《司马迁与〈史记〉概论》，太原：北岳文艺出版社 2010 年 8 月出版

本书共五章。第一章绪论，介绍了司马迁生平和《史记》的成书、《史记》的体例和版本、司马迁的思想内涵。第二章论述了《史记》的思想内容和艺术成就。第三章《史记》的悲剧艺术，从《史记》悲剧及悲剧人物、悲剧精神、悲剧冲突与结构、悲剧艺术的表现手法方面进行论述。第四章从《史记》对中国传记文学、古典散文、古典小说戏曲、中国悲剧文学、抒情文学的影响角度，考察了《史记》在中国文学史上的地位和影响。第五章为《史记》作品选读。

吴继路《史家绝唱——司马迁》，北京：首都师范大学出版社 2010 年 8 月出版

本书在严谨运用材料的基础上加以文学想象，较为生动地叙述了司马迁的一生。全书共有十四节内容，分别为：龙门、诵圣、识侠、壮游、刘项、奉使、遗命、封禅、塞河、战神、奇冤、愤著、泪书、丰碑等。

张新科《〈史记〉与中国文学》（增订版），北京：商务印书馆 2010 年 8 月出版

本书较为全面系统地探讨了《史记》与中国诸体文学的关系以及贡献和影响。全书内容主要有十个方面：首先总述司马迁的文学思想及其影响。二至九章，分别论述了《史记》与中国古典散文、古典传记、古典小说、中国抒情文学、中国古典悲剧、中国浪漫主义文学、辞赋、中国民间文学的关系。最后分析了《史记》的语言成就。书后附录"史记学史述略"与"《史记》在海外的传播与研究"两文。本书由陕西人民教育出版社于 1995 年 7 月初版，此为增订本。

刘国平《司马迁的历史哲学》，台北：花木兰文化出版社 2010 年 9 月出版

本书从历史哲学的角度，阐发了司马迁《史记》一书的内容。全书分为八章：一、绪论。二、从历史人事方面论述司马迁的历史广度与深度，并

探讨司马迁撰史叙事的详略原则及其所受主客观限制。三、探讨《史记》以黄帝为首所体现的历史理念，并探讨其著史的方法意识与客观意识。四、讨论司马迁撰写《史记》的史料来源、对史料的考证批判，以及历史选择的标准。五、论述司马迁对历史的解释，包括方法、假设、想象、教训等。六、主要分析司马迁的天人思想及其转变。七、探析司马迁所通的古今之变。八、评述司马迁历史哲学的意义与价值。

　　王长顺《先秦士人与司马迁》，西安：陕西师范大学出版社 2010 年 10 月出版

　　本书分为上下两篇。上篇综述先秦士人思想精神与司马迁的关系，包括先秦士人的精神传统、理想人格、学术思想、政治思想、历史意识、史传传统等对司马迁的深刻影响，并探讨了司马迁批判精神的渊源，同时论述了《史记》批判的目的和表现形式。下篇为个案分析，选取孔孟、老庄、荀韩、屈原，具体讨论了司马迁所受的影响。

　　孙晓《二十四史研究资料汇编·史记》，成都：巴蜀书社、北京：人民出版社 2010 年 11 月出版

　　本书蒐罗影印唐代以来至 1949 年之前的《史记》考证研究成果一百余种，共十册，包括版本辨析、原文校勘、史事考证、志表补作等著作。全书分"综考"和"分考"两部分。具有较大的文献价值。

　　周振甫《〈史记〉集评》，重庆：重庆大学出版社 2010 年 12 月出版

　　本书按照《史记》原书篇目顺序，选录历代各家指示《史记》在写史实中所含的意义，及集各家评《史记》的意义。至于未结合具体史实的考证则不收录。本书对理解《史记》内涵具有参考价值。

　　陈年高《〈史记〉语料价值研究》，南京：博士学位论文，南京大学，2010 年

　　本论文对《史记》的史源文献进行分层，然后运用历史语言学的方法，检测验证《史记》语料分层的准确性和可靠性。全文由五部分组成：首先是引言，概述了《史记》的作者、撰述、版本，并对《史记》语料研究加以述评。第一章对《史记》语料进行分层，分为《史记》引用前代文献、直录传主之文、司马迁撰述语三类。第二章通过《史记》与《尚书》《左

传》《国语》《战国策》词汇和语法的比较，考察了汉语的历史演变。第三章对司马迁撰述语作了考察，从构词特点和语法特点两方面阐述了西汉前期的语言特点。最后是结语。

葛鑫《〈史记〉对四大名著的叙事影响研究》，北京：博士学位论文，中央民族大学，2010 年

本论文从叙事角度探讨了史传传统对古典章回小说文体形成的影响。全文分上下两编，上编《史记》对四大名著宏观上的影响，分别从九连环式的叙事结构、以类相从的叙事思维和互见法的叙事方法三方面作了论述。下编《史记》对四大名著微观上的影响，从梦、谶言、奇异的出生现象、相术四方面分析了其在历史叙事和小说中的作用。

凌瑜《〈史记〉篇章连接标记研究》，杭州：博士学位论文，浙江大学，2010 年

本论文研究了《史记》中不同类型的篇章连接标记在篇章信息组织中所发挥的作用，考察了它们形成和发展的情况。全文分为六章：一、绪论。二、篇章连接标记的界定和分类。三、四两章分析了篇章逻辑连接标记的八个类型，包括并列、顺承、递进、选择、因果、转折、假设、让步关系标记。五、分析了《史记》篇章功能连接标记的用法及特点。六、为结语。

苏芃《南宋黄善夫本〈史记〉校勘研究》，南京：博士学位论文，南京师范大学，2010 年

本文分上下两编，上编是黄善夫本《史记》综合校勘研究，共三章内容：一、黄善夫本《史记》概述。二、黄善夫本《史记》校勘研究，通过与中华本比勘，叙述二者篇章次序、篇题的差异，分类讨论了黄善夫本校勘异文，并作了综合评价。三、数字化时代古籍校勘研究的两点感想。下编是黄善夫本《史记》异文考证，主要校正中华本的讹误。

陈家宁《〈史记〉商周史事新证图补（壹）——殷、周、秦〈本纪〉新证图补》，天津：天津人民出版社 2011 年 5 月出版

本书以出土文献为主要依据，对《史记》中殷、周、秦三篇《本纪》进行解释阐发，讨论商周秦三族的传说、来源、姓氏、祖先、世系、名臣、地望、诸侯国及相关史事等内容，并对史书的记载作了评价。

李纪祥主编《史记学与世界汉学论集》，台北：唐山出版社 2011 年 5
月出版

本书共收录论文 13 篇，其内容有考证《史记》内容的，如"《史记》
与三代纪年""论《史记·十二诸侯年表》以'共和'为始"等；有关于
编撰思想、材料和作者的，如"司马迁的'考信于六艺'说""《史记》的
取材与出土资料""司马谈与《史记·天官书》"等；有后世对《史记》
的采录和评价的，如"刘向'称引/撰续'《太史公书》""扬雄《法言》
中对《史记》的论述与传承"等。另外还有思想研究，如"《史记·乐书》
的乐学观"，以及研究综述，如"六十年来韩国《史记》研究综述"。

关想平《〈史记〉解读》，武汉：武汉出版社 2011 年 6 月出版

本书分为三卷内容，卷一为《史记》浅议篇，对《史记》的宗旨、成
就、艺术、局限作了简单的叙述。卷二《史记》赏析篇，分为十四类，汇
集了书中的相关言论和史事，并加以浅显的评述。卷三《史记》选读篇，
选取其中八篇作品，先列译文，次为简述。

张学成《〈史记〉综论》，北京：九州出版社 2011 年 6 月出版

本书共九章内容：一、《史记》的魅力、价值及其研究概况。二、《史
记》产生的环境和条件。三、司马迁著作简介及《史记》的创作宗旨。四、
《史记》的体制。五、《史记》的思想。六、《史记》的写人艺术。七、《史
记》的叙事艺术。八、《史记》的抒情性与悲剧性。九、"史汉"比较与
《史记》的地位与影响。

韩兆琦《新译〈史记〉名篇精选》，台北：三民书局 2011 年 8 月出版

本书共选《史记》14 篇，包括本纪、表序、世家、列传。书中体例包
括题解、正文、章旨、注释、语译。题解对该篇内容加以简要评述。注释除
释词外，还有对文意的解释说明，对笔法的提示，对前人注解的考辨等。语
译较为流畅。

张新科、高益荣、高一农《〈史记〉研究资料萃编》，西安：三秦出版
社 2011 年 8 月出版

本书共分四大部分。一、司马迁研究，选录历代有关司马迁生平、思
想、学术及与中外史家比较等 85 个方面的重要观点。二、《史记》整体研

究，选录历代有关《史记》体例、文学文化特征、与典籍的关系等 51 个方面的重要观点。三、《史记》各篇研究，选录历代有关各篇研究的重要观点。四、收录有关《史记》研究的版本、书目、戏曲、影视、文物古迹等有关资料。

杨波《〈史记〉品评》，北京：社会科学文献出版社 2011 年 12 月出版

本书以《史记》三家注为底本，利用其框架结构，对《史记》的重要人物和事件进行了具有学术性和思想性的品评，以期以史为鉴，古为今用，给现代人以有益的历史智慧和人生启迪。

田天《秦汉国家祭祀格局变迁研究——以〈史记·封禅书〉〈汉书·郊祀志〉为中心》，北京：博士学位论文，北京大学，2011 年

本论文围绕《史记·封禅书》和《汉书·郊祀志》，以秦统一至汉末的国家祭祀格局变迁为研究对象，梳理秦及西汉国家祭祀变革的过程，分析国家祭祀的地理分布及空间变化，并且解释了这种变迁背后的历史背景与国家权力、政治格局、学术思想的影响。全文共分五章，第一至三章以时间顺序梳理了秦汉国家祭祀的变迁。第四章论述秦汉山川祭祀的变革。第五章论述秦汉祭祀建筑及其演变。

杨昊鸥《〈史记〉与中国文章学专题研究》，广州：博士学位论文，中山大学，2011 年

本论文首先将中国文章学进行了分段考辨，再以具体的文章学背景来考察《史记》的流传接受情况。全文分为八章：一、文章学界说。二、《史记》与汉代著作意识的兴起。三、对《太史公自序》及《报任安书》中著作观念的考察。四、《史记》与魏晋南北朝隋唐文章学。五、宋代文章学视野下的《史记》考察。六、明代史学转向与《史记》文章学接受的变化。七、《史记》与明代文章学的积变。八、桐城派对《史记》古文地位的修正。

郭必恒《〈史记〉民俗学探索与发现》，北京：知识产权出版社 2012 年1 月出版

本书是在作者博士学位论文《〈史记〉之民俗学研究》（北京师范大学2002 年）基础上修订而成。全书就《史记》中的民俗学资料分类整理，通过深入论述，得出司马迁整合上下层文化成史等民俗学思想，进一步凸显了

民俗学史料在《史记》成书过程中的重要意义。全书共分五章：一、《史记》：一部具有重大民俗学价值的著作。二、《史记》民俗资料概述。三、《史记》与历史人物传说。四、司马迁的民俗思想初探。五、《史记》中民间故事主题与分类。

　　赵望秦、蔡丹等《〈史记〉与咏史诗》，西安：三秦出版社 2012 年 2 月出版
　　本书依照《史记》篇目次序，收录相关人物、朝代、史事等题咏的历代诗歌。全书从 186 部典籍中录出 909 家诗人的咏史诗共 3346 题、3628 首。该书资料性强，有着较高的文献价值。

　　可永雪《〈史记〉文学成就论衡》，北京：中央民族大学出版社 2012 年 6 月出版
　　本书共八章：一、《史记》文学性界说。二、司马迁的时代、生平与思想。三、《史记》的写作、成书与价值。四、《史记》的写人艺术。五、《史记》的叙事艺术。六、《史记》的语言艺术。七、关于《史记》中的再创作问题。八、作为传记文学来看的《史记》。全书例证丰富，论述全面。本书初名《〈史记〉文学成就论稿》，由内蒙古教育出版社于 1991 年出版，修订版改题《〈史记〉文学成就论说》于 2001 年由该出版社出版。本书为第二次修订本。

　　李学勤《〈史记·五帝本纪〉讲稿》，北京：生活·读书·新知三联书店 2012 年 8 月出版
　　本书通过文本细读的方式，对《五帝本纪》进行了深度讲解，系统梳理了有关五帝时代及上古史研究的争论与探索，并启发读者对中华文明起源的思考。讲稿后收入《五帝本纪》原文与三家注，及作者《走出疑古时代》《谈"信古、疑古、释古"》两文。本书又有香港中文大学出版社 2015 年版。

　　邱诗雯《〈史记〉之"改""作"与历史撰述》，台北：花木兰文化出版社 2012 年 9 月出版
　　本书通过资料对比，考察了司马迁《史记》"改""作"与历史撰述的义法，及其所呈现出的史蕴诗心之风格。全书共分七章：一、绪论。二、《史记》史蕴诗心传统的构成。三、《史记》据事类义之记注义法。四、《史记》撰述之改易义法。五、《史记》撰述之撰作义法。六、史传文学会通文

史的定调与再造。七、结论。附录历来诸家言《史记》取材整理表、《史记会注考证》各篇引书表、《史记》撰述方法表。

吴福助《〈史记〉解题》（增订本），台北：国家出版社 2012 年 9 月出版

本书按照本纪、表、书、世家、列传分为五部分，对《史记》分篇介绍其内容、特点，资料翔实，论述明晰，是《史记》导读类较重要的参考书。本书初版为（台湾）河洛图书出版社 1979 年版，又有（台湾）国家出版社 1982 年版。

李振兴《〈史记〉选集鉴赏》，台北：新文丰出版公司 2012 年 10 月出版

本书首列"《史记》引述"，介绍有关《史记》各方面的情况。其次选录本纪等各体作品 42 篇。附录《汉书·司马迁传》《报任少卿书》。每篇作品均分段落，并概括大意，后有案语对史事、文章等作说明和赏析，页下有较为详细的注释。篇后有"辑评""文话"，"辑评"分类辑录前人评论，"文话"则为作者自己观点的阐述。

刘玲娣、孙建虎、李新《〈史记〉中的河北人物研究》，保定：河北大学出版社 2012 年 12 月出版

本书将《史记》中属于今河北籍的人物分为六大类加以评述，分别是君王之尊、名卿贤相、沙场枭雄、鸿儒高士、汉宫巾帼、商业名流。书中资料除《史记》《汉书》等典籍外，又征引地方史志、民间传说等多方面的资料。书后附"司马迁眼中河北人之思考"。

李艳《〈史记〉连词系统研究》，长春：博士学位论文，吉林大学，2012 年

本论文以《史记》作为主要的语料来源，对其中的连词分为并列、顺承、选择、递进、假设、让步、转折、原因、结果、目的、修饰、提起 12 类，通过定量考察、定性分析，对其语法特点进行了总体概述和描写。同时在此基础上，以共时描写与历时分析相结合的方法，总结相关连词的语法化过程，并对连词演变的机制和规律作了归纳。

王晓玲《清代〈史记〉文学阐释论稿》，西安：博士学位论文，陕西师范大学，2012 年

本论文共六章。第一、二章论述清代《史记》文学阐释的文化语境和文学语境。第三到第六章详细地论述了清代学者对《史记》与小说关系的阐释、对《史记》写人艺术的阐释、对《史记》叙事艺术的阐释、对《史记》语言艺术的阐释。

于玉蓉《〈史记〉神话历史叙事研究》，北京：博士学位论文，中国社会科学院研究生院，2012 年

本论文以神话学为研究视角，论证《史记》的撰写体现了神话思维。全文分为四章：一、神话学与《史记》研究。二、《史记》的神话实录——以《黄帝篇》为例。三、《史记》体例的神话隐喻——以五体与十二本纪为例，从神话宇宙观中探索神秘数字"五"与"十二"的产生及"五"体与"十二"本纪的深层喻意。四、《史记》的神话想象，以新历史主义、诗性历史、神话历史理论的发展为切入点，探讨了《史记》实际上正体现了历史界新理论的基石——叙述、比喻、想象等特征。

赵善轩《历史文学与经济思想：〈史记·货殖列传〉研究》，广州：博士学位论文，暨南大学，2012 年

本论文从历史与文学的角度讨论了司马迁《史记·货殖列传》的写作动机及其对写作内容的影响，认为他试图以春秋笔法批判汉武帝的新经济政策，并通过主观理解，建构了汉初经济繁荣的一面，形成自由放任比干预主义更美好的历史观念。其次讨论了司马迁在传中提出诸多伟大经济思想的意义。最后探讨了如何通过选材、建立论述来构建他有意识的历史理论。

王华宝《〈史记〉校勘研究》，台北：花木兰文化出版社 2013 年 3 月出版

本书以中华书局校点本《史记》为中心，从古文献学的角度，综合运用校勘学、版本学、汉语史和文化史方面的知识，对其加以较为系统的校勘研究。全书分为六部分：首先是绪论，阐述《史记》校勘研究的意义、历史和现状以及研究方法等。第一章校点本与金陵书局本对校研究。第二章校点本与张文虎《札记》对比研究。第三章校点本校勘问题举隅。第四章校

点本标点问题举隅。最后是余论。

张大可《〈史记〉论赞辑释》(《张大可文集》第四卷),北京:商务印书馆 2013 年 5 月出版

本书辑录解读《史记》"太史公曰"史论内容,以汇总司马迁的思想材料。体例包括注释、语释、简论、五体说明、书前序论五项。本书初版由陕西人民出版于 1986 年出版。该版增入《〈史记〉的语言艺术》和《〈史记〉论赞辑释》两篇评论。

张大可《〈史记〉精言妙语》(《张大可文集》第五卷),北京:商务印书馆 2013 年 5 月出版

本书从《史记》中采录司马迁语录,以体现其"成一家之言"的特色。内容体例为语录、译文、评点。本书初版由中州古籍出版社于 1999 年出版,后有华文出版社 2005 年版,收入《〈史记〉研究集成》。

张学成、李梅《〈史记〉讲读》,济南:山东人民出版社 2013 年 8 月出版

本书分为"史论"和"作品解读"两部分。"史论"部分共有八章,分别论述了司马迁的生活时代与生平、《史记》的体例与创作宗旨、《史记》的思想、写人艺术、叙事艺术、悲剧性与抒情性、《史记》与中国古典文学、《史记》的史学价值。"作品解读"节选了《史记》中 17 篇作品,每篇有阅读提示、简要注释、段落大意、作品赏析等。

顾晓鸣主编《〈史记〉鉴赏辞典》,上海:上海辞书出版社 2013 年 9 月出版

本书正文精选了《史记》的 63 篇内容,按照人物事件的关联度加以重新排列,分成 30 组,每组加一标题并附导语,如将《陈涉世家》与《项羽本纪》合为一组,题作"平民与没落贵族的'反抗'思维"。正文部分由选文、注释、鉴赏三部分组成。选文以金陵书局本为据,注释以释词为主,鉴赏部分则对相关历史人物事件加以简要的评述。

晋钰琪《司马迁〈史记〉义利观研究》，台北：花木兰文化出版社
2013 年 9 月出版

本书共有六章。第一章为绪论，概述研究动机目的、范围材料等。第二
章探析先秦儒、墨、道、法学派的义利观。第三章论述司马迁义利观的基
础，在于生命体验的积累、战国士风的承继、时代风气的影响。第四章司马
迁义利观的展开，包括义利并重、斥责势利、称扬有义、义以为上。第五章
分析了司马迁义利观对后世政治、经济、修养、文学方面的影响。第六章为
结论。

曾小霞《〈史记〉〈汉书〉叙事比较研究》，广州：世界图书出版公司
2013 年 9 月出版

本书是在作者博士论文《〈史记〉〈汉书〉的叙述学及其研究史》（苏
州大学 2012 年）基础上修订而成。全书采取文史结合的方法，探讨了
《史》《汉》两书的研究史及其叙述之异同。正文分上下两编，上编《史
记》《汉书》研究史共四章，依次考察了唐前、唐宋、明清、近代的《史》
《汉》研究，汇总了其研究特色。下编《史记》《汉书》的叙述学共七章，
运用中西叙事理论，分别从叙述的体例、视角、时空、结构、思想、语言、
特色七个方面论述了两书的叙述艺术，侧重研究两书叙述上的异同，从两书
叙述比较中看史传文学的发展。

施丁《司马迁为人学》，北京：中国社会科学出版社 2013 年 11 月出版

本书分三编对司马迁的为人和学问作了论述。上编"司马迁为人性
情"，主要论述司马迁推崇仁义、信奉自然、尊重游侠、反对迷信、批判黩
武，主张实事求是、人们和谐相处的思想主张。中编"司马迁游访史迹人
情"，写司马迁倾心伟大人物，为记录这些历史人物，曾做了大量田野调查
和研究。下编"司马迁书写为人"，对司马迁笔下的正直与邪曲、有为与妄
为、士节与败类、交情与无情进行了详细论述。

程世和《司马迁精神人格论》，北京：商务印书馆 2013 年 12 月出版

本书通过对司马迁本人经历与《史记》具体内容的考察，描述了司马
迁以其深沉博大的人格全力撰著史书的精神过程，由此传达出《史记》丰
实复杂的深广蕴涵。本书将司马迁的精神人格与《史记》的丰实内容两相
映照、对读，以求对二者予以双重的把握。

何志华、朱国藩、潘铭基《唐宋类书征引〈史记〉资料汇编》，香港：香港中文大学出版社 2013 年 12 月出版

本书为"汉达古籍研究丛书"之一。书中蒐罗唐宋重要类书所引《史记》正文，以句列并排的方式对比百衲本《史记》，并考其异同。本书所引类书有《类说》《北堂书钞》《艺文类聚》《初学记》《白孔六帖》《事类赋注》《太平御览》《册府元龟》《海录碎事》《锦绣万花谷》《记纂渊海》《重广会史》《事林广记》《太平广记》，并收入《群书治要》《正续一切经音义》，共十七种。正文部分依照《史记》原书篇目次序，每条先列原文，次以时间顺序排列各种类书所引文句。最后为佚文。该书资料完备，极便检索。

孙生《〈史记〉曲笔探赜录》，银川：宁夏人民出版社 2013 年 12 月出版

本书共十二章。第一章分析太史公用曲笔发微的原因，第二章讨论《史记》是否谤书，第三章探索太史公的互见法曲笔，第四章分析《伯夷列传》曲笔，第五章说明太史公以道统领袖自居，第六章分析太史公对武帝"多欲"的政治曲笔，第七至九章分析关于韩信之死的曲笔，第十章探讨李广不封的曲笔，最后两章分别以《西游记》和《红楼梦》为例论述了《史记》笔法的影响。

高笑可《〈史记〉体词性成分陈述化现象研究》，北京：博士学位论文，北京大学，2013 年

本论文以《史记》（下）为基本研究语料，在对各句法位置的表述功能进行研究的基础上，考察了《史记》叙述句谓语、判断句谓语、状语、补语等位置上体词性成分的语义特点和发生陈述化的程度。本论文通过分析、筛选这几个句法位置上的体词性成分，在穷尽性调查、统计语料的基础上，对《史记》（下）中的发生陈述化的体词性成分进行研究，并对陈述化理论作出深入思考。本论文着眼于汉语固有特点，在前人研究的基础上，全面考察了《史记》（下）中的"陈述化"现象，并初步建立了一个与表达陈述的句法位置相对应的语义系统。

张亚玲《〈史记〉文学研究》，西安：博士学位论文，陕西师范大学，2013 年

本论文除绪论外，全文共分五章。第一章在对西汉的审美思潮进行简要

概括的基础上，阐释了司马迁与这一文化特质的关系。第二章探讨司马迁与孟子的关系，旨在解决其思想的渊源与归属问题。第三章从"五体"角度，分析了《史记》的结构形态。第四章论述《史记》的叙事艺术。第五章论述《史记》的语言特色。

纪丹阳《〈史记〉译注》，上海：上海三联书店 2014 年 1 月出版

本书以中华书局 1959 年点校本为底本，同时参校百衲本等版本。书中选录本纪、世家、列传共十篇。每篇前有题解，其次为原文、注释、译文，是一部普及读本。本书又有北京联合公司 2015 年 9 月版。

李芳瑜《司马迁与战国策士文献》，台北：花木兰文化出版社 2014 年 3 月出版

本书以《史记》战国史部分为切入点，讨论了司马迁取材与应用的相关问题。全书内容共有六章。第一章论述了司马迁面对的战国资料的特征与集散情况。第二章至第四章分析了司马迁对战国策士文献的具体使用情况，包括战国世家（分为与秦接壤和与秦不接壤两类）和战国人物列传。第五章讨了司马迁对战国文献的态度，涉及了文献选择、虚实原则与撰文技巧等。第六章论述了司马迁对战国策士的态度，包括司马迁眼中的战国策士模式及对其所作的修改，还有司马迁策士风格的形成与意义。

李翰文《名家集评全注全译〈史记〉》，北京：新世界出版社 2014 年 3 月出版

本书除正文外，分注、译、评三部分。注文有夹注与页下注两类，夹注释词，页下注为人物、术语等的说明。正文分段，段后有译文。集评在页眉，择要辑录宋明以来名家对《史记》的评点文字。

许恺容《〈史记〉"于序事中寓论断"之研究——以秦汉以来史事为例》，台北：花木兰文化出版社 2014 年 3 月出版

本书围绕《史记》"于序事中寓论断"，对其含义、起源、内容、影响作了全面分析。全书共七章：一、绪论。二、笔法溯源。三、以叙为议、史蕴诗心的表现形式。四、五为内容探析，分别从裁评帝王、批评时政和翻案、褒贬、寄慨、资鉴两方面分析。六、该笔法对《汉书》的影响。七、结论。

俞樟华等《〈史记〉与古代小说戏曲研究》，哈尔滨：黑龙江人民出版社 2014 年 3 月出版

本书分为三篇：上篇为《史记》与古代长篇小说，讨论了明清长篇小说在取材、体例、人物塑造、叙事方面与《史记》的关系，同时还对《史记》与《三国》《水浒》《金瓶梅》《红楼梦》作了比较研究。中篇为《史记》与古代戏曲，阐述了从《史记》到史记戏的发展，史记戏在题材选取、主题建构、叙事特征、审美批评、接受冲突等方面的问题，以及相关研究的拓展与深化。下篇为《史记》散论，既有关于《史记》艺术特点的内容，也有《史记》与史记戏具体篇目剧目的比较研究。

薛仁明《进可成事，退不受困——薛仁明读〈史记〉》，台北：九歌出版公司 2014 年 4 月出版

本书属于感悟式随笔。全书分"成败得失"和"安身立命"两部分，通过解读《史记》，阐述了其中蕴含的对现代人生的启迪。

李婧梵《司马迁与〈史记〉》，贵阳：贵州教育出版社 2014 年 7 月出版

本书是一部关于司马迁与《史记》的知识读本。全书分为三章：第一章叙述了司马迁的生平、学术等情况。第二章择要评述了《史记》中一些重要篇目的内容。第三章解读了《太史公自序》。

李伟泰等《〈史记〉选读》（增订一版），台北：台湾大学出版中心 2014 年 8 月出版

本书以中华书局点校本为底本，选录《史记》本纪、表（序）、世家、列传及自序共三十篇。每篇分原文与注释两部分，注释采用页脚注。加注包括词义晦涩或有疑义和异说者，事典、文典，重要而非习见的人名、地名、官名、制度，重要的《史记》互见资料。书后附录太史公游历图、战国时代中原地区图、淮阴侯列传综图。本书体例较为详备，注释简明扼要。

王涛《元前〈史记〉诠释文献研究》，北京：线装书局 2014 年 8 月出版

本书从文献学角度对《史记》诠释文献按照体式类型进行了系统研究。除绪言外，本书分五章，前四章按照时代顺序分别论述了两汉、三国两晋南北朝、隋唐、宋金时期的《史记》诠释文献，分为评议、注释、

解题、考证等类型。第五章对元前《史记》诠释的热点问题作了考论，如太史公是否为官职、《史记》早期的流传情况、唐代《史记》诠释中的文学取向等。

赵生群等点校《史记》（修订本），北京：中华书局 2014 年 8 月出版

本书是"点校本二十四史修订本"之一。该书在 1959 年版点校本《史记》基础上，仍以金陵书局本为底本，并以北宋景祐监本《史记集解》、南宋绍兴初杭州刻本《史记集解》、南宋庆元建安黄善夫《史记》三家注合刻本、明崇祯毛晋汲古阁《史记索隐》、清乾隆武英殿《史记》三家注合刻本为通校本，并以南宋淳熙《史记集解索隐》、元彭寅翁合刻本、明嘉靖金台汪谅刊合刻本、明万历李光缙增补凌稚隆《史记评林》、日本《史记会注考证》本为参校本，对原点校本的正文、注文进行了全面的检核。该书版本基本涵盖了宋元明清各个时期不同系统最具代表性的本子，在原点校本基础上精益求精，是一部具有较大参考价值的修订本。

王永吉《〈史记〉殿本研究》，台北：花木兰文化出版社 2014 年 9 月出版

本书对清代武英殿本《史记》的文献价值作了系统研究。全文共五部分：引言对清代以来《史记》版本与校勘作了研究综述。第一章《史记》殿本刊刻研究，包括刊刻过程、校勘、《殿本〈史记〉考证》、殿本翻刻及影响。第二章《史记》殿本与明北监本对比研究。第三章《史记》殿本与金陵书局本对比研究。第四章《史记》殿本异文考证，以殿本与金陵本相校，并考其异同。

许抄珍《西汉传播语境中的〈史记〉研究——以"一家之言"为中心》，北京：社会科学文献出版社 2014 年 12 月出版

本书是在作者博士学位论文《〈史记〉"一家之言"研究：以司马迁的政治思想为中心》（北京大学 2008 年）基础上修订而成。全书采取历时性和共时性的研究视角，以"一家之言"为中心，结合西汉思想文化传播语境和司马迁的人生际遇，对司马迁的理政思想进行了纵向和横向的比较研究。作者着重分析阐述司马迁理政思想的两个基点，即尊汉和尊奉儒家古史观，司马迁之黄老理政思想的实质及其对黄老理政思想的继承与发展，司马迁的理想政治——儒家理政思想，以及司马迁理政思想产生矛盾的主客观

原因。

樊婧《〈史记〉在元代的传播接受研究》，西安：博士学位论文，陕西师范大学，2014 年

本论文以西方传播学和接受美学为理论基础，研究了元代对《史记》的传播与接受。全文共八章。第一章主要介绍《史记》在元代传播与接受的社会背景，以及刊刻、印刷、版本学在《史记》传播与接受中的具体情况及作用。第二章通过梳理元代诗词中的《史记》内容，详细阐述元代诗词对《史记》传播与接受的特点、方式和效果。第三章通过元曲文本细读，探究了其"征用《史记》典故"和"质疑《史记》英雄"两个维度背后的原因。第四章以元代史传、辞赋为切入点，阐释元代文、赋对《史记》传播与接受的特点和效果。第五章探讨了元杂剧、南戏与《史记》的渊源。第六章梳理了元代话本、笔记小说中选材和艺术手法对《史记》传播与接受情况。第七章以戴表元《史记》评论为重点，整合梳理了元代学者对《史记》的评论。第八章总结元代对《史记》传播与接受的方式、特点，探究元代"史记学"之路。

廖忠俊《史记汉书概说》，台北：文史哲出版社 2015 年 1 月出版

本书共有五章内容：一、绪言，叙述了历代对两书的好评。二、三章《史记》概说、《汉书》概说，分别阐述了司马迁、班固的著作动机与取材及其内容。四、《史记》《汉书》文学史学及思想比较。五、《史记》《汉书》对后世的影响价值。本书深入浅出，属于学生读物。

袁棠华《司马迁的生死观及其文学表现》，长春：吉林出版集团有限责任公司 2015 年 1 月出版

本书主要由四章内容组成，第一章论述司马迁对死者的凭吊所反映出的生死观，第二、三章分别论述司马迁通过叙述生死选择情节和展示临终场面塑造的人物形象，第四章论讨论司马迁的生命体验及他对"死节"的思考。

赵宗彪《史记纵谈》，上海：文汇出版社 2015 年 1 月出版

本书为文化随笔集，共收入 38 篇文章。作者从原书出发，对其作了文化角度的评述，并对其进行了现代性的思考。

张大可《史记全译》，北京：人民出版社 2015 年 2 月出版

本书语译《史记》全书，内容将十表删略，只存表序，其余与原书同。书中无注释，采用文白对照形式，便于阅读。该书属普及读物。

池万兴《〈史记〉与小赋论丛》，上海：上海古籍出版社 2015 年 3 月出版

本书上编为"司马迁与《史记》研究"，收录 13 篇论文。其内容主要有：《史记》民族精神论纲，《史记》以人为本的取人原则与价值取向，《史记》的人格自尊精神及其生成，《史记》所弘扬的中华民族的气节风范，司马迁对西汉时代汉匈和战关系的认识，司马迁的民族大一统思想对后世史学的影响，从《史记·管晏列传》看司马迁的人才观等。

严定暹《情爱红尘——〈史记〉的生命美学》，高雄：清凉音文化事业公司 2015 年 3 月出版

本书共收入六篇文章，从"情"的角度解读了《史记》富有人文关怀精神的篇章。文章通过多学科的贯通比照，分析《史记》的历史事件、人物形象、性格命运等，启人思考，益人神智。

郜积意《〈史记〉〈汉书〉年月考异》，上海：上海古籍出版社 2015 年 4 月出版

本书通过细检古今诸家历表，重排前汉朔闰表，并考《史记》《汉书》日月歧出不一致的记载，与历表相互参证，加以比较定夺。书中主要内容有三部分，"前汉朔闰表之编排"，介绍了具有代表性的汉初朔闰表，并论其得失。"《史记》年月考异""《汉书》年月考异"两部分内容重新排列了《史》《汉》二书的汉初朔闰表。

蔡丹《古代诗人接受〈史记〉论稿》，西安：陕西师范大学出版社 2015 年 5 月出版

本书在接受美学视野观照下，以古代诗人创作群体为接受主体，以《史记》为接受客体，以"史记诗"创作为研究对象，梳理各个时期《史记》传播概况，深入考察古代诗人接受《史记》在不同时期呈现的不同特点、规律及其成因，以及接受成果史记诗所折射出的习气风尚、审美情趣，从而探讨《史记》与咏史诗二者之间微妙且复杂的关系。本书分上下篇，

上篇为历时研究，考察了从汉代至清代"史记诗"的创作情况。下篇为个案分析，分别以秦始皇、汉高祖、四皓、孙武、荆轲、韩信等形象为研究对象进行了讨论。

叶文举《经学视野下的〈史记〉与〈周易〉〈春秋〉》，芜湖：安徽师范大学出版社 2015 年 5 月出版

本书在经学视野下分别将《史记》与《周易》《春秋》对照分析研究，分为上下篇。上篇论述了《周易》对《史记》"通古今之变""究天人之际"等修史宗旨的影响，同时考察了《史记》人事活动记载所受《周易》的影响，以及《史记》评价历史事件或人物所用《周易》法与《周易》语的具体情形。下篇主要讨论了《史记》从"述往事，思来者"的著史动机、"成一家之言"的子书特性、"于序事中寓论断"的著史方法三方面分别对《春秋》"辩是非，故长于治人""微言大义""我欲载之空言，不如见之于行事之深切著明也"的继承与发展。由此认为《史记》以演变的历史和人物的活动为载体记录了太史公的学术思想，实际上是一部特殊形态的经学著作。

吴淑惠《〈史记〉论析六章》，桂林：广西师范大学出版社 2015 年 6 月出版

本书收录《史记》研究论文六篇，其内容分别为：一、探讨司马迁心目中"中国人"之定义、来源和组成。二、探析司马迁"参彼己"的论史方法和表现内涵。三、讨论了《将相名臣年表》的作者、形式、内容、汉代官爵制度及权力嬗替等。四、统计分析了《史记》"太史公曰"中第一人称"余"与"吾"之应用和意义。五、讨论"太史公曰"中借感叹评语抒发其个人情感和历史评论。六、比较分析了《汉书》"赞曰"与《史记》"太史公曰"中的感叹评语之异同与作者个性、偏好的不同及其影响。

张大可《〈史记〉史话》，北京：国家图书馆出版社 2015 年 6 月出版

本书为"中国珍贵典籍史话丛书"之一。全书分为八章：一、史官世家，二、《史记》成书，三、《史记》体制，四、史家之绝唱，五、无韵之《离骚》，六、历代的《史记》研究，七、《史记》版本，八、司马迁在世界文化思想史上的地位和影响。

张大可、丁德科《史记通解》，北京：商务印书馆 2015 年 6 月出版

本书是在张大可《〈史记〉全本新注》（三秦出版社 1990 年）基础上修订而成，同时新增了语译、集评两大部分内容。同年 8 月有平装本。

张学成《〈史记〉人生艺术十讲》，北京：清华大学出版社 2015 年 6 月出版

本书围绕人生主线，从人生的不同层面出发，并联系当前现实，对《史记》中众多历史人物的人生进行了多维度的透视。本书可读性较强。

王晓红《〈史记〉纵论》，长春：长春出版社 2015 年 7 月出版

本书分为三编。第一编《史记》思想论，讨论了《史记》的生态文化观、治国思想、孝道思想、民俗观、饮食文化观。第二编《史记》人物论，分析了《史记》中的儒士形象、女性人物、循吏形象、军事人物。第三编《史记》源流论，论述了先秦儒家文艺思想、先秦现实主义文艺思想、屈骚传统对司马迁的影响，同时也论述了司马迁"发愤著书"说在后世的发展，六朝志怪小说对《史记》的继承与发展，以及后世文学家对司马迁与《史记》的接受。

丁德科《从〈老子〉到〈史记〉的一统思想论稿》，北京：商务印书馆 2015 年 8 月出版

本书勾勒了从先秦到汉代的一统思想的脉络。全书五章内容：一、探讨了先秦儒道一统思想产生的历史渊源。二至四章分别论述了春秋、战国、西汉时期的一统思想。五、论述了先秦儒道一统思想的演变及其现代价值。其中第四章第五节分析了司马迁唯物的"礼义"一统的国家学说。

袁传璋《袁传璋〈史记〉研究论丛》，芜湖：安徽师范大学出版社 2015 年 8 月出版

本书共三部分内容。首先是《司马迁与中华文明述论》一文。其次"司马迁与《史记》疑案研究"，主要考察了司马迁的生卒年问题及对各家说的驳正，同时也考证了《史记》中《三王世家》与子夏教衍西河地域的问题。第三部分是"《史记》三家注研究"，讨论了《史记正义佚存》的真伪和手稿的文献价值，并讨论了宋人著作五种征引《史记正义》佚文考索。

张大可、凌朝栋、曹强《史记学概要》，北京：商务印书馆 2015 年 8 月出版

本书共十章，对司马迁其人及《史记》其书作了系统评价，对《史记》宗旨、体例、新创等进行了探讨和评析。同时勾勒了《史记》流传与"史记学"形成与发展的传承路径，并且对《史记》的语言成就、《史记》对先秦文化的总结及其对后世的影响作了评析。最后讨论了《史记》的民族凝聚力与研究现状。

张大可、俞樟华、梁建邦《〈史记〉论著提要与论文索引》，北京：商务印书馆 2015 年 8 月出版

本书辑录了自《史记》问世至 2012 年的相关研究论著及论文文献目录，全书共有六辑：一、《史记》论著提要，二、《史记》论著索引，三、司马迁事迹与《史记》版本存世书目索引，四、历代文集与笔记中的《史记》散论，五、《史记》论文编年索引，六、日本《史记》研究文献目录索引。

张韩荣《司马迁新证》，西安：三秦出版社 2015 年 8 月出版

本书分为三部分。第一部分是太史公行年考，对司马迁的生卒、年谱等问题作了考证。第二部分《史记》名篇选论，辨析讨论了《史记》中的一些篇目。第三部分韩城古史散说，论述了关于韩城的历史事件等。

张文江《〈史记·太史公自序〉讲记》（外一篇），上海：上海文艺出版社 2015 年 8 月出版

本书讨论《太史公自序》一文，阐述了其中民族史、家族史、政治变迁、学术传承、《史记》写作情况等问题。另附"《史记·越世家》中的范蠡"一文，从政治角度对其加以解读。

张新科《〈史记〉导读》，北京：高等教育出版社 2015 年 8 月出版

本书是在作者《〈史记〉概论》（陕西师范大学出版社 2009 年）一书基础上删订增补而成。全书共十二章，分别为：《史记》在中国文化史上的价值与地位，成书的文化背景，体制及宗旨，《史记》的百科全书特征，《史记》的进步思想，《史记》与中华民族精神，叙事风格，写人艺术，语言成就，抒情色彩，有关疑案的梳理，在海外的传播与研究。

朱枝富《司马迁学术思想大观》，北京：中央文献出版社 2015 年 8 月出版

本书共十六章。第一章首先介绍了司马迁的时代、生平、著书情况及后世的流传。第二至十六章分别就司马迁的爱国思想、德治思想、经济思想、刑法思想、义利思想、世情思想、功名思想、政治思想、财政思想、人才思想、变革思想、民族思想、战争思想、"正风"思想、史学思想等作了论述。

陈文洁《司马迁之志——〈史记〉之"继〈春秋〉"辨析》，上海：华东师范大学出版社 2015 年 9 月出版

本书共五章，分别从"继〈春秋〉"之一家言的宗旨、文质之辨、君臣之际、《论六家要旨》的意义等角度，详细分析了《史记》之"继《春秋》说"，对《史记》的根本著述动机重新加以澄清和辨析。

杨燕起《〈史记〉与中国史学》，北京：北京师范大学出版社 2015 年 9 月出版

本书为作者关于《史记》研究的论文集，共收入 27 篇文章。全书分为上中下三编，探讨了司马迁和《史记》在哲学、史学、文献学、文学等多方面的意蕴。

刘晓《〈史记〉尚义研究初探》，呼和浩特：内蒙古人民出版社 2015 年 11 月出版

本书共三章。第一章大义溯源，论述了《尚书》《周易》《诗经》及其传注、《礼记》中的"义"，以及先秦儒家的"义"。第二章史传文学尚义传统，分析了左氏、谷梁、公羊的尚义，并对《史记》尚义作了概述。第三章《史记》尚义分析，讨论了《史记》中的君臣之义、复仇之义的新变、贵让之义，并通述了从《春秋》到《史记》死义传统的变化。

赵继宁《〈史记·天官书〉研究》，兰州：甘肃人民出版社 2015 年 11 月出版

本书是在作者博士学位论文《〈史记·天官书〉考释》（武汉大学 2010 年）基础上修订而成。书中对《天官书》的天文科学内容进行了阐释，并对其星占学作了系统研究，总结归纳了《天官书》的星占学思想基础和原则，以此揭示上古社会星占学所反映的天人思想、文化意识、政治制度和历史

背景。

孙慧阳《〈史记〉解读》，成都：西南交通大学出版社 2015 年 12 月出版

本书共由四部分组成：一、《史记》写作的历史背景，论述了司马迁的家世、著述历程，特别对李陵之祸带给司马迁及其家族的灾难进行了较为详细的分析。二、《史记》的思想价值，主要分析了黄老之学与《史记》对历史及人物的评价、对当代社会的批判之间的关系。三、《史记》的艺术价值，包括传畸人、搜异闻、匠心运奇篇以及风格之奇。四、《史记》研究综述，分述了历代的、新中国成立以来的、国外的《史记》研究，并讨论了《史记》的补窜、司马迁生卒年、《报任少卿书》写作时间等问题。

肖振宇《〈史记〉综论》，徐州：中国矿业大学出版社 2015 年 12 月出版

本书是对《史记》和司马迁诸多问题的研究著作。全书分为作者论、著作论、人物论、杂论四部分。作者论部分阐述了司马迁的妇女观、处世思想、用人思想、创新精神、对《离骚》的鉴赏等关涉思想方面的问题。著作论部分讨论了《史记》的取材、体例、写法、影响等创作方面的特点。人物论部分评述了魏公子、刘邦、韩信、叔孙通的相关史事。杂论部分是对一些史事和文句的考证，如秦吏逐客之议的深层原因、"马童面之"解等。

杨海峰《〈史记〉副词研究》，广州：世界图书出版公司 2015 年 12 月出版

本书分为五部分：一、绪论，说明研究目的、现状、方法等问题。二、导论，简要介绍汉语副词的定义、特点和功能、分类。三、本论，按照程度副词、范围副词、时间副词、情状方式副词、否定副词、关联副词、语气副词、谦敬副词的顺序，对《史记》中所有副词进行了详细的考察。四、分论，讨论了《史记》中副词同义连用、韵律角度的指代性副词"相"和"见""更"类副词、"稍"类副词。五、结论，对《史记》中副词的基本情况作了全面总结。

王褒（生卒年不详）

陶秋英《汉赋之史的研究》，昆明：中华书局 1939 年 4 月出版

本书第三篇第三章第四节论述了王褒，内容包括：王褒事略、作品列目、作品示例、作品略论。其中作品略论部分最有价值。作者认为，王褒赋最重要的一点是修辞的巧密，成为后世的楷式，并远开六朝骈赋。本书又有（台北）新文丰出版公司 1980 年 2 月版。浙江古籍出版社 1986 年 6 月重印时更名为《汉赋研究》。

高光复《汉魏六朝四十家赋述论》，哈尔滨：黑龙江教育出版社 1988 年 9 月出版

本书《王褒赋》篇在简要介绍了王褒的生平后，重点从咏物赋的角度分析了《洞箫赋》的特色，即注重对事物的刻意描绘和善于表现各种声态。接着附论了《九怀》。最后从咏物赋的发展过程中，说明了《洞箫赋》在题材开创、结构方式、语言修辞方面的突出意义。

王洪林《王褒集考译》，成都：巴蜀书社 1998 年 6 月出版

本书以明辑本为蓝本，并从类书中新辑 4 篇，共 12 篇，另有一篇存目。全书体例包括原文、注释、今译、简评。注释部分以注为主，先释文义，再选引诸家疏证。简评另拟标题，一般先引他人见解，再抒作者意见。附录包括三部分：文论类辑录相关旧注、遗迹碑记、题跋及历代评语等。词论类为王褒词汇研究，分词源、义源、准源三类，以王褒词汇对辞书条目作了订补。诗论类辑录历代咏诵王褒的诗赋及单句。本书资料详备，疏通疑滞，是一部有较高价值的著作。

万光治《蜀中汉赋三大家》，成都：巴蜀书社 2004 年 8 月出版

本书第二章"雅俗相宜：王褒"通过浅显的文字，讲述了王褒一生的经历，并对他的作品作了叙述性的讲解。第四章中论述了他对后世的惠泽和影响。

刘向（前79—前8）

钱穆《刘向歆父子年谱》，重庆：中国文化服务社 1943 年 10 月出版

本书据《汉书·儒林传》史实，梳理了从西汉宣帝石渠阁议奏到东汉章帝白虎观议奏 120 年间的经学史，逐年列出，从而指出康有为《新学伪经考》认为刘歆伪造古文经的二十八条不通之处。该书解决了近代学术史上的一大疑案，不仅结束了清代经学上的今古文之争，平息了经学家的门户之见，同时也洗清了刘歆伪造《左传》《毛诗》《古文尚书》《逸礼》诸经的不白之冤。本书最初发表于 1930 年《燕京学报》第 7 期。后收入《两汉经学今古文平议》，有（香港）新亚研究所 1958 年 8 月版、（台北）东大图书公司 1971 年 8 月版、台湾联经出版事业公司 1998 年《钱宾四先生全集》版、商务印书馆 2001 年 7 月版、九州出版社 2011 年 7 月据联经《全集》重排版。该书单行本还有台湾商务印书馆 1980 年 4 月版，收入"新编中国名人年谱集成"第七辑。

中法汉学研究所编写《新序通检》，北平：中法汉学研究所 1946 年 11 月出版

本书为中法汉学研究所通检丛刊之七。该书以《四部丛刊》本《新序》为底本，将其分条编成检索，条目按笔画顺序排列，并有法文拼音检字、英文拼音检字、各板卷叶推算法。本书对于检索原文极为便利。该书又有上海古籍出版社 1987 年 3 月影印版，附四角号码检字。

刘文典《说苑斠补》，昆明：云南人民出版社 1959 年 6 月出版

本书以卢文弨校本为底本，征引诸子、史传、类书、杂记及前人校勘等对之加以补证。该书搜罗旧说，补以己见，创获甚多，是一部较早的《说苑》校正力作。

金嘉锡《说苑补正》，台北：台湾大学文学院 1962 年 10 月出版

本书以《四部丛刊》影宋本为底本，广征经史子集相关资料，依摘句之例，增订辨正，包括补充前贤论说增益新证者，新发现可做原文旁证者，以及其他虽无他证而文义优长者。书后附录逸文。本书用功甚勤，采撷亦广，具有较大的学术价值。

梁荣茂《新序校补》，台北：水牛出版社 1971 年 5 月出版

本书分"概说""正文"两部分。概说部分辨正《新序》作者问题，认为非刘向所撰，而是刘向编次或辑录。正文部分以四库全书本为底本，参以何镗汉魏丛书本、程荣汉魏丛书本、百子本。书中依摘句之例，对各本异同及类书所引《新序》之文，及前人校读成果，加以校订增补。对于所引述的古书古事与古书所载互异或讹误者，则注明出处或加以辨证。书后附录逸篇。本书对《新序》文献来源的考察和文本校勘有较大的参考价值。

卢元骏《新序今注今译》，台北：商务印书馆 1975 年 4 月出版

本书为"古籍今注今译丛书"之一。其内容分为原文、今注、今译。今注中地名、人名解释较为详细。译文明了通顺。本书又有天津古籍出版社 1987 年 10 月版。

卢元骏《说苑今注今译》，台北：商务印书馆 1977 年 1 月出版

本书为"古籍今注今译丛书"之一。其体例包括原文、今注、今译三部分。今注注释字词、地名、名物等。该书属于普及类型。本书又有天津古籍出版社 1988 年 5 月版。

廖吉郎《刘向》，台北：商务印书馆 1978 年 6 月出版

本书收入"中国历代思想家"丛书第四册。本书内容分九节：一、二节以刘向与《四库全书》引起下文。三介绍刘向的生平。四说明刘向校理群书的原因。五总结刘向的校雠思想。六论述刘向对儒家思想的发扬。七讨论刘向的灾异之说。八论述刘向的文学。九为结论。该书台湾商务印书馆于 1999 年 2 月有更新版。

许素菲《〈说苑〉探微》，台北：学生书局 1982 年 3 月出版

本书从思想角度研究《说苑》。全书分六章：第一章刘向《说苑》探

索，论述刘向家世、学术、《说苑》撰述背景及内容。第二、三章从政道、治术两方面分析了政治论。第四章从智慧、知识、言语角度讨论了知识论。第五章从道德观、伦理实践、礼乐来分析人生论。第六章阐述天人论，包括儒家天人观之嬗递、天人关系、因果律、灾祥观等。本书又有（台北）太白书屋 1989 年版。

　　赵仲邑《新序选注》，长沙：湖南人民出版社 1983 年 4 月出版

　　本书所选篇目以思想内容健康、短篇易懂为原则。正文文字择善而从，不作校记说明。注解中材料不注出处，释义通俗易懂。每章之后对全章大意有简要说明。本书为青年读物。

　　赵善诒《说苑疏证》，上海：华东师范大学出版社 1985 年 2 月出版

　　本书以《四部丛刊》本为底本，参以他本与相关引文及考订，对《说苑》校正谬误，删补衍脱。校记简省，夹注于正文内。本书主要部分为疏证，体例参照清代陈士珂《韩诗外传疏证》《孔子家语疏证》，以《说苑》为纲，以与史传、诸子等书互见者备录于后。该书资料丰富，对《说苑》的校勘、文献溯源有很大的帮助。本书又有（台北）文史哲出版社 1986 年版。

　　钟克昌《妙语的花园：〈说苑〉》，台北：时报文化出版公司 1985 年 11 月出版

　　本书为《说苑》选本，以中华书局《四部备要》本为底本。选材以趣味性为主。内容一仍《说苑》原文，不据材料所出之书加以改动，且不录出自《战国策》的故事。所选各章前拟加标题。书中正文部分直接为译文，附录原典精选。本书又有三环出版社 1992 年 10 月版和海南出版社、三环出版社 1998 年 10 月版。线装书局、中国友谊出版公司又有 2013 年版。

　　马达《新序译注》，武汉：湖北人民出版社 1986 年 5 月出版

　　本书以铁花馆丛书校宋本为底本。正文分为原文、注释、今译三部分内容。注释词义、人名的解释简明扼要，对原文引用的古籍文句，均指明出处。另有少量他本字义胜于底本的字，择善而从，也在注释中说明。译文较为准确流畅。

范能船《说苑选（注译本）》，福州：福建教育出版社 1986 年 11 月出版

本书是"中国古典文学作品选读丛书"之一。书中内容按卷选录，兼顾思想内容与叙事生动、议论精辟。每卷前有说明，介绍主要内容、表现特点、选录情况等。正文分原文、注释、译文三部分，原文于众版本择善而从，注释简明通俗。本书属于普及读物。

向宗鲁《说苑校证》，北京：中华书局 1987 年 7 月出版

本书广校众本及诸子、类书，并采录诸家校勘成果，加以辨正。同时凡能考见原文出处者，均在每章章末说明。如《说苑》之文与原书字句文义有出入，也简要说明。本书博采众本，考证精审，具有很高的学术价值。

郭维森《刘向》，收入吕慧鹃、刘波、卢达编《中国历代著名文学家评传》（续编一），济南：山东教育出版社 1989 年 12 月出版

本传主要内容有两部分：第一部分结合历史比较详细地介绍了刘向的仕宦经历和他的政治、学术和文学活动。第二部分着重叙述了《新序》《说苑》和《列女传》，包括其历史故事、文学手法及其编撰目的和意义。

曹亦冰《新序·说苑选译》，成都：巴蜀书社 1990 年 6 月出版

本书所选《新序》《说苑》，其标准为思想内容健康、故事性强，或寓含哲理的成语故事。选文以《四部丛刊》本为底本，参考汲取近人整理成果。正文内每篇选文前有简短文字作为题解，阐述思想内容，说明艺术特色。注释简练，后附翻译。

张涛《列女传译注》，济南：山东大学出版社 1990 年 8 月出版

本书以清代文轩楼丛书本为底本，内容分为原文、注释、今译三部分。注释简明扼要，译文通俗流畅。附录《列女传》宋人序跋。

刘殿爵、陈方正编《新序逐字索引》，香港：商务印书馆 1992 年 4 月出版

本书为香港中文大学"先秦两汉古籍逐字索引丛刊"之一。其主要部分分原文与逐字索引两部分。原文据《四部丛刊》影江南图书馆藏明嘉靖翻宋本，分章据马达《〈新序〉译注》（湖北人民出版社 1986 年版）。每页

下有校记。索引按照汉语拼音编次，每条后标识卷次、章次、页次、行次，极便检索。正文前有拼音、笔画检字表等，书后附录全书用字频数表。便于检索。

王锳、王天海《说苑全译》，贵阳：贵州人民出版社 1992 年 7 月出版

本书为"中国历代名著全译丛书"之一。原文以《四部丛刊》明钞本为底本。每卷卷首有导读，概述主要内容。注释包括人名、词义、引文出处的注释，也有少量校记。译文流畅，故事来源可考的篇目，在译文后以按语说明。本书又有台湾古籍出版社 1996 年 7 月版。

刘殿爵、陈方正编《说苑逐字索引》，香港：商务印书馆 1992 年 10 月出版

本书为香港中文大学"先秦两汉古籍逐字索引丛刊"之一。其主要部分分原文与逐字索引两部分。原文据《四部丛刊》影明钞本。每页下有校记。索引按照汉语拼音编次，每条后标识卷次、章次、页次、行次，极便检索。正文前有拼音、笔画检字表等，书后附录全书用字频数表。

刘殿爵《古列女传逐字索引》，香港：商务印书馆 1993 年 11 月出版

本书为香港中文大学"先秦两汉古籍逐字索引丛刊"之一。其主要部分分原文与逐字索引两部分。原文据《四部丛刊》影长沙叶氏观古堂藏明刊本为底本。每页下有校记。索引按照汉语拼音编次，每条后标识卷次、章次、页次、行次，极便检索。正文前有拼音、笔画检字表等，书后附录全书用字频数表。

钱宗武译《白话说苑》，长沙：岳麓书社 1994 年 2 月出版

本书以扫叶山房"百子全书"石印本为底本。全书分两大部分。前一部分是白话《说苑》，直录译文。后一部分为《说苑》原文，参校他本，于页下有简要校注。

张敬《列女传今注今译》，台北：商务印书馆 1994 年 6 月出版

本书内容分原文、今注、今译三部分。注释浅白，译文通俗。

李华年《新序全译》，贵阳：贵州人民出版社 1994 年 10 月出版

本书是"中国历代名著全译丛书"之一。底本据铁花馆丛书本，并以

他本参校。正文每卷有题解，其次分原文、注释、译文、按语部分。注释除简要的校勘说明，主要注释史实、地名和典章制度，一般词语仅注罕见词义或特殊用法。按语就各条材料的出处、后人沿用的情况以及刘向的评论，加以考辨说明。书后附录佚文辑补及序跋、提要等。

黄清泉《新译列女传》，台北：三民书局 1996 年 1 月出版

本书以《四部丛刊》本为底本，并参校了他本及古注等。每卷前有说明，解释卷名取义、内容等。正文包括原文、章旨、注释、语译四部分。注释兼采旧注，对职官、礼制、宗法等词有详尽通俗的注解，语译部分保留原文韵散兼用的风格。

罗少卿《新译说苑读本》，台北：三民书局 1996 年 8 月出版

本书体例包括题解、原文、章旨、注释、语译五部分，其中注释简易，不作引证；凡译文可体现者，则不另加诠释。章旨、译文均通俗明白。本书参考向宗鲁《说苑校证》较多，是一本普及读物。

叶幼明《新译新序读本》，台北：三民书局 1996 年 8 月出版

本书以《四部丛刊》为底本，全书分为题解、原文、章旨、注释、语译五部分。题解、章旨分别简述全篇和本章的主旨大意。注释除释词外，对人名、地名的注解较多，同时也有少量校记。语译通顺明白。本书属于普及读物。

左松超《新译说苑读本》，台北：三民书局 1996 年 9 月出版

本书体例包括题解、原文、注释、语译四部分。题解对本卷内容作简要的概括说明。注释主要是人名、字词的解说。语译流畅可读。本书属于普及读物。

赵仲邑《新序详注》，北京：中华书局 1997 年 8 月出版

本书正文文字据铁花馆校宋本、明程荣校本、《四部丛刊》本和湖北崇文书局刊本择善而从，不出校记。注中包括解诂、集证、考释、考辨、校勘、考异、音读等内容。其中对人名注释较详，也有译述串讲。本书注解详明，考证精确，用功颇深，是研究《新序》的重要书籍。

谢明仁《刘向〈说苑〉研究》，兰州：兰州大学出版社 2000 年 4 月出版

本书共四章。第一章《说苑》之成书，对刘向著述、《说苑》作者、书名、卷数、篇目、作年、版本等作了详细考述。第二章《说苑》《新序》比较及其他，对两书的篇目、复重、引群籍、引《诗经》、牴牾等问题进行了探讨。第三章《说苑》之思想性，阐释了刘向的政治思想、儒家思想、教化论、灾异说等。第四章《说苑》之文学性，研究了《说苑》的文学性质，对其体例、小说意味、寓言、语言作了细致论述。

石光瑛校释，陈新整理《新序校释》，北京：中华书局 2001 年 1 月出版

本书对《新序》的整理主要用力于校和释方面。校勘方面，以宋本为底本，参以诸多善本，多方面采用并订正前人的校订成果，且与原书及类书杂记相校，从而揭示刘向对材料"弃取删定"的精微所在。该部分校勘广泛细致，定字审慎严谨。考释方面，包括释字、释词、释义，疏通全文之义。对人物历史、典章制度、文字音韵、地理名物等，均旁征博引，详加考释。本书是《新序》整理注释著作中功力深厚的一种，具有很高的学术价值。

左松超《说苑集证》，台北：国立编译馆 2001 年 4 月出版

本书以《四部丛刊》景印平湖葛氏传朴堂藏明钞本为底本。书中校释辑录清以来诸家校注，并刊谬补阙，通文理、定字义。其体例大略为正文字之讹阙、匡前人之疏失、补前修之未备、源立文之所本、辑类似之文句、究本书之流变。该书裒辑资料完备，富有参考价值。

邓骏捷《刘向研究——文献学家刘向及其学术成就》，济南：博士学位论文，山东大学，2003 年

本论文内容有两编。第一编论述了刘向的家世、宗室观念与忧患意识以及主要著述考。第二编刘向的文献学成就，分析了刘向校书的历史背景、动机和校书规模，对校书过程中的统筹、分工、校书方法以及"刘向本"的三种整理模式进行了具体的考察。同时讨论了刘向对古文献学框架的基本建构，由此评价刘向校书在中国古代典籍流传和文献学史上的历史意义和重要地位。另有第三编刘向的经学、史学、文学成就，有目无文。附录"刘向研究论著简目"，主要汇集近现代有关刘向及其著作研究成果的目录。

何志华《〈古列女传〉与先秦两汉典籍重见资料汇编》，香港：香港中文大学出版社 2004 年出版

本书体例先列《列女传》原文，其次依《四库全书总目》次序，将相关互见于其他典籍的材料罗列于后。正文以《四部丛刊初编》本为底本，页下有校勘记。同时兼收《北堂书钞》和《太平御览》二书材料。本书对于《列女传》文献来源的考求大有助益，也为探索周汉古籍之间的因袭承传提供了便利参考。

高立梅《理想与现实之间——〈说苑〉政治思想研究》，武汉：博士学位论文，武汉大学，2006 年

本论文立足于文本解析，对《说苑》政治思想作了系统解读。全文共分五章：第一至四章以先秦诸子学和汉代哲学为背景与参照系，分别对《说苑》的天人思想、"先仁后义"的王道政治思想、儒道结合的为君之道及儒法结合的治民思想作了解读论述。第五章为《说苑》政治思想的总体特征与评价。

吴全兰《刘向哲学思想研究》，北京：中国社会科学出版社 2007 年 6 月出版

本书从哲学的角度对刘向的著述进行了系统的阐释，并联系当时的社会历史条件研究了其哲学思想的内容。全文分八章：一、刘向的时代、生平与著述。二、刘向哲学思想的形成。三、刘向的天人观与哲学思想。四、刘向的民本论与政治哲学。五、刘向的富民论与经济哲学。六、刘向的人性论与道德哲学。七、刘向的祸福论与生存哲学。八、刘向哲学思想的历史地位和现代价值。

陈茂仁《新序校证》，台北：花木兰文化出版社 2007 年 9 月出版

本书以北京图书馆藏宋刻本为底本，以元明清十二种钞刻本对校，以明清其他四种版本参校，并蒐罗清儒至近人相关校雠著作十七种与古注、类书等，对《新序》加以全面整理。书后附录"《新序》源自《韩诗外传》文者""《新序》历来著录"二文。本书资料详备，是《新序》校点本中学术价值较高的一种。

郝继东《刘向及〈新序〉述评》，北京：线装书局 2008 年 3 月出版

本书分为刘向述评与《新序》述评两编。第一编共五章，分别论述了

刘向家族世系及家族思想述略、刘向生平考述、著述考略、学术思想评述、文献学成就及影响。第二编也有五章，首先是《新序》研究综述，其次讨论了《新序》的作者、著作性质、成书年代、评价等问题。再次分析了《新序》材料来源及加工取舍方式。第四章探讨了《新序》的思想、文学、文献、史学价值。最后是《新序》版本源流述略。

程翔《说苑译注》，北京：北京大学出版社 2009 年 9 月出版

本书以上海图书馆藏元大德七年云谦刻《校正刘向〈说苑〉》为底本，每卷前有题解，总体解说本卷内容。正文每章分为原文、注释、译文、简评四部分。

陈丽平《刘向〈列女传〉研究》，北京：中国社会科学出版社 2010 年 3月出版

本书共有三编。上编《列女传》相关文献研究，包括版本异同的演变、有关《列女图》《列女颂》的问题、《列女传》版本叙录。中编《列女传》背景与文本研究，论述了刘向的家族背景、仕宦轨迹，还有《列女传》产生的时代症结与社会背景。同时分析了刘向校书著书的心态及《列女传》出现的意义，以及《列女传》的编撰特点。下编《列女传》渊源与影响研究，讨论了汉代精英阶层对女性社会角色定位的调整，汉代女性与政治关系观念的演变，以及汉代贞节观念的演变。附录有"历代对刘向《列女传》重要著录""汉成帝时期史事编年"。

林叶连《刘向的经世思想》，高雄：丽文文化事业公司 2010 年 4 月出版

本书以《列女传》《新序》《说苑》为论述范围，研究了刘向的经世思想。全书共分七章：一为绪论。二为生平与著作。第三至六章分别从天道观及思想流派、立志与修身、政治思想、女性的作为与影响四方面将刘向三书的故事加以分类，详细评述了他的经世思想。第七章为结论。本公司于 2010 年 9 月又出版作者《刘向经世文选读》一书，实与此书相同，仅个别字句有改动。

曾祥旭《论西汉后期的文学和儒学》，开封：河南大学出版社 2010 年 8月出版

本书第二章第二节《向、歆父子的辞赋创作》中刘向部分，简要考述

了刘向辞赋写作的背景，然后又略叙了刘向由早年热衷辞赋到后来几乎不再写作辞赋，其原因是出于对同时赋家如张子侨等人人品的厌恶，羞于为伍，故而放弃了辞赋。

刘赛《刘向〈列女传〉及其文本考论》，上海：博士学位论文，复旦大学，2010 年

本论文主要内容有五章：一、《列女传》文本及其内容的流传。二、探讨了刘向校书对《列女传》文本体式的创造。三、将《列女传》置于先秦汉代的文献系列之中，考察了它叙事内容的历史基础。四、针对文本的议论评价内容，考察了《列女传》的经学特质。五、考察了《列女传》的文学价值，包括整合叙事艺术、文本价值、文学史料价值。附录"刘向《列女传》引《诗》综录"。

尹自永《刘向经学思想研究》，广州：博士学位论文，中山大学，2010 年

本论文梳理刘向著作引经释义的主要内容，聚焦其书、其事、其言、其行及其精神品格，关注和理解其忧患、谏诫、求和的生存状态，以刘向"圆经"这一经学实践和文化现象为主线，详细分析了刘向经学方法和对《易》《春秋》《诗》《礼》《书》的理解、诠释和运用。

张立克《西汉中后期的政治文化与士人心态——以刘向、歆父子为中心》，天津：博士学位论文，南开大学，2010 年

本论文有四章内容：第一章以刘向为中心，考察了昭、元之间的西汉政治文化的发展脉络、儒生的政治分野，同时论述了刘向的宗室身份与家国情怀。第二章以专题形式，探讨了元、成之际发生的郊庙礼制改革与士人心态。第三、四两章为关于刘歆的内容。

王启敏《刘向〈新序〉〈说苑〉研究》，合肥：安徽大学出版社 2011 年4 月出版

本书共有七章内容：一、《新序》《说苑》的背景研究，指出其兼具学术行为与政治举措的双重性质。二、思想研究，认为二书具有总结百家、归于儒家、折中于孔子的特点。三、论述二书对时代的批判。四、"节士"研究。五、编撰研究，讨论了其改变叙事幅度、材料编排中明确主题的两种编

撰方式。六、分析了二书叙事与说理的方式、特点及承传。七、研究《新序》《说苑》二书务实求真的文学风格和崇文重实的文艺观。

徐建委《〈说苑〉研究——以战国秦汉之间的文献累积与学术史为中心》，北京：北京大学出版社 2011 年 5 月出版

本书共有六章内容：绪论，刘向校书与古文献的流传。第一章，刘向《说苑》版本源流考。第二章，"说"、《说苑》与汉志"小说"，分析了《说苑》的内容特点及小说特质。第三章，《说苑》与早期春秋学，论述它与《春秋》传、说的关系，及与《公羊》《谷梁》二传的渊源。第四章，《说苑》与战国西汉间的《诗经》学。第五章，《说苑》诸侯列国故事的撰述与早期叙事文学。第六章，《说苑》与战国秦汉间文献的累积。

朱季海《说苑校理·新序校理》，北京：中华书局 2011 年 11 月出版

本书校理二书，摘句为记。每章首句节选二三字作过该章标识，以清眉目。句下胪列前人成果，并加按语加以评断。校理大致分为校勘各本异文、订补前人旧说两类。该书是研究两书的重要参阅著作。

李景文《刘向文献编纂实践与编纂思想研究》，开封：博士学位论文，河南大学，2011 年

本论文以西汉社会的政治学术环境为视角，分析刘向文献编纂的条件、体式、原则和方法，并重点研究了其文献编纂的指导思想和学术贡献。全文共五章：一、西汉官藏文献的繁荣。二、刘向对官藏文献的整理和编纂，包括《别录》《七略》的编纂及相关的学术之争。三、刘向《新序》《说苑》《列女传》的编纂与特色。四、刘向文献编纂思想，包括服务皇权的意识形态，辨章学术、考镜源流，《别录》《七略》的经学理念，以史为鉴、经世致用。五、刘向文献编纂的学术贡献，包括创设了西汉学术谱系，构筑了古文献学基本理论，确立了传统目录的理论范式，开小说、杂传之先河等。

藏明《五德终始说的形成与演变 ——从邹衍到董仲舒、刘向》，西安：博士学位论文，西北大学，2012 年

本论文重点探讨了五德终始说的产生，以及董仲舒、刘向对其的传承与发展。论文首先叙述邹衍吸收诸家学说，创出五德终始说的过程，并分析了

五德终始说的四层含义：历史观的意义、正统论的意义、政治上的意义、思想上的意义。然后着重探讨了五德终始说的思想史意义。其次论述了董仲舒与刘向对五德终始说进行了继承与发展。刘向继承了五德终始说中的政权转移理论，进而认为天命不拘于某朝某代，而是不断更替变化的。发展方面：一、借鉴了五德终始说"符应"理论的框架，并吸纳了董仲舒"天人感应"学说中的相关理论，进而构建起了自身的"灾异学说"。二、发展了五德终始说以自然五行之间的生克关系作为政权转移动因的理论，将自然之五行比附于人事，并认为君王、大臣、女性等是促进历史发展的重要因素，使五德终始说变得更加系统与全面。

郑先彬《刘向〈列女传颂图〉研究》，南京：凤凰出版社 2013 年 6 月出版

本书分为九章：一、刘向的生平、著述及思想。二、《列女传》的编撰、版本及流传。三、《列女传》所蕴含的政治思想。四、《列女传》的伦理思想。五、《列女传》中的女性群像。六、《列女传》的文学特色。七、《列女传》的史学价值。八、《列女颂》的性质特征及作者考辨。九、《列女图》的教化功能及对后世的影响。

姚娟《〈新序〉〈说苑〉文献研究》，台北：花木兰文化出版社 2013 年 9 月出版

本书通过文献比较研究，将《新序》《说苑》与传世文献和出土文献相结合，揭示了二书的文献来源和文献价值。全书主要内容有七章：第一章对二书的成书、版本、重复文献、佚文等相关问题作了考证。第二至五章分别对二书与重要典籍的互见文献进行了研究，这些典籍包括《孔子家语》《韩诗外传》《吕氏春秋》《左传》等四书。第六章互见文献研究涉及了《大戴礼记》《礼记》《晏子春秋》《荀子》《贾谊新书》《韩非子》《淮南子》等书。第七章是《新序》《说苑》与定县八角廊汉简《儒家者言》等出土文献研究。附录为《新序》《说苑》历代著录。

绿净《古列女传译注》，上海：上海三联书店 2014 年 1 月出版

本书以由清代道光间的阮本发展而来的通行本为底本，部分字词参照他本择优而取。书中注释简略，译文直白。本书又有北京联合出版公司 2015 年 9 月版。

马世年译注《新序》，北京：中华书局 2014 年 2 月出版

本书是"中华经典名著全本全注全译丛书"之一。该书以国家图书馆藏宋刻本为底本，并参校他本。正文分题解、原文、注释、译文四部分，题解说明主要内容及艺术特色。注释除注解疑难字外，更多是史实与典故的疏通。译文较为晓畅通达。书后附录《新序》佚文。

丘雅、朱力、李步军《〈说苑〉实词转类研究》，成都：四川党建期刊集团、四川民族出版社 2015 年 7 月出版

本书以《说苑》为研究对象，对其中的转类实词进行了源流考释。辨清了各转类义位之间的关系，并统计分析了全部的转类义位，对其作了归类与比较，从中总结了其所处时代的词汇特点。

刘歆（约前53—23）

钱穆《刘向歆父子年谱》，重庆：中国文化服务社1943年10月出版
见前"刘向"条。

邸积意《刘歆与两汉今古文学之争》，上海：博士学位论文，复旦大学，2005年
本论文重点在讨论两汉的几次今古文学争论，凸显经学转型特征及其经学史意义。全文分为五章，第一章通过对刘歆之学的论述，以及后世对原初史实的误读，表明在考察刘歆之学时，须对原初史实与后世阅读时所引发的问题有明确的区分意识。第二章至第五章讨论了汉代今古文学之争的学术情形及对它的重新认识。

曾祥旭《论西汉后期的文学和儒学》，开封：河南大学出版社2010年8月出版
本书第二章第二节《向、歆父子的辞赋创作》中刘歆部分，首先说明《遂初赋》的作年，然后介绍了该赋的主要内容和艺术特色，最后又结合时代背景论述了其题材扩大和写作态度与以往不同的缘故。

张立克《西汉中后期的政治文化与士人心态——以刘向、歆父子为中心》，天津：博士学位论文，南开大学，2010年
本论文共四章。第一、二章为关于刘向的内容。第三章以刘歆为中心，论述了刘歆在校书过程中所表现的"道术观"，及其在哀帝初期与众儒的庙议之争，并分析了刘歆提议立古文经学的复杂情形。第四章探讨了王莽崛起的主客观原因及其与刘歆的关系。

　　朱浩毅《辨伪与诠释：刘歆学史中的汉代刘歆与刘歆学》，台北：博士学位论文，中国文化大学，2011 年

　　本论文共五章。第一章绪论，论述了近代以来刘歆研究的状况。第二章为近代刘歆学的辨伪建构与刘歆学问之形象，讨论了刘逢禄、康有为、廖平、崔适对刘歆学术的考辨。第三章为《汉书·楚元王传》中的刘歆职掌与学术，分析了刘歆对《左传》《周礼》的研究，重新诠释了移书太常事件。第四章为班固对"刘歆之学"的保存及其书写意识，阐述了班固对刘歆学的认知和态度等。第五章为结论。附录为刘歆简谱。

扬雄（前53—18）

陶秋英《汉赋之史的研究》，昆明：中华书局1939年4月出版

本书第三篇第三章第五节论述了扬雄，内容包括：扬雄事略、作品列目、作品示例、作品略论。其中作品略论部分最有价值。作者认为，扬雄的赋，一是思理密察，气态沉雄；二是学理深邃；三是善用奇字；另外是赋篇的形式到扬雄才更加组织严密，呼应周到。本书又有（台北）新文丰出版公司1980年2月版。浙江古籍出版社1986年6月重印时更名为《汉赋研究》。

李鍌《扬雄》，台北：商务印书馆1978年6月出版

本书收入"中国历代思想家"丛书第四册。本书内容分四节：一、传略。二、分析了扬雄的人格。三、阐述了扬雄的学术思想，包括论性与命、儒学、政治思想、教育思想、文学思想。四、介绍了扬雄现存的学术著作。该书台湾商务印书馆于1999年2月有更新版。

张岱年《扬雄》，收入辛冠洁、丁健生、蒙登进主编《中国古代著名哲学家评传》（续编一），济南：齐鲁书社1982年8月出版

本书分为七节内容：第一节简介了扬雄的生平和著作。第二至六节分别就扬雄论玄与天、变与反、智与学、人性与道德、历史与政治，探讨了扬雄思想的具体内容。第七节讲述了扬雄对于诸子学说与迷信观念的评论。

李庆甲《扬雄》，收入吕慧鹃、刘波、卢达编《中国历代著名文学家评传》（第一卷），济南：山东教育出版社1983年5月出版

本传主要内容有三大部分：一，扬雄的生平及其思想，说明了扬雄淡泊自守的性情和不满现实的态度。二，扬雄的文学创作，较为全面而简要地介

绍了扬雄辞赋创作方面的内容和成就，以及在散文方面的特点。三，扬雄的文学理论，探讨了扬雄以明道、征圣、宗经等原则为核心的正统观念下的辞赋理论和文学理论。

龚克昌《汉赋研究》，济南：山东文艺出版社 1984 年 9 月出版

本书《扬雄赋论》篇中首先分两个时期介绍了扬雄赋作的思想内容。前期积极热情，包括《蜀都赋》《甘泉赋》《河东赋》《校猎赋》《长杨赋》；后期消极避世，包括《解嘲》《反离骚》《太玄赋》《逐贫赋》等。其次分析了扬雄赋的艺术性，主要表现在：着力对客观事物作细致、夸张传神的描绘，委婉含蓄、多种多样的表现手法，比较短小精悍的篇幅，并与司马相如赋作了比较。此外指出了扬雄赋思想消极、喜欢模仿的缺点。

高光复《汉魏六朝四十家赋述论》，哈尔滨：黑龙江教育出版社 1988 年 9 月出版

本书《扬雄赋》篇首先总述了扬雄是学者型辞赋家的身份和其辞赋模仿中又有新创的特点，其次以《甘泉赋》为例说明扬雄赋铺排颂扬中多含讽谏之意的特色，再次以《解嘲》为例分析了扬雄抒怀之作的接触现实、富于情感的特征。然后指出扬雄赋既擅铺排描绘，又擅深入说理的独特风貌，而且有时具有一定的讽刺性。最后论述了扬雄的辞赋观。

蓝秀隆《扬子法言研究》，台北：文津出版社 1989 年 4 月出版

本书分为四章。第一章是扬雄生平，包含扬雄传略及扬雄年谱。第二章为扬子《法言》考述，包含扬子《法言》校记、板本考略、历代著录及其存本、辑存汇录、台湾现藏扬子《法言》善本书目、台湾近刊扬子《法言》板本。第三章为扬子《法言》思想之探究，包含尊孔、宗经、隆师、治学、尚德、为政、论文、杂说、品鉴人物、修持之法、《法言》微旨等。第四章为扬子《法言》之文辞，包含《法言》的韵语、取喻及扬子《法言》象式论语之体例、句法及文意者。最后附录有扬雄姓氏考、历代诸家对扬子的褒贬、《剧秦美新》疑议等。该书为较早的相对系统的《法言》研究著作。

黄开国《一位玄静的儒学伦理大师——扬雄思想初探》，成都：巴蜀书社 1989 年 11 月出版

本书分为上中下三编。上编为总论，论述了扬雄的时代，阐析了他维护

儒学正统、阐明圣人之道的儒学特征。中编天论，以《太玄》为中心，分析了其结构、与天文律历的联系及其天人合一的世界图式。下编人论，探讨了扬雄的人、人性论、人生观，以及其社会政治、历史观。

汤炳正《语言之起源》，台北：贯雅文化事业有限公司 1990 年 12 月出版

本书收《汉代语言文字学家杨雄年谱》一文，最初发表于 1937 年《论学》杂志。该谱分序论和年谱两部分。序论部分考证了杨雄的世系、生卒年及来京年、学术流派、小学之传授四方面内容。年谱部分以《汉书》所载为纲，旁及他书，梳理了杨雄的生平事迹。年谱以杨雄为语言文字学家不祧之大宗，故对西汉的小学传授，多所叙录，其余方面则较简略。

刘君惠等《扬雄〈方言〉研究》，成都：巴蜀书社 1992 年 10 月出版

本书共三编。第一编，扬雄与他的《方言》，论述了作者问题、《方言》体例及其在语言学史上的地位。第二编，《方言》与方言地理学，按照十二个方言区，分别讨论了方言分区、追溯各方言的来源，以及该方言与其他方言之间的影响、渗透。第三编，《方言》注家述评，对郭璞《方言注》、戴震《方言疏证》、卢文弨《重校方言》、刘台拱《方言校补》、王念孙《方言疏证补》、钱绎《方言笺疏》六种著作的利弊进行了分析评价。

陈福滨《扬雄》，台北：东大图书公司 1993 年 3 月出版

本书是针对扬雄的个案研究，主要内容有扬雄的生平及著作，扬雄的时代背景和思想渊源，从扬雄的著作来分析其思想，扬雄对历史与政治的想法，扬雄对诸子、历史人物的评论，扬雄对后世的影响，后世对扬雄的评价。该书材料较为丰富，分析较为深入，是研究扬雄的重要参考文献之一。

张震泽《扬雄集校注》，上海：上海古籍出版社 1993 年 10 月出版

本书据严可均《全汉文》中所辑扬雄文，加以删补，共收各体文章五十七篇，收录较为完备。然后又汇集前人的校勘和注释成果，对文字做了审慎的订正，对文中的典故、名物等做了详明的注解。书后附录有扬雄佚事、扬雄佚篇目、扬雄年表。

杨福泉《扬雄研究》，杭州：博士学位论文，浙江大学，1999年

本论文正文分为五章。第一章概述了西汉儒道学说的发展及其对扬雄生命形态和学术思想的影响。第二章阐释了"玄"范畴的含义和性质，并辨析了《太玄》儒道兼赅的哲学体系。第三章从西汉后期政治思想与学术风气的角度，论述了《法言》尊圣崇经的尚古精神。第四章论述了扬雄因革损益的历史观和立政中和的政治观，以及他的当代人物评价对班固《汉书》的影响。第五章结合扬雄的创作背景和人生态度，就其文学思想中所体现的儒道融合特色作了论述。附录为"扬雄年谱"和"扬雄至京、待诏、奏赋、除郎的年代问题"两篇文章。

郑文《扬雄文集笺注》，成都：巴蜀书社2000年6月出版

本书正文有六卷，收录扬雄现存完整的赋、书、颂、诔、箴等，附录收录残篇。书中笺注部分博引众家之说，包括《汉书》《文选》《古文苑》《资治通鉴》等书的集解、集注、考订、疏证著作，对扬雄原文的训解、考证、阐释加以详细的疏解。本书是一部学术价值较高的扬雄集注释著作。

王青《扬雄评传》，南京：南京大学出版社2000年12月出版

本书从西汉年间的时代背景以及扬雄的生平经历入手，对扬雄的学术传承、人生态度以及政治态度进行了详细的分析，指出扬雄所传习的实为今文经学，在思想上接近于今文经学中的礼仪派，但在治学趋向上却保持了民间通儒的特点。他在当时复杂的政治条件下，选择了以求知为主要目标的知识型人生形态，充分表现出其辩证式人生智慧。然后，对扬雄的宇宙观、人性论、知识论、政治思想以及教育观、历史观等作了全面而细致的阐述。最后，介绍了扬雄在文学创作、文学理论以及天文、语言、音乐等各学科上的成就。

林贞爱《扬雄集校注》，成都：四川大学出版社2001年6月出版

本书以严可均《全汉文》为底本，并以类书、《汉书》《文选》等参校，收各体文章45篇。每篇之前有题解，主要概述文章内容。注释包括词语训解，有些加以考证，对较难的句子有句意串讲，比较详备。扬雄残文补遗部分辑录10篇。附录家牒、《扬侍郎集》题辞、扬雄年谱。

涂元恒《汉赋名家选集——枚乘、司马相如、扬雄》，台北：汉湘文化事业公司 2001 年 8 月出版

本书扬雄部分选录《解嘲》《甘泉赋（并序）》《羽猎赋（并序）》《长杨赋（并序）》，文前有"作者小传"，简介作者生平与创作情况。其次为"导读"，主要说明时代背景，同时也对文章内容主旨有简要归纳。正文分段，每段之后对该段的思想内容和意义加以较为详细的评述。文后"赏析"部分，对文章结构、文学手法、思想艺术加以分析，并说明其文体价值与文学史意义。最后指出其不足。该书有一定的参考价值。

张强《宇宙的寂寞——扬雄传》，北京：东方出版社 2001 年 10 月出版

本书运用色彩浓厚的文学笔法叙述了扬雄的生平经历。全书共有八章，分别是天府之光、漫游巴蜀、蛰居生涯、待诏承明殿、初入仕途、汉宫春秋、长安使人愁、魂断新朝。

李恕豪《扬雄〈方言〉与方言地理学研究》，成都：巴蜀书社 2003 年 8 月出版

本书原为刘君惠等《扬雄〈方言〉研究》（巴蜀书社 1992 年 10 月版）中第二编"《方言》与方言地理学"部分的内容，此次加以补充修订，单独出版。具体内容详上。

侯文学《淑周楚之丰烈——扬雄作品的文化阐释》，长春：博士学位论文，东北师范大学，2003 年

本论文从四个方面进行了研究：第一章，扬雄的生平经历及著述。第二至第六章，扬雄的作品（主要是文学作品）对人物（女性和男性）、艺术（音乐和宫室）、自然（山、水）、事象（帝王车马旗旌）的审美观照。扬雄在不同时期对色彩的不同取向（从绚丽缤纷趋于黯淡单一）。第七章，总论扬雄文学作品的文化走向（儒学与道家）。

万光治《蜀中汉赋三大家》，成都：巴蜀书社 2004 年 8 月出版

本书第三章"博雅深沉：扬雄"通过浅显的文字，讲述了扬雄一生的经历，并对他的作品作了叙述性的讲解。第四章论述了他对后世的惠泽和影响。本书是通俗读物。

魏鹏举《疏离体制化的书写——扬雄写作的文化诗学研究》，汕头：汕头大学出版社 2007 年 8 月出版

本书从文化诗学的视野，对扬雄书写实践中所蕴含的人格形态及其对体制化的反思与疏离进行了"症候阅读"式的研究。全书分六章：一、导论。二、士与西汉社会，从西汉政治格局的改变及士人身份的窘迫出发，并联系王莽改制的学理背景，且结合"仕莽"，分析了扬雄的人格精神。三、"诗人之赋"与"赋诗言志"，从赋的功能入手，探讨了扬雄的赋作与心态变化，并分析了他对汉赋的批评与汉乐府兴衰的关系。四、探讨了"雕虫"之叹的隐衷、特定政治语境、学理内涵，并与刘勰的"雕龙"作了比较。五、扬雄作经与经学超越，论述了扬雄对西汉以来体制化儒学的批判和超越，并阐释了《太玄》《法言》的内蕴。六、余论，阐述了汉赋与扬雄的生命体验和主体性反思，以及道统体系中扬雄的独特性。

华学诚《扬雄〈方言〉校释汇证》，北京：中华书局 2006 年 9 月出版

本书以上海涵芬楼《四部丛刊》影印宋李孟传本为底本，广泛收集后世的翻刻本和传抄本进行校勘，同时又大量采录前代学者的校勘研究成果。注释部分也收录丰富，并对前人说法进行了补正。本书是《方言》研究方面较为重要的参考书。

郭君铭《扬雄〈法言〉思想研究》，成都：巴蜀书社 2006 年 12 月出版

本书分为四章。第一章扬雄的生平，分析了严君平对他的双重影响，考证了扬雄入京年代等问题。第二章《法言》中的圣人观和成圣之志，指出扬雄的人生形态是"成圣"型，而非"知识"型。第三章《法言》中的内圣之学，及第四章《法言》中的外王理论，概括了《法言》中的道德伦理思想和社会政治理论。

万志全《扬雄美学思想研究》，济南：博士学位论文，山东师范大学，2006 年

本论文探讨了扬雄美学思想的来龙去脉、主体内容、地位影响，其主要内容包括：扬雄美学思想的历史基础和理论前提；扬雄美学思想来源及其哲学基础；扬雄美学思想的审美范畴；扬雄具体门类的美学观；扬雄作品的美学特色；扬雄美学思想的特点；扬雄美学思想的性质、地位、影响和评价。

雷虹霁《秦汉历史地理与文化分区研究：以〈史记〉〈汉书〉〈方言〉为中心》，北京：中央民族大学出版社 2007 年 9 月出版

本书将《史记》《汉书》《方言》等文献中所述不同视角的文化分区与考古学文化分区结合起来，通过三者比较，较为全面地讨论了秦汉历史时期的文化区域与文化分区问题。全书共有为七章，其中第四章论述了扬雄的"方言地理"区域观。

郑万耕《扬雄及其〈太玄〉》，北京：北京师范大学出版社 2009 年 12 月出版

本书共十章：一、介绍扬雄的生平和著作。二、说明扬雄思想的自然科学基础。三、讨论扬雄思想的理论渊源。四、分析扬雄的自然哲学系统。五至九章分别论述扬雄的伦理思想、美学思想、无神论思想、政治思想及其对人物的品评。十、评价了扬雄思想的影响及其在汉代思想史上的地位。本书又有（台北）蓝灯文化事业公司 1992 年 9 月版。

纪国泰《〈扬子法言〉今读》，成都：巴蜀书社 2010 年 6 月出版

本书对《法言》进行了分章解读。正文内容由原文、注释、译文、按语四部分组成。原文据《诸子集成》（中华书局 1986 年 5 月版）所辑清人秦恩复重刻治平监本《扬子法言》，即"李轨注十三卷本"。注释部分对理解原文思想内容关系极大或可能产生歧义的词语或人物、事件，加以较为详赡的注解。按语主要说明原文意思，并对理解扬雄思想或儒家学说关系密切的章节内容加以引申。

曾祥旭《论西汉后期的文学和儒学》，开封：河南大学出版社 2010 年 8 月出版

本书第二章第三节《扬雄的辞赋创作》，将扬雄赋分为四个系列加以论述：一是骚赋系列，包括《反离骚》《广骚》《畔牢愁》《天问解》等；二是大赋系列，有《甘泉赋》《河东赋》《长杨赋》《羽猎赋》《蜀都赋》等；三是设论体系列，如《解难》《解嘲》；四是杂赋系列，有《太玄赋》《酒赋》《逐贫赋》。

华学诚《扬雄〈方言〉校释论稿》，北京：高等教育出版社 2011 年 8 月出版

本书对《方言》的历代整理与研究情况进行了较为全面的研究评述。

全书共八章。第一章序论，论述了扬雄的语言学思想与《方言》的价值。第二章总论，列叙了郭璞以来至今的《方言》整理与研究情况。第三至七章为分论，对郭璞的《方言注》，戴震、卢文弨、刘台拱三家《方言》校正，王念孙的《方言》研究，钱绎的《方言笺疏》，周祖谟的《方言校笺》等进行了评述。第八章为《方言》校释辨正商补。附录为"《孙诒让札迻方言校语》笺记""《方言》及其注家研究论著索引"。

刘韶军《杨雄与〈太玄〉研究》，北京：人民出版社 2011 年 8 月出版
本书将考察杨雄的人生经历与研究他的重要著作《太玄》结合起来，考察杨雄其人的人生遭际，以此解读《太玄》的撰作原因及其思想内容和特点。全书共七章。第一章考察了杨雄早期、中期、晚期的事迹。第二章为《太玄》版本考，包括原本考、佚本考、现存版本。第三章为《太玄》体例考。第四至六章为具体篇目释义。第七章论述了《太玄》的思想渊源与三分思维法。附录为"历代学者评杨雄和《太玄》"。另案：本书"杨雄"不作"扬雄"。

路广《〈法言〉〈扬雄集〉词类研究》，北京：高等教育出版社 2011 年 8 月出版
本书通过穷尽性的量化分析，将定量与定性、语义与语法、共时描写与历时考察相结合，并辨别仿古成分与同时语料，对《法言》和《扬雄集》中的 11 个词类进行了研究，这些词类包括名词、动词、形容词、代词、副词、介词、连词、量词、语气词、助词、叹词。

马莲《〈扬雄集〉词汇研究》，北京：高等教育出版社 2011 年 8 月出版
本书共六部分。首先是绪论，为研究综述、方法说明。第一章，《扬雄集》复音词研究，在分类研究的同时，论述了先秦至南北朝构词法的发展及《扬雄集》复音词在汉语复音化中的地位。第二章，《扬雄集》新词新义研究。第三章，《扬雄集》中的成语研究，分析了成语的来源、形成方式和语法结构。第四章，《扬雄集》词汇研究对大型语文辞书修订的作用，包括增补词条、修正释义、补充义项、提前书证、补充书证。第五章，《扬雄集》疑难词语考释。附录《扬雄集》复音词表。

王彩琴《扬雄〈方言〉用字研究》，北京：高等教育出版社 2011 年 8 月出版

本书以《扬雄〈方言〉校释汇证》为据，对《方言》中记录被释词语和解释词语的全部用字进行计量分析，并逐字考察，区分了传承字与新出字，分析了表义字、记音字的表词情况和词汇特点，深入探讨了《方言》的用字轨路、"奇字"的实际内涵，并对不见于《说文》的《方言》用字作了专题研究，总结了它的特点与规律。

王智群《〈方言〉与扬雄词汇学》，北京：高等教育出版社 2011 年 8 月出版

本书是在作者博士学位论文《〈方言〉与扬雄词汇学思想研究》（华东师范大学 2007 年）基础上修改而成。全书以《方言》为研究对象，从理清《方言》的训释体例入手，接着循序展现《方言》的词义系统，进而对《方言》中的"古今语""别国方言""转语"这三个内容分别作了考索、分析，然后从体例和内容上对《方言》与《尔雅》进行了比较。在多角度、深层次探讨的基础上，最后全面总结了《方言》对于汉语史研究领域的贡献和扬雄的词汇学思想与方法。

解丽霞《扬雄与汉代经学》，广州：广东人民出版社 2011 年 8 月出版

本书结合西汉末年今古文经学纷争的情形，分析了扬雄的经学内容与特征。全书共五章，分别论述了扬雄的经学史定位、扬雄的经学建构、经学转向，并分析了扬雄与今文经学存在的"恶虚妄"与"好灾异"的不同，扬雄与古今经学也存在着"学为道"与"学为术"的差别。附录《太玄》史料汇集、扬雄思想研究综述。

纪国泰《"西道孔子"——扬雄》，成都：巴蜀书社 2012 年 9 月出版

本书共有四章。第一章，"一个'另类'的读书郎"，介绍了扬雄早年的学习和游历情形。第二章，"'不识时务'的黄门郎"，讲述扬雄游学京师，献赋草《玄》，事"莽"美"新"的经历。第三章，"穷愁潦倒的'莽大夫'"，叙述扬雄晚年的不遇之苦、绝嗣之痛、贫病之惨、蒙冤之恨。第四章，"千秋止有一扬雄"，评述了扬雄的高尚人格、杰出成就、卓越贡献、深远影响。

　　冯树勋《扬雄的范式研究——西汉末年学术范式冲突的折中之例》，台北：台湾大学出版中心 2015 年 7 月出版

　　本书共有八章内容。第一章为引论，说明相关问题并进行方法论反思。第二至第七章为本论。第二章，扬雄初仕与为郎考。第三章，扬雄的美学思想，论述了扬雄对西汉儒家审美观的反省。第四章，《太玄》的思考及其思想架构。第五章，《太玄》与《易》的"殊途同归"关系。第六章，《太玄》儒道思想归趋辨，认为《太玄》思想形态为儒主道辅。第七章，从类我与自主的调和探讨了扬雄的教育思想。第八章为结论，分析了范式冲突内扬雄摹拟与创新的"折中"问题。

班婕妤（前 48？—前 6？）

高光复《汉魏六朝四十家赋述论》，哈尔滨：黑龙江教育出版社 1988
年 9 月出版

本书《班婕妤赋》篇简介了班婕妤的生平之后，分析了《自悼赋》的
内容和艺术特色。然后又重点对《捣素赋》在情调和语言骈偶上的特点作
了阐述。最后评价了班婕妤在辞赋史上的地位和意义。

桓谭（前 23？—56？）

宿县安徽大学中文系桓谭新论校注小组编写《桓谭及其新论》，《安徽大学学报增刊》1976 年

本书内容分为五部分。一是《新论》选注，选了五类内容，包括举网以纲的治国路线、霸王杂之的兴治主张、非谶纬的哲学思想、任明辅的用人主张、尊今卑古的文艺思想。每类前有说明，每段正文下为注释，注释后为按语，对本段内容进行评述。二是《新论》校点，以类书、《后汉书》注、《文选》注、《群书治要》、《意林》等所引文字对《新论》加以详细的校勘。三是桓谭其它作品，新辑九条。四是前人误收桓谭作品考，对严可均《全后汉文》误收为《新论》的文字进行辨正。五是桓谭本传。附录有关《新论》的考证和评论。

方立天《桓谭》，收入辛冠洁、丁健生、蒙登进主编《中国古代著名哲学家评传》（第二卷），济南：齐鲁书社 1980 年 11 月出版

本书分为五部分内容：一，概述桓谭所处的时代。二，介绍桓谭的生平和著作。三，论述桓谭的社会政治思想。四，从反对图谶、批判神学目的论、否定神仙方术三方面来分析桓谭反对谶纬神学。五，讨论了桓谭的唯物主义形神论。

董俊彦《桓谭研究》，台北：文史哲出版社 1986 年 4 月出版

本书对桓谭的生平和思想进行了较为全面详细的研究。全书分为九节：一、桓谭的生平事迹。二、桓谭的时代背景。三、桓谭的基本态度，包括反对图谶、迷信、天命、仙道等思想。四、桓谭的政治主张，包括主张封建、反对效古、尊重贤才、强调德化、统一法令、重本抑末、尊王贱霸。五、桓谭的教育观点，阐述了教育、师道、环境、学习、内容的重要性。六、桓谭

的军事思想，从用兵原则、用兵之法、用兵态度展开论述。七、桓谭论乐之理，包括论琴弦的产生及体制、琴操的由来及类别、五声、乐声反映国情民俗等。八、桓谭对当代人物的品评，主要有扬雄、王莽、更始帝。九、桓谭对王充的影响。附录《桓子新论》校补。本书增订版改题为《桓子〈新论〉研究》，（台北）文津出版社 1989 年 9 月出版。

苏诚鉴《桓谭》，合肥：黄山书社 1986 年 5 月出版

本书分七章对桓谭的生平经历及思想著作进行了考订和论述。第一章风云变幻的动乱年代，第二章初入仕途，第三章郎官任上，第四章佐命新朝，第五章建武朝际遇，第六章思想战线上的不屈斗士，第七章一生思想的结晶《新论》。附录桓谭年表、《新论》辑本补佚。

钟肇鹏《桓谭评传》，南京：南京大学出版社 1993 年 11 月出版

本书的主要内容共有五章：第一章为桓谭的生平和著作。第二章分析桓谭的形神论。第三章论述桓谭反对谶纬和迷信。第四章和第五章分别就桓谭的政治思想和美学思想进行了阐释。第六章为桓谭和王充。另外附录一为"桓谭年表"，附录二为"《新论·形神》的作者应断归桓谭"。

朱谦之《新辑本桓谭新论》，北京：中华书局 2009 年 9 月出版

本书为"新编诸子集成续编"之一。该书在清人孙冯翼和严可均辑本基础上，重新辑录整理了《新论》，分为十六卷。书中所辑，资料方面较孙辑本多出十分之六，较严辑本多出十分之二，辑录范围延及明代，片语残文均加收录。体裁方面，纠正了孙辑重复叠见、严辑比附之弊。校勘方面，利用孙、严未及见的宋本《御览》《文选注》及天明本《群书治要》，恢复《新论》原貌。附录有《后汉书·桓谭传》、孙冯翼《桓子新论序》和严可均、黄以周《桓子新论叙》。本书又有福建教育出版社 2002 年 9 月十卷本《朱谦之文集》本，收入第四卷。

孙少华《桓谭年谱》，北京：社会科学文献出版社 2012 年 10 月出版

本书对桓谭的生卒年进行了考定，认为其生于汉元帝建昭三年（前36），卒于光武帝建武十一年（35）。同时通过对桓谭生平事迹的考察，揭示了当时谶兆思想的流传、谶与纬的逐渐结合、谶纬文献的出现与流行、谶纬思想在汉代政治斗争中的作用、汉代社会对谶纬的使用与认识等问题。附

录桓谭及其《新论》相关研究论著目录、桓谭传记与《新论》序跋题识、桓谭及其《新论》评价与引用资料等。

　　孙少华《桓谭研究》，济南：博士后研究出站报告，山东大学，2012 年

　　本论文在考察桓谭生卒年问题的基础上，对其在两汉之际的学术、文学思想进行了较为深入的辨析。全文共有四章。第一章论述桓谭对两汉之际古文经学的发现、流传的记载情形，以及他因反谶纬而反对立《左传》博士。第二章从时代的社会思想与文学风尚角度探析了桓谭对西汉诸子文学"尚新"传统的继承，并分析了桓谭论赋及诸子短书之说。第三章论述桓谭的音乐才能与文学品鉴。第四章是《新论》神仙与历史文献辨析。附录桓谭及其《新论》相关研究论著目录、桓谭传记与《新论》序跋题识、桓谭及其《新论》评价与引用资料等。

　　吴则虞《桓谭〈新论〉》，北京：社会科学文献出版社 2014 年 6 月出版

　　本书为作者于 1962 年新辑本，收录二百馀条，以类相从，分为八卷，并添加附编，汇涵桓谭佚文、存疑、订讹之文；记载桓谭事迹、著述、评论之文；最后为辑校引用书目及版本详目，便于读者查阅与研究。

班彪 （3—54）

高光复《汉魏六朝四十家赋述论》，哈尔滨：黑龙江教育出版社1988年9月出版

本书《班彪赋》篇，在简单论述《览海赋》《冀州赋》后，主要分析了《北征赋》的内容和形式上诸如体制精悍、结构紧密，语句上于楚辞句式中杂入整齐的散句或偶句等特点，以及艺术手法上善于以客观景物烘托情怀的长处。篇末又附叙了彪女班昭的《东征赋》。

冯衍（生卒年不详）

高光复《汉魏六朝四十家赋述论》，哈尔滨：黑龙江教育出版社 1988 年 9 月出版

本书《冯衍赋》篇，标举《显志赋》为例，阐释了在特定环境中失去不遇的牢骚不平之情，与艺术上用辞赋特具的铺叙手法，将叙事、说理和抒情融合起来的特色。最后又通过与班彪《北征赋》相比较，指出其形式上注意骈偶句的锤炼，及其作品语言于曼长流丽之中透露出工致和整饰的特点。

王充（27—?）

谢无量《王充哲学》，上海：中华书局 1917 年 5 月出版

本书为"学生丛书"之一。全书分为两编。第一编为序论，简介王充略传，并分析了王充学术的渊源及其述作的旨趣。第二编为本论，探讨了王充哲学的形而上学、伦理学、评论哲学。其中形而上学一章包括自然论、命论、感应论、祸福论、死与鬼、妖祥、卜筮。伦理学一章包括性善恶论、道德与时势、儒生与文吏、成功与善心、人格标准论。评论哲学部分包括物理评论、文学评论、历史评论、礼俗评论。全书要言不烦，时有新见。

孙人和《论衡举正》，民国刻本（1924 年）

本书是对《论衡》的校勘之作，共四卷。每篇摘句为例，参证类书、古书笺注，对《论衡》原文的讹误衍脱进行了校正，其中引用吴承仕说较多。书中校注实事求是，言之有理有据，极为精审，刘盼遂《论衡集解》一书于《举正》各条几乎全部采用。本书又有（台北）广文书局 1975 年 4月影印本，上海古籍出版社 1990 年 6 月有点校本。

陶乐勤标点《论衡》，上海：梁溪图书馆 1925 年 3 月出版

本书分为上下两卷，对《论衡》原文用新式标点加以整理，对阅读有一定的便利。全书白文无校，不详底本。本书有（台中）文听阁图书公司2010 年 5 月影印版，收入《民国时期哲学思想丛书》第一编。

许德厚《详注论衡》，上海：真美书社 1928 年 5 月出版

本书为石印本，一函八册三十卷。书中注释广泛取证史书、子书等古籍及古书注，许多注释只列举出处，不断定是非。该书作为较早的《论衡》详注本，对《论衡》进行完整注释，具有开创意义。

黄晖《论衡校释》，长沙：商务印书馆 1938 年 1 月出版

本书以通津草堂本为底本，校勘方面，参校以宋元本及今人校本，而以本校法和他校法为主。注释方面，对《论衡》中的俗言俗语，运用归纳法得字义通训和文中故实，运用分类法来解释《论衡》援引群经之处。本书考释精详，资料丰富，是现今《论衡》最重要的学术注本之一。该书又有台湾商务印书馆 1969 年 1 月版，及中华书局"新编诸子集成"1990 年 2 月版。

中法汉学研究所《〈论衡〉通检》，北平：中法汉学研究所 1943 年 1 月出版

本书为中法汉学研究所通检丛刊之一。该书以上海商务印书馆所印《四部丛刊》影明通津草堂本为底本，将其分条编成检索，条目按笔画顺序排列，并有法文拼音检字、英文拼音检字、各板卷叶推算法。本书对于检索原文极为便利。该书又有上海古籍出版社 1986 年 10 月影印版，附四角号码检字。

马禩光《王充传》，台北：台湾书店 1947 年 4 月出版

本书第一章讲述王充生平、谶纬兴盛以及当时儒者多固执于传统经说的社会背景。第二章讲述王充的思想。第三章论证王充对社会的影响。第四章总结王充的思想价值。作者认为后汉风气别于前汉，是由于王充的思想极具前瞻性，是风气改变的重要原因之一。本书确立王充在历史上的地位和价值，在初步理解王充的思想方面可资借鉴。

关锋《王充哲学思想研究》，上海：上海人民出版社 1957 年 3 月出版

本书共八节内容：第一、二节介绍了王充的身世和所处的时代，第三节论述了王充唯物主义的自然观，四至六节分别阐析王充的命运论和人性论、政治论、认识论。第七节探讨了王充哲学的思想渊源、学派性和他的批判主义。第八节为对王充哲学的评价。

刘盼遂《论衡集解》，北京：古籍出版社 1957 年 7 月出版

本书以通津草堂本及程荣《汉魏丛书》本为底本。书中广泛采录前人校勘研究成果，包括俞樾、孙诒让、孙人和、吴承仕以下十三家及未标姓名诸家之说，是一部极具参考价值的学术注本。本书又有中华书局"新编诸

子集成”1990 年 2 月版。

郑文《王充哲学初探》，北京：人民出版社 1958 年 6 月出版

本书对王充哲学进行了比较全面的探索。全书分为九章。第一章简述王充的身世。第二、三章论述王充学说的社会基础和渊源。第四至八章分析了王充的哲学思想，包括"天"是自己存在的实体，物质与精神，认识论，宿命论，政治论、文学论与教育论。第九章为结论。

蒋祖怡《论衡选》，北京：中华书局 1958 年 9 月出版

本书围绕王充"疾虚妄"的精神，选录《论衡》十二篇，重点介绍了王充在文学、哲学方面的基本见解，同时也介绍他对人性论、知识来源的看法，并介绍其对文人学士的评价和对论说文的重视等，最后是《论衡》的序文和王充的自叙传。本书以通津草堂本为底本，篇首有题解，注释校勘采撷前人研究成果，并加订补，较为精当。本书是一部能够重点突出《论衡》特点的选本。

田昌五《王充及其〈论衡〉》，北京：生活·读书·新知三联书店 1958 年 9 月出版

本书主要论述了王充的哲学思想。全书共七节内容，首先概述了王充的生平和他所处的时代。其次，分别论述了王充唯物主义的自然观、战斗的无神论、社会历史观、唯物主义的认识论。再次，论述了王充对先秦诸子和各种书传的批判。最后是余论。本书又有北京人民出版社 1973 年 11 月修订版，改题为《王充——古代的战斗唯物论者》，将初版中对秦汉社会的一些论述作了改正。另外第六节"对先秦诸子和各种书传的批判"，"先秦诸子"也改为"孔孟之道"。

蒋祖怡《王充的文学理论》，北京：中华书局 1962 年 10 月出版

本书共十节内容，首先简要介绍了王充的生平、著作和思想，其次从文学功能、文学分类、内容和形式的关系、创作与鉴赏、修辞中的夸张等方面作了言简意明的叙述。本书是《古典文学基本知识丛书》中的一种，属于普及读物，但内容充实精要，文字深入浅出，具有较高的学术价值。本书又有上海古籍出版社 1980 年 4 月重印本、（台北）国文天地杂志社 1991 年 2 月本。

田宗尧《论衡校证》，台北：台湾大学文学院 1964 年 12 月出版

本书以《四部丛刊》景明通津草堂本《论衡》为底本，以明沈津《百家类纂》本、明万历程荣《汉魏丛书》本和明钱震泷刊本等为参校本，对王充《论衡》进行校正。较为详细胪列前贤之说，再一一进行考辩。附录有详细的参考书目和相关典籍。考究较为精细，有理有据。

陈拱《王充思想评论》，台中：东海大学 1968 年 6 月出版

本书认为王充思想以气为中心，气上绾天道，下徹性、命，全书围绕这一观点对王充思想作了详细深入的考察。全书共九章。第一章介绍了有关王充与《论衡》的重要情形，第二至第九章分别就天道之自然、无为、灾变和瑞应、宣汉、人性有善有恶、知之厘定、贤才之程量及准则、彻底的命定论、人之死亡及鬼神与妖象等方面进行了论述。本书又有台湾商务印书馆 1996 年 6 月版。

褚问鹃《王充论衡研究》，台北：中央图书出版社 1974 年 6 月出版

本书主要内容有：王充的家世，历代学者对于《论衡》的评价述略，《自纪篇》可能被人窜乱，清代乾隆朝对于《论衡》的打击，《论衡》的时代背景，《论衡》的思想研究。其中对于王充驳斥天人感应的说法，探讨王充是否为道家，孔子与王充是否同为宿命论者等说法，具有较为新颖的研究视角。

钟达等撰《王充》，合肥：安徽人民出版社 1974 年 10 月出版

本书为论文集，收录了研究、注释等文章八篇，其中心均围绕王充的《问孔》《刺孟》两篇著作，论述了王充的反儒反孔斗争。其中也收入了钟达《论王充的反儒斗争》和陆晓松的《王充传》两文。该书是当时"评法批儒"运动的产物。

黄云生《王充评论》，高雄：三信出版社 1975 年 6 月出版

本书分为十二章，内容依次为：本书写作动机及目的、研究范围及方法；王充生平，王充的著作动机及态度，王充的天道观及其与道儒两家之关系，王充的气化论及适偶论，王充的性命论、政治论、教育论、虚妄论，王充总论，《论衡》篇章及其流传、内容，历代学者对王充及《论衡》的评价。本书内容丰富，较为全面地论述了王充的生平、思想以及《论衡》的

相关问题。

黄国安《王充思想之形成及其〈论衡〉》，台北：商务印书馆 1975 年 7 月出版

本书共有六章。第一章论述了王充的本质与生平遭遇对其思想的影响。第二章论述时代背景对其思想的影响。第三章论述了王充的学术渊源。第四章概述了《论衡》的写作时间、宗旨、风格及内容。第五章析论《论衡》主要内容"疾虚妄"。第六章讨论《论衡》中的命定论、人性论、政治论、知识论、人才论等其他内容。

云南冶金第一矿三结合注释组、云南大学中文系选注《王充著作选注》，昆明：云南人民出版社 1975 年 12 月出版

本书选录了《论衡》中的《问孔》《刺孟》等六篇著作。每篇篇首为"说明"，注释采用页下注，包括词语注释和句意串讲。篇后为译文。该书是为"儒法斗争"服务而编。

嘉定县望新公社理论组、复旦大学中文系 1972 年级组编写《王充》，上海：上海人民出版社 1976 年 10 月出版

本书分为五部分：一、介绍了王充的生平和时代，以及《论衡》的思想渊源和特色。二、反儒尊法的斗争，运用当时的观念对王充的思想进行了解说。三、唯物主义的哲学思想，论述了王充唯物主义的自然观、战斗的无神论、唯物主义的认识论等思想。四、尊法反儒的文艺观。五、结语。

上虞县法家著作注释小组编选《王充文选》，杭州：浙江人民出版社 1976 年 11 月出版

本书选录了《刺孟》《自然》《实知》《知实》《齐世》五篇文章。原文以通津草堂本为底本，每篇首先为题解，其次注释采用页下注，解释词语、评述文意。篇后为译文。

陈丽桂《王充》，台北：商务印书馆 1978 年 6 月出版

本书为"中国历代思想家（五）"中的一种。本书内容分为传略、学术思想、王充思想的评价和赞叹三部分。其中第二部分介绍了王充的批判精神来源，并阐述了他的自然的宇宙论、无鬼论、机械的宿命论、进化的历史

观、效验的知识论。该书是一部较为简要的传记。本书又有该出版社 1999
年 2 月更新版。

徐敏《王充哲学思想探索》，北京：生活·读书·新知三联书店 1979
年 8 月出版

本书分六章论述了王充的哲学思想。第一章论述了王充所处的儒家和谶纬
神学统治的时代。第二章对王充著作的若干问题进行了考订。第三章分析唯物
的气一元论。第四章论述无鬼论与薄死厚生思想。第五章论述王充对"生而知
之"先验论的批判。第六章阐述王充时命论及其实质。附录有王充年谱。

北京大学历史系《论衡》注释小组《论衡注释》，北京：中华书局
1979 年 10 月出版

本书以通津草堂本为底本，对其加以校勘、标点、分段、注释。每篇首先
是"说明"，对全篇的思想内容进行介绍。校勘参校众本及类书等，注释方面较
为简明，也有句意疏解。书后附有《论衡》佚文、版本及著录情况、历代有关
王充及《论衡》的资料选目、人名索引等。本书具有较为重要的参考价值。

田昌五《王充》，收入辛冠洁、丁健生、蒙登进主编《中国古代著名哲
学家评传》（第二卷），济南：齐鲁书社 1980 年 11 月出版

本书分为六节内容：第一节简述王充的生平和著作。第二至五节分别阐
析了王充的唯物主义天道观、无神论、认识论、具有两重性的社会观。最后
评价了王充在中国哲学史上的地位。

陈叔良《王充思想体系》，台北：商务印书馆 1982 年 10 月出版

本书共十三章。上编三章为绪论，叙述了王充的时代、身世、著述、思
想渊源，说明其思想体系构成之由来。下编十章为本论，分别就其宇宙论、
命定论、人性论、知识论、方法论及历史观、生死观、政治观、文学观等，
多方引证，详加阐析，最后是结论。附编为"《论衡》版本、著录珍藏考"，
"民初以来有关王充《论衡》之论著书目表"。

蒋祖怡、滕福海《王充》，收入吕慧鹃、刘波、卢达编《中国历代著名
文学家评传》（第一卷），济南：山东教育出版社 1983 年 5 月出版

本书主要内容有三部分：一、细族孤门的身世和愤世嫉俗的文章，简要

介绍了王充的人生经历及其著作情况。二、"疾虚妄"与"为世用",较为详细地阐述了王充《论衡》所提倡的文学观。三、光照后世,概述了王充对后世文学理论方面的深远影响。

钟肇鹏《王充年谱》,济南:齐鲁书社1983年9月出版

本书以《论衡》原文为据,参考诸家《后汉书》及相关著作,对王充的行年及东汉早期大事进行了系年编排。书中对王充的家世、生平、游历、思想等有着较为深入的稽考和辨正,是一部比较可信的著作。附录为《论衡》八十五篇篇目提要、桓谭和王充。

蒋祖怡《王充卷》,郑州:中州书画社1983年10月出版

本书属于资料汇编。正文共分五部分。第一部分为前言,总述王充的哲学思想。第二部分为王充的生平和著述。第三部分《论衡》的篇数和佚文。第四部分为王充年谱。第五部分为《论衡》的版本和序跋。附录为后人评述,包括总评、篇评及国内、日本研究论文目录索引。本书收罗丰富,资料翔实,有较大的参考价值。

周桂钿《王充哲学思想新探》,石家庄:河北人民出版社1984年3月出版

本书着重探讨了王充思想的各个方面。全书分为五章。第一章叙述王充及其《论衡》的历史命运。第二章王充天论,重点从自然科学与王充哲学的关系展开论述。第三章、第四章分别为王充气论和知论,讨论了其唯物主义元气自然论和认识论。第五章分析王充哲学思想的来源。本书力求以王充哲学中的概念、命题来立题,较有新意,使得论述更加符合王充思想的特征。本书后收入《周桂钿文集·秦汉思想研究》,福建教育出版社2015年1月出版。

李道显《王充文学批评及其影响》,台北:文史哲出版社1984年6月出版

本书共有五章。第一章介绍王充的生平、时代及著作。第二章是文学批评概说。第三章列述了王充以前的文学批评。第四章从九点内容上分析了王充的文学批评理论。最后考察了王充文学批评对魏晋六朝文学的影响。

吴承仕《论衡校释》，北京：北京师范大学出版社1986年1月出版

本书为未竟稿，共66篇，收入"吴检斋遗书"。每篇依摘句之例，"比次旧闻，校计众说"，并断以己意。该书论证审慎，考辨精严，多有卓见，是《论衡》校理著作中的重要之作。

陈正雄《王充学术思想述评》，台北：文津出版社1987年12月出版

本书共有十章。前三章述评王充思想渊源、《论衡》的成书。第四章至第九章，分别就《论衡》中的天道、性命、疾虚妄、政治、教育、文学等思想进行探讨和评析。第十章论述王充对于魏晋时期思想的影响。各章均以述评作结。该书对王充学术思想的论述评析较为全面。

田昌五《论衡导读》，成都：巴蜀书社1989年6月出版

本书将《论衡》原书的篇目重新安排，分为自传、论性命、论天人关系、论鬼神和迷信禁忌、论圣贤和书传五部分。书中对原书文章采用不选、节选、全选三种处理方式，每篇均有扼要的题解。所选文章先录原文，次为释文。释文部分首先指出段落大意，然后为简要的注解。部分篇章后有简要结语。本书又有中国国际广播出版社2008年6月版及2011年1月版。

黄中业、陈思林《论衡选译》，成都：巴蜀书社1990年6月出版

本书以通津草堂本为底本，选录《论衡》中较有代表性的作品十二篇。每篇篇首题解对该篇内容有简要评述。注释为页下注，比较简略。最后是译文。本书修订版由凤凰出版社2011年5月出版。

王举忠《王充论》，沈阳：辽宁大学出版社1991年6月出版

本书对王充思想体系中有价值的观点作了分析论述。全书共有十四章：一、介绍王充的身世及其反"正宗"的"异端"性格。二、讨论子学余风及汉代"异端"思想对王充的影响。三、概述王充的著作及其对世俗的批判。四、分析王充的学术思想渊源及学派归属。第五章至第十三章对王充的唯物主义自然观、无神论思想、唯物主义知识论、逻辑思想与辩证法思想、道德观、人性论及教育思想、美学与文学思想、历史观与人材观、命定论和骨相之法进行了论述。第十四章讨论王充思想的历史地位和影响。附录王充研究评议、《论衡》阐发问题概介。

王充著，陈蒲清点校《论衡》，长沙：岳麓书社1991年8月出版

本书收入"古典名著普及文库"。原文底本据《四部丛刊》通津草堂本，并对误、衍等处加以订正或补充等简要的校勘。全书白文无注。附录人名索引。

林丽雪《王充》，台北：东大图书公司1991年9月出版

本书从学术思想史的观点，探讨王充思想的形成因素和内容架构。全书共十二章。前四章是有关外围因素的研究，包括有关王充评析的回归与反省，王充的身世、性格与时代背景，还有王充与先秦诸子及汉代诸子在学术思想上的渊源关系。第五至十一章是内在思想的剖析，包括王充的立论方法和逻辑思想特色，王充自然主义的天道观、幸偶的命运论、人性论、形亡神灭论、对"生而知之"先验论的批判、宣汉说。第十二章为结论。

袁华忠、方家常译注《论衡全译》，贵阳：贵州人民出版社1993年3月出版

本书为"中国历代名著全译丛书"之一。该书体例包括题解、原文、注释、译文四部分。题解简要说明本篇内容。原文以通津草堂本为据，并校以他本。注释中词语解释较为简单，人名等注释则较详。最后是译文。书后附录《论衡》佚文、王充年谱、《论衡》版本卷帙著录、历代有关王充及其《论衡》资料选目。

张分田《王充》，天津：新蕾出版社1993年5月出版

本书为"中华历史名人"丛书之一。全书共有十节内容。前四节分别对王充的家族、游学、仕宦、著述作了叙述。五到九节讲述了王充思想中不迷信圣人，不信灾异、谶纬，不信有鬼，不信仙道、卦卜等具有批判精神的内容。最后评价了王充作为古代无神论的一座丰碑的历史地位。

苏骥千《论衡校证》，贵阳：贵州科技出版社1993年7月出版

本书以条札形式，对《论衡》加以校理，主要针对三方面问题：一是《论衡》中脱文疑义、字句颠倒而前人未及校正者，二是前人有义训不当而改动原文者，三是迷信类书、古书、古注而删改原文者。另外对今人注释有

失当误解之处，也加以辨正。本书析疑、考异、正误、补遗、纠偏、匡谬，精当可据，颇多胜义，有较高的参考价值。

周桂钿《王充评传》，南京：南京大学出版社 1993 年 11 月出版

本书对王充的著述、思想作了详细的分析考辨。全书分为十五章。第一章对王充的生平作了考辨。第二章对王充的著作进行了综述。第三章叙述王充及其《论衡》的历史命运。第四章至第十三章分别从天论、气论、形神论、性命论、适偶论、知论、政论、贤佞论、儒论、文论等十个方面对王充的思想作了较为全面的阐述。第十四章论述了王充自成一派的学派特点。第十五章对王充超前的思想进行了评价。本书后收入《周桂钿文集·秦汉思想研究》，由福建教育出版社 2015 年 1 月出版。

程湘清等《论衡索引》，北京：中华书局 1994 年 4 月出版

本书以明通津草堂刻本为底本，并校以他本。书中主要内容有索引与原文两大部分。索引以《论衡》中的全部字、词和固定词组为条目，按照汉语拼音顺序排列。每条条目后标明所在《论衡》原文的篇次、段数、句数。检字部分有汉语拼音检字、部首检字、笔画检字和四角号码检字。该书作为一部逐字逐词索引，条目详备，极便检索。

［韩］金钟美《天、人和王充文学思想——以王充文学思想同天人关系思想的联系为中心》，北京：社会科学文献出版社 1994 年 8 月出版

本书共四章。第一章，回顾了先秦两汉的天人关系论与文学思想。第二章，以王充的自然天观与文学思想为焦点，探讨了其自然天观与世界理解的关系，并论述了王充对文学真实性的认识。第三章，王充的主体人观与文学思想，论述了对人立足于气性的理解，以及对文学主体性的认识。第四章，考察了王充对汉末和魏晋南北朝文学思想的影响，以及历代传统文人对王充的评价。

刘钝文《论衡选译》，北京：人民文学出版社 1994 年 10 月出版

本书以刘盼遂《论衡集解》、黄晖《论衡校释》为底本，选录了十篇作品，侧重介绍王充的文学理论，同时兼顾其他名篇。每篇前有题解，说明篇旨和主要内容，并加评议。正文分段，之后为注释，次为今译。本书是一本较有特色的《论衡》选本。

周桂钿《虚实之辨——王充哲学的宗旨》，北京：人民出版社 1994 年 10 月出版

本书从新的视角对王充关于当时社会所关心的虚实问题进行了探索，并以现代眼光进行了深入分析，对王充的哲学进行归纳，概括出"疾虚妄"而"归实诚"的思想特征，即"虚实之辨"。全书共有十二章，分别论述了称治泰盛、祸福偶适、岁月禁忌、性命在本、圣神贤佞、鬼神考订、龙无实验、书多失实、广评诸子、天道自然等问题，最后评述了海外学者对王充的研究。本书是一本较为系统研究王充哲学的专著。本书后收入《周桂钿文集·秦汉思想研究》，由福建教育出版社 2015 年 1 月出版。

陈再明《儒学异端：现代王充论衡》，台北：远流出版事业公司 1995 年 5 月出版

本书通过连贯性的述论和整体性的演绎，对王充的思想作了现代性的解读。全书对王充思想中的 25 个观点加以阐述，分别如下：逢遇在时、受累遇害、贵贱有命、禀气为性、幸偶依性、禀命于天、性成命定、率性教勉、吉祥征兆、偶会适命、骨法相貌、生而禀命、性有善恶、人偶自生、帝王怪奇、天地含气、天道自然、自然无为、神事立化、命期自然、古今不异、死而气灭、祭祀无用、实知知实、问孔刺孟。

刘殿爵、陈方正编《论衡逐字索引》，香港：商务印书馆 1996 年 4 月出版

本书为香港中文大学"先秦两汉古籍逐字索引丛刊"之一。其主要内容为原文与逐字索引两部分。原文据《四部丛刊》影明通津草堂本。每页下有校记。索引按照汉语拼音编次，每条后标识章次、页次、行次。正文前有拼音、笔画检字表等，书后附录全书用字频数表。便于检索。

蔡镇楚《新译〈论衡〉读本》，台北：三民书局 1997 年 10 月出版

本书校勘、标点、分段、注释主要依据北大历史系《论衡注释》一书而成。全书共三十卷。每篇内容体例首先是题解，简要说明本篇的主旨。正文分段，每段有章旨、注释，简明扼要。段后为白话语译。

陈建初、蒋骥骋、张晓莺译《白话论衡》，长沙：岳麓书社 1997 年 12 月出版

本书为"古典名著今译读本"丛书之一。全书内容分为原文和译文两

部分，原文以中华书局重印《诸子集成》本为底本，重新分段、标点，并参校他本校正文字。译文以直译、对译为主，较为流畅。

杨宝忠《论衡校笺》，石家庄：河北教育出版社 1999 年 1 月出版

本书以通津草堂本为底本，并引黄晖、刘盼遂、北大历史系、袁华忠、程湘清、裘锡圭、蒋礼鸿、陈霞村等多家校注两千余条。本书意在恢复《论衡》原貌，故书中校勘详细而注释较略。该书在校理方面具有较为重要的参考价值。

郑文《论衡析诂》，成都：巴蜀书社 1999 年 1 月出版

本书有两大部分内容。第一部分为王充哲学思想研究，内容即本作者《王充哲学初探》一书（人民出版社 1958 年 6 月出版）。第二部分为《论衡》校注，对词语作训解。每篇之后有思想主旨的分析和评价。本书目的在于贯通王充的哲学思想，校诂上多采黄晖、刘盼遂两家之说而有所取舍。

萧登福校注《新编论衡》，台北：古籍出版公司 2000 年 8 月出版

本书为"新编诸子丛书"之一。全书内容共分三部分。第一部分是导论，包括作者传略和思想介绍。第二部分为正文，包括校注与语译。每篇第一条注释相当于题解，对本篇内容思想作简要评述。校注部分以注为主，包括释词、引证等。语译文字通顺。第三部分为附录，包含资料汇编、原著作者年谱简编等。

卢文信《王充批判方法运用例析》，台北：万卷楼图书公司 2000 年 9 月出版

本书共六章。第一章导论，论述王充生平与批判性格的形成、批判的对象，以及历来研究摘述。第二章至第五章讨论了王充的批判方法，分别是引用事实核验、借着推论论证、以剖析谬误驳斥虚说以及其他批判方法。第六章为结论。

李维武《王充与中国文化》，贵阳：贵州人民出版社 2000 年 10 月出版

本书着重以思想史为背景，探讨了王充思想的文化蕴含、理论成就、历史命运与现代阐释，揭示了王充与中国文化之间的双向历史联结。全书共八

章。首先阐述了王充人物和思想的文化内涵。第二至六章论述了王充的自然观、人生观、历史观、知识观、批判精神与中国文化的深层联系。第七章论述了王充思想的历史命运。第八章是王充思想的现代阐释，评述了 20 世纪的王充观。附录王充研究著述目录、王充研究文献综述。

胡敕瑞《〈论衡〉与东汉佛典词语比较研究》，成都：巴蜀书社 2002 年 11 月出版

本书共有五章，分别通过对《论衡》和佛典的单音词及复音词、新旧词、词义、同义词和反义词、词语结构和词语搭配等方面进行比较研究，认为佛典词汇比《论衡》词汇更趋新，佛典词汇与中古词汇相同之处较多，中古不少词汇即源于佛典，而《论衡》词汇还保留了很多上古词汇的旧面貌。《论衡》和佛典词汇的相同之处是，其中有些词语具有东汉口语词汇的特征，但《论衡》口语还远不及佛典。

杨宝忠、马金平《〈论衡〉训诂资料纂辑》，保定：河北大学出版社 2002 年 12 月出版

本书辑录《论衡》中的训诂资料，主要有两大类内容：一是行文中对词语进行训释的直接训诂资料，包括引文作注与行文说解。二是使用修辞使文意显豁的间接训诂资料，包括同义连文、同义对举、反义连文、反义对举。本书所据文本据《论衡索引》，所辑录的训诂资料包括单字条目和多字条目，以汉语拼音次序排列，是一部资料详备，富有学术价值的工具书。

邓红《王充新八论》，北京：中国社会科学出版社 2003 年 1 月出版

本书为系列论文集，旨在打破"左"的假象，还原王充哲学的原貌。全书包括王充新论、命论、气论、颂汉论、"疾虚妄"批评论、鬼神妖论、天地论等方面的论述。

徐正考《〈论衡〉同义词研究》，北京：中国社会科学出版社 2004 年 9 月出版

本书分为五部分。前言简介了同义词的界定、确定同义关系的方法、同义词的辨析等问题。正文分为上中下三篇，分别对《论衡》中的名词类同义词、动词类同义词、形容词类同义词进行了详细的研究。同时对《汉语大词典》的相关条目作了补充和辨正。最后结语部分说明了本书的研究方

法和原则，对《论衡》同义词作了特点概括和辨析，并探讨了《论衡》同义词研究的意义及同义词产生的原因。

时永乐、王景明《论衡词典》，北京：人民出版社 2005 年 2 月出版

本书以通津草堂本为底本，并参考今人诸家校勘成果。书中收录范围，包括《论衡》一书中所出现的单音词、复音词、词组，以及人名、地名、书名、职官名等各种专名。该词典条目参照《论衡索引》而有所增删。本书词条重视具体性，义项设立较多，切分较为细密，同时引证也比较完整，是一部水平较高的工具书。附录有 1900—2003 年研究王充及《论衡》论文索引、1900—2003 年研究王充及《论衡》著作书目。

韩复智《论衡今注今译》，台北：台湾编译馆 2005 年 4 月出版

本书卷次、校勘、分段、注释参考或引用黄晖《论衡校释》、北大历史系《论衡注释》及章衣萍《标点本论衡》。全书体例包括解题、原文、今注、今译。解题部分评述本篇主要内容和思想。注释比较简明，译文也较流畅。本书最大的特点是参考引用了科技史的研究成果以及最新的考古资料。

徐斌《论衡之人——王充传》，杭州：浙江人民出版社 2005 年 7 月出版

本书为"浙江文化名人传记丛书"之一。全书共十八章。前七章叙述了王充的家世、早年的教育情况以及时代。第八、九章讲述初涉宦海的经历与"屏居教授"著《讥俗》之事。第十章至十三章叙述《论衡》写作的过程和情形。第十四、十五两章记载其晚年的遭遇。第十六章至十八章讲述了《论衡》一书在王充身后的流传。

邓红《日本的王充〈论衡〉研究论著目录编年提要》，台北：知书房出版社 2005 年 12 月出版

本书从日本学者井之口哲也编著《王充·〈论衡〉关系研究论著目录》一书中照录日语论著部分而成。该书将论著按研究内容分为思想、资料、关联三部分，并依其重要程度分为 A. 必须参考的论著、B. 可以参考的论著、C. 完全可以不参考的论著三类。书中论著按照年代先后编列，每条标明作者、题名、出版信息、字数、研究内容、重要程度，其次较为详细地介绍论著的主要内容和观点，并加以简要的评价。

刘谨铭《王充哲学的再发现》，台北：文津出版社 2006 年 11 月出版

本书主题围绕王充哲学的现代诠释，全书内容分为三编。甲编聚焦于王充的《问孔》《刺孟》，分别从其批判经典的用意与儒家义理两个层面加以探讨。乙编主要讨论王充哲学是否符合科学标准，及其天道论是否合于黄老之义的争辩。丙编分别从当代诠释者中挑选出诸如科学的、德性的、逻辑实证论的、历史唯物论等代表性观点，作进一步的商榷与评析。

冯晓馨《王充天论思想之研究——与荀子天论思想之比较》，台北：博士学位论文，中国文化大学，2006 年

本论文内容共有十章：一、前言。二、论述了天概念在秦汉时期的演化与流传。第三至第九章分别探讨了王充天论产生之时代背景、兴发之目的、论证方法、理论基础，以及王充天概念之论述、天人关系之论述、天论之价值与贡献等方面的内容，并一一与荀子的相应理论作了比较。最后为结论。

岳宗伟《〈论衡〉引书研究》，上海：博士学位论文，复旦大学，2006 年

本论文以文献、学术思想、时代相结合的视角，对《论衡》征引经书、传书的情况进行了详细考辨。在此基础上，探究了《论衡》引书的经学史、思想史意义，并对《论衡》映现的政治背景和隐含的时代意涵进行了辨析。全文分为六部分内容。导论简述了《论衡》研究史及本文研究的方法论取向。第一章，王充的阅历与阅读，作为《论衡》引书的前提分析。第二章，《论衡》引书的文献学考察。第三章，《论衡》征引经书的经学史意义。第四章，《论衡》征引传书的思想史意涵。最后为结语。附录《论衡》征引经书详例、《论衡》征引传书详例。

王慧玉《王充文学思想研究》，长沙：岳麓书社 2007 年 1 月出版

本书共六章。首先介绍了王充其人及《论衡》研究综述，接着考察了王充文学思想的背景、渊源及其较为宽泛的文学观念。第三章论述了王充的哲学社会思想与其儒士论。第四、五章分别从文学创作论、文学真实论与文学批评两个方面分析了王充的文学思想。最后讨论了王充文学思想的影响。

王治理《王充及其文学思想》，济南：齐鲁书社 2007 年 1 月出版

本书分上下两编。上编首先介绍了王充的家世生平与著述，然后又从其

身世坎壈的原因出发，探讨了《论衡》的写作动机及宗旨。下编分论王充的文学思想，包括五部分内容：王充对"文"的认识与对文体的划分，以文气说为特征的创作发生论与主体论，以劝惩说为特色的文学社会功用论，王充文艺心理学思想，以及甘味说、奇才奇文说等四条杂论。

邓红《王充新八论续编》，北京：中国社会科学出版社 2007 年 2 月出版

本书是作者《王充新八论》的续编论文集。全书进一步探讨天命论、自然论及天人感应的祥瑞说。另外分析了王充是否为"合理主义者"，并对日本的王充研究作了综述和框架概括。

陈丽桂《王充自然思想研究》，台北：花木兰文化出版社 2008 年 9 月出版

本书共五章。第一章从老庄之无为自化和荀子之物理天论两方面分析了王充的思想渊源。第二章论述时代刺激，包括谶纬、阴阳五行、天论等。第三章探讨王充的自然思想，包括机械运行的宇宙观、机械的宿命观、进步的历史观。第四章从虚妄之形成、难天人感应、驳五行、断鬼神方面论述了疾虚妄的内容。第五章简述了其影响。最后结评对王充的自然思想的成就与偏失之处作了归纳。

张鸿、张分田《王充》，昆明：云南教育出版社 2009 年 1 月出版

本书是在张分田《王充》（天津新蕾出版社 1993 年 5 月版）一书的基础上修订而成。全书分为五章：一、王充的人生之旅，二、剥掉儒家宗师与经典的神圣外衣，三、批判天人感应论与谶纬符命之说，四、揭露鬼怪神仙、方术禁忌的虚妄，五、中国古代无神论的一座丰碑。

邵毅平《论衡研究》，上海：复旦大学出版社 2009 年 6 月出版

本书将文献学、考据学与阐释学、接受理论、比较文学、原始思维等研究方法相结合，对《论衡》的成书时间和过程、《论衡》篇目排列的内在联系、《论衡》颂汉诸篇的写作动因、《论衡》与王充其他各书的关系、《论衡》的早期流传影响史、《论衡》的评论史、《论衡》的思想和文论等方面进行了较为深入的研究。本书于 1995 年初版于韩国，此为修订版。

徐其宁《失衡的逻辑——以"吏阶层"为进路论王充"疾虚妄"之思想意涵》，台北：花木兰文化出版社 2009 年 9 月出版

本书首先从吏阶层展开，讨论王充思想的形成与特色，认为王充实际具有吏者维护社会秩序，以及儒者批评社会乱象的双重性格。由此阐释《论衡》"疾虚妄"，实际涵摄了民间与知识分子二阶层。其次说明通过"疾虚妄"观照"宣汉"说，认为王充并非媚汉，而是反对人为操弄灾异，混乱施政方向。最后从王充儒与吏的双重身份出发，认为二者屡相冲突，从而使"疾虚妄"方法的有效性有所消减。

张宗祥校注，郑绍昌标点《论衡校注》，上海：上海古籍出版社 2010 年 3 月出版

本书以通津草堂本和程荣《汉魏丛书》本为底本，广搜众本，并参俞樾、孙诒让校释，详加校勘。对《论衡》所引之书，考其渊源、异同，并辑录佚目佚文。注释方面，对地理、名物、文字、音韵、训诂等，引卜文、金文与诸多字书韵书，以及四部众书，加以考释。本书是《论衡》研究的重要的参考书。

马宗霍《论衡校读笺识》，北京：中华书局 2010 年 5 月出版

本书以涵芬楼影印明通津草堂本为底本，以孙诒让《札迻》与朱宗莱校本参校。书中笺识以训诂为主，"务籀原文，求通词理"，解决了诸多疑难。该书成于 1959 年，后收入"新编诸子集成续编"出版。

黄绍梅《王充〈论衡〉的批判精神》，台北：文史哲出版社 2011 年 3 月出版

本书从批判精神切入，阐述了王充不同于汉代传统思维的学说思想及用意。全书分为十章。首先是绪论，介绍王充批判精神的形成和《论衡》的历史定位。第二至八章分别就王充的天道自然无为论、命定论、无鬼论、人性论、先秦诸子论、文学观、宣汉说等，探究其批判用意，阐述内容旨趣，并评论其得失。第九章论述了王充批判方法的特色。第十章结论，阐明《论衡》一书的时代意义和重要性。

郭庆祥《王充与〈论衡〉》，北京：中国文史出版社 2011 年 8 月出版

本书分为四编。第一编，缅怀先贤说王充，论述王充的生平事迹、治学

方法、科学精神，以及王充是汉代奇才。第二编，王充的哲学思想，阐述了王充的唯物论、辩证法、认识论、知识论、历史观。第三编，王充的其他思想，论述了王充的经济思想、政治思想、教育思想、人才思想、文学思想、史学思想等。第四编，千古奇书话《论衡》，论述了《论衡》的奇趣、流传、评价。

吴庆峰《〈论衡〉虚词通释》，济南：齐鲁书社 2011 年 11 月出版

本书所收以《论衡》单音虚词为主，兼及复合虚词、惯用词组和固定格式，共计 434 条。所收虚词范围包括助动词、代词、副词、介词、连词、助词、语气词、叹词八类。词条按照汉语拼音顺序排列，每条按照词类、用法、意义、举例等部分组成，例句一例至八例不等，力求体现语境的作用。该书是一部极为便利的《论衡》虚词工具书。

何志华、朱国藩《〈论衡〉词汇资料汇编》，香港：香港中文大学出版社 2011 年出版

本书以《四部丛刊》影明通津草堂本《论衡》为底本，校以他本。全书分为甲乙两部分，甲部为《论衡》词频对照表，包括《论衡》与先秦两汉古籍词频对照表、《论衡》与出土文献词频对照表、《论衡》词频高于先秦两汉典籍词频总和表、《论衡》词汇见于其他先秦两汉典籍的总频数表。乙部《论衡》词汇资料汇编，包括《论衡》专用词汇和《论衡》词汇仅见单一先秦两汉典籍。该部分每条词汇下分"义"（释义）、"例"（用例）、"他书例"三项内容。书后有笔画检字索引。

李梦泽《王充政治思想浅论》，广州：博士学位论文，华南师范大学，2011 年

本论文通过对王充思想的考察，认为王充的思想构建了新的政治理论体系，是对西汉末年政治思潮的系统否定。全文分三部分。首先是绪论，介绍研究概况与研究方法与意义。其次为正文，共分六章。第一章分析了东汉初年对统治权威的维护情形。第二章探讨了从天道自然到符瑞论的转变。第三至五章讨论了王充的命论、圣人观、论辩风格。第六章为余论。最后是附论，对比考察了王充与桓谭的思想。

叶淑茵《王充命运论研究》，台北：花木兰文化出版社 2012 年 3 月出版

本书分为十章。第一章为前言。第二章介绍王充的生平及时代背景。第三章论述中国命运论的发展及王充命运论的思想渊源。第四章讨论了王充命运论的形上根源。第五章分析了王充论命运的态度与方法。第六章从命运的字源考察王充对命的分类。第七章讨论了命与人生的关系。第八章从"命则性也"切入，分析了王充命运论的转折。第九章对王充的命运论作了评估检讨。第十章为结论。

吴从祥《王充经学思想研究》，北京：中国社会科学出版社 2012 年 10 月出版

本书以王充经学思想为切入点，以此透视汉代经学思潮发展的轨迹与规律。全书主要有六章内容。第一章论述了王充经学产生的时代背景。第二章论述王充的生平及其经学观。第三章，分别从《诗》学、《书》学、《礼》学、《易》学、《春秋》学等方面分析了王充的经学思想。第四章，《论衡》与汉代儒学，从《论衡》出发研究了汉代孔子形象、孟子地位的变化，以及汉代儒生的分化。第五章探讨了《论衡》的经学史料价值。第六章探讨王充与汉魏经学的关系。附录有王充年谱、《论衡》篇目系年、《论衡》征引《五经》《论语》《孟子》及纬书一览表等。

杨冰《董仲舒、王充教育名著导读》，长春：吉林文史出版社 2013 年 11 月出版

本书王充教育名著导读部分，分为三部分内容：一、王充其人。二、《论衡》简介，包括成书、篇章结构、版本流传、历史评价。三、《论衡》教育章句导读，分为论人性与教育、环境的关系，论培养目标，论教育内容，论学习。

汪梅枝《〈论衡〉反义类聚新论》，北京：中国书籍出版社 2015 年 7 月出版

本书是在作者博士学位论文《〈论衡〉反义聚合研究》（山东大学 2006 年）基础上修订而成。该书在对"反义类聚"进行定义的基础上，用共时描写的方法建立《论衡》"反义类聚"语料库，并对《论衡》中的各种类聚进行历时比较，指出《论衡》反义类聚的特点及其所反映的东汉时期的

词汇特征，并重点阐述了反义类聚在校勘、训诂、构词、修辞及辞书编纂等方面的研究价值。

智延娜、苏国伟《〈论衡〉文献学研究》，北京：人民出版社2015年10月出版

本书共四章。第一章为绪论，介绍了王充的生平、《论衡》及成书背景，并概述了《论衡》文献学研究的现状与意义。第二章，《论衡》版本研究，列叙了《论衡》的十六种主要版本，并对各版本的优劣作了比较。第三章，《论衡》校注考证成果研究，评述了八种完整的校注本和三种考证著作，提出了其中存在的问题。第四章，《论衡》引书研究，分为征引经部、子部、史部古籍三类，由此探讨了《论衡》的文献学价值。

傅毅 (？—90？)

高光复《汉魏六朝四十家赋述论》，哈尔滨：黑龙江教育出版社1988年9月出版

本书《傅毅赋》篇，以《舞赋》为例，称誉其内容描写的优美。又指出在结构体式和描绘笔法方面，傅毅在继承宋玉的基础上，笔触更为细腻，语句亦多骈偶，取得了语言形象流转变幻的独特成就。

班固 (32—92)

顾实《汉书艺文志讲疏》，上海：商务印书馆 1924 年 8 月出版

本书从学术史的角度，在前人对《汉书·艺文志》考证、注解的基础上，进一步作了阐析和考辨。书中除评介作者生平、群籍性质、《汉志》体例外，主要内容有：一是对六艺的源流、授受、争辩、是非等问题加以考辨，将每部经书的来龙去脉清晰地显示出来。二是对诸子各家著作的学派、作者、学说等细加剖析，辨明流别。三是对《汉志》所录书目的存亡残佚真伪等情况悉予辨析考订，对逸篇逸文的名称、出处、辑本尽量列举，并多方搜罗佚文。四是对后世研究著作，摘要附录，简评优劣，便于博览。本书版本较多，常见的有上海古籍出版社 1987 年 2 月版。

郑鹤声《史汉研究》，上海：商务印书馆 1930 年 8 月出版

本书绪言简述了《史记》《汉书》学史。第二章《汉书》部分，分为传略、组织、源流、条例、制作五部分对班固及《汉书》作了扼要的论述。第三章，《史》《汉》比较，除总述之外，从体例、增删、叙事三方面对《史记》和《汉书》进行了比较研究。本书又有山西人民出版社 2014 年 12 月版。

郑鹤声《班固年谱》，上海：商务印书馆 1931 年 2 月出版

本书首先介绍了班氏家族的历代代表人物的传承，并列成世系表。然后以主要篇幅对班固的生平事迹作了系年考释，其中包括班固的政治、文化、史学、文学等方面的活动。书中还有《太学学友表》《兰台史友表》《白虎观讲友表》《窦幕僚友表》，对班固的交游作了明了的梳理。最后是"论"，总括评价了班固的成就和影响。本书又有台湾商务印书馆 1980 年 6 月版，书名题作《汉班孟坚先生固年谱》，为《新编中国名人年谱集成》（第九

辑）中的一种。

陈衍《史汉文学研究法》，无锡：无锡国学专修学校 1934 年 4 月出版
见前"司马迁"条。

孟森《汉书古今人表通检》，北平：国立北平研究院总办事处 1936 年 3 月出版
本书将《汉书·古今人物表》中所载两千余人物，按照笔画顺序编成通检。姓名首字注明以该字为姓名之首的人物数，每个人物下标识该人物在原表中所居等级。一人而重见者也于名下标出。

秦同培译注、宋晶如增订《两汉书精华》，上海：世界书局 1936 年 7 月出版
本书所选《汉书》部分，包括政治大要、重要史实、名人传略，同时对汉时宫闱惨变、宫禁拘禁、贵族骨肉相残等事实也特加选录。注释部分对文中难解字详加注释，并将其译为语体文。本书版本极多，有（台湾）北一出版社 1973 年 4 月版、中州古籍出版社 1991 年 11 月版。

陶秋英《汉赋之史的研究》，昆明：中华书局 1939 年 4 月出版
本书第三篇第三章第六节论述了班固，内容包括：班固事略、作品列目、作品示例、作品略论。其中作品略论部分最有价值。作者认为，《两都赋》是扬雄与司马相如两种风格的调和，而《幽通赋》为拟《骚》之遗。本书又有（台北）新文丰出版公司 1980 年 2 月版。浙江古籍出版社 1986 年 6 月重印时更名为《汉赋研究》。

洪业等编《汉书及补注综合引得》，北平：哈佛燕京学社 1940 年 8 月出版
本书所据《汉书》本文、颜注及考证为光绪癸卯（1903）上海五洲同文书局石印《二十四史》本，王氏《补注》则据光绪庚子（1900）长沙虚受堂校刊本。书中条目按照"中国字庋撷法"排列，每条依次注明所在卷数、页数、版面。书首附"五洲同文书局本《汉书》卷叶表"，便于与其他版本《汉书》互推。另附笔画检字表。该书是研读《汉书》的重要工具书。本书又有上海古籍出版社 1986 年 11 月影印版，增入四角号码检字表及汉

语拼音检字表。

叶长青《汉书艺文志问答》，重庆：正中书局 1940 年 10 月出版

本书借问答体，对《汉书·艺文志》的渊源、内容、体例、疑问等作了精要的回答，在梳理学术源流和辨正前人误解处，时有创见。后附"本志著录各书作者姓名邑里时代存佚表"。该书对阅读《汉书·艺文志》是一部价值较高的参考书。本书首次于 1936—1937 年连载于《国专月刊》。1937 年有自印本。此后（台北）正中书局 1969 年 7 月有重印，但改题作者为"正中书局编审委员会"。华东师范大学 2015 年 5 月有彭丹华点校本。

杨树达《汉书窥管》，北京：科学出版社 1955 年 7 月出版

本书针对王先谦《汉书补注》而发。全书共分十卷，体例依《汉书》篇目，以疑难章句为纲，先列前人成说于下，再下按语加以订正发明。本书既于文字、音韵、训诂、文法、修辞方面用力甚深，同时又十分重视版本校勘。全书用心细密，考证精湛，立说坚确，是一部极重要的《汉书》文献整理著作。本书又有上海古籍出版社 1984 年 1 月版、湖南教育出版社 2007 年 11 月版、商务印书馆 2015 年 12 月版等众多版本。

顾廷龙、王煦华《汉书选》，上海：上海古典文学出版社 1956 年 8 月出版

本书共选纪一篇，传九篇。正文以景祐本为依据，注释据王先谦《汉书补注》，并参考杨树达《汉书窥管》和狩野直喜《汉书补注补》。每篇文章之前，简要地说明其时代背景、主题思想及写作方法。本书又有香港今代图书公司 1961 年 3 月版。

瞿蜕园《汉书故事选》，上海：上海文化出版社 1957 年 6 月出版

本书从《汉书》列传部分选译了二十余人的故事，是一本普及读物。书中的对话较好地保存了原文的神情。

陈直《汉书新证》，天津：天津人民出版社 1959 年 10 月出版

本书运用"二重证据法"，以本文为经，以出土古物材料证明为纬，使考古为历史服务，以证明《汉书》的史料价值。书中所用材料，主要为居延、敦煌木简，其次为铜器、漆器、陶器、封泥、汉印、货币、石刻各部

分。同时征引文献典籍，将文献与考古合二为一，展现了《汉书》研究的新面貌，是一部具有重要意义的学术著作。

顾颉刚等《汉书》，北京：中华书局 1962 年 6 月出版

本书是点校本二十四史之一。该书以王先谦《汉书补注》本为底本，只收颜注，不收补注。主要校本有北宋景祐本、明末汲古阁本、清乾隆武英殿本和同治金陵书局本。本书校勘不主一本，择善而从，注重比较各本异文，也参考了前人研究成果。校勘记附于每卷之后。该书校勘审慎，是一部极具参考价值的《汉书》整理本。

冉昭德、陈直《汉书选》，北京：中华书局 1962 年 12 月出版

本书为"中国史学名著选"之一。书中共选纪、志、传及序、赞二十六篇，所选内容反映了西汉经济文化的发展、班固的史学思想，其次是各阶层的代表人物和情文并茂的文章。书中对字义、音读、辞句、人名、地名、官名、制度等有简要注释。本书是一部能够较为全面体现《汉书》精华的选本。

阳舒《两汉书故事选译》，北京：中华书局 1964 年 8 月出版

本书为"古典文学普及读物"之一。书中《汉书》部分选译了四个故事，分别是张释之执法、苏武牧羊、朱云攀殿槛、霍光辅政。每个故事先有简要说明和评论，其次是译文，最后是原文，并随文夹注。

黄福銮《汉书索引》，香港：香港中文大学崇基书院远东学术研究所 1966 年 12 月出版

本书以中华书局《四部备要》本及商务印书馆《四部丛刊》本《汉书》为底本。索引分类依照《太平御览》分为人名部、地理部、天时部等二十四类。每条索引按照笔画顺序排列，有需解释者，悉附简注，并注明其在两本中的卷数、页数、行数。该书分目详细，便于检索。

王恢《汉书地理志图考通检》，台北：文海出版社 1975 年 6 月出版

本书以虚受堂王先谦《汉书补注》为据，将其中的郡国及县按照首字笔画顺序排列，方便检索。每条有附注，对本条郡县的沿革有简要说明。

吴福助《史汉关系》，台北：文史哲出版社 1975 年 4 月出版

见前"司马迁"条。

陈新雄、于大成编《汉书论文集》，台北：木铎出版社 1976 年 5 月出版

本书选辑《汉书》研究的多人数篇论文，主要内容有：《汉书》许注辑证、《四库提要》中关于《汉书》古本问题之附注、读王氏《汉书杂志》献疑、读《汉书·艺文志》拾遗、巴黎伦敦所藏敦煌《汉书》残卷叙录、影印北宋景祐本《前汉书》跋、《汉书》的释例、《汉书》颜注发覆、《汉书》著述目录考等。该书是研究《汉书》的重要参考文献之一。

李威熊《汉书导读》，台北：文史哲出版社 1977 年 4 月出版

本书是初学者入门书。全书分八章，首章说明读史的重要性及方法论，次章叙述《汉书》的成书，第三章说明其体制，第四章论述其思想，第五章与《史记》作了比较，说明其异同，第六章说明《汉书》对后世文学的影响，第七章略评其得失，最后一章胪列了《汉书》的注本及后人的研究著作。附录"《汉书》各传内容大要"等。

施之勉《史汉疑辨》，台南：利大出版社 1978 年 2 月出版

本书为论文集，收入作者对《史记》《汉书》考辨文章 19 篇。其中关于《汉书》的考证文章 6 篇，包括《汉武帝后元不立年号考补证》《太史公行年考辨误》《太史公昭帝时尚存考》《太史公解》《刘向卒年考》《杨雄奏甘泉羽猎二赋在成帝永始三年考》。

安作璋《班固与汉书》，济南：山东人民出版社 1979 年 1 月出版

本书从七个方面展开叙述：一、家世，包括远世与其父班彪；二、青少年时代；三、为兰台令史，受命编撰《汉书》；四、侍从、顾问，列叙了班固关于西域问题、对北匈奴政策、撰集《白虎通义》、侍从巡狩、礼乐顾问等事迹；五、奉使北征；六、窦氏之狱；七、《汉书》评介，包括《汉书》体例及其对前人的继承与发展、在史学上的贡献、在文学上的地位、《汉书》的封建正统历史观、后人对《汉书》的研究。书末附"班氏世系表""班固年表""班固著述表"等。本书又有（台北）学海出版社 1991 年 5

月版。

傅元恺《两汉书故事选译》，上海：上海古籍出版社 1979 年 4 月出版

本书是"中国古典文学作品选读"系列之一。其中《汉书》部分选录周勃诛诸吕、张释之执法、苏武牧羊、霍光辅政、龚遂治渤海等五篇故事。该书曾以笔名阳舒在中华书局 1964 年 8 月出版，此版有较大修订，体例中译文、原文的次序改为先原文后译文，余并同。

魏连科《汉书人名索引》，北京：中华书局 1979 年 11 月出版

本书以中华书局点校本《汉书》为据，将《汉书》正文中的人名编为索引。索引条目按照四角号码加以编排，注明该人物所见《汉书》的卷数和页数。凡在《汉书》中有正传、附传之人，或本纪、世家的世系中有专载的人，用星号标识。书后附笔画检字表。

张侯生《汉书著述目录考》，台北：德育书店 1980 年 7 月出版

本书收录《汉书》相关之书目，对众史经籍志、艺文志等著录《汉书》相关之著述目录，不论存佚与否皆有收录，而亡佚之书另有注明，并依著者之先后为次序排列。本书为较完整的《汉书》相关著述目录的汇集考校。

岑仲勉《汉书西域传地里校释》，北京：中华书局 1981 年 2 月出版

本书考订《汉书·西域传》，重点在于地、里两项。地名方面，在考证文献的基础上，通过联系汉语与西域语文，追寻语原，从而考定古代地名于今所在地。里数方面，指出或局部修改《传》中的一些单纯性错误。此外，本书注意研索的还有《传》文中的方位错误、《传》文中的刊刻错误、《传》文中的同名异译、对《传》文文义解读的一些问题。

吴恂《汉书注商》，上海：上海古籍出版社 1983 年 1 月出版

本书在前人注解的基础上剖析精义，尤其在训诂音韵方面，多所发明驳正。全书主要内容有：首先对《汉书》原文中的烂文、错简、衍字、讹夺，提出较各家训释更为深入确切的依据和说明。其次纠正前人句读上的错误。再次根据具体的历史背景，进行推断考证，对各家注解作更深一层的探讨并有所订正。该书是校注《汉书》的一部较为重要的著作。

赵增祥、徐世虹《〈汉书·刑法志〉注释》，北京：法律出版社 1983 年 1 月出版

本书为"历代刑法志选注"系列之一。书中分为正文与注释两部分，注释较为详明。

费振刚《班固》，收入吕慧鹃、刘波、卢达编《中国历代著名文学家评传》（第一卷），济南：山东教育出版社 1983 年 5 月出版

本书首先介绍了班固的生平，其次分析了《汉书》在思想、人物传记写作、语言典雅等方面的特色。最后概述了班固的辞赋及其它创作。

陈国庆《汉书艺文志注释汇编》，北京：中华书局 1983 年 6 月出版

本书着重《汉书·艺文志》书目方面的研究，详细汇集了颜师古、王应麟、郑樵、钱大昕、钱大昭、周寿昌、王先谦、顾实、杨树达等诸家对其相关的注释与考证文字。对于《汉志》所著录而遗存至今的书名，对其篇卷数目、内容大意等有简括的介绍。附录为有关评论《汉志》的文章十二篇、引用文献目录及作者姓氏爵里表。

辛子牛《汉书刑法志注释》，北京：群众出版社 1984 年 8 月出版

本书将《汉书·刑法志》原文分为二十九个段落及四个大段，对每段均归纳了段落大意。每段注释较为详明。书后附录《汉书·王莽传》注释（节录）。

龚克昌《汉赋研究》，济南：山东文艺出版社 1984 年 9 月出版

本书《班固赋论》篇首先指出班固正统思想者的身份，以及对其赋作的深刻影响。其次以《幽通赋》《答宾戏》《两都赋》为例，揭示了班固廉正耿介的性格与追求明君的政治理想，及其爱国热情。最后以《两都赋》为例，从主题思想、结构层次与笔力修辞三方面阐释了班固赋的艺术性。该文在 20 世纪 80 年代赋学研究方面具有首唱之功。

徐朔方《史汉论稿》，南京：江苏古籍出版社 1984 年 11 月出版

本书分上下两编。上编多为考据式的短文，对《史记》《汉书》中的相关历史问题进行考辨，同时也有对人物的评论。下编对《汉书》因袭《史记》的篇章作了比对，详细注明二者的异同。

仓阳卿、张企荣《两汉书人物故事》，杭州：浙江教育出版社 1985 年 8 月出版

本书为"二十四史人物故事荟萃"系列之一。其中《汉书》部分选录 24 人的 29 则故事。每则故事先录原文，次加注释，次为译文，最后是说明，对该故事加以简要的评述。

金少英《汉书食货志集释》，北京：中华书局 1986 年 10 月出版

本书是继《汉书补注》后对《汉书·食货志》的又一总结性整理。该书以王先谦《汉书补注》本为底本，并将其中旧注全部收录，不注出处。新补加的注，则一律注明出处。本书取材丰富，荟萃各家之说，断以己意，考订精审，是一部学术价值较高的著作。

王明通《汉书导论》，台北：五南图书出版公司 1987 年 6 月出版

全书分为九章，主要内容包括：《汉书》之概述，《汉书》之精神，《汉书》之史观，《汉书》之体例，《汉书》之篇法，《汉书》之章法，《汉书》之句法，《汉书》之用字，《汉书》之影响。该书作为研习《汉书》的导学之作，内容较为全面，观点也较为允当。

王锦贵《〈汉书〉和〈后汉书〉》，北京：人民出版社 1987 年 7 月出版

本书在"班固与《汉书》"部分分别论述了班固传记、《汉书》的编纂特点与成就、《汉书》的评价、《汉书》的研究与流传等内容。书中叙述深入浅出，是一部较好的通俗读本。

张世俊、任巧珍《汉书选译》，成都：巴蜀书社 1988 年 7 月出版

本书据中华书局标点本《汉书》，选录文史兼顾、可读性强、具有代表性的十一篇传记，译成今语，并于每页加以简要注释，是一部普及读本。该书修订版由凤凰出版社 2011 年 5 月出版。

王利器、王贞珉《汉书古今人表疏证》，济南：齐鲁书社 1988 年 8 月出版

本书辑录颜师古、马骕、杭世骏、梁玉绳、王念孙、王引之、萧昙、钱大昕、王鸣盛、梁学昌、蔡云、王先谦、王先慎、孙国仁、汪之昌、金仲羣、陈直等人相关著作十八种，分条排比，相互参证，间附己见。书末为乔

仁诚所编索引，并附《续蔡氏人表考校补》。本书又有（台北）贯雅文化事业公司 1990 年 9 月订补本。

　　高光复《汉魏六朝四十家赋述论》，哈尔滨：黑龙江教育出版社 1988 年 9 月出版

　　本书《班固赋》篇，首先简略地叙述了《幽通赋》和《答宾戏》的主要内容，然后重点分析了《两都赋》，包括作年问题、创作动机、政治意义，体制结构之模仿司马相如散体赋并能开创京都赋一体，以及描绘手法之注意写实，语言风格之富丽典雅等方面。最后说明班固辞赋模仿多于创造的特征。

　　吴福助《汉书采录西汉文章探讨》，台北：文津出版社 1988 年 9 月出版

　　本书对《汉书》采录西汉文章的情况作了精细的研究。全书分七节内容：一、绪言。二、《汉书》采录西汉文章之数量。三、《汉书》采录西汉文章之方法，包括妥加剪裁、重复载录、揭示背景并评骘其得失。四、五节分别对严可均《全汉文》和丁福保《全汉诗》加以辨伪。六、晚近出土西汉文章。七、《汉书》采录西汉文章对后世之贡献，包含确立正史采文之体式、保存西汉文章、彰显西汉诏令奏议之价值。附录为"《汉书》所录西汉文章选目"，分为诏令类、奏议类、诗歌类、书牍类、辞赋类、其他等六类。

　　王继如《〈汉书〉疑义通说》，武汉：博士学位论文，华中师范大学，1988 年

　　本论文依照摘句体例，对《汉书》纪、志、传中的疑难之处，通过训诂、校勘、标点、史实、典章、制度诸事，加以考辨疏通，间出新意，具有一定的参考价值。

　　张舜徽《汉书艺文志通释》，武汉：湖北教育出版社 1990 年 3 月出版

　　本书体例包括甄采前人可取之说、订正句读错误、补充史证的疏漏，同时也有论说加以评断。该书主要用力在《六艺略》和《诸子略》，约占全书三分之二，其长处在于随文选辑前人精要之论，并加按语，常点出目录所见学术演进的情形。其他部分，一来由于书多亡佚，二来非作者专攻，故论说笺释略为单薄。本书又有华中师范大学出版社 2004 年 3 月版。

陈家麟、王仁康《汉书地名索引》，北京：中华书局 1990 年 4 月出版

本书以中华书局点校本《汉书》为据，收录了其中属于行政区划和聚落性质的州、郡、国、侯国、县、邑、道、乡、亭、里、关津、仓、宫殿、陵园，自然界的山、川、湖、泊、海洋，以及道路名、地区名等。条目按照四角号码编排，每条注明所在原文的卷数和页数。书后附有笔画索引。

马晓斌《汉书艺文志序译注》，郑州：中州古籍出版社 1990 年 12 月出版

本书在前人研究基础上，对《汉书·艺文志》加以译注。正文以《四部丛刊》本为底本。注释中对较为复杂的命题进行深入阐发，同时援引史事作为例证。注释最大的特点是运用"史源学"方法，不仅注明引文、故事的出处，还对人物进行了逐一的考证。该书具有较高的参考价值。

许殿才《论〈汉书〉的史学成就》，北京：博士学位论文，北京师范大学，1990 年

本论文共七部分：一、序论，回顾了《汉书》研究的情况。二、第一部大一统的皇朝史。三、多种专史领域的开拓。四、实录精神与正统思想。五、历史变化和天人关系。六、严整的史书体例。七、典雅优美的历史记述，包括语言典雅、长于叙事，刻画人物栩栩如生，广收文章、为书增色。

黄绍筠《中国第一部经济史——汉书食货志》，北京：中国经济出版社 1991 年 8 月出版

本书正文分为三部分内容。首先是概说，介绍了班固与《食货志》，并对《食货志》与《平准书》作了比较。其次为"史鉴"，论述了西汉的重农贵粟、国家专卖、货币等政策，分析了王莽经济改制失败的教训。再次为注释，对《汉书·食货志》新注今译。附录西汉经济活动大事年表。

白静生校注《班兰台集校注》，郑州：中州古籍出版社 1991 年 9 月出版

本书收录了班固赋、笺、书、符命、设难、颂、铭、诗等各体作品 41 篇，依据张溥《汉魏六朝百三家集》，并参照其他版本作了校勘。同时对有旧

注的作品参照《文选》《后汉书》等作了注释，其他作品则加以新注。书中注释详明，对艰深的语句时有大意的解释。另书末附有《后汉书·班固传》。

施丁主编《汉书新注》，西安：三秦出版社1994年7月出版

本书是《汉书》全注本，正文以中华书局校点本为底本，并直接采用其校勘成果。每卷卷首有"说明"，简要评述本篇内容和特点，各体的体裁特征也在每一体的首篇说明中加以简述。书中的注释较为简要，用白话注释。

［韩］朴宰雨《〈史记〉〈汉书〉比较研究》，北京：中国文学出版社1994年8月出版

见前"司马迁"条。

李孔怀、沈重《汉书纪传选译》，上海：上海古籍出版社1994年10月出版

本书为"二十四史纪传选译丛书"之一。书中共选录《汉书》纪传二十一篇，篇前有简要的题解。本书的注释仅举通说，差异较大之处，稍加说明，或略作考证。篇后为译文。

陈其泰《再建丰碑——班固和〈汉书〉》，北京：生活·读书·新知三联书店1994年11月出版

本书结合班固的家世、家学和潜心著史的经历，论述了《汉书》多方面的特点：创立新的构史体系；对抗神学浊流；一代兴亡的历史画卷；宏富的蕴涵，严密的体例；进步的史识，包括弘扬实录精神、观察历史变局、卓越的人才观、关心民生疾苦、主张民族和好。同时具有正宗思想的时代印记；学术文化的瑰宝，具体表现在宝贵的文献、法制史、重视经济、地理沿革和水利、学术史。本书行文流畅，视角新颖。

安作璋《班固评传——一代良史》，南宁：广西教育出版社1996年8月出版

本书包括十节：一，"诗礼传家话渊源"；二，"洛阳花下读书郎"；三，"走马兰台著《汉书》"；四，"侍从顾问二十年"，分别叙述了班固关于西域问题、对北匈奴政策、撰集《白虎通义》、侍从巡狩、礼乐顾问等事迹；

五，"勒石燕然振汉声"；六，"智及之而身不免"，写其身陷窦氏之狱；七至十节，"酒醴谁与品《汉书》"，分别从史学、文学、思想、薪传四个方面对《汉书》作了阐述。书末附"班氏世系表""班固年表""班固著述表"。本书是在作者的另一部著作《班固与汉书》（见上）的基础上修订而成。

李孔怀《汉书》，上海：上海古籍出版社 1997 年 11 月出版

本书为"二十五史新编"丛书之一，为历史通俗读物。书中将原书的体例进行改编，分为纪事、传记、志、表四部分。全书以人物"传记"为主，辅以反映历史梗概的"纪事"、社会文化和典章制度的"志"、皇朝传承世系的"表"。行文一律用白话，每篇传记之后有"评"，对人物作简要评价。本书又有 2002 年 12 月修订版，以及香港中华书局 1998 年 2 月版。

蒋苓《论班固、塔西佗的史学思想》，北京：博士学位论文，北京师范大学，1997 年

本论文对班固和塔西佗进行了比较研究。全文共分七章。第一章介绍了二人的生平、作品及研究状况。第二章讨论了二人的政治观念。第三章研究二人的法律思想。第四章论述二人的民族观。第五章分析二人的历史观和宗教观。第六章探讨二人对历史学功能的认识，并评价了二人的史德。第七章从史才、史学、史识三方面对二人作了比较。

杨海峥选注《中华古典名著读本：〈史记〉〈汉书〉卷》，北京：京华出版社 1998 年 12 月出版

本书节录了《汉书》纪传的七篇内容，每篇分段，按照正文、译文并列的方式编排。页脚有简略注释。

卢敦基《风起云扬·汉书随笔》，杭州：浙江文艺出版社 1999 年 1 月出版

本书为读史随笔集，针对《汉书》所记的人物、史事等进行评述，并提出作者自己的心得和观点，具有一定的启发性。

张元济《百衲本二十四史校勘记：汉书校勘记》，北京：商务印书馆 1999 年 5 月出版

本书校勘《汉书》，以百衲本所据宋本为底本，校以武英殿本，同时参

校众本。凡各本异文，巨细皆录，网罗无遗。该书体例，上栏为宋本原文摘句，并注明其所在的卷、叶、行数。下栏为殿本相应字句，并附他本异文。最下为备注，对各本异文情况、相互优劣等加以说明。本书是治史的重要参考书籍。

陈抗生《〈汉书〉精言妙语》，郑州：中州古籍出版社1999年9月出版

本书摘录了《汉书》中的精彩语言，并加翻译和评点。书中内容按照主题分为十二类，如为政治国、选贤任能、谋略用兵、赏罚执法、立志修身、处世交际、团结教化、爱国忠义、度势果决、昏暴腐败、迷信其他等。每条内容注明篇卷出处，接着为白话译文，最后为评点。

李啸东《〈汉书〉成语典故》，南宁：广西民族出版社2000年11月出版

本书按照《汉书》原文顺序，辑录了其中的七百余条成语典故，并指明出处、解释其原意及今意，同时对一些必要的人物及时代背景作了介绍。本书是通俗读物。

李波、李晓光、赵惜微《汉书索引》，北京：中国广播电视出版社2001年9月出版

本书以中华书局1987年标点本《汉书》为底本，除颜师古注文外，所有正文均编入索引。全书分为单字索引、人名索引、地名索引、援引著作索引、专有名词（包括天文名词语、年号名、神仙名、学派名等）索引、补遗索引、衍文索引等部分。索引条目按照部首笔画排列，每条注明该字（或词）在《汉书》中出现的次数，并注明该条引文所在原书中的页数和行数。书中附有汉语拼音检字表、四角号码检字表等。该书作为一部《汉书》综合索引工具书，有极大的便利性。

陈其泰、赵永春《班固评传》，南京：南京大学出版社2002年5月出版

本书主要在史实的基础上，评论东汉时期著名的史学家和思想家班固当时所处的社会文化背景、生平事迹、民族思想、经济思想、刑法思想等。尤其深入地探讨了班固反对崇古非今的政治思想，重视改革、重视人才和人心向背的治国思想，重视人事的天人关系思想，弘扬实录精神、注意总结历史

经验教训的史学思想，以及重视考究学术源流、构建学术体系思想等方面的贡献。

施之勉《汉书集释》，台北：三民书局 2003 年 2 月出版

本书共十二册，集释至《卫青霍去病传》止，为未完稿。书中辑录古今诸家注解、考辨、引证等资料，并附作者按语加以说明论断。该书引据浩博，选择精严，是一部重要的《汉书》研究著作。

宋效永、袁世全《〈汉书〉谋略的智慧》，台北：汉湘文化事业公司 2003 年 3 月出版

本书从《汉书》中选取有情节、有意义、有智慧的史料，用白话语体文整理成故事。全书共 39 篇，每篇包含若干故事，各段故事后标明史料所在《汉书》中的篇名。

汪受宽《〈汉书〉选评》，上海：上海古籍出版社 2003 年 12 月出版

本书选录《汉书》纪、表、志、传共十九篇。篇首有解题，介绍历史背景、简要内容、选录情况等。注释较为简明。篇后为作者评论性文字。

安平秋、张传玺主编《汉书》，上海：汉语大词典出版社 2004 年 1 月出版

本书为"二十四史全译"丛书之一。本书以百衲本《汉书》为底本，每篇采用双栏文白对照的方式，便于对比阅读。本书又有北京同心出版社 2012 年 12 月繁体版。

徐蜀《两汉书订补文献汇编》，北京：北京图书馆出版社 2004 年 4 月出版

本书辑录影印《汉书》研究著作 19 种，分别为：侯郏《汉书古义考》、杭世骏《汉书蒙拾》、钱大昭《汉书辨疑》、钱大昕《汉书考异》、史学海《汉书校证》、王峻《汉书正误》、萧该《汉书音义》、杨树达《读汉书札记》、宁调元《读汉书札记》、何若瑶《汉书注考证》、周寿昌《汉书注校补》、王荣商《汉书补注》、周正权《汉书补注订误》、杨树达《汉书补注补正》、沈家本《汉书琐言》、雷浚《学古堂日记·汉书》、缪祐孙《汉书引经异文录证》、徐松《汉书西域传补注》、吴承志《汉书地理志水道图说

补正》。另有吴仁杰《两汉刊误补遗》和陈景云《两汉订误》。该书汇编较为重要的学术著作，对于《汉书》研究具有较大的文献学意义。

汪耀明《挥笔传神——〈史记〉〈汉书〉〈后汉书〉〈三国志〉写人艺术谈》，上海：学林出版社 2005 年 7 月出版

见前"司马迁"条。

涂元恒《汉赋名家欣赏——班固、张衡》，台北：中经社文化公司 2005 年 11 月出版

本书班固部分选录《两都赋》，文前有"作者小传"，简介作者生平与创作情况。其次为"导读"，主要说明时代背景，同时也对文章内容主旨有简要归纳。正文分段，每段之后对该段的思想内容和意义加以较为详细的评述。文后"赏析"部分，对文章结构、文学手法、思想艺术加以分析，并说明其文体价值与文学史意义。最后指出其不足。该书有一定的参考价值。

冯靓芸《〈汉书〉通假研究》，上海：博士学位论文，复旦大学，2005 年

本论文以《汉书》中的 1202 组通假字为研究对象。首先为绪论，介绍通假研究状况，说明"正字"判定方法。其次，对《汉书》通假字的构成、类别作了细致的统计和全面描写。第三，利用通假字"同音相假"的特征及共时比较原则，研究了汉代音韵发展的主要特色和地域差异。第四，按"形体联系"对《汉书》通假字作全面的分类，并通过文献比较，讨论了《汉书》通假字与汉代文字隶变的关系。第五，考察了《汉书》通假字的传承流变。

沙志利《〈史〉〈汉〉比较研究》，北京：博士学位论文，北京大学，2005 年

见前"司马迁"条。

高祯霙《〈史〉〈汉〉论赞之研究》，台北：花木兰文化出版社 2006 年 3 月出版

见前"司马迁"条。

张新科主编《汉书解读》，北京：华龄出版社 2006 年 6 月出版

本书以历史事实为依据，采用问答体的形式，从原书中提出了 533 个问题，并对原典中所载的内容进行了简明扼要的回答。内容涉及较为广泛，问题回答也较浅显。该书属于通俗读物。本书又有云南教育出版社 2011 年 12 月版。

周振鹤《汉书地理志汇释》，合肥：安徽教育出版社 2006 年 6 月出版

本书以虚受堂本《汉书补注》为底本，加以点校汇释。汇释内容分为六类，分别是颜师古及其以前诸家的全部注释、王先谦补注、中华本的部分校勘记、对近人今人相关研究成果的集释、编者按、汉县今地的注释等内容。该书作为一部《汉书·地理志》在新时期的整理著作，体现了现阶段的研究成果，有着一定的学术价值。

李娟《〈汉书〉司法语义场研究》，成都：博士学位论文，四川大学，2006 年

本论文以语义场理论为指导，联系认知语言学、文化语言学等相关理论，采用客观描写法、义素分析法、比较互证法、定量与定性分析结合法对《汉书》司法语义场中的 132 个义位进行了穷尽的统计和细致的描写与分析。全文分为四个部分：第一部分是绪论。第二部分和第三部分是对《汉书》司法语义场的描写与分析。第四部分是《汉书》司法语义场研究。

周少豪《〈汉书〉引〈尚书〉研究》，台北：花木兰文化出版社 2007 年 3 月出版

本书分列十八类专题内容，如定律历、名地理、颂君德、别官职、劾黜陟、美臣贤等，引据《尚书》原文及《汉书》引文，后附《汉书》注文，并加案语探讨《尚书》引文的大义及文字训诂的考据。由此说明《尚书》在史料、修身、政教三方面的重要价值。

傅荣贤《〈汉书·艺文志〉研究源流考》，合肥：黄山书社 2007 年 4 月出版

本书对历代《汉书·艺文志》研究的学术情况进行了总结。全书将两千年来的《汉志》研究，分为四派，即史书注解派、目录本体派、学术考辨派、专题派，然后对历代的相关著作进行了内容和价值方面的评述。另外

还从《汉志》的研究透视了整个中国古代目录学的研究，包括学科名称、研究对象、内容、方法、目的等。全书以派别为纲，以著作为目，将《汉志》研究史的脉络梳理得较为清晰。

雷虹霁《秦汉历史地理与文化分区研究：以〈史记〉〈汉书〉〈方言〉为中心》，北京：中央民族大学出版社 2007 年 9 月出版

本书将《史记》《汉书》《方言》等文献中所述不同视角的文化分区与考古学文化分区结合起来，并通过三者比较，较为全面地讨论了秦汉历史时期的文化区域与文化分区问题。全书共有七章，其中第三章论述了班固的"风俗地理"区域观。

杜永梅《班固、荀悦思想比较研究》，北京：博士学位论文，北京师范大学，2007 年

本论文比较了班固、荀悦在思想上的共识和分歧，分析其原因，并阐述二人及其著作在史学上的地位。本文除绪论、结语外，主要内容有六章。第一章考察班固、荀悦所处的不同历史时期和各自的家世、著作。第二章比较二人的历史编撰思想。第三章讨论二人关于天人关系思想的比较。第四章比较二人在历史变化思想上的异同。第五章论述二人在政治思想上的异同。第六章考察二人在经济思想上的共识与异趣。结语论述了班、荀在中国史学上的地位。

袁法周《乾嘉时期的〈汉书〉研究》，北京：博士学位论文，北京师范大学，2007 年

本论文有七部分内容。首先是绪论，概述了历代《汉书》研究情况。第一章从研究成果、研究方法与特征的角度，论述了乾嘉时期《汉书》研究的总成绩。第二章论述乾嘉诸儒对《汉书》的通释性研究。第三、四章分析了乾嘉时期《汉书》表志研究的情况。第五章讨论了乾嘉时期的史汉异同论及其他问题。结语考察了乾嘉时期的《汉书》研究及其对后世的影响。

吴礼明《汉书精华注译评》，长春：长春出版社 2008 年 1 月出版

本书以中华书局点校本《汉书》为底本，选录了其中十二篇纪传。每篇前有简短的题解，正文分段，且与译文分栏左右对照。注译部分主要包括

特殊语法现象的今译、繁难文字的训释、典章制度的注释、文意之间或上下文之间的释译。评析采用文史结合方式，对纪传内容和书写用意等作了分析论述。

潘定武《〈汉书〉文学论稿》，合肥：安徽大学出版社 2008 年 4 月出版

本书在著者博士论文《〈汉书〉文学研究》（陕西师范大学 2006 年）基础上增订而成。全书分为五章：第一章介绍了《汉书》的创作及其文学个性。第二章分析了《汉书》的结构形态，包括整体构思、谋篇技巧和论赞的地位与特色。第三章分析了《汉书》的叙事艺术，包含叙述视角与时空特色、叙述内容的虚实与疏密、叙事类型之概括性与呈现性。第四章阐释了《汉书》的语言特色，如丰赡与凝练、冷峻与深情、谨严与风趣。第五章论述了《汉书》的文学影响，包括其著录西汉作品及其文学意义，《汉书》传播与"汉书学"，以及对后世史传与其他文体的影响。

马玉山、胡恤琳注析《汉书》，太原：三晋出版社 2008 年 8 月出版

本书以王先谦《汉书补注》为底本，选录了纪、志、传十三篇，并加以分段注释。每篇前有题解，说明主要内容和选录情况。注释包括生僻难懂的词语，以及古今差异较大的官职、地名、风物等。

吴平、曹刚华、查珊珊《〈汉书〉研究文献辑刊》，北京：国家图书馆出版社 2008 年 8 月出版

本书选录历代《汉书》研究著作二十七种，如凌稚隆《汉书评林》、葛锡璠《汉书汇评》、洪亮吉《汉书发伏》、吴汝纶《汉书点勘》、中华书局《汉书精华》、佚名《史汉一统》、马叙伦《读两汉书记》、李澄宇《读汉书蠡述》、张骥《汉书艺文志方技补注》等，多为《二十五史补编》《二十四史订补》丛书所未收者，因此有较为重要的文献价值。全刊采用影印，保存了原书的面貌。附录有 1949 年以来影印出版《汉书》文献目录、1911 年以来《汉书》研究论著目录。

乙力编译《汉书》，西安：三秦出版社 2008 年 8 月出版

本书共选纪传十一篇，全书体例分为原文、注释、例解三部分。注释简略，译文通俗。

黄庆萱《史记汉书儒林列传疏证》，台北：花木兰文化出版社 2008 年 9 月出版

本书分为两篇。第一篇为《史记·儒林列传》疏证。第二篇为《汉书·儒林传》疏证，共七章。第一章为序文，第二至六章分别为《易》《尚书》《诗》《礼》《春秋》之传授，七为结论。本书疏证主要包括定句读、通训诂、辨声音、订羡夺、正错误、校异同、征故实、援旁证，同时对今文、古文，齐学、鲁学，师法、家法等问题也详加说明。附录西汉儒林师承传授图、西汉儒林大事年表。

孙亭玉《班固文学研究》，长沙：湖南人民出版社 2008 年 11 月出版

本书是对班固文学的全面研究。全书共八章，第一、二、三章分别对班固的赋、诗、文作了较为深入的探讨。第四章以《汉书》为中心，从内容、思想、形象、文章四方面说明了班固史传的创新。第五章论述了班固关于诗歌、辞赋、小说方面的文学评论。第六章将班固与两汉其他名家作了文学上的比较研究。第七章评述了班固在创作和评论上的文学影响。第八章是对班固及其家族的人生、年谱、世系的梳理。

闫平凡《〈汉书·艺文志〉管窥》，北京：博士学位论文，清华大学，2008 年

本论文分为四章。第一章为前言。第二章《别录》《七略》研究，对其辑本进行了整理，并对佚文作了考辨。第三章《六艺略》研究，讨论了《易》《礼》《春秋》的著录问题。第四章《诸子略》研究，以定州简《儒家者言》为例，推测了刘向整理儒家书的概况，并通过对《孙卿书录》的分析，辩驳了荀子字"卿"之说。

陈其泰、张爱芳《汉书研究》，北京：中国大百科全书出版社 2009 年 1 月出版

本书为"20 世纪二十四史研究"丛书之一。该书收录了 1901 年至 2000 年中国学者公开发表在报刊上的研究论文，以及有关的文章、讲话等。正文共收文章 36 篇，论述涉及班固的思想、文风、创作、贡献，及《汉书》的编纂、史料、体例、价值、影响等诸方面。书后附录主要论著索引，分为总论及专论、史汉比较与班马异同论两大类。

吕世浩《从〈史记〉到〈汉书〉——转折过程与历史意义》，台北：国立大学出版中心 2009 年 12 月出版

见前"司马迁"条。

陈莉《〈汉书·艺文志〉考论》，广州：博士学位论文，中山大学，2009 年

本论文共分四章。第一章，《汉书·艺文志》学术渊源述考，认为其文本形成受到《史记》《别录》《七略》等的影响。第二章，《汉书·艺文志》目录学八论。第三章，《汉书·艺文志》学术论六题。上两章分别从目录学和学术史两方面，考察了相关的专题。第四章，《汉书·艺文志》与汉代学术文化，分析了班固的学术取向、汉代"多元一体"的学术格局、汉代典籍整理的模式和特点。附录《汉书·艺文志》引文及分析。

王晓庆《〈汉书·艺文志〉诗赋略文献研究》，武汉：博士学位论文，华中师范大学，2009 年

本论文共五部分内容。绪言，《汉书·艺文志》诗赋略研究述略，从类例、训诂、作品、拾补四方面加以概述。第一章论述了《汉书·艺文志》诗赋略的体例和分类。第二章是《汉书·艺文志》诗赋略著录作品考，主要对赋的起源及界定、荀卿赋、孔臧赋作了考辨。第三章对《汉书·艺文志》诗赋略作了拾补，并据相关出土文献而加补充。第四章评论了《汉书·艺文志》诗赋略的价值及地位。

杨倩如《〈汉书〉历史叙事研究》，北京：博士学位论文，北京师范大学，2009 年

本论文借鉴西方叙事学理论，对《汉书》历史叙事成就进行了探讨。全文分为七章，一、《汉书》历史编撰的继承性与创新性。二、《汉书》历史叙事结构与审美意蕴。三、《汉书》历史叙事与时代风貌。四、班固的历史观与《汉书》的历史阐释。五、多元语境下的《汉书》历史叙事。六、《汉书·王莽传》的历史编撰特色。七、《汉书·王莽传》历史叙事研究及理论思考。

李艳红《〈汉书〉单音节形容词同义关系研究》，北京：中国社会科学出版社 2010 年 3 月出版

本书以《汉书》作为研究平台，通过对其古奥而又典范的书面语予以

全面而精细的研读与测查，选取了其中有代表性的单音节形容词作为重点研究对象，系联并考释其中具有同义关系的词群，采用共时与历时结合的研究方法，以《汉书》所展示的汉代语言面貌作断代的共时平面描写。同时对每一组同义词中的每一个词进行历时扫描，追溯其在先秦经典、诸子文献中的使用，比较它们在二十四史中的变化，并联系它们在现代汉语中的实际等，以求对这些词的发展轨迹有一个全面而纵深的把握。

刘国平《〈汉书〉历史哲学》，台北：花木兰文化出版社 2010 年 3 月出版

本书分为九章。第一章为绪论。第二章辨明《汉书》的作者。第三章说明班固撰述《汉书》的时代背景，并从结构体例、内容范畴、撰述情感与心理方面阐述《汉书》撰写的限制与发展。第四章探求《汉书》的基本理念与撰写者的立场。第五章阐明《汉书》史料的来源、考证、选择标准、解释方法等。第六章讨论《汉书》的天人观与通变观。第七章专论《汉书》的经世思想。第八章从《汉书》对文人地位的看法、对文章功用之主张、对美文条件之要求及《汉书》之历史想象与《汉书》之美五方面阐述其艺文思想。第九章为结论。

马宏艳《班固与〈汉书〉》，长春：吉林文史出版社 2010 年 3 月出版

本书为《中国文化知识读本》丛书之一。书中介绍了班固的伟大成就、班固的家族名人、历史巨著《汉书》、《汉书》的特点、《汉书》的地位、《汉书》的文学影响等内容。

杨萍、李德刚、马良玉《〈汉书〉思想类说》，哈尔滨：黑龙江人民出版社 2010 年 5 月出版

本书分为修德编、养才编、立志编、教育编、治国编、安民编、军事编七类，对《汉书》中所反映的重要思想作了阐述。正文分为原文、通解、论说三部分内容。通解即白话翻译，论说部分结合历史背景对原文的相应内容加以简要易懂的评论。

王珏《班固与汉代文学思想》，沈阳：辽海出版社 2010 年 6 月出版

本书以班固的文学创作和文学思想为研究对象，从对汉代文学和文学思想发展的整体观照中，探讨班固文学思想的形成原因，阐述其在汉代的特殊价值和重要地位。第一章简要介绍了班固所处的时代背景，及其在汉代文学

发展过程中的地位，并着重分析了汉代文学的摹拟与创新、经学对汉代文学的复杂影响和汉代文学研究中的历史纬度三个问题。第二章主要讨论汉代文人心态的嬗变过程及其与班固文学创作、文学思想的内在关联。第三章主要结合班固的文学作品，阐述班固对于前代作家文学创作经验和文学思想的继承、反思、驳正和新变。第四章主要讨论班固的经学修养，指出班固在学术上属于东汉时期的"通人之学"，于汉代经学兼容并包、不主一家。在此基础上，分析了汉代《诗》学和《春秋》学对于班固的影响。

朱家亮、李成军《班固美学思想及〈汉书〉人物传记研究》，哈尔滨：黑龙江教育出版社 2010 年 6 月出版

本书分为十二章。第一章概述了班固的文艺美学思想；第二章介绍儒家思想影响《汉书》的写作；第三至五章分析班固的文学观，包括赋体文学观、小说观，以及对屈原的批评；第六章探讨了班固美学思想对《汉书》人物传记的影响；第七至九章从三方面阐释了《汉书》人物传记的结构形态、叙事艺术、语言特色；第十章比较了《史记》和《汉书》的有关内容；第十一章归纳了《汉书》在体例、思想和文化方面的意义；第十二章从散文发展史的角度介绍了《汉书》的文学个性。

吴崇明《班固文学思想研究》，上海：上海古籍出版社 2010 年 12 月出版

本书以班固现存的文学作品和《汉书》为依据，归纳阐述了班氏的文学思想和观念。其中关于文学的部分，第五章讨论班固的赋，论述其辞赋创作中的文学思想，较准确地指出班固辞赋在"模经为式"、追求"温雅"的同时，又有着"效《骚》命篇"、表现"弘丽"的一面，此外还体现出尚奇的倾向。第八章比较全面地论述了班固文学思想对后世文学创作和批评的影响。第九章总结概述了班固在中国文学史上的地位。

王勇《宋刻〈汉书〉庆元本研究》，北京：博士学位论文，北京大学，2010 年

本论文共分为五章。第一章概述了《汉书》的版本及后世对《汉书》版本的研究简况。第二章介绍了宋庆元本《汉书》的刊刻状况及前人对其著录与研究的情形。第三章探讨了现存《汉书》庆元本的版本情况及相互关系，并讨论了庆元本《汉书》所据的底本。第四章评论了庆元本《汉书》在宋版《汉书》中的地位，同时通过校勘比较，分析了它的版本价值。第

五章论述了宋庆元本《汉书》对后世武英殿本及中华书局点校本的影响。附录宋庆元本《汉书》宋祁校语辑录。

夏国强《〈汉书·律历志〉研究》，苏州：博士学位论文，苏州大学，2010 年

本论文立足于《汉书·律历志》的计算体系，以文献记录为本，文献语言训解和数算论证为主要手段，对《汉书·律历志》现有研究作了补充。一、通过阐述《汉书·律历志》的数字关系，说明其宇宙认识观。二、通过字句训诂，述证《律历志》的算法记录。三、对《律历志》进行版本比勘，结合算法系统，通过文字音韵训诂，对其中有争议的问题作了考订。

姚军《〈汉书〉采摭西汉文章研究 ——兼论〈汉书〉与三部总集中西汉文章之比较》，兰州：博士学位论文，西北师范大学，2010 年

本论文研究了《汉书》采摭西汉文章的情形，并探讨史家与选家录文观念的差异。全文分为六章。前四章从材料来源、文体学意义、采摭方法及选编倾向、《史》《汉》采摭西汉文章比较等方面论述了《汉书》采摭西汉文章的相关情况。第五章论述了《文选》《文馆词林》《古文苑》中西汉文章的文献价值及取向。第六章对《汉书》与三部总集中西汉文章作了比较。附录"应氏类编西汉文章提要附目录"。

李零《兰台万卷——读〈汉书·艺文志〉》，北京：生活·读书·新知三联书店 2011 年 1 月出版

本书以简帛古书的知识为出发点，重点讨论了《汉书·艺文志》的分类。书中分别对六艺略、诸子略、诗赋略、兵书略、数术略、方技略的分类，以及每一类的性质、彼此间的关系等进行了分析。同时对六艺略的家数和篇数作了统计。本书角度较新，论述简要，具有一定启发性。

李成林《〈汉书〉文学研究》，西安：博士学位论文，陕西师范大学，2011 年

本论文着眼于《汉书》的文学特质，主要从结构、叙事和语言三方面加以阐释。全文分五章：第一章，《汉书》的结构特色，包括分体结构、合传类传结构、篇章结构。第二、三章，《汉书》的语言个性，风格上显示典雅、赋化的特征，手法上包括人物语言、对话艺术、修辞艺术、虚字遣用

等。第四、五章，《汉书》的叙事艺术，首先考察了《史》《汉》叙事风格的递变及其对近世史传文风的振起影响，其次从叙事框架、叙事的一般特点、叙事的调节、幽默讽刺笔法作了分述。附录"先秦史著叙事理路的嬗变"。

田天《秦汉国家祭祀格局变迁研究——以〈史记·封禅书〉〈汉书·郊祀志〉为中心》，北京：博士学位论文，北京大学，2011年

见前"司马迁"条。

张海峰《王先谦〈汉书补注〉研究》，济南：博士学位论文，山东大学，2011年

本论文分为六章：一、《汉书补注》的成书与体例。二、《汉书补注》对前人研究成果的征引。三、《汉书补注》校勘研究。四、《汉书补注》语词训释研究。五、《汉书补注》史实考订研究。六、《汉书补注》表志研究。认为王先谦《汉书补注》是对前人《汉书》研究成果和研究方法的集大成之作，标志着《汉书》注释时代的结束。

陈君《东汉社会变迁与文学演进》，北京：中国社会科学出版社2012年8月出版

本书第五章论述了班固的《幽通赋》《答宾戏》与《两都赋》以及《典引》，从而说明其文学创作从个体抒情到政治代言的转变轨迹。

陈姝君《李维与班固史学思想的比较研究——以〈罗马史〉与〈汉书〉为主的考察》，济南：博士学位论文，山东大学，2012年

本论文分为五章：一、绪论，介绍李维、班固的生平及史书的编纂情况，还有中西史学比较研究综述与研究方法。二、讨论了《罗马史》与《汉书》中的神学因素和人事观念。三、探讨李维与班固对历史变动的认识。四、论述了李维与班固史学的道德诉求。五、分析了两种著史风格，并对中西古典史学作了进一步思考。

黄方方《颜师古、李善于〈汉书〉、〈文选〉相同作品注释对比研究》，广州：博士学位论文，暨南大学，2012年

本论文主要分为三章：第一章主要介绍了颜师古《汉书注》、李善《文

选注》及其研究概况，以及本论文的研究内容和意义。第二章主要从标注读音、训释词义、分析句意、阐述语法、揭示修辞、注解典故、阐释题旨和校勘文本八个方面对颜、李两注的注释内容进行比较。第三章从注释术语的形式和功能两方面对颜注、李注中注音、释义、辨字和校勘四种术语的使用情况进行讨论，总结归纳其使用异同。

李艳《〈汉书〉艺术研究》，曲阜：博士学位论文，曲阜师范大学，2012 年

本论文从《汉书》的纪、传文本出发，对《汉书》的艺术特色作了较全面的阐述。本文共六章：第一章《汉书》的成书及对《史记》的承袭和发展。第二章《汉书》的构思，包括创作的主旨和选材、《汉书》的结构、《汉书》创作原则和方法。第三章《汉书》的写人艺术，分别从人物的择取原则、人物群体塑造、人物形象塑造的多维视角、人物形象刻画的艺术技巧四个方面进行阐述。第四章《汉书》的叙事艺术，分为叙述视角和叙事时空、叙事方法。第五章《汉书》的论赞艺术，分别讨论了论赞的形式、内容和艺术。第六章《汉书》的语言艺术，包括语言设计与语言风格。

王红娟《〈汉书〉与汉代〈诗经〉学——以西汉三家〈诗〉为中心》，长春：博士学位论文，东北师范大学，2012 年

本论文首先在引言中说明了研究价值、研究目的、研究方法等。正文分五章：第一章对《汉书》记载的西汉今文三家《诗》学的发端情况予以整理。第二章对《汉书》记载的西汉今文三家《诗》学的发展情况予以整理。第三章对蕴藏于《艺文志》的刘歆、班固等人的《诗》学定位予以发掘。第四章对《地理志》汲取、利用《诗经》地理学思想、列国区划、风俗信息和先秦典论的情况予以发掘。第五章对《汉书》的"采诗""孝武立乐府"和"乐府采诗"说予以考察。

王继如《汉书今注》，南京：凤凰出版社 2013 年 1 月出版

本书以南宋蔡琪家塾刻本为底本，并参校其他宋元本与武英殿本、王先谦《补注》本、涵芬楼百衲本、中华书局点校本，及张元济《百衲本二十四史校勘记·汉书校勘记》。训释方面，吸收前人注释成果，并加考辨，较为精要。同时对典章制度方面也有新的辨正。本书作为一部今注本，功力较深，具有较大的学术参考价值。

海柳文《〈汉书〉字频研究》，台北：花木兰文化出版社 2013 年 3 月出版

本书以中华书局《汉书》标点铅印本为研究对象，对其中的 5904 个字种的各种数据进行统计。书中将字频区段划分为超高、高、中、低、超低五段，开列出所有字种的绝对字频、相对字频、累积字频、累积覆盖率、均频倍值以及分布量。同时还对《汉书》各频段字种的笔画作了统计分析，将其相应字种与现代汉语三千高频度汉字进行对比。

吴荣曾、刘华祝《新译汉书》，台北：三民书局 2013 年 6 月出版

本书以清乾隆武英殿本《汉书》为底本。书中各卷正文前皆撰有"题解"，提示该卷阅读重点，卷末撰有"研析"，提供阅读心得之参考。正文分段，每段后有"章旨"，点出段落大意。注释部分言简意赅，语译部分通畅易晓。

曾圣益《汉书艺文志与书目文献论集》，台北：文史哲出版社 2013 年 7 月出版

本书为文献学论文集，以《汉书·艺文志》与清代文献学为重心。其中有关《汉书·艺文志》的文章有 6 篇，分别论述了《汉书·艺文志》成书渊源、著录义例、未立史类的缘由、数术与术数的名义辨析，以及《艺文志》述论的西汉学术，并阐明了刘向的校雠工作对经学儒学的影响。

谢秉洪《汉书考校——以中华书局点校本为中心》，台北：花木兰文化出版社 2013 年 9 月出版

本文分为绪论和《汉书》考校两部分。绪论说明了研究意义、研究历史和现状、研究方法等问题。《汉书》考校部分针对《汉书》每篇具体文字，从古籍整理学角度出发，运用校勘学、版本学、语言学和文化史等知识，对《汉书》进行较为系统的考校研究。

曾小霞《〈史记〉〈汉书〉叙事比较研究》，广州：世界图书出版公司 2013 年 9 月出版

见前"司马迁"条。

尹海江《〈汉书·艺文志〉辑论》，成都：西南交通大学出版社2013年10月出版

本书是在作者博士学位论文《〈汉书·艺文志〉研究——以〈六艺略〉为中心》（浙江大学2007年）基础上修订而成。全书分为上下两篇：上篇论稿，讨论了《汉书·艺文志》的编次、图书分类、赋类排序、不录楚辞、八体六技等问题，同时论述了前汉儒学的隆兴，先秦两汉经学与诸子的关系。此外评述了王应麟《汉艺文志考证》的版本研究和学术价值。下篇辑注，每篇分条搜罗诸家之说，并以按语加以补充说明。

苏德昌《〈汉书·五行志〉研究》，台北：台湾大学出版社2013年12月出版

本书对《汉书·五行志》中所记载的灾异进行了研究，全书共八章。第一章为绪论。第二章分析《五行志》灾异叙事的体例与内容架构。第三章至第六章为《五行志》灾异例说分类论析，分为木、金，火、水，土、皇极，传统灾异四部分。第七章讨论《五行志》灾异学的意义与影响。第八章为结论。

马彪导读及译注《汉书》，香港：中华书局2014年1月出版

本书为《汉书》选注本。全书选纪1篇，表（序）3篇，志1篇，传13篇。每篇前有简短的导读，对本篇内容或传主加以说明。注释较为简略。有的篇目最后有简单的赏析与点评。本书又有北京中信出版社2014年5月版。

田文红《〈汉书〉论稿》，成都：四川大学出版社2014年7月出版

本书共六章。第一章介绍了《汉书》的编撰、体裁特点与史学成就、研究与流传。第二章主要分析了《汉书》的史论特点及其评史方法。第三章论述了《汉书》的民族史撰述，包括其结构体系与叙史风格，以及《汉书》对各民族经济文化与交流的记载。第四章分别阐述了《汉书》的鉴戒史观和神鉴史观。第五章集中对《汉书》中的《刑法志》《食货志》《地理志》《艺文志》进行了述评。第六章为《汉书》杂论，包括刘知几对班固《汉书》的评论、刘邦的传播活动、西汉养马业等。

时殷弘《病变·中兴·衰毁：解读〈汉书〉密码》，北京：中国人民大学出版社 2014 年 8 月出版

本书分为四篇内容评述了西汉武帝至王莽这一段从病变经历中兴而最后衰败、毁灭的历史。第一篇"战争霸王：帝国的病变"，从对外征伐、财政战略、宫廷政治和酷吏治理等方面点评了汉武帝时代的政治弊病。第二篇"昭宣两帝：帝国的中兴"，着眼于昭宣两帝的政治改良、帝国对外战略的调整和朝贡体制的确立，以及作为中兴砥柱的文臣武将。第三篇"元成哀平：帝国的衰败"，分析了汉末柔仁好儒、放纵无度、外戚猖獗的阶段特征。第四篇"王莽新朝：帝国的毁灭"，论述了王莽的战略史、乱政史及四夷秩序的崩解。全书体例为征引《汉书》原文，并以夹注点评的方式，对相关史事进行评断。

周殿富主编，方铭点校《〈汉书〉人物全传》，北京：北京时代华文书局 2014 年 8 月出版

本书为"纪传版二十六史"丛书之一。该书以百衲本为底本，并参校他本。书中只录纪与传，正文及注文仅加校点，文字以简体排印。该书作为一种标点本，对《汉书》的普及有一定价值。

陈朴、徐峰《汉书译注》，上海：上海三联书店 2014 年 12 月出版

本书以中华书局点校本《汉书》为底本，并参考王先谦《汉书补注》及王继如注本，选取《汉书》纪、志、传共八篇。每篇加以简要注释并译成现代汉语。该书属于普及读物。

《今注本二十四史》编纂委员会编《二十四史研究资料汇编·两汉书》，北京：人民出版社 2014 年 12 月出版

本书《汉书》部分主要汇集 1949 年以前学者关于《汉书》的版本辨析、原文校勘、注释训诂、史事考证、志表增补等专书，以及其他专著中涉及《汉书》部分及两《汉书》合考的内容，依次分为综考、分考。本编搜集关于《汉书》的考证书目约 110 种，两《汉书》合考部分收录书目 12 种。至于其他未刊稿及存目著作及 1949 年以后的相关考订著作则列为存目。本丛书为《汉书》研究的资料获取提供了极大的便利。

倪小勇《宋代"文治"背景下的〈汉书〉研究》，西安：博士学位论文，西北大学，2014年

本论文以宋代国家政策与社会发展为基本背景，通过全面考察宋代《汉书》的地位、研究活动、研究内容以及研究成果等多个方面，基本厘清宋代《汉书》研究的具体内涵和外延，明确其有别于以往研究的特征，及其对后世《汉书》研究所产生的影响。本论文对宋代史学发展提供一典型例证，也从整体上丰富了"汉书学"的研究内容及研究体系。

廖忠俊《史记汉书概说》，台北：文史哲出版社2015年1月出版

见前"司马迁"条。

安平秋、张传玺今译，王之光英译《汉书选》，北京：外文出版社2015年4月出版

本书为"大中华文库"之一。该书精选《汉书》中的名篇23篇，译为白话和英文，同时采用汉英对照的形式加以编排。本书具有一定的参考意义。

郜积意《〈史记〉〈汉书〉年月考异》，上海：上海古籍出版社2015年4月出版

见前"司马迁"条。

王双印《汉书译注》（精编本），北京：商务印书馆2015年9月出版

本书节选《汉书》纪三篇、传五篇，每篇先列篇章大意，次为正文、注释、译文。

张衡（78—139）

孙文青《张衡年谱》，上海：商务印书馆 1935 年 9 月出版

本书首次对张衡的生平、仕宦、文学活动作了系统而详细的考辨，并对张衡的诗文作品进行了系年。此谱征引材料丰富，推理精细，至今仍是研究张衡生平经历最为翔实的著作。本书商务印书馆于 1956 年 9 月有修订版，后附《东汉和、安、顺世灾荒统计表》及刊正表。

陶秋英《汉赋之史的研究》，昆明：中华书局 1939 年 4 月出版

本书第三篇第三章第七节论述了张衡，内容包括：张衡事略、作品列目、作品示例、作品略论。其中作品略论部分最有价值。作者首先从修辞与风格两方面分析了《二京赋》与《思玄赋》，其次指出了《归田赋》的价值，即"以述事写理之赋体，来代替了'自来以骚体抒情'的事象"。本书又有（台北）新文丰出版公司 1980 年 2 月版。浙江古籍出版社 1986 年 6 月重印时更名为《汉赋研究》。

澄明《大科学家张衡》，上海：上海四联出版社 1954 年 3 月出版

本书用通俗活泼的语言介绍了张衡的生平事迹，并特别说明了他在科学上的不朽成绩。书中主要内容包括：破落的地主家庭；文学的天才；从三辅到京师；"主簿"的生活；二京赋；平子读书台；开始了科学研究（本节叙述张衡研究《太玄经》之事）；天文学上的成就；浑天仪；数学和历法；候风地动仪，巧妙的机械（此两节简述并解释了地动仪及其原理）；史学、地理和绘画；晚年。

赖家度《张衡》，上海：上海人民出版社 1956 年 12 月出版

本书在严谨考证的基础上评述了张衡的生平经历和学术成就。其内容主

要有：一，张衡的家世和时代；二，游学长安和洛阳；三，从文学转向哲学的研究；四，浑天仪的创制和天文学上的新成就；五，木制机械方面的创造（包括器械、数学、地理学等方面）；六，卓越的发明——候风地动仪；七，在学术上坚持反图谶的斗争；八，晚年政治生活中的悲愤。本书学术价值较高，在同类著作中有着重要的地位。本书又有 1979 年 8 月陈久金订补版。

曹增祥《张衡》，北京：中华书局 1960 年 5 月出版

本书为《历史小丛书》中的一种。其主体内容为：一，令人敬仰的科学家；二，不受传统束缚，注重实际（主要叙述张衡三辅与洛阳的游历）；三，从文学哲学到天文历算的研究（主要讲述张衡写作京都赋与研究《太玄经》）；四，浑天说和浑天仪；五，世界上第一个地震仪——地动仪；六，反对图谶的斗争；七，政治上的张衡；八，结语。该书第三、六、七部分对赖家度《张衡》一书多有沿袭之处。

徐光烈《张衡》，香港：育英书局 1961 年 4 月出版

本书为介绍张衡生平事迹的传记故事。其内容如下：一，贫困的少年时代；二，游学生活；三，南阳主簿；四，创制浑天仪；五，制造器械（包括器械、数学、地理学等方面）；六，发明候风地动仪；七，反对图谶；八，晚年的悲愤。该书大体因袭赖家度《张衡》一书。

叶敏《张衡》，香港：上海书局 1968 年 5 月出版

本书为介绍张衡的传略。其内容如次：一，中华民族开化史上的一位大科学家；二，从小就爱好文学（兼叙家世）；三，出游；四，生平的文学杰作——《二京赋》（兼叙主簿经历）；五，开始了科学研究；六，创造了浑天仪；七，精通数学和历法；八，划时代的大发明——候风地动仪；九，巧妙的机械（解释地动仪原理）；一○，史学、地理和绘画；一一，晚年。该书基本因袭澄明《大科学家张衡》的内容，但有不同程度的简化。

杨清龙《张衡文学研究》，吉隆坡：马来亚大学 1976 年 3 月出版

本书分六章：第一章为导论，对张衡的科学、史学、艺术、文学成就做了综述；第二章考证张衡的家世与生平；第三章论述了张衡的思想与人生观；第四、五章为文学作品研究，对张衡的四言、五言、七言诗及辞赋创作进行了分析；第六章为著作系年。这是一部较早的张衡作品研究专著，具有开拓意义。

谭一寰《张衡》,贵阳:贵州人民出版社 1980 年 5 月出版

本书为《科学家的故事》丛书之一。该书以形象通俗的语言,利用故事的形式,讲述了张衡一生的经历,以及他在天文、数学、机械、地震等科学方面的成就,并描写了张衡晚年遭遇的忧喜。本书在史实的基础上加入了文学的想象。

龚克昌《张衡》,收入吕慧鹃、刘波、卢达编《中国历代著名文学家评传》(第一卷),济南:山东教育出版社 1983 年 5 月出版

本传较为全面地介绍了张衡的个人经历、政治思想状况、诗赋的思想内容及艺术特色。本传中将张衡诗赋的思想内容概括为三个方面:首先是对当时日趋没落腐败的朝政的揭露和批判;其次反对统治阶级的荒淫奢侈;再次是对伟大壮丽的祖国的歌颂。对于张衡诗赋的艺术特色也表现为两大点:一是虚构、夸张等浪漫主义手法的运用;二是注意气势、叙事、华饰等艺术形式。该书是较早对张衡的文学成就予以特别关注的著作。

王兆彤《张衡》,南京:江苏人民出版社 1983 年 10 月出版

本书为《中国历代名人传丛书》之一。该书以清新的笔调,分十二小节描述了张衡的生平情况。其中第一至三节介绍了张衡的早期生活,包括故乡与时代、勤勉向学、京都赋等内容。第四节简述了张衡在《太玄经》《墨经》和地理学上的修养。第五至八节叙述了张衡天文学、器械制造、地震方面的科学成就。第九、十两节写其辟谶纬及任侍中期间的政治情况。第十一节列叙了张衡晚年的文学创作。第十二节概述他在后世的影响。最后附录"张衡生平大事年表"。

邓文宽《我国古代的伟大科学家张衡》,北京:书目文献出版社 1984 年 3 月出版

本书从三大方面介绍了张衡:一,"张衡的家世和生平",分四个阶段。二,"卓越的科学成就",列叙了张衡在天文学、地震学和气象学、木制机械、数学、模拟实验上的贡献。三,"坚持科学真理的大无畏精神",讲述了张衡痛斥谶纬迷信的坚定态度,以及誓为科学献身的追求。该书虽然以澄明、赖家度、曹增祥等人之作为基础,但也有独到之处,比如提出"浑仪"与"浑象"的区别等。

龚克昌《汉赋研究》，济南：山东文艺出版社1984年9月出版

本书《张衡赋论》篇，首先简要叙述了张衡的生平思想，接着指出张衡赋作具有较深厚的思想性和较强烈的批判性。再次分析了张衡赋的艺术特点，即开始意识到人物性格的刻画，虚构夸张的浪漫主义笔墨，以及讲究气势，注重叙事，崇尚华饰，富有文采等。篇末又简略讨论了张衡赋取得成就的主要原因。该文在20世纪80年代赋学研究方面有嚆矢之功，分析简当。

张震泽校注《张衡诗文集校注》，上海：上海古籍出版社1986年6月出版

本书以严可均《全后汉文》与逯钦立《先秦汉魏晋南北朝诗》为依据，并参考他书，删补并合，辑得文学作品共41篇，而《灵宪》《浑仪图注》《漏水转浑天仪注》《玄图》四篇天文学著作则未收入，因此实际收录韵散诗文37篇。书中每篇均先叙述前代著录情况，然后在古注的基础上加以较为详细的注解。本书材料详赡，考订严密，首次对张衡的文学作品进行了全面的整理，具有较高的学术参考价值。

高光复《汉魏六朝四十家赋述论》，哈尔滨：黑龙江教育出版社1988年9月出版

本书《张衡赋》篇，首先概括地介绍了张衡的作品，接着着重分析《二京赋》，指出其创作动机上讽谕的意义，以及艺术上以铺排描绘的手法所形成的场景宏阔与描写细致的成就。其次又简述了《思玄赋》与《温泉赋》。最后举出《归田赋》，揭示其艺术的优长之处及文学史意义。

张在义、张玉春、韩格平《张衡诗文选译》，成都：巴蜀书社1990年6月出版

本书以张震泽《张衡诗文集校注》为底本，选录赋、诗、文共八篇。每篇前有题解，简要说明全篇内容和艺术特点。注释采用页脚注，篇后为翻译。本书修订版由凤凰出版社于2011年5月出版。

陈成军《张衡》，北京：中国和平出版社1990年12月出版

本书内容分十二节：一，出生南阳；二，游学京师；三，为故乡造福；四，研究《太玄经》；五，制造浑天仪；六，著《灵宪》和《浑仪图注》；七，造指南车、记里鼓车和飞鸟；八，世界上第一台地震仪；九，反

对谶纬迷信；十，忧国忧民；十一，《四愁诗》与《归田赋》；十二，令人敬仰的全才。最后附录《中国古代天文学简史》。

刘永平《科圣张衡》，郑州：河南人民出版社 1996 年 10 月出版

本书内容共有七章：一，张衡的家世和时代；二，张衡在天文学方面的突出贡献；三，张衡在地震学诸方面的丰硕成果；四，张衡在文学艺术方面的杰出成就；五，张衡的政治思想和悲愤的晚年；六，张衡墓与张衡博物馆；七，张衡著作选译，译了张衡的 37 篇文章。最后附录《张衡年谱》《后汉书·张衡传》《古今中外评赞》。

王志尧等《张衡评传》，开封：河南大学出版社 1997 年 10 月出版

本书分为三部分：上编"政治生涯"，介绍了张衡的家世、反对迷信的科学态度、政治上的作为及积极进取和忧国忧民的品性。中编"文学创作"，概述了张衡的文学道路，同时详细分析了他的赋（包括《二京赋》《南都赋》《应间》《思玄赋》《归田赋》）与诗（主要为《同声歌》《四愁诗》）的思想内容和艺术特色，并简论了张衡在文学史上的地位和影响。下编"科技成就"，分别叙述了张衡在天文学、机械制造、历法与算学方面所取得的众多成绩，另外还总结了张衡的科技理论和方法论。最后附录《张衡年谱》《张衡研究论著目录索引》《古今中外评赞张衡的诗文》。其中《张衡研究论著目录索引》参考价值较大。

蔡辉龙《张衡京都三赋研究》，香港：博士学位论文，新亚研究所，1997 年

本文分为七章。第一章是张衡生平与著述，第二章是文字考异，第三章是内容考实，第四章是内容分析，第五章是结构分析，第六章是用韵探索，第七章是写作技巧分析。最后为结论，评论张衡京都赋作在文学史上的地位。该论著对于张衡的研究，着力点在于突出张衡在文学上的造诣，对于认识张衡赋作的文学性及张衡的文学史地位有着积极的贡献。

刘希俊《古代科学巨子——张衡全传》，长春：长春出版社 1998 年 2 月出版

本书为《中国历代才子传丛书》之一。全书用文学化的手法对张衡一生的经历和成就作了形象曲折的描写，是一部传记小说。

许结《张衡评传》，南京：南京大学出版社 1999 年 1 月出版

本书从思想家的角度对张衡进行了全面系统的研究。本书共八章，除了第一、二章概括介绍张衡所处的时代情形与其生平、著述、学养外，后六章分别从人生哲学与婉曲心迹、政治改良思想、自然哲学观、天文学理论、科技创造、文学成就等方面对张衡这位罕见"通才"的思想与成就做了融通而深入的论述，并由此阐发了张衡处于经学与玄学之间所表现的新思想与新精神。

刘永平《张衡研究》，北京：西苑出版社 1999 年 12 月出版

本书是研究论文集，主要有五部分内容：一是中国南阳张衡研究会成立以来的活动情况介绍；二是知名专家学者对张衡的纪念评论性文章；三是对张衡天文学思想和制造浑天仪方面的研究论文；四是关于张衡对地震科学的贡献和发明地动仪方面的研究文章；五是对张衡在机械制造、文学艺术诸方面成果的研究论文。本书内容丰富，可读性也较强。

［奥地利］雷立柏（Leopold Leeb）《张衡，科学与宗教》，北京：社会科学文献出版社 2000 年 11 月出版

本书从宗教与科学的关系来研究张衡。首先从文化背景、张衡本人、文学成就、科技成就、思想根源、张衡与古代宗教神话的关系六方面概述了张衡研究的现状。其次以科学史家斯坦利·雅基对于宗教与科学的一些基本理论为依据，分析了张衡著作中宗教神话因素及其与汉代宗教的关系和特点，并且探讨了张衡科学探索与宗教思想之间的相互影响。再次比较了托勒密与张衡在科学贡献和宗教因素方面的异同。最后重新评价了张衡的思想。

蓝旭《东汉士风与文学》，北京：人民文学出版社 2004 年 5 月出版

本书第三章第五节《张衡的心态及其创作道路》，从士风角度切入，重点探讨了张衡在士林分化背景下心态的变化，表现为既秉承儒家道义传统，又向往个体解脱；既超脱尘俗，又留恋现实人生。并探究了其心态对创作的影响，及作品中丰富的感性内涵和理性因素的结合，以及清典的风格。文中以《二京赋》《应间》《思玄赋》《归田赋》四篇不同时期作品为主，勾勒了张衡创作发展演变的轨迹，从中透视了两汉之际以来士风、文学的沿革。

涂元恒《汉赋名家欣赏——班固、张衡》，台北：中经社文化公司 2005年 11 月出版

本书张衡部分选录《西京赋》《东京赋》《南都赋》《思玄赋》，文前有"作者小传"，简介作者生平与创作情况。其次为"导读"，主要说明时代背景，同时也对文章内容主旨有简要归纳。正文分段，每段之后对该段的思想内容和意义加以较为详细的评述。文后"赏析"部分，对文章结构、文学手法、思想艺术加以分析，并说明其文体价值与文学史意义。最后指出其不足。该书有一定的参考价值。

王焕然《汉代士风与赋风研究》，北京：中国社会科学出版社 2006年 10 月出版

本书第五章第四节《儒道互补与张衡赋作》，从儒道互补的角度对张衡的思想做了分析，并由此入手对《思玄赋》中表现出的进退失据的困扰和《归田赋》中流露出的归隐之思，以及《髑髅赋》中的厌生观念进行了阐释，并且指出这种思想还表现于《二京赋》中。最后简单论述了《七辩》。

杜如彬《张衡与仪器仪表》，深圳：海天出版社 2009年 9 月出版

本书的着眼点在于中国是仪器仪表的原创国，提出张衡是中国仪器仪表三大贤的代表人物。书中阐明了一些新观点：如仪器仪表乾坤图、各类器具和装置演变图、仪器仪表命名法和分类关系图、仪器仪表定义与界别、仪器仪表发展的五个时代划分等。

王渭清《张衡诗文研究》，北京：中国社会科学出版社 2010年 11 月出版

本书首先叙述了张衡诗文创作的时代政治与学术的背景及其心路历程。其次论述了张衡诗文创作对南北文化的吸纳与融通，还有创作观念、风格、文体形态的新变。最后说明了张衡诗文中的风俗文化景观。本书是对张衡现存诗文较为全面的探究，展示了张衡诗文创作的丰富文化内涵，以及在中国古代文学发展史上所具有的标界性的承启作用。

李婧《中国古代科技与人文结合的典范：当代美学视野中的张衡》，济南：博士学位论文，山东师范大学，2010 年

本论文主要内容有四章：第一章从科技思想及仪器制造的人文内涵，科

技思想及仪器制造的审美追求，科技论文中科学性和文学性的统一来探讨张衡科技活动中的人文内涵和审美追求。第二章从科技内容对张衡文艺创作的丰富以及科学求实精神、创新精神对张衡文艺活动的影响来探讨科技内容和科技精神对张衡文艺创作的影响。第三章分析了张衡成就卓越的原因及其对后世的影响，以及张衡成就的时代局限性。第四章在当代美学视野中对张衡身上科技与文艺结合的成就进行研究，有助于为当代正确处理科技与人文、科技与艺术的关系提供历史经验和借鉴。

陈君《东汉社会变迁与文学演进》，北京：中国社会科学出版社 2012年 8 月出版

本书第六章首先论述了张衡辞赋的源流及《二京赋》对班固《两都赋》的继承和发展。其次，论述了张衡诗体革新及其诗歌的特色，并揭示了其诗歌对"汉魏风骨"中"风"之方面的贡献。最后，论述了《西京赋》和《思玄赋》中的小说因素及其意义，指出张衡赋中两种文体间的交涉现象。

朱洁《设计之美——张衡设计美学思想研究》，武汉：武汉大学出版社2014 年 6 月出版

本书在对张衡设计的浑天仪、地动仪、指南车、记里鼓车、土圭、自飞木雕等器物的功能原理和样式进行研究的基础上，首先，从哲学层面分析了张衡的美学思想，从设计学层面分析了张衡的设计美学思想。其次，对张衡设计思维的历史继承、设计的创新理念、设计的方法运用和设计的伦理观念进行了研究。最后，综合评述了张衡设计美学思想的独特性，设计思维的特征及时代局限性，并提出了张衡设计思维的历史价值和当代思考。

马融 (79—166)

高光复《汉魏六朝四十家赋述论》，哈尔滨：黑龙江教育出版社 1988 年 9 月出版

本书《马融赋》篇，在简要介绍了马融的生平与作品后，重点分析了《长笛赋》，认为该赋在继承音乐赋传统的同时又有创造，即在具体的铺陈描绘外，又托喻洞箫，抒写胸臆。

陈君《东汉社会变迁与文学演进》，北京：中国社会科学出版社 2012 年 8 月出版

本书第七章首先论述了马融的名士人生，其次阐述了《广成颂》与《上林颂》"武备先于文治"的思想倾向。最后，由《长笛赋》揭示其内在精神世界的孤独心灵体验，从而勾勒出了马融在世变风移中的清醒与困惑。

王符（85？—163？）

中法汉学研究所《潜夫论通检》，北平：中法汉学研究所1945年12月出版

本书为中法汉学研究所通检丛刊之六。该书以《四部丛刊》本《潜夫论》为底本，将其分条编成检索，条目按笔画顺序排列，并有法文拼音检字、英文拼音检字、各板卷叶推算法。正文前有"潜夫论要略"，叙述各篇主旨。本书对于检索原文极为便利。该书又有上海古籍出版社1987年3月影印版，附四角号码检字。

王关仕《王符》，台北：商务印书馆1978年6月出版

本书为"中国历代思想家（五）"中的一种。本书内容分为传略、学术思想、影响三部分。第二部分主要对王符的天人思想、政治思想、教育思想和对现实的批评四方面内容作了论述。该书是一部较为简要的传记。本书又有该出版社1999年2月更新版。

黄盛雄《王符思想研究》，台北：文史哲出版社1982年4月出版

本书共分七章对王符的思想进行了研究。第一章介绍王符生平及时代，说明其议论的背景，并编有王符年谱。第二章至第五章由王符"人道曰为"的基本概念出发，依次介绍王符的天人思想、政治思想、教育思想及批评精神，探究了王符以论政为核心的思想体系。第六章讨论王符政论在东汉学界的地位，通过与崔寔、仲长统、荀悦、徐幹的比较，凸显王符政论的价值。第七章是王符思想评论。附录东汉羌乱消长表、东汉羌乱形势图。

刘树勋《王符》，收入辛冠洁、丁健生、蒙登进主编《中国古代著名哲学家评传》（续编一），济南：齐鲁书社1982年8月出版

本书分为五节内容：一，介绍了王符的生平与著作。二至四节较为精要

地分析了王符的宇宙观、认识论和社会历史观。最后是结束语。

（清）汪继培笺，彭铎校正《潜夫论笺校正》，北京：中华书局 1985 年 9 月出版

本书为"新编诸子集成"之一。全书以《湖海楼丛书》所收汪继培笺本为底本，并参校以黄丕烈士礼居旧藏明刻本、冯舒校影宋写本（即《四部丛刊》所收述古堂本）、明刻《两京遗编》本及诸类书所引加以覆校。对于汪本误刻、误注者径改，同时补引各家校释，并附己见。书后附录传赞、序跋、著录、佚文。该书史料相对丰富，校正也颇精审。

王步贵《王符思想研究》，兰州：甘肃人民出版社 1987 年 4 月出版

本书共有十一章。第一章对王符的生平、生活时代、著作进行了考释。第二章至第八章分别阐析了王符的政治学说、经济思想、宇宙观、无神论思想、历史观、法治思想、伦理道德思想等。第九章分析了《潜夫论》的文风。第十章讨论了王符思想的主客观局限性。第十一章评价了王符思想的历史地位。

胡大浚、李仲立、李德奇《王符〈潜夫论〉译注》，兰州：甘肃人民出版社 1991 年 9 月出版

本书以《潜夫论笺校正》为基础，参考前人诸说，订正了原笺和校正的若干讹误，对全书作了注释和翻译，是一部较早的普及本。

王步贵《王符评传》，西安：陕西人民教育出版社 1993 年 2 月出版

本书共有十二章，主要内容包括衰微的时代、积极进取的入世态度、《潜夫论》哲学思想的评价、认识论的几个观点、人性论发微、《潜夫论》的美学思想、《潜夫论》经济观的几个特点、《潜夫论》的军事思想，最后对《潜夫论》的特色和研究现状进行了分析和论述。该书的特点在于对较新的领域进行评论，如《潜夫论》的人性论思想、美学思想、军事思想等。

刘文英《王符评传》，南京：南京大学出版社 1993 年 9 月出版

本书根据《潜夫论》，比较全面地分析了王符的思想。全书共十章。第一章介绍了王符的时代、生平和著作。第二章概述了王符的思想渊源和思想特征。第三章至第九章分别论述了王符的民本论和政治思想、富民论和经济思

想、赏罚论和法律思想、贤才论和人才思想、元气论和哲学思想、祸福论和无神论思想、德化论和伦理思想。最后一章评价了王符思想的历史地位。

　　刘殿爵《潜夫论逐字索引》，香港：商务印书馆 1995 年 8 月出版

　　本书为香港中文大学中国文化研究所"先秦两汉古籍逐字索引丛刊"之一。本书主要内容分为《潜夫论》原文与逐字索引两部分。正文据《四部丛刊》影述古堂景宋写本，标识行数，页下有相关校勘。逐字索引部分按汉语拼音顺序排列条目，每条目之后标明原文卷数、篇次、正文页数及行数，极便检索。书后附录全书用字频数表。

　　刘文起《王符〈潜夫论〉所反映之东汉情势》，台北：文史哲出版社1995 年 12 月出版

　　本书共六章。第一章绪论，介绍王符其人其书。第二章至第五章分述了《潜夫论》所反映的东汉政治、经济、社会、羌乱等诸多情势，通过钩稽史实探究其原因，指出王符的相关主张和因应之道，同时说明王符议论前后条理秩然的脉络。第六章为结论，论述王符著述的旨趣，阐释《潜夫论》一书的时代意义。

　　彭丙成《新译潜夫论》，台北：三民书局 1998 年 5 月出版

　　本书注译以彭铎《潜夫论笺校正》为据。正文分为题解、正文、章旨、注释、语译五部分。题解说明篇章主旨，正文分段作注，每段后先标章旨，概括文意，次为注释，较多采用前人注解，间出己意。然后为语译。

　　常文昌、王斌学《王符研究汇编》，兰州：兰州大学出版社 1998 年 7月出版

　　本书收录王符研究的相关资料，大体可分为三类。首先是古代史传、《潜夫论》序跋、著录等。其次为今人研究论文，主要侧重于王符的思想研究，包括哲学思想、逻辑思想、社会思想等，另外还有《潜夫论》与汉代经学、王符美学、生卒和著作考等。第三类包括王符研究专著目录、中国古代思想文化史含王符章节著作目录、论文目录索引。

　　张觉译注《潜夫论全译》，贵阳：贵州人民出版社 1999 年 10 月出版

　　本书为"中国历代名著全译丛书"之一。该书以涵芬楼影印清顺治五

年冯舒影钞本（即《四部丛刊》本）为底本，并参校以他本及类书、古注引文等典籍。全书体例分为题解、原文、注释、译文四部分。题解除解释题目外，还对该篇内容进行概述，对写作年代加以考证等。注释部分吸收了部分汪继培的笺语，并有增补。该书在版本溯源、史事考证和释词训诂等方面有重要补充，是一部参考价值较高的注译本。

龚祖培校点《潜夫论》，沈阳：辽宁教育出版社 2001 年 2 月出版

本书为"新世纪万有文库"之一。该书以钱曾述古堂影宋写本为底本，并重点以汪继培笺本对校，同时以类书和其他书籍参校。书中先为正文，校勘记列于全书之后。

徐山《〈潜夫论〉词语考释》，上海：博士学位论文，上海师范大学，2002 年

本书以《潜夫论笺校正》为研究对象，利用诸版本中的异文材料，综合运用语言学理论和训诂学理论以及版本、校勘等古籍整理研究手段，考释了《潜夫论》一书中的 130 条词语，并对汪继培笺和彭铎校正的疏误之处提出己见。其中涉及的问题包括：指出汪笺、彭校中的非误字，误用通假，对异文取舍不当，虚词特殊用法，征引不确，误用句读标点、声训，《汉语大词典》对《潜夫论》有关词条的编排等问题。使用的方法有：梳理词义系统中的本义至引申义的演变脉络来考释，正确认识并列复词，利用对文、排比等修辞特征进行考辨等。附录"《潜夫论》全译商榷"。

甘肃省镇原县人大常委会编《潜夫论百家谈》，香港：新风出版社 2004 年 5 月出版

本书收录后人撰写、题咏、编写有关王符和《潜夫论》的"故事传说""诗歌楹联""研究论文"，汇集了一些相关的基础文献。

王柏栋《〈潜夫论〉读本》，兰州：甘肃人民出版社 2004 年 5 月出版

本书体例分为阅读提示、原文、掌故简释、原文今译四部分。阅读提示说明原文主题思想、时代背景等。掌故简释注解主要历史人物、事件等。

许嘉璐主编，吴庆峰译注《潜夫论译注》，香港：新风出版社 2004 年 5 月出版

本书译注王符《潜夫论》三十六篇，首录原文，次为译文，再次为注释。最后附录"传赞""序跋""著录""佚文"。本译注未明确交代底本和参校本，亦无校点凡例。

王健注说《潜夫论》，开封：河南大学出版社 2008 年 3 月出版

本书由《潜夫论》通说和注释两部分构成。通说部分为王符其人其书、《潜夫论》的思想成就、《潜夫论》的文化价值、《潜夫论》的阅读四部分。其中的重点内容"《潜夫论》的思想成就"，分别论述了民本思想、人才选举思想、经济思想、边疆治理思想、道气论的思想探索、法治主张的历史特色、王符的社会批判精神及其影响等内容。简注部分对《潜夫论》原文进行了简略的注释。

张觉校注《潜夫论校注》，长沙：岳麓书社 2008 年 5 月出版

本书以涵芬楼影印清顺治五年冯舒影钞本（即《四部丛刊》本）为底本，并参校以他本及类书、古注引文等典籍。全书体例分为题解、原文、注释三部分。题解除解释题目外，还对该篇内容进行概述，对写作年代加以考证等。注释部分吸收了部分汪继培的笺语，并有较为详细的增补，兼具学术性、周详性与通俗性。该书考辨审慎，注释详明，是一部具有较高学术价值的当代《潜夫论》校注本。

高新民、王伟翔释注《王符〈潜夫论〉释读》，银川：宁夏人民出版社 2009 年 11 月出版

本书以彭铎《潜夫论笺校正》为底本，并吸收了其中对原著文字错讹的补正。全书每篇有题解、原文和注释三部分。题解简要说明该篇的主要观点及其意义，注释对有关句义字义、历史典故、引文出处、名物制度等加以较为详尽的注解。

方军《王符治道思想研究》，合肥：北京师范大学出版集团、安徽大学出版社 2011 年 6 月出版

本书从治道角度入手，对《潜夫论》的思想进行重新梳理，以其治道架构为依托，分别从治道思想之形而上依据、治道思想之社会现实基础、治

道思想之行政及社会秩序规范理则诸方面进行了分析，同时对王符的经济思想和治边理论也作了重点讨论。结语部分论述了王符《潜夫论》治道思想的历史地位，及其在两汉经学到魏晋玄学过渡中的思想史上的地位。附录有王符《潜夫论》治道图式、二十多年来王符研究概况。

蒋泽枫《王符〈潜夫论〉研究》，福州：博士学位论文，福建师范大学，2013 年

本论文共有六章。第一章介绍了《潜夫论》的作者生平、创作的历史背景、成书时间、成书特点等基本情况，并解释了潜夫、处士的含义。第二章论述了《潜夫论》的流传、研究、历代著录、版本以及校刊和佚文情况。第三章《潜夫论》思想内容分析，分析了其思想内容、思想体系、思想性质、思想特点等。第四章梳理分析了历代引用《潜夫论》文句的具体情况。第五章考察了《潜夫论》的引书，包括引用经书，引用纬书、子书、史书两方面。第六章探讨了《潜夫论》在古史研究、思想史研究和文学研究方面的文献价值。

李晓敏《王符〈潜夫论〉研究》，武汉：博士学位论文，华中师范大学，2013 年

本论文是对王符《潜夫论》写作年代、流传版本、作者生平、引用文献等问题的考辨以及对其治道思想、文章义法、文学史意义的综论。全文分上、中、下三编。上编是对王符交游、生平及《潜夫论》写作时间及引书情况等相关文献问题的考辨。中编是对王符《潜夫论》治道思想的阐释，包括王符治道思想的哲学基础，王符对君、臣、民三者关系的处理，王符治道思想在具体施政过程中的实践方针等。下编是对王符《潜夫论》文章风格及文学史意义的考量，包括王符的著作意识及文学观念，《潜夫论》的文章文法，汉代经学与《潜夫论》文章的关系，以及王充和仲长统文风的比较研究。附录有《王符年谱》《〈潜夫论〉佚文辑录》《〈潜夫论〉历代著录考》《〈潜夫论〉历代序跋》及《王符〈潜夫论〉治道思想图示》。

郎镝《〈潜夫论〉研究》，长春：博士学位论文，东北师范大学，2014 年

本论文探讨王符《潜夫论》对东汉社会行政、政治制度、学术世风等方面的思考和社会批判，以及由此产生的文学特征。全文共六章：第一章讨

论了王符的出身、交游，并归纳其性格特征。第二章探讨了王符对汉政的态度及其所提出的选贤任能、实边抑党的主张。第三章讨论了王符对"汉家制度"的思考。第四章分析了王符思想的汉代学术理据，认为易学的"通变"之道是他观察治道的理论基础；《诗》学的风政思想是他社会批判的精神动力；"五德终始"是他历史观形成的渊源；重视"人道"是他调整汉代社会状况的手段与视角。第五章论说了王符思想中对东汉社会风气的反思，认为王符提倡的名节观念代表了汉末士人改造社会的意愿。第六章总结了《潜夫论》由批判意识而产生的文学特征，认为机关中藏的章法、精微密丽的句法使其富于逻辑性；多样化的文体表达，使之论政更为有力；"去虚就实""去繁就简"使得文章的行文简明清晰。

高新民、高原释注《王符〈潜夫论〉释注》，兰州：甘肃文化出版社2015年4月出版

本书是在高新民、王伟翔《王符〈潜夫论〉释读》（宁夏人民出版社2009年11月出版）一书的基础上增订而成。该书体例分为题解、原文、注释三部分，与《释读》一书相同。注释部分中条目内容有所增补。余参"《王符〈潜夫论〉释读》"条。

白品键《〈潜夫论〉所反映之东汉流民问题》，台北：花木兰文化出版社2015年9月出版

本书以《潜夫论》所记载为经，以东汉的流民问题为纬，对其发生原因、流民去向和影响、政府如何治理等问题作了分析。全书分为六章。第一章为绪论。第二、三章概述了王符生平与著作、东汉流民。第四至第六章分别就政治、经济、社会三大主题讨论《潜夫论》所反映的东汉流民问题。最后结论论述了《潜夫论》反映流民问题所体现的时代意义。

王逸（生卒年不详）

蓝旭《东汉士风与文学》，北京：人民文学出版社2004年5月出版

本书第三章第六节《王逸〈楚辞章句〉的文学思想及其时代精神》，旨在从东汉初、中叶时人格价值观念和文学思想潜变的历史坐标中把握《楚辞》的精神实质及其地位，由此提出王逸在《楚辞章句》中透露的文学思想最具时代性的两个表现，一是包含个体独立内涵的"讽谏说"，二是肯定《楚辞》作品的抒情性及其在政教意义以外的审美价值。

许子滨《王逸〈楚辞章句〉发微》，上海：上海古籍出版社2011年10月出版

本书将《楚辞章句》纳入所处的时代文化思想背景来考察。从纵横两方面切入，综考汉儒经说旧注，旁稽经史传记及诸子之说，爰及唐、宋、元、明、清说经之文，以及历代治《楚辞》言，为之疏通考辨，借此探求《章句》大义的具体内容及其源流演变。全书共十章：一、前言。二、王逸生平及学术考。三、"同姓无相去之义"发微。四至七章分别为《楚辞章句》以"忠信之篇，仁义之厚"说屈志考略、屈原"精合真人"考、比兴说发微、"待放"说考辨。八、王逸反驳班固贬抑屈原其人及其辞。九、鲁迅《汉文学史纲要》对王逸《楚辞章句》的两点发明。十、结论。

邓声国《王逸〈楚辞章句〉考论》，北京：国家图书馆出版社2011年11月出版

本书共八章。第一章绪论，介绍了王逸的生平及著述，《楚辞章句》的渊源及成书，《楚辞章句》的流传及版本。第二章为《楚辞章句》体例及"序"考。第三章为《楚辞章句》引文考。第四章《楚辞章句》诠释视野

考，分为经学、文学、民俗学阐释。第五、六章为《楚辞章句》语词训释考。第七章为《楚辞章句》句法诠释考。第八章为《楚辞章句》在后世之影响及研究现状。附录《楚辞章句》联绵词训释语义分析二题、从《楚辞章句》看先秦时期的名物称谓现象。

赵壹（生卒年不详）

龚克昌《汉赋研究》，济南：山东文艺出版社 1984 年 9 月出版

本书《抒情小赋作家赵壹》篇，首先细述了《刺世疾邪赋》的五点内容，其次主要从三方面举证说明它所具有的极明显的时代性和针对性。接着从思想上解释了赵壹赋上述特征的形成原因。另外又讨论了《穷鸟赋》。最后归纳了赵壹赋艺术形式的特点，即崭新的短篇小赋和急切的直抒胸臆。

高光复《汉魏六朝四十家赋述论》，哈尔滨：黑龙江教育出版社 1988 年 9 月出版

本书《赵壹赋》篇，首先简单介绍了东汉末年的社会情形，说明《穷鸟赋》和《刺世疾邪赋》两篇作品的创作背景。其次叙述了《刺世疾邪赋》的主要内容，然后从思想趋向上指出雍容揄扬的大赋与抒写不平之气的小赋两个创作传统。最后又说明《刺世疾邪赋》善于运用对比手法与语言通俗泼辣两方面的艺术特点。

蔡邕（133—192）

林纾《蔡中郎集》，上海：商务印书馆1924年8月出版

本书是《林氏选评名家文集丛书》中的一种。该书是蔡邕作品的选集，收录了铭、碑、议、神诰、表、颂、论、问答、疏、赋、释等各体作品共42篇。书中所收基本是保存完整的作品，残篇佚句以及诗歌则未选录。其中所选作品每篇之末附有简短的评语，就风格、章法、声调、用笔、渊源等加以点评，间有考辨。评语简要精当，有一定的参考价值。另外书前有林纾小序一篇，总括蔡邕文章的艺术成就，并指示后人学习蔡文的途径。书末附有《后汉书·蔡邕传》。

陶秋英《汉赋之史的研究》，昆明：中华书局1939年4月出版

本书第三篇第三章第八节论述了蔡邕，内容包括：蔡邕事略、作品列目、作品示例、作品略论。其中作品略论部分最有价值。作者归纳了蔡邕赋的三个特点，一是"真"，二是不重雕琢，三是小赋之多作，开六朝仄艳之先。本书又有（台北）新文丰出版公司1980年2月版。浙江古籍出版社1986年6月重印时更名为《汉赋研究》。

高光复《汉魏六朝四十家赋述论》，哈尔滨：黑龙江教育出版社1988年9月出版

本书《蔡邕赋》篇，在简单介绍蔡邕生平后，先是概括说明了他的几篇抒情小赋《霖雨赋》《蝉赋》《青衣赋》，说明小赋抒发真实情感且接近现实人生的进步之处。其次叙述了《述行赋》的内容，并通过与班彪《北征赋》、班昭《东征赋》的对比，说明它在艺术表现上借古喻今的讽刺之意和强烈直接地抒情的特点。

龚克昌《蔡邕》，收入吕慧鹃、刘波、卢达编《中国历代著名文学家评传》（续编一），济南：山东教育出版社 1989 年 12 月出版

本传主要内容有三部分：第一部分介绍了蔡邕的生平经历与学术大略。第二部分将蔡邕可以考定作年的作品划分为三个阶段，分别就其思想内容、政治倾向作了论述。第三部分谈了蔡邕的赋作。

刘殿爵、陈方正编《蔡中郎集逐字索引》，香港：商务印书馆 1998 年 2 月出版

本书为香港中文大学中国文化研究所 "先秦两汉古籍逐字索引丛刊" 之一。本书主要内容分为《蔡中郎集》正文与逐字索引两部分。正文据光绪庚寅番禺陶氏爱庐校勘海源阁仿宋本，标识行数，页下有相关校勘。逐字索引部分按汉语拼音顺序排列条目，每条目之后标明原文卷数、篇次、正文页数及行数，极便检索。书后附录全书用字频数表。

邓安生《蔡邕集编年校注》，石家庄：河北教育出版社 2002 年 1 月出版

本书是首次对蔡邕作品的全面整理。该书广搜众本，共辑录蔡邕作品总题 152 篇，并对其中 97 篇作了编年。同时，对每篇作品又作了校勘和注释。全书四卷，卷一为编年作品，卷二为未编年作品，卷三为存疑作品，卷四为附录，包括蔡邕传记资料、蔡邕著作辨疑、蔡邕年谱。

高长山《蔡邕文学活动综论》，长春：博士学位论文，东北师范大学，2003 年

本论文以蔡邕的文学活动为研究对象，主体部分共四章。第一章论述蔡邕和东汉文坛的因缘。第二章将刘劭《人物志》与蔡邕撰写的碑文加以比较，指出它们分别是人物品鉴的理论总结和文学显现。第三章论述蔡邕兼有作家和琴师的双重身份及其相关的文学活动。第四章论述蔡邕扮演学者和才子双重角色及其从事的文学实践。论文主要关注点在蔡邕的交游与文学活动。

何如月《汉碑文学研究》，西安：博士学位论文，陕西师范大学，2008 年

本论文第三章《汉代碑文的创作》以汉碑大家蔡邕的碑文创作实践作

为典型个案，进行具体剖析。首先对汉碑创作的目的、素材、主体、规范等问题作了阐释和讨论。接着对蔡邕碑文创作实践及其艺术成就进行解析、评价，从立意谋篇、选材布局、遣词造句、艺术手法等方面加以阐述，认为蔡邕碑文体现了杰出的文学才华及高超的语言表达能力，反映了他自觉的艺术追求，代表了汉碑创作的最高水平。

高长山《蔡邕评传》，北京：中华书局2009年11月出版

本书主要论述了蔡邕儒道兼修思想的形成和发展，揭示其作品的多元指向及其复杂内蕴，同时还有他在书法领域的创作实践与理论建树。由此梳理出在汉末涌动的新思潮中，蔡邕所起到的推波助澜的作用，以及这种新思潮与魏晋风度、魏晋玄学的内理联系，并从而重新界定了蔡邕在中国文化史上的地位。

徐俊祥《建安学术史大纲》，扬州：广陵书社2009年12月出版

本书是在作者博士学位论文《建安学术史研究》（扬州大学2004年）基础上修订而成。全书对建安学术作了较为系统的研究。本书第三章第三节论述了蔡邕的学术，包括务实的政治思想、卓越的史学研究、文学创作的理论与实践、《独断》和《月令》、碑铭所见人物评论标准和思想、对人生哲学的探讨。

刘楚荆《长日将落的绮霞——蔡邕辞赋研究》，台北：秀威资讯科技公司2010年7月出版

本书共八章。第一章为绪论。第二章为蔡邕生平，考述了其家世、生平、师承、交游等情况。第三至六章将蔡邕辞赋按内容分为史地书写、情志书写、艺术书写、咏物书写四类，并加以分析论述其思想内容与艺术技巧等问题。第七章分析了蔡邕的辞赋观。第八章为结论。

陈君《东汉社会变迁与文学演进》，北京：中国社会科学出版社2012年8月出版

本书第八章首先论述了蔡邕的学术贡献及其特点，其次论述了《述行赋》与"答赠诗"，并说明了其文学影响。最后，从东汉的立碑之风中评价了蔡邕碑文"典正清工"与骈俪的风格和成就。

陈海燕《蔡邕研究》，北京：清华大学出版社 2013 年 5 月出版

本书全面考察了蔡邕的家世、生平、交游、思想与文学等方面的成就。其中文学部分，着重对蔡邕的碑诔与辞赋作了详细的分析，包括其成就、特点、内容，还对蔡邕"谀碑受金"及"淫媒文字始作俑者"之说进行了考辨。全书在细致的文本阅读基础上，结合详尽的背景史料分析，以期对蔡邕的文学成就给予客观准确的评价。

王延寿（生卒年不详）

高光复《汉魏六朝四十家赋述论》，哈尔滨：黑龙江教育出版社 1988 年 9 月出版

本书《王延寿赋》篇，首先从思想内容方面指出《鲁灵光殿赋》的颂扬宗旨，然后从规模体制和艺术描绘两方面比较详细地说明该赋力求宏丽的创作追求。最后又对与《鲁灵光殿赋》相同题材的何晏《景福殿赋》做了比较分析，并从统治者的艺术趣味与政治需求两个角度对宫殿赋的艺术追求作了简要诠释。

荀悦（148—192）

中法汉学研究所《申鉴通检》，北平：中法汉学研究所 1947 年 1 月出版

本书为中法汉学研究所通检丛刊之八。该书以《四部丛刊》本《申鉴》为底本，将其分条编成检索，条目按笔画顺序排列，并有法文拼音检字、英文拼音检字、各板卷叶推算法。正文前有"申鉴要略"，叙述各篇主旨。本书对于检索原文极为便利。该书又有上海古籍出版社 1987 年 3 月影印版，附四角号码检字。

张美煜《荀悦》，台北：商务印书馆 1978 年 6 月出版

本书为"中国历代思想家（五）"中的一种。本书内容分为传略、政治思想、学术思想、结论四部分。政治思想一节论述了政治的基本原则和为政的方法。学术思想部分包括论性、论命、论经学今古文与纬书、论灾异、论神仙与黄白之术、论卜筮等。该书是一部较为简要的传记。本书又有该出版社 1999 年 2 月更新版。

张涛、傅根清《申鉴中论选译》，成都：巴蜀书社 1991 年 10 月出版

本书《申鉴》部分，选译了《政体》《时事》《俗嫌》《杂言上》《杂言下》。书中正文依据《四部丛刊》影印明嘉靖四年文始堂本。正文前有题解，概述主要内容。校勘和注释采用页脚注，较为扼要。正文后为译文。本书修订版由凤凰出版社 2011 年 5 月出版。

刘殿爵、陈方正编《申鉴逐字索引》，香港：商务印书馆 1995 年 8 月出版

本书为香港中文大学中国文化研究所"先秦两汉古籍逐字索引丛刊"

之一。本书主要内容分为《申鉴》正文与逐字索引两部分。正文以《四部丛刊》影明文始堂刊本为据，标识行数，页下有相关校勘。逐字索引部分按汉语拼音顺序排列条目，每条目之后标明原文卷数、正文页数及行数，书后附录全书用字频数表。

林家骊、周明初《新译申鉴读本》，台北：三民书局 1996 年 2 月出版

本书以上海古籍出版社《诸子百家丛书》影印的明文始堂本（即《四部丛刊》本）为底本，参校以《诸子集成》本、卢文弨《群书拾补初编·申鉴校正》、钱培名《申鉴札记》。全书体例分为题解、原文、章旨、注释、语译五部分。题解对该篇思想内容加以简要评述。注释主要是释词，译文较为流畅。

陈启云著，高专诚译《荀悦与中古儒学》，沈阳：辽宁大学出版社 2000 年 6 月出版

本书分为七部分内容：一、导言，历史剧变时代的儒士精英；二、帝国的崩溃和新的精英；三、汉魏之间的转变；四、荀悦：家庭背景、仕途经历、政治态度；五和六、荀悦的著作《汉纪》《申鉴》；七、结语：荀悦之后的世界。

龚祖培校点《申鉴》，沈阳：辽宁教育出版社 2001 年 2 月出版

本书为"新世纪万有文库"之一。该书以《丛书集成初编》所据的钱培名《小万卷楼丛书》本为底本，同时以《四部丛刊》本参校。书中先为正文，校勘记列于全书之后，并附有钱培名《札记》。该书为点校本，具有一定参考意义。

程宇宏《荀悦治道思想研究》，广州：中山大学出版社 2005 年 9 月出版

本书是在作者博士学位论文《荀悦政治思想研究》（中山大学 2004年）基础上修订而成。全书分为六章。第一章论述荀悦《汉纪》的"正统论"观念，第二章至第六章分别就荀悦的天命观、天秩观、君臣观、立策观、人性观等作了较为深入的分析。

曾庆生《荀悦〈汉纪〉之研究》，台北：花木兰文化出版社 2007 年 3 月出版

本书共五章。第一章绪论。第二章从著作动机、著作体裁、对编年古体

的认识，及古体创作风气的影响等方面，评价了《汉纪》的编年史体及其意义。第三章分析了《汉纪》笔法的特色与得失，并论述了其史论。第四章从政治思想、天人思想、鉴戒史观分析了《汉纪》的思想。第五章为结论。

杜永梅《班固、荀悦思想比较研究》，北京：博士学位论文，北京师范大学，2007 年

见前"班固"条。

梁德华《荀悦〈汉纪〉新探》，香港：香港中文大学中国文化研究所中国古籍研究中心 2011 年出版

本书共收录六篇论文，从不同角度研究了荀悦《汉纪》的史学思想、资料来源、整理文献的方法，以及今本《汉纪》文本讹误的问题等。具体内容包括：史学思想方面，有《汉纪》论赞研究。史料研究方面，有荀悦《汉纪》用《史记》考，探讨其史料来源。通过《汉纪》与《史记》《汉书》对勘，说明《汉纪》的史料价值。方法研究方面，荀悦《汉纪》整理《汉书》方法探究，同时比较了《汉纪》与《资治通鉴》的异同。校勘方面，通过比勘《史记》《汉书》《汉纪》三书文句，校补今本《汉纪》的讹误，并讨论了张烈校本的问题。最后分析《汉纪》的文学特点，探讨了《汉纪》丰富多姿的文学技巧及荀悦剪裁布局的匠心。附录《汉纪》所录西汉文章概况表。

（明）黄省曾注，孙启治校补《申鉴注校补》，北京：中华书局 2012 年9 月出版

本书为"新编诸子集成续编"之一。该书以《四部丛刊》所收明嘉靖四年文始堂刻黄省曾注本为底本。书中校补分为两部分，一是对正文及黄注加以校正，所据本有程荣《汉魏丛书》本、《四库全书》本、王谟《增订汉魏丛书》本、《龙溪精舍丛书》本，同时吸收卢文弨《校补》与钱培名《札记》。二是对黄注不足之处加以补注，补注以释正文为主，非为黄注作疏。书后附录序跋提要、评论三则、荀悦传。该书校勘方面搜罗诸本，富有参考价值，注释方面补充旧注、疏释文意，是一部学术水平较高的整理本。

　　张兰花、程晓菡《三曹七子之外建安作家诗文合集校注》，石家庄：河北教育出版社 2013 年 6 月出版

　　本书为"建安文学全书"丛书之一。该书所收作品以萧统《文选》、严可均《全上古三代秦汉三国六朝文》、逯钦立《先秦汉魏晋南北朝诗》等为底本。书中收录荀悦史述赞、史论等作品共 43 篇。作品前有作者简介，概述其生平及诗文的流传存佚。注释部分既有释词，也有句意的疏解。书后附《申鉴》五篇。

孔融 (153—208)

沈达材《建安文学概论》，北平：朴社 1932 年 1 月出版

本书对建安文学进行了概要性的论述。首先分析了建安文学与东汉诗人的渊源关系，考察了建安文学的时代背景，以及建安文学与乐府，并评述了建安文学的趋势及影响。在"前人认识中之建安七子"一节中，列叙了曹丕、谢灵运、钟嵘、刘勰对他们的评价。"建安七子之诗歌"一节中，分析了七子诗歌的内容和各自独特的风貌。

孙至诚《孔北海集评注》，上海：商务印书馆 1935 年 5 月出版

本书分为上下两部分。上部分为叙论，包括导言、孔融本传、北海文之品评、北海文学之渊源、北海文之异彩等内容，另附有《孔北海年谱》。下部分是对孔融作品的评注，除注明典事外，书中采用以评辅注、以圈点辅评的形式，对作品的特色进行精到的评述。

李宝均《曹氏父子和建安文学》，北京：中华书局 1962 年 6 月出版

本书在综述了建安文学的时代背景及其繁荣的原因后，第六节"建安七子"中对孔融进行了讨论，结合其文学作品的内容来叙述其活动和思想。该书为"古典文学基本知识丛书"之一，内容较为简略。本书又有上海古籍出版社 1978 年 10 月版，(台北)群玉堂出版事业公司 1991 年 12 月版。

河北师范学院中文系古典文学教研组编《三曹资料汇编》，北京：中华书局 1980 年 9 月出版

本书附录"建安文学总论"和"建安七子"部分辑录了历代对孔融等七人生平、作品的相关资料。书中资料包括人物品评，以及诗文作品的分析和评价。其中既有整体评论，也有单篇作品的阐析。该书搜罗众书中的资

料，汇为一编，翔实完备，使用较为便利。

刘知渐《建安文学编年史》，重庆：重庆出版社 1985 年 3 月出版

本书是以编年方法撰成的建安断代文学史。全书首先分析了曹操与建安文学的关系问题。正文分为前编、正编、后编，将建安前五十年至建安后九年共九十年间的文人文学活动作了编年，梳理并凸显了众多文人对建安文学的贡献。附录部分有"重评郭沫若先生的《替曹操翻案》""从曹操诗文看他的政治思想""'建安风骨'新探""建安作家诗文全目"。

张可礼《建安文学论稿》，济南：山东教育出版社 1986 年 9 月出版

本书为建安文学论文集，共收入 16 篇文章，内容大致可分为三类：《建安文学的发展阶段》以下十篇文章论述了建安文学及建安文学理论批评的成就和特点；《建安时期思想解放与文学的发展》和《建安作家的修养》两文主要从建安时期思想比较解放和作家的主观条件等方面，论述了建安文学发展的原因；《建安文学和它以前的文学传统》以下四篇文章，从文学发展的角度分析了建安文学对以前文学的继承和影响。附录有"刘勰对三曹评价的得失"和"建安文学研究论著索引"。

吴云《建安七子作品选》，郑州：中州古籍出版社 1987 年 4 月出版

本书为"古典文学小丛书"之一。前言对七子的生平事迹与文学创作的情况有简要的评述。书中选录孔融诗五首、文两篇。每首作品下首先是"说明"，介绍该篇的写作背景和思想内容。其次为"注释"，对字词作简明的注解。

李文禄、王巍《建安诗文鉴赏》，长春：吉林大学出版社 1987 年 9 月出版

本书中选录孔融诗歌《杂诗》一首、文二篇《荐祢衡表》《论盛孝章书》，进行注释鉴赏。书中对诗文的字句首先加以简明的注释，然后对作品内容加以较为详细的讲解，包括句段的大意、典故的运用、文章的情感等，同时对诗文作品的表现手法和艺术特色也加以简要的评述。

俞绍初辑校《建安七子集》，北京：中华书局 1989 年 7 月出版

本书卷一为《孔融集》。该书篇目大体依照丁福保《汉魏六朝名家集》

编次，每篇诗文均注明出处，并用其他版本加以校勘。散见的佚文能与上下文衔接者则接入正文之中。书后附有"建安七子佚文存目考""杂著汇编""著作考""年谱"等材料。该书为较为完备精审的校本。本书又有（台北）文史哲出版社1990年4月版。

卢达《孔融》，收入吕慧鹃、刘波、卢达编《中国历代著名文学家评传》（续编一），济南：山东教育出版社1989年12月出版

本传主要内容有四部分：一，聪颖好学、早年虚名，简要介绍了孔融早年的学习情况。二，守正不阿、好士礼贤，叙述了孔融在早期仕宦生涯中的经历和遭遇。三，维护汉室、忠于名教，比较详细地叙述了在后期仕途上的维护汉室、反对曹氏的主要活动与相关的作品创作。四，刚直见杀、文卷长存，简介了孔融被曹操杀害的经过，以及其作品在后世的存录情况。

郁贤皓、张采民笺注《建安七子诗笺注》，成都：巴蜀书社1990年5月出版

本书卷一为"孔融诗笺注"。正文分为原诗、注释、评笺三部分。原诗文字及次序以《古诗纪》为据，凡《古诗纪》所无、据别本补入之诗，则列于每卷之后。注释部分，首条注释说明作品的出处、真伪、作年、解题等。注释辑录了《古诗纪》的原注，同时注释词语、用典，注末为异文校勘。评笺部分收罗前人对每篇作品的评论。每卷之后附录有关作者的传记和著作资料。书后附录有前代典籍中总评七子诗歌的资料、《建安七子年表》。

韩格平《建安七子诗文集校注译析》，长春：吉林文史出版社1991年10月出版

本书中辑有《孔融集》。诗据逯钦立《先秦汉魏晋南北朝诗》，文据严可均《全后汉文》，并参照其他书有所增辑。大体按照各篇诗文的写作时间顺序编排。注校均较简明。译文以直译为主。解析部分主要分析作品的思想内容和艺术特色。集前有提示，简介作者的生平、性格、创作风格及著述情况。书后附有《建安七子年表》《本书增辑佚文情况一览表》《补遗》。

吴云《建安七子集校注》，天津：天津古籍出版社1991年11月出版

本书卷一为《孔融集校注》。该集分诗、文两大部分，分别以逯钦立《先秦汉魏晋南北朝诗》和严可均《全后汉文》为底本，并参考俞绍初《建

安七子集》编辑而成。本集体例校注合一，每篇正文之下有解题，对写作
背景、主旨以及后世辑录情况有简要说明。注释部分中，释词较为简明，释
事则较详细。该书 2005 年 1 月有修订版，除修改部分注文及错字外，在卷
首增加了前言，对孔融的生平思想和著作做了论述。

　　王巍《建安文学概论》，沈阳：辽宁教育出版社 1991 年 12 月出版
　　本书在"建安时期的重要作家""建安时期的诗歌"中的建安七子部
分，对孔融的生平活动与诗赋创作有着较为集中的叙述，其中作品分析以描
述性的语言对其作了阐解和评析。同时在"建安时期的散文"一节中论述
孔融。本书 2000 年 7 月有修订再版，并增入《近二十年来建安文学研究综
述》一文。

　　李景华《建安文学述评》，北京：首都师范大学出版社 1994 年 7 月
出版
　　本书内容分为两大部分：第一部分为建安文学述评，首先论述了建安文
学的概念和建安文学的背景。其次评析了建安文学的元勋曹操，以及建安文
学的阵容——邺下文人集团。再次分析了建安诗和散文的成就与特色，最后
考察了建安文学的影响，并对建安文学这一文学现象的产生条件、创作特点
等作了总结思考。末附陈寿、范晔史笔对照表，建安文人同题篇目表，古
诗、建安诗词语雷同表。第二部分为建安文学作品评析，选录了作家的代表
诗赋，并对其思想内容和艺术特色进行了较为细致的评析。后附《建安文
学年表》。

　　郑文《建安诗论》，兰州：甘肃民族出版社 1994 年 12 月出版
　　本书为论文集，收入论文六篇，附录两篇。书中内容从诗歌题材而言，
有论述离乱和有关统一的诗歌；从风格而言，有论述邺中文会及其诗风；从
作家而言，有论述曹植、七子等；同时也有总论建安诗歌的主要特色的
内容。

　　孙明君《汉末士风与建安诗风》，台北：文津出版社 1995 年 1 月出版
　　本书通过汉末士风视角，探讨桓灵二世之士风与建安士风的内涵及深层
联系，展现建安诗歌的阔大背景，进而重新审视建安诗歌的特质。全书主要
内容分上下两篇。上篇为汉末士风论，分析了桓灵二世士风与建安士风的精

神思想特征。下篇为建安诗风再审视，析论其执着于社会政治的情结和对生命本体的观照两大特征，并综述了建安诗风的总体特征。

韩格平《建安七子研究》，长春：博士学位论文，东北师范大学，1997 年

本论文分上下两编。上编是对建安七子的个案分析，立足于典籍资料和七子现存作品，对其人生轨迹、主要作品、文学特色等进行了较为详细的阐述，总结孔融作品的文学特色为理正气壮、清逸高迈和情直辞达。下编是对建安七子的整体研究，着重分析了七子的时代特征、作品主调与文学成就。

韩格平《建安七子综论》，长春：东北师范大学出版社 1998 年 1 月出版

本书是在作者博士学位论文《建安七子研究》（东北师范大学 1997 年）基础上改订而成。该书与论文不同之处在于将上下编的次序有所改变，详参"韩格平《建安七子研究》"条。

李景华《建安诗传》，长春：吉林人民出版社 1998 年 5 月出版

本书为"中国历代名家流派诗传"丛书之一。该书前言部分全面评估了建安文学，介绍了建安文学产生的社会背景、创作队伍、思想成就、艺术追求及建安文学繁盛的原因。前言后有附表"建安文人同题篇目表"和"古诗、建安诗词语雷同表"。书中选录孔融诗四题七首。注释部分多参考时人注本，主要释词，兼及概述句意。有价值的异文也随文注出。

佘斯大选注《建安七子》，长沙：岳麓书社 1998 年 6 月出版

本书以俞绍初《建安七子集》为底本编选而成。书中选录孔融文十四篇，诗七首。正文前有作者简介。注释部分以注明词意为主，少数兼注出处与典故。

顾农《建安文学史》，长沙：湖南教育出版社 2000 年 6 月出版

本书从文学创作、理论批评、民间文学和地位影响等几个方面对建安文学史作了见解独到的论述。全书内容共有七章："以气为文"，赋体的嬗变，诗界革命，小说新潮，理论批评，民间文学，建安文学的历史地位与影响。附录有：建安文学大事记，建安文学史料考辨。其中第一章讨论了孔融的

书、论。

刘殿爵、陈方正、何志华编《建安七子集逐字索引》，香港：香港中文大学出版社 2001 年出版

本书为"魏晋南北朝古籍逐字索引丛刊"之一。本书《孔融集》逐字索引部分，主要分为原文与索引。诗集据丁福保《全汉三国晋南北朝诗》，文集据严可均《全上古三代秦汉三国六朝文》，并校以他本。逐字索引部分按照汉语拼音次序排列，每条后标识卷次、篇次、页次、行次。正文前有拼音、笔画检字表、增字删字误字改正表等，书后附全书用字频数表。

张振龙《建安文人的文学活动与文学观念》，西安：博士学位论文，陕西师范大学，2003 年

本论文以对建安文人文学活动与文学观念的相关文献、史料的梳理、考辨、分析为基础，从纵向和横向两个方面对建安时代"人的觉醒"与"文的自觉"进行研究。全文分为五章：一、对建安"人的觉醒"的历史重读；二、建安：文人文学家身份基本确立的时代；三、建安文人的文学创作与情感形态的文学观念；四、建安文人的交际与编撰活动对文学观念的深化；五、建安文人文评活动与理论形态的文学观念。

王鹏廷《建安七子研究》，北京：北京大学出版社 2004 年 10 月出版

本书为对建安七子的综合研究著作，是在作者博士学位论文《建安七子述论》（中国社会科学院研究生院 2002 年）的基础上修订而成。全书分上下两编。上编首先介绍了七子生活时代的社会政治与思想文化的特点，以及其家世与社会经历。其次论述了七子的社会政治观、人生观与汉魏思想文化发展的关联。再次对七子作品进行了考辨。下编首先略述了七子在诗赋文方面的创作实绩。然后从共同风格和个体风格两方面论析了七子文学风格。最后指出了建安七子的文学史地位。书后附有《建安七子研究史略述》，较为详细。

张可礼、刘加夫《建安文坛上的齐鲁文人》，济南：山东文艺出版社 2004 年 10 月出版

本书第二节介绍了孔融刚肠豪气、疾恶乐善的一生。具体内容包括：少年成名的圣门子弟，乱世出任北海相，在许都任少府，与曹操的恩怨及被杀

的悲剧，身后声誉与评价。

陶新民选注《建安体诗选》，保定：河北大学出版社 2009 年 8 月出版

本书为"中国诗体丛书"之一。该书所选诗歌以能代表诗人风格为标准。书中选录孔融《杂诗》二首，诗前有说明文字，简要概括诗歌意旨，同时对其突出的艺术特征加以提示。诗后为注释。

徐俊祥《建安学术史大纲》，扬州：广陵书社 2009 年 12 月出版

本书第四章第四节论述了孔融的学术，包括对郑玄泥古的批评、对儒家传统伦理的改造与创新、以博通为学术目标、理想人格与社会等。余详"蔡邕"条。

曹旭、叶当前《建安七子》，北京：中华书局 2010 年 2 月出版

本书为建安七子诗文选集。书中选录孔融诗歌三首、文四篇。该书内容体例首先是作者传略，选文每篇有题解，介绍写作背景、诗文内容、艺术特色。正文后为注释，既有词语注解，也有句意串讲，较为详明。所选文章则附有译文。

潘景岩《三曹与建安七子》，长春：吉林文史出版社 2010 年 4 月出版

本书第四部分"非御用文人——建安七子"介绍了孔融等七人的生平经历及政治活动，并对他在文学艺术上的成就及影响进行了简要的分析评述，同时还赏析了一些重要的作品。该书简明扼要，图文并茂，是一部普及读物。

黄前程《文质相争与汉魏之际的治道嬗变——由孔融案展开的研究》，广州：博士学位论文，中山大学，2010 年

本论文以"孔融案"为中心，通过"文质论"研究视角，对汉魏之际治道嬗变的总体过程和基本特征作了探讨。论文认为，孔融案是汉魏之际社会政治生活的一个缩影：孔融的悲剧可以从其政治立场、人格特征和家世渊源获得充分注解。孔融一生的社会政治活动也对汉魏之际的社会政治生活产生了重要影响。同时孔融案又反映了汉魏之际政治纷争的一个基本性质，即文质相争。

　　丁威仁《三国时期魏地文士"惜时生命观"研究——以建安七子与曹氏父子之诗歌为研究对象》，台北：花木兰文化出版社 2011 年 9 月出版

　　本书以三曹时期北地的文士生命意识为焦点，以曹氏父子与建安七子为典型，采用他们的诗文作为观察文本，辅以其生命历程的考察作为佐证，讨论北地文士所普遍呈现的乘时意识，并说明建安风骨时代是一个乘时思维为内在价值根源的进取时代。全书分为两部分。第一部分惜时系统的建构，论述了惜时系统的完成、思想基础、文学基础。第二部分惜时典型值观察，分别以建安七子内化的伤逝悲感、曹操诗歌里的生命忧思、曹丕生命的自我求索、曹植生命的挣扎矛盾四方面进行了考察。

　　朱秀敏《建安散文研究》，济南：博士学位论文，山东师范大学，2011 年

　　本论文梳理和探讨了建安时期各体文章的创作状况，探究了其中的文学思想和时代风尚，并评价了其文学史地位。全文分为绪论和七章内容。第一章介绍了建安散文的创作背景。第二、三、四章从诏令、奏议、书牍、论说文、序体文、碑诔哀吊、颂赞箴铭、杂文等方面对建安散文进行了分类论述。第五章论述了建安散文的整体风貌，包括文体发展与各体皆工、时代风尚、人的觉醒下的文的自觉。第六章从价值论、文体论、创作论、批评论方面论述了建安散文中的文学思想。第七章评价了建安散文的文学史地位。附录"现存建安单篇散文分类目录（含残篇）""建安单篇散文分类补遗、勘误与存疑"。

　　芦春艳《建安作家诗文互动研究》，北京：博士学位论文，中国社会科学院研究生院，2012 年

　　本论文重点考察了"三曹""七子"创作中诗歌的散文化和散文的诗歌化这种诗文互动情况，主要从字词句法、声律韵调、修辞技巧、表达方式、篇章结构、总体风格等角度加以分析，对建安作家行文模式和创作思维在诗文两体中的运用作了全面论述。本论文第五章从作家自身因素影响和文章形式两方面论述了建安七子诗文中的互动迹象。

　　施建军《建安文学探微》，台北：花木兰文化出版社 2013 年 3 月出版
　　本书是在作者博士学位论文《建安文学专题研究》（复旦大学 2004年）基础上修订而成。全书共六章。第一、二章对历代存留的建安文学批

评资料进行有针对性的清理。第三章是对 20 世纪建安文学研究所作的评述。第四章论述曹操与建安诸文士之间的关系。第五、六章探讨曹氏兄弟争嗣本末及其影响的问题。

夏传才、杜志勇《孔融、陈琳合集校注》，石家庄：河北教育出版社 2013 年 6 月出版

本书是夏氏主编"建安文学全书"中的一种。其中《孔融集》部分收入孔融诗八首、各体文五十余篇（含残篇），包括书、疏、教、令、表、碑铭、论、议、对等，收录较为完备。每篇作品下有解题，注释部分释词简明、释典则较详细。

柏俊才《建安文学史话》，北京：社会科学文献出版社 2015 年 8 月出版

本书为"中国史话"丛书之一。书中"建安文学的主力军——建安七子"一章中简要评述了"体气高妙的孔融"，包括生平简述、作品存佚、诗文特点等。

曹操（155—220）

沈达材《建安文学概论》，北平：朴社 1932 年 1 月出版

本书在"建安文学的中心人物"和"曹操"两节中，说明了曹氏父子对建安文学形成的重要作用，及曹操诗歌的内容和独特风格。余详"孔融"条。

余冠英《三曹诗选》，北京：人民文学出版社 1956 年 8 月出版

本书曹操部分收诗八首。每首第一条注释为题解，对诗歌篇题的出处、本意、背景、主旨作简要说明。注释包括对词语、典故的解释，一些重要或难解句子的串解，有些地方还征引史事或作者其他作品来阐明诗意。该书是一本学术性较强的选本，同时也具有可读性。本书又有人民文学出版社 1979 年 10 月版，注文比初版有较多的增改，体例和格式也有一些改动。

黄节注《魏武帝魏文帝诗注》，北京：人民文学出版社 1958 年 2 月出版

本书中"魏武帝诗注"部分收曹操诗二十四篇，每篇诗题下有解题，说明其篇题成因及寓意。诗注仿照李善注《文选》体例，注明用词隶典的出处，间或解释字义。另外搜采史传、诗话、笔记等所载各家成说来考证诗的本事和阐发诗的主题。此书富有参考价值，影响较广。

《曹操集》，北京：中华书局 1959 年 5 月出版

本书分为诗集、文集、《孙子》注、附录四个部分，是以丁福保《汉魏六朝名家集》本《魏武帝集》为底本，稍加整理和补充，将仅存一二断词断句移附于每卷之末，并从《孙子十家注》中抽出曹操注文，增入本集为《孙子注》。其中诗集收十六题 22 首（《步出夏门行》按一首计）；文集分三

卷共 152 篇，附录阮瑀《为曹公作书与孙权》《为曹公与刘备书》、路粹《为曹公与孔融书》三篇；《孙子注》共十三篇；附录有《三国志·魏武本纪》（含裴松之注）、江耦所编《曹操年表》以及节录自姚振宗《三国艺文志》的《曹操著作考》。本书多取善本，校勘精审。

《曹操集》，北京：中华书局 1959 年 7 月出版

本书分为诗集、文集、《孙子》注、附录、补遗五个部分。此本依照该书局同年 5 月版而刊，不同处在于书末另增入补遗《兵书接要》《善哉行》《失题》三条。然未加说明，不知何故。该书是曹操著述及相关资料搜集得比较齐备的本子。中华书局又于 1974 年 12 月据该本出版了大字本《曹操集》，分上下两册。

郭沫若、翦伯赞等《曹操论集》，北京：生活·读书·新知三联书店 1960 年 1 月出版

本书为论文集，共收入文章 36 篇。主要是关于曹操这一人物的历史评价，结合史事对曹操的历史地位和功过等进行了讨论分析。本书材料丰富，对分析曹操的历史作用和功过问题等具有较大的参考价值。本书又有香港三联书店 1979 年 7 月版。

李宝均《曹氏父子和建安文学》，北京：中华书局 1962 年 6 月出版

本书在综述了建安文学的时代背景及其繁荣的原因后，第三节对曹操进行了讨论，内容分为杰出的政治家和军事家、清峻通脱的散文、诗歌的思想内容和成就三方面。余详"孔融"条。

《曹操集》，台北：河洛图书出版社 1975 年 10 月出版

本书为《夏学丛书》之一。内容包括诗集、文集（三卷）、《孙子》注三部分。附录包括《三国魏志武帝纪》《曹操年表》与《曹操著作考》；另外还有文集补遗，为《兵书接要》。此书实沿袭中华书局本 1959 年 7 月本，且"出版说明"也几乎相同，唯将"我局即将出版的陈乃乾同志校本"《三国志》改为"已经出版的点校本"而已。另外书后有曹丕诗选二十首与曹植诗选五十一首，并有注释。

安徽亳县《曹操集》译注小组《曹操集译注》，北京：中华书局 1979 年 11 月出版

本书以中华书局 1974 年版《曹操集》为底本进行译注。其中每篇首先介绍写作背景，对有代表性的篇目，并加以简评。对正文的注释，比较简明。注释后附有今译。该集对归属有问题的作品，如《塘上行》《兵法》《兵书接要》等，未加收入。

河北师范学院中文系古典文学教研组编《三曹资料汇编》，北京：中华书局 1980 年 9 月出版

本书曹操卷辑录了魏晋南北朝至清末历代关于曹操生平、作品等资料。书中资料包括人物品评，而主要在其诗歌作品的分析和评价，其中既有整体评论，也有单篇作品的阐析。余详"孔融"条。

邱英生、高爽《三曹诗译释》，哈尔滨：黑龙江人民出版社 1982 年 1 月出版

本书曹操部分收入诗八首，正文包括原文、注释和句解、译文，最后简析部分对诗歌的思想内容和艺术形式作了分析。该书文字浅显通俗，为普及读物。

赵福坛《曹魏父子诗选》，香港：香港三联书店 1982 年 1 月出版

本书为《中国历代诗人选集》之一。书中曹操部分收诗十三首，每首之下为题解，具体说明作品的写作背景、主题思想和艺术特色。注释部分通俗简明，每则注释前为对相应诗句的白话文串解。本书又有广东人民出版社 1984 年 2 月重印本。

《曹操集》，台北：纯真出版社 1982 年 3 月出版

本书正文部分包括诗集、文集（三卷）、《孙子》注三部分。附录一包括《三国魏志武帝纪》《曹操年表》与《曹操著作考》；另外还有文集补遗，为《兵书接要》。附录二为曹操诗选注，选《度关山》《对酒》《却东西门行》等八首诗歌。该书完全因袭中华书局 1959 年 7 月版，"出版说明"也几乎相同，唯将"文学古籍刊印社"影宋本《乐府诗集》改为"世界书局"影宋本，将"我局即将出版的陈乃乾同志校本"《三国志》改为"鼎文出版社校点本"。

徐公持《曹操》，收入吕慧鹃、刘波、卢达编《中国历代著名文学家评传》（第一卷），济南：山东教育出版社1983年5月出版

本传主要内容有六个方面：一，少年行止及仕途初试，介绍了曹操早年的性情、经历，以及文化艺术的修养。二，逐鹿中原、削平群雄，简述了曹操的政治和军事活动。三，"鞍马间为文"，评析了曹操乐府诗歌的内容和艺术特色，同时提出曹操对文学事业的另一重要贡献，即造就了邺下文人集团。四，"吾为周文王矣"，简介了建安后期曹操的政治活动。五，后期诗文创作，阐述了晚年曹操诗歌中的感伤情绪与游仙内容，并且着重分析了《让县自明本志令》。六，身后褒贬，撮述了后人对曹操政治和文学方面的评价。

张可礼《三曹年谱》，济南：齐鲁书社1983年5月出版

本书将曹操、曹丕和曹植的生平经历进行了编纂，并吸收前人研究对相关事迹进行了考订。本谱主要包括两方面内容：一是政治、经济和文化等方面的重大事件。二是谱主家庭、经历、思想、性格、文学活动和交游方面的概况。本书是研究三曹的重要参考书。

刘知渐《建安文学编年史》，重庆：重庆出版社1985年3月出版
见前"孔融"条。

朱传誉《曹操传记资料》，台北：天一出版社1985年出版

本书蒐集了报纸、期刊、文集、论丛等有关曹操的资料，涉及文学评论、政治政策、历史功过等。同时也收录了部分日文资料。该书将散见的单篇资料集中成册，为研究者提供了很大便利。

张可礼《建安文学论稿》，济南：山东教育出版社1986年9月出版
见前"孔融"条。

李文禄、王巍《建安诗文鉴赏》，长春：吉林大学出版社1987年9月出版
本书中选录曹操诗歌七首、文一篇《让县自明本志令》，进行注释鉴赏。余详"孔融"条。

李景华《三曹诗文赏析集》，成都：巴蜀书社1988年11月出版
本书选录曹操诗歌七首、文一篇《让县自明本志令》。正文中诗歌部分

不加注释，随文解释，文、赋则有注释。其中重点是赏析部分，结合时代背景和作者处境，分析介绍作品内容，并通过与其他作品相互比较，对作者在艺术构思和表现手法上的创新与匠心，以及对后世的影响作了说明。书中诗文赏析为汇聚诸家文章而成，参考价值较大。书后附有《三曹年表》。

陈飞之《三曹诗论集》，桂林：广西师范大学出版社 1989 年 1 月出版
本书为论文集，其中关于曹操诗歌的文章有三篇，分别是《论曹操诗歌的艺术成就》《曹操的游仙诗》《从曹操的乐府诗看他的音乐观》。

殷义祥《三曹诗选译》，成都：巴蜀书社 1989 年 2 月出版
本书"曹操诗"部分选录九首诗歌作品。每首诗下有解题，说明篇题来历，并解释诗歌寓意。其次加以简要的注释，最后为白话译文。本书为普及读物，因此注释通俗易懂，译文也多用直译。本书有凤凰出版社 2011 年 5 月修订版。

王巍《建安文学概论》，沈阳：辽宁教育出版社 1991 年 12 月出版
见前"孔融"条。

宋效永点校《三曹集》，长沙：岳麓书社 1992 年 10 月出版
本书为曹操、曹丕、曹植作品合集。书中"魏武帝集"部分，收录文章依照张溥《汉魏六朝百三家集》中《魏武帝集》，并加以标点。书中无校记，无注释，仅录白文。集后附录《魏武帝本纪》。其次"辑补"部分所收佚文则基本据严可均《全三国文》。佚诗《塘上行》作者有曹操及甄后两说，该书按曹操之作收入。

章映阁《曹操》，台北：知书房出版社 1992 年 11 月出版
本书共有十章，依照时间顺序论述了曹操的一生。内容分别是：第一章家世与出身，第二章从讨董卓，第三章初定兖州，第四章再定兖州，第五章挟天子而令诸侯，第六章逐鹿中原，第七章收定河北，第八章举兵南征，第九章平定关陇，第十章吾为周文王矣。

王立伟《三国之雄——曹操》，台北：先见出版公司 1993 年 9 月出版
本书以史实为基本依据，加以文学想象，分三十节内容叙述了曹操的生

平功业。书中摒弃了视曹操为枭雄的传统观点，而以曹操的真实面目呈现其内心世界。该书是一部通俗的传记读物。

李景华《建安文学述评》，北京：首都师范大学出版社 1994 年 7 月出版

见前"孔融"条。

张钧莉《对酒当歌——六朝文学与曹氏父子》，台北：幼狮文化事业公司 1994 年 8 月出版

本书分为两部分。第一部分为六朝文学总论，界定了六朝，论述了六朝的文学环境、六朝文士与六朝文学、六朝文学概况、六朝文学评价等。第二部分曹氏父子，首先简述了建安文学与曹氏父子的关系，其次为三曹诗选，其中第二节选录曹操诗五首，加以简明的注释，并从诗歌艺术角度进行了析评。

郑文《建安诗论》，兰州：甘肃民族出版社 1994 年 12 月出版

本书为论文集，收入论文六篇，附录两篇。其中第二篇分析了曹操的统一政策，并论述了当时诗人有关统一的诗歌。余详"孔融"条。

韩泉欣、赵家莹选注《三曹诗文选注》，上海：上海古籍出版 1994 年 12 月出版

本书为三曹诗文选辑注释。选录曹操诗八首、文五篇；曹丕诗十二首、文四篇；曹植诗二十三首、文七篇。文的作年比较容易考定，因以作年先后为序；诗则按类编排。选文文字大概依据通行本，其中文字如有出入，则比较各本、择善而从。

孙明君《汉末士风与建安诗风》，台北：文津出版社 1995 年 1 月出版

见前"孔融"条。

王巍《三曹评传》，沈阳：辽宁古籍出版社 1995 年 3 月出版

本书共分十章论述了三曹的生平、思想及文学成就等。第一章考述了曹氏家族世系。第二章评述了曹操的生平及事业。第三章评述曹丕、曹植的生平及事业。第四章至第六章分别论述了三曹以气为本的哲学思想、安邦治国

的政治思想和以农为本的经济思想。第七章分析曹操的军事思想。第八章分别讨论了三曹的文艺思想。第九章总结了三曹的文学成就。第十章论述了有关三曹的评价及其文学地位与影响。附录为《三曹年表》。

周满江《三曹诗歌赏析》，南宁：广西教育出版社1995年12月出版

本书是曹操、曹丕、曹植诗歌的注释赏析集。前言论述了三曹与建安风骨。其中选录曹操诗歌九首。正文之外，内容分为注释和赏析两部分。注释较为简要，赏析比较详细地解释分析了整首诗歌的情感内容。

熊治祁、徐炼等《乱世四大文豪合集注译》，长沙：湖南文艺出版社1996年10月出版

本书中的《曹操集注译》，主要据中华书局1974年版《曹操集》。书中篇目顺序，诗集、文集均以时间先后为次编排，时间无考者列于后。每篇第一条注释相当于题解，介绍写作背景或作品内容等。注释、译文较为详细，尤其译诗，以繁富的辞藻译出。

傅亚庶注译《三曹诗文全集译注》，长春：吉林文史出版社1997年1月出版

本书为曹操、曹丕、曹植的诗文集译注。本书中《曹操集》部分，诗歌参考逯钦立《先秦汉魏晋南北朝诗》，文参考严可均《全三国文》。集中作品搜罗齐全，并进行了校勘、注释、今译、解析。注释以今注为主，译文主要为直译，解析部分对作品的思想内容和艺术特点做了提示，并引述了前代较好的解说。

李景华《建安诗传》，长春：吉林人民出版社1998年5月出版

见前"孔融"条。

王巍《曹操·曹丕·曹植》，沈阳：春风文艺出版社1999年1月出版

本书为"插图本中国文学小丛书"之一。全书共有十四节内容。其中第一至四节讲述曹操的家世及青少年时代，逐鹿中原、雄霸北方，赤壁鏖战，曹操愿为周文王的生平经历。第十至十四节分别论述了三曹朴素的唯物主义自然观、坦然通达的生死观、安邦定国的政治思想主张以及其文艺思想和文学成就。

刘光义《魏武帝曹操》，新竹：建宏出版社 1999 年 8 月出版

本书共有三部分内容：一、绪论，叙述了东汉的政治情况，包括东汉历史的传承、特色，临朝六后的立帝和政绩，外戚宦官的情形，党锢之祸，黄巾之乱等。二、透析曹操，按照时间顺序，论述了曹操一生在政治和军事上的经历。三、曹操的人际关系，分析了曹操与其智囊群、袁绍、刘备、孙权、鲁肃、诸葛亮之间的关系。

孙明君《三曹与中国诗史》，北京：清华大学出版社 1999 年 9 月出版

本书从中国诗史的流变中把握建安时代三曹诗歌的艺术精神、创作体制、创作方法的继承性与革新性，对三曹及建安诗歌在诗史上的位置进行了新的界定。全书分为内篇、外篇、杂篇三部分。内篇从宏观角度探析三曹与中国诗史的深层关系。外篇分别就三曹与中国诗史的若干具体问题进行分析和论证，如曹操的主导思想、曹操对原始儒学的诗化等。杂篇阐述了三个诗歌史与思想史的问题。附录"45 年（1949—1994）来大陆地区三曹研究综述"。本书又有商务印书馆 2014 年 4 月版。

顾农《建安文学史》，长沙：湖南教育出版社 2000 年 6 月出版

本书第一章和第三章，讨论了曹操的文章与乐府诗。余详"孔融"条。

刘殿爵、陈方正、何志华编《曹操集逐字索引》，香港：香港中文大学出版社 2000 年 11 月出版

本书为"魏晋南北朝古籍逐字索引丛刊"之一。本书《曹操集》逐字索引部分，主要分为原文与索引。诗集据丁福保《全汉三国晋南北朝诗》，文集据严可均《全上古三代秦汉三国六朝文》，并校以他本。逐字索引部分按照汉语拼音次序排列，每条后标识卷次、篇次、页次、行次，极便检索。正文前有拼音、笔画检字表、增字删字误字改正表等，书后附全书用字频数表。

洪润基《〈文心雕龙〉对三曹诗文及文学论的批评研究》，上海：博士学位论文，复旦大学，2000 年

本论文以三曹的诗文及文学论的批评内容作为研究对象，通过考察《文心雕龙》对三曹上述方面的批评内涵，在此基础上研究《文心雕龙》的批评原理。本论文首先是绪论，说明研究概况、现时期《文心雕龙》研究

的限制及突破等。第二章综述了《文心雕龙》对三曹的基本看法，包括以魏朝为正统、客观评价曹氏父子对建安文学形成所起的作用。第三章为《文心雕龙》对曹操诗文及文学论的批评，将《文心雕龙》中有关曹操的批评内容按照韵文、散文、文学论的顺序排列并进行了具体考察。

　　陈庆元《三曹诗选评》，上海：上海古籍出版社 2002 年 10 月出版

　　本书为曹操、曹丕、曹植诗歌的选本及注评。选录曹操诗 9 篇、曹丕诗 25 篇、曹植诗 58 篇。全书分为曹操、曹丕、曹植三部分，每部分前附有导言，简要介绍诗人及其诗歌创作历程。每篇诗作按原文、注释、评析来编排。注释较为简要，评析部分主要包括创作背景、篇章结构、思想内容、情感特征、艺术特色等方面。简要明了，便于初学者阅读。

　　张振龙《建安文人的文学活动与文学观念》，西安：博士学位论文，陕西师范大学，2003 年

　　见前"孔融"条。

　　孙明君《三曹诗选》，北京：中华书局 2005 年 8 月出版

　　本书为曹操、曹丕、曹植的诗歌选集。其中收曹操诗歌十九首，每首诗下为题解，说明乐府诗篇题出处、诗歌主旨、思想内容。注释部分较为简略，以释词为主，个别注释指出用语出处。

　　黄昌年《三曹文学评述》，长春：吉林大学出版社 2006 年 6 月出版

　　本书中曹操篇部分，首先总述了曹操生平及文艺造诣，认为是"非常之人，超世之杰"。第二至五节分别论述曹操汉末实录的乐府诗、千古独步的四言诗、幽燕老将的军旅诗、不信天命的游仙诗。第六节论述曹操文章的特色和成就。第七、八节讨论曹操与建安七子的政治关系，及其对蔡琰经历的影响。第九节总结评价曹操在建安文坛、建安文学新风气的开创及其文学成就对后世的影响，可谓"建安之杰"。最后为"曹操大事年表"。

　　张可礼、宿美丽编选《曹操曹丕曹植集》，南京：凤凰出版社 2009 年 1 月出版

　　本书中曹操部分以中华书局 1974 年版《曹操集》为底本。书中内容分

为原文、注释、品评三部分。注释部分重点解释难词和典故，间加串讲。品评部分揭示分析写作背景、主要内容、层次结构等。

　　吴昆财《三国枭雄曹操》，台北：印刻文学生活杂志出版公司 2009 年 2 月出版

　　本书分上下篇，上篇为"曹操传"，其内容有：一、家世与少年时代；二、汉末风云；三、统一北方；四、赤壁之战；五、猜忌之雄；六、横槊赋诗。下篇为"是非争议"，分为负面评价与正面评价，辑录了历代对曹操的褒贬评价。附录为年表。该书体例较新，叙述简明客观。

　　陶新民选注《建安体诗选》，保定：河北大学出版社 2009 年 8 月出版

　　本书选录曹操诗歌七题八首。余详"孔融"条。

　　刘跃进、王莉《三曹》，北京：中华书局 2010 年 2 月出版

　　本书为三曹诗文选集。其中选录曹操诗文 23 篇，曹丕诗文 25 篇，曹植诗文 31 篇。前言部分介绍三曹作品留存情况以及三曹文学创作特征。每一部分皆附有诗人小传，介绍生平事迹与著述版本情况。全书按篇目、题解、原文、注释四部分编排。题解交代写作背景，情感内容。注释则译注诗文字句，对人名、地名、词语等加以注释。

　　潘景岩《三曹与建安七子》，长春：吉林文史出版社 2010 年 4 月出版

　　本书第一部分"乱世终结者——曹操"介绍了曹操的生平经历及政治、军事等活动，并对曹操在文学艺术上的成就及影响进行了分析评述，还赏析了一些重要的作品。余详"孔融"条。

　　吴怀东《三曹与魏晋文学研究》，合肥：安徽文艺出版社 2011 年 1 月出版

　　本书是关于三曹与魏晋文学的研究论著，共计二十章。前十章论述三曹，第一章探讨曹氏父子与建安文学。第二章论述曹操的魅力。第三章论述经学盛衰与曹操诗歌革新。第四章从文化之演进与诗学之自觉角度，探讨曹丕"诗赋欲丽"说的内涵。第五章论曹植与中古诗歌创作范式的确立。第六章论述曹、孙集团在江淮地区的战争与建安战争文学。第七章论建安文学新变与发生的地域文化背景。第八章为建安诗歌形态论。第九章为建安乐制

及拟乐府诗形态考述。第十章从诗与歌的分野角度，讨论中国古代文人诗的发生。

王巍《曹氏父子与建安文学》，沈阳：辽海出版社 2011 年 4 月出版

本书首先总述了建安时代与建安文学，以及建安文学繁荣的原因。其中论述了曹操的生平及性格、哲学思考、治国思想、对经济发展的思索、军事思想、文艺思想、文学成就，还有对他的相关评价。最后论述了建安文学的地位与影响。

丁威仁《三国时期魏地文士"惜时生命观"研究——以建安七子与曹氏父子之诗歌为研究对象》，台北：花木兰文化出版社 2011 年 9 月出版

见前"孔融"条。

朱秀敏《建安散文研究》，济南：博士学位论文，山东师范大学，2011 年

见前"孔融"条。

芦春艳《建安作家诗文互动研究》，北京：博士学位论文，中国社会科学院研究生院，2012 年

本论文第一章论述了曹操乐府诗与散文的互融互动，包括其乐府诗的散文化倾向、修辞技巧与文章结构的程式化。余详"孔融"条。

上海辞书出版社文学鉴赏辞典编纂中心编《三曹诗文鉴赏辞典》，上海：上海辞书出版社 2013 年 3 月出版

本书是中国文学名家鉴赏辞典系列丛书，选录"三曹"代表作进行鉴赏。每篇作品按篇目、原文、鉴赏三部分编排。鉴赏部分包括诠释词句、发明旨意，阐释诗文内容，同时说明思想感情和艺术特点。并对其中的人名、地名、词语等加以简要注解。书前有前言，简要介绍三曹其人及文学成就。书末附有三曹生平与文学创作年表，分纪年、年岁、生平经历、主要作品、相关大事。条理清晰，便于查阅研读。

施建军《建安文学探微》，台北：花木兰文化出版社 2013 年 3 月出版

本书第四章论述曹操与建安诸文士之间的关系，认为曹操不会重视重用

建安诸文士，使其志不得伸的不平之鸣成为建安文学的一项重要内容。余详"孔融"条。

夏传才《曹操集校注》，石家庄：河北教育出版社 2013 年 6 月出版

本书是夏氏主编"建安文学全书"中的一种。其中收录曹操诗歌十五题二十五首，残句三则，教、令、书等各体文 150 篇（含残句），同时还收入了曹操《孙子兵法注》的序文与注文。这是一部较为全备的曹操作品辑本。此外对每篇作品的字句用典等作了比较详明的注解。书末附录了他人代曹操所作文三篇，及《曹操年谱》一篇。

柏俊才《建安文学史话》，北京：社会科学文献出版社 2015 年 8 月出版

本书中"建安文学局面的开创者"一章对曹操作了简要评述，主要内容包括：杰出的政治家与军事家、气韵沉雄的幽燕老将、改造文章的祖师、建安文士的幕主。

董家平《三曹醇疵》，北京：中国社会科学出版社 2015 年 8 月出版

本书较为全面地论述评价了三曹（曹操、曹丕、曹植）的生平行事及诗文创作。本书采用微观研究的方法，考证和分析了三曹生平行事的前因后果或每篇诗文的内容特色。每章研究一个专题，几章形成一个整体。其中"曹操篇"首先从其作品论述了曹操的自我形象，一生行藏及其本志。其次通过再度审视曹操的现存诗文，对曹操是否为"改造文章的祖师"这一论点作了检讨。再次分析了曹操求贤与杀贤的行为及原因。最后对曹操的诗和文做了分类论述，并概括了其诗和文的独特风格。

张丽锋《曹魏三祖时期文学研究》，保定：博士学位论文，河北大学，2015 年

本论文共七章。引言论述了曹魏三祖时期文学研究现状和论文的构思及研究方法。第一章论述曹操时期的政治背景、思想文化背景、文学创作概况、文学思想研究以及这一时期文人的生活经历和社会活动。紧接着论述"俊才云蒸"的邺下文人集团、邺下游宴文学、邺下文人的军戎文学。第五章为曹丕时期文学研究，分别从曹丕时期文学产生的背景、游仙文学、感伤文学三个方面来阐释这一时期的文学研究，充分肯定了曹丕作品以哀愁伤感

为主要情调对当时的文学思潮的影响。第六章为曹叡时期文学研究，分别从曹叡时期文学背景、曹叡与崇文观的设立、曹叡的文学成就、自试文学四方面阐释这一时期的文学研究。第七章论述曹叡"罢黜浮华"始末，充分肯定了曹叡本人的"情迫辞哀"的乐府诗歌创作对当时的文学思潮的影响。

　　祖秋阳《曹操诗歌唐前接受研究》，长春：博士学位论文，吉林大学，2015 年

　　本论文从纵向和横向两个角度考察了魏晋南北朝对曹操的接受情况。第一章首先说明了曹操生平的两大矛盾属性，即宦官出身与士人情结，这一矛盾正是后世对其接受产生分歧的主要原因。第二章论述建安文人对曹操乐府诗的接受。第三章重点论述了曹操山水诗和游仙诗题材对建安文人的影响。第四章考察了两晋时期曹操诗歌接受的方式，及两晋诗人对曹操诗歌创作的接受。第五章南北朝时期的曹操接受，首先说明曹操诗歌以音乐和文本的传播方式；其次讨论了刘勰、钟嵘对曹操的阐释，然后概述了该时期对曹操的接受。文后附录有"《魏武帝集》结集及著录考""曹操诗歌集评"和"唐前与曹操同题诗歌创作情况表"。

陈琳（156—217）

沈达材《建安文学概论》，北平：朴社 1932 年 1 月出版
见前"孔融"条、"曹操"条。

李宝均《曹氏父子和建安文学》，北京：中华书局 1962 年 6 月出版
本书在综述了建安文学的时代背景及其繁荣的原因后，第六节"建安七子"中对陈琳进行了讨论，通过结合其文学作品的内容来叙述其活动和思想。余详"孔融"条。

河北师范学院中文系古典文学教研组编《三曹资料汇编》，北京：中华书局 1980 年 9 月出版
见前"孔融"条、"曹操"条。

刘知渐《建安文学编年史》，重庆：重庆出版社 1985 年 3 月出版
见前"孔融"条。

张可礼《建安文学论稿》，济南：山东教育出版社 1986 年 9 月出版
见前"孔融"条。

吴云选注《建安七子作品选》，郑州：中州古籍出版社 1987 年 4 月出版
本书中选录陈琳诗一首、文一篇。每首作品下首先是"说明"，介绍该篇的写作背景和思想内容。其次为"注释"，对字词作简明的注解。余详"孔融"条。

　　李文禄、王巍《建安诗文鉴赏》，长春：吉林大学出版社 1987 年 9 月
出版

　　本书中选录陈琳诗歌《饮马长城窟行》一首、文一篇《为袁绍檄豫
州》，进行注释鉴赏。余详"孔融"条。

　　俞绍初辑校《建安七子集》，北京：中华书局 1989 年 7 月出版
　　本书卷二为《陈琳集》。余详"孔融"条。

　　何满子《陈琳》，收入吕慧鹃、刘波、卢达编《中国历代著名文学家评
传》（续编一），济南：山东教育出版社 1989 年 12 月出版
　　本传首先介绍了陈琳的生平，并叙述了陈琳所作的几篇著名檄文。其
次，讨论了陈琳的文学作品，尤其是诗歌《饮马长城窟行》。

　　郁贤皓、张采民笺注《建安七子诗笺注》，成都：巴蜀书社 1990 年 5
月出版
　　本书卷三为"陈琳诗笺注"。余详"孔融"条。

　　韩格平《建安七子诗文集校注译析》，长春：吉林文史出版社 1991 年
10 月出版
　　本书中辑有《陈琳集》。诗据逯钦立《先秦汉魏晋南北朝诗》，文据严
可均《全后汉文》，并参照其他书有所增辑。该集后附《檄吴将校部曲文》
及凌廷堪考辨。余详"孔融"条。

　　吴云《建安七子集校注》，天津：天津古籍出版社 1991 年 11 月出版
　　本书卷二为《陈琳集校注》。该集分诗、赋、文三大部分，以逯钦立
《先秦汉魏晋南北朝诗》和严可均《全后汉文》为底本，并参考俞绍初
《建安七子集》编辑而成。该书 2005 年修订版中，除修改部分注文及错
字外，在卷首增加了前言，对陈琳的生平思想和著作做了论述。余详"孔
融"条。

　　王巍《建安文学概论》，沈阳：辽宁教育出版社 1991 年 12 月出版
　　见前"孔融"条。

李景华《建安文学述评》，北京：首都师范大学出版社 1994 年 7 月
出版

见前"孔融"条。

郑文《建安诗论》，兰州：甘肃民族出版社 1994 年 12 月出版

见前"孔融"条。

孙明君《汉末士风与建安诗风》，台北：文津出版社 1995 年 1 月出版

见前"孔融"条。

韩格平《建安七子研究》，长春：博士学位论文，东北师范大学，
1997 年

本论文分上下两编。上编是对建安七子的个案分析，立足于典籍资料和
七子现存作品，对其人生轨迹、主要作品、文学特色等进行了较为详细的阐
述，总结出陈琳作品的文学特色为济世浓情和鸿篇功力。余详"孔融"条。

韩格平《建安七子综论》，长春：东北师范大学出版社 1998 年 1 月出版

见前"孔融"条。

李景华《建安诗传》，长春：吉林人民出版社 1998 年 5 月出版

本书为"中国历代名家流派诗传"丛书之一。书中选录陈琳诗三题四
首。余详"孔融"条。

佘斯大选注《建安七子》，长沙：岳麓书社 1998 年 6 月出版

本书以俞绍初《建安七子集》为底本编选而成。书中选录陈琳文六篇，
诗五首，赋三篇。余详"孔融"条。

顾农《建安文学史》，长沙：湖南教育出版社 2000 年 6 月出版

本书第一、二、三章，讨论了陈琳的文章、赋与诗。余详"孔融"条。

刘殿爵、陈方正、何志华编《建安七子集逐字索引》，香港：香港中文
大学出版社 2001 年出版

见前"孔融"条。

张振龙《建安文人的文学活动与文学观念》，西安：博士学位论文，陕西师范大学，2003年
　　见前"孔融"条。

王鹏廷《建安七子研究》，北京：北京大学出版社2004年10月出版
　　见前"孔融"条。

陶新民选注《建安体诗选》，保定：河北大学出版社2009年8月出版
　　本书选录陈琳诗歌二题三首。余详"孔融"条。

曹旭、叶当前《建安七子》，北京：中华书局2010年2月出版
　　本书为建安七子诗文选集。书中选录陈琳诗歌一首，赋一篇，文四篇。余详"孔融"条。

潘景岩《三曹与建安七子》，长春：吉林文史出版社2010年4月出版
　　本书第四部分"非御用文人——建安七子"中对陈琳的生平及文学作品有简略的评述。余详"孔融"条。

丁威仁《三国时期魏地文士"惜时生命观"研究——以建安七子与曹氏父子之诗歌为研究对象》，台北：花木兰文化出版社2011年9月出版
　　见前"孔融"条。

朱秀敏《建安散文研究》，济南：博士学位论文，山东师范大学，2011年
　　见前"孔融"条。

芦春艳《建安作家诗文互动研究》，北京：博士学位论文，中国社会科学院研究生院，2012年
　　见前"孔融"条。

施建军《建安文学探微》，台北：花木兰文化出版社2013年3月出版
　　见前"孔融"条。

夏传才、杜志勇《孔融、陈琳合集校注》，石家庄：河北教育出版社 2013 年 6 月出版

本书中的《陈琳集》部分收入陈琳完整的诗歌四首，失题诗五则，赋十二篇，其他文十一篇，另附作者归属存疑的作品三篇。余详"孔融"条。

柏俊才《建安文学史话》，北京：社会科学文献出版社 2015 年 8 月出版

本书"建安文学的主力军——建安七子"一章中简要评述了"章表殊健的陈琳"，包括生平简述、作品存佚、诗文特点等。

阮瑀（？—212）

沈达材《建安文学概论》，北平：朴社 1932 年 1 月出版
见前"孔融"条、"曹操"条。

李宝均《曹氏父子和建安文学》，北京：中华书局 1962 年 6 月出版
本书在综述了建安文学的时代背景及其繁荣的原因后，第六节"建安
七子"中对阮瑀进行了讨论，通过结合其文学作品的内容来叙述其活动和
思想。余详"孔融"条。

河北师范学院中文系古典文学教研组编《三曹资料汇编》，北京：中华
书局 1980 年 9 月出版
见前"孔融"条、"曹操"条。

刘知渐《建安文学编年史》，重庆：重庆出版社 1985 年 3 月出版
见前"孔融"条。

张可礼《建安文学论稿》，济南：山东教育出版社 1986 年 9 月出版
见前"孔融"条。

吴云选注《建安七子作品选》，郑州：中州古籍出版社 1987 年 4 月
出版
本书中选录阮瑀诗三首、文一篇。每首作品首先是"说明"，介绍该篇
的写作背景和思想内容。其次为"注释"，对字词作简明的注解。余详"孔
融"条。

李文禄、王巍《建安诗文鉴赏》，长春：吉林大学出版社1987年9月出版

本书中选录阮瑀诗歌《驾出北郭门行》一首，进行注释鉴赏。余详"孔融"条。

俞绍初辑校《建安七子集》，北京：中华书局1989年7月出版

本书卷五为《阮瑀集》。余详"孔融"条。

魏明安《阮瑀》，收入吕慧鹃、刘波、卢达编《中国历代著名文学家评传》（续编一），济南：山东教育出版社1989年12月出版

本传主要内容有两部分：一，伏首曹操、追陪终生。叙述了阮瑀归附曹操的情况，并分析了他与曹氏相关的各类作品。二，诗赋导夫先路。将阮瑀的其他诗歌作品分为入曹操幕府前与忧生嗟世两类，作了讨论。

郁贤皓、张采民笺注《建安七子诗笺注》，成都：巴蜀书社1990年5月出版

本书卷七为"阮瑀诗笺注"。余详"孔融"条。

韩格平《建安七子诗文集校注译析》，长春：吉林文史出版社1991年10月出版

本书中辑有《阮瑀集》。诗据逯钦立《先秦汉魏晋南北朝诗》，文据严可均《全后汉文》，并参照其他书有所增辑。该集后附《琴歌》。余详"孔融"条。

吴云选注《建安七子集校注》，天津：天津古籍出版社1991年11月出版

本书卷五为《阮瑀集校注》。该集分诗、赋、文三大部分，以逯钦立《先秦汉魏晋南北朝诗》和严可均《全后汉文》为底本，并参考俞绍初《建安七子集》编辑而成。该书2005年修订版中，除修改部分注文及错字外，在卷首增加了前言，对阮瑀的生平思想和著作做了论述。余详"孔融"条。

王巍《建安文学概论》，沈阳：辽宁教育出版社1991年12月出版

本书在"建安时期的重要作家""建安时期的诗歌"与"建安时期的辞赋"中的建安七子部分，对阮瑀的生平活动与诗赋创作有着较为集中的叙

述，其中作品分析以描述性的语言对其作了阐解和评析。同时在"建安时期的散文"一节中对阮瑀也有论述。余详"孔融"条。

李景华《建安文学述评》，北京：首都师范大学出版社 1994 年 7 月出版
见前"孔融"条。

郑文《建安诗论》，兰州：甘肃民族出版社 1994 年 12 月出版
见前"孔融"条。

孙明君《汉末士风与建安诗风》，台北：文津出版社 1995 年 1 月出版
见前"孔融"条。

韩格平《建安七子研究》，长春：博士学位论文，东北师范大学，1997 年
本论文分上下两编。上编是对建安七子的个案分析，立足于典籍资料和七子现存作品，对其人生轨迹、主要作品、文学特色等进行了较为详细的阐述，总结出阮瑀作品的文学特色为重质尚德、效世尚功和"应机捷丽"。余详"孔融"条。

韩格平《建安七子综论》，长春：东北师范大学出版社 1998 年 1 月出版
见前"孔融"条。

李景华《建安诗传》，长春：吉林人民出版社 1998 年 5 月出版
本书为"中国历代名家流派诗传"丛书之一。书中选录阮瑀诗八题十首。余详"孔融"条。

余斯大选注《建安七子》，长沙：岳麓书社 1998 年 6 月出版
本书以俞绍初《建安七子集》为底本编选而成。书中选录阮瑀文二篇，诗十二首，赋二篇。余详"孔融"条。

顾农《建安文学史》，长沙：湖南教育出版社 2000 年 6 月出版
本书第一章和第三章，讨论了阮瑀的文章与诗。余详"孔融"条。

刘殿爵、陈方正、何志华编《建安七子集逐字索引》，香港：香港中文大学出版社 2001 年出版

见前"孔融"条。

张振龙《建安文人的文学活动与文学观念》，西安：博士学位论文，陕西师范大学，2003 年

见前"孔融"条。

王鹏廷《建安七子研究》，北京：北京大学出版社 2004 年 10 月出版

详"孔融"条。

陶新民选注《建安体诗选》，保定：河北大学出版社 2009 年 8 月出版

本书选录阮瑀诗歌五题六首。余详"孔融"条。

曹旭、叶当前《建安七子》，北京：中华书局 2010 年 2 月出版

本书为建安七子诗文选集。书中选录阮瑀诗歌一首，文一篇。余详"孔融"条。

潘景岩《三曹与建安七子》，长春：吉林文史出版社 2010 年 4 月出版

本书第四部分"非御用文人——建安七子"中对阮瑀的生平及文学作品有简略的评述。余详"孔融"条。

丁威仁《三国时期魏地文士"惜时生命观"研究——以建安七子与曹氏父子之诗歌为研究对象》，台北：花木兰文化出版社 2011 年 9 月出版

见前"孔融"条。

朱秀敏《建安散文研究》，济南：博士学位论文，山东师范大学，2011 年

见前"孔融"条。

芦春艳《建安作家诗文互动研究》，北京：博士学位论文，中国社会科学院研究生院，2012 年

见前"孔融"条。

施建军《建安文学专题研究》，上海：博士学位论文，复旦大学，
2004 年

见前"孔融"条。

夏传才、林家骊《阮瑀、应玚、刘桢合集校注》，石家庄：河北教育出
版社 2013 年 6 月出版

本书为"建安文学全书"中的一种。其中《阮瑀集》部分收入阮瑀诗
歌十一首，失题诗三则，赋四篇，其他文五篇。卷首有前言，简要介绍阮瑀
的生平和创作，并列述了阮瑀诗文集的流传情况。每篇作品下有解题，注释
部分释词简明、释典则较详细，并且多串讲大意。

柏俊才《建安文学史话》，北京：社会科学文献出版社 2015 年 8 月
出版

本书"建安文学的主力军——建安七子"一章中简要评述了"书记翩
翩的阮瑀"，包括生平简述、作品存佚、诗文特点等。

徐幹（170—217）

沈达材《建安文学概论》，北平：朴社 1932 年 1 月出版
见前"孔融"条、"曹操"条。

李宝均《曹氏父子和建安文学》，北京：中华书局 1962 年 6 月出版
本书在综述了建安文学的时代背景及其繁荣的原因后，第六节"建安
七子"中对徐幹进行了讨论，通过结合其文学作品的内容来叙述其活动和
思想。余详"孔融"条。

河北师范学院中文系古典文学教研组编《三曹资料汇编》，北京：中华
书局 1980 年 9 月出版
见前"孔融"条、"曹操"条。

刘知渐《建安文学编年史》，重庆：重庆出版社 1985 年 3 月出版
见前"孔融"条。

张可礼《建安文学论稿》，济南：山东教育出版社 1986 年 9 月出版
见前"孔融"条。

吴云选注《建安七子作品选》，郑州：中州古籍出版社 1987 年 4 月
出版
本书中选录徐幹诗三首、《中论·赏罚》一篇。每首作品下首先是"说
明"，介绍该篇的写作背景和思想内容。其次为"注释"，对字词作简明的
注解。余详"孔融"条。

　　李文禄、王巍《建安诗文鉴赏》，长春：吉林大学出版社 1987 年 9 月
出版

　　本书中选录徐幹诗歌《室思》一首，进行注释鉴赏。余详"孔融"条。

　　俞绍初辑校《建安七子集》，北京：中华书局 1989 年 7 月出版
　　本书卷四为《徐幹集》。余详"孔融"条。

　　郁贤皓、张采民笺注《建安七子诗笺注》，成都：巴蜀书社 1990 年 5
月出版
　　本书卷四为"徐幹诗笺注"。余详"孔融"条。

　　韩格平《建安七子诗文集校注译析》，长春：吉林文史出版社 1991 年
10 月出版
　　本书中辑有《徐幹集》。诗据逯钦立《先秦汉魏晋南北朝诗》，文据严
可均《全后汉文》，并参照其他书有所增辑。余详"孔融"条。

　　张涛、傅根清《〈申鉴〉〈中论〉选译》，成都：巴蜀书社 1991 年 10 月
出版
　　本书《中论》部分，选译了十四篇文章。书中正文依据《四部丛刊》
影印明嘉靖四十四年青州刊本。正文前有题解，概述主要内容。校勘和注释
采用页脚注，较为扼要。正文后为译文。本书有凤凰出版社 2011 年 5 月修
订版。

　　吴云校注《建安七子集校注》，天津：天津古籍出版社 1991 年 11 月
出版
　　本书卷四为《徐干集校注》。该集分诗、赋、文三大部分，以逯钦立
《先秦汉魏晋南北朝诗》和严可均《全后汉文》为底本，并参考俞绍初《建
安七子集》编辑而成。该书 2005 年修订版中，除修改部分注文及错字外，
在卷首增加了前言，对徐干的生平思想和著作作了论述。余详"孔融"条。

　　王巍《建安文学概论》，沈阳：辽宁教育出版社 1991 年 12 月出版
　　本书在"建安时期的重要作家""建安时期的诗歌"与"建安时期的辞
赋"中的建安七子部分对徐幹的生平活动与诗赋创作有着较为集中的叙述，

其中作品分析以描述性的语言对其作了阐解和评析。同时在"建安时期的散文"一节中对徐幹的《中论》也有论述。余详"孔融"条。

李文献《徐幹思想研究》，台北：文津出版社 1992 年 8 月出版

本书较为全面详细地探讨了徐幹的思想。全书共有七章内容。第一章为绪论，介绍了思想史上的徐幹，徐幹研究概况，及研究方法与范围等。第二章考察了徐幹生平与著作。第三章从政治情势、学术思潮和社会风尚三方面分析了时代背景。第四章为徐幹哲学思想，论述了其天人关系论、人性论、才德论与德艺论、命与本末论、致知论。第五章讨论徐幹政治思想，包括确立君主贵行道、慎举大臣得贤心、刑赏适中厚爵禄、经济思想重均平。第六章论述了徐幹的教育思想与士行论。第七章为结论。

李景华《建安文学述评》，北京：首都师范大学出版社 1994 年 7 月出版

见前"孔融"条。

郑文《建安诗论》，兰州：甘肃民族出版社 1994 年 12 月出版

见前"孔融"条。

孙明君《汉末士风与建安诗风》，台北：文津出版社 1995 年 1 月出版

见前"孔融"条。

刘殿爵、陈方正编《中论逐字索引》，香港：商务印书馆 1995 年 8 月出版

本书为香港中文大学中国文化研究所"先秦两汉古籍逐字索引丛刊"之一。本书主要内容分为《中论》正文原文与逐字索引两部分。正文以《四部丛刊》影明嘉靖乙丑青州刊本为据，标识行数，页下有相关校勘。逐字索引部分按汉语拼音顺序排列条目，每条目之后标明原文卷数、正文页数及行数，书后附录全书用字频数表。

韩格平《建安七子研究》，长春：博士学位论文，东北师范大学，1997 年

本论文分上下两编。上编是对建安七子的个案分析，立足于典籍资料和

七子现存作品，对其人生轨迹、主要作品、文学特色等进行了较为详细的阐述，总结徐幹作品的文学特色为"时逢壮采"和"时有齐气"。余详"孔融"条。

韩格平《建安七子综论》，长春：东北师范大学出版社 1998 年 1 月出版

见前"孔融"条。

李景华《建安诗传》，长春：吉林人民出版社 1998 年 5 月出版

本书中选录徐幹诗四题九首。余详"孔融"条。

佘斯大选注《建安七子》，长沙：岳麓书社 1998 年 6 月出版

本书以俞绍初《建安七子集》为底本编选而成。书中选录徐幹《中论》二十篇，诗四首，赋一篇。余详"孔融"条。

顾农《建安文学史》，长沙：湖南教育出版社 2000 年 6 月出版

本书第一章和第三章，讨论了徐幹的《中论》与诗。余详"孔融"条。

蔡登福校注《新编中论》，台北：古籍出版公司 2000 年 10 月出版

本书分为三大部分。第一部分为导论，介绍了作者传略和思想。第二部分为校注与语译，注明异文校勘情况，引文、用事的出处以及词语的解释。第三部分为附录，包含徐幹年谱，现存徐幹诗文，类书引《中论》，《中论》引经籍考，历代书志所见《中论》著录情形、现存版本及近代研究概况，《中论》一书历代书序、校序及题记，徐幹及《中论》历代所见相关参考资料等。

龚祖培校点《中论》，沈阳：辽宁教育出版社 2001 年 2 月出版

本书为"新世纪万有文库"之一。该书以《丛书集成初编》所据之钱培名精校本为底本，以《四部丛刊》本对校，同时参校其他书籍。书中先为正文，校勘记列于全书之后，并附有钱培名辑自《群书治要》的两篇，以及钱氏的《札记》。该书为点校本，具有一定参考意义。

刘殿爵、陈方正、何志华编《建安七子集逐字索引》，香港：香港中文大学出版社 2001 年出版
见前"孔融"条。

张振龙《建安文人的文学活动与文学观念》，西安：博士学位论文，陕西师范大学，2003 年
见前"孔融"条。

王鹏廷《建安七子研究》，北京：北京大学出版社 2004 年 10 月出版
见前"孔融"条。

张可礼、刘加夫《建安文坛上的齐鲁文人》，济南：山东文艺出版社 2004 年 10 月出版
本书第三节介绍了徐幹怀文抱质、彬彬君子的一生。具体内容有：勤奋读书、轻官忽禄，侍从曹氏父子、随军出征南北，著《中论》成一家之言，辞赋优美、《室思》绝唱。

陶新民选注《建安体诗选》，保定：河北大学出版社 2009 年 8 月出版
本书选录徐幹诗歌三首。余详"孔融"条。

徐俊祥《建安学术史大纲》，扬州：广陵书社 2009 年 12 月出版
本书第五章第四节论述了徐幹的学术，包括对传统儒学方法的批评、对儒家伦理的重新演绎、对世俗辩风的批评、论人物评论的标准、对世俗逐名之风的抨击、人物评论所见政治主张等。余详"蔡邕"条。

曹旭、叶当前《建安七子》，北京：中华书局 2010 年 2 月出版
本书为建安七子诗文选集。书中选录徐幹诗歌二首。余详"孔融"条。

潘景岩《三曹与建安七子》，长春：吉林文史出版社 2010 年 4 月出版
本书第四部分"非御用文人——建安七子"中对徐幹的生平及文学作品有简略的评述。余详"孔融"条。

丁威仁《三国时期魏地文士"惜时生命观"研究——以建安七子与曹氏父子之诗歌为研究对象》，台北：花木兰文化出版社 2011 年 9 月出版

见前"孔融"条。

朱秀敏《建安散文研究》，济南：博士学位论文，山东师范大学，2011 年

见前"孔融"条。

芦春艳《建安作家诗文互动研究》，北京：博士学位论文，中国社会科学院研究生院，2012 年

见前"孔融"条。

施建军《建安文学探微》，台北：花木兰文化出版社 2013 年 3 月出版

见前"孔融"条。

夏传才、林家骊《徐幹集校注》，石家庄：河北教育出版社 2013 年 6 月出版

本书为"建安文学全书"中的一种。书中收诗四题九首，赋（含序）八篇，其他文两篇，还有《中论》二十篇，书末附有逸文两篇。卷首有前言，简要介绍徐幹的生平和创作，并列述了徐幹诗文集的流传情况。每篇作品下有解题，注释部分释词简明，释典则较详细。

柏俊才《建安文学史话》，北京：社会科学文献出版社 2015 年 8 月出版

本书"建安文学的主力军——建安七子"一章中简要评述了"壮美舒缓的徐幹"，包括生平简述、作品存佚、诗文特点等。

祢衡（173—198）

李宝均《曹氏父子和建安文学》，北京：中华书局 1962 年 6 月出版

本书在综述了建安文学的时代背景及其繁荣的原因后，第七节"其他作家"中对祢衡进行了讨论，通过结合其文学作品的内容来叙述其活动和思想。余详"孔融"条。

刘知渐《建安文学编年史》，重庆：重庆出版社 1985 年 3 月出版

见前"孔融"条。

王巍《建安文学概论》，沈阳：辽宁教育出版社 1991 年 12 月出版

本书在"建安时期的重要作家"与"建安时期的辞赋"中的其他作家部分，对祢衡的生平活动与辞赋创作有着较为集中的叙述，其中作品分析以描述性的语言对其作了阐解和评析。余详"孔融"条。

顾农《建安文学史》，长沙：湖南教育出版社 2000 年 6 月出版

本书第二章，讨论了祢衡的生平和《鹦鹉赋》。余详"孔融"条。

张可礼、刘加夫《建安文坛上的齐鲁文人》，济南：山东文艺出版社 2004 年 10 月出版

本书第四节介绍了祢衡清流狂才、短命文人的一生。具体内容有：结交孔融，击鼓骂曹，赋成鹦鹉忽忧生，英年被杀、文名传世。

张兰花、程晓菡《三曹七子之外建安作家诗文合集校注》，石家庄：河北教育出版社 2013 年 6 月出版

本书中收录祢衡赋、碑文、吊文、书共五篇。作品前有作者简介，概述其生平及诗文的流传存佚。注释部分既有释词，也有句意的疏解。余详"荀悦"条。

杨修（175—219）

李宝均《曹氏父子和建安文学》，北京：中华书局 1962 年 6 月出版

本书在综述了建安文学的时代背景及其繁荣的原因后，第七节"其他作家"中对杨修进行了讨论，通过结合其文学作品的内容来叙述其活动和思想。余详"孔融"条。

刘知渐《建安文学编年史》，重庆：重庆出版社 1985 年 3 月出版

见前"孔融"条。

王巍《建安文学概论》，沈阳：辽宁教育出版社 1991 年 12 月出版

本书在"建安时期的重要作家"与"建安时期的辞赋"中的其他作家部分，对杨修的生平活动与辞赋创作有着较为集中的叙述，其中作品分析以描述性的语言对其作了阐解和评析。余详"孔融"条。

张兰花、程晓菡《三曹七子之外建安作家诗文合集校注》，石家庄：河北教育出版社 2013 年 6 月出版

本书中收录杨修赋、述赞、笺共七篇。作品前有作者简介，概述其生平及诗文的流传存佚。注释部分既有释词，也有句意的疏解。余详"荀悦"条。

柏俊才《建安文学史话》，北京：社会科学文献出版社 2015 年 8 月出版

本书"建安文学的余响"一章中对杨修有简略评述。

王粲（177—217）

沈达材《建安文学概论》，北平：朴社1932年1月出版

见前"孔融"条、"曹操"条。

李宝均《曹氏父子和建安文学》，北京：中华书局1962年6月出版

本书在综述了建安文学的时代背景及其繁荣的原因后，第六节"建安七子"中对王粲进行了讨论，结合其文学作品的内容来叙述其活动和思想。余详"孔融"条。

俞绍初校点《王粲集》，北京：中华书局1980年5月出版

本书分三卷，卷一为各体诗、歌，卷二为赋（包括序）、书、檄，卷三为七、颂、赞、论、铭、连珠、志等。书末辑补遗文数条，以及王粲所撰《英雄记》，最后是《王粲年谱》。该书校勘简明精审，收录也相当完备，是目前较好的王粲作品辑校本。

河北师范学院中文系古典文学教研组编《三曹资料汇编》，北京：中华书局1980年9月出版

见前"孔融"条、"曹操"条。

沈玉成《王粲》，收入吕慧鹃、刘波、卢达编《中国历代著名文学家评传》（第一卷），济南：山东教育出版社1983年5月出版

本传主要内容有三大方面：一，流离于战乱之中。叙述了早年王粲所遇的动乱，及其诗歌作品的悲凉特色。二，荆州十五年。梳理了王粲在荆州依附刘表时的交游、著作等方面的情况。三，邺下时期的生活和创作。较为详

细地叙述了王粲后期归附曹氏之后的政治经历和文学创作。最后简要地概言了王粲著作的历代著录情形以及他对后世的影响。

吴云、唐绍忠注《王粲集注》，郑州：中州书画社 1984 年 3 月出版

本书是在中华书局 1980 年本的基础上，对王粲诗文作品所做的注释本。全书篇目内容依据俞绍初校点本，又进一步对每篇（包括补遗）的本事、名物、典故、词语作了详明的注释。同时书后除中华书局本原有的《王粲集补遗》和《英雄记》外，又新编了《王粲年谱》，并辑录了《王粲资料汇编》，收入了历代对王粲作品的评论文字，因此该书是一本重要的王粲研究参考著作。

刘知渐《建安文学编年史》，重庆：重庆出版社 1985 年 3 月出版
见前"孔融"条。

张可礼《建安文学论稿》，济南：山东教育出版社 1986 年 9 月出版
见前"孔融"条。

吴云选注《建安七子作品选》，郑州：中州古籍出版社 1987 年 4 月出版

本书中选录王粲诗七首，赋三篇。每首作品下首先是"说明"，介绍该篇的写作背景和思想内容。其次为"注释"，对字词作简明的注解。余详"孔融"条。

李文禄、王巍《建安诗文鉴赏》，长春：吉林大学出版社 1987 年 9 月出版

本书中选录王粲诗歌《七哀诗》（其一）一首、赋一篇《登楼赋》，进行注释鉴赏。余详"孔融"条。

高光复《汉魏六朝四十家赋述论》，哈尔滨：黑龙江教育出版社 1988 年 9 月出版

本书《王粲赋》篇，首先以祢衡《鹦鹉赋》为例，描述了建安时期咏物赋的发达情形。其次分析了王粲的咏物小赋，并指出它们的特点是精炼而有情趣、重对偶和辞藻。再次，以《初征赋》和《登楼赋》为代表，说明

了王粲抒情小赋的艺术成就。最后简要论述了王粲的言情赋。

俞绍初辑校《建安七子集》，北京：中华书局1989年7月出版

本书卷三为《王粲集》。余详"孔融"条。

郁贤皓、张采民笺注《建安七子诗笺注》，成都：巴蜀书社1990年5月出版

本书卷二为"王粲诗笺注"。余详"孔融"条。

韩格平《建安七子诗文集校注译析》，长春：吉林文史出版社1991年10月出版

本书中辑有《王粲集》。诗据逯钦立《先秦汉魏晋南北朝诗》，文据严可均《全后汉文》，并参照其他书有所增辑。书后附王粲《安身论》。余详"孔融"条。

吴云校注《建安七子集校注》，天津：天津古籍出版社1991年11月出版

本书卷三为《王粲集校注》。该集分诗、赋、文三大部分，以逯钦立《先秦汉魏晋南北朝诗》和严可均《全后汉文》为底本，并参考俞绍初《建安七子集》编辑而成。该书2005年修订版中，除修改部分注文及错字外，在卷首增加了前言，对王粲的生平思想和著作作了论述。余详"孔融"条。

王巍《建安文学概论》，沈阳：辽宁教育出版社1991年12月出版

本书在"建安时期的重要作家""建安时期的诗歌"与"建安时期的辞赋"中的建安七子部分，对王粲的生平活动与诗赋创作有着较为集中的叙述，其中作品分析以描述性的语言对其作了阐解和评析。余详"孔融"条。

李景华《建安文学述评》，北京：首都师范大学出版社1994年7月出版

见前"孔融"条。

郑文《建安诗论》，兰州：甘肃民族出版社1994年12月出版

见前"孔融"条。

孙明君《汉末士风与建安诗风》，台北：文津出版社 1995 年 1 月出版
　　见前"孔融"条。

韩格平《建安七子研究》，长春：博士学位论文，东北师范大学，
1997 年
　　本论文分上下两编。上编是对建安七子的个案分析，立足于典籍资料和
七子现存作品，对其人生轨迹、主要作品、文学特色等进行了较为详细的阐
述，总结出王粲作品的文学特色为典正稳健、文士柔情和文思俊逸。余详
"孔融"条。

韩格平《建安七子综论》，长春：东北师范大学出版社 1998 年 1 月
出版
　　见前"孔融"条。

李景华《建安诗传》，长春：吉林人民出版社 1998 年 5 月出版
　　本书中选录王粲诗九题十八首。余详"孔融"条。

佘斯大选注《建安七子》，长沙：岳麓书社 1998 年 6 月出版
　　本书以俞绍初《建安七子集》为底本编选而成。书中选录王粲文十
六篇，诗二十三首，赋十二篇。另选《英雄记》十二条。余详"孔
融"条。

顾农《建安文学史》，长沙：湖南教育出版社 2000 年 6 月出版
　　本书第二章和第三章，讨论了王粲的赋与诗。余详"孔融"条。

刘殿爵、陈方正、何志华编《建安七子集逐字索引》，香港：香港中文
大学出版社 2001 年出版
　　见前"孔融"条。

张振龙《建安文人的文学活动与文学观念》，西安：博士学位论文，陕
西师范大学，2003 年
　　见前"孔融"条。

王鹏廷《建安七子研究》，北京：北京大学出版社 2004 年 10 月出版
见前"孔融"条。

张可礼、刘加夫《建安文坛上的齐鲁文人》，济南：山东文艺出版社
2004 年 10 月出版
本书第六节介绍了作为"七子之冠冕"的王粲的一生。具体内容有：
天才少年出身名门，乱世流离崭露头角，避地荆州赋登楼，邺城十年，七子
之冠冕。

陶新民选注《建安体诗选》，保定：河北大学出版社 2009 年 8 月出版
本书选录王粲诗歌六题九首。余详"孔融"条。

徐俊祥《建安学术史大纲》，扬州：广陵书社 2009 年 12 月出版
本书第五章第三节论述了王粲的学术，包括积极入世的人生观、驳学者
所誉古代"太平之世"、要求统治者正确掌握刑赏利器、通才建设的设想。
余详"蔡邕"条。

曹旭、叶当前《建安七子》，北京：中华书局 2010 年 2 月出版
本书为建安七子诗文选集。书中选录王粲诗歌十三首，赋一篇，文三
篇。余详"孔融"条。

潘景岩《三曹与建安七子》，长春：吉林文史出版社 2010 年 4 月出版
本书第四部分"非御用文人——建安七子"介绍了王粲等七人的生平
经历及政治活动，并对他在文学艺术上的成就及影响进行了简要的分析评
述，同时还赏析了一些重要的作品。余详"孔融"条。

丁威仁《三国时期魏地文士"惜时生命观"研究——以建安七子与曹
氏父子之诗歌为研究对象》，台北：花木兰文化出版社 2011 年 9 月出版
见前"孔融"条。

朱秀敏《建安散文研究》，济南：博士学位论文，山东师范大学，
2011 年
见前"孔融"条。

芦春艳《建安作家诗文互动研究》，北京：博士学位论文，中国社会科学院研究生院，2012 年

见前"孔融"条。

施建军《建安文学探微》，台北：花木兰文化出版社 2013 年 3 月出版

本书第二章第二节集中论述了历代对刘桢、王粲高下的评价情况。余详"孔融"条。

夏传才、张蕾校注《王粲集校注》，石家庄：河北教育出版社 2013 年 6 月出版

本书是夏氏主编"建安文学全书"中的一种。书中王粲作品的编辑一依中华书局俞绍初校点本，注释部分则基本据中州书画社吴云、唐绍忠注本，不同之处为有少数地方增加章句大意的解释。书末附有《英雄记》与《王粲年谱》。

柏俊才《建安文学史话》，北京：社会科学文献出版社 2015 年 8 月出版

本书"建安文学的主力军——建安七子"一章中简要评述了"雅润清丽的王粲"，包括生平简述、作品存佚、诗文特点等。

应场（？—217）

沈达材《建安文学概论》，北平：朴社 1932 年 1 月出版
见前"孔融"条、"曹操"条。

李宝均《曹氏父子和建安文学》，北京：中华书局 1962 年 6 月出版
本书在综述了建安文学的时代背景及其繁荣的原因后，第六节"建安七子"中对应场进行了讨论，通过结合其文学作品的内容来叙述其活动和思想。余详"孔融"条。

河北师范学院中文系古典文学教研组编《三曹资料汇编》，北京：中华书局 1980 年 9 月出版
见前"孔融"条、"曹操"条。

刘知渐《建安文学编年史》，重庆：重庆出版社 1985 年 3 月出版
见前"孔融"条。

张可礼《建安文学论稿》，济南：山东教育出版社 1986 年 9 月出版
见前"孔融"条。

吴云选注《建安七子作品选》，郑州：中州古籍出版社 1987 年 4 月出版
本书中选录应场诗三首、赋一篇。每首作品下首先是"说明"，介绍该篇的写作背景和思想内容。其次为"注释"，对字词作简明的注解。余详"孔融"条。

俞绍初辑校《建安七子集》，北京：中华书局 1989 年 7 月出版
本书卷六为《应场集》。余详"孔融"条。

郁贤皓、张采民笺注《建安七子诗笺注》，成都：巴蜀书社 1990 年 5
月出版

本书卷六为"应场诗笺注"。余详"孔融"条。

韩格平《建安七子诗文集校注译析》，长春：吉林文史出版社 1991 年
10 月出版

本书中辑有《应场集》。诗据逯钦立《先秦汉魏晋南北朝诗》，文据严
可均《全后汉文》，并参照其他书有所增辑。该集后附《表》残句。余详
"孔融"条。

吴云校注《建安七子集校注》，天津：天津古籍出版社 1991 年 11 月
出版

本书卷六为《应场集校注》。该集分诗、赋、文三大部分，以逯钦立
《先秦汉魏晋南北朝诗》和严可均《全后汉文》为底本，并参考俞绍初《建
安七子集》编辑而成。该书 2005 年修订版中，除修改部分注文及错字外，
在卷首增加了前言，对应场的生平思想和著作作了论述。余详"孔融"条。

王巍《建安文学概论》，沈阳：辽宁教育出版社 1991 年 12 月出版

本书在"建安时期的重要作家""建安时期的诗歌"与"建安时期的辞
赋"中的建安七子部分对应场的生平活动与诗赋创作有着较为集中的叙述，
其中作品分析以描述性的语言对其作了阐解和评析。余详"孔融"条。

郑文《建安诗论》，兰州：甘肃民族出版社 1994 年 12 月出版

见前"孔融"条。

孙明君《汉末士风与建安诗风》，台北：文津出版社 1995 年 1 月出版

见前"孔融"条。

韩格平《建安七子研究》，长春：博士学位论文，东北师范大学，
1997 年

本论文分上下两编。上编是对建安七子的个案分析，立足于典籍资料和
七子现存作品，对其人生轨迹、主要作品、文学特色等进行了较为详细的阐
述，总结应场作品的文学特色为雄浑壮丽和"和而不壮"。余详"孔融"条。

韩格平《建安七子综论》，长春：东北师范大学出版社 1998 年 1 月出版

见前"孔融"条。

李景华《建安诗传》，长春：吉林人民出版社 1998 年 5 月出版

本书中选录应场诗五题六首。余详"孔融"条。

佘斯大选注《建安七子》，长沙：岳麓书社 1998 年 6 月出版

本书以俞绍初《建安七子集》为底本编选而成。书中选录应场文三篇，诗五首，赋六篇。余详"孔融"条。

顾农《建安文学史》，长沙：湖南教育出版社 2000 年 6 月出版

见前"孔融"条。

刘殿爵、陈方正、何志华编《建安七子集逐字索引》，香港：香港中文大学出版社 2001 年出版

见前"孔融"条。

张振龙《建安文人的文学活动与文学观念》，西安：博士学位论文，陕西师范大学，2003 年

见前"孔融"条。

王鹏廷《建安七子研究》，北京：北京大学出版社 2004 年 10 月出版

见前"孔融"条。

陶新民选注《建安体诗选》，保定：河北大学出版社 2009 年 8 月出版

本书选录应场诗歌四题五首。余详"孔融"条。

曹旭、叶当前《建安七子》，北京：中华书局 2010 年 2 月出版

本书为建安七子诗文选集。书中选录应场诗歌三首，文一篇。余详"孔融"条。

潘景岩《三曹与建安七子》，长春：吉林文史出版社 2010 年 4 月出版

本书第四部分"非御用文人——建安七子"中对应场的生平及文学作品有简略的评述。余详"孔融"条。

丁威仁《三国时期魏地文士"惜时生命观"研究——以建安七子与曹氏父子之诗歌为研究对象》，台北：花木兰文化出版社 2011 年 9 月出版

见前"孔融"条。

朱秀敏《建安散文研究》，济南：博士学位论文，山东师范大学，2011 年

见前"孔融"条。

芦春艳《建安作家诗文互动研究》，北京：博士学位论文，中国社会科学院研究生院，2012 年

见前"孔融"条。

施建军《建安文学探微》，台北：花木兰文化出版社 2013 年 3 月出版

见前"孔融"条。

夏传才、林家骊校注《阮瑀、应场、刘桢合集校注》，石家庄：河北教育出版社 2013 年 6 月出版

本书中《应场集》部分收入应场诗歌六首，失题诗一则，赋十五篇，其他文六篇。卷首有前言，简要介绍应场的生平和创作，并列述了应场诗文集的流传情况。余详"阮瑀"条。

柏俊才《建安文学史话》，北京：社会科学文献出版社 2015 年 8 月出版

本书"建安文学的主力军——建安七子"一章中简要评述了"和而不壮的应场"，包括生平简述、作品存佚、诗文特点等。

刘桢（？—217）

沈达材《建安文学概论》，北平：朴社 1932 年 1 月出版
见前"孔融"条、"曹操"条。

李宝均《曹氏父子和建安文学》，北京：中华书局 1962 年 6 月出版
本书在综述了建安文学的时代背景及其繁荣的原因后，第六节"建安七子"中对刘桢进行了讨论，通过结合其文学作品的内容来叙述其活动和思想。余详"孔融"条。

河北师范学院中文系古典文学教研组编《三曹资料汇编》，北京：中华书局 1980 年 9 月出版
见前"孔融"条、"曹操"条。

刘知渐《建安文学编年史》，重庆：重庆出版社 1985 年 3 月出版
见前"孔融"条。

张可礼《建安文学论稿》，济南：山东教育出版社 1986 年 9 月出版
见前"孔融"条。

吴云选注《建安七子作品选》，郑州：中州古籍出版社 1987 年 4 月出版
本书中选录刘桢诗七首、文一篇。每首作品下首先是"说明"，介绍该篇的写作背景和思想内容。其次为"注释"，对字词作简明的注解。余详"孔融"条。

　　李文禄、王巍《建安诗文鉴赏》，长春：吉林大学出版社 1987 年 9 月出版

　　本书中选录刘桢诗歌《赠从弟》三首，进行注释鉴赏。余详"孔融"条。

　　俞绍初辑校《建安七子集》，北京：中华书局 1989 年 7 月出版
　　本书卷七为《刘桢集》。余详"孔融"条。

　　王运熙《刘桢》，收入吕慧鹃、刘波、卢达编《中国历代著名文学家评传》（续编一），济南：山东教育出版社 1989 年 12 月出版
　　本传主要内容有两部分：一，通过钩稽史书，结合作品，勾勒出了刘桢的生平梗概。二，分析了刘桢诗歌的特色及对其的评价，并归纳为自然流露、不事雕琢、笔致疏宕流畅、语言刚健有力几个方面。

　　郁贤皓、张采民笺注《建安七子诗笺注》，成都：巴蜀书社 1990 年 5 月出版
　　本书卷五为"刘桢诗笺注"。余详"孔融"条。

　　韩格平《建安七子诗文集校注译析》，长春：吉林文史出版社 1991 年 10 月出版
　　本书中辑有《刘桢集》。诗据逯钦立《先秦汉魏晋南北朝诗》，文据严可均《全后汉文》，并参照其他书有所增辑。该集后附刘桢《毛诗义问》。余详"孔融"条。

　　吴云校注《建安七子集校注》，天津：天津古籍出版社 1991 年 11 月出版
　　本书卷七为《刘桢集校注》。该集分诗、赋、文三大部分，以逯钦立《先秦汉魏晋南北朝诗》和严可均《全后汉文》为底本，并参考俞绍初《建安七子集》编辑而成。该书 2005 年修订版中，除修改部分注文及错字外，在卷首增加了前言，对刘桢的生平思想和著作作了论述。余详"孔融"条。

　　王巍《建安文学概论》，沈阳：辽宁教育出版社 1991 年 12 月出版
　　本书在"建安时期的重要作家""建安时期的诗歌"与"建安时期的辞

赋"中的建安七子部分，对刘桢的生平活动与诗赋创作有着较为集中的叙述，其中作品分析以描述性的语言对其作了阐解和评析。余详"孔融"条。

李景华《建安文学述评》，北京：首都师范大学出版社 1994 年 7 月出版

见前"孔融"条。

郑文《建安诗论》，兰州：甘肃民族出版社 1994 年 12 月出版
见前"孔融"条。

孙明君《汉末士风与建安诗风》，台北：文津出版社 1995 年 1 月出版
见前"孔融"条。

韩格平《建安七子研究》，长春：博士学位论文，东北师范大学，1997 年

本论文分上下两编。上编是对建安七子的个案分析，立足于典籍资料和七子现存作品，对其人生轨迹、主要作品、文学特色等进行了较为详细的阐述，总结刘桢作品的文学特色为"情高以会采""言壮而情骇"和"辩捷而深沉"。余详"孔融"条。

韩格平《建安七子综论》，长春：东北师范大学出版社 1998 年 1 月出版
见前"孔融"条。

李景华《建安诗传》，长春：吉林人民出版社 1998 年 5 月出版
本书为"中国历代名家流派诗传"丛书之一。书中选录刘桢诗七题十二首。余详"孔融"条。

佘斯大选注《建安七子》，长沙：岳麓书社 1998 年 6 月出版
本书以俞绍初《建安七子集》为底本编选而成。书中选录刘桢文四篇，诗十二首，赋三篇。余详"孔融"条。

顾农《建安文学史》，长沙：湖南教育出版社 2000 年 6 月出版
本书第三章，讨论了刘桢的诗歌。余详"孔融"条。

刘殿爵、陈方正、何志华编《建安七子集逐字索引》，香港：香港中文大学出版社 2001 年出版

见前"孔融"条。

张振龙《建安文人的文学活动与文学观念》，西安：博士学位论文，陕西师范大学，2003 年

见前"孔融"条。

王鹏廷《建安七子研究》，北京：北京大学出版社 2004 年 10 月出版

见前"孔融"条。

张可礼、刘加夫《建安文坛上的齐鲁文人》，济南：山东文艺出版社 2004 年 10 月出版

本书第五节介绍了刘桢才高性刚、仗气爱奇的一生。具体内容有：知名乡里、文才显露，在曹操幕府任职、先是得意后烦恼，侍从曹丕、平视甄氏受惩罚，侍从曹植、诚劝曹植，气逸骨盛、五言诗成就杰出。

陶新民选注《建安体诗选》，保定：河北大学出版社 2009 年 8 月出版

本书选录刘桢诗歌六题十一首。余详"孔融"条。

曹旭、叶当前《建安七子》，北京：中华书局 2010 年 2 月出版

本书为建安七子诗文选集。书中选录刘桢诗歌十首，文一篇。余详"孔融"条。

潘景岩《三曹与建安七子》，长春：吉林文史出版社 2010 年 4 月出版

本书第四部分"非御用文人——建安七子"中对刘桢的生平及文学作品有简略的评述。余详"孔融"条。

丁威仁《三国时期魏地文士"惜时生命观"研究——以建安七子与曹氏父子之诗歌为研究对象》，台北：花木兰文化出版社 2011 年 9 月出版

见前"孔融"条。

朱秀敏《建安散文研究》，济南：博士学位论文，山东师范大学，2011 年

见前"孔融"条。

芦春艳《建安作家诗文互动研究》，北京：博士学位论文，中国社会科学院研究生院，2012 年

见前"孔融"条。

施建军《建安文学探微》，台北：花木兰文化出版社 2013 年 3 月出版

本书第二章第二节集中论述了历代对刘桢、王粲高下评论的情况。余详"孔融"条。

夏传才、林家骊校注《阮瑀、应玚、刘桢合集校注》，石家庄：河北教育出版社 2013 年 6 月出版

本书中《刘桢集》部分收入刘桢诗歌十三首，失题诗十四则，赋六篇，其他文五篇，失题文四则。卷首有前言，简要介绍刘桢的生平和创作，并列述了刘桢诗文集的流传情况。余详"阮瑀"条。

柏俊才《建安文学史话》，北京：社会科学文献出版社 2015 年 8 月出版

本书"建安文学的主力军——建安七子"一章中简要评述了"言壮而情骇的刘桢"，包括生平简述、作品存佚、诗文特点等。

繁钦（? —218）

李宝均《曹氏父子和建安文学》，北京：中华书局 1962 年 6 月出版

本书在综述了建安文学的时代背景及其繁荣的原因后，第七节"其他作家"中对繁钦进行了讨论，通过结合其文学作品的内容来叙述其活动和思想。余详"孔融"条。

刘知渐《建安文学编年史》，重庆：重庆出版社 1985 年 3 月出版

见前"孔融"条。

张可礼《建安文学论稿》，济南：山东教育出版社 1986 年 9 月出版

见前"孔融"条。

李景华《建安文学述评》，北京：首都师范大学出版社 1994 年 7 月出版

见前"孔融"条。

郑文《建安诗论》，兰州：甘肃民族出版社 1994 年 12 月出版

见前"孔融"条。

顾农《建安文学史》，长沙：湖南教育出版社 2000 年 6 月出版

本书第三章，讨论了繁钦的诗歌。余详"孔融"条。

陶新民选注《建安体诗选》，保定：河北大学出版社 2009 年 8 月出版

本书选录繁钦诗歌三首。余详"孔融"条。

张兰花、程晓菡校注《三曹七子之外建安作家诗文合集校注》，石家庄：河北教育出版社 2013 年 6 月出版

本书中收录繁钦诗、赋等各体文章共 30 篇。作品前有作者简介，概述其生平及诗文的流传存佚。注释部分既有释词，也有句意的疏解。余详"荀悦"条。

吴质（177—230）

李宝均《曹氏父子和建安文学》，北京：中华书局 1962 年 6 月出版

本书在综述了建安文学的时代背景及其繁荣的原因后，第七节"其他作家"中对吴质进行了讨论，通过结合其文学作品的内容来叙述其活动和思想。余详"孔融"条。

刘知渐《建安文学编年史》，重庆：重庆出版社 1985 年 3 月出版

见前"孔融"条。

李景华《建安文学述评》，北京：首都师范大学出版社 1994 年 7 月出版

见前"孔融"条。

顾农《建安文学史》，长沙：湖南教育出版社 2000 年 6 月出版

本书第一章，讨论了吴质的书简体散文。余详"孔融"条。

陶新民选注《建安体诗选》，保定：河北大学出版社 2009 年 8 月出版

本书选录吴质诗歌一首。余详"孔融"条。

张兰花、程晓菡校注《三曹七子之外建安作家诗文合集校注》，石家庄：河北教育出版社 2013 年 6 月出版

本书中收录吴质诗、笺、书等作品共八篇。作品前有作者简介，概述其生平及诗文的流传存佚。注释部分既有释词，也有句意的疏解。余详"荀悦"条。

蔡琰（177—?）

李宝均《曹氏父子和建安文学》，北京：中华书局 1962 年 6 月出版

本书在综述了建安文学的时代背景及其繁荣的原因后，第七节"其他作家"中对蔡琰进行了讨论，通过结合其文学作品的内容来叙述其活动和思想。余详"孔融"条。

陈祖美《蔡琰》，收入吕慧鹃、刘波、卢达编《中国历代著名文学家评传》（第一卷），济南：山东教育出版社 1983 年 5 月出版

本传主要内容有两部分：第一部分介绍了蔡琰的生平。第二部分分析了蔡琰的作品，包括五言与骚体《悲愤诗》各一章，还有琴曲歌辞《胡笳十八拍》。

刘知渐《建安文学编年史》，重庆：重庆出版社 1985 年 3 月出版

见前"孔融"条。

张可礼《建安文学论稿》，济南：山东教育出版社 1986 年 9 月出版

见前"孔融"条。

李文禄、王巍《建安诗文鉴赏》，长春：吉林大学出版社 1987 年 9 月出版

本书中选录蔡琰诗歌《悲愤诗》一首，进行注释鉴赏。余详"孔融"条。

王巍《建安文学概论》，沈阳：辽宁教育出版社 1991 年 12 月出版

本书在"建安时期的重要作家""建安时期的诗歌"部分中，对蔡琰的

生平活动与诗歌创作有着较为集中的叙述，其中作品分析以描述性的语言对其作了阐解和评析。余详"孔融"条。

李景华《建安文学述评》，北京：首都师范大学出版社 1994 年 7 月出版

见前"孔融"条。

郑文《建安诗论》，兰州：甘肃民族出版社 1994 年 12 月出版

书中附录有《蔡文姬没于胡中论略》一文。余详"孔融"条。

李景华《建安诗传》，长春：吉林人民出版社 1998 年 5 月出版

本书为"中国历代名家流派诗传"丛书之一。书中选录蔡琰诗两首。余详"孔融"条。

顾农《建安文学史》，长沙：湖南教育出版社 2000 年 6 月出版

本书第三章，讨论了女诗人蔡琰及其诗歌。余详"孔融"条。

张兰花、程晓菡校注《三曹七子之外建安作家诗文合集校注》，石家庄：河北教育出版社 2013 年 6 月出版

本书中收录蔡琰诗歌共四篇。作品前有作者简介，概述其生平及诗文的流传存佚。注释部分既有释词，也有句意的疏解。余详"荀悦"条。

柏俊才《建安文学史话》，北京：社会科学文献出版社 2015 年 8 月出版

本书"建安文学的余响"一章对蔡琰作了简要评述，主要内容包括：乱世之中铸伟章、五言《悲愤诗》扬美名。

仲长统（179—220）

杨昌年《仲长统》，台北：商务印书馆1978年6月出版

本书为"中国历代思想家（五）"中的一种。本书分为四部分：一、传略，介绍了其姓氏、籍贯与生卒年月、学行、仕宦情况等。二、著作，简介了《昌言》《乐志论》《兖州山阳先贤赞》。三、分析了仲长统的性格与理想。四、从为人、为政和礼教三方面评介了仲长统思想的内容。该书是一部较为简要的传记。本书又有该出版社1999年2月更新版。

刘邦富《仲长统》，收入辛冠洁、丁健生、蒙登进主编《中国古代著名哲学家评传》（续编一），济南：齐鲁书社1982年8月出版

本书内容分为四节：一、介绍了仲长统的生平和《昌言》。二、论述了仲长统的社会历史观和政治思想。三、分析了仲长统的哲学思想，包括以人事代替天道、坚持唯物主义的立场解决天和人的关系、唯物主义认识论。四是结束语。

刘文英《仲长统评传》（附于《王符评传》后），南京：南京大学出版社1993年9月出版

本书共五章。第一章介绍了仲长统的时代、生平和著作。第二章论述了仲长统旨在"理乱"的政治思想，包括治乱循环的历史观、有损有益的改革论、关于封建政权的体制问题、"至公""大中"的政治理想等。第三章论述其因时制宜的法律思想。第四章讨论其"人事为本"的哲学和无神论思想，同时论述了仲长统思想中无神论与仙人观念的矛盾。第五章论述了他注重修养的伦理思想和消极出世的精神归宿。由此说明他在历史上标志着东汉社会批判思潮的终结，以及比王符等更明显地表现了两汉经学向魏晋玄学的过渡。

李景华《建安文学述评》，北京：首都师范大学出版社 1994 年 7 月
出版

见前"孔融"条。

顾农《建安文学史》，长沙：湖南教育出版社 2000 年 6 月出版

本书第一章，讨论了仲长统的《昌言》。余详"孔融"条。

张可礼、刘加夫《建安文坛上的齐鲁文人》，济南：山东文艺出版社
2004 年 10 月出版

本书第七节介绍了仲长统作为一名议论风发的狂士的一生。具体内容
有：有才好学、不重仕途，名著《昌言》批判时弊、陈述良策，《乐志论》
和《见志诗》。

孙启治《昌言校注》，北京：中华书局 2012 年 6 月出版

本书为"新编诸子集成续编"之一。该书以严可均《全后汉文》所辑
《昌言》为据，重新编次，并对正、附十四段整文加以校注，佚文则只加校
语。注释部分，包括诠释字义、说明出典、串讲句文大意等。该书是首部
《昌言》校注本，具有较大的参考意义。

马天祥《仲长统生平著述研究》，台北：花木兰文化出版社 2015 年 3
月出版

本书主要研究了仲长统的生平及其著述与思想。全书共六章。第一章为
仲长统生卒行年考。第二章论述了仲长统的时代观及其对汉末士风的批判。
第三章对仲长统的著述系进行了分类，证实《山阳先贤传》非仲长统作，
《乐志论》不属于《昌言》系统。第四章论述了仲长统的社会改革思想，包
括抑兼并、赋税改革、抑君权等思想。第五章进行了《昌言》的文学研究，
归纳其特点为简明的语言风格、巧妙的修辞手法、独特的句式结构、特异的
言说模式。第六章探讨了《乐志论》对魏晋文学审美新旨趣的开启，使之
从两汉文学"大苑囿"审美过渡到魏晋文学的"小山水"审美。

邯郸淳（生卒年不详）

徐可超《汉魏六朝诙谐文学研究》，上海：博士学位论文，复旦大学，2003 年

本论文第二章探讨三国时期诙谐文学的兴起，第五节系统阐述笑话集《笑林》的产生，结合邯郸淳所处的时代背景，从《笑林》的创作动机入手，论述其产生的原由，探讨了邯郸淳《笑林》的娱乐性质和造笑技巧。论文末附有《邯郸淳生平事迹辨疑与考信》，系统地考证了邯郸淳生平事迹。

刘劭（或作"刘邵"，生卒年不详）

（魏）刘劭撰，任继愈断句《人物志》，北京：文学古籍刊行社1955年9月出版

本书据上海涵芬楼影印的正德刊本加以断句重印，原版显著错误，加以校订。书前附有阮逸《人物志》序，后附刘劭撰刘昞注《〈人物志〉自序》。

朱永新、刘崇德《才性之迷：刘劭〈人物志〉注译与研究》，杭州：浙江大学出版社1989年5月出版

本书是国内较早研究《人物志》的专著，从才学、心理学的角度分析评论了《人物志》的重要意义。全书分为三部分。第一部分为引言，简要介绍刘劭及《人物志》。第二部分为《人物志》的才学思想研究，分别从人才研究的意义、人才研究的方法、人才任用的艺术、人才心理的完善方面展开论述。第三部分为《人物志》译评，对原文逐一注释、翻译和简评。书末附有《人物志》研究的相关资料。

郑玉光《知人善任的奥秘：刘劭〈人物志〉研究译注》，太原：山西人民出版社1992年8月出版

本书分为上下两编。上编为《人物志》研究，共三章。第一章论述《人物志》的作者，包括刘劭的政治活动、学术成就、文学创作，以及夏侯惠、陈寿对刘劭的评价。第二章论述《人物志》的成书时间、写作背景、思想渊源、理论框架、文体风格。第三章阐述《人物志》的思想，包括人才学思想、心理学思想、政治学思想、伦理学思想。下编为《人物志》译注，录原文、注释、翻译。书末附有《阮逸序》《文宽夫题》《刘昞传略》《王三省序人物志后》《重刻人物志跋》。

（魏）刘邵著，（西凉）刘昞原注，王玫评注《人物志（全新版）》，北京：红旗出版社1996年2月出版

　　本书为《人物志》评注本，以《四部丛刊》本及北京文学古籍刊行社1955年本为底本，参校他本。此书对个别标点作调整，并校订错误，保留刘昞原注，另作新注。书前附有阮逸《人物志》序，后附刘昞注《〈人物志〉自序》。书前有序，简要介绍《人物志》及其思想主旨。全书分为上、中、下三卷，上卷为九征、体别、流业、材理四章；中卷为材能、利害、接识、英雄、八观五章；下卷为七缪、效难、释争三章。全书按原文（原注）、注释、译文、简析编排，援引皆逐一标注，注释翔实，译文简洁，通俗晓畅。简析则根据原文内容概括主旨，评点其思想。

（魏）刘邵著，（西凉）刘昞注，树人编译《中国古代相人术：诠释〈人物志〉》，北京：宗教文化出版社1996年8月出版

　　本书为"中国古代相人之术"系列丛书，收录《人物志》原文的全部内容，并配以新的注释和解析。全书按原文（原注）、注释、解析编排，原文中间附刘昞原注。注释部分对疑难字进行仔细注释，部分句子加以诠释。解析则根据原文内容，引经据典、举例论说，旨在剖析识人、鉴人之术。本书又有（台北）捷幼出版社1998年8月版。

（魏）刘劭撰，马骏骐、朱建华译注《人物志全译》，贵阳：贵州人民出版社1998年6月出版

　　本书以文学古籍刊行社1955年点校本为底本，参校《四库全书》《四部备要》等本，按原本编次进行题解、注释和译文，后有补遗篇目，并对个别标点符号作了调整。前言介绍刘劭及《人物志》。全书按篇目、题解、原文、注释、今译编排。题解简要介绍写作背景、书目版本。注释按正音、地名、人名以及难懂词语解说。并对全书进行注释和今译。本书又有该出版社2009年3月修订版。

（魏）刘邵著，侯书森、朱杰军评析《〈人物志〉——注释与评析》，西宁：青海人民出版社1998年9月出版

　　本书为《人物志》注释评析专著。书前附有阮逸《人物志》序，后附刘昞原注《〈人物志〉自序》，附录译文，简要介绍《人物志》及其思想主旨。全书分为上、中、下三卷，上卷为九征、体别、流业、材理四章；中卷

为材能、利害、接识、英雄、八观五章；下卷为七缪、效难、释争三章。每章下附有白话文章及主旨介绍，正文按篇目、主旨介绍、原文、注释、译文、解说与评述编排，援引皆逐一标注，注释翔实，译文简洁，通俗晓畅。书后附有钱穆《略述刘邵〈人物志〉》、汤用彤《读〈人物志〉》。此书解说与评述较为独特，根据原文内容概括主旨，评述识人之法、论述观察之重旨、点评其思想。

伏俊琏《人物志研究》，兰州：甘肃人民出版社 1999 年 1 月出版

本书分为两编。第一编为《人物志》研究，对刘邵和刘昞的生平、思想、著作加以考证，对《人物志》的人才学说的来源、文化背景进行了分析，并阐述了各章的主要内容。第二编校注，对《人物志》原文及刘昞注文加以校勘和注释，并将原文译为白话。

（魏）刘邵著，冷成金译释《辨经》，长春：时代文艺出版社 2000 年 12 月出版

本书为《人物志》义译解析专著。前言部分论述《辨经》及其思想价值。后为刘劭撰《〈辨经〉自序》，全书共三卷，内容涵盖鉴别人才的基本原则与识鉴方法、人才类型的分类、不同类型人才利弊特点及适宜胜任的职业等。正文按篇目、主旨评点、原典、义译、列举编排，并配有图片，义译简明扼要，通俗晓畅。列举则根据原文内容举例论说。

（魏）刘邵著，刘国建注译《人物志》，长春：长春出版社 2001 年 9 月出版

本书为"识人三经"系列丛书，以如何识别和观察人才为核心，收录刘劭《人物志》。书前附有阮逸《人物志》序，后附刘昞原注《〈人物志〉自序》，略论其思想主旨。全书分为上、中、下三卷。上卷为九征、体别、流业、材理四章。中卷为材能、利害、接识、英雄、八观五章。下卷为七缪、效难、释争三章。书后附有题记、跋、序《人物志》后、重刻《人物志》跋、略述刘劭《人物志》、读《人物志》。正文按篇目、原文、注释、译文编排。

李崇智《人物志校笺》，成都：巴蜀书社 2001 年 11 月出版

本书对《人物志》进行了校勘和注解。体例上校注合一，笺释详细。

书后附录后人对《人物志》的评语。

曹冈解译《辨经》，呼和浩特：内蒙古人民出版社 2005 年 5 月出版

本书为刘劭《辨经》今译详解本，全书三卷，内容涵盖鉴别人才的基本原则与识鉴方法、人才类型的分类、不同类型人才利弊特点及适宜胜任的职业等。正文按原典（原注）、今译、详解编排，译文简明扼要，通俗晓畅。详解则根据原文内容概括主旨，评点其思想，并举例论说。

阎世平《刘劭人材思想研究》，广州：中山大学出版社 2005 年 9 月出版

本书为"中国传统治道研究丛书"系列，系统论述刘劭的人才思想。全书分为上下两编。上编共七章，论述刘劭的人才思想，主要阐述了人才形成思想之"气质"论、人才分类思想之才德论、人才任用思想之名实论、人才分工思想之无为论、人才协作思想之"和""协"论、人才识别思想之"观""视"论。下编共三章，论述管理、制度和文化视野下的人材，包括刘劭思想的管理学审视之比较论、制度与人材的关系产生的制度论、文化与人材的关系产生的文化论。

黄志盛《新编校本刘劭及其〈人物志〉研究》，台北：花木兰文化出版社 2006 年 9 月出版

本书旨在探讨刘劭的生平及其著作《人物志》。全书共七章。第一章绪论，说明文本的研究动机、研究价值、研究成果检讨、研究方法及局限。第二章从名字考、仕宦考、生卒考三方面论述刘劭生平考。第三章为《人物志》版本源流考，包括明清十七种版本。第四章为刘劭撰著《人物志》的缘由，依次从经学地位的沉沦、汉末政治的败坏、控名责实的激荡、用人制度的问题、渊博学养的流露五个方面展开论述。第五章论述《人物志》的人才思想。第六章为《人物志》的评价，内容包括《人物志》理论架构的评价、人才思想的评价。第七章为结论。文中附有图表，文末附有《刘劭年谱简编》《刘昞传》《参考资料》。

杨新平、张锴生注译《人物志》，郑州：中州古籍出版社 2007 年 4 月出版

本书为"国学经典"之一，对《人物志》中的精华部分重新进行了校对与勘订，并配有白话译文。

　　罗应换英译、伏俊琏今译《人物志》（汉英对照），北京：中华书局
2007 年 12 月出版

　　本书为"大中华文库"丛书之一。全书分为正文、今译、英译三部分，
具有一定的参考价值。

　　伏俊琏《人物志译注》，上海：上海古籍出版社 2008 年 3 月出版

　　本书对《人物志》进行了注解和白话翻译，简要明晰。附录《人物志
评论》、正史所载刘劭的生平资料、正史所载刘昞的生平资料。

　　（三国）刘劭著，（西凉）刘昞注解，杨硕点评《人物志》，北京：中
国商业出版社 2009 年 2 月出版

　　本书为《人物志》的点评专著，主要论述《人物志》成书思想、影响
及意义。全书按篇目、原典、注释、译文、点评编排。点评根据原文内容概
括主旨，评点其思想并列举分析，配有相关图片加以说明。

　　刘子立《〈人物志〉"才性论"研究》，北京：博士学位论文，北京师
范大学，2011 年

　　本论文试图阐明《人物志》思想脉络与思想源头，并对"才性论"兴
起的历史机制进行考察。全文共四章。第一章为绪论部分，主要探讨了
《人物志》的学说内容，着重指出刘劭以及《人物志》这部书与当时的选举
制度之间的密切关系。第二章论述《人物志》的义理结构，分析了《人物
志》是在何种意义上被称为"才性论"的。第三章主要从哲学史的角度，
对《人物志》的理论渊源进行了探讨，并由此进一步揭示《人物志》所代
表的"才性论"的理论品格。第四章主要对"才性论"兴起的历史机制进
行了考察。

　　王晓毅《知人者智——〈人物志〉读本》，北京：中华书局 2014 年 11 月出版
　　本书首先介绍了《人物志》形成的历史背景、作者生平、形成和流传。
其次，对该书的写作方式和写作内容进行了说明。再次，对原文进行校注和
译解。另外，集中介绍了该书形成的社会思潮背景。附录有作者刘劭年表及
生平事迹资料、作者刘劭佚文、《人物志》历代著录、《人物志》历代版本
序跋、《人物志》历代考辨文字。

国家社会科学基金重大项目"汉魏六朝集部文献集成"
（13&ZD109）子课题"汉魏六朝集部文献研究"阶段性成果；

陕西师范大学优秀著作出版基金资助出版；
陕西师范大学中国语言文学世界一流学科建设经费资助出版

汉魏六朝集部文献整理与研究丛书

刘跃进 主编

汉魏六朝文学研究著作提要

下

杨晓斌 马燕鑫 杨沐晓 著

中国社会科学出版社

下卷目录

曹丕 (187—226)

孙冯翼辑《典论》，上海：上海商务印书馆1936年12月出版

本书为"丛书集成初编"系列，据问经堂丛书本排印，各丛书仅有此本。书前为《典论序》，附录考证，援引典籍中对《典论·论文》的评说，并论证其作品留存情况。本书又有中华书局1985年版、（台北）广文书局1988年版。

余冠英《三曹诗选》，北京：人民文学出版社1956年8月出版

本书曹丕部分收诗二十首。每首第一条注释为题解，对诗歌篇题的出处、本意、背景、主旨作简要说明。注释包括对词语、典故的解释，一些重要或难解句子的串解，有些地方还征引史事或作者其他作品来阐明诗意。余详"曹操"条。

黄节《魏武帝魏文帝诗注》，北京：人民文学出版社1958年2月出版

本书中"魏文帝诗注"部分收曹丕诗二十八篇，每篇诗题下有解题，说明其篇题成因及寓意。余详"曹操"条。

李宝均《曹氏父子和建安文学》，北京：中华书局1962年6月出版

本书在综述了建安文学的时代背景及其繁荣的原因后，对曹丕进行了讨论。首先论述曹丕的生平事迹及其思想特征。其次论述曹丕的诗歌创作，分析其文学思想。最后论述曹丕的散文和文学理论批评，肯定其文学地位。余详"孔融"条。

河北师范学院中文系古典文学教研组编《三曹资料汇编》，北京：中华书局1980年9月出版

本书曹丕卷辑录了魏晋南北朝至清末历代对曹丕生平、作品等相关资

料。书中资料包括人物品评，主要在对其诗歌作品的分析和评价，其中既有整体评论，也有单篇作品的阐析。余详"孔融"条、"曹操"条。

邱英生、高爽《三曹诗译释》，哈尔滨：黑龙江人民出版社 1982 年 1 月出版

本书曹丕部分收入诗五首，正文包括原文、注释和句解、译文，最后简析部分对诗歌的思想内容和艺术形式作了分析。余详"曹操"条。

赵福坛《曹魏父子诗选》，香港：香港三联书店 1982 年 1 月出版

本书中曹丕部分收诗二十三首，每首之下为题解，具体说明作品的写作背景、主题思想和艺术特色。注释部分通俗简明，每则注释前有对相应诗句的白话文串解。余详"曹操"条。

章新建《曹丕》，合肥：安徽人民出版社 1982 年 9 月出版

本书为曹丕及其文学理论研究专著。全书共七章。前三章论述曹丕的生平、生活的时代及其政治主张、曹丕在文学史上的贡献。第四章为曹丕与建安文学，主要内容包括：曹丕实际上是建安文学的领导人、曹丕与邺下文学集团、建安文学的特征。第五章为曹丕的文学理论，重点论述曹丕文学理论的内容。第六章为曹丕的散文，解析其内容，评析其艺术特色。第七章为曹丕的诗歌，论述曹丕诗歌的内容和艺术特色。本书又有黄山书社 1985 年 10 月修订本，增补《曹丕年谱》。

张可礼《三曹年谱》，济南：齐鲁书社 1983 年 5 月出版

见前"曹操"条。

李文禄、王巍《建安诗文鉴赏》，长春：吉林大学出版社 1987 年 9 月出版

本书中选录曹丕诗歌六首、文两篇（《与吴质书》《典论·论文》），进行注释鉴赏。余详"孔融"条。

李景华《三曹诗文赏析集》，成都：巴蜀书社 1988 年 11 月出版

本书选录曹丕诗歌八首、文两篇（《典论·论文》《与吴质书》）。余详"曹操"条。

（魏）曹丕等撰，郑学弢校注《列异传等五种》，北京：文化艺术出版社1988年12月出版

本书为"历代笔记小说"系列丛书，收录曹丕《列异传》。书前附有简介，论述曹丕及其《列异传》，以及历代著录情形。全书按原文、注释编排，注释中对六朝常用词语以及与史实、制度有关的名物都作扼要说明。出校的条目中，对援引类书节略、改动等都逐一标注出处与参校书籍，并舍弃繁琐校语，列举两可之文。

陈飞之《三曹诗论集》，桂林：广西师范大学出版社1989年1月出版

本书第四部分为曹丕诗歌的内容与风格，论述曹丕的诗歌创作、思想内容、风格特征、艺术特色、语言风格。重点关注曹丕诗歌所表现的社会内容与艺术风格，分别从社会时事诗、关注生活疾苦、诗风壮丽、体被文质的推进等方面展开论述。

洪顺隆《魏文帝曹丕年谱暨作品系年》，台北：商务印书馆1989年2月出版

本书为"新编中国名人年谱集成"系列丛书。全书按年岁递增排列，每年分为丕事迹、曹家事迹、其他大事等三项。每项又分为叙事、说明两类。叙事据说明所列资料，说明则引述与该年各项所叙事迹相关文献，加以考证。自曹丕13岁至33岁，每年分为丕事迹、丕作品、曹家事迹、其他大事等四项。丕作品则分为内容、考证两类。自曹丕34岁起，每年分为丕及魏国大事、丕作品、其他大事等三项。论证翔实精当，资料丰富。

殷义祥《三曹诗选译》，成都：巴蜀书社1989年2月出版

本书"曹丕诗"部分选录二十二首诗歌作品。余详"曹操"条。

方北辰《曹丕新传》，台北：国际文化事业公司1990年9月出版

本书为中国名人传记系列之曹丕传。以曹丕生平时间为线索，逐一叙述曹丕生平事迹。行文务求真实，穿插史实材料辅之。书末附有曹丕大事年表。

王巍《建安文学概论》，沈阳：辽宁教育出版社1991年12月出版

本书在"建安时期的重要作家""建安时期的诗歌""建安时期的辞

赋"与"建安时期的散文"部分，对曹丕的生平活动与诗赋创作有着较为集中和详细的叙述，其中作品分析以描述性的语言对其作了阐解和评析。同时"建安时期的文学理论和文学批评"中对曹丕也有较多论述。余详"孔融"条。

宋效永点校《三曹集》，长沙：岳麓书社 1992 年 10 月出版

本书中第二部分收录曹丕作品，按令、教、表、奏事、策、书、尺牍、序、祭文、乐府、本纪、辑补等编排。前言部分简要论述曹丕生平事迹及其著述思想。附有张溥《魏文帝集题辞》。余详"曹操"条。

夏传才、唐绍忠校注《曹丕集校注》，郑州：中州古籍出版社 1992 年 10 月出版

本书为"建安文学全书"系列。本书包括曹丕诗集、赋集、文集、典论、附录、后记。书前附有《论曹丕（代序）》，论述曹丕其人及其文化、政治、思想上的成就，以及其文学创作。作品校注按篇目、原文、注释三部分进行，篇目顺序按时代先后调整。较难字词，皆加以注音，并作详细注解。文中相关人物、事件，皆一一注明。附录曹丕年谱，附有简要时代事件参考。书末有后记，言及校注体例。此书又有河北教育出版社 2013 年 6 月版。

张钧莉《对酒当歌——六朝文学与曹氏父子》，台北：幼狮文化事业公司 1994 年 8 月出版

本书中第二部分为曹氏父子，首先简述了建安文学与曹氏父子的关系，其次为三曹诗选。其中第三节选录曹丕作品五篇，加以简明的注释，并从文学理论与诗歌艺术角度进行了析评。余详"曹操"条。

韩泉欣、赵家莹选注《三曹诗文选注》，上海：上海古籍出版社 1994 年 12 月出版

见前"曹操"条。

王巍《三曹评传》，沈阳：辽宁古籍出版社 1995 年 3 月出版

见前"曹操"条。

周满江《三曹诗歌赏析》，南宁：广西教育出版社 1995 年 12 月出版

本书曹丕诗部分选录诗歌十一首。正文之外，内容分为注释和赏析两部分。余详"曹操"条。

傅晓生编写《曹丕的故事》，北京：北京燕山出版社 1996 年 10 月出版

本书为"三国历史人物故事"系列魏国卷之二，以曹丕生平事迹为主线，讲述其传奇故事。主要内容包括：立太子兄弟争宠、机关算尽终称王、费尽心机害曹植、改革法令震天下、废汉帝自称魏王、坐而论道观虎斗、伐吴蜀两度失利、未如愿抱憾终生。

傅亚庶注译《三曹诗文全集译注》，长春：吉林文史出版社 1997 年 1 月出版

本书《曹丕集》部分，诗歌参考逯钦立《先秦汉魏晋南北朝诗》，文参考严可均《全三国文》。此集作品搜罗齐全，并进行了校勘、注释、今译、解析。余详"曹操"条。

易健贤译注《魏文帝集全译》，贵阳：贵州人民出版社 1998 年 12 月出版

本书以光绪三年（1877）滇南唐氏寿考堂本为底本，用光绪十八年（1892）善化章经济堂重刊本对勘补遗，并参校他本，按原本编次进行题解、注释和译文，后有补遗篇目单独列出。前言介绍曹丕其人、文学创作及其作品版本留存情况。全书按篇目、题解、原文、注释、今译编排。题解简要介绍写作背景、书目版本。篇末附有《三国志·魏志·文帝纪》《魏文帝集题辞》《曹丕年谱》《〈魏文帝集全译〉校勘引用书目》。本书又有该出版社 2009 年 3 月修订版。

王巍《曹操·曹丕·曹植》，沈阳：春风文艺出版社 1999 年 1 月出版

本书从第五节开始讲述少年时期的曹丕与曹植，邺城时期的曹丕与曹植，延康、黄初年间的曹丕等生平经历。余详"曹操"条。

孙明君《三曹与中国诗史》，北京：清华大学出版社 1999 年 9 月出版

见前"曹操"条。

潘兆贤《魏文帝曹丕评传》，香港：向日葵出版社 2000 年 10 月出版

本书是关于魏文帝曹丕的系统性综合评述专著。书前附有《魏文帝曹丕像》《鲁迅论曹丕》《杰出的文学领袖——曹丕》。正文分十七部分，主要内容包括：曹丕称帝和施政的方针、曹丕与建安文学、建安七子的诗歌与其它、《七步诗》的悬案、再谈曹子建的《七步诗》、《典论·论文》评析、文以气为主的探讨、曹丕书函管窥、曹丕诗歌面面观、《燕歌行》赏析、曹丕在中国文学史上的贡献及影响、魏文帝曹丕诗文集评、后世对曹丕与曹植的评价、俄罗斯汉学家对《典论·论文》多种内涵的研究、国际学者对曹丕《典论·论文》所提出的意见、魏文帝曹丕年谱，另附《典论》佚文五则。

刘殿爵、陈方正、何志华编《曹丕集逐字索引》，香港：香港中文大学出版社 2000 年 11 月出版

本书属"魏晋南北朝古籍逐字索引丛刊"集部第八种。《曹丕集》诗集部分据丁福保《全汉三国晋南北朝诗》，文集部分据严可均《全上古三代秦汉三国六朝文》，参其他版本互校，在"正文"或"逐字索引"中都加校改符号。逐字索引编排以单字为纲，按汉语拼音排列，每一例句后加上编号于原文中位置。曹丕集原文所录为六卷，最末辑录篇名皆缺的作品。曹丕集附录共 10 篇，皆为按他本所补录篇目。全书用字频数表清晰统计了文集字数，便于检索。

洪润基《〈文心雕龙〉对三曹诗文及文学论的批评研究》，上海：博士学位论文，复旦大学，2000 年

本论文中第二章综述了《文心雕龙》对三曹的基本看法，包括以魏朝为正统、客观评价曹氏父子对建安文学形成所起的作用。第四章为《文心雕龙》对曹丕诗文及文学论的批评，将《文心雕龙》中有关曹丕的批评内容按照韵文、散文、文学论的顺序排列并进行了具体考察。余详"曹操"条。

陈庆元《三曹诗选评》，上海：上海古籍出版社 2002 年 10 月出版
见前"曹操"条。

孙明君《三曹诗选》，北京：中华书局 2005 年 8 月出版
本书中收曹丕诗歌三十九首，每首诗下为题解，说明乐府诗篇题出处、

诗歌主旨、思想内容。余详"曹操"条。

黄昌年《三曹文学评述》，长春：吉林大学出版社 2006 年 6 月出版

本书中第二部分是关于曹丕的文学评述。主要从曹丕天资文藻、才艺兼该入手，论述《燕歌行》《典论》的价值和意义，并对其文士气十足的征战诗、佳处在词语外的游宴诗、便娟婉约的爱情诗逐一评述。此书肯定了曹丕长句长篇开山第一祖的历史地位。书后附有"曹丕大事年表"。

张可礼、宿美丽编选《曹操曹丕曹植集》，南京：凤凰出版社 2009 年 1 月出版

本书中选录曹丕代表性诗文释译。译注则博取众长，广泛参考学界成果和友人意见，力求深入了解曹丕其人其文。前言介绍了曹丕的生平、思想以及诗文成就。每篇诗文译注前附有解题，简要介绍作品内容、特色及其思想。译注中注释较为翔实，稍难字词于括号内配有音注。底本难断字词，附有校勘记。

宋战利《魏文帝曹丕传论》，郑州：河南大学出版社 2009 年 9 月出版

本书是在作者博士学位论文《曹丕研究》（河南大学 2007 年）的基础上修订而成。全书共六部分。引言阐述了曹丕研究的历史与现状，选题构思和意义以及研究方法。第一章为曹丕的政治人生，包括立嗣之争、皇权禅让、施政措施。第二章为曹丕的文学生涯，论述了曹丕与文士的交往、曹丕的文学创作、文气论与文学批评价值的再认识。第三章为文学与政治的互动，分别从《典论》创作的政治目的，曹丕政治形象与其文学接受史的互动展开。第四章为曹丕文学史料考论，包括曹丕诗文本事系年综考、南皮之游在何年、《七步诗》托名考、建安文学分期略说、建安文学领袖考。最后为结论。书末附有曹丕作品辑佚与参考书目。

魏宏灿校注《曹丕集校注》，合肥：安徽大学出版社 2009 年 10 月出版

本书是关于曹丕文学作品的校订注释文本。前言简要介绍了曹丕及其文学思想、作品留存情况等。每篇作品按篇目、题解、原文、注释、评笺编排。题解说明所作篇目的写作情境，指出题材与写作意图。注释援引皆注明出处，考证翔实。评笺阐释写作主旨，指出作品主旨，评及写作指向。后附

有"缺名十五则""失题八则""佚句四则"。最末为曹丕年谱简谱。

刘跃进、王莉《三曹》，北京：中华书局 2010 年 2 月出版
见前"曹操"条。

潘景岩《三曹与建安七子》，长春：吉林文史出版社 2010 年 4 月出版
本书第二部分为"文学理论家——曹丕"，介绍了曹丕的生平经历及政治活动，并对他在文学艺术上的成就及影响进行了简要的分析评述，同时还赏析了一些重要的作品。余详"孔融"条。

吴怀东《三曹与魏晋文学研究》，合肥：安徽文艺出版社 2011 年 1 月出版
见前"曹操"条。

王巍《曹氏父子与建安文学》，沈阳：辽海出版社 2011 年 4 月出版
本书中论述了曹丕的生平及性格、哲学思考、治国思想、对经济发展的思索、文艺思想、文学成就，还有对他的相关评价。余详"曹操"条。

丁威仁《三国时期魏地文士"惜时生命观"研究——以建安七子与曹氏父子之诗歌为研究对象》，台北：花木兰文化出版社 2011 年 9 月出版
见前"孔融"条。

朱秀敏《建安散文研究》，济南：博士学位论文，山东师范大学，2011 年
本论文第二至四章"建安散文类析"按文体为类，对曹丕的相关作品进行了论述。第六章"建安散文中的文学思想"，涉及了曹丕的"文气说""文人相轻""文非一体，各有所长"等思想。余详"孔融"条。

芦春艳《建安作家诗文互动研究》，北京：博士学位论文，中国社会科学院研究生院，2012 年
本论文第二章以"文士气"为中心，论述了曹丕诗文中的互动现象，包括其内涵、"文士气"对诗文互动的限制、"文士气"的行文方式、"文士气"的审美。第三章从赋的句式、结构方面分析了曹丕赋作中的诗文因素。

余详"孔融"条。

方北辰《曹丕——文豪天子》，北京：北京大学出版社 2013 年 3 月出版

本书为三国人物传记合集系列之曹丕传记，是在作者 1990 年《曹丕新传》基础上增订编改而成。全书从邺城猎艳、南皮畅游、兄弟情深、铜雀欢会、文采风流、继位称王、代汉受禅、长眠首阳等二十三个方面论述曹丕生平事迹。书末附录有曹丕生平大事年表与《三国小百科·军事篇》。

上海辞书出版社文学鉴赏辞典编纂中心编《三曹诗文鉴赏辞典》，上海：上海辞书出版社 2013 年 3 月出版

见前"曹操"条。

施建军《建安文学探微》，台北：花木兰文化出版社 2013 年 3 月出版

见前"孔融"条。

董家平《三曹醇疵》，北京：中国社会科学出版社 2015 年 8 月出版

本书第二部分论述曹丕。第七章探讨曹丕因利乘便的一代帝王形象。第八章论述文士气与曹丕的诗歌。第九章论述曹丕《典论·论文》。第十章为曹丕赋释疑解惑。第十一章从论文、论武、论政角度探讨曹丕立论的文化价值说。余详"曹操"条。

张丽锋《曹魏三祖时期文学研究》，保定：博士学位论文，河北大学，2015 年

见前"曹操"条。

何晏（189？—249）

余敦康《何晏王弼玄学新探》，山东：齐鲁书社 1991 年 7 月出版

本书共八章。第一章导论，交代汉魏时代背景与哲学思潮；第二章论述何晏生平著作；第三章阐明何晏的玄学思想。此书以自然与名教的关系为基本线索，运用经典诠释的传统方法，试图证明何晏、王弼所开创的玄学思潮实质上是一种以本体论的哲学为理论基础的内圣外王之道，具有强烈的批判意识。此书条理清晰，内容丰富，论证翔实，文字深入浅出，具有较高的学术价值。此书又有方志出版社 2007 年 4 月版。

王晓毅《王弼评传（附何晏评传）》，南京：南京大学出版社 1996 年 2 月出版

本书前篇为《何晏评传》，详细梳理了何晏的生平事迹、社会环境、交游往来、哲学思想、著作真伪等问题，并进行细致考证。此书揭示了正始玄学的形成动因、理论内涵和历史意义：在经学危机、道家复兴和佛教东渐的条件下，何晏初步创立了贵"无"本体论玄学。书末附有《何晏年谱》《何晏著作历代著录及考辨文字》。此外附录有主要参考文献、词语索引，便于阅读。

李方《敦煌〈论语集解〉校证》，南京：江苏古籍出版社 1998 年 10 月出版

本书收录《论语集解》的敦煌写本八十余种，并援引存世诸本，对全书进行了详细的校勘。每篇有"题解"，说明相应的存世写本，注明所用底本和校本，并对内容保存的行数和抄写质量、抄写时间、抄写者等情况有所介绍。书后附录"写本目录"和"主要参考论著目录"。

王亦旻《〈论语集解〉研究》，北京：博士学位论文，北京师范大学，2006 年

本论文以敦煌、吐鲁番发现的唐人写本《论语郑玄注》残卷，与传世

的《论语集解》进行比较研究，纠正了传统经学研究中关于汉代《论语》注释的一些错误结论，澄清了后人对汉儒所注《论语》的一些争论和模糊认识。本文共六部分。绪论评述了前人对《论语集解》的研究，梳理了研究的材料、理论和方法。第一章就《论语》的成书及在两汉流传与《论语集解》的成书展开论述。第二章主要分析了《论语集解》的编纂者何晏及孙邕、郑冲、曹羲、荀顗的生平及学术思想。第三章为《论语集解》的经学思想探源，从汉代经学的发展过程与演变趋势、《论语》在汉代形成的注释传统、玄学思想对《论语集解》编写者的影响展开论述。第四章阐述了《集解》与郑注的注释比较及分类，包括关于两部注释书籍比较的说明、《集解》选前人注但未用郑注、《集解》选前人注时用郑注、何晏等人新作之注、《集解》保存两个注释。第五章综述了《论语集解》的注释成就，纠正了传统经学中对《论语集解》的误解，以清晰的脉络阐明了《论语集解》的注释思想与注释原则，指出《论语集解》的注释不足，并重新评价《论语集解》的注释特色。

高华平校释《论语集解校释》，沈阳：辽海出版社 2007 年 10 月出版

本书以阮元校刊《十三经注疏》时所用"宋十行本"（原题："《论语注疏》魏何晏等注、邢昺疏"）为底本，以"阮元校勘记"、《四库全书》录浙江巡抚采进本"《论语集解》皇侃义疏"和内府本"《论语集解》宋邢昺"、覆正平本《论语集解》单疏、敦煌《论语集解》卷子等互勘校释。本书内容依次为"经文""集解""校释"。其中"校释"逐条罗列所参校本内容，最后加"案"，附以校释语。比刊诸本中"孔曰""之""乎""者""也"等虚词之异同，在第一次出现时出"校释"，后则在"案语"中以"仿此""皆仿此"加以说明。"校释"中"释"的部分，即是"案语"的内容。敦煌本的《论语集解》的内容，有的原件中既已阙失，即注明为"阙"或"佚"、或"残"。书中前言介绍了何晏及其著述，重点论述了《论语集解》的版本源流、影响与意义。

康中乾《魏晋玄学》，北京：人民文学出版社 2008 年 9 月出版

本书第一章为魏晋玄学概论，首先探讨魏晋南北朝时代及其社会形势和思想任务，随后从"玄学""三玄""玄"三方面分析什么是魏晋玄学，最后论述玄学的产生、评价、分期。第二章正始玄学论述何晏，首先为正始名士的阐释，随后论述何晏的生平、何晏的《道论》和《无名论》以及何晏

玄学思想的局限性。

　　常会营《〈论语集解〉与〈论语集注〉的比较研究》，北京：北京燕山出版社 2010 年 7 月出版

　　本书是在作者同题博士学位论文（北京师范大学 2009 年）的基础上修订而成。全书从著述背景、写作动机、作者、成书时间、学术评价、文字训释、义理阐发等方面予以比较。第一章考查了两书的著述背景与动机等问题。第二章为两书文字、章义疏解探析，包括分章断句、字义训释、章义解疏等方面的比较。第三章与第四章为两书义理比较，包括对"知天命"之不同解析、对历史人物的不同评价、对亲情伦理的态度、君子与小人的评价判断标准等方面。同时还论述了两书对道、德、仁的不同解释、为学之比较、对"异端"之不同态度等问题。第五章为中国古典解释学的一种历史性考察，从古典解释学源流略考、普世经典文本与时代背景张力下的不同解读、解释者个人思想体系与经典文本的互动、中国古典解释学方法略例等四个方面展开论述。书末附有《论语》版本及注本考略、《论语》在经学史上的地位之变迁、《论语集解》何晏注之思想新探。

　　武锋《何晏》，云南：云南教育出版社 2011 年 1 月出版

　　本书共七章，立足于史实，从何晏与他的时代、少年得意、黄初太和之事、革新思想、政治之灾、玄学清谈、历史影响等七方面论述。全书依据何晏生平事迹，梳理其思想历程，论述其影响与成就。书末附有简略的何晏年谱，以及相关主要研究著述。

　　（梁）皇侃疏，高尚榘校点《论语义疏》，北京：中华书局 2013 年 10 月出版

　　本书为何晏注，皇侃疏，为现存最古、最为完整的《论语》注本。在《论语义疏叙》中，皇侃对《论语》的撰集成书、"论语"二字的意义及"论"前"语"后的原因、《论语》的不同传本等问题进行了详尽的论述。皇疏不仅经注文并疏，兼存疑说，而且采用了"义疏"体的新注解体例。该体例在文体上采用了分章段疏解和自设问答的手法。何注与皇疏，保存了大量梁以前《论语》古注，为研治《论语》的必读参考资料。此版注解较翔实，句语明朗易懂，精心审校，具有较高学术价值。

应璩（190—252）

刘知渐《建安文学编年史》，重庆：重庆出版社 1985 年 3 月出版
见前"孔融"条。

张可礼《建安文学论稿》，济南：山东教育出版社 1986 年 9 月出版
见前"孔融"条。

李景华《建安文学述评》，北京：首都师范大学出版社 1994 年 7 月出版
见前"孔融"条。

顾农《建安文学史》，长沙：湖南教育出版社 2000 年 6 月出版
本书第一章，讨论了应璩的书简体散文。余详"孔融"条。

徐可超《汉魏六朝诙谐文学研究》，上海：博士学位论文，复旦大学，2003 年
本论文第二章探讨三国时期的诙谐文学的兴起，第四节系统阐述《应璩〈百一诗〉中的诙谐》，结合应璩所处的时代背景，从《百一诗》的创作动机"解嘲"入手，阐述《百一诗》中的诙谐文学思想。本论文系统地分析论证了《百一诗》的诙谐内容和特色，突出其嘲戏的讽喻作用。

陶新民选注《建安体诗选》，保定：河北大学出版社 2009 年 8 月出版
本书选录应璩诗歌二首。余详"孔融"条。

张兰花、程晓菡校注《三曹七子之外建安作家诗文合集校注》，石家庄：河北教育出版社 2013 年 6 月出版

本书中收录应璩作品，诗歌类有《百一诗》《杂诗》二首、《诗》八首及残句，文章类有笺、书等共 34 篇。作品前有作者简介，概述其生平及诗文的流传存佚。注释部分既有释词，也有句意的疏解。余详"荀悦"条。

曹植（192—232）

陈一百《曹子建诗研究》，上海：商务印书馆1928年6月出版

本书为曹植诗作的系统性研究专著，分为上下两编，共七章。上篇五章，第一章为绪论，简要介绍曹植及其诗歌创作，阐明研究价值及意义。第二章为曹子建传略，罗列史料中相关传记。第三章为曹子建集之传本，梳理其作品集版本留存情况。第四章为曹子建诗之情感，分析其诗中的感情缘起。第五章为诸家对于曹子建诗之评论，系统收录历代诸家对曹子建诗的评论。下篇两章，包括曹子建诗选读与曹子建乐府诗选读。书末附有丁晏《魏陈思王年谱》。

（魏）曹植撰，（清）丁晏编《曹集诠评》，上海：商务印书馆1933年5月出版

本书为"国学基本丛书"系列，以明万历程氏刻本为底本，参校《魏志传注》《文选注》《初学记》《太平御览》等书编纂而成。全书十卷，收诗文作品200余篇。正文中夹注说明各本异同，并有眉批。书前有序言3篇和《四库全书总目提要·曹子建集》《魏志·陈思王植传》等。书末附《曹集逸文》《魏陈思王年谱》等。本书又有该出版社1935年、1978年版。

沈达材《曹植与洛神赋传说》，上海：华通书局1933年5月出版

本书是关于曹植与《洛神赋》传说的研究专著。一方面是传说的变迁，一方面是比较整理。一方面注重传说的考证，另一方面又注重文本的剖析。全书分为上下两部分。书前附有自序，简要介绍曹植其人及其《洛神赋》作品留存情况。上部为《洛神赋》传说考，分别从最初的《洛神赋》传说、《洛神赋》传说的演化及其影响、《洛神赋》传说的考证展开论述。下部为《洛神赋》剖析，逐一探讨了《洛神赋》的写作目的、从邺下诸子的辞赋、

曹植自己的诗文中证明《洛神赋》的地位，及其在文学史上的地位。书末附有宋玉《神女赋》、曹植《洛神赋》。

洪为法《曹子建及其诗》，上海：上海大光书局 1936 年 7 月出版

本书为曹植及其诗作的研究专著。书前有《叙端》一文，论述曹子建诗的文学价值及意义。全书分为本传、年谱、诗选、校勘、诠释、研究、附录七个部分。本传选录史料中曹植传记加以罗列。年谱以表格的形式按曹植生平事迹与著作时代编排。诗选部分选录曹植诗作，并进行相关注释。校勘部分，逐一标注校订增补条目。研究部分针对曹植及其作品相关问题进行了探讨论述。

余冠英《三曹诗选》，北京：人民文学出版社 1956 年 8 月出版

本书曹植部分收诗五十四首。每首第一条注释为题解，对诗歌篇题的出处、本意、背景、主旨作简要说明。注释包括对词语、典故的解释，一些重要或难解句子的串解，有些地方还征引史事或作者其他作品来阐明诗意。余详"曹操"条。

（魏）曹植撰，（清）丁晏纂，叶菊生校订《曹集铨评》，北京：文学古籍刊行社 1957 年 6 月出版

本书据明万历休阳程氏刻本为底本，用明张溥本和《昭明文选》加以校订，又参考各种类书，收辑佚文，补正缺漏，订正讹误，统一文字分歧。重印删去部分眉评。

黄节《曹子建诗注》，北京：人民文学出版社 1957 年 6 月出版

本书收诗七十一篇，其他传讹、误入、疑存、段落不完全及后人复增者均不录。注文体例，凡是《文选》所录的取李善注，另作补注以求详尽；此外由黄氏创注，允称博洽。注后附录各家评述，多能阐发微意。此是曹植诗较好的注本，富有参考价值。

李宝均《曹氏父子和建安文学》，北京：中华书局 1962 年 6 月出版

本书在综述了建安文学的时代背景及其繁荣的原因后，对曹植进行了讨论。首先论述曹植一生的两个时期，讨论其生平事迹及思想特征。其次为理想与现实的矛盾在散文和辞赋中的反映，评析其文的创作特色。最后为曹植

诗歌创作的杰出成就，肯定其诗歌的文学地位及影响。余详"孔融"条。

刘维崇《曹植评传》，台北：黎明文化事业公司 1977 年 12 月出版

本书为"文学名家传记丛书"，共五章。第一章为曹植生平，分别是幼年时代、随军征讨、结交文士、歌咏游乐、留守邺城、遭受猜忌、曹丕篡汉、贬安乡侯、改封鄄城、忧谗畏讥、上表求试、徙封东阿。第二章为曹植家世，分别从远祖、父母、兄弟、妻子来讲述。第三章为曹植交游，分别从杨修与王粲、丁仪与丁廙、陈琳与应场、刘桢与徐干、吴质与阮瑀来讲述。第四章为曹植思想，包括崇尚道德、济国惠民、恬淡寡欲。第五章为作品，分别从总论、特色、源流三方面来讲述。

陈桂珠《才高八斗曹子建》，台北：庄严出版社 1978 年 10 月出版

本书为"中国文学家传记"系列丛书，是关于曹植生平事迹及其文学作品的研究专著。全书共分为受难篇、诗文篇、乐府诗篇三个部分。受难篇梳理曹植的言行事迹及生平思想，主要内容包括：五陵少年、望子成龙、立储风波、酒误军机、曹丕篡汉、陈留受难、徙封鄄城、洛水悠悠、再徙雍丘、上表自试、天涯倦客、含恨而终等。诗文篇与乐府篇两部分，收录曹植文学作品，并附有曹植文学论，探讨其文学思想与艺术特色等。

河北师范学院中文系古典文学教研组编《三曹资料汇编》，北京：中华书局 1980 年 9 月出版

见前"孔融"条、"曹操"条。

邱英生、高爽《三曹诗译释》，哈尔滨：黑龙江人民出版社 1982 年 1 月出版

本书曹植部分收入诗 26 首，正文包括原文、注释和句解、译文，最后简析部分对诗歌的思想内容和艺术形式作了分析。余详"曹操"条。

赵福坛《曹魏父子诗选》，香港：香港三联书店 1982 年 1 月出版

本书中曹植部分收诗五十三首，每首之下为题解，具体说明作品的写作背景、主题思想和艺术特色。注释部分通俗简明，每则注释前为对相应诗句的白话文串解。余详"曹操"条。

张可礼《三曹年谱》，济南：齐鲁书社 1983 年 5 月出版

见前"曹操"条。

赵幼文校注《曹植集校注》，北京：人民文学出版社 1984 年 6 月出版

本书以金陵书局《曹植铨评》作底本，并广参众本互校，皆附校语于下。全书校订依准清儒校雠通例，以发疑正误。征引史实明确，注释翔实，校订正误，解释含义得当。本书收录曹植作品按时期分为三卷，时期未定作品则单独列出。考证非曹植所撰、旧集误收篇目逐一列出。书前附有曹植画像。书末附有附录四卷，包括佚文、板本卷帙、旧序、旧评录、曹植年表、曹植文学成就及其对后代的影响。本书又有人民文学出版社 1998 年新版。

钟优民《曹植新探》，合肥：黄山书社 1984 年 12 月出版

本书从建安时代与建安文学入手，解析曹植及其文学。通过对曹植的家世、经历、哲学思想、政治思想、文学理论、诗歌、辞赋、散文、文学成就与影响等方面进行探究。第一章为建安时代与建安文学。第二章为曹植家世，梳理曹植家世渊源。第三章为曹植经历，梳理曹植生平事迹与交游往来。第四章为曹植哲学思想。第五章为曹植政治思想，结合历史事实加以解读。第六章为曹植文学理论，结合曹植作品进行理论探析。第七章至九章分别对曹植诗歌、辞赋、散文的思想内容、创作特色等进行了分析。第十章为曹植文学成就与影响。

聂文郁《曹植诗解译》，西宁：青海人民出版社 1985 年 8 月出版

本书精选曹植诗六十二首，按篇目、解题、原诗、注解、翻译、评议、前人评述摘要七个部分解读。解题翔实，注解丰富，翻译浅显易懂，评议论证充分，评述摘要精当。

李文禄、王巍《建安诗文鉴赏》，长春：吉林大学出版社 1987 年 9 月出版

本书中选录曹植诗歌 12 首、赋一篇《洛神赋》、文一篇《与杨德祖书》，进行注释鉴赏。余详"孔融"条。

李景华《三曹诗文赏析集》，成都：巴蜀书社 1988 年 11 月出版

本书选录曹植诗歌 29 首、文两篇《与杨德祖书》《求自试表》、赋一篇

《洛神赋》。余详"曹操"条。

[韩] 朴现圭《曹植及其文学研究》，台北：博士学位论文，台湾师范大学中国文学研究所，1988 年

本论文旨在钻研曹植之诗文，以阐扬幽隐，擘肌分理。全文共分为绪论、本论六章及结论。第二章曹植生平，说明作者所处之时代、家系、生平事迹。第三章建安文坛与曹植创作之关系。第四章曹植之文学理论，言作家之文学观念。第五章曹植诗文年代之商榷，考辨年代，了解作家意识与风格潮流。第六章曹植诗文内容之分析，分咏物、游侠、社会、离别、闺情、悲愤、游仙、宴游八类论述。第七章曹植诗文形式之分析，言形式特征、思想内容。最后结论。文末附有《曹植集版本》《曹植洛神赋写作年代考》《曹植研究论著目录》《曹植年谱》。

陈飞之《三曹诗论集》，桂林：广西师范大学出版社 1989 年 1 月出版

本书最后三章为曹植诗歌研究，首先论述《曹植诗歌的体类及影响》，其次为《应该正确评价曹植的游仙诗》，最后为《论曹植的诗学思想》。

殷义祥《三曹诗选译》，成都：巴蜀书社 1989 年 2 月出版

本书"曹植诗"部分选录六十首诗歌作品。余详"曹操"条。

王巍《建安文学概论》，沈阳：辽宁教育出版社 1991 年 12 月出版

本书在"建安时期的重要作家""建安时期的诗歌""建安时期的辞赋"与"建安时期的散文"部分中，对曹植的生平活动与诗赋创作有着较为集中和详细的叙述，其中作品分析以描述性的语言对其作了阐解和评析。同时"建安时期的文学理论和文学批评"中对曹植也有较多论述。余详"孔融"条。

宋效永点校《三曹集》，长沙：岳麓书社 1992 年 10 月出版

本书中第三部分收录曹植作品，按令、教、表、奏事、策、书、尺牍、序、祭文、乐府、本纪、辑补等编排。前言部分简要论述曹植生平事迹及其著述思想。附有张溥《陈思王集题辞》。余详"曹操"条。

王延海、王巍《曹子建智撰〈洛神赋〉》，沈阳：辽宁大学出版社
1992 年 10 月出版

本书为曹植《洛神赋》的小说故事，以曹植创作《洛神赋》缘由为主线，描述曹植的传奇故事。

张钧莉《对酒当歌——六朝文学与曹氏父子》，台北：幼狮文化事业公司 1994 年 8 月出版

本书中第二部分为曹氏父子，首先简述了建安文学与曹氏父子的关系，其次为三曹诗选，其中第四节选曹植作品九篇，加以简明的注释，并从文学艺术角度进行了析评。余详"曹操"条。

韩泉欣、赵家莹选注《三曹诗文选注》，上海：上海古籍出版社 1994 年 12 月出版

见前"曹操"条。

王巍《三曹评传》，沈阳：辽宁古籍出版社 1995 年 3 月出版

见前"曹操"条。

周满江《三曹诗歌赏析》，南宁：广西教育出版社 1995 年 12 月出版

本书曹植诗部分选录诗歌二十二首。正文之外，内容分为注释和赏析两部分。余详"曹操"条。

绍卿、吴方《曹植》，北京：人民文学出版社 1996 年 3 月出版

本书为"中国文史人物故事书籍"第一辑，以曹植生平事迹为主线的人物故事。前言部分简要介绍曹植，全书共十个部分，主要内容包括：少年曹植、洛阳送友、登台作赋、西园宴饮、临淄封侯、任性失宠、痛失良友、鄄城受贬、兄弟情深、饮恨终身。

刘豫霞《曹植》，北京：中国国际广播出版社 1996 年出版

本书是"中国历史人物丛书"系列之曹植传记。全书共六个部分。第一章为建安时代和建安文学。第二章为曹植的邺中生活及创作。第三章论述立嗣之争。第四章为本是同根相煎何急。第五章为曹植的哲学倾向与政治倾向。第六章为曹植文学创作的杰出成就。

傅亚庶注译《三曹诗文全集译注》，长春：吉林文史出版社 1997 年 1 月出版

本书中《曹植集》部分，以丁晏《曹集铨评》为底本。此集作品搜罗齐全，并进行了校勘、注释、今译、解析。注释以今注为主，译文主要为直译。余详"曹操"条。

俞绍初、王晓东选注《曹植选集》，北京：人民文学出版社 1997 年 5 月出版

本书以《曹集铨评》为底本，前言部分简要介绍曹植生平事迹、文学创作。目录按诗选、乐府选、文选编排。正文部分按原文、注释编排，注释翔实，论证精当，疑难字词皆有注音释义，较难章句则附有辅助讲解。

王巍《曹操·曹丕·曹植》，沈阳：春风文艺出版社 1999 年 1 月出版

本书从第五节开始讲述少年时期的曹丕与曹植，邺城时期的曹丕与曹植，延康、黄初年间的曹植等生平经历。余详"曹操"条。

孙明君《三曹与中国诗史》，北京：清华大学出版社 1999 年 9 月出版
见前"曹操"条。

裴登峰《曹植诗新探》，兰州：甘肃人民出版社 1999 年 11 月出版

本书是关于曹植诗作的研究专著，主要内容有八章。第一章为曹植诗作与主体意识及社会文化，探讨曹植的文艺观、个性特质与诗作。第二章为曹植诗对屈原创作精神的体现，探讨曹植对知识分子优良传统的继承、诗中的宇宙意识，以及其诗对屈原创作艺术的借鉴。第三章为曹植诗与"建安风骨"，探讨建安文学的基调、建安风骨的含义、曹植诗对建安文学的贡献。第四章为曹植诗的形象，包括飞鸟形象、自我形象、女性形象。第五章为曹植诗的孤独情绪，包括曹植诗对孤独情绪的强烈咏叹、曹植诗孤独情绪的多重因素。第六章为曹植游仙诗探幽，包括其游仙诗的轨迹、创作动机、意蕴、艺术特色、影响等方面。第七章为曹植登高诗的内涵，包括登高诗的主题、创作缘由。第八章为曹植诗四美，包括形象美、意境美、阴柔美、阳刚美。

北京图书馆编《魏陈思王年谱》，北京：北京图书馆出版社 1999 年出版

本书属于北京图书馆藏珍本之"年谱丛刊"系列第八册，竖排影印版。第一部分为魏陈思王年谱，以山阳丁晏编为底本，卷末附有大事件表。

曲绪宏、董尚峰主编《东阿王曹植》，济南：山东友谊出版社 2000 年 11 月出版

本书为东阿县政协组织的东阿王曹植的历史文化研究辑著。专辑对曹植的家世渊源、生平著述、政治观、人生观、文学艺术成就等作了初步探讨。书中对墓侧隋碑作了首次研究和注释，并对《洛神赋》《七步诗》《吁嗟篇》进行解读。书前附有《曹植年表》。

洪润基《〈文心雕龙〉对三曹诗文及文学论的批评研究》，上海：博士学位论文，复旦大学，2000 年

本书中第二章综述了《文心雕龙》对三曹的基本看法，包括以魏朝为正统、客观评价曹氏父子对建安文学形成所起的作用。第五章为《文心雕龙》对曹植诗文及文学论的批评，将《文心雕龙》中有关曹植的批评内容按照韵文、散文、文学论的顺序排列并进行了具体考察。余详"曹操"条。

刘殿爵、陈方正、何志华编《曹植集逐字索引》，香港：香港中文大学出版社 2001 年 12 月出版

本书属"魏晋南北朝古籍逐字索引丛刊·集部第九种"，本书所附正文据《四部丛刊》影江安傅氏双鉴楼藏明活字印本《曹子建集》，以逯钦立《先秦汉魏晋南北朝诗》和张溥《汉魏六朝百三名家集》等版本互校，并据他文献所见之重文，加以校改。在"正文"或"逐字索引"中都加校改符号。逐字索引编排以单字为纲，按汉语拼音排列，每一例句后于原文中位置加上编号。曹植集原文所录为十卷，最末有曹植集附录，皆为按他本所补录篇目。全书用字频数表清晰统计了文集字数。便于检索。

东阿县政协文史委员会编《鱼山诗魂——中国东阿曹植学术国际研讨会论文集》，北京：中国文联出版社 2002 年 8 月出版

本集论文研究范围涉及曹植年表、东阿王曹植小传、曹植墓及佛教音乐、《隋·曹植碑》释评、略论曹植的人生观及政治观、曹植的成就及地

位、《洛神赋》浅析、曹植与父母、曹植与邺下文人、《七步诗》刍议、《白马篇》诗译、曹植轶事趣闻、曹植墓保护纪实等相关内容。

陈庆元《三曹诗选评》，上海：上海古籍出版社 2002 年 10 月出版
见前"曹操"条。

王玫《建安文学接受史研究》，福州：博士学位论文，福建师范大学，2002 年
本论文在论述建安文学接受史中，第十二章作家个案举隅中论述曹植，包括曹植及其作品的效果史、曹植及其作品的阐释史和曹植及其作品的影响史。

崔积宝《曹植研究》，哈尔滨：黑龙江教育出版社 2003 年 11 月出版
本书包括一篇序言和五篇论文。序言中总结了曹植的历程和成就。正文论述曹氏家族的悲剧和曹植的识见，曹植的思想迁化，曹植的表、曹植的诗，曹植所受儒道影响与其作品的关系，并分析了曹植的表为何"独冠群才"，为什么五言诗到曹植手里才完全成熟等问题。

孙明君《三曹诗选》，北京：中华书局 2005 年 8 月出版
本书中收曹植诗歌七十首，每首诗下为题解，说明乐府诗篇题出处、诗歌主旨、思想内容。余详"曹操"条。

黄昌年《三曹文学评述》，长春：吉林大学出版社 2006 年 6 月出版
本书中第三部分是关于曹植的文学评述。主要从曹植文才富艳的翰墨君子入手，论述至美遨游的公宴诗，生离死别的赠诗。专项分析了曹植笔下名都、箜篌、美女、鳏鲴、燕雀、白马意象。并对《七步诗》和《洛神赋》进行详细评述。后附有"曹植大事年表"。

张可礼、宿美丽编选《曹操曹丕曹植集》，南京：凤凰出版社 2009 年 1 月出版
本书中选录曹植 59 篇代表性诗文释译。前言中介绍了曹植的生平、思想以及诗文成就。每篇诗文译注前附有解题，简要介绍作品内容、特色及其思想。译注中注释较为翔实，稍难字词于括号内配有拼音与形近字；底本难断字词，附有校勘记。

　　刘跃进、王莉《三曹》，北京：中华书局 2010 年 2 月出版
　　见前"曹操"条。

　　潘景岩《三曹与建安七子》，长春：吉林文史出版社 2010 年 4 月出版
　　本书第三部分"文坛才子——曹植"介绍了曹植的生平经历及政治活动，并对他在文学艺术上的成就及影响进行了简要的分析评述，同时还赏析了一些重要的作品。余详"孔融"条。

　　贾立国《宋前咏侠诗研究》，扬州：博士学位论文，扬州大学，2010 年
　　本论文第三章魏晋南北朝咏侠诗中论述曹植咏侠诗，旨在论述曹植咏侠诗的抒情倾向与经典化侠意象的确立，逐一从曹植的游侠精神气质的形成、经典化侠意象的确立、游侠人格精神的理想化改造、曹植咏侠诗对中国诗歌新园地的开辟意义四方面展开论述。

　　杨贵环《曹植文学的批评史略》，扬州：博士学位论文，扬州大学，2010 年
　　本论文是关于曹植文学的批评史研究述略。本论文除"绪论"部分外，共分五章，分别从魏晋南北朝时期、隋唐五代时期、宋金元时期、明代及清代五个历史时期对曹植诗文的批评做了探讨。第一章主要内容包括：魏晋南北朝时期对曹植文学的总体批评概况，魏晋南北朝时期对曹植文学的主要批评。第二章主要论述了王昌龄《诗格》、皎然《诗式》及其他批评者对曹植诗文的批评。第三章主要论述了张戒《岁寒堂诗话》、范晞文《对床夜话》、刘履《选诗补注》及其他人对曹植诗文的批评。第四章主要内容包括胡应麟《诗薮》、许学夷《诗源辩体》及其他人对曹植文学的批评。第五章论述了王夫之、沈德潜等人对曹植诗文的批评。文末附有五个时期对曹植文学按文体分类批评调查表。

　　吴怀东《三曹与魏晋文学研究》，合肥：安徽文艺出版社 2011 年 1 月出版
　　见前"曹操"条。

　　王巍《曹氏父子与建安文学》，沈阳：辽海出版社 2011 年 4 月出版
　　本书中论述了曹植的生平及性格、哲学思考、治国思想、对经济发展的

思索、文艺思想、文学成就，还有对他的相关评价。余详"曹操"条。

肖艳丽《才高八斗——曹植》，长春：吉林文史出版社 2011 年 5 月出版

本书为图文结合的普及性读本。全书共分六个部分：第一章论述建安时代与建安文学。第二章论述曹植家世。第三章论述曹植起伏人生。第四章论述建安之杰。第五章论述曹植的辞赋抒怀。第六章讲述曹植散文风采。

丁威仁《三国时期魏地文士"惜时生命观"研究——以建安七子与曹氏父子之诗歌为研究对象》，台北：花木兰文化出版社 2011 年 9 月出版

见前"孔融"条。

王胜《曹植思想文化研究》，北京：线装书局 2011 年 9 月出版

本书是在作者博士学位论文《曹植研究》（山东大学 2010 年）的基础上修订而成。第一部分综合分析曹植的家世生平，分析其寒门庶族的家世背景对其思想性格的潜在影响。第二部分分析曹植的政治思想、哲学思想、文学思想，并考辨了曹植的佛学造诣。第三部分，重点分析曹植诗歌的艺术源头及学习古诗传统的手法、题材类型及艺术风格。第四部分研究曹植赋作的艺术特色，重点分析屈原和汉赋对他的影响。第五部分分析了曹植散文的艺术特色，重点论述章、表、书三种文体。最后讨论了曹植对后世文学的影响。书后附录《曹植年表》。

蔡敏敏《曹植诗赋研究》，上海：博士学位论文，复旦大学，2011 年

本论文共有六章。第一章为曹植集版本研究，包括历代书目所见曹植集版本汇考、现存曹植集版本叙录、重要总集及类书中曹植诗赋辑录情况考察。第二章按题材研究了曹植的宴游诗、赠答诗、女性题材诗歌、游仙诗。第三章为曹植诗歌语汇意象研究，主要包括了曹植诗歌中的时间语汇、色彩语汇、自然意象。第四章从炼字与声律、对偶与铺排、发端与结构方面论述了曹植诗歌艺术。第五章从行役游览、感时咏物、人物情志三个方面探讨曹植赋题材。第六章从曹植赋的字法和句法展开曹植赋语言研究。

朱秀敏《建安散文研究》，济南：博士学位论文，山东师范大学，2011 年

本论文第二至四章"建安散文类析"按文体为类，对曹植的相关作品进行了论述。余详"孔融"条。

王玫《曹植传》，北京：中华书局 2012 年 7 月出版

本书为"中华名人传丛书"系列。主要内容包括：童年兄弟情、才华惊艳、年少出征、恰逢变故、结交建安诸子、姻缘、邺下风流、太子之争、司马门事件、父丧、就国、文帝受禅、获罪、洛水女神、七步诗、皇帝侄儿、上书、入京、陈思王等内容。书末附有《鱼山闻呗》。

虞德懋《曹植诗歌艺术研究》，合肥：安徽人民出版社 2012 年 10 月出版

本书共七部分：一、曹植诗歌艺术渊源初探，论述其诗歌源流。二、曹植诗歌艺术影响摭论。三、曹植与阮籍诗歌意蕴比较。四、曹植与陶潜诗歌渊源比较。五、曹植与谢灵运诗歌薮脉比较。六、曹植与嵇康诗歌气格比较。七、孙武兵书审美风致论。书末附有亲友怀念。

芦春艳《建安作家诗文互动研究》，北京：博士学位论文，中国社会科学院研究生院，2012 年

本论文第四章以赋体为中心论述了曹植作品中的诗文互动，包括具有赋体特征的修辞（铺排与夸张）、对辞采的重视、对赋体语言风格的承袭，并论述了铺排思维及其影响。余详"孔融"条。

王萍《曹植研究》，西安：博士学位论文，陕西师范大学，2012 年

本论文是关于曹植文学及思想的研究，主要内容共七个部分。第一章为曹植儒道互补之思想，分析原始儒学精神、老庄思想对曹植的影响，以及儒道互补思想影响下的诗人人格。第二章为曹植诗歌的美学特色，逐一论述体被文质的五言诗、骨气奇高辞采华茂的壮美、情兼雅怨的阴柔美等。第三章为曹植五言诗的女性题材写作，分别探讨曹植前后期女性体裁的诗歌创作与女性视角之转换、曹植"男子作闺音"作品兴起的原因与作品中的"怨情"。第四章为曹植的游仙诗，探讨神仙道教思想对曹植的影响、曹植游仙诗表现的生死观、对自由的无限向往、曹操曹植的游仙诗比较等。第五章为

地域文化视角下曹植"雅好慷慨"之审美倾向。第六章曹植辞赋散文研究。
第七章为曹植的文学思想，阐述曹植的文学价值论、文体论、文学创作论、
文学审美论、文学批评论、文与质的关系、重视词采与炼字等内容。

上海辞书出版社文学鉴赏辞典编纂中心编《三曹诗文鉴赏辞典》，上
海：上海辞书出版社 2013 年 3 月出版
　　见前"曹操"条。

施建军《建安文学探微》，台北：花木兰文化出版社 2013 年 3 月出版
　　见前"孔融"条。

王巍校注《曹植集校注》，石家庄：河北教育出版社 2013 年 6 月出版
　　本书为"建安文学全书"之一。该书以丁晏《曹集诠评》为底本，同
时参逯钦立《先秦汉魏晋南北朝诗》、严可均《全上古三代秦汉三国六朝
文》，进行校注。全书按诗、文两大类排列。每篇按篇目、原文、校注编
排。书后附录佚文。校语则随注文，不单独列出。注释时，将作品的创作背
景、主旨、特色等内容放在注释中。注释简明，难懂句子有句译说明，生僻
字则标有汉语拼音和同音字。

江竹虚撰，江宏整理《曹植年谱》，台北：商务印书馆 2013 年 11 月
出版
　　本年谱记录曹植之言行事迹、生平著作。导言部分论述了年谱文体，及
曹植事迹与文学作品留存情况。本谱以年代为经、以事件为纬编排，谱主年
岁保留年号与干支，下注公元纪年以便检照。本谱所录，以史传为纪纲，记
注作旁证，并参各家著述，以及笔记丛谈。书中所录曹植言行事迹与生平著
作，荟萃群书，多方考证，鉴别真伪，分析异同，考异释疑，皆一一注明。

［美］吴伏生，［英］格雷厄姆·哈蒂尔译《曹植诗歌英译》，北京：
商务印书馆 2013 年 12 月出版
　　本书选译曹植诗 60 余首，采用素体自由诗的汉诗翻译。以赵幼文《曹
植集校注》为底本，参黄节《曹子建诗注》。编排上以创作时间为序，最后
四首的编年时间未定。此版本选译中英对照，有一定的参考价值。

朱丽《曹植文学思想研究》，沈阳：博士学位论文，辽宁大学，2013 年

本论文对曹植文学思想的形成以及理论建树等方面进行了全方位系统分析、梳理和阐述，并评价其在中国文学思想史上的贡献与地位。第一章绪论，包括曹植文集版本说明、研究目的及方法。第二章为曹植文学思想产生的政治经济状况、社会思潮以及文学思潮等背景及人生际遇。第三章从文学的社会政治共享与文学对创作主体的功用两方面阐述曹植的文学价值观。第四章从曹植"雅好慷慨"审美主张以及"慕丽"的审美追求方面论述曹植对文学艺术特质的认识。第五章为曹植对文学创作继承与创新的观点。第六章阐述曹植关于创作的缘起、灵感的产生、文章的修改、作者的修养以及创作体验等方面的观点。第七章论述了曹植对批评的重要性、鉴赏方式、批评者的素养以及批评标准等方面的看法。

范子烨主编《中古作家年谱汇考辑要》，西安：世界图书出版公司 2014 年 6 月出版

本书卷一收录徐公持《曹植年谱汇考》。该谱以曹植生平事迹为中心，据相关史料，广泛搜集大量文献，详加考证后汇编而成。书中附有凡例，说明本谱的编排体例和原则。年谱正文则按年编排谱主生平、仕历和文学系年，同时附录曹植周围文士诗文存世表。此书体例清晰，考证翔实，资料丰富，旁征博引，系统而全面地汇集了曹植生平系年，对曹植研究有着重要的价值和意义。

邢培顺《曹植文学研究》，北京：中国社会科学出版社 2014 年 6 月出版

本书是在作者同题博士学位论文（山东师范大学 2010 年）的基础上修订而成。全书共十二章。第一章论述曹植所处的历史文化环境。第二章为争嫡问题再探讨。第三章论述曹植的学术渊源。第四章论述曹植的文学继承。第五章论述建安文学的流变与曹植的地位。第六章为曹植在建安、黄初、太和时期创作的阶段性。第七至九章分别为曹植辞赋论、诗歌论、散文论。第十章为曹植文学创作的俗化倾向。第十一章为曹植与建安风骨。第十二章为曹植对魏晋南北朝文学的影响。书末有附录四篇。

王津《唐前曹植接受史》，济南：博士学位论文，山东大学，2014 年

本论文共五部分，绪论梳理了近百年曹植接受的历史与现状。第一章论

述曹魏对曹植的曲折接受，包括曹操与其政治集团对曹植的犹豫；曹丕、曹叡对曹植态度的变化；曹植其文在曹魏的关注；阮籍《咏怀诗》与曹植诗赋的渊源关系。第二章为两晋主流文士对曹植的接受，逐一论述曹植在两晋接受的多样情态、傅玄对曹植多种文体的模仿、张华对曹植诗作的借鉴、陆机对曹植乐府诗的规摹、东晋对《洛神赋》的艺术转换。第三章为南北朝曹植接受趋向与抑扬阐释，主要包括曹植文学接受的整体观照与泛化俗化；曹植形象的宗教化、历史化、文学化与道德化；刘勰、萧统对曹植作品的抑扬；《诗品》对曹植诗歌的理想化阐释。第四章为南北朝重要文士对曹植的接受，包括谢灵运《拟魏太子邺中集诗八首》对曹植的接受、江淹的拟曹诗赋、沈约对《洛神赋》的接受与影响、萧绎对曹植诗文的摘录及其意义。

马泰泉《棠棣之殇——曹植传》，北京：作家出版社 2015 年 2 月出版
本书以近乎抒情的笔调，叙写了曹植的悲情人生。全书共十二章，分别是：一、生乎乱，长乎军；二、太子位为何悬而不决；三、风起铜雀台；四、平原侯亲事；五、棠棣之华；六、祸降司马门；七、萧瑟秋风；八、悲情赋洛神；九、其豆相煎；十、视死忽如归；十一、何时是归年；十二、魂泊思陵冢。后附曹植年表、参考文献及资料篇录。

柏俊才《建安文学史话》，北京：社会科学文献出版社 2015 年 8 月出版
本书中"建安文学的集大成者"一章对曹植作了简要评述，主要内容包括：政治上的落寞与文学上的辉煌、五言诗之冠冕、洛神一赋动天下、辞清体赡的章表。

董家平《三曹醇疵》，北京：中国社会科学出版社 2015 年 8 月出版
见前"曹操"条。

曹叡（205—239）

黄节《魏武帝魏文帝诗注》，北京：人民文学出版社 1958 年 2 月出版

本书后附"魏明帝诗注"，收曹叡诗十三篇，每篇诗题下有解题，说明其篇题成因及寓意。余详"曹操"条。

王惟贞《魏明帝曹叡之朝政研究》，台北：花木兰文化出版社 2010 年 3 月出版

本书为"中国历史文化研究集刊"系列第六册，共六章。第一章为研究回顾。第二章为太和浮华案，探讨其始末；论述曹魏政府对浮华风气的思想反制之尊儒贵学；曹魏时期新进政治人才之培训。第三章为魏明帝曹叡，逐一论述即位经过、个人特质、创建考课以选举人才。第四章为史书对于曹叡时代的描述。第五章为曹叡时期君臣关系的发展与演变。第六章为结论。书末附有曹叡大事年表。

张丽锋《曹魏三祖时期文学研究》，保定：博士学位论文，河北大学，2015 年

见前"曹操"条。

山涛（205—283）

何启民《竹林七贤研究》，台北：商务印书馆 1966 年 3 月出版

本书是关于竹林七贤的综合性研究论著，逐一从人物的生平事迹、政治仕途、学术成就、文学创作、思想内容等方面展开论述。本书又有台湾学生书局 1978 年 6 月版。

姜伯纯《竹林七贤》，台北：庄严出版社 1982 年 3 月出版

本书为"中国文学艺术家传记"系列竹林七贤的人物传记。第一章为竹林七贤所生存的时代背景，从动荡不安的政治、生命的危险、旧道德的崩溃、思想的解放、玄学与清谈、文人的风尚、清谈的评价等方面论述七贤的时代背景。第七章为山涛，分别从璞玉浑金，隐身自晦、性好老庄，锐利的政治眼光，不同于嵇康、阮籍的器识，吕望出仕，山公启事等方面展开论述。

毕珍《魏晋狂士：竹林七贤》，武汉：武汉大学出版社 1995 年 11 月出版

本书为"中国名人轶事丛书"，书中广泛搜集了名人的稗类野史、佚事珍闻，塑造出一个个有别于正史的千奇百怪的人物形象。全书主要内容包括：为酒弃官一隐士，抛却文章做铁匠，黄公酒垆人不俗，才高八斗一酒仙，才子情系鲜卑女，为文救友向子期，八斗不醉记山涛，一门英烈山家后，千里遥聚两兄弟，嵇绍血染天子衣。

韩格平注译《竹林七贤诗文全集译注》，长春：吉林文史出版社 1997 年 1 月出版

本书是关于竹林七贤诗文的注解译文。前言论述竹林七贤生活的时代背

景与思想内容。按文人集依次排序，卷首简要介绍文人及其诗文作品，并交代选文所依底本。全书按原文、注释、译文、解析编排。"原文"考订断句，"注释"考证精当，疑难字词皆有注音释义。"译文"简洁明了，"解析"概括诗文思想内容，分析其艺术特色。

鲁金波《隐逸避世的名士集团：竹林七贤述评》，北京：首都师范大学出版社 1998 年 8 月出版

本书是关于竹林七贤言行事迹、生平著述的评述性专著。全书共八个部分。第一部分论述竹林七贤生活的时代。第二部分分析竹林七贤名士集团的形成与解体。第三部分探讨佯狂避世的阮籍，主要论述了阮籍的家世和生平、魏晋时期的史诗《咏怀》八十二首、阮籍的社会思想与旨意深微的玄学文章。第四部分为非汤武而薄周孔的嵇康，阐述了童年生活与山阳隐居，与山巨元绝交和被司马昭杀害，托谕清远、峻切感人的诗篇，针砭时弊、蕴藉含蓄的名理文章。第五部分为向秀和他的《思旧赋》。第六部分为嗜酒任气的刘伶和《酒德颂》。第七部分是侧身仕途的山涛、王戎与阮咸。第八部分为竹林七贤的影响。

王蕴冬《竹林七贤》，西安：三秦出版社 2000 年 1 月出版

本书为"千古数风流"丛书，是关于竹林七贤的故事性小传。前言部分简要介绍竹林七贤生活的时代背景。第一部分为龙章凤姿嵇中散。第二部分为嗜酒狂放阮步兵。第三部分为八斗不醉山巨源。第四部分为评品人物王浚冲。第五章部分为妙解丝竹阮仲容。第六部分为酒徒狂士刘伯伦。第七部分为振起玄风向常侍。

赵剑敏《竹林七贤》，上海：学林出版社 2000 年 6 月出版

本书自序简要介绍了竹林七贤的由来。主要内容包括：绝交的背后、弹弓隐在苍云、品势大较量、仙气化入红尘、大隐隐于朝、时无英雄、遥望汨罗江、望金阙、布衣成了大老、丑陋的酒神、狂士马携红袖、从绿影中见证、神朗的俗物、炉上烤炙荣禄。书末附有大事年表。

鲁金波、刘耕路《佯狂任自然——竹林七贤》，台北：万卷楼图书公司 2000 年 12 月出版

本书为"中华文化宝库"系列丛书。内容与上列《隐逸避世的名士集

团：竹林七贤述评》一书相同。

陈代湘《玄理与任诞——竹林七贤》，武汉：湖北人民出版社 2002 年 12 月出版

本书是关于七贤的故事趣说，共二十六章，主要内容有：《思旧赋》、山涛初会二贤、阮籍夜窥清谈识嵇康、千载知音、惊世奇缘、山雨欲来、七贤初集山阳、腥风血雨名士减半、卜疑、"大人先生"传、避居山林学仙无缘、大醉六十日、步兵厨中夜评阮诗、名士居丧惊世骇俗、与山涛"绝交"、奇迹般的重逢、千古奇冤、幽愤、《广陵散》绝响、弱女复仇、悔恨至死《劝进笺》、嵇绍血染天子衣等。

李天会、郑强胜主编《竹林七贤与魏晋风度：第二届云台山与竹林七贤学术研讨会论文集》，郑州：大象出版社 2009 年 4 月出版

本书为探究竹林七贤与魏晋风度的论文集。全书主要内容有：魏晋风度的时代意义；从汉末名士到竹林七贤；魏晋风度的渊源与形成历程；玄学对魏晋名士人生态度的影响；曹魏取士精神述论；嵇康与陶渊明；由阮籍、嵇康音乐观的分歧看魏晋以悲为美的特征；自由的象征之对阮籍长啸的文化阐释；嵇康《高士传》浅谈；阮籍的人生智慧与痛苦；读竹林七贤札记五题；七贤后代考；竹林七贤的"竹林"今何在；向秀故里调查；寻找刘伶墓等。

刘雅茹《竹林七贤》，北京：文化艺术出版社 2010 年 1 月出版

本书为关于竹林七贤的评述性著作，围绕竹林七贤言行事迹、生平著述展开，集思想性、故事性、文学性于一身。引子论述"由性"的竹林。全书共十章，主要内容有："天才父子"文学家，乱世浮华说"正始"，刀光隐现的京都，黑云城下谁人知风冷，血雨凄风高平陵，来日新朝作家门，聚散无情、心曲不终，浩浩天下、皇帝新装，别来堪忆、广陵绝响，天地四时犹有消息等。此书又有该出版社 2014 年 5 月版。

曹旭、丁功谊《竹林七贤》，北京：中华书局 2010 年 2 月出版

本书为"璀璨星座"丛书系列。本书吸收最新的研究成果，择取"竹林七贤"的诗文作品，并加诗人小传、题解、注释和译文，以助阅读。全书按题解、原文、注释编排，题解简要分析创作背景、概括思想内容、评析

其艺术特色；注释简略，援引精当，疑难字词皆注音释义。

刘强《竹林七贤》，北京：中国青年出版社 2010 年 10 月出版

本书是关于竹林七贤的人物故事，围绕竹林七贤的家世渊源、时代背景、言行事迹、生平著述、交游往来、清谈思辨、命运悲剧展开叙写。

杨卓《"竹林七贤"玄学儒学思想研究》，天津：博士学位论文，南开大学，2010 年

本论文是关于竹林七贤玄学儒学思想的系统性研究论著。第一章为竹林七贤团体的形成背景，论述汉代经学儒学式微、寒族与世族的斗争，建安世风的余绪以及隐逸清谈风尚的兴起。第二章为竹林七贤思想行为综述，包括竹林七贤名号考辨、玄儒兼治研究、理想人格建构、政治理念的误区。第三章为玄儒合一哲学研究，论述玄学儒学融合理论的哲学发生研究、玄学与儒学理论的冲突与调协、玄儒合一的文化品格内核。第四章为竹林七贤个案及对比研究，以阮籍研究和嵇康研究为主。

潘景岩《名士风流——竹林七贤》，长春：吉林文史出版社 2011 年 1 月出版

本书主要评述竹林七贤的名士风流，主要内容有：竹林七贤与竹林玄学，刚肠嫉恶的嵇康，为"青白眼"的阮籍，位列三公的山涛和王戎，各具风度的刘伶、阮咸、向秀等。

张新斌、徐学智主编《云台山与竹林七贤》，郑州：河南人民出版社 2011 年 9 月出版

本书是一本有关云台山与竹林七贤的论文集。主要内容有：竹林七贤的文化意义与价值取向，诗文选读，史迹考，研究述评，隐居山阳原因探析，七贤嗜酒对其文学创作的影响等。此外还论述了《世说新语》中的名士群像、《世说新语》关于竹林七贤的记载等。

谢婷婷、贾佳《竹林七贤》，北京：团结出版社 2013 年 4 月出版

本书介绍了中国古代文学史上"竹林七贤"的名称来历及其生平事迹、趣闻轶事、文学成就，并对他们在中国文学史上的重要地位和所作贡献进行了阐释。

张海晏、米纪文《竹林七贤与魏晋精神：云台山第四届竹林七贤文化国际学术研讨会论文集》，北京：中国社会科学出版社 2013 年 7 月出版

本书分为"竹林七贤文化"研究、玄学与儒释道之关系、魏晋社会与士林风尚、思想文献整理与诠释、海外魏晋南北朝研究五部分。

程峰《竹林七贤游历地调查研究》，郑州：河南人民出版社 2013 年 12 月出版

本书是竹林七贤游历地理的调查研究著作。此书较为全面地调查了竹林七贤游历地的状况，主要采用田野调查的基本方法，对修武百家岩、武陟山涛故里、武陟向秀故里、修武七贤乡、获嘉刘伶墓、辉县竹林寺等进行了系统的调查和研究。

曾春海《竹林七贤的玄理与生命情调》，台北：五南图书出版公司 2013 年 12 月出版

本书共十三章。第一章论述竹林玄学的时代困境与个体意识之觉醒。第二章分析竹林玄学的论辩方法，以嵇康为范例。第三章从规范伦理与德行伦理省察魏晋名教危机。第四章探究越名教与任情性之自然。第五章评析竹林七贤对儒家经学的继承和批评。第六章探讨竹林玄学与道家、道教。第七章论述竹林七贤《易》学思想。第八章论述生死安顿智慧。第九章探讨竹林七贤的山水审美的情怀。第十章探究竹林七贤与酒。第十一章评析七贤间的情谊。第十二章论述音乐中和之美的享受。第十三章探讨竹林七贤养生论。

申祖胜《魏晋风度：竹林七贤》，郑州：中州古籍出版社 2014 年 5 月出版

本书是关于竹林七贤的故事性评述，旨在探讨魏晋风度与竹林七贤。全书共五个部分，主要内容有：任诞七贤竹林游，魏晋清谈说三玄，竹林玄学崇自然，名士交游与门阀士族，荒诞是非任评说。

苏河《真名士，自风流：竹林七贤传》，北京：中国华侨出版社 2014 年 8 月出版

本书是关于竹林七贤的人物故事。主要内容包括：礼崩乐坏，时无英雄；知音始遇，交游山阳；玄学盛行，声无哀乐；竹林之游，谈玄论道；高平陵变，名士凋零；政客征贤，杨朱涕路；贤者避世，独善其身；广陵绝

响，竹林无游；风云四起，魏晋禅让。

刘怀荣主编《竹林七贤学术档案》，武汉：武汉大学出版社 2014 年 12 月出版

本书是关于竹林七贤学术研究的整理辑录。书前有序，论述 20 世纪以来的竹林七贤研究。正文部分辑录 20 世纪以来竹林七贤研究论著评介，主要内容包括：嵇、阮之文；嵇康集校；嵇康集校注；嵇康声无哀乐论；嵇志清峻；嵇康的精神世界；阮步兵咏怀诗注；阮籍咏怀诗研究；阮籍集校注；"竹林七贤"考、竹林七贤之有无与中古文化精神等内容。书后附有《20 世纪以来竹林七贤研究论著提要》《20 世纪以来竹林七贤研究大事记》。

朱向东编《竹林七贤画像砖研究文集》，南京：南京出版社 2015 年 12 月出版

本书分为考古报告、壁画研究、人物与思想研究、南京与焦作四部分，收录了《对于南京西善桥南朝墓砖刻〈竹林七贤〉图的管见》《对南京西善桥六朝画像的看法》《竹林七贤与酒》《论竹林名士的思想实质》《玄学与竹林七贤的性格》等文章。

阮籍 (210—263)

黄节《阮步兵咏怀诗注》，北京：人民文学出版社 1957 年 4 月出版

本书注文以蒋师爚注为基础，集合各家的注释和评语而加以折中。每篇诗题下有解题，说明其篇题成因及寓意。仿照李善注《文选》体例，注明用词隶典的出处，间或解释字义。另外搜采史传、诗话、笔记等所载各家成说来考证诗的本事和阐发诗的主题。此书注释详备，较有参考价值。

何启民《竹林七贤研究》，台北：商务印书馆 1966 年 3 月出版
见前"山涛"条。

李志钧、季昌华、柴玉英、彭大华校点《阮籍集》，上海：上海古籍出版社 1978 年 5 月出版

本书以嘉靖陈德文、范钦刻二本卷《阮嗣宗集》为底本，广校众本整理而成。书前附有《刻阮嗣宗集叙》，简要介绍阮籍及其文学作品留存情况。全书分上下两卷，上卷以文为主，下卷则为诗。正文按篇目、原文、校勘记编排，覆校底本，核对征引文献、正讹补缺、订正句读，划分段落，施以全式标点。校勘记中援引皆有标注、疑难字词皆出校，校订仔细。

邱镇京《阮籍咏怀诗研究》，台北：文津出版社 1980 年 7 月出版

本书是关于阮籍及其咏怀诗的研究专著，分为上下两编。上编论述阮籍的家世及生平、时代及风尚、思想及行为。下编为咏怀诗本论，分别从咏怀诗的版本及源流、内容剖析、特征技巧、地位影响等方面论述。书前有序言，言及写作动机及目的。全书侧重对咏怀诗的阐释分析，结合阮籍的思想情感，挖掘咏怀诗的深层意蕴。

姜伯纯《竹林七贤》，台北：庄严出版社1982年3月出版

本书第二章为阮籍，先论述其生平事迹及交游往来，然后解读阮籍的痛苦，包括恋爱的失意、政治的失意、神仙的难期。之后从老庄思想的影响、对旧礼教的攻击、无政府思想三方面论述阮籍的思想。再次从赋与咏怀诗方面论述阮籍的文学。最后为咏怀诗和大人先生传的作品欣赏。余详"山涛"条。

白化文、许德楠译注《阮籍·嵇康》，北京：中华书局1983年1月出版

本书是历史人物传记译注，第一部分为《阮籍传（原文及注释）》。文本选自《晋书》本传，原文下附有注释，援引皆有标注、疑难字词有注音，注释翔实。传末附有通篇译意，言语平实，浅显易懂，便于理解。书末附有简略的阮籍年表。

徐公持《阮籍与嵇康》，上海：上海古籍出版社1986年5月出版

本书中论述阮籍与嵇康，分别从家世出身和早年志尚、正始风云下的巨大转变、高平陵之变后的处境和表现、与礼法之士的关系、两位玄学家、隐逸与神仙、药与酒、绝交书、劝进文、不同的结局、文学成就、影响等方面展开。此书中把阮籍与嵇康并举比较，论述二人思想性格、处世态度、作品特征、风格才情。全书内容深入浅出。此书又有（台北）国文天地杂志社1991年版。

陈伯君《阮籍集校注》，北京：中华书局1987年10月出版

本书是第一次对阮籍诗文进行逐篇校勘和注释的整理本。本书大量引录第一手史料，既充分吸收前人研究成果，又有许多独到见解，具有较高的学术价值。本书上卷为赋、笺、奏记、书、论、传、赞、诔、帖、文，下卷为诗。附录有阮籍主要版本序跋、阮籍传记资料、阮籍年表、阮籍四言诗十首。此书又有中华书局2014年10月版及2015年8月版。

（晋）阮籍著，吴伏生、［英］格林鹿山译《阮籍咏怀诗》（英汉对照），沈阳：辽宁大学出版社1988年5月出版

本书为阮籍咏怀诗的英汉对照译本，收录咏怀诗82首。书前为《晋书·阮籍传》，并附有英文翻译。全书按原文、英语译文编排，其翻译以"以诗译诗"为宗旨，在忠实原诗意义与含意的基础上，力求将英语译文写

成优美诗篇。英译文采用无韵自由诗体，汉语白话译文仅帮助理解。该书为英汉对照版，便于交流学习。本书有中华书局 2006 年 6 月版，改题《阮籍诗选》，为"大中华文库"之一。

聂文郁《阮籍诗解译》，西宁：青海人民出版社 1989 年 8 月出版

本书为阮籍八十二首咏怀诗解译专著。前言简要介绍阮籍及其文学创作。书前附有《试探〈咏怀诗〉八十二首》，论述其内容主旨，探析其创作意图与文学成就。书后有《阮籍诗古今评辑要》，另有附录三篇，包括《〈世说新语〉及其注关于阮籍言行的记载》《晋书·阮籍传》《〈晋书〉有关列传中对阮籍言行的记载》，逐一整理后人对阮籍诗的评说。

倪其心《阮籍诗文选译》，成都：巴蜀书社 1990 年 6 月出版

本书精选阮籍 36 篇代表性诗文释译。前言中介绍了阮籍的生平、思想以及诗文成就。每篇诗文译注前附有解题，简要介绍作品内容、特色及其思想。译注中注释较为翔实；底本难断字词，附有校勘记；诗文翻译用词得当，字句流畅，意境甚佳。本书又有南京凤凰出版社 2011 年 5 月修订版。

郭光校注《阮籍集校注》，郑州：中州古籍出版社 1991 年 9 月出版

本书是一部重辑、重校、详注阮籍诗文的专著。书前附有论阮籍及其诗，简要介绍阮籍生平、思想及其文学创作。全书收录阮籍文作，按赋、笺、奏记、书、论、传、赞等排列。正文则按篇名、正文、注文编排，广泛援引、资料翔实。书末附有阮籍年谱。

宁稼雨《阮籍》，天津：新蕾出版社 1993 年 5 月出版

本书以阮籍生平为主线，梳理其各阶段的人生轨迹，言其影响，论其思想。此书主要内容包括：生活的时代、少年的壮志、思想转折、新的精神支柱、反礼教的勇士、母子真情、忧患人生、酒的世界、疾恶如仇、夹缝中生存、孤独与痛苦、成就和影响。

高晨阳《阮籍评传》，南京：南京大学出版社 1994 年 5 月出版

本书是一部系统的阮籍人物评传，共八章，分别从阮籍的家世与生平、阮籍思想的矛盾与分期、早期哲学、后期哲学、《咏怀诗》、阮籍的双重人格、阮籍与竹林七贤思想和人格的比较、其历史影响和评价等方面评述阮

籍。全书通过对阮籍主要哲学著作不同思想倾向的详密考察，揭示了阮籍思想由儒而玄的演变轨迹。此书详细梳理了阮籍的生平事迹、社会环境、交游往来、竹林七贤、著作真伪等问题，并进行细致考证。作者对阮籍的客观世界与认识方法进行系统的阐释，对阮籍的意义及其不朽的人格予以肯定。书末附有阮籍传、年表、主要参考文献及人名、文献、词语三种索引。

田文棠《阮籍评传：慷慨任气的一生》，南宁：广西教育出版社 1994年 12 月出版

本书为阮籍生平事迹与思想的评传，共十部分，分别从家世生平、人物性格、交游往来、文学创作、思想内容、影响与地位等方面评述。书前有序，说明写作原由。本书侧重阮籍生平事迹的评述，旨在反映其独特的内心世界。

毕珍《魏晋狂士：竹林七贤》，武汉：武汉大学出版社 1995 年 11 月出版

见前"山涛"条。

木木《外野孤鸿——西晋奇玄阮籍》，昆明：云南人民出版社 1996 年 1月出版

本书为阮籍人物小传。分别从家世渊源、少年阮籍、发言玄远、哭得情真、任性不羁、悠游竹林、也曾归隐、青白分明、酒中求生、几度为官、晚节难全等方面展开论述。旨在突出阮籍的主要事迹和性格特征、故事的基本情节线索，评述忠于史实，人物的总体评价参学术界定评，适当注意发掘奇异个性的文化意义。

辛旗《阮籍》，台北：东大图书公司 1996 年 6 月出版

本书是关于阮籍的评述传记专著，共十一章，内容分为四部分：前三章介绍其生平事迹、思想渊源和所处时代风貌；四至八章从自然本体论、政治、伦理、美学、文学思想多方面论述其思想的基本特征；第九章研究阮籍内心体验、时代精神与诗歌创作的关系，揭示当时名士普遍的心理感受；最后两章，结合魏晋思想大变革，围绕"理想人格""自然与名教"等问题，探究他的历史地位，并试图参照当代哲学思潮来讨论他的思想对现代人们的启迪。后更名为《阮籍评传》，北京华艺出版社 2012 年 11 月出版。

韩格平注译《竹林七贤诗文全集译注》，长春：吉林文史出版社 1997
年 1 月出版

见前"山涛"条。

韩传达《阮籍评传》，北京：北京大学出版社 1997 年 6 月出版

本书共九个部分，分别从时代背景、家世生平、思想内容、个性特征、
文学著作、历史影响与地位等方面评述阮籍。书前有序，交代写作原由。书
末附有《阮诗无酒说》《〈为郑冲劝晋王笺〉考年》《〈大人先生传〉考》
《竹林之游三考》及主要引用和参考书目，便于研读查阅。全书侧重阮籍
《咏怀诗》的解读，透过对其思想内容的分析，来评述阮籍思想。

叶嘉莹《阮籍咏怀诗讲录》，天津：天津教育出版社 1997 年 6 月出版

本书共分为三个部分。第一部分为作者简介，侧重对阮籍其人及其文学
创作、作品留存情况、文学思想的解读。第二部分为咏怀诗概说，侧重对阮
籍咏怀诗创作背景、意旨的解读。第三部分为诗歌赏析，收录咏怀诗十七
首，侧重对相关篇目的品析。书前附有序言，言及此书成书原由及相关体
例。全书讲解生动有趣，语言精妙，意境深远，极具感染力。旨在深入浅出
地揭示阮籍咏怀诗中寄托深远，其志气狂放纵逸、幽微深隐、蕴藉深厚的内
心世界。本书又有中华书局 2007 年 1 月版，改题为《叶嘉莹说阮籍咏怀
诗》。

鲁金波《隐逸避世的名士集团：竹林七贤述评》，北京：首都师范大学
出版社 1998 年 8 月出版

见前"山涛"条。

陈庆元《阮籍·嵇康》，沈阳：春风文艺出版社 1999 年 1 月出版

本书是插图本中国文学小丛书中的一种。书中交织论述了阮籍与嵇康的
生平事迹与文学创作历程，共计八部分，前四部分逐一从遥远的绝响、玄学
的时代、高平陵事件、苦闷的象征等方面论述阮籍生平事迹、人物性格、思
想观点、旨趣幽远等内容。

孙良水《阮籍审美思想研究》，台北：文津出版社 1999 年 7 月出版

本书共七章。正文分别从研究动机与方法、阮籍生平与时代背景、审美

心灵与人生理想、文艺审美、审美的内容、审美的特质与评价及结论等方面进行深入研究。书前附有自序，言及写作思考，书末附有参考文献。全书侧重结合时代背景和阮籍主体的生命特质，阐发情感共鸣，从现有阮籍文本中挖掘其审美思想，走入阮籍的心灵世界，挖掘其审美意涵。

罗仲鼎《阮籍咏怀诗译解》，南京：南京大学出版社 1999 年 8 月出版
本书是关于阮籍 82 首咏怀诗翻译解读的专著。书前附有序言，简要介绍阮籍及其咏怀诗，言及成书原由及相关体例范式。书末附有四言咏怀诗三首、阮籍四言诗十首、列代作家评《咏怀诗》言论选录。每篇诗作原文与译文一一对照，后附有注释，标注字词，帮助理解字意。其后为解析，简要介绍作品内容、特色及其思想，分析语意，并结合相关时代背景进行相关评点。此书语言简洁，援引精当，解读明了，便于理解。

靳极苍《阮籍咏怀诗详解》，太原：山西古籍出版社 1999 年 9 月出版
本书是关于阮籍 82 首咏怀诗详解的专著。书前附有导读、序言，交代成书相关体例，并附有《晋书·阮籍传》，同时收录了《世说新语》中有关阮籍的言行和评议。书末附有阮籍年谱、四言咏怀十三首。每篇诗作后附有"按"，对诗作中的部分字词简略勘校。其后简要介绍作品内容、特色及其思想。再次为详解部分，详细解读每一句诗，分析语意。最后为总结，从作品分析和小议两方面入手，结合相关时代背景进行评点。本书又有三晋出版社 2011 年 11 月版。

王蕴冬《竹林七贤》，西安：三秦出版社 2000 年 1 月出版
见前"山涛"条。

赵剑敏《竹林七贤》，上海：学林出版社 2000 年 6 月出版
见前"山涛"条。

李清筠《时空情境中的自我影像：以阮籍、陆机、陶渊明诗为例》，台北：文津出版社 2000 年 10 月出版
本书共六章。第一章绪论阐释研究旨趣及名词义涵、魏晋的时代特色。第二章从时间观念看生命思考，包括时间知觉的感受、时间本质与生命。第三章从空间经验看人生安顿，包括空间经验的意向呈现、由空间到地方。第

四章从意向经营看心志呈现，包括意向类型、自然意向、人文意向。第五章从景物关照看美感体现，包括美的发现与体现、美感关照方式。第六章为结论，包括时代共相、个别殊相。三人共有感时伤逝、强烈的时间意识、空间意向的书写、明的物象物镜、配合具有动作倾向的词来催化等特点。

鲁金波、刘耕路《佯狂任自然——竹林七贤》，台北：万卷楼图书公司2000年12月出版

见前"山涛"条。

林家骊注译，简宗梧、李清筠校阅《新译阮籍诗文集》，台北：三民书局2001年3月出版

本书为阮籍诗文集的新译集。本书以李志钧等点校的《阮籍集》、陈伯君《阮籍集校注》、黄节《阮步兵咏怀诗注》为底本，广参他本注译，在原文下逐一加注说明，按顺序逐篇题解、章旨及注解、注释、译为语体、进行评析。书前导言部分介绍阮籍生平事迹、思想观点、作品留存，以及文学成就。全书注译遵循：旧说中凡能通者，采其说而不求新奇；凡旧说不通者，始采新说，而对旧说的取舍则以己意断之。书末附有阮籍年表。

钟京铎《阮籍咏怀诗注》，台北：台湾学海出版社2002年1月出版

本书以黄节注本为底本，黄本注释却不释义，仅于古书例句阐述，难确明其义，故在此基础上详注之，从而求得较为合乎诗人旨意的解释。所选《咏怀诗》是阮籍平生诗作的总汇，涵括五言诗和四言诗。前言论述阮籍其人及其《咏怀诗》。本书注释较为关注用韵情形。全书按篇目次序、原文、注释、附录编排。每首篇末有"附录"一栏，辑录前人的分析和评语，如为黄节所辑，则另起一行，标明"黄节云"三字。除按其文意作标点符号外，皆不作任何改动。

陈代湘《玄理与任诞——竹林七贤》，武汉：湖北人民出版社2002年12月出版

见前"山涛"条。

康中乾《魏晋玄学》，北京：人民文学出版社2008年9月出版

本书第三章竹林玄学论述阮籍，首先为竹林清音出现的时代背景与竹林

七贤的论述，随后从嵇康、阮籍与竹林玄学的主题，嵇康、阮籍的"越名教而任自然"论，嵇康、阮籍的思想矛盾与对生命的真切体悟等方面论述阮籍的生命体悟。余详"何晏"条。

李天会、郑强胜主编《竹林七贤与魏晋风度：第二届云台山与竹林七贤学术研讨会论文集》，郑州：大象出版社 2009 年 4 月出版
　　见前"山涛"条。

马行谊《经典诠释与应世之道——以王弼、阮籍的玄学思想为考察核心》，台北：台中教育大学 2009 年 7 月出版
　　本书讨论的起点是"经典诠释"的现象，而归结之处则是所谓的"应世之道"，共六章。第三章为"通"与"达"论——阮籍经典的特色，包括"通"与"达"的玄学意涵、《通易论》《达庄论》的诠释策略与内涵。第五章为阮籍著作中理想人格的分析，包括理想人格的多样性、塑造历程、理想的冲突性。第六章为阮籍的群我意识，包括群体的关怀、个体的自觉等。

刘雅茹《竹林七贤》，北京：文化艺术出版社 2010 年 1 月出版
　　见前"山涛"条。

曹旭、丁功谊《竹林七贤》，北京：中华书局 2010 年 2 月出版
　　见前"山涛"条。

刘强《竹林七贤》，北京：中国青年出版社 2010 年 10 月出版
　　见前"山涛"条。

杨卓《"竹林七贤"玄学儒学思想研究》，天津：博士学位论文，南开大学，2010 年
　　见前"山涛"条。

潘景岩《名士风流——竹林七贤》，长春：吉林文史出版社 2011 年 1 月出版
　　见前"山涛"条。

徐丽霞《阮籍研究》，台北：花木兰文化出版社 2011 年 3 月出版

本书主要探讨阮籍之行事与思想，全书共五章：第一章考证阮籍之家世与传略，附《阮籍世系图》。第二章论阮籍之行事：反对礼法、依违儒道、蹭蹬仕途。第三章阮籍行为思想产生之间接因素，此为外缘讨论，分别由时代背景、社会背景、学术变迁等三方面入手。第四章阮籍之思想，分为宇宙论、政治论、人生论。第五章余论，认为阮籍之思想行事，为时代之所陶铸。

张新斌、徐学智主编《云台山与竹林七贤》，郑州：河南人民出版社 2011 年 9 月出版

见前"山涛"条。

赵翔《汉晋学术转变中的阮籍、嵇康》，北京：博士学位论文，中国人民大学，2011 年

本论文在汉晋学术转变的历史背景下，对阮籍、嵇康学术的渊源、具体内容以及特质作了深入而系统的探讨。本文由九个部分组成。第一部分为绪论。第二部分为嵇阮的生平与著作。第三部分为阮籍对名教与自然的调和，包括阮籍的易学和庄学。第四部分为阮籍的大人先生境界，从阮籍大人先生的学术渊源和体用关系的角度论述大人境界的特征。第五部分为阮籍《咏怀诗》的研究，包括阮籍的思想历程、哲学思想对其创作的影响、对名教偏执的批判。第六部分为嵇康的养生思想，包括其与道教的离合、养形与养神之内容、养生实践的主观条件。第七部分为嵇康《释私论》，论述其"任自然"的含义、教化策略等。第八部分为嵇康的音乐思想，以《声无哀乐论》为主要内容，并与阮籍的《乐论》做了比较。最后为结语部分，指明二人之学在汉晋学术转变中的地位。

王尧美《阮籍五言〈咏怀诗〉解读》，太原：山西人民出版社 2012 年 4 月出版

本书是在作者同题博士学位论文（山东大学 2004 年）的基础上修订而成。此书旨在从意、象、言三个方面，分别解读《咏怀诗》的表意系统、意象系统和语言系统。综合运用哲学、心理学、统计学、语义学、接受美学等方法说明《咏怀诗》的特征，并有意识地引入了意象统计学和语言统计学的方法，对《咏怀诗》中重复出现的关键词进行定量和定性的双重分析。

全文共计三章，第一章为阮籍诗歌的表意系统，包括《咏怀诗》的政治解读、哲学解读、心理学解读。第二章为《咏怀诗》的意象解读，探讨《咏怀诗》的自然意象、人物意象、个人化意象以及意象的整合。第三章为《咏怀诗》的语言系统，论述《咏怀诗》的"词"、句式、句际关系。

张建伟、李卫锋《阮籍研究》，太原：三晋出版社 2012 年 4 月出版
　　本书是关于阮籍及其文学思想的全面研究专著，是在作者同题博士学位论文（首都师范大学 2005 年）的基础上修订而成。全书分为上、下两编。上编论述文献与思想，分别从阮籍集版本研究、校勘及注释补正、生平事迹考、政治态度、放诞等方面阐述。下编论述艺术与源流，分别从阮籍诗文艺术研究、影响、《咏怀》诗注述评、阮籍研究史略论等方面阐述。此书研究较为全面系统，资料丰富。作者以理解之同情，索隐发微，以翔实的史料与细致的作品笺证揭示阮籍在魏晋易代之际的政治态度与内心世界。

谢婷婷，贾佳《竹林七贤》，北京：团结出版社 2013 年 3 月出版
　　见前"山涛"条。

张海晏、米纪文《竹林七贤与魏晋精神：云台山第四届竹林七贤文化国际学术研讨会论文集》，北京：中国社会科学出版社 2013 年 7 月出版
　　见前"山涛"条。

程峰《竹林七贤游历地调查研究》，郑州：河南人民出版社 2013 年 12 月出版
　　见前"山涛"条。

曾春海《竹林七贤的玄理与生命情调》，台北：五南图书出版公司 2013 年 12 月出版
　　见前"山涛"条。

贺雯婧《阮籍〈咏怀诗〉研究》，西安：博士学位论文，陕西师范大学，2013 年
　　本论文共五章。开篇为阮籍研究史述略与咏怀诗研究现状，而后分别从《咏怀诗》内容剖析、意象艺术、审美特征、语言特色、阮籍《咏怀诗》的

成就与影响等方面进行研究。此论文研究更注重对《咏怀诗》文本的解读剖析，尤以意象、语言的分析最为深入。在咏怀诗意象的解读中，大量运用类比分析的手法，分门罗列，便于理解。

季芳《阮籍〈咏怀诗〉集校集注集评》，济南：博士后研究出站报告，山东大学，2013年

本论文主要内容有三章：第一章为历代整体评析（1949年以前），从阮籍生活的曹魏时代开始至1949年历代整体评析。单篇评述166种，共选录诗集89种，包括黄节、陈伯君、古直等集评的内容，并以编年体的方式呈现。此外，集注的主体部分后附有三部分内容：一、关于阮籍《咏怀诗》研究的论文标题（从民国至今）；二、涉及阮籍咏怀诗研究的当代专著；三、历年有关硕士论文标题、博士学位论文标题与摘要。第二章为历代注本与选本（1949年以前），针对传承中的标注混乱问题重新标明。第三章是以各首诗歌为单位的注释与评析，分别从阮籍《咏怀诗十三首》（四言）、《咏怀诗八十二首》（五言）、《歌二首》展开论述，清晰呈现历代研究的原创性源头。收录的时段设定为曹魏至1949年的一个重要原因是为了厘清现代与当前学术界阮籍诗文研究中的混乱与重复，在前人的基础上，开拓了当代阮籍诗文研究。

张伟萱《阮籍音乐哲学之研究——道体儒用的音乐哲学》，台北：花木兰文化出版社2014年3月出版

本书阐述阮籍音乐哲学，认为其融合儒、道两家的思想：以道家核心的"道"为音乐的形上基础、而在形下的世界则以儒家的"礼乐教化"为音乐的作用及目的。全书共五部分。第一章为绪论，依次论述研究动机与目的、范围与对象、方法与架构、文献探讨。第二章为阮籍的生平及其时代背景，论述魏晋时期的时代与哲学背景、阮籍的生平与著作。第三章为阮籍音乐哲学之形上理论——"道体"，论述音乐的起源、定义与本质，言及音乐形上的基础为道，其审美标准以"和"为美。第四章为阮籍音乐哲学之形下意涵——"儒用"，从周朝礼乐文化之承袭，音乐政治论、教育论、宗教论、道德修养论展开。第五章为结论。

申祖胜《魏晋风度：竹林七贤》，郑州：中州古籍出版社2014年5月出版

见前"山涛"条。

范子烨主编《中古作家年谱汇考辑要》，西安：世界图书出版公司2014年6月出版

本书卷一收录张建伟《阮籍年谱汇考》。该谱以阮籍生平事迹为中心，据相关史料，广泛搜集大量文献，详加考证后，汇编而成。书中附有凡例，言明本谱的编排体例和原则，年谱正文则按年编排谱主生平、仕历和文学系年，同时附录阮籍周围文士诗文存世表。此书体例清晰，考证翔实，资料丰富，旁征博引，系统而全面地汇集了阮籍生平系年，对阮籍研究有着重要的价值和意义。书末附有主要人名索引。

苏河《真名士，自风流：竹林七贤传》，北京：中国华侨出版社2014年8月出版

见前"山涛"条。

刘怀荣主编《竹林七贤学术档案》，武汉：武汉大学出版社2014年12月出版

见前"山涛"条。

朱向东主编《竹林七贤画像砖研究文集》，南京：南京出版社2015年12月出版

见前"山涛"条。

皇甫谧 （215—282）

李春茂《皇甫谧评传》，兰州：兰州大学出版社 1996 年 7 月出版

本书共十个部分。前五节论述其籍贯、先世、时代、生平、交友等事迹。第六至九节则从哲学思想、史学成就、文学成就、医学成就四个方面展开论述。第十节为皇甫谧代表作品选，简要分析其作品。

史星海主编《中国皇甫谧研究全集》，北京：人民日报出版社 2005 年 11 月出版

本书为近现代关于皇甫谧研究的文集汇编，整理为十七部分，分别从人物述略、国外皇甫谧研究、考古史话、医学研究、文学研究、历史考略、生平轶事、文萃释读、遗著选载等探讨皇甫谧思想及其成就。

刘文英、王凤刚主编《走进皇甫谧》，银川：宁夏人民出版社 2007 年 3 月出版

本书是有关皇甫谧研究的地方性著作论文集，主要内容包括皇甫谧考、生平新探、籍贯履历考证、家族迁徙、故里探究、文化探源、精神探析、《北征赋》意释、医学贡献、作品选等。

钱超尘、温长路《皇甫谧研究集成》，北京：中医古籍出版社 2011 年 7 月出版

本书以皇甫谧《针灸甲乙经》为核心，收集近现代以来有关皇甫谧及其所著甲乙经医学思想、学术研究的著作和论文，经过选录、分类，综合分析，汇集成册，从而展示皇甫谧的医学思想、理论精髓及其研究成果的应用价值。此书资料翔实、分类科学、内容丰富、视野开阔，是一部真正意义上的皇甫谧学术研究的集大成之作，是了解和研究皇甫谧医学思想的重要参

考书。

雷恩海《皇甫谧〈高士传〉注释全译》，台北：花木兰文化出版社
2013 年 9 月出版

本书以《丛书集成初编》所收《古今逸史》本《高士传》为底本，参
考众本、择善而从。清人钱熙祚及近人王仁俊、罗振玉等皆曾辑其佚文，此
次亦重新订正，并按时代次序排列，以与正文条目一致。全书按原文、注
释、译文编排。"注释"重在解释典章名物、地名，一些重要的语词简要作
注解，并引用一二例句，以便于理解文意。翻译力求简明，注意古代汉语一
些特殊的表达方式和语言习惯。注重将《高士传》的文献来源摘要录出，
以见其渊源所自。书末附有译文。前言介绍皇甫谧及其《高士传》，并交代
著书原由。书后附有《高士传序》，辑录原文三卷。

雷恩海、路尧《皇甫谧》，兰州：甘肃教育出版社 2014 年 12 月出版

本书为皇甫谧传记，分别从家世、生平、著述、思想方面介绍论述皇甫
谧。主要内容包括：文武兼备·陇右名族；艰难时世·守道不苟；文史并
重·医学独擅；学究天人·儒道兼综。最后评述皇甫谧在中国文化史上的
影响。

傅玄（217—278）

韩复智《傅玄》，台北：商务印书馆 1978 年 6 月出版

本书为"中国历代思想家"丛书中的一种。本书内容有四部分：第一部分为傅玄的传略及其著作。第二部分为傅玄思想的时代背景，包括政治紊乱与人口的锐减、农村经济破产与豪族的纵奢极欲、儒学的衰微。第三部分为傅玄思想的分析，依次从正身举贤论、贵农论、贱商论、重工论、分配论、财政论、消耗论、兴学重儒论、德刑合一论展开分析。第四部分为傅玄思想的评价和影响。本书又有该出版社 1999 年 2 月更新版。

寒长春、王会绍、余贤杰注《傅玄·阴铿诗注》，兰州：甘肃人民出版社 1987 年 7 月出版

本书为"历代甘肃作家作品选注丛书"，上卷为傅玄诗注，据逯钦立辑校的《先秦汉魏晋南北朝诗·晋诗》卷一所收傅玄诗为底本，选录傅玄诗作进行注解。按篇目、题解、原文、注释编排，题解简要介绍写作背景与诗作主旨，注释力求确切明了。书末附有《晋书·傅玄传》、诸家评论摘要。

魏明安、赵以武《傅玄评传》，南京：南京大学出版社 1996 年 3 月出版

本书是傅玄的人物评传，共五部分，分别从家世背景、生平事业、著述与创作、虚无放诞之论、通儒达道、政乃升平等方面进行了全面系统的考辨和评述，得出了知人论世的结论。此书阐释了《傅子》中关于对玄学的评论意见以及其他学术方面的见解。其中还对杨泉《物理论》中大量混入《傅子》文这一现象，作了具体分析解释，并加以区分甄别。书末附有《傅玄年表》及人名、文献、词语索引。本书又有该出版社 2011 年 4 月版。

高新民《傅玄思想研究》，兰州：兰州大学出版社 1996 年 5 月出版

本书是关于傅玄思想的研究性专著。首先系统探讨了傅玄思想产生的社会历史背景、理论渊源、生平事迹、文学创作以及研究现状。其次从傅玄的哲学思想、政治思想、经济思想三方面解读其思想特征。再次论述傅玄与乐府诗赋创作。最后系统进行傅玄思想研究述评。

王绘絮《傅玄及其诗文研究》，台北：文津出版社 1997 年 6 月出版

本书是关于傅玄及其诗文系统性的研究专著。书前附有洪顺隆序，交代写作原由。全书共七章。第一章为绪论，介绍傅玄及其政治、思想、文学。第二章为傅玄时代背景之探讨，从汉末、曹魏、西晋三个时期来论述政治时代背景，从文学事业的发展、思想潮流、文学批评理论的成型来论述其学术思想。第三章为傅玄生平传略，从世系谱表入手，逐一论述傅玄少孤、好学、刚直、勤勉、好文等生平事迹。第四章为傅玄思想，包括重农抑商、赋役有常、节俭反奢的济世思想，尊儒贵学、育人重才的教育思想，为政秉公、礼法同归、刑赏递用、息欲明制的政治思想，并从文体批评论、宗经思想论述文学思想。第五章为傅玄诗歌的研究，从历代收录概括入手，从抒情系统、叙事系统论述诗歌的内容，从建安到太康的渐递色彩、修辞特色论述傅玄诗歌的艺术特征。第六章为傅玄文章的研究，从傅玄赋与文章的题材内容、艺术特征展开论述。第七章为结论。书末附有历代诸家评论与傅玄生平简表。

高新民、朱允校注《傅玄〈傅子〉校读》，银川：宁夏人民出版社 2008 年 3 月出版

本书依据中华书局影印严可均校辑《全上古三代秦汉三国六朝文》为底本，依严本体例次序依次排列，将《傅子》调前，赋、铭、疏等文体调后。严可均本正文中夹杂之注释移至原文后，新增注释排后，严本旧注标"严注：见"字样以区分。严本校注出入者，均以"高按"以取舍校订。全书收录作品六卷，按篇目、原文、注释、释译编排。书前有前言介绍傅玄其人及其文学创作成就以及思想特征。书末附有《晋书·傅玄评传》《傅玄生平考略》《傅玄及其思想研究述评》。

（晋）傅玄撰，刘治立评注《〈傅子〉评注》，天津：天津古籍出版社 2010 年 3 月出版

本书是对傅玄《傅子》的评注，共计五卷。此书内容丰富、资料翔实、

考证严密，对《傅子》从写作背景、版本考释、主要观点、学术价值、历史影响等方面作了全面系统的点校及评注。书末附录有《傅玄传》、历代学者对《傅子》一书的研究论著（张溥《傅鹑觚集题辞》、纪昀《〈傅子〉提要》、余嘉锡《〈傅子〉辨证》、严可均《重辑〈傅子〉序》、叶德辉《〈傅子〉叙》等），并附《傅玄研究资料索引》。

安朝辉《汉晋北地傅氏家族与文学》，桂林：博士学位论文，广西师范大学，2011年

本论文第三章为魏晋之际傅玄的学术与文学，首先探讨傅玄的祖、父；其次论述傅玄人格特色与《傅子》略析；再次从描写妇女类诗、抒怀感世类诗、庙堂雅诗三方面评析傅玄诗歌；最后从咏物类赋、天象时序类赋及其他，从拓材、征实、文采三方面来论述傅玄辞赋的地位。第四章第四节则论述傅咸与傅玄辞赋异同。

赵光勇、王建域辑注《〈傅子〉〈傅玄集〉辑注》，西安：陕西师范大学出版社2014年12月出版

本书是关于《傅子》《傅玄集》的辑佚、校勘、注释，以清末叶德辉辑《傅子》《傅玄集》为底本，以他本参校。每段原文下，皆有注释进行细致的解释。书前附有序言，介绍傅玄及其文学成就、思想特征。正文分为《傅子》辑注、《傅玄集》辑注两部分，各三卷。书末附录一收录八篇序跋与提要，依次为：《重辑〈傅子〉序》《〈傅子〉跋》《傅以礼重辑〈傅子〉例言》《〈四库全书总目提要〉之〈傅子〉提要》《〈四库全书简明目录〉之〈傅子〉》《〈傅子〉跋》《〈傅子〉序》《辑录晋司隶校尉〈傅玄集〉叙》。附录二为《傅玄籍贯考》。

高新民、高原校释《傅玄〈傅子〉校释》，兰州：甘肃文化出版社2015年4月出版

本书是在高新民、朱允校注《傅玄〈傅子〉校读》（宁夏人民出版社2008年3月）基础上增订而成。二者体例大体相同，《校释》主要在"注释"方面有所增加，对原文之中的有关句义、字义、历史典故、引文出处、名物制度等作了较为详尽的注解。前言部分介绍傅玄其人及《傅子》的时代背景、成书年代、主要内容及其思想特征。书末附有高新民《傅玄及其〈傅子〉》，便于初学者认识和了解傅玄及其《傅子》的基本思想及其学术

意义。

　　吴婉霞《傅玄及〈傅子〉研究》，北京：中国政法大学出版社 2015 年 11 月出版

　　本书首先对傅氏家族的文化传承及其特点进行考察和总结，其次主要对《傅子》的思想倾向和文学特征进行研究。之后对傅玄诗歌作品进行考察，详细分析了傅玄诗歌形式上的探索与创新。最后肯定了傅玄诗歌创作的成就。书末附有《晋书·傅玄传》、傅玄生平考略、《傅子》提要、《傅子》辨证、《傅鹑觚集题辞》。

杜预（222—284）

（晋）杜预撰，王云五主编《春秋释例（附校勘记）》，上海：商务印书馆 1936 年 12 月出版

本书为"丛书集成初编"本，据粤刻聚珍本竖排繁体排印，并附岱南阁本孙星衍序。覆校底本，核对征引文献、正讹补缺、订正句读，划分段落，施以全式标点。按现行古籍整理规范，对文本详加修订。后附校勘记，以便参阅。

（春秋）左丘明传、（晋）杜预注《春秋经传集解》，北京：文学古籍刊行社 1955 年 4 月出版

本书为"重印文学古籍"系列丛书。此书据相台岳氏本影印。书前有《春秋序》、附校勘记，另择作家传记、年谱、评介文章等作为附册刊行。

（晋）杜预撰《春秋经传集解》，上海：上海古籍出版社 1978 年 8 月出版

本书以 1977 年上海人民出版社据《四部丛刊》影印宋刻本（附唐陆德明《经典释文》）整理标点出版，广参诸善本，酌以订正。本书分上、下两册。当中《经典释文》有关注文，用圈号标出，加以识别。书末附有《春秋左传人名索引》。本书又有该社 1988 年 8 月新版。

程南洲《〈春秋左传〉贾逵注与杜预注之比较研究》，台北：文津出版社 1982 年 6 月出版

本书主要内容有八章。第一章为写作动机与目的。第二至七章分别从经传意蕴之论见、礼制之训释、义例之训释、字义之训释、人名之训释、地名之训释六个方面比较了贾杜之异同。第八章为结论，认为杜预袭用贾注。

　　李索《敦煌写卷〈春秋经传集解〉校证》，北京：中国社会科学出版社
2005 年 8 月出版

　　本书对敦煌写卷中所存 37 件《春秋经传集解》（残卷），全面系统地与
传世本逐字比勘，对其中的异文从文献学、语言学、汉字构形学及汉字史的
角度进行分析考察，逐一辨证。对其用字，除将手写体改为宋体外，笔画、
构形一仍其旧，以最大限度保持写卷原貌，并在校注中列出相对应的正字，
便于今人研读和取用。同时，在卷子的定性、定名、定年方面也纠正和弥补
了前贤的一些失误和不足。

　　孙赫男《〈左氏会笺〉研究——与杜预〈春秋经传集解〉及杨伯峻
〈春秋左传注〉之比较》，长春：博士学位论文，吉林大学，2006 年

　　本论文共五部分。绪论提出本文的研究意义，对《左氏会笺》研究状
况进行了综述。第一章从申发杜预注、补充杜预注与驳正杜预注三方面探析
了《左氏会笺》对杜预《春秋经传集解》的继承与发展。第二章总结了该
著的注释特点，逐一从尚守求是精神、观文为说、广征博引、未闻阙疑、会
而通之、辨析考察、注语详赡、博综兼采展开。第三章论述了清代学术在撰
述动因、意图、笺注内容、笺注特点方面对《左氏会笺》的影响。第四章
为杨伯峻《春秋左传注》及其对《左氏会笺》的汲取，包括基本接受、约
取其意、加以申发、有所增补、抒为一说、提出异说等数端。

　　李索《敦煌写卷〈春秋经传集解〉异文研究》，北京：中国社会科学出
版社 2007 年 9 月出版

　　本书在文献考证的基础上对写本中的经传文与阮刻《十三经注疏》本、
《四部丛刊》景印巾箱本等传世本不同的字、词从语言学角度进行全面考证
研究。全书共六章，第一章写卷《春秋经传集解》定性、定名、定年考论。
第二章至五章对写卷的异文进行了研究，包括异文存留古文考，异文中本
字——借字考释，异文中源字——孳乳字、本字——同源通用字考释，异文
中正字——异体字考释。第六章为写卷《春秋经传集解》异词考释。

　　方韬《杜预〈春秋经传集解〉研究》，北京：博士学位论文，北京师范
大学，2010 年

　　本论文有五个部分。第一部分为绪论。第二部分考证杜预的生平、交
游、著述。第三部分为《春秋经传集解》的成书，分析成书背景，考辨书

名与撰著时间，并探索杜预"分经合传"编撰方式的学术渊源。第四部分为《春秋经传集解》注释释例，从训释字词、诠释章句、引书、以《传》注《传》、校订文字、推校历日、发凡例、征古证今、阙疑志疑、前后会通、注文详赡等方面来总结其注释学特色。第五部分主要从《经》《传》关系、以《传》解《经》、引《公羊》《谷梁》解《经》三方面探析杜预的解经体例。第六部分考辨杜预的"赴告"说与"旧史"说。第七部分为探究《春秋经传集解》中的两个经学史问题，梳理杜预"周公作凡例"说的学术渊源，考证杜预注中"三代五霸"说。书末附有《史记集解》引杜预注考校、敦煌本《春秋经传集解》补校、上海古籍版《春秋经传集解》点校商榷。

李仅《杜预研究》，北京：博士学位论文，北京大学，2014 年

本论文除绪论外，共四章。第一章考察杜预之思想、性格、能力及人际交往情况。第二章考察历代文献中记载的杜预著作（《春秋经传集解》《春秋释例》除外），辨别其真伪、分合、异名等情况，并搜罗其佚文。第三章探讨《春秋经传集解》，主要内容包括：金泽文库卷子本《春秋经传集解》的校勘价值，该写卷的注与韦昭《国语》注之比较，及杜预的义例体系。第四章探讨《春秋释例》，论述诸例的特点和不足、《土地名》的时间问题。

李孝仓《杜预〈春秋经传集解〉注释研究》，西安：博士学位论文，陕西师范大学，2014 年

本论文共四部分：第一部分为引论。第二部分为杜预的《春秋左传》学背景与概况，一是《春秋》经学传统与《左传》经学的发生；二是杜预《春秋左传》学说的学术背景和原旨发微。第三部分为杜预《春秋经传集解》注释研究，包括校勘文字之释、语词之释、章句之释、语法修辞之释、义理之释，对杜预注释的内容、方法、原则、特色等方面进行了阐述。第四部分为结语，综述《春秋经传集解》的内容、方法、特征，以及对它的总体评价。

李彬源《汉晋经学思潮与杜预春秋左传学研究》，福州：博士学位论文，福建师范大学，2015 年

本论文在回溯杜预春秋左传学的思想背景和学术渊源的基础上，探讨了杜预与时代、学术之间的配合与冲突，研究了杜预经学思想对汉晋学术遗产

的继承和对时代主题的学术回应，分析了杜预在春秋左传学上的研究趣向与义理追求，揭示了杜预春秋左传学体系的构成因素、主体思想的逻辑关系以及其"义经而体史"的实质所在。诸部分之间相互补充、相互作用，体现了汉晋经学思潮与杜预春秋左传学之间的内在关联，勾勒了杜预春秋左传学在思想汲用过程中不断递进的各个阶段，以及存在于各种命题中的诸多复杂脉络。

嵇康（224—263）

鲁迅《嵇康集》，上海：鲁迅全集出版社1938年6月出版

本书依据明代吴宽丛书堂钞本《嵇康集》抄录整理，并参众本，择善而从。共十卷。第一卷为嵇康诗，后九卷按赋、书、卜疑、论、箴、诫的体例收录嵇康文，并附录有嵇喜等与嵇康互答的诗文。书末附有嵇康集跋（两篇）、跋、嵇康集逸文考、嵇康集著录考。此书校勘取材范围较广，校勘精密，考目录阙失、考逸文是否、考卷数名称，字句斟酌、眉批存疑。鲁迅《嵇康集》校本从最初工作底本至最终稿本皆完整保留，为考察校勘过程、观摩校勘细节提供连续性文本的个案，为后续的校勘研究提供参考。本书又有该社1941年10月版及1947年10月版、香港新月出版社1962年5月版。

戴明扬《嵇康集校注》，北京：人民文学出版社1962年7月出版

本书以明代黄省曾仿宋刻本为底本，以别本与诸书引载校之，漏落较多而不成句读者则以吴宽丛书堂钞本补。择善从之，有异文之处出校勘记，一一详注黄本、吴钞本、朱校、墨校等，还原嵇康集诸多校本原貌。书末附录有嵇康佚文、嵇康集目录、嵇康著录考辨、序跋、事迹、谤评、圣贤高士传赞、春秋左氏传音、吕安集、广陵散考。书中要言不烦地考证了称题讹误、抄写错乱、目录编次与文本等问题。全书资料繁富，校释明晰，考辨精当，具有较高的学术价值。本书又有中华书局2014年4月新排修订版。

吉联抗译注《嵇康·声无哀乐论》，北京：人民音乐出版社1964年10月出版

本书介绍论述嵇康《声无哀乐论》及其音乐思想。选录文本据明吴宽丛书堂钞本《嵇康集》而校以各本，特殊之处则出校勘记。全书共计四部

分，首先在代序中论述音乐家嵇康及其音乐思想，其次选录嵇康《声无哀乐论》《琴赋》原文进行注释解读，再次对《琴赋》探释，最后则是阮籍《乐论》译注。此书注释多重引经据典，注解翔实；译文部分言语朴实，论述精当。

何启民《竹林七贤研究》，台北：商务印书馆1966年3月出版
见前"山涛"条。

庄万寿《嵇康年谱》，台北：三民书局1981年3月出版
本书以嵇康生平事迹为中心，据相关史料，广泛搜集大量文献，详加考证后，汇编而成。通过考察嵇康的社会背景与文化特质，梳理其生平事迹与创作历程。正文则按年编排谱主生平、仕历和文学系年，同时附录嵇康周围文士诗文存世表。书末附有重要参考书目、人名及作品索引。此书考辨翔实，史料丰富，年谱的编写较为精当。

姜伯纯《竹林七贤》，台北：庄严出版社1982年3月出版
本书第三章论述嵇康，从龙章凤姿、思想的转变、卷入政治旋涡、神仙般的隐居生涯、性烈而才傲、超乎流俗的学说、与山巨源绝交、广陵绝散等方面论述其生平。其次是《赠秀才入军》《与山巨源绝交书》《难自然好学论》三篇作品欣赏。最后是关于嵇康在文学方面的评价。余详"山涛"条。

白化文、许德楠译注《阮籍·嵇康》，北京：中华书局1983年1月出版
本书是历史人物传记译注，第二部分为《嵇康传（原文及注释）》。文本选自《晋书》本传，原文下附有注释，援引皆有标注、疑难字词有注音，注释翔实。传末附有通篇译意，翻译简略，言语朴实，浅显易懂，便于理解，书末附有简略的嵇康年表。余详"阮籍"条。

徐公持《阮籍与嵇康》，上海：上海古籍出版社1986年5月出版
见前"阮籍"条。

殷翔、郭全芝《嵇康集注》，合肥：黄山书社1986年12月出版
本书以鲁迅校《嵇康集》为底本，参照诸本，精选嵇康78篇诗文注

释。共十卷。第一卷为嵇康诗，后九卷则按赋、书、卜疑、论、箴、诫的体例分体排列，并附有嵇喜、郭遐周、郭遐叔、阮德如、向秀、张邈与嵇康的应答诗文。本书前言介绍嵇康生平、时代背景、思想性格与诗文成就。每篇诗文注释前皆附有题解一篇，论说作品内容、表现手法、艺术特色、风格特征等。

夏明钊《嵇康集译注》，哈尔滨：黑龙江人民出版社1987年1月出版

本书以鲁迅《嵇康集》为底本，参戴明扬《嵇康集校注》，广采众家之长整理而成。文集按作品写作年代编排。前言中详细梳理了嵇康生平事迹及其创作思想。例言则详细介绍了本书编写体例，便于后人研读。《译注》从译诗、原诗、题解、注释四部分展开，并列有附录以补录与嵇康作品相关的应答诗文。译诗与原诗并列铺陈，宜于对校释读；解题包含写作年代、本事、主旨、段落划分与段落大意。注释部分援引皆有标注，注释从简，疑难字皆有翔实训释。译文多用直译法，亦有意译法，便于理解。书末附有嵇康佚文及其简注，《〈嵇康集〉整理与嵇康研究述要》。

庄万寿《嵇康研究及年谱》，台北：学生书局1990年10月出版

本书以时空架构的科学方法解读嵇康，并在此基础上编成嵇康年谱。此书分甲乙两编。全书开篇附有嵇康图、竹林七贤图、嵇康时代地图，序言则记录了作者的写作构思。甲编嵇康研究，侧重嵇康先世及家族考述与嵇康出生前社会结构及文化背景的分析。乙编嵇康年谱，通过嵇康的社会背景与文化特质，梳理其生平事迹与创作历程，亦是嵇康哲学、文学心路历程的反映。篇末附有新版嵇康研究及年谱跋、重要参考书目、人名及作品索引。此书考辨翔实，论证较为精当，史料丰富，对嵇康及其诗文作了较为全面的研究。

武秀成《嵇康诗文选译》，成都：巴蜀书社1991年10月出版

本书精选嵇康代表性诗文释译。文本以鲁迅辑校本《嵇康集》为底本，参照戴明扬《嵇康集校注》，择善从之，有异文之处则出校勘记。此书前言中介绍了嵇康的生平、思想以及诗文成就。每篇诗文译注前附有解题，简要介绍作品内容、特色及其思想。译注中注释较为翔实，稍难字词有注音；底本难断字词，附有校勘记。本书又有南京凤凰出版社2011年5月修订版。

王晓毅《嵇康评传——汉魏风骨尽·竹林遗恨长》，南宁：广西教育出版社 1994 年 8 月出版

本书是关于嵇康的人物评传，共有八部分。首末分别为引子、尾声，中间六章依次撰写嵇康的梦想、探索、彷徨、避世、愤起、寂灭的生平事迹。试图在今与古的对话中，系统挖掘嵇康的文化品格、刻画其矛盾心理、钩沉其狷狂壮举，并求融入历史中，以理解与宽容的精神，感受其不羁的灵魂。

张节末《嵇康美学》，浙江：浙江人民出版社 1994 年 12 月出版

本书分内外两编，内编抓住情感理论的发展，探讨嵇康如何以哲学本论基础"自然之和"为轴心，把自然美和人格美与艺术美统一起来，考察嵇康美学的方法论特点，全面勾画嵇康的美学体系。外编立足于中西比较研究，针对嵇康与康德的美学观、嵇康与汉斯立克的音乐美学作对比，进而见出其异同、辨明其优劣。此书作者把嵇康作为极重要的美学研究对象，以"自然之和"展开论述，尝试更纯粹地阐发嵇康音乐本体论，颇具特色。外编把嵇康美学置身于中外美学比较研究中，是对传统嵇康研究的开拓。

毕珍《魏晋狂士：竹林七贤》，武汉：武汉大学出版社 1995 年 11 月出版

见前"山涛"条。

韩格平注译《竹林七贤诗文全集译注》，长春：吉林文史出版社 1997 年 1 月出版

见前"山涛"条。

张蕙慧《嵇康音乐美学思想探究》，台北：文津出版社 1997 年 4 月出版

本书是关于嵇康音乐美学的研究论著，共八章。第一章论述嵇康的社会背景、生平著述、思想以及音乐造诣。其后六章分别论述嵇康音乐美学思想的文献、要旨、渊源、比较、评论与影响。最后是结论。书末附有《声无哀乐论》《琴赋并序》原文注解。本书援引文献丰富，举例翔实，对嵇康音乐美学的评论较为中肯。

蔡仲德《〈乐记〉〈声无哀乐论〉注译与研究》，杭州：中国美术学院出版社 1997 年 5 月出版

本书第二部分为《声无哀乐论》注译与研究。第一章为《声无哀乐论》注译，开篇有导语，介绍嵇康其人及《声无哀乐论》成文及其思想内容、艺术特色、音乐理念等；其后为原文，附有注释，注释简略，疑难字词有注音，援引训释皆有标注；注释后为今译，译文精练，直白易懂，行文畅达。第二章"越名教而任自然"——试论嵇康及其"声无哀乐论"的音乐美学思想，旨在论述嵇康的音乐观，探析其音乐美学。此书先解读文本，后作评析，注译翔实、评点精当。

谢大宁《历史的嵇康与玄学的嵇康：从玄学史看嵇康思想的两个侧面》，台北：文史哲出版社 1997 年 12 月出版

本书将嵇康视为玄学最核心的人物，通观玄学史以挖掘嵇康的两个侧面，共五章。第一章"历史的嵇康"与自然、名教之争的第一面向，关注才性论下的嵇康及基于此一观点对名教所作之攻击。第二章"玄学的嵇康"与自然名教之争的第二面向，关注"玄学的嵇康"之创造性及其影响。第三章嵇康、竹林玄学与名士风度，则关注名士风度的形成和竹林玄学精神的变化。第四章嵇康的美学世界，关注其美学思想与影响。第五章综论以上观点。书末附有王弼哲学进路的再检讨、中国的美感境界及存有论的意涵。

崔富章注译《新译嵇中散集》，台北：三民书局 1998 年 5 月出版

本书是"古籍今注新译"系列丛书。广参他本注译，在原文下逐一加注说明，按顺序逐篇题解、章旨及注解、注释、译文，最后进行评析。书前导言介绍嵇康生平事迹、思想观点、作品留存，以及文学成就。全书遵循：旧说中凡能通者，采其说而不求新奇；凡旧说不通者，始采新说，而对旧说的取舍则以己意断之。书末附有《嵇康年表》。本书又有该社 2011 年 11 月再版本。

鲁金波《隐逸避世的名士集团：竹林七贤述评》，北京：首都师范大学出版社 1998 年 8 月出版

见前"山涛"条。

　　[韩] 郑焕锺《嵇康研究》，济南：博士学位论文，山东大学，1998 年
　　本书共六章。第一章为嵇康生平考论。第二章为风貌、才学、情趣、性格。第三章为复杂的思想，包括“家世儒学”、道家思想、玄学及阴阳五行思想。第四章为“声无哀乐论”及认识论，包括自然之理、音乐理论、依托养生。第五章为文学成就，包括诗歌、辞赋、散文。第六章论述嵇康的影响，包括在当时及对后世的影响。

　　陈庆元《阮籍·嵇康》，沈阳：春风文艺出版社 1999 年 1 月出版
　　见前“阮籍”条。

　　何启民《嵇康·王弼·葛洪·郭象·道安·慧远·竺道生·寇谦之》，台北：商务印书馆 1999 年 1 月出版
　　本书是关于历代思想家的人物评传，开篇第一部分为嵇康，梳理其家世渊源、生平事迹，分析其性格与思想特征，解读其作品，评价其影响价值。此书简明扼要，语言朴实，浅显易懂。

　　李泽厚、刘纲纪《中国美学史：魏晋南北朝编》，合肥：安徽文艺出版社 1999 年 5 月出版
　　本书为魏晋南北朝美学史论著，其中第六章为嵇康《声无哀乐论》，分别从嵇康的生平和思想特点、关于声的哀乐问题的论辩缘起、嵇康的乐论和养生论、嵇康乐论的本质、《声无哀乐论》对后世的影响五个方面展开论述。

　　陈庆元、林女超《龙性难驯——嵇康传》，北京：东方出版社 1999 年 7 月出版
　　本书是嵇康的人物传记，共八章。依次从少年才子、联姻皇室、初登仕途、竹林七贤、傲然于世、绝交山涛、广陵绝响与后世影响等方面论述。此书以嵇康生平事迹为主线，试图依据历史史实，还原嵇康所生活的时代，叙写嵇康的传奇一生，突出其龙性难驯的才性，感叹其悲剧的生命归宿。

　　王蕴冬《竹林七贤》，西安：三秦出版社 2000 年 1 月出版
　　见前“山涛”条。

皮元珍《嵇康论》，长沙：湖南人民出版社 2000 年 3 月出版

本书主要论述了嵇康生平事迹、思想特征、诗文作品、艺术风格等。全书分为三编，共十一章。上编生平论，共四章，全面讨论嵇康的个性形成、入仕和出仕、隐逸生活与生命归宿。中编思想论，共五章，依次论述嵇康为人准则、节情保性的生命追求、才性、美学思想、审美人格。下编作品论，共两章，分别论述嵇康诗文的美学风貌与诗文艺术的继承与发展。书末附录有嵇康部分作品今译、嵇康年表。

赵剑敏《竹林七贤》，上海：学林出版社 2000 年 6 月出版

见前"山涛"条。

鲁金波、刘耕路《佯狂任自然——竹林七贤》，台北：万卷楼图书公司 2000 年 12 月出版

见前"山涛"条。

陈代湘《玄理与任诞——竹林七贤》，武汉：湖北人民出版社 2002 年 12 月出版

见前"山涛"条

牛贵琥《广陵余响——论嵇康之死与魏晋社会风气之演变及文学之关系》，北京：学苑出版社 2004 年 7 月出版

本书共四章，分别从嵇康被杀之原因、嵇康被杀之后两晋社会风气之转变及其与文学之关系等方面进行论述。此书把嵇康之死与大的文学与文化背景相联系，在此基础上剖析两晋文士的心灵史。

张玉安《嵇康乐论研究》，北京：博士学位论文，北京大学，2005 年

本论文旨在系统性探讨嵇康的乐论思想，全文共六章。第一章为嵇康乐论的时代背景。第二章从天地之理、性命、自然三方面论述嵇康乐论的哲学基础。第三章论音乐之自性，论述和声无象、声无哀乐、音声有自然之和。第四章论音乐与教化之关系，阐述乐教之本、乐无淫正、音乐教化的内在机理。第五章论音乐与养生之关系，论述音乐与养生的结合、和声以养神、乘乐以畅神等内容。第六章探讨嵇康乐论的时代意义，论述从"神秘主义"到"理性主义"、从"乐律"到"音声"、从"以乐论道"到"以道论乐"、

音乐之独立与自觉方面。

童强《嵇康评传》，南京：南京大学出版社 2006 年 4 月出版

本书是一部系统的嵇康人物评传，详细梳理了嵇康的生平事迹、社会环境、交游往来、遇害时间、竹林七贤、著作真伪等问题，并进行了细致考证。作者对嵇康宇宙、社会、人生、养生、声无哀乐、客观世界与认识方法进行系统的阐释，对嵇康的意义及其不朽的人格予以肯定。书末附有嵇康年表，人名、文献、词语索引，便于阅读。本书又有该出版社 2011 年 4 月新版。

赵玉霞《文化视野中的嵇康郭璞研究》，延吉：延边人民出版社 2007 年 12 月出版

本书第一部分为文化视野中的嵇康研究，共六章。第一章为绪论。第二章，轻儒重道：正始玄学的产生，论述嵇康时代的玄学文化背景。第三章，越教任心：嵇康的玄学理想，关注嵇康诗歌中的游仙主题与辩文中的和美理想。第四章，外道内儒：嵇康的两难境地，分别辩及脱俗与入俗、避世与入世、悖礼与崇礼、贵生与殉生四方面。第五章，文化遵从：世人心灵的解剖，关注士志于道的士人角色。第六章为结语。此书条理较为清晰，对玄学文化视野下的嵇康观照评价较为中肯。

萧登福《嵇康研究》，台北：花木兰文化出版社 2008 年 9 月出版

本书为"中国学术思想研究辑刊"二编第 15 册，旨在探讨嵇康其人及其言论对后世之影响。全书共六章。第一章为时代背景，论述汉末魏晋之社会组织与经济结构、汉末魏晋世族之形成与政治组织形态之演进、汉末魏晋学术思潮之演变、魏晋六朝名士习尚。第二章为嵇康之家世与生平。第三章为嵇康著述考。第四章为嵇康思想探究，涵括政治论、人生观、文化论与名学。第五章为嵇康玄论。第六章综合概括作者观点。书末附有《嵇康年表》《嵇康〈圣贤高士传赞〉辑佚》《嵇康〈养生论〉之沿承与影响》。

李天会、郑强胜主编《竹林七贤与魏晋风度：第二届云台山与竹林七贤学术研讨会论文集》，郑州：大象出版社 2009 年 4 月出版

见前"山涛"条。

曾春海《嵇康的精神世界》，郑州：中州古籍出版社 2009 年 5 月出版

本书从哲学的角度来探寻嵇康的精神世界，共九章。初论嵇康生平事略、思想背景与著作特色；进而对嵇康的论辩方法、自然观、人性观、生命才情及其生死论、养生论、宅卜吉凶说、声无哀乐论、社会政治思想等层面一一进行深入的论述；最后从玄学与文学相互影响的角度解读嵇康诗文特色。作者对嵇康辨名析理的抽象思维能力，以及反复辩难的曲折论辩方法甚为推崇，故而书中更多关注哲学层面的生命精义。书末附录有简要的嵇康年表与嵇康研究论著目录。

张波《嵇康》，昆明：云南教育出版社 2009 年 10 月出版

本书为"大家精要"丛书之一。本书共七章，立足于史实，从混沌岁月、初涉世事、竹林之游、隐逸避难、名士末途、思想要旨、历史影响等方面展开论述。全书依据嵇康生平事迹，梳理其创作历程，并分析其诗文特色、艺术思想、创作成就，解读深入浅出。此书条理清晰，辅之以大量历史事实加以论述，便于了解嵇康其人。书末附有简略的嵇康年谱、嵇康研究主要著述。此书又有陕西师范大学出版社 2017 年 3 月再版。

刘雅茹《竹林七贤》，北京：文化艺术出版社 2010 年 1 月出版
见前"山涛"条。

曹旭、丁功谊《竹林七贤》，北京：中华书局 2010 年 2 月出版
见前"山涛"条。

刘强《竹林七贤》，北京：中国青年出版社 2010 年 10 月出版
见前"山涛"条。

杨卓《"竹林七贤"玄学儒学思想研究》，天津：博士学位论文，南开大学，2010 年
见前"山涛"条。

潘景岩《名士风流——竹林七贤》，长春：吉林文史出版社 2011 年 1 月出版
见前"山涛"条。

张新斌、徐学智主编《云台山与竹林七贤》，郑州：河南人民出版社2011年9月出版

见前"山涛"条。

卢政《嵇康美学思想述评》，北京：中国社会科学出版社2011年11月出版

本书以嵇康美学思想为研究对象，旨在挖掘嵇康美学的人文主义内涵，分析其在中国美学史上的地位与影响。全书共七章，分别从嵇康美学的哲学背景、本质、自然美思想、音乐美学思想、文学美学思想、美育思想、人生美学等方面进行诠释，并梳理了嵇康美学思想对当代中国美学的启示。此书把嵇康思想置于长时段中审视，再现中国美学思想历史嬗变的内在理路，勾画嵇康美学思想的立体全息图景。该书充分挖掘嵇康诗文作品以及现实人生历程等方面所呈现的美学思想与理念，研究较为全面系统。书末附嵇康大事年表及著述。

赵翔《汉晋学术转变中的阮籍、嵇康》，北京：博士学位论文，中国人民大学，2011年

见前"阮籍"条。

谢婷婷、贾佳《竹林七贤》，北京：团结出版社2013年4月出版

见前"山涛"条。

张海晏、米纪文《竹林七贤与魏晋精神：云台山第四届竹林七贤文化国际学术研讨会论文集》，北京：中国社会科学出版社2013年7月出版

见前"山涛"条。

程峰《竹林七贤游历地调查研究》，郑州：河南人民出版社2013年12月出版

见前"山涛"条。

曾春海《竹林七贤的玄理与生命情调》，台北：五南图书出版公司2013年12月出版

见前"山涛"条。

姜文明《嵇康伦理思想研究》，北京：博士学位论文，中国人民大学，2013 年

本论文以自然和名教关系问题为中心线索，深入分析了嵇康伦理思想的理论特质，并进一步探讨了在伦理实践中的意义。全文共六章。导论部分简述了选题意义、主旨思路、研究方法。第一章综述汉末曹魏时期社会课题与嵇康伦理思想。第二章探讨嵇康伦理思想的哲学基础，论述宇宙生成观、人性论、知识论。第三章阐述了嵇康伦理思想的核心：越名教而任自然。第四章探讨嵇康的道德修养论，论述养生、价值观重构、理想人格。第六章阐述嵇康的社会伦理思想，论述宗长归仁的自然之情，至德之世的君道因然的思想。第六章论述嵇康与王肃、阮籍伦理思想的比较，包括嵇康与笃守名教的礼法之士、嵇康与其他竹林名士的比较。

申祖胜《魏晋风度：竹林七贤》，郑州：中州古籍出版社 2014 年 5 月出版

见前"山涛"条。

范子烨主编《中古作家年谱汇考辑要》，西安：世界图书出版公司 2014 年 6 月出版

本书卷一第三部分为童强《嵇康年谱汇考》。以嵇康生平事迹为中心，据相关史料，广泛搜集大量文献，详加考证后汇编而成。书中凡例言明本谱的编排体例和原则，年谱正文则按年编排谱主生平、仕历和文学系年，同时附录嵇康周围文士诗文存世表。书末附有主要人名索引。此年谱较为全面系统地进行了嵇康生平系年，对嵇康研究具有重要的参考价值。

苏河《真名士，自风流：竹林七贤传》，北京：中国华侨出版社 2014 年 8 月出版

见前"山涛"条。

李岫泉《魏晋名士嵇康》，北京：中国书籍出版社 2014 年 10 月出版

本书是评述嵇康人生轨迹的学术散论，共九讲，以嵇康之死为主线，涵盖嵇康的人格、才智、生活、交游等方面，论述其精神品格及艺术成就，兼谈竹林七贤生活常态，魏晋文化背景等。本书内容丰富、语言风趣，意在展示嵇康的名士风范、剖析其独立人格。

刘怀荣主编《竹林七贤学术档案》，武汉：武汉大学出版社 2014 年 12 月出版

见前"山涛"条。

韩文杰《"无"与"空"：以嵇康与大乘佛教的音乐观为讨论中心》，台北：花木兰文化出版社 2015 年 3 月出版

本书探讨音乐的渊源与其功能，从"空"与"无"的美学领域讨论嵇康及大乘佛教的音乐观。"无"指王弼的"贵无"的形上思考，"空"是大乘所谈的空论。全书共五章。第一章引论言研究动机、方法、定义与范围及参考文献。第二章以《乐记》入手，探讨"以悲为美"的意识形态及嵇康对"音乐喜悲"的反省。第三章论王弼的本体观念："无论"之来临。第四章言王弼用字与观念之交叉以及嵇康的音乐观点。第五章言佛教的乐论：音乐的幻影与性与"空"。作者认为对嵇康来说音乐的最高境界是听琴的神秘感，一为淡味、恬和渊淡；一为摆脱所有的喜、怒、哀、乐的境界，即玄贞。

张珍祯《嵇康〈声无哀乐论〉之玄学思维——论题架构的思想格局对魏晋思潮之回应》，台北：花木兰文化出版社 2015 年 3 月出版

本书共五章。第一章为绪论，言研究目的、方法、范围，文献探讨、撰写之诠释进路。第二章为"《声无哀乐论》的诠释进路"，先以自然宇宙观、认识方法论，确立嵇康本体论以及论辩的方法。第三章为"和声无像——玄理的体察"，探讨嵇康由和声体悟道的玄解，声即是道。第四章为"哀心有主——才性的观证"，"哀心为主"是一个对和声多元性的诠释，探讨道下落于人的生命展现。第五章为结论。

吴冠宏《走向嵇康——从情之有无到气通内外》，台北：台湾大学出版中心 2015 年 9 月出版

本书为"身体与自然丛书"系列 07 辑，共六章。第一章论述贵无与滞有，是对王弼圣人有情说之两种诠释向度的检视及其对话。第二章探讨从庄子到郭象，是在无情说上"修证实践"与"玄思智解"的对话。第三章阐述从庄子到嵇康，旨在讨论"声"与"气"之视域的开启。第四章论述从情志到神气，旨在探析嵇康《琴赋》中以乐体道之义涵。第五章为才性之气与相须之理的交会，旨在试诠嵇康《明胆论》之明胆关系。第六章探讨

从"自足于内"到"气通内外"，是对阮德如与嵇康《宅无吉凶摄生论》等四篇的试解。

朱向东主编《竹林七贤画像砖研究文集》，南京：南京出版社2015年12月出版

见前"山涛"条。

裴秀 (224—271)

乔林晓《裴秀裴松之》，太原：三晋出版社 2010 年 6 月出版

本书主要介绍了裴秀的生平事迹、文学创作及其思想内容，以及在地理学领域的贡献。

刘伶（生卒年不详）

何启民《竹林七贤研究》，台北：商务印书馆 1966 年 3 月出版
见前"山涛"条。

姜伯纯《竹林七贤》，台北：庄严出版社 1982 年 3 月出版
本书第四章论述刘伶，分别从容貌丑陋，天生刘伶、以酒为名，天地随性、屋宇为衣裤，《酒德颂》创作四个方面来论述。最后部分为刘伶作品赏析。余详"山涛"条。

毕珍《魏晋狂士：竹林七贤》，武汉：武汉大学出版社 1995 年 11 月出版
见前"山涛"条。

韩格平注译《竹林七贤诗文全集译注》，长春：吉林文史出版社 1997 年 1 月出版
见前"山涛"条。

鲁金波《隐逸避世的名士集团：竹林七贤述评》，北京：首都师范大学出版社 1998 年 8 月出版
见前"山涛"条。

王蕴冬《竹林七贤》，西安：三秦出版社 2000 年 1 月出版
见前"山涛"条。

赵剑敏《竹林七贤》，上海：学林出版社 2000 年 6 月出版
见前"山涛"条。

鲁金波、刘耕路《佯狂任自然——竹林七贤》，台北：万卷楼图书公司
2000 年 12 月出版

见前"山涛"条。

岳文强、岳江欣选注《名贤诗谱刘伶醉》，北京：中央编译出版社 2004
年 10 月出版

本书是关于刘伶及后世咏刘伶诗词曲的作品，分南北朝卷、唐代卷、宋
代卷、元代卷、明代卷、清代卷。第一部分收录《刘伶传》与《酒德颂》。
此后作品皆为后世歌咏刘伶之作。

李天会、郑强胜主编《竹林七贤与魏晋风度：第二届云台山与竹林七
贤学术研讨会论文集》，郑州：大象出版社 2009 年 4 月出版

见前"山涛"条。

刘雅茹《竹林七贤》，北京：文化艺术出版社 2010 年 1 月出版
见前"山涛"条。

曹旭、丁功谊《竹林七贤》，北京：中华书局 2010 年 2 月出版
见前"山涛"条。

刘强《竹林七贤》，北京：中国青年出版社 2010 年 10 月出版
见前"山涛"条。

杨卓《"竹林七贤"玄学儒学思想研究》，天津：博士学位论文，南开
大学，2010 年

见前"山涛"条。

潘景岩《名士风流——竹林七贤》，长春：吉林文史出版社 2011 年 1 月出版
见前"山涛"条。

张新斌、徐学智主编《云台山与竹林七贤》，郑州：河南人民出版社
2011 年 9 月出版

见前"山涛"条。

谢婷婷、贾佳《竹林七贤》，北京：团结出版社 2013 年 4 月出版
  见前"山涛"条。

张海晏、米纪文《竹林七贤与魏晋精神：云台山第四届竹林七贤文化
国际学术研讨会论文集》，北京：中国社会科学出版社 2013 年 7 月出版
  见前"山涛"条。

程峰《竹林七贤游历地调查研究》，郑州：河南人民出版社 2013 年 12
月出版
  见前"山涛"条。

曾春海《竹林七贤的玄理与生命情调》，台北：五南图书出版公司 2013
年 12 月出版
  见前"山涛"条。

申祖胜《魏晋风度：竹林七贤》，郑州：中州古籍出版社 2014 年 5 月出版
  见前"山涛"条。

苏河《真名士，自风流：竹林七贤传》，北京：中国华侨出版社 2014
年 8 月出版
  见前"山涛"条。

刘怀荣主编《竹林七贤学术档案》，武汉：武汉大学出版社 2014 年 12
月出版
  见前"山涛"条。

朱向东主编《竹林七贤画像砖研究文集》，南京：南京出版社 2015 年
12 月出版
  见前"山涛"条。

王弼 （226—249）

（魏）王弼著，楼宇烈校释《王弼集校释》，北京：中华书局 1980 年 8 月出版

本书汇集并校释了王弼的《老子道德经注》《老子指略》《周易注》《周易略例》《论语释疑》等几种著述，校释仅限于王弼注文部分。《老子道德经注》以浙江书局刻明华亭张之象本为底本；《老子指略》以王维诚辑校本为底本；《周易注》以清阮元刻《十三经注疏》为底本；《周易略例》以明汲古阁毛晋本为底本；《论语释疑》从皇侃《论语义疏》与邢昺《论语正义》中辑出，参他本校订。本集广参诸本以校释，凡征引其他版本或前人研究成果之处均注明出处。校勘中底本的错字、衍文一律保留，用小字排印，改正增补皆一一注明。此书又有中华书局 2009 年 2 月重印版。

林丽真《王弼》，台北：东大图书公司 1988 年 7 月出版

本书是关于王弼的研究专著，全书共六章。第一章为生平事略，介绍其才情个性、交游情况、仕宦经过、学术著作。第二章为家学渊源与时代环境，一方面探讨王弼的家学渊源与荆州学派的关系，另一方面则从魏晋新思潮的兴起、正始谈辩与王弼思想基础的奠立探讨时代环境。第三章为老子注分析，分别探讨"崇本息末"原则的提出，及其所涵的重要观念。第四章为周易注分析，分别从王弼易的出现、"崇本息末"原则在解易方法上的应用、"崇本息末"原则在易学思想上的发挥方面展开论述。第五章为论语释疑分析，逐一论述论语释疑中的老子义、论语释疑与何晏集解、皇侃义疏中老子义的比较。第六章为王弼在中国思想史上的地位与影响，分别从"崇本息末"观的思想特征与独创性，发展老学、玄化儒理的历史意义与影响两方面展开探讨。书末附有年表、人名索引、名词索引。

余敦康《何晏王弼玄学新探》，济南：齐鲁书社 1991 年 7 月出版
　　见前"何晏"条。

张成秋《老子王弼学》，台北：台湾中华民国老庄学会 1992 年 12 月出版
　　本书是关于老子王弼学的研究专著，分为四篇。第一篇为绪论，共计六章。第一章论述《老子》的作者老聃。第二章论证老子之学。第三章是对老聃之认识与批判。第四章为王弼传。第五章为《老子王弼学》之资料。第六章是王弼之老学简述，对于"无"之申论；对"道"之理解；无为政治之最好陈义。第二篇探讨王弼老学之道与无，共计四章，论述大道、无为无名、道为根本之法有益于人、正言若反。第三篇论述了王弼老学之弱道，主要内容包括：学道、柔弱不争、得道者如婴儿、圣人与修养。第四篇论述王弼老学之政术，论述战争与用兵、批评时政、政治论、帝王术。第五篇探讨王弼老学之大智与小智，包括智慧格言、小智之失、王弼老学之总结。附录有《老子王弼学索引》。

（魏）王弼注，（晋）韩康伯注，施伟青点校《周易王韩注》，长沙：岳麓书社 1993 年 7 月出版
　　本书汇辑并点校《周易》六十四卦《经》《传》原文及王弼注文；《系辞》《说卦》《序卦》《杂卦》的原文及韩康伯的注文；王弼《周易略例》及唐人邢璹的注文，共计十卷。其中《周易注》《周易略例》以《四部备要》校刊本为底本，并参楼宇烈《王弼集校释》等。本书旨在提供王弼《易》学思想的材料，故均据注文（包括韩注）的含义点校《周易》"经""传"原文。校订底本的错字、衍文，改正增补文字。不同版本的异文，部分加以说明，其余为脚注标识。前言论述王弼注的思想及相关问题，认为王弼《周易注》思想核心为"贵无"。

郭梨华《王弼之自然与名教》，台北：文津出版社 1995 年 12 月出版
　　本书共五章。第一章为绪论，论述研究目的、方法、意义、研究现状及相关问题。第二章为"自然——名教"之源起及其历史性的探讨。第三章为在"自然"结构中王弼对"有——无"问题的解析。第四章为在"名教"结构中王弼对"言、象、意"问题的解析。第五章为结论，综括作者观点。本书又有（台北）花木兰文化出版社 2014 年 3 月版，改题为《王弼

之"自然"与"名教"及相关论题研究》。

（魏）王弼注，（晋）郭象注，（唐）陆德明音义，章行标校《老子·庄子》，上海：上海古籍出版社 1995 年 12 月出版

本书为"十大古典哲学名著"丛书之一，第一部分为王弼《老子》注，共十卷，以清光绪元年浙江书局据华亭张氏本校刻、民国九年浙江图书馆覆刻的王弼《老子注》为底本，参校以明正统《道藏》本王弼《道德真经注》等诸本。原文与注释采用夹注形式，正文及注释均加以新式标点，以便阅读。

王晓毅《王弼评传（附何晏评传）》，南京：南京大学出版社 1996 年 2 月出版

本书正篇为《王弼评传》，是一部系统的王弼人物评述论传。详细梳理了王弼的家世渊源、生平事迹、社会环境、交游往来、哲学思想、著作真伪等问题，并进行细致考证。此外依次从象数到本体、刑名之辨、言意之辨、本末体用之辨等方面论述王弼的学术创新。重点论述了王弼儒道经典新释，逐一论述《老子注》与《老子指略》《周易注》与《周易略例》《论语释疑》。最后充分肯定王弼的不朽贡献，并分析其历史局限。书末附有《王弼年谱》《王弼著作历代著录及考辨文字》。此外附录有主要参考文献、词语索引，便于阅读。本书又有该出版社 2010 年 4 月版。余详"何晏"条。

苏东天《易老子与王弼注辨义》，北京：文化艺术出版社 1996 年 3 月出版

本书第二部分论王弼玄学，共十一部分，主要内容包括：先秦、两汉哲学世界观与认识论、方法论的表现；什么是魏晋时代的哲学课题；对王弼玄学的误解；王弼玄学的认识论与方法论原理；《老子指略》简析；《道德经注》简析；《论语释疑》简析；《周易略例》简析；《周易注》简析；魏晋南北朝玄学的发展变化；玄学与魏晋南北朝文艺理论。

吴相武《〈老子〉河上公、想尔、王弼三家注比较研究》，北京：博士学位论文，北京大学，1996 年

本论文考察了《老子》河上公、想尔、王弼三家注的异同及其产生原因。全文共分两大部分，一是对每家注的考察，二是对三家注的比较。第三

编论述《王弼注》的思想，第一章为《王弼注》的宇宙论，探讨"道"以及生成论还是本体论。第二章为《王弼注》的修养论，言及人的生成与"德"、修养方法与目的。第三章为《王弼注》的政治论，主要内容包括：理想的统治方法之无欲与法道、道家统治方法与儒法政治思想的关系。

王葆玹《王弼评传——玄学之祖、宋学之宗》，南宁：广西教育出版社1997 年 7 月出版

本书为"中华历史文化名人评传"，分为八部分。第一部分为时代背景，探讨名士之风、九品之制、清谈源流、四聪八方、正始革新。第二部分为生平事迹，论述学风嬗变、家学渊源、一代谈宗、易老两注。第三部分为经学模式、三玄体系、道家趋向、玄学之科。第四部分为义理之争，涵括天象人事、理之入玄、卦之义理、理一分殊、本末有无、中西本体。第五部分为性情之学，涵括汉代性学、刘劭论性、何晏新说等。第六部分为忘象求意，主要内容包括：言意之辨、微言尽意、妙象尽意、意象思维。第七部分为治化新说，涵括道德一元、生化图式、主爻君位等。第八章为身后评议，涵括晋宋之评、老学盛衰、易学沉浮、总说功过。

何启民《嵇康・王弼・葛洪・郭象・道安・慧远・竺道生・寇谦之》，台北：商务印书馆 1999 年 1 月出版

本书是关于历代思想家的人物评传，第二部分为王弼，梳理其家世渊源、生平事迹，分析其性格与思想特征，解读其作品，评价其影响价值。此书写作简明扼要，语言朴实，通俗易懂。

［韩］徐大源《王弼刑名学与解经论的研究》，北京：博士学位论文，北京大学，2000 年

本论文旨在阐明王弼的解经论，其中"经"具体指《老子》《周易》《论语》。第一章主要讨论王弼以前刑名学的递嬗之迹、既存研究成果及辅嗣刑名学之大概。第二章主要讨论王弼的存在论、本体论、人论与其刑名学的关系。第三章主要讨论王弼对《老子》《周易》《论语》的基本观点及《周易》与《论语》之解经论。第四章主要讨论王弼解经论之目的、问题、意义及总结，用宏观的方法重新梳理王弼此论之主要逻辑脉络，并阐明王弼解经精神。

韩强《王弼与中国文化》，贵阳：贵州人民出版社 2001 年 10 月出版

本书旨在阐明王弼注释《周易》《老子》的解释学的基本原则，即发扬文化经典的义理精神、融合儒家礼乐文化和道家人性自然文化。全书共八章。第一章为魏晋玄学的文化渊源。第二章为王弼的解释学与儒道文化经典，分析其所注《周易》《老子》《论语》的学术特色。第三章讨论以无为本与中国文化的精神境界。第四章为言意之辨与中国文化的艺术精神。第五章为名教出于自然与圣人体无的性情论。第六章为王弼玄学与佛教文化的比较研究。第七章为王弼玄学与宋明理学在解释学、本体论、心性论、德性之知方面的关系。第八章为王弼玄学与现代新儒家的文化观。书末附有王弼思想研究述评。

田永胜《王弼思想与诠释文本》，北京：光明日报出版社 2003 年 11 月出版

本书是在作者博士学位论文《文本的解释与王弼思想研究》（北京大学 1999 年）基础上增订而成。本书用诠释学的视角和方法对王弼的主要著述《老子注》《周易注》《论语释疑》等作了较全面的梳理分析。全书共七章。第一章为绪论，逐一论述王弼生平与著述、王弼玄学思想的源泉、王弼玄学是儒道融合的产物。第二章为现有研究方法的审视，分别从王弼的经典诠释、文本的变动对诠释的影响、区别注释中的文本思想与诠释者的思想、其区别方法、文本的总体研究思路五个方面展开论述。第三至五章分别论述了王弼注《老子》《周易》《论语》的诠释特征，及其与汉魏同类注释著作的比较等。第六章为王弼玄学思想管窥，分别从儒道融合、本性论、圣人观方面展开探讨。第七章为王弼《老》《论》《易》注对后世的影响。

裴传永《王弼与魏晋玄学》，济南：山东文艺出版社 2004 年 10 月出版

本书共八个部分。第一部分论述魏晋之际经学式微玄风起的背景。第二部分论述出身名门善思辨的少年天才王弼。第三部分从著作正名、治学先后、各书特点、思想渊源方面论述王弼别出心裁释元典。第四部分从"无"是本体、有无之辨、体用本意方面论述王弼贵无贱有的本体思维。第五部分从时贤诸说、言意关系、忘言得意方面论述言意之辨中继往开来的认识论。第六部分从性乃自然、性有同异、凡圣同情、以性统情方面论述性本情末、自称体系的人性观。第七部分从"名教""自然"、至寡治众、无为而治方面论述其政治主张中的融会儒道的宏论。第八部分从正始之音、竹林逸响、

东晋暮歌方面论述王弼生前身后魏晋玄学的流变。

胡海《王弼的经典解释与六朝文论》，北京：博士学位论文，中国人民大学，2005 年

本论文从王弼经典解释的基本范畴和命题出发，探讨王弼玄学对六朝文论的根本观念、思路、方法及体系建构的启示，并联系西方文论适度阐发六朝文论的当代意义。全文除导论外共计四章。第一章为王弼经典解释启示六朝文论的思路与方法。第二章论述王弼儒道会通和六朝重人尚文的价值观。第三章为王弼言意性情之辨和六朝文之性质与功用观。第四章为从王弼的玄学体系到六朝文论体系。

[韩] 尹锡珉《王弼易学解经体例探源》，成都：巴蜀书社 2006 年 12月出版

本书是在作者同题博士学位论文（北京大学 2005 年）的基础上修订而成。全书共四章。第一章为两汉三国学术与易学的转变。第二章为王弼易学的形成，依次从玄学易学的形成、王弼生平与家学渊源、著作及其先后方面展开论述。第三章为王弼易学体例及其来源，内容包括《周易注》体例、取义说及其创新、爻位说及其创新、今文易学象数体例的残存等方面。第四章为王弼易学的解易观、方法论，并述其来源，一方面从人道思想、随时思想、无为思想方面论述《周易注》的解易观及其来源，另一方面则从先秦两汉的辩名析理的传统、《老子注》的辩名析理、《周易注》的辩名析理三方面来论述《周易注》的解易方法及其来源。

胡海《王弼玄学的人文智慧》，北京：人民文学出版社 2007 年 7 月出版

本书为关于王弼玄学的人文思想的研究专著。导论为当代文化转型召唤六朝人文智慧，说明本书的写作目的、研究意义。全书共五章。第一章为王弼本体解释展现人文智慧。第二章为《老子》人文精神的开掘，依次从王弼之前解老的多种价值指向、《老子指略》以人为本的理统、王弼本体解释推动六朝人文自觉三方面展开论述。第三章为得意忘言凸显学人本思路，论述王弼之前的多种易学解释思路、王弼注易的思路革新。第四章为儒道会通与六朝主体自觉，阐述王弼之前的《论语》接受、王弼会通孔老的根本观念和思路、从圣人论到理想人格论。第五章为本体论视野的语言文本观，依

次论述"无"和道圣文同一的本质观、王弼人本思路对六朝文论的启示、六朝文论与本体解释学。

赖美惠《王弼玄学思想研究》，高雄：博士学位论文，高雄师范大学，2007 年

本论文通过诠释学的方法，剖析王弼的《老子注》和《周易注》等文本，以探讨王弼的玄学思想。全文共六章。第一章为绪论。第二章为王弼玄学思想溯源。第三章阐释王弼《老子》注释的玄学思想之以无为本的体用思维。第四章探讨王弼《周易》注释的玄学思想之得意忘象的哲理意蕴。第五章论述王弼玄学思想中言义之辨的渊源、理论基础、方法运用。第六章为结论，综述王弼玄学思想的诠释精神及其对后世的影响。

[德] 瓦格纳著，杨立华译《王弼〈老子注〉研究》，南京：江苏人民出版社 2008 年 4 月出版

本书为"海外中国研究系列"丛书，全书共三编。第一编为注释的技艺，共五章。第一章为王弼传略。第二章从汉代注释策略的概述方面论述经典系统。第三章为技巧与结构的哲学：《老子》及王弼注中的链体风格。第四章为意义的解构与建构，从隐含的作者、文本的地位、一致性假设、文本潜能方面展开论述。第五章为王弼的注释技艺，主要论述注释与文本的结合、对其他读法的强调性拒绝、解释暗喻、明喻、比拟和象征，主语的插入，通过对等关系界定字汇、翻译本文，合并字汇与结构。第二编为文本的批判性重构和翻译，第一章论述王弼的《老子》校订本。第二章论述王弼《注》的襄赞和传承，论述批判性版本的基础。第三章论述《老子微旨略例》，包括文本、翻译及文字学研究。第四章论述王弼所用《老子》的重构及批评性版本；王弼《老子注》的重构及批判性版本；根据王弼注推论出的《老子》译本；王弼《老子注》的译文。第三编为语言哲学、本体论和政治哲学。第一章论述识别"所以"，论述《老子注》和《论语》的语言。第二章为王弼的本体论，依次从分析的架构、王弼对"所以"的探究、王弼的立场、存在者的二元结构组织、万物的秩序、一与众等方面展开论述。第三章为王弼的政治哲学，包括人类社会不断面临的危机、危机的原因、运作复归：圣人、作为公共行动的圣化政治、王弼的哲学：一种意识形态等方面。

高龄芬《王弼与郭象玄学方法之研究》，台北：花木兰文化出版社 2008 年 9 月出版

本书旨在透过王弼与郭象的方法论，以期更深入探究魏晋玄学的堂奥。全书共六章。第一章为绪论，简要介绍王弼与郭象思想，论述研究方法与意义。第二章至第三章为王弼玄学方法研究。第二章为王弼的老学方法析论，逐一论述王弼老学的名理方法、辩证方法与王弼老学超越的玄理方法。第三章依次从言意之辨、以一统众、阴阳二分法三方面展开王弼的易学方法析论。书后附有"道家思想的境界形态旨趣""论庄子哲学中'天'的修养论意义"。

（魏）王弼注，楼宇烈校释《老子道德经注校释》，北京：中华书局 2008 年 12 月出版

本书为"新编诸子集成"系列，以浙江书局刻明华亭张之象本为底本，参校数十种重要版本及相关征引著作。全书分为上下两编，上编为一至三十七章，下编为三十八至八十一章。正文部分按章节、原文、校释编排。校释部分，考证细致，资料翔实，论证精当。本书正文、注文一律加以新式标点，校正版刻或排印错误。书后附《〈老子指略〉辑佚》，以王维诚辑校本为底本。

马行谊《经典诠释与应世之道——以王弼、阮籍的玄学思想为考察核心》，台中：台中教育大学 2009 年 7 月出版

本书中第一章梳理王弼《老子注》的思想脉络，依次从形下现象的否定、形上本体的建立、形上法则的应用展开。第二章为王弼《周易注》的诠释策略与思想内涵，包括解读王弼《周易注》的方法论问题、王弼《周易略例》的诠释原则、《周易注》对《卦》《爻》的联系。第四章为王弼对礼乐教化的反思与再定位。余详"阮籍"条。

蔡振丰《王弼的言意理论与玄学方法》，台北：花木兰文化出版社 2010 年 3 月出版

本书共三章。第一章探讨魏初的形名之学及人伦识鉴的问题，论述了魏初的名学理论、魏初有关于选举制度的争议及其所反映的问题、《人物志》所反映的名学限制及对玄学之影响、玄学与名理二派对圣人议题的讨论。第二章探讨了魏晋的言意理论及其理论重点、王弼言象意说的理论特质、王弼

意象理论在方法上的意义。第三章论述《老子注》对"道"的言说方式与王弼《周易注》的相关问题。书后附有《对反或连续：王弼与郭象思想的争议》《严遵、河上公、王弼三家〈老子〉注的诠释方法及其对道的理解》。

（魏）王弼著，楼宇烈校释《周易注（附周易略例）》，北京：中华书局 2011 年 6 月出版

本书汇集并校释了王弼的《周易注》和《周易略例》，整理王弼思想资料，校释仅限于王弼注文部分。《周易注》以清阮元刻《十三经注疏》为底本，《周易略例》以明汲古阁本为底本，广参诸本以校释。校勘中底本的错字、衍文一律保留，用小字排印，改正增补皆一一注明。《周易略例》则概述其解易方法，集中反映了他的易学思想与理念。本书对王弼的易学著作进行详细校释，并附有韩康伯对《系辞传》以下各传的注解，是研究易学必备的参考书。

庄耀郎《王弼玄学》，台北：花木兰文化出版社 2011 年 9 月出版

本书旨在探讨王弼玄学体系，全书共五章。第一章阐释玄学之义及玄学分期之商榷，并论述王弼的才资、性情、家世和家学。第二章阐述王弼玄学形成的内因和外缘。第三章论述王弼玄学之内容，包括方法道路、道、自然、名教、无与有、圣人论。第四章为《老子》部分，论述《老子指略》释义、老子注与庄子。第五章为《周易》部分。书末附有《王弼道论的义涵》。

吴贤俊《[德]瓦格纳〈王弼玄学探索三部曲〉研究——以王弼经学与玄学关系为论题》，彰化：博士学位论文，彰化师范大学，2011 年

本论文旨在应用瓦格纳《王弼玄学探索三部曲》的研究成果，以厘清王弼经学与玄学之间的关系。全文共十章，书前附有图表目录。第一章为导论，探讨研究构想，陈述了本论文的研究动机与目的，继而概括瓦格纳《王弼玄学探索三部曲》的思路与方法等。第二章论述瓦格纳追溯王弼著述形成背景。第三章论述瓦格纳追溯王弼解经思想脉络。第四章阐述玄学溯源。第五章为瓦格纳架构王弼玄学的设计。第六章探讨瓦格纳架构王弼玄学存有论。第七章综合阐述瓦格纳架构王弼政治玄学。第八章论述与王弼玄学主流学说比较。第九章为王弼玄学解经考察。第十章为结论，综述王弼玄学解经的典范意义。

张二平《王弼易学研究——以体用论为中心》，北京：博士学位论文，北京大学，2011 年

本论文共五章。绪论部分论述研究现状、思路与方法。第一章为王弼易学研究之体用，主要内容包括：体用的含义、从卦体看用、从爻体看用。第二章为王弼易学之"时"，论述时的含义、时有否泰、时与用。第三章为王弼易学之"位"，论述位的含义、位有尊卑、位与用。第四章为吉凶，论述吉凶的含义、两类冲突的消解。第五章为王弼易学之"圣人"，论述圣人观、名教自然之辨。

王淮《王弼之老学》，台北：INK 印刻文学生活杂志出版有限公司 2012 年 1 月出版

本书旨在探讨王弼的老学，全书共有四个部分。第一部分为王弼传笺释。第二部分为道德经注之审查。第三部分为老子微旨例略笺释。第四部分为王弼老学论衡。

武锋《王弼》，昆明：云南教育出版社 2012 年 3 月出版

本书为"大家精要"丛书之一，全书共五章。第一章论述王弼的家世渊源与生平事迹。第二章论述"以无为本，崇本息末"的思想，以及精以疏通、不滞文本的特征。第三章为摒弃象数、直探义理的思想，讨论了《周易》新义、言意之辨、大衍之义、《周易》体例。第四章为理想人格、玄化圣人的思想，内容包括无体无象的道，执一统众、圣人有情等方面。第五章论述其影响。书末附录有王弼年谱与主要著作。本书又有陕西师范大学出版社 2017 年 1 月版。

蒋丽梅《王弼〈老子注〉研究》，北京：中国社会科学出版社 2012 年 9 月出版

本书是在作者同题博士学位论文（北京大学 2008 年）的基础上修订而成，从文献和义理方面对王弼《老子注》进行系统的研究。全书共六章。第一章为王弼生平与学术渊源。第二章为王弼《老子注》流传及版本，论述有关王弼老子注的记载文献、王弼《老子注》历史记载中的问题、《老子注》的成书年代及其与《周易注》的关系、流传历史、版本和校勘。第三章为王弼的老学思想，包括道与无、本与末、心与知情欲、无为与有为。第四章为王弼之庄学精神，探讨汉魏之际庄学的复兴、王弼《老子注》中的

庄学精神。第五章为王弼《老子注》的评价及影响，包括王弼《老子注》的特色与王弼前注的比较、后代王弼《老子注》的评价及影响。文末附有《正始年谱》《王弼〈老子注〉经文校勘》。

杨鉴生《王弼研究》，郑州：河南人民出版社 2012 年 9 月出版

本书是在作者博士学位论文《王弼及其文学研究》（复旦大学 2005 年）的基础上修订而成。全书共六章。序言部分论述王弼及其著作、思想。第一章为王弼《周易》佚文及其他佚文考论。第二章论述了王弼"时"的观念与刚柔观两个问题。第三章分析了魏晋与南北朝隋唐对王弼易学的接受与评价。第四章从王弼的注体文与散文两方面论述其艺术价值。第五章为王弼"得意忘言"观与六朝文学和文论的关系。第六章为何劭《王弼传》笺注。书末附有《四库全书总目·周易正义》笺、《何晏丛考》、《周易正义》标点献疑。

刘黛《王弼〈周易略例〉与〈周易注〉对照研究》，北京：博士学位论文，北京大学，2012 年

本论文共五章。第一章为正始玄学视域下之王弼易学。第二章为王弼其人及正始名士群体研究，论述王弼其人及其精神特质、正始名士及其群体特征、论曹氏与司马氏之政治斗争与名士分化。第三章为《周易略例》与《周易注》对照研究之《明象》篇：论辅嗣之观《象传》。第四章为《周易略例》与《周易注》对照研究之《明爻通变》与《明卦适变通爻》篇：卦时与爻变。第五章为《周易略例》与《周易注》对照研究之《明象》与《辩位》篇。最后为结论与余论。

孙萍《王弼〈周易注〉思想研究》，北京：博士学位论文，北京师范大学，2012 年

本论文计六章。第一章为王弼其人及《周易注》思想溯源，主要内容包括：王弼其人、王弼易学之渊源、王弼与何晏思想之关系。第二章为《周易注》的注易方法，逐一论述《周易注》对汉代注易方法的继承、从《周易略例》看《周易注》的注易方法。第三、四章为《周易注》的形上学思想。第五章为《周易注》的人道思想，包括《周易注》之政治思想、义利观、君臣观、夫妇观。第六章为以《老》注《易》：易学玄学化之实现。结语阐释《周易注》与儒道会通的关系。

王娅维《王弼、朱熹〈周易〉注释比较研究》，西安：博士学位论文，陕西师范大学，2012 年

本论文选取了诠释学这一研究视角，对比研究了王弼《周易注》和朱熹《周易本义》。全文共六章。第一章为绪论，论述研究目标、研究意义、研究视角、研究宗旨。第二章为王弼、朱熹注本对《周易》文本语言层面注释的比较。第三章为王弼、朱熹《周易》注释的义例阐释之比较。第四章为王弼、朱熹《周易》注释特点的比较。第五章为影响王弼、朱熹《周易》注释的因素，包括时代精神、注释者个人思想、注释者的注释观念三方面。第六章为结语，说明王弼、朱熹《周易》注释对经典诠释的启示。

王云飞《论魏晋南北朝时期玄学对〈论语〉学的影响——以王弼、郭象为中心》，北京：博士学位论文，北京大学，2012 年

本论文分为上下两编共十二章，上编前四章论述王弼玄学对魏晋南北朝《论语》学的影响。研究认为，从王弼现存《论语释疑》十四条可以看出，他在用《老子》思想注《论语》，不仅多次引用《老子》原文，甚至将老子放在了比孔子更高的位置，将《论语》中的一些主要概念，如"仁""孝""忠""恕"等注入了玄学内容。除了《论语释疑》，王弼《周易注》《周易略例》《老子注》《老子指略》也有直接或间接引用《论语》多处。在概念和思想上，指出王弼玄学对魏晋南北朝《论语》注释有着较大的影响。

洪千里《普遍性的追寻——王弼本体思想研究》，上海：博士学位论文，华东师范大学，2013 年

本论文共六章。第一章从普遍性的追寻何以成为问题、两汉的普遍性危机、王弼的回应三方面进行探讨。第二章阐述明于本数——普遍之无的超越性，逐一论述以无为本、名教本于自然、经学之弊。第三章从老子之失，王弼崇本息末抑或崇本举末，以无为用、因物自然、随时而变这几个方面来阐述。第四、五章从性情之辨和言意之辨两方面分析了崇本举末的理论体系。第六章为普遍性追求的历史演变，从普遍性追求的先声何晏、普遍性追求的衰落郭象、普遍性追求的偏离嵇康、王弼本体思想在玄学普遍性追求中的地位展开论述。

　　刘季冬《儒道会通——王弼〈老子注〉之思想建构》，北京：人民文学出版社 2014 年 8 月出版

　　本书是在作者博士学位论文《王弼〈老子注〉研究》（中山大学 2003 年）的基础上修订而成。全书共七章。引论部分探讨中国经典注释与西方诠释学、理解与传统诠释、《老子》注解、王弼《老子注》流传与版本。第一章为王弼注《老子》的缘起，依次从名教的衰落与自然无为思潮的兴起、王弼与老子、《老子》思想意蕴等方面论述。第二章为王弼《老子注》对老子宇宙论哲学思想、政治思想、伦理道德思想的继承与发展。第三章为王弼哲学思想体系建构与《老子注》思想归属。第四章为王弼《老子注》的范畴体系，逐一论述"以无为本"的有、无关系；"体用如一"的体、用关系；"执一统众"的一、多关系；主要哲学范畴含义的多层次性。第五章为王弼哲学之思想方法与"崇本举末"之应用。第六章为王弼哲学思想的一致性与矛盾性。第七章为王弼《老子注》的影响启示。书末附有"王弼哲学思想研究综述"。

向秀（227—272）

姜伯纯《竹林七贤》，台北：庄严出版社 1982 年 3 月出版

本书第五章论述向秀，包括交吕既鸿轩、攀嵇亦风举的交友；结合儒道二家思想的庄子注；答养生论；与司马昭的对谈，容迹而已等方面论述。最后部分为向秀作品鉴赏。余详"山涛"条。

毕珍《魏晋狂士：竹林七贤》，武汉：武汉大学出版社 1995 年 11 月出版

见前"山涛"条。

韩格平注译《竹林七贤诗文全集译注》，长春：吉林文史出版社 1997 年 1 月出版

见前"山涛"条。

鲁金波《隐逸避世的名士集团：竹林七贤述评》，北京：首都师范大学出版社 1998 年 8 月出版

见前"山涛"条。

王蕴冬《竹林七贤》，西安：三秦出版社 2000 年 1 月出版

见前"山涛"条。

赵剑敏《竹林七贤》，上海：学林出版社 2000 年 6 月出版

见前"山涛"条。

鲁金波、刘耕路《佯狂任自然——竹林七贤》，台北：万卷楼图书公司 2000 年 12 月出版

见前"山涛"条。

陈代湘《玄理与任诞——竹林七贤》，武汉：湖北人民出版社2002年
12月出版
　　见前"山涛"条。

王晓毅《郭象评传》，南京：南京大学出版社2006年8月出版
　　本书从社会政治与思想文化结合的视角，探讨了向秀的生平事迹及其学
术建树，展现了魏晋之际玄学思潮六十多年发展变化的历史画面。主要由前
篇、正篇两部分组成，前篇为向秀评传，共三章。第一章为正始之音的参加
者，主要内容包括家世故里及历史文化背景、养生之辨、"竹林七贤"的历
史传说。第二章为最后"出山"的竹林名士，论述魏末政局与七贤分化、
后期"竹林之游"与《思旧赋》。第三章论述玄学思潮的复苏，及向秀《庄
子注》研究。此书又有该社2011年4月新版。

李天会、郑强胜主编《竹林七贤与魏晋风度：第二届云台山与竹林七
贤学术研讨会论文集》，郑州：大象出版社2009年4月出版
　　见前"山涛"条。

刘雅茹《竹林七贤》，北京：文化艺术出版社2010年1月出版
　　见前"山涛"条。

曹旭、丁功谊《竹林七贤》，北京：中华书局2010年2月出版
　　见前"山涛"条。

刘强《竹林七贤》，北京：中国青年出版社2010年10月出版
　　见前"山涛"条。

杨卓《"竹林七贤"玄学儒学思想研究》，天津：博士学位论文，南开
大学，2010年
　　见前"山涛"条。

潘景岩编《名士风流——竹林七贤》，长春：吉林文史出版社2011年1
月出版
　　见前"山涛"条。

张新斌、徐学智主编《云台山与竹林七贤》，郑州：河南人民出版社
2011 年 9 月出版

见前"山涛"条。

谢婷婷、贾佳《竹林七贤》，北京：团结出版社 2013 年 4 月出版

见前"山涛"条。

张海晏、米纪文《竹林七贤与魏晋精神：云台山第四届竹林七贤文化
国际学术研讨会论文集》，北京：中国社会科学出版社 2013 年 7 月出版

见前"山涛"条。

程峰《竹林七贤游历地调查研究》，郑州：河南人民出版社 2013 年 12
月出版

见前"山涛"条。

曾春海《竹林七贤的玄理与生命情调》，台北：五南图书出版公司 2013
年 12 月出版

见前"山涛"条。

申祖胜《魏晋风度：竹林七贤》，郑州：中州古籍出版社 2014 年 5 月出版

见前"山涛"条。

苏河《真名士，自风流：竹林七贤传》，北京：中国华侨出版社 2014
年 8 月出版

见前"山涛"条。

刘怀荣主编《竹林七贤学术档案》，武汉：武汉大学出版社 2014 年 12
月出版

见前"山涛"条。

朱向东主编《竹林七贤画像砖研究文集》，南京：南京出版社 2015 年
12 月出版

见前"山涛"条。

张华（232—300）

姜亮夫《张华年谱》，上海：古典文学出版社1957年8月出版

本书详尽叙次了张华的生平事迹，同时提供了3世纪中晚期文学发展史的相关资料。全书共五部分，依次为：《晋书·张华传》、世系表、年谱、张华著述考、张华诗文列目。书末有附录。本书是研究张华及中古文学史的重要参考资料之一。此书后收入云南人民出版社2002年10月版《姜亮夫全集》（第二十二册）。

（晋）张华校证《博物志校证》，北京：中华书局1980年1月出版

本书共十卷，对《博物志》作了全面的校理。书后附有《佚文》《历代书目著录及提要》《前人刻本序跋》。此书又有该出版社2014年8月新版，增加了附录：王媛《〈博物志校证〉补正》《〈博物志〉佚文辑录》。此书是《博物志》较为权威的整理、校证本。

（晋）葛洪等撰，熊宪光选辑、点校《古今逸史精编·西京杂记等八种》，重庆：重庆出版社2000年12月出版

本书为"古今逸史精编"系列笔记小说选辑点校本，其中第一部分为张华《博物志》，收录十卷，以台湾"百部丛书"本为底本，广参诸本进行校勘，择善而从，不出校记。正文部分施以新式标点，并作了分段。

刘殿爵、陈方正、何志华编《张华集逐字索引》，香港：香港中文大学出版社2003年12月出版

本书属"魏晋南北朝古籍逐字索引丛刊·集部"系列。《张华集》诗集部分据丁福保《全汉三国晋南北朝诗》，文集部分据严可均《全上古三代秦汉三国六朝文》，参其他版本互校，在"正文"和"逐字索引"中都加校改

符号。逐字索引编排以单字为纲，按汉语拼音排列，每一例句后加上编号于原文中位置。书前凡例为中英文对照，全书用字频数表清晰统计了文集字数，便于检索。

叶枫宇《西晋作家的人格与文风》，上海：上海三联书店 2006 年 4 月出版

本书共八章，其中第三章重点论述了儒玄结合的人格模式与张华的文风，从四方面论述其文学特征：张华的入世精神及其诗文中的"风云之气"、张华的《鹪鹩赋》及其内心的出世希求、张华的玄学思想及其诗文之"清"、学业优博、朗赡多通的知识结构与《博物志》。本书从西晋政治环境、思想文化等方面考察西晋文人人格个性化倾向的成因；从地域、家庭文化、社会风尚、作家思想信仰、个性气质、学识才能、人生经历等方面，探讨西晋作家人格因素与文风之间的关系，力图从作家个体差异性方面把握西晋文学的特征。

（晋）张华等撰，（宋）周日用注，王根林等校点《博物志》（外七种），上海：上海古籍出版社 2012 年 8 月出版

本书第一部分为张华《博物志》十卷。此书以讹误相对较少的《稗海》本为底本进行标点，参其他版本及相关类书、正史等，据以校正底本脱误，不出校记。此书为简略点校本，适合普及性阅读。

范子烨主编《中古作家年谱汇考辑要》，西安：世界图书出版公司 2014 年 6 月出版

本书卷一第二部分为刘雅莉、曹旭《张华年谱汇考》。以张华生平事迹为中心，据相关史料，广泛搜集大量文献，详加考证后，汇编而成。书中附有凡例，言明本谱的编排体例和原则，年谱正文则按年编排谱主生平、仕历和文学系年，同时附录张华周围文士诗文存世表。此书体例清晰，资料丰富，较为系统全面地汇集了张华生平系年材料。书末附有主要人名索引，便于参阅。

王媛《张华研究》，北京：北京师范大学出版社 2015 年 8 月出版

本书为张华文学作品思想研究专著，是在作者同题博士学位论文（北京大学 2009 年）的基础上修订而成。全书共六章，分别从张华生活时代的

政治与文化、张华生平、张华对太康文学的推动作用、张华文学思想及其影响、张华的文学创作、《博物志》等若干问题进行研究。此书重点论述了张华如何由寒门走向朝廷重臣，探讨了西晋朝廷中的党派斗争；对魏晋玄儒消长与张华创作之关系的论述，牵涉哲学与文学的关系，阐述颇具说服力。书末附有《张华年谱简编》。

陈寿（233—297）

卢弼《三国志集解》，北京：古籍出版社 1957 年 10 月出版

本书为排印本。此书集录旧说，间下以己意，多有校勘。此书征引宏富，考订周详，尤其是对于地理的考究，为其最主要的特色。此书是目前关于《三国志》的最详注本。台北宏业书局 1972 年 3 月及北京中华书局 1982 年 12 月均曾影印该本。上海古籍出版社 2009 年 6 月有钱剑夫标点整理本，又有该社 2012 年 6 月版。

（晋）陈寿撰，陈乃乾校点《三国志》，北京：中华书局 1959 年 12 月出版

本书据百衲本、清武英殿刻本、金陵活字本、江南书局刻本四种通行版本互相校对，择善而从。核对征引文献、正讹补缺、订正句读，划分段落，施以全式标点。按现行古籍整理规范，对文本详加修订。书前"出版说明"简要论述陈寿《三国志》成书缘由、裴松之注的价值及其版本留存情况。

缪钺编注《三国志选》，北京：中华书局 1962 年 12 月出版

本书为《三国志》选本，前言部分简要介绍陈寿的生平著述与学术影响，并论述版本与留存情况。选录诸篇，均加注释，凡关键字音、字义、人名、地名、书名、名物、制度、典故等皆一一标注。个别句子，酌加诠释。注释力求简要，避免繁芜。

黄福銮《三国志索引》，香港：现代教育研究社有限公司 1973 年 7 月出版

本书为"二十四史索引之四"，据中华书局刊行之《四部备要本》（殿本）及商务印书馆印行之《四部丛刊本》（百衲本）为根据。本索引以检查

《三国志》书中之名词，重要事项及辞句为对象。本索引在备要本及丛刊本项下，列有卷数、页数及行数。本索引物名之编列，大致依照《太平御览》之分类法，计人名、地理、天时、氏姓、人事、服用、饮食、土功、学艺、工艺、职官、政教、符玺、军事、交通、经济、矿饰、动物、植物、病疗、方伎、征异、伎博、谚喻等部。一个名词具有多种意义，则分别列入有关部门。书末附检字表。本书又有台北大通书局 1973 年 12 月版。

　　高秀芳、杨济安编《三国志人名索引》，北京：中华书局 1980 年 8 月出版

　　本书据中华书局《三国志》点校本编制，除收录三国时代人名外，对先秦、两汉古代人名及晋、刘宋时期人名，凡有具体事迹者均予收录。本索引以姓名或常用的称谓作主目，其他称谓如字、号、小名、绰号、爵名、谥号等，附注于后。为了便于各种名称进行翻检，主目后面附注的所有异称，一律另立参见条目。人名下所列的数码，是指本条在《三国志》所见的卷数、页数。凡《三国志》中有正传、附传、附见及裴注中有传的人物，只列首见的卷数，并缀以"＊"号作为标识，排列在最前列。妇女只有姓氏没有名字者，则按姓氏排列，并在姓氏后注明其从属关系，作为参见条目。同姓名人物，分别立目，并在姓名后注明时代、籍贯、字号、官爵、事迹等，以资区别。

　　王天良编《三国志地名索引》，北京：中华书局 1980 年 9 月出版

　　本书以中华书局 1959 年点校本《三国志》文本为准编制，收录了其中属于政区的州、郡、军国、属国、县及城邑、乡、里、亭等县级以下地名。此外还收录自然界的山川、湖泊、海洋、洲、陂泽、池塘，以及地区、道路、关塞、津梁、宫苑、门、台、陵、观、祠、庙等地名。条目按照四角号码编排，每条注明所在原文的卷数和页数。书后附有笔画索引。

　　杨耀坤《陈寿与〈三国志〉》，成都：四川人民出版社 1985 年 10 月出版

　　本书探讨了陈寿及其《三国志》创作。全书以史料为依据，围绕陈寿生平著作展开论述，旨在分析《三国志》的成书原因及其意义，充分肯定《三国志》的不朽地位与影响。

缪钺等著《〈三国志〉导读》，成都：巴蜀书社1988年3月出版

本书分为导读和选文两部分。导读部分包括4篇有关《三国志》研究的文章：《陈寿〈三国志〉评介》《如何阅读〈三国志〉裴注》《读〈三国志〉的几个方法问题》《研读〈三国志〉参考书简介》。选文部分，精选了《三国志》中的人物传记5篇：《武帝纪》《郭嘉传》《陈思王植传》《诸葛亮传》《周瑜传》，并予以解释导读。

杨耀坤、伍野春《陈寿、裴松之评传》，南京：南京大学出版社1998年12月出版

本书第一部分为陈寿人物评述论传，共六章。第一章介绍社会背景及创作环境。第二章论述蜀汉前后半期的政治与陈寿的前半生。第三章论述西晋前期的政治与陈寿的后半生。第四章为陈寿的思想，主要内容包括：英雄史观、爱国思想、政治思想、人才观四个方面。第五章为陈寿的修史态度及《三国志》的特点，从劝善益治、秉笔公正、取材严谨、多有回护、文笔简洁等方面展开探讨。第六章分别从东晋南北朝时期、唐宋元明时期、清代以来的《三国志》研究等方面肯定其价值与影响。此书又有该出版社2011年新版。

朴灿奎《〈三国志·高句丽传〉研究》，长春：吉林人民出版社2000年11月出版

本书是在作者博士学位论文《〈三国志·魏书·高句丽传〉研究》（延边大学1998年）的基础上修订而成。本书第五章为高句丽"下户"性质考，探讨《三国志·东夷传》中的"下户"。第六章为《三国志·高句丽传》译注文。书末附有《史料摘抄》《中国两汉魏纪元表》。

廖盛春《〈三国志〉成语典故》，南宁：广西民族出版社2000年12月出版

本书为"大众习史系列·《二十四史》成语典故丛书"，本书按《三国志》的原顺序，辑录了其中的成语221条，成语典故204个，并指明出处，解释其原意及今意；同时对涉及的相关人物及其背景作了介绍。

吴金华《三国志丛考》，上海：上海古籍出版社2000年12月出版

本书为"中华学术丛书"，是关于《三国志》研究的论文集。主要内容

包括：略论易氏《三国志补注》、易氏《三国志补注》今证、《三国志集解》笺记、晋写本《魏志·臧洪传》残卷初探、《三国志》讲义、《三国志》管窥、《三国志校诂》及《外编》订补、《三国志》待质录、岳麓本《三国志》修订后记、《三国志》语词琐记。书末附有本书重要语词笔画索引。

何亚南《〈三国志〉和裴〈注〉句法专题研究》，南京：南京师范大学出版社 2001 年 12 月出版

本书是在作者博士学位论文《〈三国志〉和裴〈注〉句法研究》（南京大学 2000 年）的基础上修订而成。全书共七章。第一章为绪论，论述《三国志》和裴注的语言研究现状、语料鉴别。第二章为《三国志》和裴注中的两种句法成分，包括作方所状语的"所"字结构与处置式探源。第三至六章分别分析了《三国志》和裴注中的判断句、被动句、兼语句、选择问句。第七章为《三国志》和裴注的语言面貌描写，探讨语言的发展性特征与滞后性特征。

（晋）陈寿著，（南朝宋）裴松之注，卢守助点校《三国志》，上海：上海古籍出版社 2002 年 6 月出版

本书为《三国志》整理版，简体横式排印，以适应现代阅读习惯施以标点、划分段落。全书收录《三国志》六十五卷，按原文、注释编排。前言简要介绍陈寿及其《三国志》创作，论述裴松之注，并评述其版本与现有刊行本。书后附有《上三国志注表》《四库全书总目提要》《晋书·陈寿传》《宋书·裴松之传》。

李波、宋培学、李晓光主编《三国志索引（附：裴松之注索引）》，北京：中国广播电视出版社 2002 年 7 月出版

本书以中华书局 1982 年标点本《三国志》为底本编纂而成，分为《三国志》索引和《三国志》裴松之注索引两部分。全书分单字索引、人名索引、地名索引、援引著作索引、专有名词索引、补遗索引、衍文索引等部分，涉及内容均以标点本《三国志》及裴注划定者为准。索引的全部内容以《辞源》部首笔画的顺序为序排列，并附部首检字表、汉语拼音检字表、四角号码检字表供查检。索引正文由检索的字（或词）及其引文组成。条目后面的阿拉伯数字表明该字（或词）在《三国志》或裴注中出现的次数。

每条引文后面的阿拉伯数字标明其在《三国志》或裴注中的页、行。

李纯蛟《三国志研究》，成都：巴蜀书社 2002 年 9 月出版

本书分为上编和下编两部分。上编《陈寿生平研究》有三篇文章，对陈寿的生平事迹进行了系统详细的研究。下编《三国志研究》共有十二篇文章，主要是《三国志》史学思想的研究。

［韩］崔泳准《〈三国志〉今译与古汉语专题研究》，上海：博士学位论文，复旦大学，2003 年

本论文从"汉语史研究"和"翻译学研究"的结合切入，对《三国志》今译（包括汉译、韩译）工作的历史和现状加以考察，着重揭示中古汉语的特点以及《三国志》今译中的难点、疑点、盲点，并在此基础上对有关的理论和实践问题提出自己的见解，以期推进中古汉语研究与中国古籍的翻译工作。正文共八章。第一章概要地介绍《三国志》今译的现状。第二章总论《三国志》今译的理论与实践。第三章至第七章以汉译本为例，说明《三国志》语言研究与文本的关系，讨论汉译本中的词汇问题、语法问题、语音问题及翻译表述问题。第八章以《三国志》韩译本为例，就《三国志》韩译工作中值得注意的问题作了简略的分析。文末附有《关于〈三国志〉韩译工作的思考——兼谈〈三国志〉今译本的若干问题》。

阎玉文《〈三国志〉复音词专题研究》，上海：博士学位论文，复旦大学，2003 年

本论文共五章。第一章论述《三国志》复音词与单音词的切分、词义、单音词与复音词的关系。第二章论述《三国志》复音词的构成与词类。第三章以《三国志》为例，探讨汉语复音化进程及其原因。第四章为《三国志》复音词中的新词新义，分析新词新义的定义和确定标准、《三国志》复音词中的新词新义及其产生的原因和方式。第五章论述《三国志》词语研究对辞书编纂和古籍整理的应用价值。文末附有"《三国志》词语总目"。

缪钺《〈三国志〉与陈寿研究》，石家庄：河北教育出版社 2004 年 7 月出版

本书为"缪钺全集"之一，选录《三国志》中的人物传记进行讲解，并分析陈寿思想特征。前言部分论述陈寿及《三国志》成书缘由。选录的

原文后附有校记,据中华书局版《三国志》转录。《陈寿评传》部分旨在论述其影响与意义。书后附有《三国志选注》前言、《三国志》的书名、《三国志》传抄本的"祖本"。书末为本卷编校后记,谈及作者的一些研究心得。

王文晖《〈三国志〉成语研究》,武汉:湖北人民出版社 2004 年 9 月出版

本书是在作者同题博士学位论文(复旦大学 2002 年)的基础上修订而成。全书共六章。第一章为绪论,探讨成语研究的心得、研究现状、方法、版本与史书语料的时代性问题。第二章为《三国志》成语的源流研究,主要论述《三国志》成语来源的历史层次考察、语源构成方式、对后世成语的影响。第三章为《三国志》常用成语演变的个案研究。第四章为《三国志》成语考释,包括疑难成语笺释、常用成语再探讨。第五章逐一从校勘、标点、注释三方面论述《三国志》成语研究与古籍整理。第六章《三国志》成语研究与辞书编纂,包括《三国志》成语与辞书的收词、立目、释义、书证等。书末附有《三国志》成语词典。

马丽《〈三国志〉称谓词研究》,上海:博士学位论文,复旦大学,2005 年

本论文以系统论思想为指导,把《三国志》称谓词放在一个系统里进行考察,挖掘出一些意义、用法相近的称谓词在语义、功能上的演变机制和规律。全书共五章。第一章从《三国志》亲属称谓历时比较与共时比较方面论述其概貌。第二章为《三国志》的社会称谓,包括:社会称谓系统、帝王诸侯称谓系统、年龄称谓系统、情感称谓系统。第三章对《三国志》称谓词的产生方式和词义演变机制进行探讨。第四章从表职业称谓与表未成年人的聚合群两方面展开研究。第五章探讨"兄""弟""姊""妹"演变。文末附有《〈三国志〉称谓词目》《〈三国志〉称谓略说》《试论未成年人语义场的演变》。

苏杰《〈三国志〉异文研究》,济南:齐鲁书社 2006 年 3 月出版

本书是在作者同题博士学位论文(复旦大学 2001 年)的基础上修订而成。全书共六章,书前有"凡例",简要介绍编书体例以及范式。绪论部分论述选题与研究方法、研究历史与现状、研究对象与写作框架。第一章为异

文与文字研究，包括异体字异文、通假字异文、古今字异文。第二章为异文与词汇研究，包括异文与词形研究、异文与词义研究、异文与辞书编纂。第三章为异文与语法研究，论述异文与称代、异文与称数、异文与助动词、异文与虚词、异文与句式。第四章为异文与语音研究，依次探讨异文与音韵、异文与韵律。第五章为异文与修辞研究，包括异文与变文避复、异文与四字格换序、异文与连类而及、异文与羡余。第六章为异文与文化史研究，论述由经学入史学、异文反映社会生活变迁、异文与避讳。第七章为异文与《三国志》文本校释，依次论述《三国志》校勘评议、标点献疑、注译商榷。最后为结语。

倪永明《中日〈三国志〉今译与中古汉语词汇研究》，上海：博士学位论文，复旦大学，2006 年

本论文共八章。第一章为研究概述。第二至四章分别论述了中古汉语特殊词汇（职官、人名、地名、文化词汇）中文今译本和日译本的误译，以及日译本存疑词汇。第五至七章论述中古汉语普通词汇中文今译本、日译本的误译，以及日译本存疑词汇。这类误译包括语境的误读、易解词语的误译、难解词语的误译、成语典故的误译。第八章从中文今译和日译本两方面探讨了古籍今注今译理论与《三国志》今注今译实践。最后为余论，对《三国志》日译本研究价值再思考。文末附有"《三国志》语汇与大型辞书立目——藤井守《语汇集》研究之一""《三国志》语汇与大型辞书例证及释义——藤井守《语汇集》研究之二""《三国志》日译本所见八篇'解说'译文""日译本作者今鹰真先生与笔者通信复印件"。

肖瑜《〈三国志〉古写本用字研究》，上海：博士学位论文，复旦大学，2006 年

本论文共七章。第一章绪论介绍了《三国志》古写本及其研究概况，阐明了《三国志》古写本用字研究的意义、应用价值。第二章为古写本疑难俗字研究。第三章为古写本新兴俗字研究，包括笔画增减、笔画变异、部件变异、部件更换、部件移位等五种类型。第四章从春秋之前至南北朝时期的传承字形，论述古写本传承俗字研究。第五章为古写本常用俗字演变研究。第六章为古写本俗字的应用价值。第七章为古写本通假字研究，结合《三国志》异文和有关出土文献材料，发掘未被揭示的古写本通假字，梳理、补正已有的研究成果，并对部首混同、字形讹误等跟通假纠葛在一起的

用字现象进行了研究。文末附有"《三国志》古写本研究编年""《三国志》古写本俗字字形总表"。

张悦《从〈三国志〉〈洛阳伽蓝记〉〈水经注〉看魏晋南北朝汉语双音合成词的发展及演变》，济南：博士学位论文，山东大学，2006 年

本论文主要论述《三国志》等三书中的汉语双音合成词的发展及演变。全文共十章。第一章为绪论，第二章为双音词理论研究，分析和说明了双音化的原因及双音词的判定。第三至九章对双音合称词的七种构词方式进行了分析，包括偏正式合成词研究、并列式合成词研究、动宾式合成词研究、主谓式合成词研究、动补式合成词研究、附加式合成词研究、重叠式合成词研究。第十章结语，从双音词的构词法、词类、造词法、汉语词汇双音化四方面对魏晋南北朝时期的汉语双音合成词进行了全面总结。

黄文荣《论清代〈三国志〉之研究——以校勘、评论、补注为例》，台北：花木兰文化出版社 2007 年 3 月出版

本书以校勘、评论、辅注三类为观察重点，从历史编撰、史学评论的角度，阐述清人研究《三国志》在这三方面的特点与得失。全书共五章。第一章为清代《三国志》研究综论。第二章从校勘为读史先务方面探讨清人对《三国志》的校勘，论述《三国志》内容缺失的原因与情形、清人校勘《三国志》的方法和缺失。第三章从知其世以论其人方面探讨清人的《三国志》评论。第四章从有功于史部方面探讨清人的《三国志》补注，论述清人的补注特点和内容及相关问题。第五章综合性概括本文观点。书末附有"清代《三国志》研究一览表""略论《三国志集解》"。

王彤伟《〈三国志〉同义词研究》，上海：博士学位论文，复旦大学，2007 年

本论文共七章。第一章为绪论，论述《三国志》在汉语词汇研究上的价值、研究现状、古汉语同义词研究的历史与现状、同义词的认知学思考。第二章为《三国志》同义词概论，包括同义词的词类分布、语义分布、音节分布、差异性特征、同义词表。第三章为《三国志》同义名词研究。第四章为《三国志》同义动词研究。第五章为《三国志》同义形容词研究。第六章为余论，总结对古汉语同义词研究的思考。文末附有"《汉语大词典》补正"。

张越主编《〈后汉书〉〈三国志〉研究》，北京：中国大百科全书出版社 2009 年 1 月出版

本书第二部分为陈寿《三国志》研究，收录 1901 年至 2000 年中国学者公开发表的相关论文、文章及讲话。共收录 13 篇文章，主要内容包括《〈三国志〉知意：总论》《〈三国志〉义例辨录》《〈三国志〉篇目考》《陈寿与〈三国志〉》《陈寿曲笔说辨诬》《陈寿修史"多所回护"说辨析》《文质辨洽：陈寿的执着追求》等。

何凌霞《〈三国志〉专名研究》，上海：博士学位论文，复旦大学，2009 年

本论文共六章。第一章论述了中西方的专名理论研究、专名的含义及特性、认知语义学视域下的专名和通名之间的相互转化等内容。第二章为《三国志》人名研究，包括多名制的使用、名字解诂、人名的省略、人名的避讳、人名的文化审视。第三章为《三国志》地名研究，包括地名地理学研究、历史学研究、语言学研究三方面。第四章为《三国志》物名个案研究。第五章是《三国志》注引书名研究，从《三国志》裴注引书研究概说和经部、史部、子部、集部书名来论述。第六章是《三国志》专名研究的应用价值，包括专名研究与文献校勘和专名研究与辞书编纂。

潘晓玲《陈寿》，昆明：云南教育出版社 2010 年 5 月出版

本书为"大家精要"丛书之一。全书共三章。第一章为陈寿与《三国志》，梳理陈寿生平事迹，探讨《三国志》引发的良史之争，分析陈寿的思想。第二章为裴松之与《三国志注》，梳理裴松之生平与治学，论述《三国志注》及其价值与影响，探讨裴松之的史学观。第三章为三国文化，论述"三国文化"之源、三国故事的传播与接受、《三国演义》与《三国志》与裴注。书末并附有简略的陈寿年谱、陈寿研究主要著述。此书又有陕西师范大学出版社 2017 年版。

刘奉文《〈三国志〉版本的诸问题研究》，长春：博士学位论文，东北师范大学，2012 年

本论文通过对各时期《三国志》版本的梳理研究，力求重构《三国志》的版本体系，分析版本源流，辨别版本优劣，以便于解读《三国志》。本文主要内容有：第一部分为《三国志》的成书与流传研究，概述《三国志》

的成书和早期流传情况。第二部分为《三国志》宋刻本研究。第三部分为《三国志》元刻本研究，主要内容包括：元大德刻"十七史"考、元大德刻《三国志》考、吴兴刘氏嘉业堂刻本《三国志》考。第四部分从官刻本与私刻本两方面论述《三国志》明刻本。第五部分为清代武英殿刻本《三国志》研究。

王芳《文化诗学视域下的前四史文学观念研究》，南昌：博士学位论文，江西师范大学，2013 年

本论文从文化诗学的角度，以《史记》《汉书》《后汉书》《三国志》中两汉三国的史料为研究线索，对广义界定下的前四史中文学观念的形成和演进予以历史文化意义上的追溯和分析。全文共五章，当中第四章论述《三国志》，从中古文学观念的成形角度探讨《三国志》中曹魏学文并重的泛化文学观念，包括曹魏时期专业经学的规模开始内缩、文学之业的应用开始普及泛化。第五章论述中古士人学术自主与前四史中文学观念的扩容。结论则概述前四史中两汉三国文学观念的扩容对中古文学观念多元化的影响，及其对后世文学观念的影响与对当下的启迪作用。

王晓彬《古籍标点研究——基于对〈三国志〉及其〈集解〉的相关考查》，北京：博士学位论文，中国社会科学院，2013 年

本论文分上下两编，每编各三章。绪论论述选题意义、研究思路、研究方法、研究现状，并说明本论文选择《三国志》及《三国志集解》作为标点误例主要来源的原因。上编为古籍标点校勘功能谫论，主要论述了古籍标点校勘与文献研究、学术素养的培植和提高。下编为古籍标点散论三题，分别讨论了古籍标点目的与具体用法的再探讨、古籍标点与古书阅读、古籍标点学的建立。最后为结论。

杨小平《三国志研究史》，成都：博士后研究出站报告，四川大学，2013 年

本论文以学科为纬，以时期为经，揭示一千七百年来《三国志》研究的规律，并预测了其发展趋势。全文共五章。绪论部分阐明研究对象、研究现状、研究意义、研究内容、研究方法。正文部分按时代顺序从文献研究、语言研究、历史学研究、补编辑佚研究、争鸣商兑研究、文学研究、传播影响研究等多角度分别阐述了《三国志》研究的萌芽期（两晋到隋唐）、发展期

（宋元明时期）、鼎盛期（清代）、繁荣期（现当代时期）。第五章为《三国志》研究总结，指出了其成就与不足、分析其研究源流和学术流派等。

（西晋）陈寿撰，尹小林点校《三国志人物全传》，北京：北京时代华文书局 2015 年 2 月出版

本书以百衲本为底本，参校武英殿本、四库全书本、中华书局点校本等多种版本。整理中适当吸收古人的考据成果及今人的重要研究成果。正文文字只作校勘，不做史实考订辨证。避讳字一般保留原字。异体字、俗体字，除有专门注释等特殊情况外，均排为标准简体字。在古代具有明显区别的通假字、繁简字，为阅读方便，据文意，改为通行字。对于古人句读有歧义之处，参考各种版本，择善而从。本书整理一律采用新式标点。

邓军《三国志代词研究》，上海：同济大学出版社 2015 年 6 月出版

本书是在作者同题博士学位论文（复旦大学 2001 年）的基础上修订而成。本书引入认知语言学相关理论，通过定量与定性分析，历时与共时比较，第一次全面系统地归纳描写《三国志》代词的基本面貌和时代特色，着重对"吾""我"等 13 个代词以及三身称谓的新兴成分和用法进行个案研究。全书共五章。第一章为代词概说，论述代词的界定、立类、虚实与词类地位、分类、语法范畴与功能等问题。第二章为《三国志》的语言研究价值。第三章为《三国志》代词研究的相关问题。第四章为《三国志》代词综论。第五章为《三国志》代词专论。

陈阳《陈寿〈益部耆旧传〉辑录与研究》，台北：花木兰文化出版社 2015 年出版

本书共分辑录和研究两部分。辑录部分是在"存古本"的基础上重新辑录、标点、整理而成的，分为《益部耆旧传辑录》《益部耆旧杂记辑录》以及《存古本未辑录部分》三个部分，共计比"存古本"多辑出 23 人、29 事，并对存古本所辑录的 71 人事迹重新进行了整理合并。研究部分，介绍和阐释了《益部耆旧传》的一些基本问题，分析了辑录所得的主要内容及思想特色，并从互补和互证两个角度，对《益部耆旧传》与同时期主要史书《华阳国志》《后汉书》之间的联系进行了梳理。此外，还介绍了目前可见的宛委山堂本《说郛》辑本和"存古本"的基本情况，并简述了本次辑佚工作的特色以及辑佚过程中发现的问题。

王戎（234—305）

何启民《竹林七贤研究》，台北：商务印书馆 1966 年 3 月出版
见前"山涛"条。

姜伯纯《竹林七贤》，台北：庄严出版社 1982 年 3 月出版
本书第六章论述王戎，分别从神童、加入七贤的行列、走入官场、性至孝、宦海生涯、与世浮沉、俭啬成癖、韬晦以终的老官僚等方面展开论述。余详"山涛"条。

毕珍《魏晋狂士：竹林七贤》，武汉：武汉大学出版社 1995 年 11 月出版
见前"山涛"条。

韩格平注译《竹林七贤诗文全集译注》，长春：吉林文史出版社 1997 年 1 月出版
见前"山涛"条。

鲁金波《隐逸避世的名士集团：竹林七贤述评》，北京：首都师范大学出版社 1998 年 8 月出版
见前"山涛"条。

王蕴冬《竹林七贤》，西安：三秦出版社 2000 年 1 月出版
见前"山涛"条。

赵剑敏《竹林七贤》，上海：学林出版社 2000 年 6 月出版
见前"山涛"条。

鲁金波、刘耕路《佯狂任自然——竹林七贤》，台北：万卷楼图书公司
2000 年 12 月出版

见前"山涛"条。

陈代湘《玄理与任诞——竹林七贤》，武汉：湖北人民出版社 2002 年
12 月出版

见前"山涛"条。

李天会、郑强胜主编《竹林七贤与魏晋风度：第二届云台山与竹林七
贤学术研讨会论文集》，郑州：大象出版社 2009 年 4 月出版

见前"山涛"条。

刘雅茹《竹林七贤》，北京：文化艺术出版社 2010 年 1 月出版

见前"山涛"条。

曹旭、丁功谊《竹林七贤》，北京：中华书局 2010 年 2 月出版

见前"山涛"条。

刘强《竹林七贤》，北京：中国青年出版社 2010 年 10 月出版

见前"山涛"条。

杨卓《"竹林七贤"玄学儒学思想研究》，天津：博士学位论文，南开
大学，2010 年

见前"山涛"条。

潘景岩《名士风流——竹林七贤》，长春：吉林文史出版社 2011 年 1
月出版

见前"山涛"条。

张新斌、徐学智主编《云台山与竹林七贤》，郑州：河南人民出版社
2011 年 9 月出版

见前"山涛"条。

　　谢婷婷、贾佳《竹林七贤》，北京：团结出版社 2013 年 4 月出版
　　见前"山涛"条。

　　张海晏、米纪文《竹林七贤与魏晋精神：云台山第四届竹林七贤文化国际学术研讨会论文集》，北京：中国社会科学出版社 2013 年 7 月出版
　　见前"山涛"条。

　　程峰《竹林七贤游历地调查研究》，郑州：河南人民出版社 2013 年 12 月出版
　　见前"山涛"条。

　　曾春海《竹林七贤的玄理与生命情调》，台北：五南图书出版公司 2013 年 12 月出版
　　见前"山涛"条。

　　申祖胜《魏晋风度：竹林七贤》，郑州：中州古籍出版社 2014 年 5 月出版
　　见前"山涛"条。

　　苏河《真名士，自风流：竹林七贤传》，北京：中国华侨出版社 2014 年 8 月出版
　　见前"山涛"条。

　　刘怀荣主编《竹林七贤学术档案》，武汉：武汉大学出版社 2014 年 12 月出版
　　见前"山涛"条。

　　朱向东主编《竹林七贤画像砖研究文集》，南京：南京出版社 2015 年 12 月出版
　　见前"山涛"条。

阮咸（生卒年不详）

何启民《竹林七贤研究》，台北：商务印书馆 1966 年 3 月出版

见前"山涛"条。

姜伯纯《竹林七贤》，台北：庄严出版社 1982 年 3 月出版

本书第八章论述阮咸，分别从任达不拘、放浪形骸、青云之器、达音何用深、识微在金奏、三语掾的阮瞻等方面展开论述。余详"山涛"条。

毕珍《魏晋狂士：竹林七贤》，武汉：武汉大学出版社 1995 年 11 月出版

见前"山涛"条。

韩格平注译《竹林七贤诗文全集译注》，长春：吉林文史出版社 1997 年 1 月出版

见前"山涛"条。

鲁金波《隐逸避世的名士集团：竹林七贤述评》，北京：首都师范大学出版社 1998 年 8 月出版

见前"山涛"条。

王蕴冬《竹林七贤》，西安：三秦出版社 2000 年 1 月出版

见前"山涛"条。

赵剑敏《竹林七贤》，上海：学林出版社 2000 年 6 月出版

见前"山涛"条。

鲁金波、刘耕路《佯狂任自然——竹林七贤》，台北：万卷楼图书公司
2000 年 12 月出版

见前"山涛"条。

陈代湘《玄理与任诞——竹林七贤》，武汉：湖北人民出版社 2002 年
12 月出版

见前"山涛"条。

李天会、郑强胜主编《竹林七贤与魏晋风度：第二届云台山与竹林七
贤学术研讨会论文集》，郑州：大象出版社 2009 年 4 月出版

见前"山涛"条。

刘雅茹《竹林七贤》，北京：文化艺术出版社 2010 年 1 月出版

见前"山涛"条。

曹旭、丁功谊《竹林七贤》，北京：中华书局 2010 年 2 月出版

见前"山涛"条。

刘强《竹林七贤》，北京：中国青年出版社 2010 年 10 月出版

见前"山涛"条。

杨卓《"竹林七贤"玄学儒学思想研究》，天津：博士学位论文，南开
大学，2010 年

见前"山涛"条。

潘景岩《名士风流——竹林七贤》，长春：吉林文史出版社 2011 年 1
月出版

见前"山涛"条。

张新斌、徐学智主编《云台山与竹林七贤》，郑州：河南人民出版社
2011 年 9 月出版

见前"山涛"条。

谢婷婷、贾佳《竹林七贤》，北京：团结出版社 2013 年 4 月出版

见前"山涛"条。

张海晏、米纪文《竹林七贤与魏晋精神：云台山第四届竹林七贤文化国际学术研讨会论文集》，北京：中国社会科学出版社 2013 年 7 月出版

见前"山涛"条。

程峰《竹林七贤游历地调查研究》，郑州：河南人民出版社 2013 年 12 月出版

见前"山涛"条。

曾春海《竹林七贤的玄理与生命情调》，台北：五南图书出版公司 2013 年 12 月出版

见前"山涛"条。

申祖胜《魏晋风度：竹林七贤》，郑州：中州古籍出版社 2014 年 5 月出版

见前"山涛"条。

苏河《真名士，自风流：竹林七贤传》，北京：中国华侨出版社 2014 年 8 月出版

见前"山涛"条。

刘怀荣主编《竹林七贤学术档案》，武汉：武汉大学出版社 2014 年 12 月出版

见前"山涛"条。

朱向东主编《竹林七贤画像砖研究文集》，南京：南京出版社 2015 年 12 月出版

见前"山涛"条。

傅咸 (239—294)

安朝辉《汉晋北地傅氏家族与文学》，桂林：博士学位论文，广西师范大学，2011 年

本论文共五章，其中第四章重点论述西晋崇儒好文的名臣傅咸。首先探讨傅咸言行事迹与生平著述；其次从奏议类文章、书札类及其他方面论述傅咸质朴实用的散文；再次从《七经诗》、赠答类诗方面论述傅咸富有雅趣的诗歌；最后从咏物类赋、抒情言志类赋及其他、傅咸与傅玄辞赋异同等方面阐述傅咸借物言理的辞赋。余详"傅玄"条。

潘岳（247—300）

潘玄明《潘岳评传》，香港：天马图书公司 1999 年 6 月出版

本书是潘岳的评传，共五章。依次从悲欢一生、家世考证、与文友的交往及人格比较、哲学思想体现、诗文成就等方面展开评述。书末附有《潘岳家属后世概括》《潘岳生平综述》《潘岳诗文选》《答赠潘岳诗选》《潘岳年表》。

陈淑美《潘岳及其诗文研究》，台北：文津出版社 1999 年 8 月出版

本书是关于潘岳及其作品的研究专著，主要内容有七章。第一章为绪论，论述潘岳所处的政治情势、分析时代思潮。第二章为潘岳身世，论述潘岳的故里、先世、家庭、生平。第三章为潘岳的交游，论述其交游状况以及二十四友与金谷之会。第四章为潘岳的诗歌研究，从历代收录情况、诗歌内容的分析、诗歌的形式技巧等方面展开。第五章为潘岳的文章研究，从历代收录概况、文章的体类、文章的形式技巧等方面展开。第六章为历代潘岳诗文的评价，包括历代评潘岳诸家之论概述、潘岳其人与作品的重新评价、潘岳的作品渊源、潘岳诗文对后世的影响四个方面。最后为结论。书末附有《潘岳作品一览表》。

董志广校注《潘岳集校注（修订版）》，天津：天津古籍出版社 2005年 3 月出版

本书是在作者《潘岳集校注》（天津人民出版 1993 年出版）的基础上增补、修订而成。本书以明刊张溥《汉魏六朝百三家集》本为底本，校以明刊吕兆禧辑本，广参总集、类书校勘，对文本详加修订，核对征引文献、正讹补缺、订正句读，划分段落，施以全式标点，详加校注。对他本有参考价值的异文均出校记。前言简要介绍潘岳及其文学创作成就。全书按赋、

表、议、颂、赞、箴、训、碑、哀文、祭文、诗等编排。书后附有《潘岳集》逸文、《潘黄门集》题辞、《晋书·潘岳传》、潘岳年表。

刘殿爵、陈方正、何志华编《潘岳集逐字索引》，香港：香港中文大学出版社 2005 年 12 月出版

本书属"魏晋南北朝古籍逐字索引丛刊·集部第十九种"。《潘岳集》诗集部分据丁福保《全汉三国晋南北朝诗》，文集部分据严可均《全上古三代秦汉三国六朝文》，参其他版本互校，在"正文"或"逐字索引"中都加校改符号。逐字索引编排以单字为纲，按汉语拼音排列，每一例句后于原文中位置加上编号。潘岳集原文所录为六卷。全书用字频数表清晰统计了文集字数，便于检索。

叶枫宇《西晋作家的人格与文风》，上海：上海三联书店 2006 年 4 月出版

本书中第五章重点论述了潘岳的人格与文风，分别从潘岳的人品与文品、潘岳的才性与文风、潘尼的人格与文风等方面论述其文学特征。余详"张华"条。

孙良申《潘岳生平、心态及文学研究》，北京：博士学位论文，中国人民大学，2009 年

本论文共六章。第一章为绪论，论述了潘岳年谱考证及其基本生平考证、诗文作品研究、潘岳思想及心态研究。第二章为潘岳生平考论及其心态意识，包括潘岳墓地考，论述其故乡意识；潘岳结婚时间考，论述婚姻爱情心态；潘岳与其母亲的关系及其家庭观念、潘岳交往关系考，论述其心态。第三章为潘岳思想内涵变化中的心态，依次从仕宦思想、隐逸思想、生命意识、个体与群体意识展开论述。第四章为潘岳文学创作中的情感心态，逐一论述赋类作品中的情感心态与风格特点及其审美意识、诗歌类创作中《悼亡诗》及其他作品中"情深"与"陆海潘江"之议。第五章为潘岳形象争议中的心态还原，论述"二十四友"的形成时间、集团性质与评价、望尘而拜事件、构陷愍怀太子案、解读元好问《论诗绝句三十首》其六。第六章为结论，综合论述潘岳的生平思想、心态及创作，以及所呈现的独特外在表征。

王晓东《潘岳研究》，上海：上海古籍出版社 2011 年 6 月出版

本书共七章，分别从潘岳的家世与婚姻、生平事迹考辨、潘岳与西晋党

争、潘岳诗作刍议、潘岳赋作考论、潘岳哀诔文杂说、潘岳的著述与流传等
方面进行研究。前三章侧重家世生平、社会背景的解读，后四章则注重相关
作品的解读，辨析较为细致，论证较为翔实。

高胜利《潘岳研究》，北京：中国文史出版社 2015 年 7 月出版

　　本书是在作者同题博士学位论文（扬州大学 2012 年）的基础上修订而
成，对潘岳及其诗文创作进行了系统研究。全书共八章。第一章对荥阳潘氏
潘岳一支的家族世系、家世背景以及主要家庭成员进行了细致考证。第二章
从潘岳的品行人格及其思想风貌具体论述对文学创作的影响。第三章从士族
门第的视角探究潘岳等人加入鲁公"二十四友"的心态，并考察该文人集
团成员的家世背景、地域分布与其入选之关系。第四、五、六章就潘岳的诗
歌、辞赋、哀诔文创作进行了主题类型分析和风格特征的总结。第七章是关
于潘岳的容貌与才情的分析，及其在后世作品中的审美接受情况。第八章是
关于潘岳作品在当时及后世接受情况的具体论述。

潘尼 （247？—311？）

刘殿爵、陈方正、何志华编《潘尼集逐字索引》，香港：香港中文大学出版社 2005 年 12 月出版

本书属"魏晋南北朝古籍逐字索引丛刊·集部第二十种"。《潘尼集》正文诗歌部分据丁福保《全汉三国晋南北朝诗》，文章部分据严可均《全上古三代秦汉三国六朝文》，参其他版本互校，在"正文"或"逐字索引"中都加校改符号。逐字索引编排以单字为纲，按汉语拼音排列，每一例句后加上编号于原文中位置。潘尼集原文所录为三卷，最末有《潘尼集》附录四篇，皆为按他本所补录篇目。全书用字频数表清晰统计了文集字数，便于检索。

招祥麒《潘尼赋研究》，上海：上海古籍出版社 2011 年 11 月出版

本书是关于潘尼及其赋作的研究专著，共七章，分别从潘尼生平述要、现存潘尼赋考、潘尼赋之流传、潘尼赋之内容、潘尼赋之修辞、潘尼赋与诸家同题作品述论、总结等方面进行研究。本书较为系统地对潘尼及其辞赋作品的进行阐释，对潘尼现存赋作从内容到修辞条分缕析，并与他人同题作品详加比照，以见潘赋风格特点及其在古代辞赋发展中所起的重要作用。

嵇含 (252—304)

（晋）嵇含撰《南方草木状》，上海：商务印书馆 1955 年 11 月出版

本书旧有商务印书馆 1939 年 12 月据宋本《百川学海》本排印的丛书集成初编本。此次重印，又据 1916 年吴江沈氏怡园校宋刊本复核一过，改正误字。全书正文分上、中、下三卷。书首附有上海市历史文献图书馆藏缺名绘《南方草木状图》60 幅。书末附怡园本沈氏跋文。

（晋）嵇含撰《南方草木状（及其他三种）》，北京：中华书局 1985 年出版

本书为丛书集成初编本新版，据宋刻本排印。全书分上、中、下三卷，分草、木、果、竹四类，对植物环境、产地和用途等进行生动翔实的描述。此次刊印按现行古籍整理规范，对文本详加修订后整理刊印，正讹补缺，订正句读，行间刻圈点。

华南农业大学农业历史遗产研究室编《〈南方草木状〉国际学术讨论会论文集》，北京：农业出版社 1990 年 2 月出版

本论文集探讨了《南方草木状》的真伪，从嵇含的身世及其著作、该书的版本源流、著录的植物名称、涉及的历史事件、古地名等方面进行了详细考证，最后形成了主真、主伪、存疑三种意见。全书还包括以下内容：《南方草木状》在植物学史上的地位问题；著录植物的名实、形态、分类和用途问题；书中记载的农业技术问题；伪书著作年代及窜入材料的考证问题；自晋至宋著录植物古籍的研究问题等。本论文集涉及面广，内容较为丰富。

中国科学院昆明植物研究所编《南方草木状考补》，昆明：云南民族出版社 1991 年 10 月出版

本书内容有两大部分。第一部分为《南方草木状考补》，分别从史地背

景、作者嵇含及其著作、民族植物学资料、书志学资料等方面展开论述，补全相关研究成果。第二部分为《南方草木状》正文及其考补。按关键字词条、原文、英译注、校记、音义、补注、考释、补释、真伪性讨论资料 9 方面编排。词条为关键词摘录，多为植物学名词。英译注是李惠林翻译本中的英文摘录注解。校记是广参众本的校勘记。音义部分注音解字。补注部分旁引相关研究成果。考释是植物学知识方面的相关考证。补释部分是针对相关史料的佐证，附有补按。真伪性讨论资料则是针对原文内容真伪的辨疑。

　　（晋）嵇含撰，张宗子辑注《嵇含文辑注》，北京：中国农业科技出版社 1992 年 1 月出版

　　本书旁征博引，搜集散见于各种古籍中有关嵇含的佚文，编辑了《南方草木状辑注》；另按赋、诗、铭、诔、议、论等多种题材分类，编辑了《嵇含佚文辑注》。书后附有嵇含的生平文献辑录以及作者对《南方草木状》作伪于南宋时期之质疑的论述文章。本书具有较为重要的文献价值。

郭象（252—312）

刘文典《庄子补正》，昆明：云南人民出版社 1980 年 12 月出版

本书是对《庄子》的考释与订正，见解独到。此次出版，据 1947 年上海商务印书馆本排印，增加刘文典遗稿《自序》、张德光《跋》。原书共十卷，现不分卷，按原篇目次序排印。书中原用繁体字，今改作简体字，竖排出版。

汤一介《郭象与魏晋玄学》，武汉：湖北人民出版社 1983 年 10 月出版

本书旨在探讨郭象与魏晋玄学的渊源。全书共十章。第一章论述魏晋玄风。第二、三、四章为魏晋玄学的发展，依次论述玄学发展的阶段、玄学与佛教、玄学与道教。第五章探讨郭象与向秀。第六章论述郭象的《庄子注》和庄周的《庄子》。第七章分析郭象的《庄子注》和《庄子》的旧注。第八章阐述郭象和魏晋玄学的方法。第九章分析郭象的哲学体系。第十章为郭象哲学和王弼、张湛哲学的比较。书末附录有关郭象的生平和著作的资料。本书又有（台北）谷风出版社 1987 年版。增订版有北京大学出版社 2000 年 7 月版、中国人民大学出版社 2016 年 6 月版。

（魏）王弼注，（晋）郭象注，（唐）陆德明音义，章行标校《老子·庄子》，上海：上海古籍出版社 1995 年 12 月出版

本书第二部分为《庄子》，共十卷，以清光绪二年浙江书局据明世德堂本校刻，民国九年浙江图书馆覆刻的郭象注、陆德明音义本为底本，并用明正统《道藏》本《南华真经注疏》、明刊本《南华真经》参校正文与注释，用宋国子监刻本《经典释文》参校音义，择善而从。原文与注释采用夹注形式，正文及注释均加以新式标点，以便阅览。

卢国龙《郭象评传——理性的蔷薇》，南宁：广西教育出版社 1996 年 8 月出版

本书为"中华历史文化名人评传·道家"系列，全书共四个部分。第一部分探讨郭象的为人与治学，论述大清谈家郭象与任职当权的郭象、郭象《庄》学的使命感。第二部分论述道德体系破裂下的中朝名士。第三部分阐述人生价值的时代困惑与逍遥的人生哲学。第四部分分析玄学的理论体系与文化理想。

钟芳姿《郭象〈庄子注〉的诠释理路——以〈逍遥游〉和〈齐物论〉为核心》，台北：博士学位论文，台湾政治大学，1997 年

本论文旨在通过对比庄子和郭象的哲学思想，探讨《庄子注》的诠释理路。全文共六章。第一章为导言，论述研究方法、资料、现状以及意义。第二章为庄子的生命哲学与郭象诠释的时代课题。第三章为庄子的语言风格与郭象的诠释方法。第四章为庄子之《逍遥游》与郭象的诠释。第五章为庄子之《齐物论》与郭象的诠释。第六章为结论，综合概括郭象《庄子注》的诠释理路。

（晋）郭象注，（唐）成玄英疏，曹础基、黄兰发点校《南华真经注疏》，北京：中华书局 1998 年 7 月出版

本书以《古逸丛书》覆宋本为底本，通校《道藏》本、《道藏辑要》本、王孝鱼整理的郭庆藩《庄子集释》本、刘文典《庄子补正》本，并广参众人校勘成果。保留原本夹注形式，而改排双行注疏为单行注疏。篇内略加分段，校勘记附于每篇之后。每篇标题后底本只属"郭象注"，今补全"唐西华法师成玄英疏"。校勘记中所征引的主要著作或版本具列于后，括号中附注简称，以明出处。全书为繁体竖排版。此书又有中华书局 2011 年 1 月版，更名为《庄子注疏》，改为简体横排。

庄耀郎《郭象玄学》，台北：里仁书局 1998 年 10 月出版

本书为郭象玄学思想的研究专著，全书共十二章。第一章探讨郭象的生平及著述。第二章论述郭象玄学的体系及思维方式。第三章为郭象的逍遥观，主要内容包括：郭象之逍遥义、向秀与郭象之逍遥义、支遁与向郭之逍遥义。第四章从自然的含义与郭象的自然论探讨郭象的自然观。第五章为郭象的性分论，主要内容包括：性分的受与应、相符应、学与习、适兴论。第

六章为郭象的有无论与无为论。第七章为郭象的圣人论，包括圣人的概念及成圣的条件、圣人的境界论、评论古圣、圣人价值的异化。第八章为郭象的名教观，包含名教的内涵及其流变、名教存在的必然性、有君论、君道的不材与无为。第九章为郭象生死观，论述知生与不朽、善生与善死、死生自尔、玄同死生。第十章为郭象自生论。第十一章为郭象独化论与玄冥论。最后为结论。

何启民《嵇康·王弼·葛洪·郭象·道安·慧远·竺道生·寇谦之》，台北：商务印书馆1999年1月出版

本书是关于历代思想家的人物评传，其中第四部分为郭象，梳理其家世渊源、生平事迹，分析其性格与思想特征，解读其作品，评价其影响价值。此书写作简明扼要，语言朴实，浅显易懂。

汤一介《郭象》，台北：东大图书公司1999年出版

本书是关于郭象的人物评传。全书围绕郭象的家世渊源、言行事迹、生平著述、思想内容、艺术特色、影响与意义来评述郭象。

汤一介《郭象与魏晋玄学》（增订本），北京：北京大学出版社2000年7月出版

本书为郭象与魏晋玄学的研究专著，全书共十四章。第一章从何谓"魏晋玄学"与汉学向魏晋玄学的过渡论魏晋玄风。第二章为研究魏晋玄学的资料问题。第三章为魏晋玄学的产生与评价问题。第四、五章为魏晋玄学发展的历史，分为正始、竹林、元康、东晋四个时期。第六章为郭象的生平与著作。第七章为郭象与向秀。第八章为郭象与裴頠，论述"有始"与"无始"、"外资"与"独化"、"无为"与"有为"、"入世"与"超世"。第九章为郭象与王弼。第十章为郭象《庄子注》与庄周《庄子》，依次探讨"自性""无为""圣人""无"的问题。第十一章为郭象《庄子注》与《庄子》旧说。第十二章为郭象的哲学方法，从寄言出意、辩名析理、否定的方法展开。第十三、十四章为郭象哲学中的理论问题等内容。书末附有郭象的生平和著作的资料、论魏晋玄学的内在性与超越性、论魏晋南北朝时期的文学理论、《世说新语》中的"七贤风度"、读《世说新语》札记、在西方学术背景下的魏晋玄学研究。此书又有中国人民大学出版社2016年6月版。

　　金龙秀《郭象庄学之研究：对郭象〈庄子注〉的"论史并重"的理解》，北京：博士学位论文，北京大学，2000 年

　　本论文共六章。第一章为绪论，阐释研究方法、研究现状。第二章为郭象的生平与著述。第三章为《庄子》其书及其解释类型，论述"信"古之《庄》、"疑"古之《庄》、"释"古之《庄》。第四章为郭象以前庄学之流变，论述汉代庄学的继承与流变、郭象以前魏晋庄学的发展。第五章为郭象《庄子注》的研究，依次探讨郭象本《庄子》的成立及其编辑体裁、郭象《庄子注》对《庄子》的读法和理解结构。第六章为郭象庄学的理论内容，论述"神器"之义与"独化"之义。

　　李延仓《道体的失落与重建——〈庄子〉、郭〈注〉、成〈疏〉比较研究》，济南：博士学位论文，山东大学，2005 年

　　本论文按照历史与逻辑相统一的思路，采用比较的方法考察了《庄子》、郭象《庄子注》、成玄英《庄子疏》之间的逻辑发展及三者哲学思想的差异。全文共六章。第一章论述了老、庄道家的"道"本体到玄学的"无"本体、重玄学的"非有非无"本体之间的逻辑发展过程。第二章为道体的失落与重建，论述郭象对《庄子》道体的解构。第三章为"自然"义比较，论述郭象"自然乃物之自然"。第四章为"逍遥"义比较，论述郭象"物冥其极"。第五章为"命运"观比较，论述郭象"性不可加"。

　　王晓毅《郭象评传》，南京：南京大学出版社 2006 年 8 月出版

　　本书从社会政治与思想文化结合的视角，探讨了郭象的生平事迹及其学术建树，展现了魏晋之际玄学思潮六十多年发展变化的历史画面。主要由前篇、正篇两部分组成，正篇为郭象评传，共五章。第一章为生平著作，论述时代与哲人、《庄子注》。第二章探讨儒释道融合和诠释方法。第三章阐述理论体系，论述"性"本论、历史观、心性论、政治学说。第四章论述江左影响。书后附有《年谱》《著作历代著录与考辨文字》《背景考辨文字》。

　　黄圣平《郭象玄学研究——沿着本性论的理路》，北京：华龄出版社 2007 年 5 月出版

　　本书是在作者同题博士学位论文（北京大学 2003 年）的基础上修订而成，全书共十章。第一章为向秀《庄子注》别本略论，讨论向、郭注的著作权问题。第二章为《庄子序》作者辨正，包括史料的剖析、思想的比较、

《庄序》作者略探。第三至九章分别论述郭象的本性观、神器观、玄冥观、逍遥观、圣人境界观、名教观、政治历史观。第十章为郭象玄学体系析评，主要内容包括：批判与超越、本性与心性，支遁对郭象逍遥观的批判，郭象本性论体系略评。书后附有《郭象玄学的内在矛盾与〈庄子序〉的作者问题》。

王江松《郭象个体主义哲学的现代阐释》，北京：中国社会科学出版社2008年7月出版

本书较为全面地阐释了郭象的哲学思想，并从现代人和现代哲学的角度予以阐发和评价；论述了郭象哲学与魏晋玄学的关系，总结郭象哲学在中国哲学史、思想史和文化史上的重要地位，指出他的思想游离于儒道两家思想之外，是中国古代个体主义思想潜流的主要代表。郭象批判地继承这一思想，对于建设我国现代文化具有重要的价值。书后附有《郭象庄子注》。

康中乾《魏晋玄学》，北京：人民文学出版社2008年9月出版

本书第四章西晋玄学中论述郭象，首先论述西晋时期的社会经济、政治和思想形势，中朝名士，元康放达派。随后从郭象生平、郭象的玄学思想、郭象"独化"论在魏晋玄学史上的理论贡献及地位方面探讨郭象与玄学理论的完成。书后附有"郭象'独化'范畴释义"。余详"何晏"条。

高龄芬《王弼与郭象玄学方法之研究》，台北：花木兰文化出版社2008年9月出版

本书第四、五章为郭象玄学方法研究，内容包括庄子的哲学方法析论、郭象庄学的名理方法、郭象庄学分解的玄理方法、郭象庄学冥合的玄理方法。余详"王弼"条。

韩京惠《论郭象〈庄子注〉中修养论的可能性——以"天道"与"心性"为核心》，台北：博士学位论文，台湾大学，2008年

本论文旨在通过分析郭象哲学的宇宙观或世界观来探究郭象的修养论。主要内容和观点有：郭象认为的学习会帮助万事万物先天禀受的"性分"的完满与完成。此外郭象《庄子注》中，虽然仍可有它的修养论，但郭象的修养论是极具限制性的。因为至人与凡人都已有"性分"与"自然之分"先天的限制，即使凡人后天的努力也无法变成至人。郭象《庄子注》认为

的修养，在至人与凡人的修养境界是天生已决定的，至人有至人境界中应有之修养，凡人则有凡人境界中可达至的修养。但不论凡人或至人，他们后天的努力所完成的修养，就是完成其"性分"；在此意义上，至人与凡人是相同的。

杨立华《郭象〈庄子注〉研究》，北京：北京大学出版社 2010 年 2 月出版

本书共八章，导论部分论述玄学与魏晋新学，玄风与清谈，玄学名理与谈辩名理，新学风的产生，名教、自然及其他。第一章探讨郭象的生平与著述。第二章分析《庄子注》注释的技艺。第三章探讨《庄子注》的有无之辨，逐一论述《崇有论》辨正、释无、从本无到释无。第四章阐释自生与独化，并与王弼、嵇康的"自然"观加以比较。第五章探讨性分与自然。第六章论述逍遥，包括自为与相为、逍遥、有待、无待。第七章探讨齐物，论述冥物、去知、齐是非、时与变、生死。第八章阐述治道，主要内容包括：明王之功、圣人之德、不治之治、无为之际与仁义之迹、反冥我极与反冥物极。书后附有相关研究论文五篇。

陈琰《郭象〈庄子注〉美学思想研究》，武汉：博士学位论文，武汉大学，2010 年

本论文以文本解读、比较研究为基本的研究方法，通过对《庄子注》这一文本的细致分析以及与《庄子》思想的比较，重构了郭象哲学美学思想，并为之划分了边界。绪论部分简要介绍郭象的生平事迹和郭象注解《庄子》的基本方法，同时指出郭象哲学思想的核心内容及其与美学的关联。全文共四章。第一章从自生、独化和玄冥之境等问题来论述郭象的"道论"。第二章从自性、易性、复根来论述郭象的性论。第三章从不知为宗、无心于物、圣人来论述郭象的真知论。第四章从所遇为命、自生自死、足性逍遥来论述郭象的逍遥论。结语部分则综合概述郭象美学思想的意义与边界。

郭昕《"自然"的伦理向度：〈庄子〉和〈庄子注〉自然名教观比较研究》，北京：博士学位论文，中国人民大学，2010 年

本论文通过对"自然"与"名教"内涵的分析，找寻其中蕴含的伦理学命题。全文共有六个部分：第一部分阐释"自然"和"名教"的含义。第二部分阐述了《庄子》的人性自然观和《庄子注》的名教源起论。第三

部分先是关于《庄子》自然法则的内容，再论述《庄子注》的名教规范观，最后是二者在该问题上的比较分析。第四部分阐述《庄子》的自由思想和《庄子注》的名分约束观。第五部分是关于理想人格与名教教化的内容，旨在探讨《庄子》的理想人格体现了超越性。第六部分是基于文本研究引发的现代启示。

刘兵《游于边际——以孔老、郭象为参照的庄子诠说》，长春：博士学位论文，东北师范大学，2010 年

本论文分为引言、上篇、下篇和结语四部分。引言介绍庄子研究的基本状况，并且提出本论文的目的和基本方法。上篇分为三章，集中于庄子与其思想前辈及其后学的关系上，论述庄子后学到郭象的演进。下篇为郭象的庄子阐释显示出的思想演进，共四章。第四章通过郭氏解庄的立场及方式、思想形态的转换、从郭象反观庄子来阐明庄郭之变。第五章为庄郭论最高者，主要内容包括：何为最高者、庄郭是如何理解最高者。第六章为庄郭论圣凡人生，逐一从庄子的圣人论、郭氏论圣人及常人来阐述。第七章为庄郭的政治观与历史观。

余姒倩《郭象〈庄子注〉的思想体系》，台北：博士学位论文，中央大学，2010 年

本论文的研究途径有二：一，透过对当代郭象《庄子注》研究的反省，认为郭象《庄子注》的义理并非就现实世界的客观对象来说，而是关涉主体的心灵境界。二，提出郭象《庄子注》之批注方式与架构，有解消彼此对立的特征，并表现为对两相对等的概念之冲突予以解消，与对价值高下观念之对立予以消融，而此二者的内容展现皆汇归于"自然"一义。此"自然"之义，展示在人生论上即才性而自得，即小大而逍遥，此便是即迹即冥、迹冥圆融之"迹冥论"；展示在政治观上即才能职分而各得自为，此方是无为而治之实义，由之可见出郭象之"名教论"；展示在形上学上即实有而显无境，即万物而呈现自生自尔、独化于玄冥之意义，此为郭象"独化论"之意义。

朱春红《玄学之辨》，太原：山西人民出版社 2011 年 4 月出版

本书阐述了魏晋玄学的产生、分期、主题，以及何晏、王弼、郭象、张湛、欧阳建、嵇康等人的玄学思想。书前概论部分论述魏晋玄学的产生、分期、主

题。书中论郭象的"独化"论、"寄言出意"论、"名教"即"自然"论。

牛海芳《自性与逍遥——郭象玄学的超越之境》，北京：博士学位论文，中国人民大学，2011 年

本论文在前人研究的基础上，从自然物性、人我社会性、发用必然性、显用偶然性之统一，定位郭象的"自性"发端。从天性所受、无心、不为、不得已而至逍遥，无、有、有无致一，郭象对嵇康和裴頠思想的超越、精神上的安顿等几个方面，对郭象的逍遥思想作了较为系统的分析和阐述。

王淮《郭象之庄学——儒释道之相与訾应》，台北：台湾 INK 印刻文学生活杂志出版有限公司 2012 年 1 月出版

本书共两编。第一编对郭象《庄子注》中诸观念进行了检讨，如：道、无、自然、变化、逍遥、无为、齐物等。第二编为儒释道之相与訾应，共二部分。第一部分为佛道之相与訾应，包括道论、佛道两家思想之相应、佛道两家思想之相訾、结论。第二部分为儒道之相与訾应，包括道论、虚无实有、无为与有为、自然与名教、语言与意义。

马鸿雁《郭象〈庄子注〉版本研究》，北京：博士学位论文，北京师范大学，2012 年

本论文采用目录、版本、校勘等文献学的研究方法对郭象《庄子注》的版本情况进行系统性的整理。全文共四章，绪论部分论述研究对象与范围、研究意义、研究历史及现状的整理与方法。第一章为历代版本著录考，包括史志目录、官修目录著录考，私人藏书知见目录著录考。第二章为古写本考述，主要内容包括：敦煌石窟藏本考、日本高山寺本考及二本的比较研究。第三章为宋刻本考述，逐一论述郭注本考、郭注附音义本考、注疏本考。第四章为元刻本考述，论述《纂图互注南华真经》的由来、元刻诸本考。文末附有《唐写本、宋元刻本题跋》《郭象〈庄子注〉校正示例》《〈经典释文·庄子音义〉之郭象注》《书影辑存》。

王云飞《论魏晋南北朝时期玄学对〈论语〉学的影响——以王弼、郭象为中心》，北京：博士学位论文，北京大学，2012 年

本论文下编后八章论述郭象玄学对魏晋南北朝《论语》学的影响，旨在探讨《论语体略》分析、《庄子注》中的《论语》学内容。余详"王

弼"条。

暴庆刚《反思与重构——郭象〈庄子注〉研究》，南京：南京大学出版社2013年3月出版

本书是在作者博士学位论文《郭象〈庄子注〉研究》（南京大学2006年）的基础上修订而成，全书共七章。第一章为郭象其人暨《庄子注》疑案考辨。第二章为郭象时代的自由主题及《庄子注》之旨趣。第三章为《庄子注》自由理论之实践内容，涵括逍遥的核心内容、逍遥的认知进路（齐物）、逍遥的现实支撑（内圣外王）。第四章为《庄子注》自由理论之形上根据。第五章为《庄子注》方法探析，包括建构性方法（辩名析理）与诠释性方法（寄言出意）。第六章为《庄子注》之辨误与追问。第七章为《庄子注》之影响及评价。

徐桂娣《臻逍遥于有物之域——郭象〈庄子注〉研究》，台北：花木兰文化出版社2013年3月出版

本书为"中国学术思想研究辑刊"第十六编第五册，是关于郭象《庄子注》的研究专著，全书共四章。第一章论述郭象《庄子序》及《庄子注》。第二章从存在的根据、自生、物各有性三个方面探讨有物之域。第三章阐释适性、无心而任化。第四章分析神器独化于玄冥之境，主要内容包括：明内圣外王之道、名教与自然、天人之际。

杨颖诗《郭象〈庄子注〉的诠释向度》，台北：文史哲出版社2013年4月出版

本书共七章。第一章为绪论，论述研究动机与目的、前人研究成果考察、研究范围与方法、郭象生平及其著述。第二、三章为主题内容，旨在探讨性分合一、两层逍遥、迹冥圆融、不齐之齐、自生独化、圆融名教等观点。第四章探讨工夫内容及其形态，论述工夫内容、工夫转向、工夫形态及其特色。第五章阐述开显的境界，主要内容包括：从圣凡境界看逍遥与成圣的关系、从神器独化境界看圆教的可能。第六章论述诠释方法，论述寄言出意、泯对待而为一、始终无碍三方面。第七章为结论。

康中乾《从庄子到郭象——〈庄子〉与〈庄子注〉比较研究》，北京：人民出版社 2013 年 6 月出版

本书通过比较研究和诠释，探讨了庄子的生平事迹、《庄子》的真伪和结构、郭象《庄子注》的著作归属和魏晋玄学的产生等问题。全书共六部分。第一章为庄子、郭象生平和著作简说。第二章探讨庄子的"逍遥"与郭象的"内圣外王"。第三章阐述庄子的"道"与郭象的"独化"。第四章分析庄子的"齐物"与郭象的"相因"。第五章论述庄子的"忘"与郭象的"玄冥"。最后一部分为结论，从中国古代形而上学、本体论思想的历史发展来看庄子和郭象本体思想的历史地位。书末附索引。

周贞余《郭象因果思想研究》，台北：花木兰文化出版社 2014 年 3 月出版

本书共五章。第一章为研究动机与目的、方法与方向。第二章探讨郭象因果思想外缘问题、著作及其所处之时代。第三章为郭象因果思想内缘问题探讨，从理论基础和方法论之研究展开。第四章为郭象理论系统之研究，包括"造物者无主，有物自造""物自生"、独化于玄冥之境。第五章为郭象理论系统中的因果概念形式，结合亚里士多德与休谟的因果观念，同时围绕"自生"因果形式的出路与郭象"独化""相因"的因果形式论述郭象因果思想之形式。第六章为结论，包括对郭象因果思想的检讨与评析、郭象因果思想之价值及其时代意义，最后分别从"自生""独化""相因"三方面论证其因果形式。

金秦仙《郭象政治哲学研究》，北京：博士学位论文，北京大学，2014 年

本论文共八章。导论论述文献综述、政治哲学研究与主题、主要研究内容和研究方法。第一章论述了传统政治哲学的批判与继承。第二章探讨玄学与政治。第三、四、五章分别阐述了郭象政治哲学的向度、理论基础、心性基础。第六章探讨内圣外王之道。第七章探讨君主与无为政治。第八章论述自然与秩序。论文用自然、无为的观点来阐释郭象政治哲学的根本特征和目的。

左思（252？—306？）

陆侃如《左思练都考》，北平：北京大学出版部 1948 年 12 月出版

本书为《国立北京大学五十周年纪年论文集》文学院第十三种。书中探讨左思《三都赋》的撰写时间。此书撰写参阅大量文献、史料，结合时代背景，以左思生平事迹为主线，参照诸多相关人事，广泛考察，细致考辨，多方论证，认为《三都赋》撰成于太安二年（303）。此书又有山西人民出版社 2014 年 12 月再版。

叶日光《左思生平及其诗之析论》，台北：文史哲出版社 1979 年 4 月出版

本书共五章，分别从左思的生平及其作品年代的推测、左思的时代背景、左思的思想人格与个性、左思诗的析论、左思诗的影响等方面展开论述。开篇附有前言，论述此书的写作动机和目的。此书通过内容、文辞的探究，把左思诗的艺术风格概括为：慷慨悲壮之情怀、古朴简练之文辞、委婉飘逸之情致、诚挚感情之反映，颇具独特性。

刘文忠《左思·刘琨》，沈阳：春风文艺出版社 1999 年 1 月出版

本书将左思、刘琨的生活道路与创作实践置于广阔的社会背景与文化氛围中来考察，对二人在文学史上的地位和影响，作了较为中肯的评价。书中考订了二人作品的系年与人生历程。全书共七节，第一至四节分别论述了左思的生平和创作活动、《咏史》诗及其它诗作、《三都赋》和其它赋作、左思在文学史上的地位与影响。

徐传武《左思左棻研究》，北京：中国文联出版社 1999 年 10 月出版

本书为研究论文集，内容包括左思与左棻行年考辨、作品存亡考、有关

人物考略等。从家世渊源、生平事迹、言行举止、人物性格、思想观念、文学著作等方面进行研究。其中左思研究部分侧重其如何创作，包括"左思野于陆机"说辨析、左思文学业绩新论、六朝时期左思接受状况研究、左思《七讽》《齐都赋》《白发赋》《娇女诗》《招隐诗》《杂诗》探微、《三都赋》的撰年及其他等。

郑训佐、张晨《左思与左棻》，济南：山东文艺出版社 2004 年 10 月出版

本书从左思与左棻家世关系梳理入手，细致论述了二者的生平事迹、交游往来、文学著作、思想性格等内容，并结合二者的身份地位，阐述二人的文学创作。主要内容有：第一部分为寂寞坎坷的生涯，分别从出身与志趣、复杂的经历、左思与西晋士风展开论述。第二部分为左思的辞赋，重点探讨《三都赋》。第三部分为左思的诗歌，分别从《咏史诗》《招隐诗》《娇女诗》《杂诗》展开论述。

叶枫宇《西晋作家的人格与文风》，上海：上海三联书店 2006 年 4 月出版

本书第六章重点论述了左思的人格及其文风的合与离，分别从左思的出身门第并非其仕途迍遭的唯一原因；左思的德、才、貌；左思的人格特质对《三都赋》创作的影响；左思的才性与《三都赋》的艺术特色；左思的人格特征与"左思风力"；左思《咏史》诗中艺术人格与现实人格的背离；左思仕途失意后的心态与《娇女诗》的创作等方面论述其文学特征。余详"张华"条。

范子烨主编《中古作家年谱汇考辑要》，西安：世界图书出版公司 2014 年 6 月出版

本书卷二第二部分为张敏、曹旭《左氏兄妹年谱汇考》。以左思、左棻生平事迹为中心，据相关史料，广泛搜集大量文献，详加考证后，汇编而成。书中附有凡例，言明本谱的编排体例和原则，年谱正文则按年编排谱主生平、仕历和文学系年，同时附录左氏兄妹周围文士诗文存世表。此书体例清晰，考证翔实，资料丰富，较为全面地汇集了左氏生平系年。书末附有主要人名索引。

左棻 (256？—300)

徐传武《左思左棻研究》，北京：中国文联出版社 1999 年 10 月出版
见前"左思"条。

郑训佐，张晨《左思与左棻》，济南：山东文艺出版社 2004 年 10 月
出版
见前"左思"条。

范子烨主编《中古作家年谱汇考辑要》，西安：世界图书出版公司 2014
年 6 月
见前"左思"条。

陆机（261—303）

（晋）陆机撰，郝立权注《陆士衡诗注》，济南：齐鲁大学 1932 年 4 月出版

本书线装，共四卷。全书按原文、注解编排，注释翔实，资料丰富，考证精当。凡人名、地名、器物、职官等皆逐一注解。凡收入《文选》的诗作，注释中先列李善注，次为作者补注。书前附有《晋书》陆机本传，书后附集说。此书又有人民文学出版社 1958 年 5 月修订版，书后集说有所增补。又有（台北）艺文印书馆 1971 年 9 月影印齐鲁大学本。

姜亮夫《陆平原年谱》，上海：古典文学出版社 1957 年 7 月出版

本书前有陆机《平复帖》真迹图片，之后有章炳麟《陆机赞》。全书共八部分，依次为：陆氏世系表、《晋书》陆机本传、机云别传、年谱（诗文编年）、陆机著述考、陆机书法、西晋陆机《平复帖》流传考略、陆机轶事辑、六朝隋唐诸家论陆文语辑。本书将陆机一生事迹及其时代背景，详细考证，编成年谱，每年下附有大事记，为研究陆机及中古文学史的重要参考资料之一。此书后来收入《姜亮夫全集》（第二十二册）中，云南人民出版社 2002 年 10 月出版。

（晋）陆机撰，金涛声点校《陆机集》，北京：中华书局 1982 年 1 月出版

本书共十卷，书末有补遗三卷及附录。以《四部丛刊》影印陆元大翻宋本《陆士衡文集》作为底本，校以影宋钞本，并参校总集、类书、史传的相关部分。在校勘中凡有参考价值的异文，均出校记；能够断定的讹误，则改正原文，并在校记中略加辨证；对于前人的校勘成果凡有采用者，皆在校记中注明。此书诗的部分删去卷七《悲哉行》，认为此为谢灵运所作；文的部分删去卷九《吴丞相江陵侯陆公诔》，认为此为陆云所作。此次辑录的

佚文，编为赋、诗、文三卷。此书校勘细致，注释翔实，援引精当，具有较高的学术价值。

（晋）陆机撰，张少康集释《文赋集释》，上海：上海古籍出版社 1984 年 1 月出版

本书对陆机《文赋》进行了详细的校注，校勘部分援据多种版本加以校勘，集注部分征引诸家注解加以通释，并有作者按语加以考辨。书后附录历代各家对《文赋》的总评、《文赋》研究论文目录。该书资料丰富，具有较高的价值。本书又有人民文学出版社 2002 年 9 月版。

俞士玲《陆机兄弟享盛誉于中古文坛的文化观照》，南京：博士学位论文，南京大学，1997 年

本论文分两部分，共五章。第一部分共两章，第一章探讨陆机、陆云生平中的几个问题，包括陆机"于穆予宗，禀精东岳"之"东岳"辨、太康之役及陆机兄弟入洛年代考、陆机兄弟入仕洛阳后的情况考略。第二章探讨陆机、陆云作品中的几个问题，主要论述陆机的写景特色（兼论《悲哉行》《当置酒》非陆机作），陆机《为顾彦先赠妇》确为顾彦先作（兼论陆氏与顾氏的特殊关系），"士衡多楚"考，读陆云《与兄弟平原书》札记。第二部分共三章，第一章论述江东学风和洛下玄风对陆机学风文风的影响。第二章论述陆机为"太康之英"，文人聚集洛阳与西晋文学风貌，陆机对前代文学的继承，论"陆才如海，潘才如江"。第三章评历代对陆机的评论，兼论陆机对中古文学的影响。

常教《陆机〈文赋〉写作通论》，北京：首都经济贸易大学出版社 1998 年 9 月出版

本书共十五部分，前有《文赋》写作通论小序交代写作动机和意图，分别从词语通释与译文方面说明此书写作体例要旨。此书诠释《文赋》的词句和内容，甚为详赅，注重结合现代文艺理论以阐发。书末附有陆机简介、跋语、《文赋》原文，便于对照阅读。

李泽厚、刘纲纪《中国美学史：魏晋南北朝编》，合肥：安徽文艺出版社 1999 年 5 月出版

本书中第七章为陆机的《文赋》，分别从陆机的生平思想及其《文赋》、

《文赋》试析两个方面展开论述。余详"嵇康"条。

（晋）陆机撰，（晋）陆云撰，王永顺主编《陆机文集·陆云文集》，上海：上海社会科学院出版社 2000 年 7 月出版

　　本书为二陆诗文集，经整理、补充、点校，改为横排合订本。书前有徐民瞻《〈晋二俊文集〉叙》，介绍陆机、陆云及其文学成就。本书以金涛声《陆机集》十卷、陆元大《陆士衡文集》为底本，广搜精校，去讹存真。陆机诗文前四卷为赋，五至七卷为诗、乐府等，卷八为杂著，卷九为颂箴笺表文诔哀辞，卷十为议论碑。补遗三卷，附录八篇，包括《陆机传记资料》《陆机著作目录》《陆机集跋》《陆机第宅》《陆机〈文赋〉》《陆机〈平复帖〉流传考略》《陆机骈文简评》《陆机掌故》，书末附有《陆氏家乘》。

李清筠《时空情境中的自我影像：以阮籍、陆机、陶渊明诗为例》，台北：文津出版社 2000 年 10 月出版

　　见前"阮籍"条。

李揆一《陆机文学创作研究——从理、情、辞三要素来考察》，北京：博士学位论文，北京大学，2002 年

　　本论文从理、情、辞三个概念着眼，探讨陆机的文学创作。全文共四章，序言论述陆机文学史地位从六朝到近代的变化。第一章探讨西晋文学的理、情、辞。第二章分析陆机文学的理，论述如何解决"意不称物"、处理"物"的两种方法、名理学与陆机文学。第三章为陆机文学的情，梳理历代论述，进而分析陆机文学情志表现的功名意识与伤逝两大主题。第四章解读陆机文学的辞，主要内容有：从"源出于陈思"说看陆机诗歌文人化的标志、"文"之"逮意"及其实践、陆机《拟古诗十二首》对古诗的接受。文末附有"陆机《拟古诗十二首》诗语的出典"。

叶枫宇《西晋作家的人格与文风》，上海：上海三联书店 2006 年 4 月出版

　　本书第四章重点论述了江东陆氏家族文化传统与陆机、陆云的文风，分别从陆氏家风与陆机人格的生成、陆机"博学善政"及作品中丰富的政治内涵、"勤于事功"的人格特征与"克振家声"的宗族意识、徘徊在"守道"与"顺时"之间、浓郁的乡土情结、沉重的生死悲情、陆机家学对其

文学思想的两点影响等方面论述其文学特征。余详"张华"条。

王德华注译《新译陆机诗文集》，台北：三民书局 2006 年 9 月出版

本书是"古籍今注新译"系列丛书。本书以《四部丛刊初编》本为底本，参前人辑佚校勘成果，增补句子，校正错讹。书前有导读，介绍陆机姓氏、籍贯与生卒年月、学行、仕宦、思想、文学创作等情况。全书收录陆机诗文十三卷，分为赋、诗、文三类，每类后有附录为补遗，其中第六卷为赋补遗，第十卷为诗补遗，第十三卷为文补遗。书末附有《佚文辑录》《晋平西将军孝侯周处碑》《晋书·陆机传》。

李晓风《陆机论》，郑州：中州古籍出版社 2007 年 8 月出版

本书共七章。第一章为陆机生活的时代，阐述陆机所处的时代背景、地域文化。第二章为陆机的生平与人格，探讨其家世渊源与生平事迹。第三章考证陆机在洛的交游，论述陆机与陆云、陆机与二十四友、陆机与入洛南方士人。第四章阐述陆机的思想，论述陆机的哲学思想、美学思想、文学思想。第五章为陆机的创作，探讨陆机的诗歌、散文、辞赋、其他著作与《平复帖》。第六章专论陆机的《文赋》，论述《文赋》写作的年代、内容探析、成就与贡献、形式主义。第七章肯定陆机在文学史上的地位和影响。书末附有《20 世纪以来陆机研究回顾》《历代各家评论陆机辑语》《陆机生平系年》。

李秀花《陆机的文学创作与理论》，济南：齐鲁书社 2008 年 8 月出版

本书是在作者博士学位论文《陆机的文学创作与文学创作理论》（复旦大学 2001 年）的基础上修订而成，分为上下两编。上编为陆机的文学创作，论述陆机的诗歌、赋、连珠、颂及其他体裁的作品。下编为陆机的文学理论，分别从《文赋》写作特点与总体结构、《文赋》的主要理论创获与西晋玄学、《文赋》与《与兄平原书》等文学倾向的异同、《文赋》与《文心雕龙》之比较、《文赋》旧注辨正等方面来阐释。书末附有：陆机文学创作研究史述略、部分诗作写作时间、陆机入洛时间考、《文赋》作于永康元年、陆机之前各家连珠体式详述、陆机文学创作与理论研究状况详述等。

俞士玲《陆机陆云年谱》，北京：人民文学出版社 2009 年 2 月出版

本书是关于陆机、陆云生平事迹的年谱著作。以陆机、陆云为中心，据

相关史料，广泛搜集大量文献，详加考证后，汇编而成。书前有凡例，说明本谱的编排体例和原则，年谱正文则按年编排谱主生平、仕历和文学系年。附录陆氏世系考、陆云《登遐颂》考释、从写景艺术的发展看《悲哉行》《当置酒》非陆机作、读陆云《与兄平原书》札记一则。此书体例清晰，考证翔实，资料丰富，较为全面地汇集了陆机、陆云生平系年，有较为重要的参考价值。

陈玉惠《陆机诗研究》，台北：花木兰文化出版社 2009 年 9 月出版

本书为"古典诗歌研究汇刊"第六辑第六册，旨在探讨陆机诗的内涵与艺术价值，全书共三章。第一章为绪论，论述陆机的生平、时代背景与思潮、陆机的文学观念。第二章分析陆机诗的内涵，论述模拟作品、悲情世界、赠酬诗及其他。第三章概括陆机诗的艺术技巧，就作品的语言风貌、主题结构及风格加以分析探讨。最后总论其作品之成就及其在文学史上的地位。

陈启智《陆机演连珠译注评》，天津：天津科学技术出版社 2011 年 5 月出版

本书是对于陆机《演连珠》的译注，全书分为两部分。第一部分为陆机《演连珠》试析。第二部分为陆机演连珠译注评。全书按篇次、原文、注释、译文、评点编排。注释简略。译文通俗易懂、简明流畅，评点简要。

尹军《玉出昆冈：陆机陆云评传》，上海：上海古籍出版社 2011 年 10 月出版

本书共十九部分，以通俗晓畅的文字描绘了西晋文学家陆机、陆云兄弟的生平。以大量的历史材料为基础，用文学化的表现手法展现了二陆兄弟绚丽夺目又令人扼腕的一生，并穿插对二陆诗文作品的解读，是了解二陆生平与文学成就较好的通俗读本。书末附有《晋书·陆机传》《晋书·陆云传》，以及《汉语大词典简编》中千余条词条释义引用"二陆"诗文史料摘编，供读者参阅。

何成邦《陆机诗歌的语言风格研究》，香港：香港中文大学出版社 2012 年 11 月出版

本书共七部分。第一章为导论。第二章主要是分述东西方文体学理论与方法。第三章是陆机诗歌文本的异文整理，包括逯钦立《先秦汉魏晋南北

朝诗》对陆机诗歌异文的整理与统计、从异字看陆机诗歌语言研究的问题、逯钦立辑本疏失举隅等。第四章为陆机诗歌语言风格的专题研究，包括行旅诗、乐府诗、赠答诗、拟古诗的语言特色。第五章从"前景化"及"偏离"角度综论陆机诗歌的语言风格，一为量的偏离，即语言的繁密与妍炼；一为质的偏离，即语言的新变。第六章简述了陆机诗歌语言的渊源与影响，涵括钟嵘《诗品》对陆机诗歌源流的评论、陆诗源出陈思的探讨、陆机诗对谢灵运、颜延之诗的影响。第七章评述文体学在古典诗歌教学中的价值，并综述了陆机诗歌语言风格特征。书末附有《中古音"声纽表"和"韵母与韵部表"》《陆机乐府诗十七首中古音拟音》，并附有人名、篇名、书名索引，以便参阅。

邹平《陆机：乱世文豪》，上海：上海文艺出版社 2013 年 3 月出版

本书为陆机人物传记，分为四部分，依据陆机生平事迹，逐一叙述。书前有陆士衡画像与手迹《平复帖》，末附有"魏晋司马氏家族谱系图"。

范子烨主编《中古作家年谱汇考辑要》，西安：世界图书出版公司 2014 年 6 月出版

本书卷二第一部分为刘运好《二陆年谱汇考》。以陆机、陆云生平事迹为中心，据相关史料，广泛搜集大量文献，详加考证后，汇编而成。凡例说明本谱的编排体例和原则，年谱正文则按年编排谱主生平、仕历和文学系年。此年谱考证翔实，资料丰富，较为全面地汇集了二陆生平系年，对二陆研究有着重要的参考价值。书末附有主要人名索引。

陈淑娅《〈陆机集〉与陆机文学文献研究》，郑州：博士学位论文，郑州大学，2015 年

本论文共五章。第一章为《陆机集》结集与流传稽考。第二章为传本《陆机集》篇目来源考校。第三章为传本《陆机集》的结集与《文选》关系稽考。第四章是陆机佚文辑考，新辑陆机零章短笺佚文 17 篇，并加考释。又对前人所辑陆机佚文的真伪、佚文篇题问题和有目无文的佚文存目进行考辨。第五章陆机生平考辨。通过研究，可见《陆机集》在流传过程中存在的散佚、被删略改造等问题。

陆云（262—303）

林芬芳《陆云及其作品研究》，台北：文津出版社 1997 年 6 月出版

本书前有洪顺隆《序》，概述了陆云的文坛地位及家世，点明了陆云在文学理论上的主张。全书共六章。第一章为绪论，从政治情势、社会经济、学术思想、文学思潮论述时代背景。第二章为陆云的生平，分析其家世生平，并从性情风貌、前期生活、后期生活等方面来解析其传记。第三章探讨陆云的文学理论，分别从清省的文学观、"先情后辞"的主情之内容、修辞声律之表现来展开论述。第四章为陆云诗歌之研究，论述题材类型与形式技巧。第五章为陆云文章之研究，论述文章内容与形式技巧。第六章为结论，综述陆云作品的特点及其文学理论特色。书末附有《历代对陆云之评价》《陆云年表》。

俞士玲《陆机兄弟享盛誉于中古文坛的文化观照》，南京：博士学位论文，南京大学，1997 年

见前"陆机"条。

（晋）陆机撰，（晋）陆云撰，王永顺主编《陆机文集·陆云文集》，上海：上海社会科学院出版社 2000 年 7 月出版

见前"陆机"条。

叶枫宇《西晋作家的人格与文风》，上海：上海三联书店 2006 年 4 月出版

本书中第四章重点论述了江东陆氏家族文化传统与陆机、陆云的文风，分别从"勤于事功"的人格特征与"克振家声"的宗族意识、徘徊在"守道"与"顺时"之间、浓郁的乡土情结、沉重的生死悲情、陆云的人格与

文风等方面论述其文学特征。余详"张华"条。

俞士玲《陆机陆云年谱》，北京：人民文学出版社 2009 年 2 月出版
见前"陆机"条。

（晋）陆云撰，刘运好校注《陆士龙文集校注》，南京：凤凰出版社
2010 年 12 月出版
本书共九卷，分别按赋、箴、诗、诔、颂、赞、嘲、骚、启、书集等辑
校。后附有补遗，按赋、诗、文考辨，同时附有《赋诗文总评》一篇。书
末附有《陆士龙年谱》《陆士龙传记资料》《陆士龙文集序跋、题记、提
要》《校勘、辑佚、注释、评笺引用书目及版本》。此书按现行古籍整理规
范，对文本详加修订，核对征引文献，正讹补缺，订正句读，划分段落，补
足陆云文献校勘的不足，具有较高的学术价值。

范子烨主编《中古作家年谱汇考辑要》，西安：世界图书出版公司 2014
年 6 月出版
见前"陆机"条。

张载（生卒年不详）

刘殿爵、陈方正、何志华编《张载集逐字索引》，香港：香港中文大学出版社 2003 年 12 月出版

本书属"魏晋南北朝古籍逐字索引丛刊·集部"系列。《张载集》诗集部分据丁福保《全汉三国晋南北朝诗》，文集部分据严可均《全上古三代秦汉三国六朝文》，参其他版本互校，在"正文"或"逐字索引"中都加校改符号。逐字索引编排以单字为纲，按汉语拼音排列，每一例句后加上编号于原文中位置。全书用字频数表清晰统计了文集字数。

范子烨主编《中古作家年谱汇考辑要》，西安：世界图书出版公司 2014 年 6 月出版

本书卷一第五部分为蒋碧薇、曹旭《张载张协年谱汇考》。以张载张协生平事迹为中心，据相关史料，广泛搜集大量文献，详加考证后，汇编而成。书中附有凡例，言明本谱的编排体例和原则，年谱正文则按年编排谱主生平、仕历和文学系年。此年谱考证翔实，资料丰富，较为全面地汇集了张载生平系年，对张载、张协研究有着重要的参考价值。书末附有主要人名索引。

裴頠（267-300）

詹雅能《裴頠崇有论研究》，台北：花木兰文化出版社 2011 年 3 月出版

本书主要探讨裴頠《崇有论》的思想内涵与意义。第一章为绪论，从两个历史诠释的视角，纵观玄学清谈中"有""无"论题的形成问题，以彰显裴頠《崇有论》在思想史上的地位。第二章为裴頠的生平与学术，评述裴頠个人生平与著作，说明裴氏的思想立场与言论倾向。第三章为《崇有论》疏解，由原典入手，以疏解的方式理解其思想理路，包括论说名教的重要、评斥贵无的弊害、阐明老氏的旨意、申述著论的缘由、总结"无不能生有"。第四章为魏晋道家思想中"有""无"的意涵，从思想的比较上着眼，透过对道家"有""无"概念的规定，说明其主观境界之理路，继而凸显其与《崇有论》客观性的不同，其中以何晏、王弼的"无"与郭象的"有"为论述重点。第五章为《崇有论》中"有""无"的规定与厘清，承顺前文的疏解与比较，针对"有""无"的概念，重新作一规定，并就裴氏对于"无"，以及唯物论者对于"有"的误解加以厘清。第六章为结论，总括全文要旨，肯定裴頠《崇有论》在思想史上的地位与价值。

张协（生卒年不详）

刘殿爵、陈方正、何志华编《张协集逐字索引》，香港：香港中文大学出版社2003年12月出版

本书属"魏晋南北朝古籍逐字索引丛刊·集部"系列。《张协集》诗集部分据丁福保《全汉三国晋南北朝诗》，文集部分据严可均《全上古三代秦汉三国六朝文》，参其他版本互校，在"正文"或"逐字索引"中都加校改符号。逐字索引编排以单字为纲，按汉语拼音排列，每一例句后加上编号于原文中位置。书前凡例为中英文对照，全书用字频数表清晰统计了文集字数。

范子烨《中古作家年谱汇考辑要》，西安：世界图书出版公司2014年6月出版

见前"张载"条。

挚虞（？—311）

《三辅决录》，西安：陕西通志馆 1934 年出版

本书为关中丛书之一，张澍所辑，线装，一册二卷。张氏从传世典籍中辑录《决录》佚文，并对相关史事加以考辨。此书钩稽颇多，是较好的《决录》辑本。

邓国光《挚虞研究》，香港：学衡出版社 1990 年 12 月出版

本书是关于挚虞文学与文论的研究专著，共四编。第一编为挚虞生平行谊，分别从家世生年与字、从学与交游、仕途、思想等方面来了解其人。第二编为挚虞学术与文学，分别从经学、礼学、史学、文学等方面论述其文学思想与学术成就。第三编为挚虞文论著作考述，分别从《文章志》《文章流别集》考、《文章流别论》考考校其文。第四编为挚虞文论述要，分别从文论旨趣、论六时与四过、象与礼、流别与分类、品藻等方面阐述其文论观点。书前附有叙例，言明写作范式与行文结构。全书条理清晰，结构严谨，内容丰富，资料翔实，是目前挚虞研究较为系统的著作，具有较高的学术价值。

（汉）赵岐纂，（晋）挚虞注《三辅决录（及其他一种）》，北京：中华书局 1991 年出版

本书《三辅决录》影印道光武威张氏二酉堂刻本。全书七卷，开篇有《三辅决录叙录》，包括《后汉书·赵岐传》《晋书·挚虞传》等。此书原文为赵岐所撰，挚虞为之作注，正文、注文并行。挚虞注文分为两类，一是名词注解，以地名为主。二是补注人物事迹，凡赵岐所言略者，挚虞乃详为之注；赵岐涉及人物事迹遗漏者，挚虞补全；赵岐原作所录人物，挚虞补充人物后裔相关事迹，完善赵岐所录之缺失。在后世引文中，正文、注文往往

混淆，不易辨别。此版刊印，原文与注文有所区分，便于查阅研读。

　　（汉）赵岐等撰，（清）张澍辑，陈晓捷注《三辅决录·三辅故事·三辅旧事》，西安：三秦出版社 2006 年 1 月出版

　　本书中《三辅决录》采用陕西通志馆《关中丛书》本。书中所注主要为条文内的人物、史地。凡张澍按语已注明的史事不再另注。注释所用资料用相关典籍及文物考古成果。注中对于相关内容的辩证及所引资料，以"今案"区别。文末附有资料出处。

刘琨 (271—318)

赵天瑞编《刘琨集》，天津：天津古籍出版社 1996 年 1 月出版

本书诗文以《文选》《晋书》、逯钦立辑《晋诗》、严可均辑《全晋文》为底本，参校《艺文类聚》《初学记》《太平御览》《册府元龟》等。校文，凡底本某字与参校本某字音义相同而形不同，然今规范为某字，不另出校语。笺释，细出词语条目，详加疏释，变改笺注方式，以时间年近之语句出证，不溯语词渊源，即于李善注、五臣注等亦作取舍。通过共时之语言文字比较、研究，拓宽加深对诗文之理解认识。关于残文、佚句，辑录于后，出校文，不疏释。关于年谱，详考谱主生卒年里、亲族世系、生活交游等。

刘文忠《左思·刘琨》，沈阳：春风文艺出版社 1999 年 1 月出版

本书将左思、刘琨的生活道路与创作实践置于广阔的社会背景与文化氛围中来考察，对二人在文学史上的地位和影响，作了较为中肯的评价。书中考订了二人作品的系年与人生历程。全书共七节，第五至七节分别论述了青少年时代的刘琨、后期的刘琨、刘琨的创作及其成就。余详"左思"条。

郭璞（276—324）

（晋）郭璞注，洪颐煊校《穆天子传》，北京：中华书局 1985 年出版

本书取《汉魏丛书》程荣校本与吴琯校本等对校，并以唐宋类书所引互相参校，表其异同，正其舛谬，为补正文及注若干字，删若干字，其无可校正者阙之。书前有《校正穆天子传序》、简略论述版本留存情况与本校原则。全书为竖排繁体，原文与校之间采用夹注形式，无新式标点，皆以圆点标识断句。

顾廷龙、王世伟《尔雅导读》，成都：巴蜀书社 1990 年 1 月出版

本书第三章"《尔雅》的注本"中，依次论述郭璞以前五家注、郭璞《尔雅注》、郭璞以后众家注。对于认识和了解郭璞与《尔雅》的关系以及郭璞《尔雅注》的特点，具有一定的学术价值。此书又有中国国际广播出版社 2008 年 6 月新版。

（晋）郭璞注，谭承耕校点；（晋）郭璞注，洪颐煊校，张耘校点《山海经·穆天子传》，长沙：岳麓书社 1992 年 12 月出版

本书为"古典名著今译读本"系列丛书，此次整理广参诸本，择善而从，校正了旧本的许多讹误，其中讹误用圆括号，校勘用方括号，同时新增了词语索引。书前有跋，简要介绍《山海经》《穆天子传》其书及其思想内容。全书为横排简体字版，按原文、校记编排，原文考订断句，施以新式标点，校记简要明了。书后附《山海经》《穆天子传》新合校本题辞。此书又有该出版社 2006 年 11 月版。

连镇标《郭璞》，沈阳：春风文艺出版社 1999 年 1 月出版

本书为"插图本中国文学小丛书"，共有四部分。第一部分为坎壈一

生、壮心不已，简要论述郭璞言行事迹与生平思想。第二章为景纯仙篇，探讨郭璞的游仙诗作。第三章为弘农词赋中兴之冠，阐释郭璞的辞赋创作。第四章为道德文章泽被后世，论述郭璞对后世的影响与评价。

连镇标《郭璞研究》，上海：上海三联书店 2002 年 7 月出版

本书是在作者同题博士学位论文（苏州大学 1997 年）基础上修订而成，全书共七章。书前有穆克宏《序》，简要介绍郭璞及其著述思想。第一章为坎壈一生、壮心不已，论述郭璞其人及其生平事迹。第二章为郭璞著作探考。第三章为郭璞思想探考，涉及儒家思想、道家思想、道教思想、易学思想四个方面。第四章论述郭璞游仙诗。第五章论述郭璞辞赋创作。第六章论述郭璞神话作品。第七章为郭璞对后世的影响，包括隐逸生活思想对后世的影响、历史评价等。

张忠民主编《郭璞与夷陵》，宜昌：宜昌市炎黄文化研究会 2003 年 1 月出版

本书为"炎黄文化研究丛书"之一，书前配有精选自明清至民国初年多种郭璞相关插图刻本。书前有序，简要论述著书动机及相关问题。全书主要内容有：郭璞生平及其著作，郭璞与夷陵，"郭璞与夷陵"志记诗赋集注，《尔雅》及郭璞《尔雅注》简介，郭璞著作选注译。

胡晓华《郭璞注释语言词汇研究》，杭州：博士学位论文，浙江大学，2005 年

本论文以东晋郭璞的《尔雅注》《方言注》《山海经注》与《穆天子传注》为研究对象，系统考察了郭璞注词语的构形、性质及词义特征，并探讨了注释语料词汇研究中应当重视的问题。全文共五章。第一章为绪论部分，主要概述注释语料的语言特征及研究概况，分析了郭璞注的注释特点。第二章为郭璞注词语的特点与研究价值，主要内容有：典型性之充分反映中古时期的语言特色，特殊性之揭示注释语料性质与词汇的关系，参照性之补正现有的语言研究成果。第三、四章为郭璞注双音词构形研究，逐一论述并列双音词语素的意义关系、序位关系、语素特征、偏正式双音词的发展、附加式双音词的发展。第五章为郭璞注中的口语词，论述郭注口语词的概念和判别、郭注专名词语的口语化表达、普通口语词词义的辨析方法。文末附有《尔雅》郭璞注异文校读等。

王志超、崔莉《东汉大学者郭泰·晋代大学者郭璞》，太原：山西春秋电子音像出版社2006年5月出版

本书为"山西历史文化丛书"第十九辑，书中第二部分为郭璞研究，围绕郭璞的言行事迹、生平著述、思想内容展开叙述。主要内容有：少年才子、辅佐王导、直谏元帝、死谏王敦、赋冠东晋、注《山海经》、兴《尔雅》学、易学大师、堪舆鼻祖等。

李清桓《郭璞〈方言注〉研究》，武汉：崇文书局2006年12月出版

本书是在作者同题博士后出站报告（南京师范大学2005年）基础上修订而成，全书七章。第一章为绪论部分，论述郭璞生平及学术简介，历代《方言》注疏之简介等。第二章《方言注》的注释方式，包括说明字例、以今释古、俗语释古、双音节词释单音节词、正因文献、阐发《方言》条例、加注按语、注中注、说解词的理据、连词成句、明讹误、阙如等。第三章为《方言注》探求词的理据，指出理据用语、方法、价值和不足。第四章为《方言注》双音词分析，包括概况、郭注双音词与《方言》中训释词的关系、双音词的构词分析、双音词表等。第五章为《方言注》双音词例释。第六章为《方言注》的价值及不足，包括辞书编纂方面的价值、汉语史研究方面的价值、《方言注》的不足。第七章列明例释见于《方言》及《方言注》中的常见方言词。

赵玉霞《文化视野中的嵇康郭璞研究》，延吉：延边人民出版社2007年12月出版

本书第二部分为文化视野中的郭璞研究，共四章。第一章为绪论。第二章论述郭璞生平及其文学创作。第三章论述游仙诗的界定、郭璞游仙诗的存佚、郭璞游仙诗蕴涵的忧患意识。第四章为郭璞游仙诗忧患意识的文化探源，包括刚健精进的儒家人生观、隐逸避世的道家人生观、士人外道内儒的人生观。第五章为结语。书末附有嵇康郭璞诗文选注。余详"嵇康"条。

刘新春《郭璞注语言学研究》，成都：博士学位论文，四川大学，2009年

本论文全面探讨郭璞的语言学成就，分析其语言学观点和理论，全文共五章。绪论部分简要介绍郭璞的生平和时代、著作考论、研究现状、材料来源、研究的意义。第一章分析郭璞的语言观，主要内容包括：从语言的角度

研究语言、语言与文字。第二章文字学部分，逐一从文字形体、古今字、注释异文、对异体字的研究展开论述。第三章语音学部分，探讨了郭璞的丰富多样的注音方式，分析了郭璞对晋代方俗读音的记载，以及对一字两读情况的记录。第四章词汇学部分，探讨了郭璞对词义演变的认识，同时分析了郭璞的词义辨析，总结了郭璞在探求语源方面的贡献。第五章为方言注释与郭璞的方言思想。

（晋）郭璞著《尔雅音图》，杭州：浙江人民美术出版社 2013 年 10 月出版

本书为"古刻新韵"第三辑，辑录郭璞《尔雅音图》，据嘉庆六年（1801）影宋绘图本重摹刊，即曾氏艺学轩初刻本影印出版。书前有《出版说明》，简要介绍辑书原则、《尔雅音图》版本留存情况。该书是对我国第一部字典注释图解的书籍，全书对其中的各种名物及活动作了详细图释。

（晋）郭璞注，王世伟校点《尔雅》，上海：上海古籍出版社 2015 年 2 月出版

本书以中国国家图书馆藏宋刻十行本为底本，以宋刻《经典释文》所收《尔雅音义》等七本为主要对校本。凡宋刊十行本中的讹误，另撰校记予以说明，以存原书面貌；对于主要对校本之外的其他版本的错讹衍脱，一般不出校。前言论述《尔雅》及其学术意义与版本校勘留存情况。本校点本共十卷，主旨是提供《尔雅》经注善本原文，非汇校本，故仅选择上海古籍出版社 2010 年《尔雅注疏》点校本中的部分校记，所引以代表性的校勘成果和传世文献为主。本校点以一些珍稀的校本、稿本为校勘之资，彰显前人校勘成果。本校点本对《尔雅》经文和郭注分别标点，经注内容分段。书前有"校点引用书目一览表"，书末附有"序跋十七种"。

（晋）郭璞注，（清）郝懿行笺疏，沈海波校点《山海经》，上海：上海古籍出版社 2015 年 4 月出版

本书以《山海经笺疏》还读楼刻本为底本，以阮元琅嬛仙馆刻本对校，有明显差异或错误之处，错字加（），校改、补字加〔〕。原书最后的《山海经图赞》一卷因不是《山海经》原文，故删去。书前有序，论述今传《山海经》的由来、《山海经》的图及历代补绘之作、《山海经》在历代的影响、郝懿行及其《山海经笺疏》。全书收入《山海经》十八卷，订讹一

卷。正文部分按原文、校记编排，原文考订断句、施以新式标点；校记详细，考证较为精当，取自郝懿行《山海经笺疏》则作"懿行案"。

赵沛霖《郭璞诗赋研究》，北京：中国社会科学出版社 2015 年 7 月出版

本书共五章。第一章为郭璞生平研究。第二章为郭璞《游仙诗》研究，包括思想内容、学道修仙的原因和思想基础、神仙世界与宗教存想、方术修炼与艺术处理等。第三章为《游仙诗》残句的性质与价值。第四章为郭璞颂歌和赠答诗研究。第五章为郭璞的辞赋研究，包括辞赋代表作品的全新阐释、郭璞辞赋创作的重新评价。

衣淑艳《奇人郭璞对〈山海经〉的密码解读》，北京：光明日报出版社 2015 年 9 月出版

本书是在作者博士学位论文《郭璞〈山海经注〉研究》（东北师范大学 2013 年）基础上修订而成，全书共四章。第一章为郭璞《山海经注》的注释体例和方法，主要内容有：搜集不同版本进行文字校勘，引用大量传世文本文献，注重出土文献，词语、名物考证方法。第二章为郭璞《山海经注》的特色，逐一论述"玄学"视域下的"思辨性"；嗜奇爱博的个性与郭璞《山海经》的解读；神人、圣人观念的阐释；山川、地理的解读；语言描写的简洁与形象五个方面。第三章为郭璞笔下的神话及神话学，依次从神话的阐释与求证、神话阐释的时代特色、早期神话学的文化基因三个方面阐释。第四章为郭璞《山海经注》的流传及对后世的影响，探讨郭璞《山海经注》在后世的流传情况，肯定郭璞注对后世其他重要注本的影响。

干宝（约 282 - 351）

（晋）干宝撰，汪绍楹校注《搜神记》，北京：中华书局 1979 年 9 月出版

本书原为"古小说丛刊"之一种，今选入"中国古典文学基本丛书"，仍用原版重印。此书以《学津讨原》本为底本，共二十卷。汪注广征博引，资料翔实，逐一罗列援引条目，重在考原钩沉，便于对本书真伪作进一步考订，对于底本文字上的脱误，只做了必要的校注。此次出版时对引书进行了部分复核，补正疏漏，并用《类说》《绀珠集》进行补校。书前有《搜神记序》《进搜神记表》。书后附有《搜神记佚文》，沈世龙、胡震亨《搜神记引》，毛晋《搜神记跋》、余嘉锡《四库提要辨证》。此书又有（台北）里仁书局 1999 年版。

朱传誉主编《干宝研究资料》，台北：天一出版社 1981 年 12 月出版

本书是"中国小说戏剧家专辑"系列丛书之一，辑录中日有关干宝研究资料的论文，主要内容有：干宝《搜神记》考，汪氏校注本搜神记评介——兼谈研究六朝志怪的基本态度与方法，干宝《搜神记》，搜神记的世界，搜神记（解说），鬼小说肯定鬼的存在，《韩朋赋》的生命交感与悲壮感等。

（晋）干宝撰，顾希佳选译《搜神记》，杭州：浙江古籍出版社 1985 年 6 月出版

本书为"中国历代笔记小说选译丛书"系列，选录《搜神记》部分篇目进行简注和今译。全书按原文、注释、译文编排，注释翔实，疑难字词皆逐一注音释义；译文简洁明了，通俗易懂。

（晋）干宝著，杨振江选注《搜神记》，石家庄：花山文艺出版社 1986
年 11 月出版

本书选录《搜神记》部分经典篇目进行注解，各则故事标题多选用中
华书局汪绍楹《搜神记》校注本标题，标注部分为选者所改。原文中的明
显错字在注中指出，于译文中改正。前言部分从时代背景角度论述《搜神
记》的成书与价值。全书按原文、注释、译文、品评编排，注释简略精当；
译文简洁明了，通俗晓畅；品评旨在概括正文主旨，评述其思想。

（晋）干宝著，郭广伟、郭杰编《搜神记选（注译本）》，福州：福建
教育出版社 1987 年 3 月出版

本书为"中国古典文学作品选读丛书"系列，以中华书局汪绍楹《搜
神记》为底本，选录六十六篇进解读。前言简要介绍干宝及其《搜神记》
的内容与意义。全书包括原文、注释和译文三个部分。原文采用汪本，并根
据内容划分段落，以利于阅读。注释一般以释词为主，旁及生字注音和疏通
难句。译文用现代汉语对原文进行直译，力求忠于全文，通俗易懂。

（晋）干宝等撰，钱振民点校《搜神记·世说新语》，长沙：岳麓书社
1989 年 7 月出版

本书以毛晋《津逮秘书》本《搜神记》为底本，以《学津讨原》本参
校，酌取汪绍楹校注本之长，校订句读，施加以新式标点。前言论述《搜
神记》及其版本流传。书前据《晋书·干宝传》补《搜神记序》。新编
"主题索引"以代"目录"；正文后附"人（神）名索引""图籍索引"
"重言索引"。各索引每条下之数字，间隔号之前者表示卷（篇）顺序，后
者表示该卷（篇）条数，便于翻检。

（晋）干宝原著，黄涤明注译《搜神记全译》，贵阳：贵州人民出版社
1991 年 1 月出版

本书为"中国历代名著全译丛书"系列。此书以毛晋《津逮秘书》本
为底本，校勘以《学津讨原》本为主，辅以他书，参考中华书局版《搜神
记》汪绍楹校注本，进行辑补刊刻，校点注释。书前言对《搜神记》之时
代、作者、内容、成就、文献版本皆有说明。全书按篇目、原文、注释、今
译编排，原文选用整理的善本；注释采用学术界公认的成果，旁征博引，疑
难字词加以注音；译文强调忠实原文，通达流畅。附有《搜神记佚文》、干

宝《搜神记序》《进搜神记表》、沈士龙、胡震亨《搜神记引》、毛晋《搜神记跋》、余嘉锡《四库提要辨证》。

（晋）干宝著，张觉译《白话搜神记》，长沙：岳麓书社 1991 年 8 月出版

本书为"古典名著今译读本"系列之一，所据原文为岳麓书社《搜神记》，并以《津逮秘书》本、《学津讨原》本、汪绍楹校注本等进行校勘，个别文字有所更正。本书翻译采取直译和意译相结合的方法，保证原文字句落实、流畅易读。个别需要特别说明的词语，则在括号内予以注明，若个别词语有不同理解，则两存之。疑难字词或句子，译文则稍加发挥。此书又有该出版社 1996 年 5 月版。

（晋）干宝等著，王东明主编《搜神记四种》，西安：陕西旅游出版社 1993 年 10 月出版

本书为"足本·注释·白话·插图"系列丛书，本书囊括《搜神记》各种传本，汲取前人校勘、注释及研究成果，注释、译文较为准确。书前有《搜神记序》《进搜神记表》。全书按原文、注释、白话编排，注释考证翔实，疑难字词皆注音标识；白话翻译，通俗晓畅。书末附有《晋书·干宝传》。

张甦、陈体津、张觉《全本搜神记评译》，上海：学林出版社 1994 年 5 月出版

本书对《搜神记》全书 464 则正文故事和 34 则佚文故事逐一作了翻译和评点。原文采用中华书局汪绍楹校注本。全书按原文、评、译编排。全书尽力探究神话笔记故事与当时背景的联系，对重大的历史事件作了必要的补充说明，力求挖掘作品对社会现实、民族、民俗和思想意识的客观反映及作者的态度，使读者能顺利地把握故事要领，满足不同文化层次读者的审美需求。本书的评析文字，旁征博引，议论风生，既有事实的补充订正，也有理论的阐述发挥。书前有吴中杰《序》、雷群明《序》、张甦《论〈搜神记〉的文学价值》、干宝《搜神记序》《进搜神记表》。

（晋）干宝著，（明）胡应麟辑，王一工、唐书文译《搜神记全译》，上海：上海古籍出版社 1995 年 10 月出版

本书据中华书局汪绍楹校注本，借鉴其成果，用白话文翻译全篇。书前

有序，简要介绍干宝及《搜神记》版本流变辑录情况。全书按汪本分二十卷，按篇目、译文排列。翻译简略直白，通俗易懂，为普及性读本。此书又有该出版社 2012 年 8 月版。

（晋）干宝撰，贾二强校点《搜神记》，沈阳：辽宁教育出版社 1997 年 3 月出版

本书为"新世纪万有文库·传统文化书系"，本书整理点校以《津逮秘书》本为底本，以《学津讨原》本对校，参用汪绍楹校勘成果，校勘所得皆写入校勘记。目录则据《学津讨原》本补编。书前简要介绍干宝及其《搜神记》版本留存情况，并附有干宝《序》。

（晋）干宝撰，罗尉宣评注《今评新注搜神记》，长沙：湖南文艺出版社 1997 年 7 月出版

本书为"今评新注古典文学珍丛"系列，共二十卷。此书以《学津讨原》本为底本，广参诸本。前言部分简要介绍干宝及其《搜神记》内容，并附《干宝原序》。书中对各本之间细微的文字差异不再一一列出；对学术界的定论直予采用，不另作说明；对原有版本个别文字的质疑，则以注释形式随文列出。注释分为夹注和尾注：凡人名、地名、年号、事典，一律用尾注；对于故事叙述中需要特别加以说明的句子或一时难于理解的词语，则随文夹注。赏析文字则是对文本主旨的论说评析。

刘琦、梁国辅译注《搜神记·搜神后记译注》，长春：吉林文史出版社 1997 年 12 月出版

本书为"中国古代名著今译丛书"系列丛书，第一部分为刘琦《搜神记》译注，共二十卷。前言论述《搜神记》内容及其影响。全书按原文、译文、注释编排，译文简略得当，注释翔实。文末附有余嘉锡《四库提要辨证》。本书为普及性读物。该出版社又有 2010 年 1 月刘琦《搜神记译注》新版。

（晋）干宝撰，鲁迅编录，曹光甫校点《搜神记·唐宋传奇集》，上海：上海古籍出版社 1998 年 11 月出版

本书第一部分为《搜神记》的点校本。此本以《津逮秘书》本为底本，遇文字歧异则斟酌异同，择善而从，不另出校。前言论述《搜神记》成书

及其意义，并简要介绍本书的版本和点校情况。正文部分按篇目逐一排列，并加以新式标点。该书又收入上海古籍出版社 1999 年 12 月版《汉魏六朝笔记小说大观》中，不另出。

王枝忠《搜神记·搜神后记》，沈阳：春风文艺出版社 1999 年 1 月出版

本书第一部分论述干宝《搜神记》，主要内容有：干宝生平及其著述、《搜神记》的成书与流传、《搜神记》的题材内容与思想性、《搜神记》的艺术特色、《搜神记》的地位与影响。

漆绪邦、张凡译注《搜神记》，北京：中国少年儿童出版社 2003 年 7 月出版

本书为"中华古典名著文库少年版"系列之一，原文主要依据上海古籍出版社 1999 年版《汉魏六朝笔记小说大观》所收曹光甫点校本，注释参考中华书局 1979 年汪绍楹校注《搜神记》。前言论述《搜神记》作者、版本、著作、内容、影响、意义，交代译注说明。正文按原文、注释编排，注释简略精当。附录有《搜神记》佚文 34 条、《搜神记序》《搜神记》的考证。

（晋）干宝著，黄涤明校译、丁往道英译《搜神记》，北京：外文出版社 2004 年 1 月出版

本书为"大中华文库·英汉对照"系列丛书，是《搜神记》系统的校译与英译专著，共二册，分二十卷。全书按原文、今译、英译编排，原文部分，考订句读，加以新式标点；今译简洁直白，通俗晓畅；英译部分用词较为准确，语句简洁明了。

（晋）干宝撰，（宋）陶潜撰，李剑国辑校《新辑搜神记·新辑搜神后记》，北京：中华书局 2007 年 3 月出版

本书为古体小说丛刊，是重新辑录的《搜神记》和《搜神后记》。作者对古书中保存的二书引文、佚文做了竭泽而渔式的搜索，并逐条进行考证，对各种异文进行比勘，在此基础上遵从"从早""从众""从干"的原则完成了二书的新辑，资料较为完备，论据充分。

（晋）干宝著、黄涤明校译、李元吉韩译《搜神记》，延吉：延边人民
出版社 2007 年 4 月出版

本书为"大中华文库·汉韩对照"系列丛书，以黄涤明校译本为底本，
辅之以韩文的全译本，共二十卷。书前简要介绍《搜神记》及其传入朝鲜
半岛的情况。全书按原文、今译、韩译编排，原文加以新式标点。本书便于
对外文学交流，便于汉语与韩语的对照阅读。

周生亚《〈搜神记〉语言研究》，北京：中国人民大学出版社 2007 年 4
月出版

本书以量化分析的方法，对《搜神记》的词类进行了深入、系统和穷
尽的断代研究。导论部分探讨《搜神记》语言的时间定位、语料性质、语
料价值。全书分上下两编。上编重点在《搜神记》的词汇研究，逐一从
《搜神记》词汇系统研究、词义类型研究、词义发展研究三个视角进行系统
性论述。下编重点在《搜神记》的词类研究，逐一从名词、动词、形容词、
数量词、代词、复词、介词、连词、助词（附"叹词"）等方面来系统地
论述词的分类、功能与发展。书末附有《搜神记》语言资料校勘记录。

（东晋）干宝等编著《搜神记》，北京：北京燕山出版社 2007 年 5 月
出版

本书为"文史笔记精华"系列丛书，书前有序，简要介绍干宝及其
《搜神记》创作，论述其艺术影响力。正文部分按原文、译文编排，文白对
照，译文简略，通俗明了，亦注重资料性与艺术性解读。此书又有吉林大学
出版社 2011 年、凤凰出版社 2012 年新版。

（汉）刘歆撰，邵士梅注译，（晋）干宝撰，蒋筱波注译《山海经·搜
神记》，西安：三秦出版社 2007 年 5 月出版

本书第二部分为《搜神记》注译，精选部分篇章进行注释译解，前言
简略论述干宝及《搜神记》。全书按原文、注释、译文编排，注释简略，译
文简洁明了，通俗晓畅。并根据文本情节配以精美的插图，形象生动。

王尽忠《干宝研究全书》，郑州：中州古籍出版社 2009 年 7 月出版

本书共三编，分为干宝生平与著作研究、干宝著作集注、历代名家论干
宝等内容。第一编主要内容有：干宝的生平、故居、年谱、著作、思想、史

学贡献、小说史地位考述，以及《搜神记》的真伪、成书年代、创作思想、影响等。第二编为干宝著作集注，包括《晋纪》《周易注》《后养议》《春秋序论》《春秋左氏函传义》《司徒仪》《周官礼注》《干子》《干宝集》《搜神记》等佚文集注。第三编为历代名家论干宝，主要内容有：刘琰、何法盛、刘勰论干宝，房玄龄《晋书·干宝传》及评论，刘知几论干宝，项皋谟《干常侍易解跋》，马国翰《周易干氏注序》，姚士粦谈《搜神记》，沈世龙《搜神记引》，胡震亨《搜神记引》，毛晋《搜神记跋》，蒲松龄论干宝，鲁迅论干宝及《搜神记》，余嘉锡《四库提要辨证》，王利器谈《敦煌文学中的"韩朋赋"》。书末附有：干宝咏、《干氏宗谱序》、《周官礼注》目录、《干宝集》目录、《搜神记》目录等。

马银琴、周广荣译注《搜神记》，北京：中华书局 2009 年 10 月出版

本书以中华书局 1979 年版汪绍楹校注《搜神记》为底本，参考李剑国《新辑搜神记》、胡怀琛校点《搜神记》、顾希佳选译《搜神记》、黄涤明《搜神记全译》等整理本，校订原书内容。本书共计二十卷，每卷卷首皆简要分析本卷所记载文本主旨，论其思想。正文部分按原文、注释、译文编排。注释简略，疑难字词有注音释义，译文简洁明了，通俗晓畅。前言简要介绍干宝及其《搜神记》。

金开诚主编，杨杰编著《志怪小说与〈搜神记〉》（上、下册），长春：吉林文史出版社 2011 年 1 月出版

本书为"中国古代文学史话"系列丛书，全书共六部分，逐一从光怪陆离的神怪世界——志怪小说，志怪小说兴起的时代背景，志怪小说的艺术特征，志怪小说中的珍珠——《搜神记》，《搜神记》的内容分类，《搜神记》的经典奇幻故事等方面展开论述。

（晋）干宝著，邹憬译注《搜神记译注》，上海：上海三联书店 2012 年 12 月出版

本书为"中国古典文化大系"丛书，参考多种注译本，从中选取出最经典的故事二百余篇，分二十卷，对其重新注释和翻译，生僻字词加以注音。全书按篇目、原文、注释、译文编排。注释简略，语言浅显，译文通俗流畅。书前有《干宝原序》。此书又有北京联合出版公司 2015 年 9 月版。

（晋）干宝等著《搜神记·世说新语》，北京：华夏出版社 2013 年 1 月出版

本书为"中国古典文学名著丛书"系列。书前有《搜神记原序》，前言论述干宝及《搜神记》内容与文学意义。正文部分共计二十卷，搜集了古代的神异故事 454 个。此版对原书中的笔误、缺漏和难解字词进行更正、校勘和释义，对原书原来缺字的地方用□标识，以方便读者阅读。

赖庆芳《搜神记》，北京：中信出版社 2015 年 1 月出版

本书选录《搜神记》部分作品进行导读讲解。书前简要论述干宝生平事迹、《搜神记》及其时代背景导论。本书内容则力求通俗易懂，结合现实生活。书后附名句索引。

郑妹珠《干宝生平与学术研究》，台北：花木兰文化出版社 2015 年 3 月出版

本书共六章。第一章为绪论，论述研究动机、方法、现状。第二章为干宝生平与著作探析，论述时代、干宝家世、经历、交游、著作。第三章为干宝经部著作思想探析，分别从礼法、春秋、音韵系书，《周易》注、干宝经部著作的思想特色及成就等方面论述。第四章为干宝史部著作思想探析，包括干宝史（子）书的著述背景，《晋纪》的编排体例与著作动机、思想内涵、时代价值。第五章为干宝子部与集部著作思想探析，包括《搜神记》的著作背景、内容编排与著作动机、思想内涵、时代价值。第六章为结论，系统综合作者观点，肯定《晋纪》的史论地位与《搜神记》的成就。

邓裕华《〈搜神记〉研究》，北京：中国社会科学出版社 2015 年 10 月出版

本书共六章。第一章论述了干宝其人、《搜神记》其书及研究概况。第二章《搜神记》之"神"，从泛化之"神"到神人关系的现实化再到神的世俗化。第三章《搜神记》中的方术，主要论述《搜神记》中的方士、方术种类和意义。第四章是《搜神记》中的侠客，主要记叙了侠客的由来、身份、行侠主题及行侠处所。第五章剖析《搜神记》中的韵文，主要论述了《搜神记》间杂韵文的原因、韵文类型、韵文插入的方式和插入韵文的小说史意义等方面。第六章论述了《搜神记》的史传性，包括其成因、思想内容和体例的史传性。对《搜神记》一书蕴藏的深厚丰富思想、文化内

涵进行了较全面的挖掘，进一步揭示《搜神记》的文化及文学意义、文学价值。

　　汪保忠《〈荷马史诗〉与〈搜神记〉神鬼形象比较研究》，北京：博士学位论文，中央民族大学，2015 年

　　本论文通过两书中神鬼形象的比较研究，勾勒出深层次的文化心理与文化传统的一些侧面。全文共五章。第一章讨论两书文本产生的时代原因和文化特点，分析了魏晋时代的隐逸情怀，记录神鬼以证"神道之不诬"。第二章是两书所受的社会、文化影响研究，阐释了巫术、宗教与神话、鬼话的关系，论述《搜神记》的孕育土壤与文化生态。第三章是两书的母题和主题研究，探讨了爱情母题、复仇主题、仙乡与幽冥母题。第四章为文化英雄与鬼神形象研究，论述两书中的文化英雄、正义秩序与命运、智慧与力量之美、生死玄关与斯克芬斯之谜。第五章为艺术表现研究，探讨隐喻与谶纬比较；梦幻、吊诡、异化与现代主义；元叙事与互文性。

葛洪 (283—363)

（晋）葛洪撰，罗根泽校《西京杂记》，北京：中华书局 1956 年出版

本书以明程荣校《汉魏丛书》本为底本，参校明嘉靖孔天胤刊本等诸本，改正讹脱衍误之处，均出校记。全书共六卷，书末附有版本序跋、书目著录。

（晋）葛洪著《抱朴子》，北京：中华书局 1964 年 12 月出版

本书为诸子集成系列，分《抱朴子内篇》二十卷、《抱朴子外篇》五十卷两部分。书前有《校刊抱朴子内篇序》《新校正抱朴子内篇序》《抱朴子内篇序》。本书又有该出版社 1978 年 8 月新版。

王明《抱朴子内篇校释》，北京：中华书局 1980 年 1 月出版

本校释以清孙星衍平津馆校刊本为底本，孙氏校勘之文字称"孙校"，孙本标旧校为"原注"者，改称为"原校"，全部移录入校释。同时广参众本，皆一一标明出处。全书共十八卷，序言部分简要介绍了葛洪思想及其《抱朴子》成就。凡例说明本书辑录作品的编排体例和原则。本书文字先校后释；注释所引文字，每有删略，不尽依原书文句，以省烦累。文末附有：严可均《抱朴子内篇佚文》《抱朴子内篇序》《抱朴子外篇自叙》《晋书·葛洪传》、孙星衍《新校正抱朴子内篇序》《抱朴子内篇目录》、方维甸《校刊抱朴子内篇序》《葛洪撰述书目表》。此书又有中华书局 1985 年版。

钱泳、黄汉、尹元炜、牛应之编《笔记小说大观》，扬州：江苏广陵古籍刻印社 1983 年 10 月出版

本书第一册收录葛洪《西京杂记》，据民国上海进步书局本影印，书前有提要。

（晋）葛洪《西京杂记》，北京：中华书局 1985 年 1 月出版

本书据 1956 年罗根泽校勘断句本《西京杂记》整理，一是将原有的断句改为新式标点；二是用《抱经堂丛书》本逐条复核校记；三是增多了原来附录的内容，并取抱经堂本的目录置于卷首。全书共六卷，书前有出版说明，简要介绍《西京杂记》版本留存情况。书末附有版本序跋、书目著录。

（晋）葛洪《抱朴子》，上海：上海书店 1986 年 7 月出版

本书据世界书局《诸子集成》本影印，收录《抱朴子内篇》二十卷、《抱朴子外篇》五十卷。书前有《校刊抱朴子内篇序》《新校正抱朴子内篇序》《抱朴子内篇序》。《抱朴子内篇》主要讲述神仙方药、鬼怪变化、养生延年、禳灾却病。《抱朴子外篇》论时政得失、托古刺今、讥评世俗、述治民之道，主张任贤举能、爱民节欲。认为《抱朴子》将玄学与道教神学、方术与金丹、丹鼎与符箓、儒学与仙学统统纳入一体之中，从而确立了道教神仙理论体系。

（汉）旧题刘向撰，（晋）葛洪撰《列仙传·神仙传》，上海：上海古籍出版社 1990 年 9 月出版

本书为"诸子百家丛书"系列，第二部分为葛洪《神仙传》，依据文渊阁《四库全书》本影印，共十卷，内容主要是道教神仙传记。该书"抄集古之仙者见于仙经、服食方及百家之书、先师之说、耆儒所论，以为十卷"。葛洪编集此书，意在宣扬修道成仙者古已有之，论证神仙可学，不死可得。后世道书仙传颇受此书影响，文人小说诗词亦多取材于此书。

（汉）刘歆撰，（晋）葛洪辑《西京杂记（外二十一种）》，上海：上海古籍出版社 1991 年 12 月出版

本书为《四库笔记小说丛书》之一。此书据抱经堂本《西京杂记》排印，并据《学海津逮》本补序及提要。全书为竖排繁体，无新式标点，皆以圆点标识断句。

杨明照校笺《抱朴子外篇校笺》，北京：中华书局 1991 年 12 月出版

本书为"新编诸子集成"本，全书以《平津馆丛书》原刻本为底本，参校明正统《道藏》本、鲁藩承训书院本、吉藩崇德书院本等十一种进行

笺校，并过录诸多名人批校，注明正文辞句，相关论述，分别辑存备用。全书共五十卷，序言部分简要介绍了葛洪思想、《抱朴子》成书、版本留存情况。全书按原文、注释编排，原文考订断句，施以新式标点；注释翔实，疑难字词皆详细训释，人名、物名、器物、职官等皆逐一注解。

（晋）葛洪《神仙传》，北京：中华书局 1991 年出版

本书为"丛书集成初编"本，据《汉魏丛书》本排印，共十卷。书前有《神仙传序》。全书为竖排繁体，用圆点标识断句。

（晋）葛洪《枕中书》，北京：中华书局 1991 出版

本书为"丛书集成初编"本，据宝颜堂秘籍本排印，书后附"汉魏丛书"本王谟《跋》。全书为竖排繁体，用圆点标识断句。

（晋）葛洪集，成林、程章灿译注《西京杂记全译》，贵阳：贵州人民出版社 1993 年 8 月出版

本书为"中国历代名著全译丛书"本，以《四部丛刊》本为底本，校以他本及《搜神记》等书，校记随注，除牵涉文意的字句外，不逐一标注各本异同。前言详细考证了《西京杂记》成书及其作者，探讨其思想与版本留存情况，以及与译注相关的一些问题。全书按题解、原文、注释、译文编排。题解或分析、或对照、或比较、或提要，力求灵活，不拘一格。原文则考订断句，施以新式标点。注释侧重音义训诂，凡有可资参证的文献资料，纳入注文，加以笺释。译文以信达雅为标准，力求流畅生动。

（晋）葛洪著，顾久译注《抱朴子内篇全译》，贵阳：贵州人民出版社 1995 年 3 月出版

本书为"中国历代名著全译丛书"本，以王明《抱朴子内篇校释》为依据，参考其成果进行整理译注，共二十卷。前言部分论述了葛洪其人及其所生活的时代、《抱朴子内篇》成书及其思想内容。全书按题解、原文、注释、译文编排。题解详细概括文本内容，分析其思想主旨；注释翔实，疑难字词皆注音释义；译文简要，语言通俗明了。

（晋）葛洪著，张广保编著《抱朴子内篇》，北京：北京燕山出版社1995年4月出版

本书为"中国传统文化读本"，收录葛洪《抱朴子内篇》文本。书前有导读，详细论述葛洪生平事迹、思想著述、《抱朴子内篇》成书及其意义。书末有评价，肯定葛洪的历史地位及其影响。

汪辉亮《葛洪》，北京：中国华侨出版社1996年4月出版

本书是"中华魂"华夏名人传记系列·科学家丛书。全书共五个部分。第一部分主要记述葛洪治学求道的传奇一生。第二部分论述中国古代的炼丹术、葛洪的炼丹术理论、葛洪在炼丹史上的贡献。第三部分依次从可贵的医学思想，在传染病学、寄生虫、症状学、治疗学及药物学等方面的成就称颂葛洪勤研医术。第四个部分论述了葛洪的神道思想，包括玄妙的道学思想、成仙和长生不死思想、道本儒末思想、贵今思想、知人善任思想。第五部分论述葛洪在其他方面的成就。

（晋）葛洪著，邱风侠注译《抱朴子内篇今译》，北京：中国社会科学出版社1996年12月出版

本书依据的版本主要是王明《抱朴子内篇校释》，并参校了中华书局的《诸子集成》本。全书分为两大部分，第一部分为白话译文，第二部分为原文及注释。导言介绍了葛洪的生平、师承、学术、思想等情况。其注释借鉴王明之书较多。

（晋）葛洪著，梅全喜等编译《抱朴子内篇·肘后备急方今译》，北京：中国中医药出版社1997年3月出版

本书《抱朴子内篇》以清代孙星衍平津馆校刊本为底本、《肘后急备方》以万历年间岳州刘自化奉檄校刊本为底本。全书分三大部分，第一部分是《抱朴子内篇》的翻译，第二部分是《肘后备急方》的翻译，第三部分是有关葛洪的研究文章。前言简要介绍葛洪生平事迹、著述思想。正文部分按原文、译文编排，翻译简洁明了、通俗易懂。译文后收录有《葛洪生卒年代小考》等论文。书末附有《抱朴子外篇自叙》《晋书·葛洪传》《葛洪撰述书目录》。此书又有该出版社2015年10月新版。

（晋）葛洪著，庞月光译注《抱朴子外篇全译》，贵阳：贵州人民出版社 1997 年 8 月出版

本书以中华书局 1959 年版"诸子集成"本为底本，据杨明照《抱朴子外篇校笺》《〈抱朴子外篇〉校证》校勘。全书共五十二卷。前言论述葛洪生平事迹、《抱朴子外篇》思想内容与版本留存情况。全书按题解、原文、注释、译文编排，题解简要概括文本主旨，评述其思想；原文疑有讹误处一律不予改动，只在注释中说明；注释翔实精当，疑难字词皆注音释义；译文简洁，通俗易懂。书末附有《葛洪传（晋书）》《抱朴子外篇佚文》《葛洪撰述书目表》。

（晋）葛洪著，吴敏霞译《白话抱朴子内篇》，西安：三秦出版社 1998 年 7 月出版

本书将原文分段，每段后为白话译文。译文通俗易解，有一定的参考价值。

（晋）葛洪著，周国林译注《神仙传全译》，贵阳：贵州人民出版社 1998 年 7 月出版

本书为"中国历代名著全译丛书"，以明何允中所辑《广汉魏丛书》本为底本，并参校别本进行整理译注，共二十卷。前言部分论述了葛洪其人及其所生活的时代、《神仙传》成书及其思想内容、版本留存情况。全书按原文、注释、译文编排，原文则依据断句，施以新式标点；注释援引类书资料，资料翔实。

张广军《葛洪》，北京：中国国际广播出版社 1998 年出版

本书为"中外科学家发明家丛书"系列之一，为葛洪思想评述论著。共计八部分，以葛洪生平事迹为主线，简要论述葛洪的思想与影响。全书主要内容包括：葛洪以前的炼丹术、葛洪的青年时代、葛洪记载的炼丹术、葛洪的养生思想、葛洪的医学思想、葛洪的医学成就、入罗浮山、葛洪之死等。

何启民《嵇康·王弼·葛洪·郭象·道安·慧远·竺道生·寇谦之》，台北：商务印书馆 1999 年 1 月出版

本书是关于历代思想家的人物评传，当中第三部分为葛洪，梳理其家世渊源、生平事迹；分析其性格与思想特征，解读其作品，评价其影响价值。此书写作简明扼要，行文流畅、语言朴实，浅显易懂。

李泽厚、刘纲纪《中国美学史：魏晋南北朝编》，合肥：安徽文艺出版社 1999 年 5 月出版

本书第九章为葛洪《抱朴子》中的美学思想，分别从葛洪的生平与思想、葛洪论"文"与"德"、葛洪论艺术的鉴赏三个方面展开论述。余详"嵇康"条。

（晋）葛洪撰，颜玉科整理《抱朴子》，济南：山东画报出版社 2004 年 1 月出版

本书以《道藏》本《抱朴子》为底本，以《平津馆丛书》本、俞樾《抱朴子评议补录》为参校本进行点校，共五十卷。书前有《校刊抱朴子内篇序》《新校正抱朴子内篇序》《抱朴子内篇序》。全书原文后附校记，施以新式标点，便于阅读。

李漆镕《葛洪〈抱朴子〉的哲学思想研究——简论葛洪的儒道关系观》，北京：博士学位论文，北京大学，2005 年

本论文共五章。第一章为葛洪《抱朴子》哲学思想的形成背景，及其不同思想倾向。第二章为《抱朴子》内外篇的自然观。第三章为《抱朴子》的人生观，包括魏晋时期思想家的人生观、《外篇》《内篇》的人生观。第四章为《抱朴子》的理想人格，论述《抱朴子》理想人格论的理论前提、《外篇》《内篇》的理想人格。第五章为《抱朴子》的儒道关系观，包括魏晋时期儒道关系观、《外篇》《内篇》的儒道关系观。

（晋）葛洪撰，周天游校注《西京杂记》，西安：三秦出版社 2006 年 1 月出版

本书为"长安史迹丛刊"系列，以孔天胤本为底本，广参诸本，共计六卷。前言论述《西京杂记》的成书、作者、版本留存情况。全书按原文、注释编排，凡原本不误，他本错讹的不录；类书或子书所引有增删异文不录；原文错字据他本所改，皆说明；注释翔实，考证精当，疑难字词皆注音释义，人名、地名、器物、职官等皆一一标注。

卢央《葛洪评传》，南京：南京大学出版社 2006 年 8 月出版

本书为"中国思想家评传丛书"系列，全书共五章。第一章论述葛洪的家族、生平、流亡、漫游、修道等。第二章论述葛洪之前的长生不死和神

学理论。第三章从形神关系、长生成仙的论证、循序渐进的修炼方法、金丹大药、守一和存思、立德立功等方面阐释葛洪的长生不死和成仙理论。第四章为葛洪的政治思想，包括关于君主政权的议论、对君主和臣子的论述、依法治国、审察与选拔人才、葛洪政治思想等方面。第五章为葛洪的学术思想，论述玄道、宇宙和天体、医药研究、法术概要、文学等方面的内容。书末附有葛洪简谱、人名索引、名词索引。此书又有该出版社 2011 年 4 月新版。

　　刘固盛、刘玲娣编《葛洪研究论集》，武汉：华中师范大学出版社 2006年 10 月出版

　　本书为"道家道教文化研究书系"，是关于葛洪研究的论文集录。主要内容包括：论葛洪，葛洪年谱，读《抱朴子》，读《抱朴子》推论南北学风的异同，《抱朴子外篇校笺》前言，从葛洪论儒道关系看神仙道教理论特点，葛洪道教思想研究，葛洪神仙道教思想与黄老学的关系，葛洪儒道兼综思想剖析，葛洪的哲学思想概说，葛洪及其人生哲学，葛洪的文学观，《抱朴子》音乐文化思想探微，《抱朴子》的科学思想管窥，论葛洪在中国文化史上的地位，近二十年来葛洪研究综述等。书末附有"20 世纪以来葛洪研究主要论著目录"。

　　曾勇《抱朴之士、生与道合——葛洪生命价值观研究》，武汉：博士学位论文，武汉大学，2006 年

　　本论文以生命理念为视角，以价值观为主线，重点在葛洪对儒道两家文化在人生价值与意义方面的阐释，诠释他对生命存在及其意义的理解与把握。本文第一章主要概述葛洪生平与《抱朴子》著作特点。第二章探讨生命之原与价值之基。第三章阐释生命价值意蕴，分别论述生命内在价值、生命个体之间所显现的价值、生道合一的统一价值。第四章主要论述生命价值理想，涉及葛洪的处世原则、价值目标、生命价值三个向度及三种理想人格典范。第五章论述生命价值实践，包括治国理念和理身学说。第六章从历史与现实两个向度简论葛洪生与道合价值观的意义与价值，认为葛洪"隐显任时"的处世原则具有一定的合理性，其"德性生活"的生命理念、多元共存的价值理想也仍具现实性，但他所谓的肉体成仙思想只能是宗教的梦呓。

杨世华主编《葛洪研究二集》，武汉：华中师范大学出版社 2008 年 4 月出版

本书为"道家道教文化研究书系"，是关于葛洪研究的论文集。书前有序，简要介绍著述动机与目的。其内容围绕葛洪生平事迹展开，论述著述内容与价值意义，概括其哲学思想、道学思想、养生思想、方术思想、炼丹思想、神学思想、文学思想等。

钟东、钟易翚《葛洪》，广州：广东人民出版社 2009 年 7 月出版

本书为"岭南文化知识书系·南粤先贤"系列之一，是关于葛洪的人物研究著述。全书共十个部分，主要内容包括：生平大略、珠江遗迹、罗浮仙踪、言谈道旨、论说神仙、烧炼金丹、便民医学、外学儒家、影响岭南、著述概观等十个方面。全书围绕葛洪的言行事迹、生平著述展开，简要论述葛洪的思想及其医术，旨在称颂葛洪对岭南文化的深远影响。

武锋《葛洪〈抱朴子外篇〉研究》，北京：光明日报出版社 2010 年 8 月出版

本书是在作者同题博士学位论文（华东师范大学 2007 年）的基础上修订而成，全书共五章。第一章从葛洪先世祖籍考实、家世探讨、生卒年考辨、生平与思想关系述略四个方面来阐述葛洪家世及其生平研究。第二章为《抱朴子外篇》文本研究，主要内容包括：著述动机及其经过、佚亡情况考辨、从古本到今本的变化、在当时及其以后的影响、清代学人论《抱朴子》。第三、四章为《抱朴子外篇》思想研究，论述其政治思想、学术思想、士人精神、学术思想、历史人物评价。第五章为《抱朴子外篇》与《内篇》关系研究，分别从二者关系的诸种争论；以《内》统《外》；《内》《外》关系与时代思潮三个视角展开论述。书末附有《葛洪年谱》。

（晋）葛洪撰，胡守为校释《神仙传校释》，北京：中华书局 2010 年 9 月出版

本书为"道教典籍选刊"，以文渊阁《四库全书》本《神仙传》为底本，广参诸本与类书进行校勘，共十卷。前言简要介绍葛洪《神仙传》内容与版本留存情况。书前附有《引书目录》《神仙传序》。全书按原文、校释编排，原文施加以新式标点，便于阅读；校释为尾注，资料翔实、考证精当，旁征博引，疑难字词皆逐一注解，人名、地名、器物、职官等皆有注解。

郑全《葛洪研究》，北京：宗教文化出版社 2010 年 12 月出版

本书是在作者博士学位论文《葛洪哲学思想研究》（南开大学 2004 年）的基础上修订而成，全书共八章。第一章分析《抱朴子》内、外篇思想之联系。第二章为政论与历史观。第三章探讨葛洪的人生哲学。第四章探讨葛洪文论思想，旨在探讨文之价值，言、意之美，文之美，文之品鉴，以及对文论基本范畴形成的贡献。第五章为对仙道信仰的论证。第六章阐释道教哲学。第七章从延养之术、禳邪之术、长生之术三个角度论述方术。第八章为葛洪对早期道教思想的改造。

范江涛《驳杂与务实：〈抱朴子外篇〉政治思想新研》，天津：博士学位论文，南开大学，2010 年

本论文旨在讨论《抱朴子外篇》中的哲学思想、政治思想和文化思想等。全文共五章。绪论交代研究思路、方法与本文创新点。第一章主要从葛洪生平考和《抱朴子外篇》文本分析来讨论葛洪本人的史实，并对《抱朴子外篇》进行文本统计分析。第二章论述《抱朴子外篇》的哲学观和人生观，依次从言行观、人生观、隐逸观三个方面展开。第三章为《抱朴子外篇》政治思想研究，主要内容包括：有君无君之辩、君臣之道、以礼治国、举贤任能。第四章为《抱朴子外篇》文化思想研究，逐一论述批判士风、仁明、贵今、重文。第五章讨论《抱朴子外篇》中的儒道关系和对诸子的反思。文末附有葛洪或《抱朴子》部分研究目录、书目勘误表。

裴梧《葛洪数术思想研究——以〈抱朴子内篇〉为中心》，北京：博士学位论文，北京大学，2010 年

本论文共五章。第一章阐述了葛洪的家世、从学与交游。第二章探讨葛洪的身份及其与数术之关系，论述葛洪所称"道家"和"儒家"，葛洪的道家身份、儒家身份、方士身份与数术。第三章为葛洪的命数思想与长生成仙，论述葛洪关于人的论说、命有定数与长生不死、星命思想与成仙宿命论、小术与大术。第四章探讨众术护身之养生延命的数术思想。第五章探讨金丹与守一之突破定数的数术思想。第六章为结论。

高信一主编《探寻文化史上的亮星：葛洪与魏晋道教文化研讨会论文集》，北京：宗教文化出版社 2012 年 3 月出版

本书收录了葛洪与道教文化研究的论文。书前有序，简要论述葛洪及其

道教思想。全书主要内容包括：葛洪论玄道、葛洪与魏晋玄学、葛洪《抱朴子内篇》与玄学之关系浅析、葛洪的长生久视论述略、葛洪道教主体建构的历史范例、葛洪与魏晋神仙传记择论、葛洪儒家伦理观的建构等。此论文集旨在探讨葛洪的道教思想、伦理思想、玄学思想、道术体系、神仙思想，肯定葛洪在宗教文化中的地位及影响。

　　苏仁华主编《葛洪〈抱朴子内篇〉道医丹道修真学》，太原：山西科学技术出版社 2012 年 7 月出版

　　本书共五章。第一章为绪论，探讨葛洪简史及其对中国道家文化、丹道养生、中国医道、中医药的贡献。第二章为葛洪史传，论述《晋书·葛洪传》、葛洪生卒年代小考、葛洪撰述书目表。第三章为葛洪关于修炼道家内丹养生主要著作。第四章为葛洪《抱朴子·内篇》内含丹道养生作品的注释与译文。第五章为葛洪《肘后方》道医与中医药养生注释与译文。

　　李宗定《葛洪〈抱朴子内篇〉与魏晋玄学》，台北：学生书局 2012 年 11 月出版

　　本书共六章。绪论言及创作缘起、研究主题与方法。第一章为道教形上学的建立，逐一论述“玄”“道”“玄道”“气”等相关问题。第二章探讨“形神”与“有无”，兼论“烛火之喻”。第三章阐述“神仙是否可学致”与“圣人是否可学致”。第四章为金丹成仙与服食养生。第五章探讨隐逸之风与神仙品第。最后呈现葛洪“道本儒末”所显示的实践意义，在六朝“会通儒道”论题上，一方面承袭玄学相关理论，一方面又能以道教的修炼方式落实道德行为，使玄学从“清谈”走向实践。结论部分重估葛洪的历史地位。

　　丁宏武《葛洪论稿——以文学文献学考察为中心》，北京：中国社会科学出版社 2013 年 3 月出版

　　本书是在作者博士学位论文《葛洪及〈抱朴子外篇〉考论》（西北师范大学 2006 年）的基础上修订而成，全书分上、中、下三编。上编两章，重点考察葛洪的生平与著述，主要内容包括：葛洪所处的时代、家世与生平、扶南之行补证、卒年考、著述叙录、存疑与辨伪、《西京杂记》非葛洪伪托考辨。中编三章，集中论述《抱朴子外篇》的成书过程、撰写动机、思想倾向、文学思想及文学特征；下编三章，着力探讨葛洪的思想、人生追求与

学术成就。

陆爱勇《葛洪伦理思想研究》，南京：博士学位论文，东南大学，2013 年

本论文共五章。第一章论述葛洪其人其书与伦理思想产生的社会背景。第二章探讨"道者涵乾括坤"之道德根据论。第三章论述"舍仁用明"之道德范畴论。第四章论述"进德修业"之道德实践论。第五章论述葛洪伦理思想的主要特征及其局限性，包括葛洪贵儒的价值取向、实用的道德标准、因循的实践方法论、理论与实践的统一。

张文亭《〈抱朴子〉文学思想研究》，天津：博士学位论文，南开大学，2013 年

本论文共四章，引言为《抱朴子》文学思想研究综述。第一章从两晋之际东吴士人的生存境遇与处世心态入手，分析《抱朴子》对待汉、吴、晋政权的态度，解读葛洪的人生态度。第二章探析葛洪的人性论及政治思想，分析《外篇》反对贵古贱今、力推子为经衍、倡导文德钧等文章价值论，探讨葛洪"品藻难一"的鉴赏论。第三章探讨《内篇》思想的宗教哲学性征，在此基础上论说《内篇》玄道之由来与仙境之美，及《内篇》向虚而实与向实而虚的双重审美理想。第四章评价了《抱朴子》在六朝文学思想史上的意义。

向群《葛洪〈神仙传〉研究——以文本流变为中心的考察》，济南：博士学位论文，山东大学，2015 年

本论文共五章。第一章从神仙形象的塑造、继承与完善两方面探讨为神仙立传。第二章为《神仙传》版本考，主要内容包括：今存《神仙传》之版本概况，说郛本《神仙传》之成立，说郛本与四库本《神仙传》之关系，明代可能存在的《神仙传》流传状况。第三章为《神仙传》佚文考辨，逐一论述《神仙传》佚文索隐、疑出他书而误作"神仙传"者、白石生疑出旧本《神仙传》者等。第四章主要从广成子、若士、沈文泰、彭祖（附黄山君）、白石生、凤纲等人来阐述对诸《神仙传》文本流变的考察。第五章为结论，综合概括葛洪《神仙传》的文本流变。

王羲之（303—361）

朱杰勤《王羲之评传》，上海：商务印书馆 1940 年 12 月出版

本书是关于王羲之的评传，主要内容包括：少年时代，出处大端，会稽荒政，兰亭修禊，誓墓文成，隐居养真，传业有人，书学研究。书末附《兰亭新考》《六朝书家评述》。

梁实秋《王羲之》，台北：名人出版社 1982 年 8 月出版

本书是"名人伟人传记全集"系列丛书，简要论述王羲之的生平事迹与影响，配有相关插图。本书内容包括：王羲之的诞生，王敦叛变，国家多难，王氏家族的崛起，出仕、退隐、辞官，兰亭之会，兰亭逸事，会稽名士，盛行清谈，清谈误国，后继有人，书坛轶事传千古，王羲之与后代书家。

陈玮君《王羲之的传说》，石家庄：花山文艺出版社 1985 年 8 月出版

本书是有关王羲之学习与书法的传说故事辑本。本书第一部分为王羲之传说故事，如墨池、东床快婿、写春联、入木三分、一笔鹅字、鹅碑、千里送鹅毛、《乐毅论》墨迹、海门关、金玉其声等。第二部分为《兰亭集序》传说故事，如盗"兰亭"、一字千金、杀狐林、定武"兰亭"、孤独长老、"落水兰亭""兰亭"余墨等。书末附有王羲之生卒年表、家世表。

李长路、王玉池《王羲之王献之年表与东晋大事记》，重庆：重庆出版社 1992 年 3 月出版

本书共上下两编，上编为东晋上、中期大事与王羲之年表，下编为东晋中、下期大事与王献之等年表。此表采用晋纪年，一年之中分一般大事、著者生平、书法艺术活动。凡不能确指的事件及年代逐一进行罗列。书前附有

《琅琊临沂王氏世系表》《郗、庾、桓、谢、太原王氏世系简表》。其后附有王羲之、王献之画像，以及书法作品图像 11 幅。书中逐一梳理政事行迹系年，新出土碑刻文书重要者适当系年标注。书末附录有：王羲之传略，王献之传略，王羲之《临河叙》等。

潘岳《王羲之与王献之》，上海：上海书画出版社 1992 年 6 月出版

本书分为两编，第一编为王羲之研究。第一章为概说，简要介绍王羲之及其文学书法创作。第二章为王羲之传，旨在论述其言行事迹、生平著述、交游往来、政治思想等内容。第三章为王羲之书法。书末附有《王羲之生卒确年佐证》。

郭廉夫《王羲之评传（附王献之评传）》，南京：南京大学出版社 1996 年 9 月出版

本书第一部分为王羲之评传，共八章。第一章为生平概论，探讨王羲之言行事迹、交游往来、仕途历程、生平著述。第二章为政治思想，主要内容包括：重民爱国的思想、审量彼我的决策思想等。第三章从儒道并综、怀向平之志、生死观三方面阐述其哲学思想。第四章为美学思想，包括：崇尚自然和虚静无为的审美理想、名士风流与人格美的追求、书法美学思想。第五章为书法艺术。第六章为王羲之的书论。第七章从《兰亭序》及其文学价值方面探讨王羲之的文学成就。第八章为有关争论问题的探讨，如生卒年、《兰亭序》的真伪问题、王羲之是否有代笔人等问题。书末附有《王羲之·王献之年表》《王羲之家族世系简表》等。

刘茂辰、刘洪、刘杏编撰《王羲之王献之全集笺证》，济南：山东文艺出版社 1999 年 3 月出版

本书第一卷为王羲之著作，按政论、散文、诗歌、书信、书学理论编排。书前附有王羲之像与相关图片。前言部分论述王羲之生平事迹及其文学书法成就。书中所用史料，大多引自中华书局版《晋书》和《资治通鉴》，稀见材料皆一一标注。此书旨在"笺证"，以笺释语义和考证史实为主，亦对某些重要字句进行比勘。书末附录《王羲之书事编年》《历代对王羲之书法的评论》《二王生平系年》。

潘良桢《王羲之传论》，上海：上海人民美术出版社 2001 年 8 月出版

本书研究王羲之的家世生平、书法艺术的特点及局限、对中国书法艺术产生的深远影响、代表作《兰亭序》的价值等问题，并进行了评论。

李廷华《王羲之·王献之》，石家庄：河北教育出版社 2006 年 12 月出版

本书共三章。第一章为生平传略，以王羲之的言行事迹为主线，探讨其家世、环境、时代、交游与晚年的生活。第二章论述王羲之的书法艺术及其意义。第三章为王羲之论艺摘录。书末附有《王羲之、王献之（附王氏诸人）年表》《王羲之、王献之（附王氏诸人）传世作品目录》《作品赏析及释文》。

雒三桂《王羲之评传》，北京：人民美术出版社 2007 年 8 月出版

本书从学术的角度，详尽陈述、阐释王羲之的生平和思想，资料翔实，体例严谨。全书共十章，主要内容包括：琅琊王氏、王与马共天下、门阀与士族、宦海沉浮、退居生活、名士风流、琅琊王氏与道教、王羲之与佛教、王羲之交游考、书法艺术。

祁小春《迈世之风——有关王羲之资料与人物的综合研究》，台北：石头出版社 2007 年 8 月出版

本书分为上、下两编。上编为资料研究，第一章从王羲之的撰述资料与传记资料论述王羲之研究的基础资料。第二、三章为王羲之尺牍研究，依次从尺牍及其相关问题的考察、王羲之尺牍的研究状况及其资料等方面展开论述。第四章从文学的角度重新考察兰亭序问题。编末附有《兰亭序》的"揽"字与六朝士族的避讳。下编为人物研究，第五章从王羲之的生卒年、世系以及家族、生涯事迹考述三方面论述王羲之的家世及其生平。附有以官奴考为主的王羲之晚年生活诸问题综考。第六章为王羲之与道教的关系。第七章为王羲之散论。书后附有"王羲之年谱"。

刘长春《王羲之传》，香港：香港三联书店 2008 年 5 月出版

本书为王羲之的人物传记，书前有王羲之像，并附有其书法图片。序言中论述本书创作目的与意义。正文部分从家世与出身、童年少年的苦学、从秘书郎起家、会稽内史、兰亭会、辞官归隐、仙游、名垂千古的一代书圣等

方面展开论述。正文配有注释，解说人名、地名等。书后附有王羲之年谱简述。

陈忠康《〈兰亭序〉版本流变与影响》，北京：博士学位论文，中央美术学院，2008 年

本论文共五章。第一章列举了《兰亭序》研究史的基本文献与成果，并对相关的版本命名、描述与分类方式做了探讨。第二、三章分唐、宋、元与明、清两个时期梳理《兰亭序》版本的状况，着重于各种风格派别与制作方式的版本在历史中的流传与影响问题。第四章研究《兰亭》版本的形态变异特征。第五章研究在以刻帖为范本的学习方式中，人们如何感受刻本、如何进行临摹等问题。

刘秋增、王汝涛、刘锡山主编《王羲之志（附王献之志）》，济南：山东人民出版社 2009 年 4 月出版

本书为"齐鲁诸子名家志"，采用志、传、图、表、录诸体裁，第一部分为王羲之志，共计五篇，对王羲之的生平活动、思想学说（贡献）、著作与作品及其后世影响、文化遗迹遗存、故里沿革等作了客观的记述和考证，引用资料严谨翔实。书后附有《王羲之王献之生平大事年表》《王羲之书论》《王羲之王献之历代评论选辑》《王羲之生平大事有关考证》。

何来胜《〈兰亭序〉及其书法文化意义》，北京：博士学位论文，中国美术学院，2015 年

本论文共三章，通过三个方面诠释《兰亭序》及其书法文化的意义：一、兰亭书法文化之背景；二、《兰亭序》的书法文化；三、《兰亭序》研究的意义。从中挖掘《兰亭序》所蕴涵的历史文化，阐释《兰亭序》的人脉精神，探讨《兰亭序》书法文化之内容，充分认识《兰亭序》及其书法文化的现实意义。

袁宏（328?—376?）

（晋）袁宏撰，周天游校注《后汉纪校注》，天津：天津古籍出版社1987年12月出版

本书以蒋国祚、蒋国祥兄弟刊本为底本，用果亲王、陈澧手校明嘉靖黄姬水本、冯班手校明万历南京国子监本等参校。凡底本不误，他本讹误者，一律不出校；其文字有重要不同，且具参考价值者则出注。凡可直接改正者，径改之，并在注中说明；疑而不能决者，于注中提出倾向性意见。凡属误文、衍文当删者，括以圆括号；凡已改正之正文和应补入之脱文，括以方括号。前言论述袁宏生平事、著述思想以及《后汉纪》史学价值、版本留存情况。除文字校勘外，本书注释着重于史实的考订，并尽量吸收前人和今人的研究成果，择善而从。

（东汉）荀悦、（晋）袁宏撰，张烈点校《两汉纪》，北京：中华书局2002年6月出版

本书《后汉纪》以明黄姬水本为底本，广参诸本，凡有重要者，必出校记。底本中的日期与史、汉、后汉书不一致者，除了确有必要校改外，一般只注出异文，以资读者比较辨别。《后汉纪》中的职官依《汉书·百官公卿表》改正。书末附有《四库全书总目·后汉纪》《晋书·袁宏传》。

（晋）袁宏撰，李兴和点校《袁宏〈后汉纪〉集校》，昆明：云南大学出版社2008年6月出版

本书以《四库全书》本为底本，参校异本，广参其他资料，比勘异同，判断讹误，出校勘记。正文部分标点断句，尽量使原文词分句析，语义清楚。原文作了分段处理，按编年体史书以年、时、月、日时间顺序叙述历史。按简化字排版，便于阅读。书前有《钦定四库全书·〈后汉纪〉提

要》、《后汉纪》袁宏自序。校点前言简要介绍袁宏及其《后汉纪》、《后汉纪》对编年体的继承和发展、史学研究价值。

卓季志《〈后汉纪〉与袁宏之史学及思想》，台北：花木兰文化出版社2009年3月出版

本书共五章。第一章论述研究方法及动机、目的、章节提要。第二章为《后汉纪》与其史事，分别从《后汉纪》之传世、《后汉纪》之史事疑义、《后汉纪》对后汉史之价值等方面展开论述。第三章为《后汉纪》之编纂，分别从二体交游、史法体例、盛兴的史论风气展开。第四章为《后汉纪》之思想，分别从政论、"务饰玄言"、以史明玄——"通古今而笃名教"思想展开。第五章为结论，分别从《后汉纪》版本的选取与运用、学术藩篱未定下的史学家、玄史相辅、通史经用等方面进行总结。

曹美娜《袁宏〈后汉纪〉研究》，北京：博士学位论文，北京语言大学，2010年

本论文共九章。第一章为袁宏的生平与著述研究，如《后汉纪》的编著时间及参阅书目、版本与流传状况。第二章探讨《后汉纪》的结构及叙事特点。第三章分析直书传统和《后汉纪》中的直书法。第四章论述了类书法在《后汉纪》之前的应用与发展、《后汉纪》的类传法和类记法。第五章阐述《后汉纪》与袁宏的社会理想。第六章探讨汉魏选举制度与人物品评、《后汉纪》品评人物之特点。第七章分析名教思想与袁宏的名教观在《后汉纪》中的体现。第八章探讨玄学思想、玄言诗与《后汉纪》。第九章论述编年体特点及袁宏对编年体的发展。文末附有《历代典籍介绍〈后汉纪〉及援引内容汇总》《〈后汉纪〉人物评价性描写汇总》。

王献之（344—386）

潘岳《王羲之与王献之》，上海：上海书画出版社 1992 年 6 月出版

见前"王羲之"条。

郭廉夫《王羲之评传（附王献之评传）》，南京：南京大学出版社 1996 年 9 月出版

见前"王羲之"条。

刘茂辰、刘洪、刘杏编撰《王羲之王献之全集笺证》，济南：山东文艺出版社 1999 年 3 月出版

见前"王羲之"条。

李廷华《王羲之·王献之》，石家庄：河北教育出版社 2006 年 12 月出版

见前"王羲之"条。

刘秋增、王汝涛、刘锡山主编《王羲之志（附王献之志）》，济南：山东人民出版社 2009 年 4 月出版

见前"王羲之"条。

鸠摩罗什（344—413）

郑郁卿《鸠摩罗什研究》，台北：文津出版社 1988 年 11 月出版

本书是关于鸠摩罗什较为系统的研究论著，包括鸠摩罗什传略、时代环境、师友录、翻译成就、学行五个方面。

新疆龟兹石窟研究所《鸠摩罗什和中国民族文化》，乌鲁木齐：新疆美术摄影出版社 2001 年 2 月出版

本书为纪念鸠摩罗什诞辰 1650 周年国际学术讨论会文集，围绕鸠摩罗什与中国民族文化的主题，就鸠摩罗什的生平、社会环境、中印佛教、佛典的翻译、西域佛教的历史和哲学、佛教石窟寺和艺术等方面进行了讨论。

涂艳秋《鸠摩罗什般若思想在中国》，北京：国家图书馆出版社 2006 年 2 月出版

本书共七章。第一章为绪论，介绍鸠摩罗什生平、所翻译的经典、翻译事业成功的原因、思想背景。第二章从道安看罗什来华前长安的佛教思想。第三章为鸠摩罗什译讲方法的探讨。第四章论述慧远对罗什思想的质疑。第五章探讨鸠摩罗什的般若思想。第六章阐述僧肇对罗什思想的继承与发展。第七章论述僧叡对罗什思想的转折。

尚永琪《鸠摩罗什》，昆明：云南教育出版社 2009 年 10 月出版

本书为"大家精要"丛书之一，全书共八章。第一章探讨鸠摩罗什与龟兹大乘佛教的发展。第二章为鸠摩罗什在龟兹国受具足戒与屈辱破戒。第三章为鸠摩罗什从凉州到长安漫长的传道之路。第四章论述罗什与他的老师佛陀耶舍和卑摩罗叉。第五章论述鸠摩罗什与中亚高僧的复杂情结。第六章言及鸠摩罗什和他的弟子们。第七章论述鸠摩罗什与中原思想界的交流与隔

膜。第八章论述鸠摩罗什对般若学及东亚文化的贡献。书末附有"鸠摩罗什年谱"。

袁雪梅《中古汉语的关联词语：以鸠摩罗什译经为考察基点》，北京：人民出版社 2010 年 10 月出版

本书以公元 4 世纪鸠摩罗什所译佛经为基础材料，对其中的关联词语进行研究，通过对参考材料广泛的共时比较和历时对照，点面结合的挖掘和调查，全面展示了中古汉语佛经关联词语的基本面貌。本书将关联词语同句子的关系意义结合起来考察，对汉语关联词内部的某些特征从理论上作了解释。本书中提出"关联向"的概念，认为复合连词结构受制于关联向，对于识别连词的语法化过程有着理论指导意义。关联词语的主观化程度与强制性程度成正比，解释了不同类型汉语复句各分句间关系"意合"与"形合"状态出现的原因。

王宝坤《鸠摩罗什评传》，西安：西北大学出版社 2012 年 10 月出版

本书共七章。第一章为龟兹国概况与鸠摩罗什家族。第二章论述了古代印度的历史文化与宗教文化、鸠摩罗什早年的学习及东行汉地。第三章论述了前、后秦王室的宗教态度和文化政策。第四章叙述了鸠摩罗什与国立译场、长安大寺及其沿革。第五章介绍了鸠摩罗什僧团的形成、鸠摩罗什译场的汉地译经僧。第六章为三论宗及其传承。第七章为《金刚般若波罗蜜经》的翻译，主要由般若与《金刚经》《金刚般若波罗蜜经》三种译本对照来构成。书末附有：鸠摩罗什年表、鸠摩罗什传。

龚斌《鸠摩罗什传》，上海：上海古籍出版社 2013 年 8 月出版

本书为纪实性文学传记。全书共二十二章：一、智子降于龟兹，二、随母出家，三、罽宾遇师，四、游学疏勒，五、改宗大乘，六、誉满西域，七、声被苻秦，八、吕光破龟兹，九、第一次破戒，十、在龟兹的最后日子，十一、漫漫东去路，十二、智者的困境，十三、新门徒与老相识，十四、罗什入长安，十五、逍遥园中，十六、高足弟子，十七、第二次破戒，十八、长安与庐山的对话，十九、佛驮跋陀罗事件，二十、弘法大师，二十一、形碎舌存，二十二、梵轮摧轴与再转。附录慧皎《高僧传·鸠摩罗什传》、鸠摩罗什年谱简编。

尚永琪《鸠摩罗什及其时代》，兰州：兰州大学出版社 2014 年 12 月出版

本书立足几个关键性节点，较为全面地搜罗了鸠摩罗什的相关资料，采用专题论述的结构，在纵横两个轴向上展开考察。并注意到建立各个专题之间的互补关系，尽可能将之放进中亚、东亚文化交流的时代环境中来认识问题。主要内容包括：古龟兹国王族成员及"帛姓"僧侣与佛教东传，早期佛教与帝王政治的共生因缘，从"智慧第一"到"谬充传译"，鸠摩罗什的"被掳掠者"身份及其文化偏见，鸠摩罗什译经时期的长安僧团，鸠摩罗什及其弟子，鸠摩罗什与来华西域胡僧之关联，西域幻术与鸠摩罗什之传教，鸠摩罗什对《维摩诘所说经》的翻译与注释和鸠摩罗什对般若学的贡献。书末附有鸠摩罗什年表。

谢道韫（生卒年不详）

庄新霞《汉魏六朝女性著述考论》，济南：博士学位论文，山东大学，2007年

本论文是关于汉魏六朝女性文学史的研究，其中第五章论述谢道韫，对其生平资料及其著述进行了较为全面的资料搜集与论证说明，对谢道韫的生活年代、作品的流传等存有争议的问题，进行了较为全面的考证论述。

寇谦之（365—448）

何启民《嵇康·王弼·葛洪·郭象·道安·慧远·竺道生·寇谦之》，台北：商务印书馆1999年1月出版

本书是关于历代思想家的人物评传，最后一部分为寇谦之。梳理其家世渊源、生平事迹，分析其性格与思想特征，解读其作品，评价其影响价值。此书简明扼要，浅显易懂。

钟国发《陶弘景评传》附《寇谦之评传》，南京：南京大学出版社2005年7月出版

本书属"中国思想家评传丛书"系列，是关于陶弘景、寇谦之、陆修静的人物评传，全书分正编、附编。附编上为《寇谦之评传》，共五章。第一章论述家族门第与隐居生涯。第二章评述其推动魏太武帝的宗教改革。第三章评述改革天师道的方案。第四章论述皇权支撑的摇摇未坠。第五章评述历史地位与身后是非。书末附有《寇谦之陆修静陶弘景年表》《寇谦之陆修静陶弘景撰述书目表》《重要人名索引》《重要词语索引》。本书又有该出版社2011年4月新版。

何承天（370—447）

潘富恩、马涛《范缜评传（附何承天评传）》，南京：南京大学出版社
1996 年 3 月出版

本书是关于范缜与何承天的人物评传。本书第二部分为何承天评传，共
四章。第一章探讨何承天的生平与论著。第二章阐述何承天反佛的理论背
景。第三章论述何承天对佛教"灵魂不灭"论、"因果报应"说、"众生"
观、"空""无"观、崇佛抑儒观的批判。第四章概括其社会政治思想、科
学思想及历史地位。本书又有该出版社 2011 年 4 月新版。

高新满《何承天与何氏家族研究》，济南：山东人民出版社 2013 年 8
月出版

本书属"兰陵文化研究丛书"系列，是关于何承天与何氏家族的相关
研究专著，共四章。第一章为何承天的生平及主要著作。第二章为何承天的
科学文化成就，包括天文、历算、军事、音乐、文学、经学、史学等领域。
第三章为何承天的哲学思想及特征，探讨其哲学思想与"宗儒拒佛"的思
想特征。第四章为兰陵何氏家族研究，包括何氏家族发展及东海何氏家族的
兴盛与迁徙、兰陵何氏家族考、兰陵何氏家族的发展特点。

裴松之（372—451）

杨耀坤、伍野春《陈寿、裴松之评传》，南京：南京大学出版社1998年12月出版

本书第二部分为裴松之传，共八章。第一章论述其历经曲折的生平、社会背景及创作环境。第二章论述源远流长的家世，主要内容包括：裴氏重要成员简介、裴氏的生活态度和家学传统。第三章论述其全面创新的注史体例。第四章为魏晋之际三国史研究的总集。第五章论述现存最早完整的历史考证法。第六章探讨坚持实录的历史思想。第七章总述寓意时事的政治思想。第八章肯定《三国志注》的史料价值。此书又有该出版社2011年新版。

余志挺《裴松之〈三国志注〉研究》，台北：花木兰文化出版社2008年3月出版

本书为"古典文献研究辑刊"第六编第十五册，共八章。第一章为绪论。第二章论述《三国志注》作者的生平与著作。第三章分析《三国志注》的成书，包括撰作始末与编写篇幅。第四章论述《三国志注》的体例研究，包括补陈寿原书的缺佚、辨陈寿原书的讹疑。第五章论述《三国志注》的引书研究，包括引书考述与索引。第六章梳理《三国志注》史评研究，论述自注呈现的面向与议论诸家的形态。第七章分析《三国志注》的价值与影响。第八章总括结论。

董广伟《从文史分野看裴松之〈三国志注〉》，曲阜：博士学位论文，曲阜师范大学，2011年

本论文共五章。第一章论述陈寿与裴松之、裴松之《三国志注》的体例、新的注释方式的开创。第二章论述裴松之注《三国志》的原因、《三国

志注》的具体内容。第三章论述裴松之作注的出发点，探讨裴松之的历史观、杂史杂传的引入。第四章论述了裴松之个人经历对《三国志注》的影响，包括裴松之的家庭背景、思想及对史学的影响。第五章论述了文学与史学的分野历程及对裴注的影响，包括史学的发展、文学的发展、文与史的分离、文与史分离的影响。

颜延之（384—456）

黄水云《颜延之及其诗文研究》，台北：文史哲出版社 1989 年 5 月出版

本书为"文史哲学集成"系列，书前有洪顺隆序。全书共七章。第一章为绪论，探讨颜延之所处的政治环境、时代的学术特征、唯美文学的繁兴。第二章为颜延之的生平传略暨撰者。第三章为颜延之的交游及其儒佛并存、道教思想。第四章为颜延之诗歌内容与形式研究。第五章为颜延之文章内容与形式的研究。第六章为颜延之诗文的评价，主要内容包括：历代评颜诸家之概述、颜延之诗文的再评价、颜延之的文学渊源、颜延之对后世文学的影响。第七章为结论，综合概述作者观点。书末附有颜延之年表。

（南朝宋）颜延之著，石磊校注《颜延之文集校注》，长春：吉林大学出版社 2005 年 5 月出版

本书运用传统的考据与训诂方法对颜延之现存作品进行校勘、考订与注释，并对每篇文章的思想内容和艺术特色作了简要分析。

杨晓斌《颜延之生平与著述考》，兰州：博士学位论文，西北师范大学，2005 年

本论文为颜延之生平与著述系统性的考论专著，共五章。第一、二章为颜延之生平考，主要内容包括：家世，出生地与墓地考，同姓名者考辨，"颜虎"抑或"颜彪"，三十以后初仕质疑，出为始安太守始末及时间考论，贬永嘉太守及免官原因分析，元嘉十七年至二十九年间仕历考辨，从门第、任职看颜延之的命运。第三、四章为颜延之著述考论，讨论别集、逸集关系以及颜延之著述的归属问题。第五章为《颜延之集》版本研究，主要内容包括：已佚旧本的结集与流传稽考，今传各版本特征、异同、优劣比较，版

本源流总论。本论文首次深入地对颜延之生平及其著述相关文献进行了较为全面、系统的梳理和考证。

　　谌东飙《颜延之研究》，长沙：湖南人民出版社 2008 年 12 月出版

　　本书共十三章。前三章分别论述颜延之家世生平、著述与思想、交游。第四章为颜延之以前诗中用典情况考察。第五章为颜延之诗中的用典。第六章为颜诗用典与刘宋诗坛的复古。第七章为颜诗用典与当时的审美风尚。第八章为颜诗用典与刘宋的文化事业和学风，同时兼论东晋学风。第九章为刘宋文坛与永明体。第十章为南朝诗人对颜诗的接受。第十一章为颜诗与诗体的律化，探讨其对文风的扭转的影响，以及颜诗用典方法与近体诗之关系。第十二章从变调能工角度论述颜延之"自秀于他作"之诗。第十三章从题材取向、审美特征角度论述颜延之散文。

　　时国强《元嘉三大家研究》，西安：博士学位论文，陕西师范大学，2008 年

　　本论文是对元嘉三大家文学研究的专著，共五章。第一章为元嘉三大家创作中的时代因素。第三章为元嘉三大家的诗歌风貌，论述颜延之雕缋与清真的诗风。第五章为三大家的辞赋创作，论述颜延之《赭白马赋》的颂与谏。余论部分系统阐释颜、鲍、谢名次地位之升降问题。

　　孟国中《元嘉诗歌研究》，浙江：博士学位论文，浙江大学，2010 年

　　本论文共六章。第一章探讨元嘉诗歌生成与发展的历史土壤，包括政治、经济、文化与文学背景等多个方面。第二章、第三章是对元嘉诗歌的题材和内容的具体考察与分析。第四章集中探讨元嘉诗歌的创作技巧和艺术特色。第五章集中揭示和总结以颜延之、谢灵运、鲍照等人的创作为典型代表的元嘉体诗歌的总体审美趣味和艺术祈向，具体包括：山水描绘中的以"荒大"为美的追求，写景、抒情与隶事用典中的以"尽到"为美的追求，语言形式上的"避俗就新"而以"拙涩"与"厚重"为美的追求等。第六章为元嘉体的诗学意义与元嘉诗歌的历史地位。

　　孙艳庆《中古琅邪颜氏家族学术文化与文学研究》，扬州：博士学位论文，扬州大学，2010 年

　　本论文对中古时期的琅邪颜氏家族进行了综合考察。主要内容包括：第

一章对颜氏的起源、中古琅邪颜氏家族与其原始家族之间的关系和世系，及其政治、社会地位变迁等问题进行了具体考析。第二章是关于中古琅邪颜氏家族的儒家礼法家风及表现的具体论述。第三章是对中古琅邪颜氏家族的经学和史学传统与成就的分别考述。第四章是对中古琅邪颜氏家族在传统小学领域的成就与贡献的考述。第五章是对中古琅邪颜氏家族与当时盛行的佛教和道教关系的考述。第六章是对中古琅邪颜氏家族在文学和艺术方面的特色与贡献的分别考述。

张润平《元嘉三大家研究》，保定：博士学位论文，河北大学，2010 年

本论文共三编。第一编第一章为元嘉三大家思想文化背景考述。第四章为颜延之生平与人格精神考述，阐述起伏不定的漫长仕途与以儒为本的人格精神。第五章为谢、鲍、颜三家生平创作综论。第二编上为元嘉三大家作品玄学意蕴解读，其中有颜延之诗文的佛学意蕴、道学意蕴、儒学意蕴解读；第二编中为元嘉三大家文体创变新论，论述颜延之之公牍文的新变。第二编下论述颜延之诗文"错彩镂金"的形式美。第三编为颜延之学术疑案释论，包括：颜延之第二次被贬释疑，《论语说》流传和散佚，《庭诰》的篇目和散佚等。

常昭《六朝琅邪颜氏家族文化与文学研究》，济南：博士学位论文，山东师范大学，2011 年

本论文主要以史为线索，综论颜氏家族在文化上的贡献、对文学创作的影响。全文共七章。第一章主要考察颜氏的得姓及颜回与颜氏家族的关系。第二章探讨魏晋时期颜氏家族文化的变迁。第三章总体考察东晋及南朝之颜氏家族概况。第四章主要研究刘宋时期颜氏家族代表人物颜延之，考察了颜延之的仕宦与交游，重点探讨颜延之对家族文化的贡献，分析了他的家族观、亲情观和子孙教育观。

廉水杰《颜延之与晋宋文学思想研究》，北京：博士学位论文，中国人民大学，2011 年

本论文共六章。第一章为导言，论述研究意义、研究思路、文献综述及存在问题。第二章为时代思潮与儒玄佛会通，论述时代思潮与士人命运、玄佛对话与经典视域。第三章从历史视域、哲学视域、文学视域三方面阐述了颜延之的成就。第四章为颜延之文学思想研究，主要内容包括：文学思想阐

释、文笔观念考论、错彩镂金考辨。第五章分述了颜延之与南朝文学批评，分别论述颜延之与钟嵘诗学、刘勰文论、萧统选学的关系。第六章为颜延之与陶、鲍、谢之辨。结语部分综括作者对颜延之的再思考。

李佳校注《颜延之诗文选注》，合肥：黄山书社 2012 年 10 月出版

本书选录颜延之诗文作品，据严可均《全宋文》、逯钦立《先秦汉魏晋南北朝诗》辑录，进行校勘与注释。各篇文本采用底本不尽相同，分别于各篇头条注文标明。书前有凡例，说明本书校注作品的编排体例和原则。校注合一，先校后注。校勘原则，凡底本题目与他本不同、字句不同可两存者，加校语，不轻改；底本显误者，据校本径改原文，存其误字于校记中以备参考。注释原则，每篇头条注文除标明底本及参校本外，对该篇作品的创作年代、本事、背景、交游等方面内容尽可能加以说明；注释以注解词义、征引典故为主，酌加串讲；疑难字词及多音字加注汉语拼音，以便阅读。

石磊《颜延之研究》，长春：博士学位论文，东北师范大学，2012 年

本论文共五章。第一章为颜延之生平与交游，包括家世背景、文学创作、仕宦经历、社会交游等方面。第二章为颜延之思想论述，包括颜延之的学术背景、颜延之与何承天关于佛教的思想论辩、从《庭诰》看其思想的定位。第三章为颜延之的心态研究，包括远吊屈原之对高洁人格的尊崇、近友陶潜之对归隐的企慕、追慕七贤之在放诞中自保。第四章为颜延之五言诗歌研究，包括颜延之诗论探微、五言创作上的探索、五言诗的时代影响。第五章为颜延之文学批评史述略。文末附有《颜延之行实与诗文作年新考》。

王晓燕、刘郝霞、韦强《被误读的"元嘉体"——颜延之"文"新释》，成都：四川大学出版社 2014 年 4 月出版

本书主要是对颜延之"文"进行研究的著作，探讨颜延之在文学史上被误读的原因。将现存三十六篇颜延之文按文体及内容分类研究，探讨了颜延之文六个方面的特点、成因及其影响等。当中不包括颜延之的佛教著作及其译著。

谢灵运（385—433）

殷石臞选注《谢灵运诗》，上海：商务印书馆 1935 年 9 月出版

本书选录谢灵运部分诗歌，每首诗后均附注释。书前有绪言，介绍谢灵运的生平及其在文学史上的地位，以及对于诗歌的解读。书末附有《谢灵运著述表》《参考书略目》。

叶笑雪选注《谢灵运诗选》，上海：古典文学出版社 1957 年 12 月出版

本书选录谢灵运诗歌进行注解。全书按原文、注释编排，注解详细。注文后对该诗的修辞、意旨、内容、情感等进行了细致的分析。书末附《谢灵运传》。

黄节《谢康乐诗注》，北京：人民文学出版社 1958 年 3 月出版

本书据明万历焦竑本《谢康乐集》中诗歌部分加以重编注释。注文体例，凡是《文选》所录的取李善注，另作补注以求详尽；此外由黄氏创注，搜寻博洽，对于有关佛经的注文，也用心采择；注后附录各家评述，多能阐发谢诗精微。本书是谢诗较精的注本，富有参考价值。该书曾有 1925 年铅印本（四卷附补遗），后（台北）艺文印书馆屡加影印。

吴忠华《山水诗人谢灵运》，台北：庄严出版社 1978 年 3 月出版

本书共两编。第一编探讨谢灵运生平，逐一从谢灵运的门第与无忧岁月、初入仕途与佛门因素、政坛风波与削官降爵、出守永嘉与辞官归隐、奉诏入京与论正斩刑、天才卓越与成就斐然等方面展开论述。第二编为谢灵运诗选，选录 27 首诗作进行解读。

［日］船津富彦著，谭继山译《山水诗人·谢灵运传记》，台北：万盛出版公司 1983 年 11 月出版

本书是关于谢灵运的人物传记，全书共五章。第一章概述谢灵运的文学作品，第二章讲解分析谢灵运诗歌，第三章分析谢灵运诗歌的特征，第四章论述谢灵运的诗与生活，第五章辑录当时及后代对于谢灵运的主要评价。书后附录有"谢灵运年谱"。

钟优民《谢灵运论稿》，济南：齐鲁书社 1985 年 10 月出版

全书共十章。第一章为晋末宋初的社会面貌。第二章为谢灵运的家世。第三章为谢灵运的经历。第四至六章为谢灵运的哲学思想、爱国思想、隐逸思想。第七章为谢灵运的山水诗。第八章为谢灵运的咏怀诗。第九章为谢灵运的赋与文。第十章为文学上的成就与影响。

顾绍柏校注《谢灵运集校注》，郑州：中州古籍出版社 1987 年 8 月出版

本书参校众多的总集、类书、史书，所据底本则以时间最早、收录最完整、错误少为标准，于校注中说明。注释不限于字词，遇有难句难章，则串讲大意，每篇写内容提要，多写明时间和背景。校勘与注释相结合，无单列校勘记。前言简要论述谢灵运生平事迹及其论著思想。书末附有《谢灵运生平事迹及作品系年》《谢氏家族成员简介》《辑录所据底本及参校本一览表》。此书又有（台北）里仁书局 2004 年 4 月版。

殷海国选注《山水诗奇葩——谢灵运谢朓诗选注》，郑州：中州古籍出版社 1989 年 5 月出版

本书选录谢灵运、谢朓 66 首诗作加以评注，共三部分。第一部分为《谢灵运与谢朓》，简要综论谢灵运与谢朓生平事迹、诗歌创作特色与成就。第二部分选录谢灵运 35 首诗进行注解、评论。

李森南《山水诗人谢灵运》，台北：文史哲出版社 1989 年 7 月出版

本书共六章。书前有谢灵运画像、沈约撰《宋书·谢灵运传》、谢灵运始宁永嘉往返图、永嘉附近图略。第一章为绪论，主要内容包括：从纯文学的发展谈到浪漫诗、五言诗的演变与元嘉诗人、庄老隐退与山水文学的兴起。第二章为谢灵运思想性格的形成，论述时代心理与作者的个性；祖籍陈州、

生于始宁、育乎钱塘；显赫的家世与过豪奢生活；受魏晋以来学风的影响。第三章探讨出仕于不可仕之世，主要论述晋宋之间政局的黑暗、出仕时风雨如晦鸡鸣不已、结交高僧慧远等精研佛理、构扇异同出为永嘉守。第四章为出守永嘉既不得志遂肆意游遨，主要讨论了永嘉的地理与人文、在永嘉留下的诗篇、一首游雁荡山的诗、去郡之日吏民群集相送。第五章为四十岁以后的去就升沉，论述回居始宁似有终焉之志、入东道路仍归始宁、出为临川内史终酿大祸。第六章为结论。

谭元明《谢灵运山水诗新探》，香港：曙光图书公司 1990 年出版

本书为谢灵运山水诗综合性专著，共四章。第一章为谢灵运一生中几个转折点的心理探讨，主要内容包括：寄养杜家，谢灵运的童年，少年与出仕，晋宋易代，出守永嘉，归隐始宁，再仕与再隐，出守临川与流放广州，章末附小结。第二章探讨谢灵运的山水诗，论述谢灵运的山水诗的模式，谢诗中的记游部分，谢诗中的写景部分，谢诗中的情、理，谢灵运的山水诗与山水赋。第三章论述谢诗中的空间的迷失感与时间的无常感。

刘心明译注《谢灵运鲍照诗选译》，成都：巴蜀书社 1991 年 10 月出版

本书为"古代文史名著选译丛书"系列，前言简要介绍谢灵运生平著述及其特色。本书第一部分选录谢灵运杂诗 30 篇，乐府 3 篇，按篇目、提示、原文、注释、译文编排。诗前提示，简要介绍内容主旨、分析诗的形式结构及艺术特色，言及诗人言行事迹。诗作选译以翻译为主，注释仅作辅助性阅读，以准确简明为准则。全书以今译为主，译文准确通畅。凡诗词类韵文作品，译成新诗。此书又有（台北）锦绣出版事业公司 1993 年版、南京凤凰出版社 2011 年 5 月修订版。

王克俭主编《谢灵运·沈约诗选》，海口：海南国际新闻出版中心 1997 年出版

本书为"中国文学百家精品文库"系列丛书。第一部分为谢灵运，书前附有《谢灵运小传》，简要介绍谢灵运生平事迹与著作思想。此书选录了谢灵运所作的《悲哉行》《富春渚》《登池楼上》《游南亭》《游赤石进帆海》《登江中孤屿》《游岭门山》《石室山》《过白岸亭》《石门岩上宿》《斋中读书》《种桑》《初去郡》《田南树园激流植援》《于南山往北山经湖中瞻眺》《南楼中望所迟客》《庐陵王墓下作》等 30 篇诗作进行解读。正文

按原诗、注解编排，解读重点句辞，概括思想主旨，评析艺术特色。

曹明纲标点《陶渊明全集（附谢灵运集）》，上海：上海古籍出版社1998 年 6 月出版

本书《谢灵运集》分两卷，上卷为文，下卷为乐府与诗，另有补遗 13题。该书仅有标点，无校注。

张国星《谢灵运·谢朓》，沈阳：春风文艺出版社 1999 年 1 月出版

此书为"插图本中国文学小丛书"之一，分两部分着重介绍谢灵运及谢朓生平及诗作。第一部分为谢灵运，主要内容包括：华裔贵胄的浮沉身世，步入山水的向路由来，山情水意与佛光法韵。

李运富编注《谢灵运集》，长沙：岳麓书社 1999 年 8 月出版

本书分上下两编。前言简要介绍谢灵运及其创作。本集正文是用众本对校，不拘一本，择善而从。校、注按出现顺序混排，注解重点放在字词句本身（包括典故），个别难以落实的疑难字词句，则采用串讲和归纳大意的方法。上编为诗集，收录谢灵运行事诗、闲杂诗、乐府诗、存目及疑重作品。下编为文集，收录赋、书、笺、论、答问、赞、颂、铭、诔、表等作品。书末附有：沈约《宋书·谢灵运传》，谢灵运年事简谱，焦竑《谢康乐集》题辞，黄节《谢康乐诗注》序，本书校注所参书目版本情况。

刘殿爵、陈方正、何志华编《谢灵运集逐字索引》，香港：香港中文大学出版社 1999 年 12 月出版

本书是"魏晋南北朝古籍逐字索引丛刊"系列丛书。《谢灵运》诗集部分据丁福保《全汉三国晋南北朝诗》，文集部分据严可均《全上古三代秦汉三国六朝文》，参其他版本互校，在"正文"或"逐字索引"中都加校改符号。逐字索引编排以单字为纲，按汉语拼音排列，每一例句后加上编号于原文中位置。书前凡例为中英文对照，最末辑录篇名皆缺的作品，书末有附录。全书用字频数表清晰统计了文集字数，便于检索。

马晓坤《晋宋之际佛道并兴及陶渊明、谢灵运诗境之研究》，上海：博士学位论文，复旦大学，2000 年

本论文共七章。第一章介绍晋宋之际思想界玄、佛、道多元并行的活跃

状态。第二章探讨了佛道义理影响下的士人思想及文学审美观。第三、第四章从整体上对陶渊明的思想与诗歌创作进行研究，重在从思想特征与诗歌创作两方面来辨析陶渊明并非独立于诗坛外的特异存在。第五章探究了在玄佛道多元并兴的文化氛围中思想发展之内在因素。第六章则从多侧面解读谢灵运山水作品，对于谢诗多以玄言理语结尾的现象重新作了阐释。第七章探析了陶渊明、谢灵运二人在晋宋诗运转关时期的历史作用。

陈祖美选编《谢灵运年谱汇编》，桂林：广西师范大学出版社 2001 年 7 月出版

本书对六个谢灵运年谱进行了整理、汇编，其中包括：谢灵运生平事迹及作品系年、谢氏家族成员简介、谢灵运年谱考辨等。全书共六部分，依次为叶瑛《谢灵运年谱》、丁陶庵《谢康乐年谱》、郝立权《谢康乐年谱》、郝昺衡《谢灵运年谱》、杨勇《谢灵运年谱》、顾绍柏《谢灵运生平事迹及作品系年》。书末附有：顾绍柏《谢氏家族成员简介》《旷代奇才谢灵运》、宋红《谢灵运年谱考辨》。

葛晓音编选《谢灵运研究论集》，桂林：广西师范大学出版社 2001 年 7 月出版

本书为"谢灵运研究丛书"系列，主要选编自 20 世纪 20 年代至 90 年代初谢灵运研究论文，其中包括：黄节《谢康乐诗注序》、萧涤非《读谢康乐诗札记》、王岑《谢灵运的山水诗》、汤用彤《谢灵运〈辨宗论〉书后》、邓潭洲《论谢灵运和他的山水诗》等 24 篇论文。

黄世中编选《谢灵运在永嘉（温州）》，桂林：广西师范大学出版社 2001 年 7 月出版

本书收录与谢灵运和永嘉有关的研究论文、诗歌作品。主要内容包括：谢灵运（瓯）江北游踪考述、谢灵运出守永嘉郡行踪事迹考、温州谢灵运遗迹和纪念性建筑、《鹤阳谢氏家集》版本述略、《鹤阳谢氏家集内编》考实、谢灵运和他的家族、读谢康乐永嘉山水诗、山水育诗祖与清音绕永嘉、从谢灵运的永嘉山水诗谈到人生忧患感的消解、谢灵运二题、谢灵运是否是复辟旧朝之士、陶谢比较论、谢灵运及其创作新探、《辨宗论》与玄思、隐逸之谢灵运佛道儒思想一瞥。书末附"谢灵运永嘉诗今译（二十一首）"。

宋红编译《日韩谢灵运研究译文集》，桂林：广西师范大学出版社2001年7月出版

本书收录了20世纪40年代以来日本、韩国关于谢灵运研究的译文10篇，以谢灵运为核心，论述谢灵运的乐府诗、谢灵运山水诗考之自然素材的选择与审美意识、谢灵运山水诗续考之审美意识与山水画之关系、谢灵运诗中的"理"与自然之以《辨宗论》及始宁时代的诗为中心、谢灵运《山居赋》与山水诗、中国山水诗的发展与谢灵运山水诗的特性、谢诗用典之探析。

洪禹平《千古诗魂——谢灵运研究专集》，北京：线装书局2002年5月出版

本书主要内容包括：谢灵运之死考辨与献疑、谢灵运出守永嘉郡行踪事迹考、评释谢灵运出守永嘉前的两首诗等。

曹明纲《陶渊明谢灵运鲍照诗文选评》，上海：上海古籍出版社2002年10月出版

本书为新世纪古典文学经典读本，第二部分为谢灵运诗文选评，正文部分按原文、注释、评述编排。导言论述谢灵运其人及其著述思想。选评作品分为三类：第一类为谢灵运入仕前后诗文，以此评述其文学创作思想。第二类为谢灵运情寄山水诗文，以此探究谢灵运山水诗的艺术特色。第三类为谢灵运最后的岁月所创作诗文，探讨谢灵运晚年对生活的感悟及其思想。此书又有该出版社2011年12月新版。

（南朝）谢灵运著，宋长琨编《谢灵运集》，长春：时代文艺出版社2002年出版

本书为"中华文学百家经典"文白对照全注全译，收录谢灵运的作品进行注解，全书按原文、注释、译文编排，注释简略，翻译以直译为主，通俗易懂。

简敦献《谢灵运山水诗研究》，香港：科华图书出版公司2004年1月出版

本书是关于谢灵运山水诗的研究专著，全书共五章。第一章主要从早年生活、出守永嘉、两度退隐、流放广州等方面论述了谢灵运的家世和生平。

第二章论述谢诗与楚辞、曹植、王粲、张协、潘岳、陆机以及其他诗人的渊源关系。第三章论述谢灵运的山水诗，主要讨论了谢灵运的山水诗的模式、谢诗中的游记、谢诗中的写景、谢诗中的情与理、谢灵运的山水诗与山水赋。第四章是谢诗对唐代诗人的影响，包括题材风格、语言结构、双声、叠韵、写作精神、佛家思想、表达手法及其它方面。第五章主要是对谢灵运山水诗的评价。

胡大雷选注《谢灵运鲍照诗选》，北京：中华书局 2005 年 1 月出版

本书为"古典诗词名家"系列丛书，其中第一部分是谢灵运诗歌的注释评析，以顾绍柏《谢灵运集校注》为基础，诗作的编年大致依此书，在前言与注释中，吸取前人研究成果。此书所录作品，按编年为序，不能编年的作品则置后。前言简要介绍谢灵运及其诗歌创作，评析其诗歌思想内容。全书按原文、题解、注释编排，题解概括思想主旨，评析艺术特色；注释简略，疑难字词皆注音释义。

马晓坤《趣闲而思远：文化视野中的陶渊明、谢灵运诗境研究》，杭州：浙江大学出版社 2005 年 6 月出版

本书分上、下两编。上编共三章，第一章探讨玄佛道多元化发展的晋宋思想界。第二章分析佛道义理影响下的士人思想及文学审美观。第三章晋宋易代之际士人心态变化，主要内容包括：东晋末年士族在焦虑与无奈中的现实选择、士族在皇权压力下审慎素退以保家门的忧惧心理、于山水田园中游乐悟理的闲适心态。下编共五章，第三章探讨谢灵运思想发展之轨迹，主要论述渴望重振家族风流的现实政治追求，谢灵运的佛教思想。第四章探究谢康乐山水诗的多重解读，包括康乐山水诗"赏心"义辨析、山水以形媚道、康乐山水诗的佛学意蕴。第五章为陶、谢与晋宋时期诗运之转关，分析陶谢诗作之重寻自我之情思理蕴、论述陶诗与谢诗的诗歌境界之拓展变化。

李雁《谢灵运研究》，北京：人民文学出版社 2005 年 9 月出版

本书共四章，前半部分主要考订谢灵运行迹和创作，后半部分是对作品的理解和艺术特点的分析。第一章为谢灵运生平考述，论述家世与童年、青少年时代、中年为官与外放、初隐始宁、复出、再次隐居、出守临川与弃市广州。第二章为谢灵运思想性格述论，主要内容包括：出众的才华和孤傲的性格、仕途思想及政治态度、佛学因缘、老庄与玄学思想。第三章创作与著

述考索，主要从系年作品、不系年作品、存疑与辨伪等方面展开论述。第四章为山水诗解读，主要包括：山水诗的创作背景、结构模式、意象特征与风格境界、独特的语言。书末附有"简明谢灵运年表"。

邢宇皓《谢灵运山水诗研究》，保定：博士学位论文，河北大学，2005 年

本论文共八章。第一章为绪论，阐明研究现状、研究思路及相关研究问题。第二章为迷茫的社会定位对谢灵运山水性格的塑造，主要内容包括："素退"家族的浮沉，追寻飘忽的社会定位，求"新"求"异"的山水性格。第三章为多重思想在谢灵运山水诗中的并蓄与生发，论述儒家思想对谢灵运山水诗的塑造、玄学思想对谢灵运山水诗的熏染、佛教观念对谢灵运山水诗的点化。第四章为前代文学艺术在谢灵运山水诗中的嬗递，探讨楚辞、两汉魏晋赋、曹植创作、陆机创作对谢灵运山水诗的影响。第五章为谢灵运山水诗的艺术特色。第六章为陶渊明田园诗与谢灵运山水诗比较。第七章为谢灵运、谢朓山水诗比较。第八章为谢灵运山水诗与王维山水田园诗比较。

李绍文《中国山水诗开山鼻祖——谢灵运》，北京：中国社会出版社2006 年 4 月出版

本书共六辑。第一辑为谢灵运生平述略，论述少年时期、青年时期、戎马生涯、外放永嘉、中年沉浮、巨星陨落六个部分。第二辑为山水诗鼻祖谢灵运，论述谢灵运与魏晋玄言诗，谢灵运山水诗体的形成、写法技巧、艺术特色，大小谢对后世山水诗的影响，谢灵运与浙东唐诗之路。第三辑为大旅游家谢灵运，论述旅游先驱谢灵运，谢灵运永嘉赴任纪行，谢灵运永嘉行迹浅探，谢灵运与江心屿，谢灵运与雁荡山。第四辑论述谢灵运对瓯越文化的影响。第五辑为谢灵运部分诗歌赏析，精选谢诗 35 首赏析。第六辑为谢灵运诗歌选辑。

白振奎《陶渊明谢灵运诗歌比较研究》，上海：上海辞书出版社2006 年 12 月出版

本书分上、中、下三篇。上篇为人生思想篇，探讨陶渊明"新自然观"与谢灵运"天才自然观"的形成及其特质。中篇为艺术实践篇，比较了陶谢诗歌的观物模式、诗中之"理"、诗歌艺术境界，并论述了陶谢诗歌创作启示。下篇为接受批评篇，论述陶谢其人其诗在后代的接受与批评，主要内

容有：南北朝时期——谢高于陶，隋唐时期——陶谢比肩，宋金元时期——尊陶抑谢，明清时期——歧见迭出的批评视角。

王芳《清前谢灵运诗歌接受史研究》，上海：博士学位论文，复旦大学，2006 年

本论文共六章，分南朝、隋唐、宋代、金代、元代、明代六个时期，探讨了各时期对谢灵运的接受情况。全文围绕清前历代读者对谢灵运诗歌的关注与重视展开，依据所处时代的文学风气及自身的创作体会，从不同角度对谢灵运的诗歌作出了不同的理解与评价，并对其作品本身进行接受性的解读与阐释。

吴冠文《谢灵运诗歌研究》，上海：博士学位论文，复旦大学，2006 年

本论文共三部分。绪论介绍研究的意义和目前的研究概况。第一部分探讨谢灵运生平思想及其诗歌创作的关系。第二部分具体分析谢诗艺术特色，着力于探讨谢诗几个比较突出的总体艺术风貌，即"高世绝俗""富艳难踪""风流自然"等。第三部分主要探讨谢灵运诗歌在中国诗歌发展史上的地位和影响。文末附有《谢灵运诗文现存版本考》《谢灵运诗校勘》《谢诗释义辨正举隅》《关于谢灵运乐府诗系年与他生平思想关系等相关问题的探讨》。

刘明昌《谢灵运山水诗艺术美探微》，台北：文津出版社 2007 年 4 月出版

本书共六章。第一章为绪论。第二章为谢灵运山水诗产生之因缘，包括文化环境因素、谢灵运个人因素。第三章为谢灵运山水诗艺术美之特征，论述如实生动之自然美、独特新颖之命题美、章法绵密之结构美、千锤百炼之语言美、整齐和谐之匀称美、音韵皆畅之节奏美、意蕴深婉之典故美、情境高致之理趣美。第四章为谢灵运山水诗之整体艺术风格，论述主题以真为重、结构以情为尚、意境以寂为基、笔法以变为奇。第五章为谢灵运山水诗创作艺术之价值，论述改变山水诗之地位与面貌，促进六朝骈文之成熟，襄助唐代律诗之形成，启发后人自然美之角度鉴赏，提供后世文人创作之借鉴。第六章为结论。

卢明辉《寓目之美观：六朝诗歌创作中的一个观念——以谢灵运及其诗为研究中心》，广州：博士学位论文，中山大学，2007 年

本论文以谢灵运山水诗为研究对象，探讨"寓目之美观"的山水审美观念。第一章为绪论。第二章论述先秦两汉诸因素的启迪，包括《易》《庄》文化、望祀、先秦文学、两汉文学等。第三章为魏晋以来文学寓目现象考，包括三个时期：建安文学、太康文学、晋宋以来。第四章为魏晋以来诸因素的启迪，主要内容包括：山水文化的建立，山水美感意识的出现与南方苑囿的发展，魏晋以来各类文化艺术的融合与互动，玄学与佛学，魏晋的学术宗教思潮。第五章为谢灵运山水寓目之美观考，论述山水寓目之美观的来由、山水寓目之美观和山水诗的创作与审美精神。第六章概括寓目之美观对后世文化、艺术、文学的影响。

时国强《元嘉三大家研究》，西安：博士学位论文，陕西师范大学，2008 年

本论文立足于作家作品，是对元嘉三大家文学研究的论著，共五章。第一章为元嘉三大家创作中的时代因素。第二章为元嘉三大家与元嘉体。第三章为元嘉三大家的诗歌风貌，论述谢灵运初发芙蓉与清美华旷的诗风。第四章为谢灵运、鲍照诗歌的差别，主要内容包括：谢灵运山水诗的以理去情、谢灵运鲍照山水诗的地域特征、谢灵运对汉魏乐府抒情方式的回归与继承。第五章为三大家的辞赋创作，论述谢灵运《撰征赋》的现实因素与《山居赋》的别出心裁。余论部分阐释颜、鲍、谢名次地位之升降问题。余详"颜延之"条。

金午江、金向银《谢灵运山居赋诗文考释》，北京：中国文史出版社2009 年 3 月出版

本书以研究谢灵运《山居赋》和山居诗为主，主要内容包括：《〈山居赋〉野外考察记》、始宁县的地域及废后归属、谢灵运在始宁墅的生活经历、《山居赋》南北两居图文考、谢灵运山居诗考注、谢灵运山居乐府诗注、谢灵运山居文赋注、谢灵运思乡诗赋选注。书末附有《〈宋书·谢灵运传〉校注》《谢灵运生平及诗文系年》《故乡对谢灵运的怀念》《谢氏家族表》。

孟国中《元嘉诗歌研究》，杭州：博士学位论文，浙江大学，2010 年
见前"颜延之"条。

张润平《元嘉三大家研究》，保定：博士学位论文，河北大学，2010 年

本论文共三编。第一编第一章为元嘉三大家思想文化背景考述。第二章为谢灵运生平与人格精神考述，阐述屡遭挫折的仕宦生涯与儒道佛皆融的人格精神。第五章为谢、鲍、颜三家生平创作综论。第二编上为元嘉三大家作品玄学意蕴解读，逐一论述谢灵运山水诗佛学意蕴、道学意蕴、儒学意蕴解读。第二编中为元嘉三大家文体创变新论，论述谢灵运赋的融通和创变。第二编下论述谢灵运山水诗"初发芙蓉"的灵感境界。第三编为谢灵运学术疑案释论，主要内容有谢灵运被害原因、《拟邺中集》的模拟问题。余详"颜延之"条。

傅志前《从山水到园林——谢灵运山水园林美学研究》，济南：博士学位论文，山东大学，2012 年

本论文共五章。第一章论述谢灵运的生平、山水美学思想形成的外在轨迹与内在逻辑。第二章为谢灵运的玄学山水美学，论述玄学美学的概述、才行与审美主体、山水与审美客体、"贞"观与审美方法。第三章为谢灵运的道教山水美学，探讨谢灵运的道教思想背景、谢灵运的神仙思想、山水"仙境"、道教山水美学对园林的影响。第四章为谢灵运的佛教山水美学，论述其佛教思想背景、净土信仰、山水"净土"。第五章为谢灵运的园林美学，涵括隐逸之居、栖盘之意、环境之美、建筑之美、动植之美。最后论述谢灵运对中国古代山水园林的贡献。

吴冠文，陈文彬著《庙堂与山林之间：谢灵运的心路历程与诗歌创作》，上海：复旦大学出版社 2013 年 12 月出版

本书共五章。第一章论述灵运的心路历程与诗歌创作的关系。第二、三章为谢灵运诗歌创作的艺术特点，包括谢灵运诗歌的总体艺术风貌、谢灵运诗歌的意象和用典、谢灵运诗歌的炼字和琢句、谢灵运诗歌的谋篇布局。第四章为谢灵运诗歌在中国文学史上的地位和影响。第五章为谢灵运诗歌的相关文献问题考辨，论述明黄省曾刻《谢灵运诗集》的意义与作用、乐府诗系年及其与谢灵运生平思想的关系。书末附有《谢灵运诗歌集校》。

林文月《谢灵运》，北京：生活·读书·新知三联书店 2014 年 2 月出版

本书为谢灵运人物传记，阐述其显赫的家世及成长过程、不羁和矛盾性

格的形成、充满漩涡的仕途生涯等。全书共十个部分，主要内容包括：显赫的家世，阔绰无忧的早年，生命中的第一个浪涛，首尝失败的滋味，寂寞的永嘉生活，第一次退隐，再度的出仕，第二次退隐，三度的出仕，广州弃市的悲惨结局。书末附有《谢灵运的诗》。

范子烨主编《中古作家年谱汇考辑要》，西安：世界图书出版公司 2014 年 6 月出版

本书卷二第四部分为宋红《谢灵运年谱汇考》。以谢灵运生平事迹为中心，据相关史料，广泛搜集大量文献，详加考证后汇编而成。书中附有凡例，言明本谱的编排体例和原则。年谱正文则按年编排谱主生平、仕历和文学系年。此年谱体例清晰，考证翔实。书末附有主要人名索引。

黄莉《谢灵运诗歌在英语世界的译介及研究》，成都：博士学位论文，四川大学，2014 年

本论文共五章。第一章为谢灵运诗歌英译本及其特色，主要梳理谢灵运诗歌国外英译本的译介情况，分析不同历史时段译文的特色及得失。第二章为异质文化背景下的谢诗中西译本比较研究，主要对上述中西译者的谢诗译本进行分析比较。第三章为诗人生平思想与诗歌创作关系之研究，主要介绍傅乐山、马瑞志和陈伟强的研究成果。第四章为谢灵运诗歌中主题思想之研究，主要介绍西方学者对谢灵运诗歌中"情景理"之关系和"隐逸"这两个诗歌主题的研究成果。第五章为谢灵运诗歌艺术特色之研究，主要介绍西方学者对谢灵运诗歌的语言风格、游览视角以及审美特点的研究成果。

释源清《南朝佛教与文人——以谢灵运、萧子良、沈约为例》，桂林：博士学位论文，广西师范大学，2014 年

本论文共五章。第一章探讨南朝佛教发展与社会背景，论述佛教传入东土与发展的情况、南朝佛教与社会背景，包括帝王与佛教、南朝文人与佛教的发展、南朝高僧及其佛教活动。第二章论述谢灵运与佛教之关系，主要内容有：谢灵运与佛教因缘，谢灵运与诸僧辩论及其观点，谢灵运的山水诗与佛教思想，谢灵运与佛教其他著作，谢灵运诗文中的佛教思想，谢灵运一生与佛教回顾。第五章阐述谢、萧、沈的佛教思想异同点及其对文学创作的影响，主要内容有：谢、萧、沈与佛教的共同点，谢、萧、沈与佛教之别，从三者看佛教对文学发展的作用。

范晔（398—445）

燕京大学引得编纂处编《后汉书及注释综合引得》，北平：哈佛燕京学社 1949 年 5 月出版

本书引得所用《后汉书》文本据光绪癸卯上海五洲同文书局石印《二十四史》本，另附五洲同文书局本《后汉书》卷页表。帝王有谥号者以谥号为主，无则以普通称号或姓名为主。除周秦帝王及周汉诸侯外，余均不冠朝代及封国之名。凡人或地，名同而实异者，皆分别立目。一人有数称者，取一称为主，而括其异称。为便于不娴熟中国字者使用，特取每目之首字分别为笔画及拼音二种检字，附于引得之前，每字下皆附号码。本书又有上海古籍出版社 1986 年 9 月影印版，增入四角号码检字表及汉语拼音检字表。

（宋）范晔撰，（唐）李贤等注《后汉书》，北京：中华书局 1965 年 5 月出版

本书是点校本二十四史之一。该书以商务印书馆影印绍兴本为底本，以汲古阁本和武英殿本进行对校。同时吸取前人研究成果，如刘攽《东汉书刊误》、王先谦《后汉书集解》、黄山《校补》、张森楷《校勘记》等。校勘记附于每卷之后。正文九十卷，后为司马彪《续汉书》中的志及刘昭注。书后附范晔《狱中与诸甥侄书》、刘昭《后汉书注补志序》。该本是一部极具参考价值的《后汉书》整理本。

黄福銮《后汉书索引》，香港：香港中文大学崇基书院远东学术研究所 1971 年 12 月出版

本书为"二十四史索引之四"，以《四部备要》（殿本）及《四部丛刊》（百衲本）为根据。本索引以检查《后汉书》书中之名词、重要事项及辞句为对象。本索引在备要本及丛刊本项下，列有卷数、项数及行数，分别

用阿拉伯数字表示各名词、事项及辞句在该版本之位置。本索引分类大致依照《太平御览》的分类法，稍加更改，逐一分为人名部、地理部、氏姓部、天时部、人事部、服用部、饮食部、土功部、学艺部、工艺部、职官部、仪礼部、政教部等二十五部。书末附检字表。

王锦贵《〈汉书〉和〈后汉书〉》，北京：人民出版社1987年7月出版

本书"范晔与《后汉书》"部分包括范晔传略、《后汉书》的撰修及特点、进步的历史观等内容。叙述深入浅出，是一部较好的通俗读本。

程方勇《范晔及其史传文学》，北京：博士学位论文，中国社会科学院研究生院，2003年

本论文共八章。第一章探讨范晔的时代，主要内容包括：多变积弱的政治形势、保守消极的士人阶层、重文骋才的社会风尚、尊尚佛祖的宗教信仰。第二章探究范晔的家族与家学，逐一论述起自循吏、兴由功业、尊儒与尚佛、无鬼论与儒学。第三章论述范晔的仕宦及悲剧结局。第四章探讨范晔的史学观念，主要内容包括：《春秋》研究与著史家传，范晔著史观念的新变，范晔尊王道、尚宽政、重儒学的历史观，民族问题上的霸道思想，范晔对谶纬的态度及其思想上的矛盾，范晔的门第思想。第五章阐述《后汉书》纪传体例的继承与创新。第六章分析《后汉书》描写人物的技巧与方法。第七章概括《后汉书》人物传记结构及叙事方法。第八章评述《后汉书》语言特点及序、论、赞。

徐蜀《两汉书订补文献汇编》，北京：北京图书馆出版社2004年4月出版

本书辑录影印《后汉书》著作20种，分别为：惠栋《后汉书训纂》、杭世骏《后汉书蒙拾》、钱大昭《后汉书辨疑》、沈家本《后汉书琐言》、林茂春《后汉书拾遗》、姚之骃《后汉书补逸》、佚名《后汉书校语稿本》、吴寿旸《后汉书注校》、惠栋《后汉书补注》、侯康《后汉书补注续》、沈铭彝《后汉书注又补》、周寿昌《后汉书注补正》、何若瑶《后汉书注考证》、姚之骃《谢氏后汉书补逸》、钱大昭《后汉书辨疑》、蔡邕《十意辑存》、张骥《后汉书华佗传补注》、刘庠《后汉郡国职方表》、吴廷燮《汉季方镇年表》、雷浚《学古堂日记·后汉匈奴表》。另有吴仁杰《两汉刊误补遗》和陈景云《两汉订误》。该书汇编了较为重要的学术著作，对于《后

汉书》研究具有较大的文献学意义。

汪耀明《挥笔传神——〈史记〉〈汉书〉〈后汉书〉〈三国志〉写人艺术谈》，上海：学林出版社 2005 年 7 月出版

见前"司马迁"条。

瞿林东、李珍《范晔评传》，南京：南京大学出版社 2006 年 7 月出版

本书为中国思想家评传丛书，全书共八章。第一章探讨范晔生活的时代与家世。第二章论述范晔仕途的悲剧。第三章为撰写《后汉书》，主要内容包括：范晔以前的东汉史撰述、《后汉书》的内容和结构、《后汉书》的流传和影响。第四章论证范晔史学思想之"以意为主"和追求"自得"。第五章阐述范晔历史思想之朴素唯物的倾向。第六章论述范晔政治思想之政治统治的方略及得失。第七章评析范晔民族思想之进步的民族观与民族史观。第八章探讨范晔伦理思想之社会秩序的精神尺度。书末附有清代学者关于范晔《后汉书》的研究、范蔚宗年谱、《八家后汉书辑注》前言、人名索引、重要词索引。此书又有该出版社 2011 年 4 月新版。

钟书林《〈后汉书〉文学论稿》，西安：博士学位论文，陕西师范大学，2007 年

本论文共八章。第一章分析东汉社会风貌与范晔《后汉书》创作。第二章探讨《后汉书》的思想内蕴。第三章阐述《后汉书》的结构体系。第四章论述《后汉书》的叙事，包括《后汉书》的叙事手法、叙事的重复与雷同及其成因探析。第五章评析《后汉书》的写人艺术。第六章探讨《后汉书》语言的美学风格。第七章阐述《后汉书》的论赞。第八章为《后汉书》《三国志》比较研究。最后论述《后汉书》的文学地位和影响。文末附有：《后汉书》附传人物表，《后汉书》正、附传人物的数量统计表，《后汉书》著录文章一览表，《后汉书》著录文章的篇数统计表。该作者又有《后汉书文学初探》（中国社会科学出版社 2010 年出版），即以本论文第一、二、三、四、六章为主要内容。不另出提要。

钟书林《范晔之人格与风格》，北京：中国社会科学出版社 2010 年 6 月出版

本书共五章。第一章论述范晔与他的时代，包括 1—5 世纪文士的史学

意识、谶纬播炽与儒学危机。第二章探讨范晔的切身痛苦及其史书的撰作，论述范晔的儒家身世与对忠义之士的企羡，寄意于史，发自我之幽情。第三章探讨范晔的生命体验与传记人物的书写，论述《后汉书》对复杂人性的把握、类传中人物形象的塑造、《后汉书》写人的方法。第四章阐述范晔的爱憎识断与《后汉纪》论赞，包括论赞的文学特质、论赞的思想和价值意义。第五章为《后汉书》的春秋褒贬与《三国志》之比较，包括《后汉书》《三国志》比较研究概说、《后汉书》《三国志》异同比较、《后汉书》与《三国志》裴松之注。书末附有《范晔年谱》。

王芳《文化诗学视域下的前四史文学观念研究》，南昌：博士学位论文，江西师范大学，2013 年

本论文从文化诗学的角度，对前四史的文学观念的形成和演进进行了历史文化意义上的追溯和分析，共五章。其中第三章论述《后汉书》，从中古文学观念展开的角度探讨《后汉书》中东汉经学博通的文学观念，主要内容包括：经学博通的东汉文学观念、东汉经学博通文学观念形成的深层动因、与东汉经学博通文学观念相异的鸿都门文学。第五章论述中古士人学术自主与前四史中文学观念的扩容。结论概述前四史中两汉三国文学观念的扩容对中古文学观念多元化的影响，同时论述其对后世文学观念的影响以及对当下的启迪作用。

《今注本二十四史》编纂委员会编《二十四史研究资料汇编·两汉书》，北京：人民出版社 2014 年 12 月出版

本书《后汉书》部分主要汇集 1949 年以前学者关于《后汉书》的版本辨析、原文校勘、注释训诂、史事考证、志表增补等专书，以及其他专著中涉及《后汉书》部分及两《汉书》合考的内容，依次分为综考、分考。本编搜集关于《后汉书》的考证书目 90 种，另两《汉书》合考部分收录书目 12 种。至于其他未刊稿、存目著作及 1949 年以后的相关考订著作，则列为存目。本丛书为《后汉书》研究的资料获取提供了极大的便利。

全亮《论范晔〈后汉书〉在南北朝的传播与影响》，上海：博士学位论文，上海师范大学，2014 年

本论文从传播与接受角度探讨范晔《后汉书》在南北朝的传播与影响，共七章。第一章为绪论，阐明研究动机、主要研究问题和研究方法。第二章

探究范晔之死及其象征意义。第三章阐述范晔《后汉书》受到的严重抵制。第四章论述范晔的文史成就获得了承认。第五章探讨范晔《后汉书》获得了公开传播。第六章评析范晔《后汉书》在北朝的影响逐步扩大。第七章探讨范晔《后汉书》在南北朝末期确立了优势地位。

刘义庆（403—444）

杨勇《世说新语校笺》，香港：大众书局 1969 年 10 月出版

本书原文与注文，以日本前田氏藏宋本《世说新语》及唐写本《世说新语》残卷为底本，广参诸本。宋本及唐卷之坏字、避讳缺笔字，随文改为通行字，不另出校。当中避讳之同音异形字，或同义异形字，则酌予说明。本书资料翔实，考证精当，富有参考价值。本书又有（台北）乐天出版社 1972 年 9 月版、宏业书局 1972 年 11 月版、正文书局 1976 年 8 月版、北京中华书局 2006 年 6 月修订版。

詹秀惠《世说新语语法探究》，台北：学生书局 1973 年 3 月出版

本书共三编。第一编探讨《世说新语》中的称代词，共六章。第一章为三身称代词。第二章为指示称代词，论述近指称代词、远指称代词。第三章为疑问称代词。第四章为其他称代词，探讨无定称代词、复指称代词和否定称代词。第五章为数量词，探讨《世说新语》数量词的语法特征。第六章为结论。第二编为《世说新语》中的语气词、关系词、限制词，共三章。第三编探讨《世说新语》的构词法和造句法。第一章为构词法，包括衍声复词与合成复词。第二章为造句法，包括叙事句、叙事句的基本句型、叙事句的特殊句型。

朴美铃《世说新语中所反映的思想》，台北：文津出版社 1980 年 9 月出版

本书分为两编。第一编为绪论，共三章，分别论述了《世说新语》内容所涵摄的时限、各个时代的政治社会状况和思想概况。第二编为本论，共五章。第一章探讨《世说新语》所反映的儒家思想，包括伦理思想、政治思想、学术思想、儒道异同论。第二章论述《世说新语》所反映的老庄思

想，逐一论述老庄之学盛行、老庄思想、老庄人生哲学思想。第三章为《世说新语》所反映的佛学思想，论述了佛教的出传及发展、佛教与清谈、佛教与格义。第四章阐述《世说新语》所反映的其他思想，包括道教、名家、法家思想。第五章为结论。书末附有《刘义庆生平及著作》《刘义庆传说》《刘义庆列传》《〈世说新语〉关系年表》。

朱传誉《刘义庆传记资料》，台北：天一出版社 1981 年 1 月出版

本书是关于刘义庆的传记资料汇编，全二册。第一册收录十五篇有关刘义庆研究的资料，主要内容包括：《世说新语》之刘注，《世说新语》刘注义例考，八大山人的《世说新语》，读《世说新语》札记，《世说新语》与其前后，一部风趣的短篇小说——《世说新语》，论《世说新语》比较人物优劣，南朝小说——刘义庆，六朝异文《世说新语》，《幽明录》研究，刘义庆《幽明记》，杨林故事系列的原型结构，《世说新语》新探——从《世说新语》探魏晋之思想社会与亡国，《世说新语》作者问题商榷（附刘义庆年谱）等。第二册收录六篇有关刘义庆研究资料，主要内容包括：《世说新语》文学篇补笺，《世说》四科对《论语》四科的因袭与嬗变，书《世说新语》文学类"钟会撰《四本论》始毕"条后，《世说新语》中之文章等。

（南北朝）刘义庆编，福建师范大学中文系《世说新语》选注译组选注《〈世说新语〉选注译本》，福州：福建教育出版社 1981 年 6 月出版

本书为"中国古典文学作品选读丛书"，选录《世说新语》篇目进行简注与今译。书前附有插图，前言简要介绍《世说新语》其书及其思想内容。全书按题目、原文、注释、译文编排，断句标点，注释中疑难字词皆逐一注音释义，译文简洁明了。

余嘉锡撰，周祖谟、余淑宜整理《世说新语笺疏》，北京：中华书局 1983 年 8 月出版

本书以王先谦重雕纷欣阁本《世说新语》为底本，以影宋本、袁褧本、沈宝砚本对校，摘其重要者记于每条之后。本书原文依据原底本编次，笺疏列于原文每条之后，用数字标志先后。笺疏先举前人已有的笺释或按语，后出作者己说。前人所解，凡有引用，均标明姓氏。如与作者所见不合，则别加按语。书后附王氏重刻纷欣阁本卷首有《世说新语》序跋、《世说新语》常见人名异称表、《世说新语》人名索引表、《世说新语》引书索引。本书

笺疏内容极为广泛，于校诂文字外，尤重于魏晋人事的品评与对原著的史实考案。对原书和刘孝标注所涉人物事迹，一一寻检史籍，考核异同；对原书不备的，略为增补，以广异闻，富有参考价值。

徐震堮《世说新语校笺》，北京：中华书局 1984 年 2 月出版

本书为"中国古典文学基本丛书"，以涵芬楼影印明袁氏嘉趣堂本为底本，校以唐写本、影印金泽文库所藏宋本、沈宝砚据传是楼藏宋刻本所作校语、明凌濛初刻批点本及王先谦思贤讲舍刻本。凡此诸本异文甚多，各种史书及类书索引也时有出入，只取其可以是正底本的，其明显错误和文义无甚关系的皆不录。前言简要介绍《世说新语》及其版本留存情况。引用诸家之说，皆注明出处。书末附有《世说新语词语简释》。

（南朝宋）刘义庆著，杨牧之、胡友鸣选译《世说新语》，杭州：浙江古籍出版社 1986 年 6 月出版

本书精选《世说新语》部分篇章进行注释和今译。全书按原文、注释、译文编排，断句标点，注释翔实，疑难字词皆逐一注音释义，译文浅显易懂。

陈涛译注《世说新语选粹》，天津：天津教育出版社 1987 年 11 月出版

本书属"古文选粹对译丛书"，书前有《世说新语》概说，简要介绍其书及其思想内容、语言特色。全书按题解、原文、译文、注释编排，题解论述内容主旨，注释旨在疏通字句为主，历史典故、官名、地名皆简单注释。

（南朝宋）刘义庆撰，张㧑之、刘德重选注《世说新语选注》，上海：上海古籍出版社 1987 年 11 月出版

本书属"中国古典文学作品选读"系列。文本主要依据《四部丛刊》影印明嘉靖袁氏翻宋本，以中华书局影印宋绍兴本参校。凡据影宋本校改的字都在注释中注出，其他不出校。只有少数音义相同的较僻的异体字改成现在通行字。前言系统论述《世说新语》其书及思想内容。全书按原文、注释、全译编排，注释主要内容包括：词语注解、相关人物介绍、史事的简要叙述、对正文的不同说法介绍、少数改字或异文的交代。注释中，间或有阐发文义之处，用"按"字标出。今译部分，基本为直译。本书又有上海古籍出版社 2007 年 3 月版。

　　（南朝宋）刘义庆撰，郑晚晴辑注《幽明录》，北京：文化艺术出版社
1988 年 12 月出版

　　本书属"历代笔记小说丛书"系列，为《幽明录》的辑选注释本。前
言简要介绍《幽明录》及其思想内容。全书按原文、注释编排，原文依据
断句，施以标点。注释翔实，凡人名、地名、器物、职官等皆逐一注解，疑
难字词皆附有注音。

　　（南朝宋）刘义庆编纂，李自修译注《世说新语选译》，石家庄：河北
教育出版社 1989 年 2 月出版

　　本书以明嘉靖间吴郡袁褧（尚之）嘉趣堂刻本为底本，广参诸本，分
卷仍采用影宋本"上中下"，较为简明。前言简要介绍《世说新语》及其思
想内容与版本留存情况。全书按原文、注释、译文编排，译文通俗简洁。

　　柳士镇译注《世说新语选译》，成都：巴蜀书社 1989 年 5 月出版

　　本书属"古代文史名著选译丛书"系列，选录《世说新语》部分篇章
进行释译。此书以明代袁褧嘉趣堂本《世说新语》为依据，参以日本尊经
阁文库影宋本、王先谦思贤讲舍校订本、唐写本《世说新语》残卷，对原
文作了必要的校订。前言简要介绍《世说新语》及其思想内容。全文按题
解、原文、注释、今译编排，原文选用整理的善本；注释主要交代一些背景
材料，对人名、地名、职官名以及特殊疑难词语或译文较难表达含义的词语
作了解释，其余大多从略，疑难字词加以注音。今译以直译为主，同时结合
意译。

　　钱振民点校《搜神记·世说新语》，长沙：岳麓书社 1989 年 7 月出版

　　本书属"古典名著普及文库"系列，第二部分为《世说新语》，以光绪
年间思贤讲舍王先谦校订本为底本，参阅余嘉锡、徐震堮、杨勇诸家校注
本，酌取所长而成。正文以脚注形式标明所选底本，不出校记，仅附点校原
文，断句标点。

　　李毓芙注《世说新语新注》，济南：山东教育出版社 1989 年 12 月出版

　　本书以清光绪年间思贤讲舍刻本《世说新语》为底本，前言详细介绍
了《世说新语》及其思想内容，并附载唐写本、宋刻本书影各一页。每篇
依照条文先后次序编列号数，标记于每条第一行之上。对人物事迹，首次较

详，后文重出，即标明见某篇、某条、注次。全文注释，力求简明，有时根据需要适当引证原文。每条全文注后，提示内容含义，间或略作评论。书中异体字，一般改用正字。

方一新《〈世说新语〉语词研究》，杭州：博士学位论文，杭州大学，1989 年

本论文分上、下两编。上编为概论，对《世说新语》语词研究的意义、可以利用的材料、《世说新语》及其作者、《世说新语注》及其作者等均作了较为详尽的阐述。下编为释词，收录《世说新语》（包括刘孝标注）中前人未曾释义或所释有误、有缺的词语，进行释义，多有新见与发明。

刘义庆原著，王进祥述疏《世说新语粹讲》，台北：台湾顶渊文化事业公司 1990 年 4 月出版

全书按原文、注释、语译、解析编排，注释较为翔实，资料丰富，凡人名、地名、器物、职官等皆逐一注解。语译准确精当，通俗晓畅。解析则根据原文内容，引经据典、举例论说，评析其思想艺术。

（南朝·宋）刘义庆撰，（梁）刘孝标注《世说新语》，北京：中华书局 1991 年 1 月出版

本书收录《世说新语》原文与南朝梁刘孝标注，注以夹行形式小字形式附于原文中。全书为竖排繁体，无新式标点，皆以圆圈标识断句。

（南朝·宋）刘义庆撰，徐传武注译《世说新语选译》，济南：齐鲁书社 1991 年 4 月出版

本书以文学古籍刊行社 1956 年影印宋本《世说新语》作为底本，广参众本。本书从文学、语言、历史、政治、哲学和佛学等各个角度，选择了有代表性的篇章共 400 则，各则以首句为题。全书按原文、注释、译文编排，注释中疑难字词皆逐一注音释义，译文则简洁明了。

王能宪《世说新语研究》，南京：江苏古籍出版社 1992 年 6 月出版

本书是在作者同题博士学位论文（北京大学 1991 年）的基础上修订而成，全书共六章。第一章为《世说新语》成书考辨，分为编撰者考辨和书名、卷帙、门类考辨。第二章论述了《世说新语》的版本、笺注与批点。

第三章论述《世说新语》与魏晋风流。第四章为《世说新语》的文学特征。书末附有：《世说新语研究》之回顾，《世说新语》在日本的流传与研究。

张永言主编《世说新语辞典》，成都：四川人民出版社 1992 年 7 月出版

本辞典是专书语言辞典，收录并释证《世说新语》原文中所有的字、词（包括成语、熟语及凝固结构等）。作者后又编《〈世说新语〉大辞典》（上海古籍出版社 2015 年 12 月出版），详下文。

王宁主编《评析本白话世说新语·颜氏家训》，北京：北京广播学院出版社 1992 年 12 月出版

本书第一部分为《世说新语》的白话评析。全书按原文、评析编排，原文中疑难字词附有脚注标志，便于理解。评析部分，以通俗易懂的白话介绍文本内容、思想特征、艺术特色以及对后世的影响。

张万起编《世说新语词典》，北京：商务印书馆 1993 年 5 月出版

本词典以《四部丛刊》影印明袁氏嘉趣堂刻本为文字依据。标点断句，参照中华书局出版的余嘉锡《世说新语笺疏》和徐震堮《世说新语校笺》二书。本词典分正编和副编两部分。正编收录《世说新语》中出现的全部字、词、固定词组 6100 多条，人名、地名、官名、书名等 1900 多条，语词和百科分编。此外，《世说新语》36 篇题解，也收入百科编中。副编选收刘孝标注文中的部分词，收录的原则是魏晋南北朝时代产生的词语和某些需要解释的词语。那些源于《世说新语》而语言形式和引申意义后代才形成和固定下来的成语、典故词语等，也收录在副编中。副编所收 1600 多条。对于词语的解释，完全从《世说新语》所提供的语言材料出发，进行分析归纳，不过多地作历史的考证和追述，也不过多地引述同时代其他文献材料。训释词义，注意吸收前人和当代学者研究成果。对于人名、地名、官名等百科性条目，进行简明扼要的解说。本词典正编所列词条，均附有出现频率统计。词典对于词语中的虚词标注词性，虚词的概念则较多地照顾传统说法，以利于实用。本词典举例一般是一至三例。本词典在有些词条后有"附论""备考"两项。"附论"是对《世说新语》中出现的某些语言现象作一些议论或理论说明，"备考"是附列一些佐证和参考数据。

钱海水、全智学编著《世说新语箴言录》，北京：北京广播学院出版社
1993 年 6 月出版

本书选录《世说新语》中的箴言进行释解。全书按原文、注释、译文、
点题编排，注释力求简明扼要。译文以直译为主，辅以意译。点题则不拘一
格，随原文文意及读者需要而定，力求从原书总体思想出发立论。一些原文
兼有本义和引申义，本义即在原书上下文中的含义，引申义即后人理解及使
用独立的语句时新生的含义。书中原文经注释翻译，原义及附加义均明白易
晓，点题则引用典故及同意文句等，以加深理解。

（南朝·宋）刘义庆原著，李牧华注解《世说新语》，兰州：甘肃人民
出版社 1994 年 5 月出版

本书收录《世说新语》原文进行简注与今译。全书按题解、原文、注、
解编排，题解简略介绍内容主旨，注则对人名、地名、职官等注释，对疑难
字词进行释义；解则以白话翻译原文内容。

吴金华《世说新语考释》，合肥：安徽教育出版社 1994 年 8 月出版

本书从古籍整理、汉语史研究、辞书编纂等角度，对刘义庆《世说新
语》及刘孝标注中的一部分内容进行考释。考释的内容包括版本校勘、语
词训释、名物考辨等。校勘方面侧重考异与献疑。词语方面着重讨论容易引
起歧解的雅言俗语、大型辞书或专书辞典没有收录"词目"或有关义项的
语词、注家视为误文而其文未必有误的语词、在汉语史研究上业已引起注意
的语词、在《世说新语》以外的古籍中出现歧解的语词。在名物制度方面，
主要说明涉及社会制度风俗人情者及涉及校勘、句读问题的部分。本书引文
主要依据余嘉锡《世说新语笺疏》，个别文字参考其他版本有所改动。本书
征引古籍文例以资论证时，文例均标出书名、篇名、卷数，所据版本具见
"引书目录"。书末附有：《世说新语考释》引书目录、汉语拼音索引、汉字
笔画索引。

张叔宁《世说新语整体研究》，南京：南京出版社 1994 年 9 月出版

本书共四章。第一章为《世说新语》的书名、版本、卷帙与门类。第
二章为《世说新语》的时代、编撰及刘孝标注。第三章为《世说新语》言
谈之渊薮，逐一论述清谈的内容、形式、发展、评价。第四章为《世说新
语》风流之宝鉴，探讨魏晋风流的本质特征（贵真和逍遥）、极端表现形式

（任诞）、美学内涵。

宁稼雨《〈世说新语〉与中古文化》，石家庄：河北教育出版社 1994 年 11 月出版

本书是《世说新语》与中古文化的研究专著，全书共十一章。主要内容有：《世说新语》与六朝门第，从《世说新语》看南北文化异同，《世说新语》中的人物品藻及其审美意义，《世说新语》与魏晋玄学，魏晋佛学，魏晋文学艺术，魏晋文人个性，《世说新语》与魏晋风俗，《世说新语》与志人小说观念的成熟，"世说体"及其文化内涵。

张振德、宋子然主编《世说新语语言研究》，成都：巴蜀书社 1995 年 5 月出版

本书共二十章。第一章为《世说新语》词汇概说。第二至二十章分别论述了《世说新语》中的新生词、古语词、熟语、新生义、联绵词、名词、代词、数量词、副词、介词、连词、语气词、双宾结构、兼语式、连动结构、结果补语和趋向补语、被动句、"得"字和"得"字句、判断句。

（南朝宋）刘义庆原注，刘长桂、钱振民译注《世说新语》，上海：东方出版中心 1996 年 1 月出版

本书为"文白对照历代世说精华丛书"之一，选录《世说新语》的部分篇章进行简注今译。按照该丛书的编选体例，编选时对原书作了若干变动，将原书三十六门合并为德行、言语、政事、文学、雅量、赏鉴、风度、捷悟、规箴及其他十大类；每一则拟简要标题。遵照丛书体例，注释只对相关的人物、事件、典故、地名、典章制度及难解词语简要作注，一般只注其然，不注其所以然；翻译以直译、意译相结合。对原文中的繁体字、异体字、古今字、通假字等，按照今天的用字规范作了相应处理。

（南朝宋）刘义庆编撰，柳士镇、刘开骅译注《世说新语全译》，贵阳：贵州人民出版社 1996 年 10 月出版

本书属"中国历代名著全译丛书"系列，分上、下两册，以明代袁褧嘉趣堂本为依据，参以日本尊经阁文库影宋本、王先谦思贤讲舍校订本、唐写本《世说新语》残卷，对原文作了必要的校订。前言简要介绍《世说新语》及其思想内容。全文按题解、原文、注释、今译编排，原文

选用整理的善本；注释主要交代一些背景材料，对人名、地名、职官名以及特殊疑难词语或译文较难表达含义的词语作了解释，其余大多从略，疑难字词加以注音。今译以直译为主，同时结合意译。本书又有该出版社2008年9月修订版。另有刘开骅、柳士镇注《世说新语》，台湾古籍出版社2004年8月版。

（南朝宋）刘义庆著，（南朝梁）刘孝标注，曲建文、陈桦译注《世说新语译注》，北京：北京燕山出版社1996年12月出版

本书按原文、注释、译文、读书箴言编排，原文中以夹注形式附有南朝梁刘孝标注，注释简略浅显，译文通俗直白，读书箴言引用中外名人名言。本书又有该出版社2009年1月新版。

姚宝元、刘福琪译著《世说新语（文白对照全本）》，天津：天津人民出版社1997年2月出版

本书原文以王先谦重雕纷欣阁本《世说新语》为基本依据，个别文字参照其他版本。全书按标题、原文、译文编排，每条文字拟四字标题。书后附有重要人物姓名、字、小字、官称表。

（南朝宋）刘义庆编撰，张艳云校点《世说新语》，沈阳：辽宁教育出版社1997年3月出版

本书属"新世纪万有文库·传统文化书系"，以文学古籍刊行社影印南宋绍兴本为底本，只录原书正文，用《四部丛刊》影印明嘉靖袁褧嘉趣堂本和《丛刊》本所附沈岩校记对校，并参考了文学古籍刊行社所附王利器的校勘记和唐写本残卷。底本原有刘孝标的注语及后人附录三种，该书略去不录。全书不出校记。

王建设《魏晋士人的丰姿神韵——〈世说新语〉导读》，成都：四川教育出版社1997年7月出版

本书属"文学名著导读丛书"，逐一从作者介绍、思想内容、艺术特色、精选释译四方面进行导读讲解。正文以原文为依据，以史实为脉络，资料丰富，征引精当。全书语言简洁流畅。

陈鸿彝《潇洒人生——〈世说新语〉撷趣》，北京：中央民族大学出版社 1997 年 9 月出版

本书分为两部分。第一部分为玄学谈片，主要内容包括：老子：从"虚无之旨"到"治国安民之术"，魏晋玄学面面观。第二部分为玄风撷趣，主要内容包括：清谈胜语、名士风神、名士生涯、人物品藻、清言巧对、家风世教、奉职事功等。

李建中《乱世苦魂——世说新语时代的人格悲剧》，北京：东方出版社 1998 年 3 月出版

本书主要以《世说新语》中人物故事来解说时代的人格悲剧。全书主要内容包括：乱世千愁，酒中百态，徘徊去就，终当为情死，心共口敌，雅俗同体，才性异区，狂狷者的孤独，有意无意之间，奚为哉奚乐哉，心之忧矣、永啸长吟等。

范子烨《〈世说新语〉研究》，哈尔滨：黑龙江教育出版社 1998 年 4 月出版

本书属"六朝文学丛书"系列丛书，是在作者同题博士学位论文（陕西师范大学 1994 年）的基础上修订而成，全书共七章。第一章为《世说新语》原名与体例考论。第二章为《世说新语》成书考，包括《世说新语》成于众手说、《世说新语》编纂时间、地点和原因。第三章为《世说新语》古注考论，论述敬胤和刘孝标的《世说注》。第四章为《世说新语》残卷考论。第五章为宋人删改《世说新语》问题考论。第六章为《世说新语》文本直解。第七章为《世说新语》的若干故事原型。书末附《临川王刘义庆年谱》。

蒋凡《世说新语研究》，上海：学林出版社 1998 年 4 月出版

本书为《世说新语》的综合性研究专著，全书共八章。第一章为绪论：读解《世说》的四难。第二章为谢道韫与王氏兄弟。第三章为陆机兄弟与中原士族对立之根源。第四章为魏晋玄风与中国传统思维的理论开拓。第五章论述了义理新流玄家《易》——兼论与玄《易》对立的不同流派。第六章探讨魏晋士人的男女关系及其婚姻与家庭。第七章论述魏晋士人言传身教任自然的教育观。第八章为魏晋文学之觉醒和士人审美心态。

　　［日］井波律子著，李庆、张荣湄译《中国人的机智——以〈世说新语〉为中心》，上海：学林出版社 1998 年 4 月出版

　　本书以《世说新语》为中心探讨中国人的机智。书前《序章》论述《世说新语》及其时代。全书共四章，第一章为《世说新语》中的人物、《世说新语》机智的构造、机智的洗练，侧重人物批评的修辞技法。第四章论述《世说新语》和鲁迅。书末附有：《世说新语》在日本的流传及研究。（台北）星光出版社 1985 年 1 月所出王敏政《世说新语——中国人的机智》，实即编译自井波律子此书，不另出。

　　王守华《〈世说新语〉发微》，上海：上海文艺出版社 1998 年 5 月出版

　　全书共三十章，主要内容包括：找回失落的人性（代序），人欲能得几次流，钟情岂敢笑人痴，"清谈"谈出火药味，竞标风韵尽名流，火爆的名士"追星族"，"生孝""死孝"谁优谁劣，交友择善、古今皆然，鬼手捉臂心生寒凉，言语贵在有机锋，新亭对泣难消亡国恨，佛教东来入中国，行善渡人佛也疲劳，玄言诗人的高情雅致等。

　　岳希仁、赵运仕、黄林涛编《世说新语译注》，桂林：广西师范大学出版社 1998 年 5 月出版

　　本书为《世说新语》的译注本。本书对原书（不包括刘注）进行了注释、翻译；并对原文进行了随感式的评点，简略评说思想内容。注释力求简洁、准确；译文以直译为主，兼以意译；评点则不拘一格，追求灵活新颖。

　　胡友鸣《名士风度众生相——〈世说新语〉》，北京：中国文联出版公司 1998 年 6 月出版

　　本书按标题、原文、译文、题解编排，标题为编者所加，译文以直译为主，通俗易懂。书中"题解"部分，根据魏晋时期的历史情况对正文做进一步解释，并将有关人物的介绍、涉及的典故以及对后世的影响，融入其中。"题解"同时也包括选译者的体会，所涉及的词语、典故、制度等，多在译文和题解中予以解决。

　　张万起、刘尚慈译注《世说新语译注》，北京：中华书局 1998 年 8 月出版

　　本书以明嘉靖袁褧嘉趣堂翻刻南宋陆游刻本为底本。底本文字讹误，校

以影宋本、王先谦本和唐写本《世说新语》残卷、沈校本等。校记随文附于注释中。本书不分卷，按原书门类顺序排列。每个门类中所包括的则数多寡不同，均按原顺序标出序号，便于查检。前言简要介绍《世说新语》的撰集、校笺、记载的历史人物、文学论、修辞学等内容。《世说新语》共有36篇（门类），本书对每篇的基本内容作了简要介绍和分析，列为篇首题解。全书按原文点校、译文和注释编排，刘孝标注用小字夹行排印，附于正文之中。译文力求准确通畅，保持原文韵味。注释中疑难字词皆逐一注音释义。本书又有中华书局 2006 年 8 月版、2010 年 4 月再版。

宁稼雨《刘义庆与〈世说新语〉》，沈阳：春风文艺出版社 1999 年 1 月出版

本书为"插图本中国文学小丛书"之一，共十个部分。主要内容包括：刘义庆的生平及其文学活动，《世说新语》的书名、版本、批注和分类，魏晋人物品藻活动的真实记录，魏晋清谈玄学的形象演示，魏晋文人个性精神的张扬，魏晋文人的审美人生观，善恶分明的道德观念，韵味无穷的语言艺术，自发朦胧的人物塑造方法，自成流派的体例特征。

刘正浩等译注《新译世说新语》，台北：三民书局 1999 年出版

本书属"古籍今注新译丛书"，竖排繁体刊行。导读简要介绍《世说新语》体裁的来源分类与文体。全书按原文、注释、译文编排，断句标点。注释翔实，疑难字词皆逐一详细释义。译文简洁明了，通晓流畅。

（南朝宋）刘义庆著，曹瑛、金川注释《世说新语（全文注释本）》，北京：华夏出版社 2000 年 5 月出版

本书校注以世界书局的《诸子集成》本为底本，以唐写本、宋绍兴本、明嘉趣堂本、清纷欣阁本等参校。注释则参考了余嘉锡《世说新语笺疏》、徐震堮《世说新语校笺》等诸家成果。前言简要介绍了《世说新语》的其书、思想内容、文学成就及其影响。全书按篇目、原文、注释编排。凡人名、地名、器物、职官等皆逐一注解。

（南朝宋）刘义庆著，李凌云、纪双鼎主编《世说新语》，北京：中国戏剧出版社 2000 年 11 月出版

本书属"中国古典文化极品"系列，收录《世说新语》原文的全部内

容，并加以注释和翻译。全书按原文、注释、意译编排，注释疑难字词皆逐一注音释义，意译则通俗易懂。

刘庆华译注《世说新语》，广州：广州出版社 2001 年 7 月出版

本书属"中国古典名著译注丛书"系列，收录《世说新语》原文，注释和翻译。前言简要介绍《世说新语》思想内容及其影响。全书按原文、注释、译文编排，注释疑难字词皆逐一注音释义，译文简明扼要。

李建中、高文强《日月清朗 千古风流——〈世说新语〉》，昆明：云南人民出版社 2001 年 9 月出版

本书共七个部分，主要内容包括：《世说新语》的作者之"二刘"，《世说新语》的成书、版本及流传，《世说新语》的巨大影响，《世说新语》的文化内蕴，《世说新语》的人格魅力，《世说新语》的艺术心灵，《世说新语》的清辞丽句，《世说新语》精彩段落的选录与点评。

吴兆基、武春华主编《世说新语》，长春：时代文艺出版社 2001 年 11 月出版

本书属"中国古典文化精华"系列，收录《世说新语》原文进行简译。前言简要介绍《世说新语》及其内容。全书按原文、译文编排，原文疑难字词附有注音，译文浅显易懂。本书又有该出版社 2005 年 8 月新版。

（南朝宋）刘义庆撰，郭孝儒注译评《世说新语注译评》，北京：经济日报出版社 2002 年 10 月出版

本书对原文做了校订增删，不出校记。对原文文字进行了统一规范，对异体字、通假字、错别字作了校订，对原文颠倒的地方作了调整，对原文缺佚的地方作了补充。书中重要人物皆有小传，疑难词语、成语、典故均有考释。全书按原文、注释、译文、小议编排。每条拟四字标题。注释简略，译文通俗。小议或记述心得体会，或介绍他人见解。

（南朝宋）刘义庆撰，（梁）刘孝标注，朱铸禹汇校集注《世说新语汇校集注》，上海：上海古籍出版社 2002 年 12 月出版

本书以《世说新语》现存最早的日本前田氏所藏之宋绍兴八年董弅刻本（1962 年中华书局影印）《世说新语》为底本，搜集各种版本及音释笺

注二十余部，会校集注而成。全书按原文、校、注编排。对古体、僻字、当时方言口语等进行校注。注释采自诸家者均予标明，出于己见，或冠以［案］字，或不加注，以示区别。书中人名、或书官爵，或用字号，或称小字。除本条原注已有说明外，均将本名以小字旁注，并加括弧，以便辨识。本书评语包括刘辰翁、刘应登、王世贞、王世懋、杨慎、李贽、凌濛初诸家，或评骘文字，或臧否人物，加以抉择，多录于页眉。书后附人名索引、所见版本概况。

杨勇《〈世说新语校笺〉论文集》，台北：台湾正文书局 2003 年 1 月出版

本书是关于《世说新语校笺》研究的论文集。本集收录主要论文有：《论清谈之起源、原意、语言特色及其影响》《世说新语书名、卷帙、版本考》《世说新语刘孝标注释例》《清谈对于佛学的影响》《读余嘉锡世说新语笺疏后叙》《阿大为谢安考》。此外收录相关书评 10 篇。附录有：《六朝统系》《三国晋宋世系》《三国晋宋大事及文人生卒年表》《世说新语刘注引书名录（共 431 种）》《世说新语校笺修订本补正》《世说新语校笺修订本勘误》。

宁稼雨《魏晋士人人格精神——〈世说新语〉的士人精神史研究》，天津：南开大学出版社 2003 年 6 月出版

本书共八章。第一章为《世说新语》的成书与魏晋士人人格精神的阐释。第二章从《世说新语》的门类设定看编者对魏晋士族人格精神的理解。第三章为门阀士族的崛起与士族文人的精神变迁。第四章为士族文人的社会生活与精神变迁。第五章从《世说新语》看士族玄学人生态度。第六章为《世说新语》与士族佛学。第七章为《世说新语》与士族神仙道教。第八章为《世说新语》中人物品藻活动的士族人格精神。结论部分综论魏晋士人人格精神的特征及其在中国文化史上的意义。

梅家玲《世说新语的语言与叙事》，台北：里仁书局 2004 年 7 月出版

本书是在作者博士学位论文《〈世说新语〉的语言艺术》（台湾大学 1991 年）的基础上修订而成，全书共八章。第一章为语言表义的二维结构及其与美感经验的联系，兼谈如何研究《世说新语》的语言与故事。第二章为《世说新语》品鉴语言的空间美学，主要包括：几何空间中的品鉴定

位、感性空间中的感悟兴发，以及几何空间、感性空间与语言、文本空间的交互建构。第三章为《世说新语》品鉴美学中人与自然的关系在《世说新语》中的美学性转变及其美学意义等。第四章论《世说新语》中的机智语言与排调语言，分别论述了二者的产生因由、语境特色及其语言构造和美感特质。第五章探讨《世说新语》人物言谈中的用典艺术。第六章阐述《世说新语》人物言谈艺术的时代意义。第七章论述《世说新语》的叙事艺术。第八章论述《世说新语》中《贤媛篇》的女性风貌。书末附有《唐代赠序初探》《论八股文的渊源》。

王建设译注《〈世说新语〉选译新注（附泉州方言证）》，北京：社会科学文献出版社 2004 年 7 月出版

本书以宋绍兴八年董弅刻本（1962 年中华书局影印）《世说新语》为底本，对原文中有明显错误的文字在其后附上校文及出处，并加圆括号（），一般不另出校记。此书为节选注译，正文中有词语可以与今日的泉州话互相印证者，优先选入，构成本书主体。当中注释重点是古今（指《世说新语》与泉州话）相同或相近的词语及部分疑难词句，其他词语（包括人名）一般不作注。对疑难字词的注音，普通话读音采用《汉语拼音方案》，方言读音则采用国际音标，以［ ］表示。书后附有"书中所注词语索引"（含拼音和笔画两种查找方法）。本书借助古汉语积淀十分丰厚的闽南方言泉州话来作为训释旁证，从音韵、方言、训诂等方面入手，利用方言口语及方言文献来帮助考释、解读汉语史中某些语言现象。

李天华校《世说新语新校》，长沙：岳麓书社 2004 年 11 月出版

本书以王先谦思贤讲舍刻本为底本，校以影宋本、余嘉锡《世说新语笺疏》、徐震堮《世说新语校笺》，对诸家以为当改的讹误，全部予以校正，不出校记。原文与注释采用夹注形式，正文及注释均加以新式标点，以便览诵。

北京师联教育科学研究所编选《刘义庆社会教育思想与〈世说新语〉选读》，北京：中国环境科学出版社、学苑音像出版社 2006 年 5 月出版

本书属"中国教育名家名作精读丛书"第二辑，全书分为上篇和下篇。上篇为刘义庆的生平与《世说新语》，共七个部分。第一部分为刘义庆生平及学术活动。第二部分为《世说新语》的书名、版本、批注和分类。第三部分为《世说新语》与魏晋人物品藻。第四部分为《世说新语》与魏晋玄

学和清谈。第五部分为《世说新语》与魏晋人文精神。第六部分为《世说新语》与魏晋审美人生观。第七部分为《世说新语》的道德观念。下篇为《世说新语》选读，选录《德行第一》《言语第二》《文学第四》《方正第五》《雅量第六》《识鉴第七》进行解读。

骆玉明《世说新语精读》，上海：复旦大学出版社 2007 年 7 月出版

本书主要内容包括：《世说新语》的成书，《世说新语》的性质与门类设定，《世说新语》的注及传世版本，《世说新语》的思想与艺术价值及关于本书编撰的若干说明。正文共计十三讲，逐一论述皇权与士权、英雄与名士、名教与自然、《庄子》"逍遥"义与自由的困境、情与兴、药及酒、自然的发现、清谈风习、幽默与谐趣、士族的婚姻与家庭、魏晋士人的理想人格、艺术与游戏中的生命等内容。书末附有《世说新语》原文。

（南朝宋）刘义庆撰，朱奇志校注《世说新语校注》，长沙：岳麓书社 2007 年 11 月出版

本书属"古典名著标准读本"，以明嘉靖袁褧嘉趣堂翻刻南宋陆游刻本为底本，校之以影宋本、纷欣阁本、王本以及唐写本《世说新语》残卷，兼采余嘉锡《世说新语笺疏》、徐震堮《世说新语校笺》。本书取消卷次，径直按原书门类排列。在每条开首均用数目字注明篇与条的序号，以便查检。本书分原文点校和注释两部分。原文中含刘孝标的注，用小字夹行排印。注释力求简明扼要。

马瑞志英译，张万起、刘尚慈今译《世说新语》，北京：中华书局 2007 年 12 月出版

本书为"大中华文库·英汉对照"系列丛书，是《世说新语》的校译与英译著作。全书按原文、今译、英译编排，原文部分，考订句读，加以新式标点。今译简洁直白，通俗晓畅。英译部分句式明了，辞达意切。

（南朝宋）刘义庆撰，（南朝梁）刘孝标注，刘强会评辑校《世说新语会评》，南京：凤凰出版社 2007 年 12 月出版

本书以现存最早的宋绍兴八年（1138）董弅刻本为底本，校以明嘉靖十四年（1535）袁褧嘉趣堂刻本，在保留宋本原貌的基础上，对存在讹误的字句稍作改订，校语则以脚注出之。刘孝标注文同样以影宋本为底本，与

袁本对校。本书自历代《世说新语》评点本、补本、续仿本，及笔记、目录序跋、论著等文献中辑录《世说新语》评点数千条，二十余万言，总评置于正文之前，条评放诸条之后。本书收录自唐迄今五十余家评点文字，收录标准基本以评点性文字为主，为保证版本完备起见，古代主要评点家涉及的个别疑难字句的注释也一并录入。

董晔《〈世说新语〉美学研究》，济南：博士学位论文，山东大学，2007 年

本论文共六个部分。导言部分说明选题的理论依据和意义，论文的研究思路和方法。第一章着重考察《世说新语》的文本意图。围绕在内容上是否"记事实"和在创作上是否"有意识"这两个方面对《世说新语》的文体进行考辨。第二章主要论述人物品藻与人格审美的关系。第三章专门分析"魏晋士人的行为艺术"，并探讨魏晋风度与中国古代士人人格建构的关系。第四章重点阐发《世说新语》中的自然审美思想。余论部分探讨了《世说新语》在中国美学史上的地位与影响。

蔡言胜《〈世说新语〉方位词研究》，天津：南开大学出版社 2008 年 4 月出版

本书是在作者同题博士学位论文（复旦大学 2005 年）的基础上修订而成，全书有绪论、正文、余论三部分。绪论从"方位词"的名义、属性入手，交代本书选题缘起、研究目标与方法。第一章回顾述评了方位词相关研究成果，并简要论述了《世说新语》的语料性质及其方位词使用概况。第二章对《世说新语》典型后置方位词进行认知语义分析并进行相关历时比较。第三章是关于《世说新语》典型方位结构的语法分布描写及其历时比较。第四章关注《世说新语》及中古汉语中一批新兴的方位词。第五章讨论了《世说新语》中方位词的独立运用情况。余论中讨论了中古时期合成方位词的出现以及汉语史上方位习语的形成问题。

董志翘选注《世说新语》，北京：高等教育出版社 2008 年 7 月出版

本书以明嘉靖年间袁褧嘉趣堂本《世说新语》为底本，参校了清王先谦本和唐写本残卷，删去刘孝标注文，精选 18 篇进行解读。全书按原文、题解、注释编排，题解概括介绍每篇的主要内容。注释以脚注形式标注，主要对人名、地名、官名、事件名，特别是魏晋六朝时期的一些习语作了解

释，疑难字词皆逐一注音，并对少数难理解的注释作了整句翻译。

蒋凡《世说新语英雄谱》，北京：中国人民大学出版社 2008 年 7 月出版

本书抽离历史的局限与评价，以局外人的目光观照《世说新语》中所记述的"英雄"，用精约的语言、充实的史料在历史的动态中立体展现英雄的形象，再现他们在历史舞台上所作出的有声有色、有遗憾有泪水的表演。作者因人及事，将探索的触角延伸至时代纷争和士人的内心世界，在读者面前展开了一幅魏晋时代的风情画卷。

刘伟生《世说新语艺术研究》，长沙：湖南大学出版社 2008 年 7 月出版

本书共六章。第一章为《世说新语》文体明辨，主要内容包括：《世说新语》文体研究综述、文体特征及其成因、世说体研究的文体学意义。第二章为《世说新语》的志人艺术，包括其志人的原则与价值、志人的手法。第三章为《世说新语》的叙事艺术，包括历史叙事与文学叙事、《世说新语》的叙事特征。第四章为《世说新语》的语言艺术，探讨《世说新语》语言的时代特质与审美风尚、《世说新语》中的特殊词群。第五章为《世说新语》中的文籍与文论，探讨《世说新语》中的文籍、文体、文评与文论范畴，兼论《世说新语》对文学批评方法的影响。第六章为《世说新语》的艺术影响，分别从《世说新语》与杜诗、晚明小品、《红楼梦》的关系三个角度展开论述。书末附《世说新语》类作品简况表。

蒋凡《世说新语的读法》，北京：中国人民大学出版社 2008 年 8 月出版

本书将《世说新语》所描述的社会生活、人物放在当时的社会环境中，用现代的理论思维来观照、发掘其中的精神实质，重新展示丰富多彩的魏晋社会生活、鲜活的士人风貌。

魏风华《绝版魏晋：〈世说新语〉另类解读》，济南：山东画报出版社 2008 年 12 月出版

本书对《世说新语》所记载的魏晋名士的逸闻轶事进行了新的解读，窥探整个魏晋时期独具个性的人文生活。全书分为九个部分，逐一论述风云往事、竹林七贤、魏晋风神、在魏晋的山水间、华丽家族、品人与玄谈、魏

晋时期的爱情、八卦记、江山永逝。书末附有《魏晋帝王年表》《魏晋豪族谱系》。

鲍金华《〈世说新语〉与〈贤愚经〉词汇比较研究》，南京：博士学位论文，南京大学，2008 年

本论文共五章。第一章为绪论，逐一论述研究对象、两书语言特点，如用语浅易、口语成分较多、记录了大量具有六朝特色的词语、方言词等。第二章为《世说》与《贤愚经》新词比较研究。第三章为《世说》与《贤愚经》新义比较研究。第四章为《世说》与《贤愚经》同义词比较研究。第五章为《世说》与《贤愚经》词语的构成和组合关系比较。附录为两部《世说》词（辞）典比较研究。

甄静《元明清时期〈世说新语〉传播研究》，广州：博士学位论文，暨南大学，2008 年

本论文共五章。第一章论述《世说》成书后的文本传播轨迹，重点在明清时期。第二章论述元明清时期《世说》评点传播，选取了刘辰翁、刘应登、王世懋、凌濛初、李贽五人的评点作为研究对象。第三章论述元明清时期《世说》戏曲传播，系统梳理了该时期《世说》改编剧的剧目。第四章论述明清时期"世说体"小说创作，主要对其编撰方式、内容特色、艺术特色及价值进行阐述。第五章论述《世说》对明清时期章回小说创作的影响，提出了"世说精神"的概念。通过个案分析，论述了《三国演义》对《世说》素材的吸收、"世说精神"对《红楼梦》和《儒林外史》的影响。

陈慧玲《由〈世说新语〉探讨——魏晋清谈与隽语之关系》，台北：花木兰文化出版社 2009 年 3 月出版

本书共五章。第一章为清谈思想之酝酿，论述道家思想之转化、儒家思想之质变、荆州新学之兴起、名法思想之落实。第二章为魏晋清谈的分化，包括从清议到清谈与清谈思想之分期。第三章为清谈隽语之文学化，探讨清谈论辩之训练、言不尽意之态度、韵律声调之讲求、意象譬喻之传达。第四章为隽语名言与玄学思想，探讨了何晏王弼之易老贵无论、达庄思想及养生、般若佛学之研讨。第五章为人物品鉴与文学批评，逐一论述艺术精神之品鉴、品鉴之标准与方式、对文学批评之影响。

蒋凡、李笑野、白振奎评注《全评新注世说新语》，北京：人民文学出版社 2009 年 3 月出版

本书以宋绍兴八年董弅刻本为底本，吸收前贤的校勘成果，并在注中标明。全书按题解、原文、注释、评点编排，题解对每篇的基本内容作了简要介绍和分析。注释简约精当。评点从每则故事本身的特点出发，或评人物，或评思想特色，或解释当时风俗、风貌，或评点写作特色，或评点语言韵味。评点中对以往评点的成果尽量吸收，择善而从。

（南朝宋）刘义庆原著，杨美华注译《世说新语精粹》，北京：海潮出版社 2009 年 9 月出版

本书选录《世说新语》部分篇章进行简注与今译。全书按原文、译文、注释、评析、历代评点编排。译文大多直译，同时结合意译。注释主要偏重于历史背景、人名、地名、官名，以及较难表达的词语等。评析部分以简短的文字，或对原文内容及背景知识进行介绍或提要，或就其思想内容进行阐释，或结合当下现实生活加以发挥。历代评点则收录历代学者对《世说新语》一书内容所作出的评点。

王同书、谭莹《〈世说〉影像——〈世说新语〉精品论评》，北京：作家出版社 2009 年 12 月出版

本书是关于《世说新语》的评论集，引言论述《世说新语》的时代、作者和注者。全书共四个部分，逐一从深邃先进的思想、真善美雅的艺术、卓然特立的人物、惠泽后代的影响等方面展开评论。余论部分探讨《世说新语》的人与自然。

刘义庆原著，司马哲编著《世说新语全书》，北京：中国长安出版社 2010 年 1 月出版

本书分为原文、注释和译文。每篇加了题解，为正文作相关背景介绍，并根据刘孝标注等，为原文作了通俗的注释和翻译。

蒋肖云《志人小说与〈世说新语〉》，长春：吉林文史出版社 2010 年 4 月出版

本书属"中国文化知识读本"，共五个部分，逐一从志人小说与《世说新语》、刘义庆其人与《世说新语》、《世说新语》中的名士风流、《世说新

语》中的女性形象、《世说新语》中的儿童世界等方面展开论述。

邹德金编《世说新语全书解读》，呼和浩特：内蒙古人民出版社 2010
年 6 月出版

本书对《世说新语》所记载的魏晋名士的逸闻轶事进行了新的解读，
并试图与现代生活进行对接，让读者纵览魏晋时期文人隐士的品德、技艺、
智慧，乃至于诙谐、放浪、洒脱等多样面貌，使遥远的"魏晋风度"亲切
可感。

（南朝宋）刘义庆撰，宁稼雨注评《世说新语》，南京：凤凰出版社
2010 年 10 月出版

本书属"历代名著精选集"系列，据中华书局 1984 年版徐震堮《世说
新语校笺》。本书注释参考前人相关材料撰写，力求简明扼要。注释主要针
对原文中人物和相关名物制度，以表述简明清晰为目的，避免繁琐书证，以
适应社会普通读者。每条故事后附有"导读"部分，帮助读者理解领会该
条故事的历史背景、文化蕴含，以及文学价值等。每条故事拟有题名，并加
编号。

王晓毅、张齐明编著《世说新语解读》，北京：中国人民大学出版社
2010 年 10 月出版

本书属"国学经典解读系列教材"，选择《世说新语》中最能反映时代
特征、最能代表士人风貌的典型人物和典型故事，进行注解、评述。

戴丽琴《〈世说新语〉与佛教》，武汉：博士学位论文，华中师范大学，
2010 年

本论文共七章。第一章探讨宋初崇佛之风及其对《世说新语》的影响。
第二章从《世说新语》看佛教的社会基础，分述了东晋诸帝与佛法；僧人
的来源出身；僧人的经济状况；僧人居所及其功用。第三、四章从《世说
新语》看东晋士族与佛教，包括琅琊王氏、陈郡谢氏、太原王氏、颍川庾
氏、陈郡殷氏、庐江何氏、高平郗氏及其他名士。第五章从《世说新语》
看僧人的名士化，从清谈之风、品题之风、任诞之风三个角度展开论述。第
六章从《世说新语》看《维摩诘经》对东晋士人的影响，分别论述了对士
人清谈之风的促进、对士人出处矛盾的调和、对士人思维方式的影响。第七

章为《世说新语》所涉佛教词汇考。

（南朝宋）刘义庆撰，（南朝梁）刘孝标注《世说新语》，杭州：浙江古籍出版社 2011 年 1 月出版

本书属"古典名著聚珍文库"系列，以清光绪年间王先谦思贤讲舍校订本为底本，参校了明代嘉靖年间袁氏嘉趣堂刻本和清徐乾学传是楼所藏宋淳熙刻本。为免繁琐，改动之处，未出校记。同时，文字的标点和字词的取舍，还重点参考了中华书局余嘉锡《世说新语笺疏》。此次整理将《世说新语》原文排为正文，将刘孝标的注文排为小字夹注。

（南朝宋）刘义庆著，朱碧莲、沈海波译注《世说新语》，北京：中华书局 2011 年 5 月出版

本书属"中华经典名著全本全注全译丛书"系列，以涵芬楼影印明嘉趣堂本为底本，参考了余嘉锡《世说新语笺疏》中的校勘、笺疏成果。每一篇前都用有题解对该篇进行介绍。本书除对生僻字依《汉语大词典》做注音、解释外，更注重对于涉及的历史事件、背景的说明，使读者能更好地理解当时人物以及他们丰富的内心世界。

萧虹《世说新语整体研究》，上海：上海古籍出版社 2011 年 5 月出版

本书共六章。第一章为绪论，论述《世说新语》的性质、历史和沿革。第二章为作者问题的商榷，包括家庭背景、教育兴趣、天赋、编书时间是否充裕等，并附刘义庆年谱。第三章探讨书源及编纂方式与成书经历，从若干早期模型、《世说新语》的原据、注文问题等几个方面展开论述。第四章论述《世说新语》反映的社会风尚。第五章为《世说新语》的历史价值。第六章探讨《世说新语》对后世的影响，如东方审美观的树立，对中国文学、中国语言及在国外的影响等。

（南朝宋）刘义庆撰，（南朝梁）刘孝标注，龚斌校释《世说新语校释》，上海：上海古籍出版社 2011 年 12 月出版

本书以四部丛刊影印明刻袁褧嘉趣堂本为底本，校以影印南宋绍兴董弅刻本、影印王先谦思贤讲舍校刊本等。校释包括《世说新语》刘孝标注。一般先校后释，同一字词既要校又要释者，校记与释文之间空两格。《世说新语》正文及刘孝标注文中之异体字，皆改为通行字。参考引用当代学者

之专著、论文，皆注明作者与出处。引述前人材料，若另有补充者，加一"又"字，以示区别。本书重辨析各家注释异同，并尽量参考有关中古时期历史、哲学、文学、美术、士风等研究成果，阐发《世说》蕴涵之文化意义。书末附有：《世说新语》著录旧题旧跋旧序、《世说新语》人物事迹编年简表、《世说新语》人名索引。

张璇《刘辰翁〈世说新语〉评点研究》，天津：博士学位论文，南开大学，2011 年

本论文共七章。第一章对评点进行了溯源，论述刘辰翁的评点时间、评点心态、评点目的和评点著作。第二章考述了刘辰翁《世说新语评》的现存版本，并从五个方面归纳、阐述了其评点内容。第三章从人物塑造、情节叙事、语言运用、小说文体特征四个方面论述了刘辰翁《世说新语评》所体现的小说评点理论。第四章分析了刘辰翁笔下常出现的"味""妙""真""情理"等命题及其蕴含的审美意趣。第五章把刘辰翁《世说新语评》与刘应登、王世懋、凌濛初、李贽四家对《世说新语》的评点进行比较。第六章归纳、分析了刘辰翁小说评点的七大特点，从四方面探讨了其评点价值。第七章综论刘辰翁《世说新语评》对明清小说评点的影响，并对其评点做出较为公允的评价。结语部分着重对论文作总结，并提出了需要以后进一步讨论研究的问题。书后附刘辰翁《世说新语评》的全部批语。

罗龙治《世说新语：六朝异闻》，台北：时报文化出版社 2012 年 5 月出版

本书是《世说新语》的改写本。书中三十六篇的篇名，悉按原书排列，各篇下子题是改写后添加。每条故事都从原书中采选，总数约占原书百分之九十以上。故事内容综合原文与笺证材料改写，更为趣味化。

张明《刘孝标〈世说新语注〉引书研究：经部和子部》，长春：东北师范大学出版社 2012 年 5 月出版

本书是在作者博士学位论文《刘孝标〈世说新语注〉引书研究》（东北师范大学 2009 年）的基础上修订而成，全书共四章。第一章为前人的刘《注》引书书目研究，逐一论述叶德辉、沈家本、马念祖、高似孙、张忱石、赵建成等人的研究成果。第二章论述引书的概念、确定引书书名的原则和引书分类、刘《注》某些引书书名分析及引书作者问题。第三章为刘

《注》经部引书考，分为易类、书类、诗类、礼类、乐类、孝经类、论语类、群经总议类、孟子类、尔雅类、小学类、谶纬类。第四章为刘《注》子部引书考，包括儒家类、道家类、名家类、墨家类、杂家类、农家类、小说家类、兵家类、天文类、五行家类、医家类。

刘义庆撰，高新华译注《世说新语》，济南：山东画报出版社 2012 年 6 月出版

本书以《四部丛刊》初编影印嘉趣堂本为底本，并广泛参校借鉴各书而成。本书没有全部收录刘孝标的注文，但在注释中吸收了一些刘注的内容。本书的编选一仍原书篇目次序，每条次序亦一仍其旧，并加编号，以方便读者检核。每条先列原文，次加注释，最后是译文。注译力求简洁，对于不甚难解的词汇，则仅在译文中体现，不专门加注；有时则为了译文的顺畅，仅在注释中详细解释，译文从略。

陈岸峰译注《世说新语》，香港：中华书局 2012 年 7 月出版

本书前有《论〈世说新语〉中的社会结构、思想变迁及生命之情调》。全书按导读、原典、注释、译文、赏析与点评编排，尤重导读的功能。导读包括对每一部经典的总体导读、对所选篇章的分篇（节）导读，以及对名段、金句的赏析与点评。注释简明，译文直白，导读与赏析深入浅出。书末附《名句索引》。

刘强《〈世说〉学引论》，上海：上海古籍出版社 2012 年 7 月出版

本书是在作者同题博士学位论文（复旦大学 2004 年）的基础上修订而成。绪论部分从学术史角度出发，对“《世说》学”这一概念加以分析论证，认为《世说》学的研究包括文献、文体、美学、接受、文化及语言六个分支，其研究形态形成了版本、校注、评点、续仿四个独立发展的系统，同时以接受取向的变化为中心，将《世说》学史分成史学期、说部期、小学期、综合期四个不同的发展阶段，并对未来《世说》学的发展提出了初步设想。第一至四章，分别对《世说》进行了文献学、文体学、接受学、美学专题研究。

朱奇志《青眼风流：〈世说新语〉品读》，长沙：岳麓书社 2012 年 7 月出版

本书为《世说新语》的品读阐释本。全书按原文、品读编排，每条原

文后写一则品读，阐释文本，并随性感发，拈出一点因由，解说品评。

陈平《古汉语心理动词词义演变研究：以〈世说新语〉和〈南齐书〉为例》，福州：博士学位论文，福建师范大学，2012 年

本论文以《世说新语》和《南齐书》为语料，以两书中的单音节心理动词为考察对象，用核心义素分析为词义分析方法，归纳、提取 128个单音节多义心理动词的核心义素，在此基础上详细描述各个词义系统的词义演变过程，以发现古汉语心理动词演变的规律性特征。全文共五章。第一章为古汉语心理动词词义演变研究综述。第二章为非心理词到心理词的演变。第三章为心理动词的演变。第四章为古汉语心理动词概念词义演变研究。第五章为古汉语心理动词词义演变相关问题及其研究。

黄沁茗《论〈世说新语〉人物品藻的生态审美意蕴》，武汉：博士学位论文，武汉大学，2012 年

本论文以《世说新语》为素材，以生态整体主义为哲学思想指导，对魏晋人物品藻中所包含的生态审美意蕴进行了解读和分析。全文共五个部分。第一部分为引言。第二部分探讨人与自然的和谐交融，论述自然生态意趣。第三部分为人与人的相互激赏，论述社会生态理想。第四部分为个体生存的自我超越，探讨精神生态取向。第五部分为结语，肯定"各美其美、美人之美、美美与共"，阐发生态自我观、生态平衡观、生态整体观。

秦蓁《六朝之史学与世风——以刘注〈世说新语〉为中心》，上海：博士学位论文，复旦大学，2012 年

本论文分上、下两篇。上篇为总论，主要从《世说新语》及刘孝标注《世说新语》的文体归属这一角度出发，在对小说文体，史注特色，经、史、子诸家的关系加以分析归纳和综合的基础上，提出《世说新语》为小说，而刘孝标为《世说新语》所作注为史学的观点。下篇是分论，在以《世说新语》为小说的认知基础上，选取魏晋时代的生命观、女性观和言说问题这三个时代表征的剖面，用以史证文的方法来探讨《世说新语》所传达的时代精神。

刘洁《走不出的后花园：从〈世说新语〉中的女性说起》，济南：齐鲁书社 2013 年 5 月出版

本书探讨《世说新语》中的女性形象，主要内容包括：《世说新语》的编纂与刘义庆的女性观、《世说新语》中男性文化穹庐下的女性审美、《世说新语》中不同身份的女性形象、婚姻内外的魏晋女性、礼法内外的魏晋女性、解读魏晋时期的"孝女"行为、解读魏晋节烈妇女的自杀行为、解读魏晋闺庭的妒悍之风、解读魏晋时期的女性参政、恶女"贾南风们"的悲剧人生、惠后羊献容的传奇人生、魏晋女性社会地位。

谢智香《汉语手部动作常用词演变研究：以〈世说新语〉语料为中心》，北京：中国社会科学出版社 2013 年 5 月出版

本书是在作者同题博士学位论文（厦门大学 2010 年）的基础上修订而成。全书共三章。第一章为绪论，包括手部动作常用词研究的缘由、历史与现状、研究目标、意义和方法、语料来源。第二章为徒手类手部动作常用词的演变，包括"握持"义动词的历时演变和在现代汉语方言中的共时分布、"采摘"义动词的历时演变与共时分布等。第三章非徒手类手部动作常用词的演变，包括"擦拭"义动词和"洗涤"义动词的历时演变与共时分布。

（南朝宋）刘义庆撰，（南朝梁）刘孝标注，朱碧莲详解《世说新语详解》，上海：上海古籍出版社 2013 年 6 月出版

本书是《世说新语》的详解注说本，包括《世说新语》原文、今译、刘孝标注、今注、评析五个部分。《世说新语》原文和刘孝标注以涵芬楼影印嘉趣堂本为底本，同时参考了余嘉锡《世说新语笺疏》等著作的校勘成果，力求保持原著的本来面貌。今注部分力求详确，不避疑难之处，对生僻字均注音助读。今译部分基本采取直译。评析部分则注重历史事件、社会背景和人物关系的交代，充分阐发其本旨。

苏魂译注《世说新语译注》，上海：上海三联书店 2013 年 7 月出版

本书参照余嘉锡《世说新语笺疏》（中华书局 1983 年 8 月）作译注，并参考了人民文学出版社蒋凡、李笑野、白振奎的评注本。因本书为节选本，未得原书全貌，刘孝标的原注也循例不译。全书按原文、注释、译文编排，断句标点，注释简略，译文直白，浅显易懂。

丁建川《〈世说新语〉名词、动词、形容词研究》，青岛：中国海洋大学出版社 2013 年 8 月出版

本书是在作者同题博士学位论文（山东大学 2007 年）的基础上修订而成，全书共四章。第一章为总论，讨论了字与词、复音词与短语的区分，及相关的原则和可操作的方法。第二章为《世说新语》名词部分，根据语义及语法特征，把名词分为普通名词、专有名词、时间名词和方位名词四类，另外还考察了名词的活用与兼类。第三章为《世说新语》动词部分，考察了 6 个动词小类，结合句法讨论了它们各自的语法功能及语义特征。第四章为《世说新语》形容词部分，分为性质形容词和状态形容词两类。本书每章基本上按照"概说""分类""语法功能""兼类、活用""词头、词尾"的顺序分别考察。

赵小东《〈世说新语〉兼语句研究》，北京：中国社会科学出版社 2014 年 4 月出版

本书共五章。第一章为《世说新语》简介，包括文献简介，魏晋清谈影响下的文人语言之文体与语体。第二章为兼语句研究评述，包括兼语句的判定、分类和《世说新语》兼语句研究的价值、研究采用的方法以及语料的取舍原则。第三章为《世说新语》兼语句句法、语义、语用结构分析，包括使令类、非使令类、兼语省略情况的讨论、兼语为代词的分析、分裂兼语句与谓语的复杂性等方面。第四章为《世说新语》兼语句的几个问题分析，包括由《世说新语》兼语句看兼语句的存在、《世说新语》兼语句与语言的临摹性原则。第五章为《世说新语》兼语句历时比较，包括历时比较的语料选择、历时比较情况及结论。

范子烨《魏晋风度的传神写照——〈世说新语〉研究》，西安：世界图书出版公司 2014 年 6 月出版

本书共十章。第一章《世说新语》原名与体例考论。第二章为《世说新语》成书考。第三章为《世说新语》古注考论。第四章为《世说新语》残卷考论。第五章论述了宋人删改《世说新语》之问题。第六章为《永乐大典》残卷中的《世说新语》引文。第七章为《世说新语》文本直解。第八章为《世说新语》故事原论。第九章为《世说新语》语言艺术和人物形象。第十章为《世说新语》与魏晋清谈。书末附有：《临川王刘义庆年谱》《〈世说新语〉的世界》、《〈世说新语〉法译本审查报告》《马瑞志的英文译

注本〈世说新语〉》《主要人名索引》《往日心影录二则（代后记）》。本书与作者旧作《〈世说新语〉研究》（黑龙江教育出版社 1998 年 4 月）有重复之处。

崔朝庆、叶绍钧选注，刘艺校订《世说新语》，武汉：崇文书局 2014 年 9 月出版

本书按原文、注释编排。原文部分，均选用通用、权威版本全文校核，并参以己见，但未标注版本出处。注释根据原文的结构分别采用段后注、文后注。原注作了适当增删，基本上保持原文字风格，"之""乎""者""也"等虚词适当剔除，力求通畅易懂。典实、注引作了力所能及的查证。简化按通行规则，也保留了少量通假字、繁体字、异体字，一般都出注说明。生僻字、多音字作相应注音，均统一用现代汉语拼音。

金贞淑《十六世纪明代吴中文士与〈世说新语〉之交涉》，台北：博士学位论文，台湾大学，2014 年

本论文在绪论中界定标题，综述前人研究成果，并交代研究目的与方法。第二章透过文献传播轨迹的爬梳以及同好范围的勾勒，获知明代中叶《世说》的主要传播区域及阅读主群为"吴中文士"的结果。第三章以王宠、何良俊、王世贞为范例，论述他们在自我身份认同的过程中如何以魏晋名士的生命经历为师法对象。第四章以《何氏语林》《世说新语补》两部"世说体"著作为论述主轴，前者附带探索人论意义，后者则分析《世说补》一书的影响与世贞兄弟在明代《世说》传播上的地位。第五章从复古文论的角度切入，论述明代《世说》的复兴与当时文坛之间的联动，以及《世说新语》典故之所以大量运用的可能原因。

蒯定《〈世说新语〉人学研究》，上海：博士学位论文，上海师范大学，2014 年

本论文共五章。第一章对《世说新语》中人的生存状况作总体考察，阐述了其中所涉人物之生存状况的成因和生存"展示"之意义。第二章着重讨论人学研究视野下《世说新语》中的人伦问题、构建《世说新语》之人伦关系风貌的两大基本成因，并讨论了《世说新语》中人伦"展示"之启示。第三章着重讨论"世说人物"的人性和《世说新语》中"灰暗"人性"展示"的意义。第四章重点讨论《世说新语》中所涉人物之人生观。

第五章结语，对全文之研究进行总体概述。

（南朝宋）刘义庆著，陈书良译注《世说新语》，合肥：安徽文艺出版社 2015 年 5 月出版

本书为《世说新语》的白话文译注本，原文以余嘉锡《世说新语笺疏》（中华书局 2007 年版）为底本，用徐震堮《世说新语校笺》（中华书局 1984 年版）、张㧑之《世说新语》（上海古籍出版社 2012 年版）诸本参校，择善而从。《世说新语》对人物多以字号、官职称之，在之后用括号标明。本书译文则尽可能直译，以文白对照加上双栏排列，便于阅读。

（南朝宋）刘义庆著，沈海波注评《世说新语》，武汉：长江文艺出版社 2015 年 7 月出版

本书属"名家注评本"系列，收录《世说新语》原文进行简注简评。前言简要介绍《世说新语》及其内容。全书按原文、注释、评析编排，注释疑难字词附有注音。译文则简洁明了。评析根据原文内容概括主旨，评点其思想。

童洪星编著《〈世说新语〉精选批注》，杭州：浙江教育出版社 2015 年 7 月出版

本书辑选《世说新语》部分篇章进行注评。全书按原文、注、评编排，原文依据断句，施以标点；注释对专有名词皆逐一注解。评则根据原文内容，引经据典，举例论说，评点解读。

（南朝宋）刘义庆著，王超译《世说新语》，北京：北京联合出版社 2015 年 7 月出版

本书属"中华国学经典精粹"系列，辑选《世说新语》部分篇章进行详细注释。前言简要介绍《世说新语》及其内容。全书按原文、注释编排。注释翔实，凡人名、地名、器物、职官等皆逐一注解。此外，注释中疑难字词附有注音。

阮莉萍《乌衣巷口夕阳斜：〈世说新语〉人物漫笔》，厦门：厦门大学出版社 2015 年 10 月出版

本书是对《世说新语》中人物的品评漫谈，分为五部分。第一部分为

名士风骨，主要内容包括：七子冠冕孔融、西晋偶像王衍、千古书圣王羲之。第二部分为魏晋奇女，包括蔡文姬与忧愤诗、苏若兰与回文诗、谢道韫与咏絮诗、魏晋贤媛综论。第三部分为帝王将相，包括南渡领袖王导、谁与争锋桓温、风雅将军桓伊、苻坚与慕容冲。第四部分为人物撷谈，包括白痴晋惠帝、情痴荀粲、钱痴王戎、画痴顾恺之。第五部分为文化群像，主要内容包括：洛神甄宓与三曹父子、男神何晏与正始名士、《思旧赋》与竹林七贤、檀郎潘岳与太康群英。

张永言主编，蒋宗许等编纂《〈世说新语〉大辞典》，上海：上海古籍出版社 2015 年 12 月出版

本辞典收录并释证《世说新语》原文中所有的字、词（包括成语、熟语及凝固结构等）。本辞典《世说》原文文句、字体及条目分合大体依徐震堮《世说新语校笺》（中华书局 1984），同时参照他本他书的考证成果。本辞典以原书出现的单字作为字头，各字头按音序排列。复音词条加鱼尾弧，按首字归属各字头。同一单音词只立正体或原书常见体作字头，其他不同写法加圆括号附在该字头后，多音多义字以一个字头统摄。辞典各单字条顺次标注现代汉语普通话读音、反切和中古音。各字词诸义后，均用小括号注明该义项在原书中出现的次数，而人名、字号、官职、地名等专用名词则不计义项频率。所释字词与现代汉语普通话意义、用法一致时，释语不避用本字词。表示意义范围或特指用法的释语放在圆括号内。本辞典每一义项一般举两条书证，涉及中古比较特殊的意义或用法的义项则适当多引。具有魏晋六朝语言特点的意义用法，或原书中首次出现，或在原书中为孤例的，则适当征引同时期文献用例，以作旁证。凡引他书书证，一律以著述时代先后为次第。除注音、释义、书证外，本辞典某些条目还以"按"的形式，对立说根据（包括字句更动、注音、释义）或词语语源加以说明。

陆修静 （406—477）

钟国发《陶弘景评传》附《陆修静评传》，南京：南京大学出版社 2005 年 7 月出版

本书属"中国思想家评传丛书"系列，是关于陶弘景、寇谦之、陆修静的人物评传，全书分正编、附编。附编下为《陆修静评传》，共五章。第一章评述早年生涯与道名初显。第二章评述推动宋文帝宗教改革的尝试。第三章评述借助宋明帝建设新道教。第四章评述陆修静的新道教思想。第五章评述其历史地位与身后是非。书末附有《寇谦之陆修静陶弘景年表》《寇谦之陆修静陶弘景撰述书目表》《重要人名索引》《重要词语索引》。本书又有该出版社 2011 年 4 月新版。余详"寇谦之"条。

鲍照 （414—466）

吴丕绩《鲍照年谱》，长沙：商务印书馆 1940 年 1 月出版

本书为"中国史学丛书"系列之一，此年谱按照鲍照之生平，排比年月，系其生平行事、著述及相关人物事件。《序言》简要说明编排体例。本谱以年代为经、以事件为纬编排。谱主年岁，保留当代年号与干支，另下注明西元纪年以便检核。本谱所录，概以史传为纪纲，记注作旁证，并参各家著述，以及笔记丛谈。本书又有（台湾）商务印书馆 1974 年 6 月版。

黄节注，叶菊生校订《鲍参军诗注》，北京：人民文学出版社 1957 年 6 月出版

本书注文以钱振伦注为底本，并作补注而益以各家的评说。每篇诗题下有解题，说明其篇题成因及寓意。仿照李善注《文选》体例，注明用词隶典的出处，间或解释字义。另外搜采史传、诗话、笔记等所载各家成说来考证诗的本事和阐发诗的主题。书末附鲍令晖诗注。该本又有（香港）中华书局 1972 年 10 月版、（台北）华正书局 1975 年 3 月翻印本。本书又有（北京）中华书局 2008 年 1 月新标点本。

（南朝宋）鲍照著，钱仲联增补集说校《鲍参军集注》，上海：上海古籍出版社 1980 年 11 月出版

本书有 1958 年 2 月古典文学出版社断句本，1959 年 11 月中华书局新版。该本在此基础上做了较大的整理和修订补充，并改用新式标点排印出版。前言部分介绍了鲍照的生平、诗文的创作成就和题材内容。书前有钱振伦《序》、黄节《序》、虞炎《序》、张溥《鲍明远集题辞》、《四库全书·鲍明远集提要》。全书共六卷，分体编排，依次为赋、表、疏、启、书、颂、铭、文、乐府、诗、联句。诗文集注则校注合一，校语在前，注文在

后。注文以举例证为主，注明词语或人物事件记载的较早文献出处。附鲍令晖诗。附录宋书本传、南史本传、鲍照年表、诸家评论。另附宋本《鲍氏集》目录。

刘文忠《鲍照和庾信》，上海：上海古籍出版社 1986 年 5 月出版

本书共四个部分。第一部分论述鲍照与庾信所处的时代和文学概况。第二部分主要论述鲍照，主要内容有：家世与少年时代，"贡诗言志"和仕途生活，鲍照的五言古诗，鲍照的乐府诗，《拟行路难十八首》，鲍照的赋和文，鲍照创作的艺术成就，鲍照在文学史上的地位及其影响。第三部分论述庾信。第四部分为小结，认为鲍照、庾信各自的遭遇和作品的成就是紧密相连的，并肯定了鲍、庾二人对后世文人的深远影响。

刘心明译注《谢灵运鲍照诗选译》，成都：巴蜀书社 1991 年 10 月出版

本书为"古代文史名著选译丛书"系列，前言简要介绍鲍照生平著述及其特色。本书第二部分选录鲍照杂诗 14 篇、乐府 11 篇，按篇目、提示、原文、注释、译文编排。诗前提示简要介绍内容主旨、分析诗的形式结构、艺术特色，以及诗人生平事迹。选译以翻译为主，注释仅作辅助性阅读。凡诗词类韵文作品，译成新诗，合辙押韵，亦保持了原作的韵律与"味道"。此书又有凤凰出版社 2011 年 5 月修订版。

钟优民《社会诗人鲍照》，台北：文津出版社 1994 年 2 月出版

本书是关于鲍照的人物小传。依次以鲍照生平时间为线索，逐一论述鲍照生平事迹、著书创作等内容。书末附有《鲍照年表》。

李大鹏《鲍照》，北京：中国国际广播出版社 1996 年出版

本书围绕鲍照的生平事迹、交游往来、著述思想叙述了鲍照的一生，简要论述其作品内容、艺术特色。

朱思信《鲍照诗文选注与研究》，乌鲁木齐：新疆大学出版社 1997 年 8 月出版

本书主要内容包括乐府诗选评、古体诗选评、赋文选评、研究论文选四部分。书末附《试论鲍照创作的艺术成就》《关于鲍照身世的几个问题》《鲍照爱情诗初探》《鲍照诗歌的继承与创新》《奇妙的构思，瑰丽的形

像》。

　　刘世林《鲍照》，沈阳：春风文艺出版社 1999 年 1 月出版

　　本书为插图本中国文学小丛书，全书共十三章，主要内容包括：鲍照的家世与时代，坎坷的仕宦道路，贫困的家庭生活，鲍照的思想和作品，鲍照的山水诗，鲍照的边塞诗，鲍照的社会诗，鲍照的乐府诗，《拟行路难》十八首，鲍照的七言诗，鲍照诗歌的浪漫主义特色，鲍照的辞赋和骈文，鲍照在文学史上的地位和影响。

　　陈敬介《俊逸鲍参军：南朝元嘉三大家之鲍照诗研究》，台北：台湾读册文化事业公司 2000 年 6 月出版

　　本书开篇交代了清新俊逸的源头，分五章展开论述。第一章包括鲍照家世生平、版本述略两个方面。第二章为鲍照诗题材探究，将鲍照诗题材分为九类。第三章是鲍照诗修辞析论，从鲍照诗歌修辞手法的角度展现了修辞美，又分析了其诗的声律美。第四章为鲍照诗风格评析，评析了鲍照诗展现出的俊逸、奇丽、悲慨、委曲四种风格。第五章分别论述了不同时代对鲍照诗的评价、其诗的影响与贡献。

　　吕寅喆《鲍照论》，济南：博士学位论文，山东大学，2000 年

　　本论文共八章，针对一些具体问题作了较为深入的研究：一、关于鲍照家世，从多方面论证是寒门庶族出身。二、关于籍贯，论证鲍照祖籍上党，后迁东海的过程。三、关于生年和寿年，通过《拟行路难》组诗的写作年代的考索，论证鲍照应生于东晋安帝义熙十二年（416），享年约五十一岁。四、鲍照的思想，无论是其天道观、人生观还是政治思想，都倾向于儒家思想。五、鲍照的诗歌以乐府诗的成就为最高。六、鲍照乐府以外的其他诗歌，按照其题材和内容分为山水、纪行、应酬、咏物、爱情、田园、拟古、咏史、杂体等几类，注重探讨其思想内容和艺术特色。七、鲍照的辞赋与骈文，重在研究其赋文的内容、思想、艺术特色的整体面貌。八、鲍照作品对后代，特别是在唐代有重大的影响。

　　曹明纲《陶渊明谢灵运鲍照诗文选评》，上海：上海古籍出版社 2002年 10 月出版

　　本书为"新世纪古典文学经典读本"之一，其中第三部分为鲍照诗文

选评，正文部分按原文、注释、评述编排。导言论述鲍照其人及其著述思想。选评作品分为两类，第一类为鲍照乐府诗，分析其思想内容，品评其艺术特色。第二类鲍照的其他诗文，探究鲍照山水诗的创作，同时选录《芜城赋》，对其辞赋创作进行探析。此书又有该出版社 2011 年 12 月新版。

丁福林《鲍照年谱》，上海：上海古籍出版社 2004 年 10 月出版

本书按照鲍照之生平，排比年月，系其生平行事、著述及相关人物事件。《前言》简要介绍和论述了鲍照的一生及文学作品留存情况。年谱以年代为经、以事件为纬编排。谱主年岁，保留当时帝王年号与干支纪年，另下注明西元纪年以便检核。本谱所录，概以史传为纪纲，记注作旁证，并参各家著述以及笔记丛谈。书中所录鲍照言行事迹与生平著作，荟萃群书，多方考证，鉴别真伪，分析异同，以凭征信，考异释疑，皆一一注明。

罗春兰《鲍照诗接受史研究——以南北朝至唐代为中心》，上海：博士学位论文，复旦大学，2004 年

本论文从文学接受的视角，考察鲍照诗歌的传播途径、影响效果。全文共六章，分上、下两编。上编主要考察鲍照在南北朝的接受状况，下编主要考察鲍照在隋唐时期的接受状况。第一章主要勾勒鲍照在南北朝接受的主要进程。第二章通过稽考虞炎编纂的《鲍照集》、《文选》与《玉台新咏》两个文学选本及钟嵘《诗品》对鲍照的阐释，来考察鲍照在南北朝的传播效果、阐释状况。第三章具体考察南北朝时期作家对于鲍照的接受，锁定"休鲍体""江鲍体""宪章鲍明远"等命名等进行文本化的个案分析。第四章为鲍照在隋唐的接受概况，包括：鲍照诗文在隋唐的传播、隋唐读者对鲍照的评价与隋唐读者的期待视野、隋唐诗人接受鲍诗的进程。第五章为隋唐对鲍照的阐释研究，论述《文选》注与《乐府古题要解》、皎然《诗式》等对鲍照的接受与影响。第六章具体考察隋唐特殊读者——作家对鲍照的接受。附录有：《历代书目中的鲍照记载》《鲍集重要版本述略》《二十世纪以来鲍照研究论著索引》。

胡大雷选注《谢灵运鲍照诗选》，北京：中华书局 2005 年 1 月出版

本书为"古典诗词名家"系列丛书，其中第二部分精选鲍照诗歌进行注释评析，以钱仲联《鲍参军集注》为基础，诗作的编年，大致依此书，在前言与注释中，综合与吸取前人研究成果。此书所录作品，按编年为序，

不能编年的作品则集中置后。前言简要介绍鲍照及其诗歌创作，评析其诗歌思想内容。全书按原文、题解、注释编排，题解概括思想主旨，评析艺术特色；注释简略，疑难字词皆注音释义。

苏瑞隆《鲍照诗文研究》，北京：中华书局 2006 年 1 月出版

本书共八章。第一章为鲍照生平之宦海沉浮，依次从临川王刘义庆幕时期，始兴王刘濬幕时期，刘濬幕时期的文学活动与谢庄、王僧达与颜延之的交往，仕宦的末路，六朝人鲍照等方面展开论述。第二章为鲍照之辞赋研究，依次论述以赋体游记作家书之《游思赋》、尺蠖飞蛾的哲学等。第三章为鲍照之骈文，主要内容包括：山与河的歌颂与讽刺，以骈文作家书之《登大雷岸与妹书》的评析。第四章为鲍照之乐府诗，主要内容包括：戍边诗言关山行役之苦，政治讽刺诗，以乐府作为与其幕主沟通的工具，贫穷与死亡的主题，行旅伤别之作，《拟行路难》，吴歌和西曲。第五章为鲍照之山水诗，内容包括山水诗的定义，鲍照山水诗介绍，鲍照山水诗的特点。第六章为鲍照之抒情诗，依次从离别、思亲、感伤、季节、忧思、闲适、拟古、游戏诗等方面展开论述。第七章为刘宋诸王对鲍照诗歌创作的影响。第八章为南朝文人对鲍照五言诗的评价。

王志清《晋宋乐府诗研究》，北京：博士学位论文，首都师范大学，2007 年

本论文从文献学、音乐学、文学三方面，对晋宋时期的吴声、西曲和文人乐府诗进行了较为全面的研究，全文共六章。第六章为鲍照乐府诗研究，首先结合史实和鲍照的生平经历，对其乐府诗内容从时事政治、社会政治、个体人生三个层面进行考察。其次，分析了鲍照乐府题名的来源、方式。接着从题、辞、意三者关系入手，深入研究鲍照乐府的创作方式。此外区分制作流行乐歌与运用流行乐歌体式两种情况，解释了鲍照乐府诗与流行新声的关系。

时国强《元嘉三大家研究》，西安：博士学位论文，陕西师范大学，2008 年

本论文是对元嘉三大家文学研究的专著，共五章。第一章为元嘉三大家创作中的时代因素。第二章探讨元嘉三大家与元嘉体。第三章阐述元嘉三大家的诗歌风貌，论述鲍照诗险俗与俊逸特征。第四章为谢灵运鲍照诗歌的差

别，论述鲍照山水诗的融情于景、谢灵运鲍照山水诗的地域差别、鲍照古乐府与抒情方式的嬗变。第五章阐述三大家的辞赋创作，论述鲍照《芜城赋》中的身世之叹。余论部分阐释颜、鲍、谢名次地位之升降问题。余详"颜延之"条、"谢灵运"条。

丁福林《鲍照研究》，南京：凤凰出版社 2009 年 12 月出版

本书详细论述了鲍照的家世背景、仕宦历程以及其创作与影响，全书分上下两编。上编共六章，主要内容包括：鲍照的籍贯及其家族的迁徙状况，鲍照生年考，鲍照家世的相关问题论述，鲍照仕历考，鲍照交游考，《鲍照集》的版本源流及诗文创作年代。下编共五章，主要内容包括：鲍照的诗歌，鲍照的辞赋与散文，鲍照的创作特色，鲍照诗歌创作在元嘉到永明诗风转化中的作用，鲍照创作对后世的影响。

孟国中《元嘉诗歌研究》，杭州：博士学位论文，浙江大学，2010 年
见前"颜延之"条。

张润平《元嘉三大家研究》，保定：博士学位论文，河北大学，2010 年

本论文共三编。第一编第一章为元嘉三大家思想文化背景考述。第三章为鲍照的生平与人格精神考述，主要内容包括：位居下僚的郁闷人生与尊儒重道的人格精神。第五章为谢、鲍、颜三大家生平创作综论。第二编为元嘉三大家作品玄学意蕴解读，论述鲍照山水诗的佛学意蕴、道学意蕴、儒学意蕴；鲍照对玄言诗的改制及其对诗体的拓展；鲍照赋"凄艳悲绝"的美学风格。第三编论述鲍照学术疑案释论，主要内容包括：鲍照祖籍和家世问题、《鲍照集》流传和散佚问题。余详"颜延之"条、"谢灵运"条。

殷雪征《鲍照生平与作品论考》，北京：华文出版社 2011 年 10 月出版

本书共十一章。第一章为家世与籍贯。第二章为生平考论，包括生平概况与仕途生活。第三章为鲍照有关人物考，论述所侍帝王、诗交文友。第四章为诗歌写作时地考。第五章论述鲍照前期、后期诗歌思想与鲍照悲剧命运的成因。第六章论述刘宋文学兴盛的原因、鲍照的创作与刘宋文风的关系。第七章论述鲍照乐府诗的内容、边塞乐府诗的创新、乐府诗鲜明的艺术特色，鲍照乐府诗的继承与创新。第八章探讨鲍照的山水诗、拟古诗、爱情诗、田园诗。第九章探讨鲍照的赋与文。第十章阐述鲍照的艺术成就，论述

"俊逸"的实质、"浪漫"风格。第十一章论述鲍照的地位与影响，论述乐府诗独步当时、鲍照之诗衣被百世。书末附有《生平系年》《历代评说》《〈鲍照集〉的注录》《〈鲍照集〉善本的收藏》。本书又有线装书局同年 12 月版。

丁福林、丛玲玲校注《鲍照集校注》，北京：中华书局 2012 年 4 月出版

本书为"中国古典文学基本丛书"之一。每篇作品在篇题下，先作解题，说明主旨大意、题目渊源，解释题目中之人名、地名，其创作年代可考者，也加以辨明。之后依次为原文、校记、笺注、集说。所关人物、地名、史实、名物等，均加笺释。书末附有：鲍照集辑补、鲍令晖诗、历代诸家评论、鲍照评传。

李鹏《鲍照专题研究》，北京：中国人口出版社 2014 年 12 月出版

本书是在作者博士学位论文《鲍照诗歌专题研究》（陕西师范大学 2009 年）的基础上修订而成，全书共五章。第一章论述鲍照的生命历程与思想追求，主要内容包括：鲍照的生命矛盾及精神超越、鲍照与侠义精神、鲍照与刘宋忠孝观念的离合。第二章探讨鲍诗创作与社会政治的关系。第三章阐述鲍诗与书画艺术的融通，逐一论述艺术的实践及情志内核、鲍诗与绘画艺术的契合、鲍诗与刘宋书风三个方面。第四章评析鲍诗创作与元嘉诗坛学古风气，分别从元嘉时期的学古风气、鲍诗学古之法及倾向、鲍照学古倾向的个案分析三个方面展开论述。第五章以七言为中心，探究鲍诗创作与文体演进，包括鲍照与七言诗体的自觉、鲍照与歌行体、鲍体的影响及发展。

沈约（441—513）

[日] 铃木虎雄著，马导源编译《沈约年谱》，上海：商务印书馆 1935 年 3 月出版

本书为"中国史学丛书"系列。此年谱编排沈约之言行事迹、生平著作，排比年月，并加以考证。导言部分言及年谱文体综述，论述沈约事迹与文学作品留存情况。本谱主要包括两方面内容，一是政治、经济和文化等方面的重大事件，二是谱主家庭、经历、思想、性格、文学活动和交游方面的概况。书末附有《世系表》。

（南朝梁）沈约撰，郝立权注《沈休文诗注》，济南：齐鲁大学 1935 年出版

本书收录沈约诗作进行注说。全书按原文、注解编排，注释翔实，资料丰富，考证精当，凡人名、地名、器物、职官等皆逐一注解。书末附有《梁书》沈约本传、考证集说。

姚振黎《沈约及其学术探究》，台北：文史哲出版社 1989 年 3 月出版

本书共六章。序言简要论述沈约作品留存情况及其影响。第一章为沈约年谱，以编年体条列其生平、家世、交友、作品系年，章末附有《吴兴武康沈氏系表》。第二章为沈约著述考，考证其经史子集作品。第三章为沈约隐逸思想探原，探讨隐逸之义界、沈约以前之隐逸诗、沈约隐逸思想形成之外缘内因。第四章论述沈约《宋书》的撰述原委，并评述其特长和缺失。第五章为沈约声律论阐述，主要内容包括：永明以前中国文学声律之发展、永明体声律论兴起之原因、沈约之声律论、沈约之四声论。第六章为沈约诗作内涵析论，逐一论述游仙诗、玄言诗、山水诗、咏物诗、艳情诗。最后概述沈约及其学术对当时及后世之影响。

（南朝梁）沈约著，陈庆元校笺《沈约集校笺》，杭州：浙江古籍出版社 1995 年 12 月出版

本书为"两浙作家文丛"系列。《前言》简要介绍了沈约生平事迹及其著述、文学成就。本书从时代较早且所录作品较完整的本子与经今人校勘过的本子中，选录篇目重辑作品。按照赋、制、诏、敕、令、答诏、章、表、上疏、弹文、议、启、书、论、记、序、义、颂、赞、连珠、铭、哀策文、墓志铭、碑、行状、文、疏、乐府、诗的顺序编排，共十卷。每篇诗文之下，详加注明版本书名卷数。勘校工作，主要采用明娄东张氏《汉魏六朝百三家集》本、明崇祯《刘沈合集》本。本书共写一千二百余条笔记，对底本有明显讹误的据他本直接作了改正，并在笔记中加以说明。书后附：《补编》《余编》《梁书·沈约传》《南史·沈约传》、赠酬题咏、题辞、序、诸家评论，以及作者自撰《沈约事迹诗文系年》。

林家骊《沈约研究》，杭州：杭州大学出版社 1999 年 8 月出版

本书是在作者博士学位论文《沈约生平事迹和诗文研究》（杭州大学1994 年）的基础上修订而成，全书共十章。第一章为沈约的家世和籍贯故里。第二章为沈约生平重要事迹考辨。第三章为沈约交游录，包括仕宦之交、隐逸之交、僧道之交、后学之交。第四章为沈约的宗教信仰和三教圆融思想辨析。第五章为沈约的诗歌创作，论述沈约诗歌的思想内容、艺术特色以及渊源与评价。第六章为沈约的辞赋和其它文章创作。第七章为沈约的"四声八病"说，主要探讨了"声病说"产生的历史渊源和时代背景、沈约与永明"声病说"的兴起、沈约"四声""八病"考辨、沈约"声病说"的影响。第八章为沈约的文学评论，逐一从文章"三易"说、论文学的起源、论战国至曹魏文学、论两晋文学及其异同、论阮籍及其《咏怀诗》、论鲍照、论谢朓、论后进诸人等方面展开论述。第九章为从《宋书》看沈约的史学思想和史就成就，附有沈约的其它史学著作述略。第十章为沈约事迹诗文系年。书末附有《晋陵王西邸学士及活动考略》《沈约佚文辑录》《沈约诗文评论辑要》。

刘殿爵、陈方正、何志华编《沈约集逐字索引》，香港：香港中文大学出版社 2000 年 12 月出版

本书属"魏晋南北朝古籍逐字索引丛刊·集部第四种"。《沈约集》诗集部分据丁福保《全汉三国晋南北朝诗》，文集部分据严可均《全上古三代

秦汉三国六朝文》，参其他版本互校，在"正文"或"逐字索引"中都加校改符号。逐字索引编排以单字为纲，按汉语拼音排列，每一例句后加上编号于原文中位置。书前凡例为中英文对照。沈约集原文所录为九卷，最末辑录篇名皆缺的作品。沈约集附录共7篇，皆为据他本所补录篇目。全书用字频数表清晰统计了文集字数。

张泉《沈约及其诗歌论》，济南：博士学位论文，山东大学，2002年

本论文分为上、下两篇。上篇"沈约论"，共二章。第一章为沈约传论，以家族意识和士族情结为线索，剖析了沈约的人生轨迹和心路历程。第二章为思想论，透视了沈约的精神世界，包括错综复杂为表征、以佛教归心、以儒术立身。下篇"诗歌论"，共三章。第一章为诗歌理念论，论述了沈约"以情志为本"的抒情理念、全面探讨了"声律论"、厘析了"三易说"。第二章为创作分期，将沈约的创作分为"永明"之前、"永明"时期、齐末时期和入梁时期四个阶段，对沈约的创作心态以及作品的内容和审美特征的阶段性进行了纵向的审视。第三章为各类诗歌及其特点，将沈约的诗歌按内容分为咏怀诗、山水诗、咏物诗、游仙诗以及闺情诗五大类，并对各类诗歌的特点进行了寻绎和梳理。

林家骊《一代辞宗——沈约传》，杭州：浙江人民出版社2006年12月出版

本书为"浙江文化名人传记丛书"系列。全书共计十一章，主要内容有：沈约的生活时代，绵远的世系与坎坷的家世，初入仕途，追随蔡兴宗和晋熙王刘燮，追随文惠太子和竟陵王萧子良，《宋书》和《齐纪》等的编撰，出任东阳太守与五兵尚书，齐梁易代之际的功绩与梁朝建立后的荣宠，"四声八病"说的最后定型与"三易说"理论的提出，为南方士族地位的提高所作的努力与"永明体"诗的形成，在文化史上的地位与贡献等。书末附有《沈约大事年表》。

陈伟娜《"沈诗任笔"——沈约任昉比较研究》，杭州：博士学位论文，浙江大学，2009年

本论文主要通过沈约与任昉的比较研究，阐述永明声律、文笔之辨等问题。全文共六章。第一章为任沈的家世渊源以及生平考论，主要论述了吴兴沈氏的家世渊源及其学术倾向、乐安任氏与河东裴氏家世渊源及学术倾向、

沈约作品系年考、任沈所参与的文学集团交游情况。第二章论述任沈思想体系的特征、任沈的循吏理想及隐逸观的人格模式。第三章论述任沈的文体观、任沈小说及其所体现的文学思想。第四章为任沈诗学观及创作。第五章为沈约的应用文创作及成就。第六章为"沈诗任笔"与南北朝中后期文风研究。

钟翠红《竟陵八友研究》，南京：博士学位论文，南京师范大学，2010 年

本论文是对南朝时期萧衍、沈约、谢朓、王融、萧琛、范云、任昉、陆倕八人的综合研究，全文共九章。第一章是对竟陵八友的概述。第二章研究竟陵八友的交游状况与特点。第三章探讨了竟陵八友的思想。第四章研究竟陵八友的文学创作与文化思潮的关系。第五章研究竟陵八友与江南文化的关系。第六、七、八章探讨竟陵八友的诗歌、辞赋、散文创作。第九章提出"后竟陵八友时期"的概念。

柏俊才《"竟陵八友"考辨》，北京：中国社会科学出版社2011 年 2 月出版

本书是在作者同题博士学位论文（华中师范大学 2008 年）的基础上修订而成。全书分上、下两编。上编主要考辨"竟陵八友"的重要生平事迹。下编主要内容为：西邸文人补考，"竟陵八友"诗文系年。书末附有"竟陵八友"诗文辑佚与辨伪。

杨满仁《智识与情感：沈约的思想世界》，上海：博士学位论文，复旦大学，2011 年

本论文共四章。第一章论述沈约的家世与生平。第二章探讨沈约的智识世界，在南朝知识主义的新学风兴起背景下，重点分析了沈约关于历史、政治和宗教等方面的著述，并探讨了沈约的智识观与其社会思想、政治思想、宗教思想。第三章探讨沈约的情感世界，围绕其文学作品，结合时代的情感观分析沈约以情感和美感为基础的文学观。重点从公共性情感、个人化创作的情感两方面分析沈约文学创作的情感世界。第四章为沈约文史书写策略的研究，分析了沈约史学作品中蕴藏的诗心和文学作品中含有的史笔。书末附沈约年谱简编。

陈瑜《沈约诗歌研究管窥》，长春：吉林人民出版社 2014 年 9 月出版

本书分析了沈约诗歌的创作特征及其对前代文学的超越，并在此基础上揭示了沈约诗歌的"诗"变对诗歌发展产生的深远影响。本书将沈约置于广阔的时代背景下，从社会思想文化、家族渊源、文学观念、文学继承与创新等方面探讨了沈约诗歌取得突出成就的原因，并通过对历代评价的梳理，对沈约及其诗歌中的一些歧见进行了辨析，从而肯定了其"一代辞宗"的独特地位。

释源清《南朝佛教与文人——以谢灵运、萧子良、沈约为例》，桂林：博士学位论文，广西师范大学，2014 年

见前"谢灵运"条。

江淹（444—505）

吴丕绩《江淹年谱》，长沙：商务印书馆 1938 年 7 月出版

本书属"中国史学丛书"系列。导言部分言及年谱文体综述，论述江淹事迹与文学作品留存情况。本谱以年代为经、以事件为纬编排。谱主年岁，保留当代年号与干支，另下注明西元纪年以便检核。本谱所录，概以史传为纪纲，记注作旁证，并参各家著述，以及笔记丛谈。书中所录江淹言行事迹与生平著作，荟萃群书，多方考证，鉴别真伪，分析异同，考异释疑，皆一一注明。

（明）胡之骥注，李长路、赵威点校《江文通集汇注》，北京：中华书局 1984 年 4 月出版

本书属"中国古典文学基本丛书"系列。书前《出版说明》简要介绍了江淹生平事迹、文学思想、《江淹集》的版本、《江文通集汇注》的版本、本书的整理情况。书前《凡例》，交代了版本依据、校改原则与方法、异文处理等。本书共十卷，依次按照赋、诗、拾遗、古乐府、骚、杂篇、颂、赞、符、教、檄文、章、表、启、诏、上书、牒、奏记、书、诔、行状、墓志、祭文、咒文、传、序的顺序编排。本书点校，凡所改动皆用圆圈圈之，详注辨疑于下，于文末注明。新旧刻字义无害于文理，予以改正。凡文字有改易或有异文者，均出校勘记。书末附有《江文通集佚文》。

俞绍初、张亚新校注《江淹集校注》，郑州：中州古籍出版社 1994 年 9 月出版

本书为"中州名家集"系列丛书，是在胡之骥《江文通集汇注》本的基础上重新加以编排校注而成，全书分上、下两编。上编是江淹的创作，分诗、赋、文三类。下编系代人而作的章、表、诏令一类的应用文。每类作品

略依写作时间为序编次。在注释上，注意广泛吸收前人的成果，又纠正了旧注的一些失误，力求简明通俗。书后附有《江淹年谱》《江淹诗文集评》。

萧合姿《江淹及其作品研究》，台北：文津出版社 2000 年 3 月出版

本书属"英彦丛刊"系列，全书共七章。第一章为绪论，论述时代背景、学术与文学思想、美学风潮的盛行。第二章论述江淹生平、江淹年表（附作品系年）、江淹思想与交游、江淹撰著评介、江郎才尽之因探讨。第三章为江淹诗歌研究，包括诗歌题材内容分析和形式技巧。第四章论述江淹赋的题材内容和江淹一般文章研究。第五章论述江淹的文学思想、文学作品的渊源及对后代文学的影响。第六章包括历代评论江淹诸家的概述和对江淹其人与诗文的再评价。第七章为结论。

刘殿爵、陈方正、何志华编《江淹集逐字索引》，香港：香港中文大学出版社 2001 年 12 月出版

本书属"魏晋南北朝古籍逐字索引丛刊·集部第十一种"。《江淹集》据《四部丛刊》影乌程蒋氏密韵楼藏明翻宋刊本《江文通文集》，参其他版本互校。在"正文"或"逐字索引"中都加校改符号。逐字索引编排以单字为纲，按汉语拼音排列，每一例句后都加上编号。江淹集原文所录为十卷，最末辑录篇名皆缺的作品。江淹集附录共 18 篇，皆为据他本所补录篇目。全书用字频数表清晰统计了文集字数。

丁福林《江淹年谱》，南京：凤凰出版社 2007 年 12 月出版

本书在旧有谱、表的基础上，吸取近年来江淹研究的新成果，并结合笔者的心得，对江淹的生平事迹作了较为全面的系年。书末附有《江淹著述一览表》《江淹评传》《论江淹青年时期历仕刘宋诸王之时间、过程及其行踪》《论江淹复入宋建平王刘景素幕之时间、过程及其后期的仕途沉浮》《江淹研究资料辑录》。

罗立乾、李开金译注《新译江淹集》，台北：三民书局 2011 年 8 月出版

本书为"古籍今注新译丛书·文学类"，原文据《江文通集汇注》，并与其他版本作了校勘，校勘记随文写入"注释"之中。导读简要介绍江淹及其文学创作。全书按题解、注释、语译、研析编排。书末附有《江淹年

谱简编》。

　　王大恒《江淹文学创作研究》，北京：中国社会科学出版社 2013 年 9
月出版

　　本书是在作者同题博士学位论文（东北师范大学 2007 年）的基础上修
订而成，全文共五章。引言部分主要论述了关于作者行迹的考辨与作品整理
的研究、关于江郎才尽问题、关于《恨赋》和《别赋》、研究视角和领域的
转换和拓展、关于江淹的摹拟之作。第一章包括江淹被贬生平考、江淹被
贬期间著述考和江淹对屈原模式的继承与发展。第二章主要从江淹作品感伤
情调的成因、《恨赋》《别赋》所确立的感伤基调、江淹悼亡作品溯源等方
面进行了论述。第三章是江淹作品所体现的思想倾向，主要论述了他的儒家
倾向、道家倾向、佛家倾向。第四章论述了江淹清晰的、模糊的、进步的文
体分类意识。第五章为江淹的艺术思维，主要谈及了关注对象的转移、遣词
造句的求奇尚异、谋篇布局的巧妙运用。

范缜（450？—510？）

李曰华《范缜——南北朝反对佛教斗争中长大的唯物论者》，武汉：湖北人民出版社 1956 年 11 月出版

本书主要探讨范缜的唯物论思想。全书共六节，主要内容包括：范缜生活的时代，家世、生平、著述，两次大论战经过情形，神灭论思想，气、形、神等问题，神灭论评价。书末附有《范缜遗文》。

陈元晖《范缜的无神论思想》，武汉：湖北人民出版社 1957 年 5 月出版

本书是关于范缜无神论思想研究的专著。全书共五节，主要内容包括：范缜生活的时代，范缜的身世和人格，范缜伟大的无神论著作《神灭论》，《神灭论》发表后的反响，及其在中国哲学史上的地位和价值。书末附有《〈神灭论〉今译》《范缜发表〈神灭论〉不在梁天监六年》。本书又有该出版社 1979 年 1 月再版和 1999 年 9 月三版。

申先哲《范缜》，北京：中华书局 1959 年 5 月出版

本书为"中国历史小丛书"系列，是关于范缜的人物小传记。全书共五章，逐一论述范缜勤俭的青年生活、革新政治的希望、竟陵王府中的大辩论、勇敢的思想坚决的行动、在斗争中诞生的《神灭论》。

天津医学院理论小组译注《范缜·神灭论》，天津：天津人民出版社 1975 年 5 月出版

本书收录范缜《神灭论》进行简译。全书按原文、译文编排，译文直白，通俗易懂。

中共江苏省委党校、南京手表厂《神灭论》注释组《范缜〈神灭论〉注译》，南京：江苏人民出版社 1975 年 8 月出版

本书收录范缜《神灭论》进行简译。书前对范缜生平和《神灭论》做了简要的交代和阐释。全书按原文、译文编排，译文以直译为主，通俗晓畅。

王国轩《范缜》，北京：中华书局 1984 年 3 月出版

本书为"中国历史小丛书"系列，是关于范缜的人物小传，内容包括：不随流俗的青年，坚持真理的一生，《神灭论》的主要内容，《神灭论》的历史意义。

宗德生《范缜》，天津：新蕾出版社 1993 年 5 月出版

本书为"中华历史名人"丛书之一。全书共十五章，主要内容包括：范缜生活的时代背景，家世渊源，范氏家学，投师硕儒，竟陵王邸，玄学清谈，绵绵儒学，佛法东流，形神因果，坎坷仕途，梁武其人，梁武佞佛，范缜仕梁，《神灭》鸿文，辩摧众口等。

潘富恩、马涛《范缜评传（附何承天评传）》，南京：南京大学出版社 1996 年 3 月出版

本书是关于范缜与何承天的人物评传。第一部分为范缜，共十四章。第一章探讨范缜的家世、生平及其著述。第二章论述南朝时期的社会与佛教。第三章为《神灭论》发表年代的考辨。第四章为范缜之前唯物主义形神观的形成与发展。第五章为《神灭论》产生的理论背景。第六章为《神灭论》产生的社会历史条件。第七章为两次神灭与神不灭论战的历史过程。第八章为《神灭论》理论辨析。第九章为围绕《神灭论》展开的理论论争。第十章为《神灭论》的历史意义及其理论局限。第十一章为古代中医学与范缜《神灭论》。第十二章为道家与范缜的《神灭论》。第十三章为范缜之后神灭论思想的缓慢发展及其原因。第十四章为社会政治思想。书末附人名索引、词语索引、相关论著目录。本书又有该出版社 2011 年 4 月新版。余详"何承天"条。

李大鹏《范缜》，北京：中国国际广播出版社 1996 年出版

本书为"中国历史人物丛书"，分为六个部分。第一部分讲述范缜的生平。第二部分是落花之辩。第三部分是神灭与不灭的大论战。第四部分主要论述了范缜的《神灭论》。第五部分论述《神灭论》的历史意义。第六部分论述《神灭论》的深远影响。

范云 (451—503)

钟翠红《竟陵八友研究》，南京：博士学位论文，南京师范大学，
2010 年
见前"沈约"条。

柏俊才《"竟陵八友"考辨》，北京：中国社会科学出版社 2011 年 2 月
出版
见前"沈约"条。

陶弘景 （456—536）

张广军编著《陶弘景》，北京：中国国际广播出版社1998年出版

本书为"中外科学家发明家丛书"之一，从科学家的角度来介绍和解读陶弘景。全书主要内容包括：陶弘景生活的时代，隐居茅山，山中宰相，炼丹术，炼剑术与灌钢法，辟谷与导引，对道教的贡献，药学，其他著述，陶弘景给我们的启示。

王家葵《陶弘景丛考》，济南：齐鲁书社2003年3月出版

本书共五章。第一章为陶弘景交游丛考，考辨论述陶弘景与梁武帝及沈约、陶弘景的道教师承及门生法嗣等。第二章为陶弘景著作丛考，主要内容包括：历代著录陶弘景著作表释，陶弘景著作解题，《华阳陶隐居集》研究。第三章为《真诰》丛考，论《真诰》的主体思想，《真诰》的文献学研究，《真诰》与《登真隐诀》。第四章为陶弘景书法丛考，包括：陶弘景与梁武帝论书启研究，再论陶弘景尊钟卑王之论，《瘗鹤铭》作者平议。第五章为新订华阳陶隐居年谱。书末附有《陶弘景传记资料汇编》《陶弘景事迹类编》。

钟国发《陶弘景评传》，南京：南京大学出版社2005年7月出版

本书属"中国思想家评传丛书"系列，是关于陶弘景、寇谦之、陆修静的人物评传，全书分正编、附编。正编为陶弘景评传，分为十章。第一章为时代氛围，评述政治大分裂的时代、宗教大创新的时代、自然大探索的时代。第二章评述家族门第、少年风雨、仕途淹滞。第三章评述逍遥山林，主要内容包括：隐居前奏、择居福地、齐末深隐。第四章评述奈何浮名，主要内容包括：所谓"山中宰相"、丹法苦证、佛道双修。第五章评述身后是非。第六章评述其哲学思想之天人关系。第七、八章评述道教教义，主要内

容包括：道教的基本教义，最高崇拜对象，神灵与有关方术，神界及神灵谱系，鬼官及鬼魂世界，神灵的本质等。第九章评述科学技术之方术与实证精神，论述陶弘景的方术爱好、医药养生方术、其他科学技术成就。第十章评述其文学艺术之天人合一的审美意识，主要内容包括：天人合一的审美意识，书画艺术，文学。书末附有《寇谦之陆修静陶弘景年表》《寇谦之陆修静陶弘景撰述书目表》《重要人名索引》《重要词语索引》。本书又有该出版社 2011 年 4 月新版。余详"寇谦之"条、"陆修静"条。

（南朝梁）陶弘景著，王京州校注《陶弘景集校注》，上海：上海古籍出版社 2009 年 11 月出版

本书在比勘历代各种辑本的基础上，对陶弘景诗文作了重新辑录并加以校注，提供了迄今为止较为完整详备的版本。书前有《前言》《凡例》，介绍陶弘景生平、思想、著述、文学成就，以及此次校点的版本依据、校注原则、校注方法。原文选录几种最具代表性的版本作为参校本，各篇出处及用以比勘之本不相同，分别于各篇头条注文中标明。作品按赋、诗、表、文、启、书、序、论、墓志、碑、传的次序编排。注释以注解词义、征引典实为主，酌加串释。书末附有《集外》《遗事》《著录》《题跋》《品评》《版本》《考辨》《别著》。

刘永霞《茅山宗师陶弘景的道与术》，北京：社会科学文献出版社 2010 年 10 月出版

本书通过梳理大量的道教文献，对陶弘景的道与术作了较为全面的考察，全书共七章。第一章论述陶弘景的三教因缘。第二章论述茅山创宗修道。第三章论述服食与养生。第四章论述炼丹与房中术。第五章论述避除外邪术。第六章论述梦通神授之术。第七章总论陶弘景的道与术。书末附有"陶弘景诗词赏析"。

刘永霞《道医陶弘景研究》，成都：巴蜀书社 2011 年 11 月出版

本书为"儒道释博士学位论文丛书"系列，是在作者博士学位论文《陶弘景研究》（四川大学 2006 年）的基础上修订而成，全书共六章。第一章从"医与道的同源性"和"继承家学与道教重医、行医的传统"两个方面分析了陶弘景既是高道又是名医的原因。第二章从《本草经集注》探讨其在本草学上的突破，从《本草经集注》的药性论、诊病与用药的关系以

及《本草经集注》的特点与影响等方面介绍了陶弘景的本草学成就。第三章从《肘后百一方》角度探讨救急方药的撰要，分析了《肘后百一方》中常见的内科病、外科病及其特点。第四章从《辅行诀脏腑用药法要》角度，详释五脏病证。第五章为道家其他养生保健法。第六章论述陶弘景医术的特点。

刘永霞《山中宰相：陶弘景大传》，北京：宗教文化出版社 2013 年 10月出版

本书为"蓬瀛仙馆道教文化丛书神仙传记系列"，分为上下篇。上篇为陶弘景的生平及影响，主要内容有：少年英才、学优则仕，仕途坎坷、命运多舛，身隐茅山、心系社稷，长生仙丹、千年一梦，华阳众术、旨在证道，斯人已逝、仙风犹存。下篇为陶弘景的主要著述及贡献，阐述了陶弘景丰硕的著述及影响，主要内容有：陶弘景对儒家著述、道家经典的解读，对道教神谱的建构和上清派教史的整理，对中国古代方药学的继承与创新，对道教养性延命功法的研习等。附录陶弘景年谱、《华阳陶隐居集》。

袁媛《陶弘景道书语法研究》，武汉：博士学位论文，武汉大学，2013 年

本论文共六章。第一章为绪论，阐明了"道经语言学"这门交叉学科的学术走向及发展趋势，阐述陶弘景研究现状，对本文的选题意义、研究方法和语料使用原则作了说明。第二章探讨量词，总结了南北朝量词研究现状，分类概述陶弘景三部道书中的量词系统概貌。第三章论述判断句，描述了陶书判断句五种句型的分布情况。第四章探讨疑问句，对陶书疑问句作为分类计量统计，并对陶书 6 个疑问句话题标记的共时表现和历时演化作了考察。第五章论述祈使句，指出目前研究存在的理论困境。第六章为指南篇章研究，提出一个完整的操作指南篇章包括 3 个部分：操作条件（MC）、操作过程（MP）和操作效果（ME），并对陶书 126 个指南语篇展开研究。

萧子良 (460—494)

刘殿爵、陈方正、何志华编《齐竟陵王萧子良集逐字索引》,香港:香港中文大学出版社 1999 年 12 月出版

本书属"魏晋南北朝古籍逐字索引丛刊·集部第三种"。《竟陵王萧子良集》诗集部分据丁福保《全汉三国晋南北朝诗》,文集部分据严可均《全上古三代秦汉三国六朝文》,参其他版本互校,在"正文"或"逐字索引"中都加校改符号。逐字索引编排以单字为纲,按汉语拼音排列,每一例句后都加上编号。萧子良集原文后辑录篇名皆缺的作品。萧子良集附录部分,皆为据他本所补录篇目。全书用字频数表清晰统计了文集字数。

曹道衡《兰陵萧氏与南朝文学》,北京:中华书局 2004 年 7 月出版

本书从家族的角度研究南朝文学,剖析了兰陵萧氏在政治上和文坛上的兴衰,及其对文学发展的重要影响。全书分为上、下两编。上编为兰陵萧氏的世系和南齐皇朝,共四章。第一章阐述兰陵萧氏的由来、世系、南迁和兴起。第二章为南齐皇族,论述其与军事、文化、文学的关系,其中包括萧子良和"竟陵八友"。第三章为南齐皇朝与士族,包括宋齐易代与士族;王、谢二族的没落过程;北府兵将领及其子孙的文人化。第四章论述南齐文学发展的几个阶段、不同社会集团势力的消长对文学的影响、诗歌题材的变化。下编探讨梁皇朝及其历史地位,共九章。第一章论述梁代世系和梁武帝的文化贡献、文学活动等。第二章为梁代兴亡与南朝文学,包括东晋南朝的历史地位、梁武帝和文人、梁代衰亡对南朝文学的影响。第三章为梁代诸藩王与文学。第四章和第五章为萧统和《文选》,论述萧统的生平、思想、文学创作、《文选》的编者和编订时间、萧统的文学思想和《文选》的选录标准、《文选》关于文学和非文学的区分和"文笔之分"、《文选》的文体分类、《文选》和魏晋以来文学传统的关系和它的编排问题、《文选》的流传对后

世的影响。第六章为"宫体诗"的代表人物萧纲，包括萧纲的生平和思想、诗文创作、文学观和徐陵的《玉台新咏》。第七章为文论和创作实践相矛盾的萧绎，论述萧绎的生平、思想性格、诗文及其文学思想。第八章探讨萧子显及其兄弟们，包括萧子显兄弟的特殊处境、萧子显文学观及其创作；萧子范、萧子云和萧子晖。第九章评述后梁萧詧和流入北朝的萧氏文人。

杜志强《兰陵萧氏家族及其文学研究》，成都：巴蜀书社2008年6月出版

本书是在作者的同题博士学位论文（西北师范大学2006年）的基础上增订而成，全书共七章。从家族的角度，对兰陵萧氏家族及其文学进行了研究，描述了兰陵萧氏发迹、发展、鼎盛、衰落的全过程，概括了兰陵萧氏家族的文化特点，全面论述萧氏成员的文学思想与文学创作，勾勒出兰陵萧氏家族成员文学创作的转变。书末附有《萧绎定都江陵及其身后评价》《侯景之乱的历史影响》《侯景之乱和江陵之变对南朝文化典籍焚毁情况的考察》《萧氏家族人物著述考》《萧氏家族人物谱》。

闫春新等著《兰陵萧氏与中古文化研究》，济南：山东人民出版社2013年8月出版

本书以兰陵萧氏家族在汉唐之迁播为主线，全面考察其家族文化个性及其文化贡献。全书共七章，其中前五章论述南朝兰陵萧氏。第一章探讨兰陵萧氏在汉晋之流变，包括两汉兰陵萧氏的官宦文化、乱世迁播与兰陵萧氏之魏晋中变。第二章论述南朝齐梁兰陵萧氏的帝王文化。第三章评述南朝兰陵萧氏的经学成就。第四章为南朝兰陵萧氏的文史成就，论述南朝兰陵萧氏的文史著述及特点、萧子显的史学成就、萧衍父子（萧纲、萧绎）的文学成就、萧统及其《文选》评议。第五章论述南朝兰陵萧氏的思想特色，以萧衍佛事及其三教同源思想为考察中心展开探讨，包括"舍道归佛"四事、"三教同源说"。第六、七章论述隋唐兰陵萧氏的兴衰和政治文化。书末附有《南北朝时期兰陵萧氏之世系及仕宦考述》《南齐、萧梁藩王列表》《萧颖士及其文学成就》。

释源清《南朝佛教与文人——以谢灵运、萧子良、沈约为例》，桂林：博士学位论文，广西师范大学，2014年

见前"谢灵运"条。

曹旭、陈路、李维立选注《齐梁萧氏诗文选注》，上海：上海古籍出版社 2015 年 8 月出版

本书为"齐梁文化研究丛书"系列，精选三十余位齐梁萧氏文人三百余篇作品加以注释和笺说，按原文、注释、笺说编排。所选诗文均源自原始文献之佳作，正文用第一手文献校勘。所写注释均为独力研究成果，逐一分析所选诗歌的格律、对仗情况，诗赋用韵情况，注意用典注解。

刘志伟、史国良、李永祥《齐梁萧氏文化概论》，上海：上海古籍出版社 2015 年 8 月出版

本书为"齐梁文化研究丛书"系列，围绕齐梁萧氏中的关键人物之文化活动与文学研究作系统的分析评价，以展示这支文化大姓的发展历程与辉煌成就。全书共十章。第一章探讨南兰陵萧氏与齐梁立国，论述家族谱系、家族文化、政治文化、齐梁王朝的治乱与败亡等。第二章探讨齐梁萧氏与教育文化，包括萧氏家族的教育理念、军事教育、文化教育、教育方法、国家教育、南北文化教育交流。第三章为齐梁萧氏与经学发展，论述汉末魏晋经学的衰微、承上启下的萧齐经学、梁武帝萧衍与梁代经学复兴。第四章探讨齐梁萧氏与道教文化，包括齐梁萧氏的天师道背景、萧衍与道教人士的交往及道教活动。第五章论述齐梁萧氏与佛教文化，论述萧衍舍道事佛、萧子良与《净住子》、梁武帝与中国佛教徒的素食传统。第六章探讨齐代萧氏与文学创作，论述萧道成与齐代文学风尚、萧子良与"竟陵八友"、萧子显兄弟的文学思想和史学精神。第七章论述梁代萧氏与文学创作。第八章探讨齐梁萧氏与书画创作，论述雅好书法的萧齐君臣，萧子云与"飞白书"，梁武帝萧衍与《千字文》，梁元帝萧绎的绘画成就。第九章探讨齐梁萧氏与技艺创造，主要内容包括：热爱围棋的齐梁君王，齐梁萧氏与围棋段位制，萧衍的围棋理论、音乐思想、养生之道。第十章探讨齐梁萧氏与南北文化融合。

薛锋、储佩成主编《南兰陵萧氏人物评传》，上海：上海古籍出版社 2015 年 8 月出版

本书为"齐梁文化研究丛书"系列，选取齐梁时期南兰陵文化代表人物，主要萧氏人物有萧道成、萧赜、萧子良、萧子显、萧颖胄、萧衍、萧统、萧纲、萧绎、萧琛、萧詧、萧岿、萧琮、隋萧皇后、萧颖士。其中第三部分为《萧子良评传》，详细叙述人物生平，并就其历史及文学贡献作出评论。

薛锋、储佩成主编《齐梁故里与文化论集》，上海：上海古籍出版社
2015 年 8 月出版

本书为"齐梁文化研究丛书"系列，是 2009 年首届"中国常州·齐梁
文化研讨会"论文的精选本。本书精选 30 篇文章，分上下篇，上篇为"齐
梁故里与齐梁历史"，下篇为"齐梁文化与齐梁文学"，对齐梁两朝的历史、
地理、文化、文学作了深入探讨。

张敏《南兰陵萧氏著作综录》，上海：上海古籍出版社 2015 年 8 月
出版

本书为"齐梁文化研究丛书"系列，本书共著录萧氏人物 103 人，约
270 部作品（不含单篇文章），并分为"刘宋萧氏""南齐皇室""南梁皇
室"和"其他萧氏"四个部分。每一部分以世系为次序来收列人物，不受
朝代之限。每一人物下先括注其生卒年，其次简述其生平、历史地位、著述
情况。人物之下收列其著作，并记述其在历史文献中的著录情况，存佚情
况；若文献记载与实际情况有出入的，进行考订；若全书已佚但有辑佚的，
将佚文辑出；若他人为此著作写作序言的，将序言列出。书末附有《南兰
陵萧氏诗文历代编集综录》《萧氏人物世系表》。世系表反映的是本书涉及
的刘宋萧氏、南齐皇室和南梁皇室的世系，不包括无确切资料可考证其世
系者。

任昉（460—508）

杨赛《任昉研究》，上海：博士学位论文，上海师范大学，2006 年

本论文主要分为八卷。卷一为任昉身世考，卷二为任昉仕履考，卷三为任昉交游考，卷四为任昉地理书考，卷五为任昉目录学考，卷六论《文章缘起》，卷七论任诗，卷八论任笔。文末附有：任昉年谱、评点任昉、任集著录、任集序跋。

陈伟娜《"沈诗任笔"——沈约任昉比较研究》，杭州：博士学位论文，浙江大学，2009 年

见前"沈约"条。

钟翠红《竟陵八友研究》，南京：博士学位论文，南京师范大学，2010 年

见前"沈约"条。

柏俊才《"竟陵八友"考辨》，北京：中国社会科学出版社 2011 年 2 月出版

见前"沈约"条。

李兆禄《任昉研究》，北京：中国社会科学出版社 2014 年 6 月出版

本书共六章。第一章探讨任昉的家世与生平，主要内容包括：世为著姓、享满盛誉的一生，从任昉看南朝文人的生存状态，任昉"终建武中位不过列校"原因探隐，任昉对萧统《文选》编纂的影响。第二章论述任昉的思想，主要内容包括：从任昉行事看齐梁时期儒、道、佛三教思想的融合，任昉的文学思想，从任昉深恨"沈诗任笔"之评看纯文学观念的确立。

第三章为任昉著述考，逐一考述《杂传》《地记》与《地理书抄》《述异记》《四部目录》《文章缘起》《任昉集》。第四章为任昉诗研究，包括劝励诗、公宴诗、祖饯诗、游览诗、哀伤诗、赠答诗、行旅诗、杂诗，章末附《任昉诗歌的新评价》。第五章为任昉文研究，论述赋、诏令、奏议、书记、序、哀吊，评述任昉文的史料价值。第六章为后世关于任昉诗文评价的两个问题：清初诗论中的"扬任抑沈"倾向（以王夫之、陈祚明、王士禛为例），刘师培论任昉文。

张金平《南朝学者任昉研究》，北京：中国社会科学出版社 2015 年 9 月出版

本书共六章。第一章为任昉生平和履历，包括神悟少年及显贵的身世、任昉起家官及时间考、历官南齐和丁忧服阙时间考等。第二章为与任昉有关人物考论，包括任昉的家人、对任昉有重要影响的人物。第三章为任昉笔体作品的卓越成就，主要论述代言体作品与自言体作品。第四章论述任昉诗歌的艺术特色，逐一论述赠答诗、奉和公宴诗、哀伤诗、咏景咏物诗、杂诗。第五章论述任昉在文献学上的贡献，包括在书籍典藏、目录学、书籍校雠编纂等方面的贡献。末附《任昉年谱》。

谢朓（464—499）

（南朝齐）谢朓撰，郝立权注《谢宣城诗注》，济南：齐鲁大学 1936 年出版

本书收录谢朓诗作并加注说。全书按原文、注解编排，注释翔实，资料丰富、考证精当，凡人名、地名、器物、职官等皆逐一注解。书末附有《南齐书》谢朓本传、考证集说。

（南朝齐）谢朓《谢宣城诗集》，上海：商务印书馆 1937 年 6 月出版

本书属"丛书集成初编"系列，据拜经楼丛书本排印，全书为繁体竖排，无新式标点，皆以圆圈标识断句。本书又有同年 12 月版，后附《阴常侍诗集》《杂咏百二十首》。

李直方《谢宣城诗注·附谢朓诗研究》，香港：万有图书公司 1968 年 5 月出版

本集正文卷一据南宋嘉定洪汲重刻绍兴楼炤本；卷二至卷四据《四部丛刊》影明依宋钞本，广参诸书。凡参以他书校正者，皆注明所据何书。本集及各选本原有之校字，统称旧校。有关评论谢朓诗者，辑录而为集说，系于卷首。其中分诗笺评者，附于各篇之后。凡引经史诗文，则列举篇目，以求翔实。

洪顺隆校注《谢宣城集校注》，台北：中华书局 1969 年 10 月出版

本书收录谢朓文集进行注解辨析。全书按原文、校字、辨析、注解编排，施以新式标点。校订文字，并依据文献进行考证辩说。注解则针对疑难字词进行释义解说。

殷海国选注《山水诗奇葩——谢灵运谢朓诗选注》，郑州：中州古籍出版社 1989 年 5 月出版

本书选录谢灵运、谢朓诗作 66 首加以评注，共三部分。第一部分为《谢灵运与谢朓》，简要综论谢灵运与谢朓生平事迹、诗歌创作特色与成就。其中第三部分选录谢朓诗 31 首进行注解、评论。余详"谢灵运"条。

（南朝齐）谢朓著，曹融南校注《谢宣城集校注》，上海：上海古籍出版社 1991 年 11 月出版

本书为"中国古典文学丛书"系列，其诗赋以吴骞拜经楼本、文以严可均《全齐文》为底本，并用十多种本子作校勘。注释为该书主要部分，重在疏通文义，征引典实。集说则辑录前人对谢氏诗文所作的评论。附录收辑了谢朓作品的佚文、序跋、诸家的综合性评论。书末附有史传及校注者新撰《谢朓事迹诗文系年》。

茆家培、李子龙主编《谢朓与李白研究》，北京：人民文学出版社 1995 年 9 月出版

本书为有关谢朓和李白研究的论文集，前四篇为谢朓研究论文，内容包括：读谢朓的宣城诗，宦游身世，试论谢朓清丽山水诗，谢朓五言诗创作的趋长现象及其意义。

梁森《谢朓与李白管窥》，北京：人民文学出版社 1995 年 12 月出版

本书是关于谢朓与李白的比较研究，全书共九章。前四章主要论述谢朓。第一章为谢朓生平事迹考述。第二章为谢朓与齐梁诗风。第三章为谢朓诗歌对山水审美的开掘。第四章从"解道澄江净如练"角度，解读李白与谢朓诗风。

谢朓著，陈冠球编注《谢宣城全集》，大连：大连出版社 1998 年 12 月出版

本书包括谢朓的诗、赋、文。诗以逯钦立《先秦汉魏晋南北朝诗》为依据，赋、文以张溥《汉魏六朝百三名家集》中《谢宣城集》为依据；有误字者，则据他本勘定。全书按照诗、赋、文的部类编排。每部各类，均先作说明介绍情况。每类各篇均作题注，包括题解、时代背景、唱和者身世、和作等有关资料。注释既引出处原文，复作通俗解释。篇幅长者则分段，概

括大意。因句多排偶，采两句一注办法，单字在其下分别注释。书末附有《南齐书·谢朓传》《南史·谢朓传》《谢朓诗文序跋》《关于谢朓的评价》《各家诗话有关谢朓论述》《嘉靖宁国府志（摘要）》《四库全书提要》。

张国星《谢灵运·谢朓》，沈阳：春风文艺出版社 1999 年 1 月出版

本书为"插图本中国文学小丛书"之一，分两部分着重介绍谢灵运及谢朓生平及诗作。其中第二部分为谢朓，主要内容包括：艰难时世与文者生涯，佛教和民歌鼓涌下的永明新诗，"风华映人"的山水清韵。余详"谢灵运"条。

刘殿爵、陈方正、何志华编《谢朓集逐字索引》，香港：香港中文大学出版社 1999 年 12 月出版

本书属"魏晋南北朝古籍逐字索引丛刊·集部第二种"。《谢朓集》诗集部分据丁福保《全汉三国晋南北朝诗》，文集部分据严可均《全上古三代秦汉三国六朝文》，参其他版本互校，在"正文"或"逐字索引"中都加校改符号。逐字索引编排以单字为纲，按汉语拼音排列，每一例句后加上编号于原文中位置。全书用字频数表清晰统计了文集字数。

杨明、杨焄《谢朓庾信及其他诗人诗文选评》，上海：上海古籍出版社 2002 年 10 月出版

本书所选主要以谢朓和庾信的诗歌为主，其中选谢朓诗 24 首，选庾信诗文 18 首（篇）。此外还有齐梁其他作家的诗文。书中对入选的每一位文人进行简单的介绍和分析，对所选的作品进行简注、赏析、评论，分析诗文的结构、主旨，赏析写作技巧、写作特色，评论诗文成就。

魏耕原《谢朓诗论》，北京：中国社会科学出版社 2004 年 9 月出版

本书共十六章，主要内容有：永明文学与建安文学的异质同构，宋齐文祸与谢朓诗的顾忌，南齐文运转关与谢朓诗风新变，谢朓永明体向唐人近体的转型轨迹，谢朓山水诗审美时空的拓展，谢朓诗山水景物描写的律化结构，先秦汉魏晋诗赋中的飞鸟意象衍变历程，谢朓诗的飞鸟情结，谢朓诗艺发微，谢朓咏物诗论，大小谢山水诗的绍承，大小谢山水诗的画意与对山水画的启示，谢朓诗法对王维的启迪，谢朓对王维山水诗与画的沾溉，陈子昂对齐梁诗的阳违阴奉。

杜晓勤选注《谢朓庾信诗选》，北京：中华书局 2005 年 1 月出版

本书是关于谢朓、庾信诗歌的选注本，共选注谢朓诗 64 题 68 首、庾信诗 61 题 80 首。书前《前言》分别阐述了谢朓、庾信的生平事迹、诗歌题材内容、诗歌成就，以及该书的选录标准。选录标准以作品的艺术感染力和在后世的传诵程度为主，同时兼顾各种体裁、题材、风格以及各个时期的作品。第一部分为"谢朓诗选"。每首诗正文下，有"题解"和"注释"。"题解"部分介绍了该诗题中涉及的人名、地名、年号，分析了该诗的创作背景、主要内容、表现手法、艺术特点以及后人有关的评赏。"注释"部分除了解释字词、串讲句意，还对一些诗句的用典作了疏证。

钟翠红《竟陵八友研究》，南京：博士学位论文，南京师范大学，2010 年

见前"沈约"条。

柏俊才《"竟陵八友"考辨》，北京：中国社会科学出版社 2011 年 2 月出版

见前"沈约"条。

赖淑雯《谢朓李白山水诗比较研究》，台北：花木兰文化出版社 2012 年 3 月出版

本书为"古典诗歌研究汇刊"系列丛书。第一章为绪论。第二章为李白山水诗的孕育与创生，论述时代母体的性格遗传、时代思潮的浸濡、文学养分的汲取。第三章从主题抉择、意象经营、声韵缔结、辞句锤炼几个方面对谢朓、李白山水诗的创作艺术进行了比较。第四章论述了谢朓、李白山水诗的审美理想，论述山水审美的英雄共见——清；山水审美的天赋异禀之清丽与清真。第五章探讨谢朓、李白跨时叠合的观景模式，包括谢朓、李白山水游踪地图导览；谢朓、李白回归心愿；谢朓、李白空间距离的跨时超越；谢朓、李白改写世界的想象创造。第六章为结论部分，论述了山水诗艺术疆域的开拓、清丽山水风格的确立、接续"朓望"山水的诗歌队伍。书末附有《谢朓山水诗》《李白山水诗》。

孙兰《谢朓研究》，济南：齐鲁书社 2014 年 1 月出版

本书共八章。第一章为谢朓家世、生平及交游考述。第二章为谢朓诗文系年。第三章为谢朓思想透析，包括儒家思想、道家思想、文学思想。第四

章为谢朓诗歌解读，论述诗歌思想内容、诗歌清新的内涵、诗歌对近体诗的开拓、诗歌用韵的演变。第五章解读谢朓山水诗，论述山水诗创作题材的拓展、山水诗意象解析、山水诗结构解析、山水诗创作的灵动语言、谢氏家族山水诗创作情结对谢朓的影响。第六章解读谢朓乐府诗、咏物诗、联句诗。第七章为谢朓辞赋、散文探析。第八章评述谢朓在文学史上的地位和历代对他的接受。书末附有《谢朓研究专著、论文索引》《谢朓五言诗平仄及用韵一览表》《谢朓诗歌用韵汇览》。

宋晨清、张洪明《永明诗律研究（英文版）》，天津：南开大学出版社
2015 年 1 月出版

本书为英文版，探讨永明诗人为何在创作实践中未能遵守所谓的声律理论。正文探讨了三位最重要的永明诗人沈约、王融和谢朓诗歌作品中的声律规则。不同于传统的经验观察，本书采用量化研究方法，将永明诗中的声调对立与前永明诗及随机声调分布进行比较，发现了永明诗人对声调的有意操控。这些操控导致了永明五言诗中的三组声调对立，即句内 2—4 对立、2—5 对立和联内 5—10 对立。作者以唐代格律诗中的例外率为基准，将永明诗中三组成对对立的例外率与之相比，发现了 2—5 对立和 5—10 对立的严格程度相当于唐诗声律规则。在比较声调数据时作者改进了研究方法，应用了二项检验、卡方检验和贝叶斯估计，试图以此来解决如何判断趋势和规则的问题，探明汉语诗歌格律的起源问题。

萧衍（464—549）

刘殿爵、陈方正、何志华编《梁武帝萧衍集逐字索引》，香港：香港中文大学出版社 2001 年 12 月出版

本书属"魏晋南北朝古籍逐字索引丛刊·集部第十二种"。《萧衍集》诗集部分据丁福保《全汉三国晋南北朝诗》，文集部分据严可均《全上古三代秦汉三国六朝文》，参其他版本互校，在"正文"或"逐字索引"中都加校改符号。逐字索引编排以单字为纲，按汉语拼音排列，每一例句后都加编号。萧衍集原文所录为八卷，最末辑录篇名皆缺的作品。萧衍集附录共 5 篇，皆为据他本所补录篇目。全书用字频数表清晰统计了文集字数。

朱学勤主编《符坚·萧衍》，呼和浩特：远方出版社 2002 年 6 月出版

本书第二部分为萧衍，共五章。第一章为初露锋芒。第二章为萧梁代齐。第三章为菩萨皇帝。第四章为荒诞父子兄弟情。第五章为武帝典故。该书主要叙述人物生平事迹，内容较为简略。

林大志《四萧文学研究》，保定：博士学位论文，河北大学，2003 年

本论文以四萧为研究对象，重点考察萧氏父子作家作品、文学思想，及其对南朝文学走向之影响。第一章是引论部分，简述四萧研究概况以及本文的研究思路和具体方法。第二章重点论述萧氏父子的生平经历、个性思想及其与文学之关系。第三章探讨齐梁文风之变。第四、五章分别考察四萧的文学思想和诗文创作，从分析四萧文人集团入手，对萧氏父子文学主张之异同进行了具体的分析和比较，并对四萧的诗文创作进行了较为细致而全面的总结。如萧衍诗的"代言体"特色、萧统对咏物诗的好尚、萧纲宫体诗的情感类型、边塞诗和行旅诗的风格特色、萧绎写景诗的审美意境等。第六章从理论层面认识和解读梁代主体文学精神的面貌特征。书末附有《四萧年谱》

《建国以后大陆地区四萧研究论文索引》。

曹道衡《兰陵萧氏与南朝文学》，北京：中华书局2004年7月出版
见前"萧子良"条。

钱汝平《萧衍研究》，成都：博士学位论文，四川大学，2007年
本论文共七章。第一章探讨萧梁皇室的先世及萧衍的早期经历，对南兰陵萧氏的由来作了考辨。第二章为萧衍文学创作述论，对萧衍诗歌创作特别是乐府诗歌创作进行重点评析。第三章探讨萧衍的文学活动及其对梁代文坛的影响，着重考察了梁代文坛兴盛局面形成的内在原因。第四章探讨萧衍的文学观念与梁代派别文学集团的形成，具体分析了作家政治社会观与文学观之间的联系与区别。第五章论述舍道事佛，主要考察萧衍宗教信仰的演变过程，用充分的材料描述了萧衍早年的天师道信仰，并进而对形成其天师道信仰的家族背景作了考查。本章最后从政治统治、思想认识、自身健康等多个方面具体分析了萧衍舍道事佛的动机和原因。第六章为"崇佛亡国"说之检讨，总结归纳了萧衍崇佛的种种举措及表现。第七章为萧衍诗文事迹系年，梳理了萧衍所存全部诗文，并对其作了编年考订。文末附有《大正藏〈梁皇忏〉校读记》。

杜志强《兰陵萧氏家族及其文学研究》，成都：巴蜀书社2008年6月出版
见前"萧子良"条。

李晓虹《圆融二谛：梁武帝思想研究》，郑州：中州古籍出版社2008年9月出版
本书是在作者博士学位论文《梁武帝思想研究》（南京大学2005年）的基础上修订而成，全书共五章。第一章从神明不灭的角度，探讨形上哲学的置建，论述神明的界定、返性去昧、神明成佛。第二章探讨梁武帝的修养境界的追求，论述修养德目、修养方法、修养境界。第三章论述治国理念的推展，包括推行仁政教化、推广修身理念、实践人间净土。第四章论析三教思想的依据，谈及三教活动之比较分析，对儒、释、道三教的促进和会通。第五章阐述梁武帝思想的历史文化意义，包括梁武帝思想的历史理解、三教思想的文化意蕴。

李柏《萧衍、萧纲、萧绎诗文考述：对梁武帝萧衍、简文帝萧纲、元帝萧绎的文献学研究》，北京：博士学位论文，北京师范大学，2009 年

本论文共四章。第一章是对萧衍的生平与文学交游的考述，以及对萧衍建梁以前的几个问题的考述。第二章为三萧现存诗文辨别真伪。第三章是对三萧的诗文系年进行考证。第四章是对三萧诗文中的语词进行考释，包括对校勘时出现的异文语词进行校释，对疑难语词的考释和人名地名的综合考查，并对三萧的现存诗文进行了较为全面的整理研究。在余论中对三萧之思想和人格进行了阐述。

王若娴《梁武帝萧衍与梁代文风之研究》，台北：花木兰文化出版社2010 年 9 月出版

本书为"古典文学研究辑刊"之一，全书共七章。首章绪论说明研究动机、研究之局限与困难，考察当前研究概况，并确定研究之范围。第二章为梁武帝的时代背景，探讨时代背景，从政治动态、社会风气与文士心理三方面展开。第三章论述梁武帝的家世生平与著述。第四章为梁武帝的文学观与作品特色。第五章为梁武帝推动文风的盛况，包括儒学的振兴、百花齐放的文学集团、品评风气的弥漫、文集、宫体诗作的竞造、佛典著述的鼎盛。第六章论述了梁代文风对后世的影响，分别论述了对古文运动的启发、对文学理论的沃灌、对佛教典籍的导引。第七章为结论，从五个角度评定梁武帝与梁代文风。

高云《四萧文艺思想研究》，沈阳：博士学位论文，辽宁大学，2010 年

本论文共五章，扼要评述了南朝中后期的历史背景、文学的创作与新变，对文艺审美规律进行了较为深入的探讨与总结。评述了以四萧（萧衍、萧统、萧纲、萧绎）为代表的南朝皇室贵族对文艺活动的重视、爱好和参与，分析了四萧的人生轨迹，综括了四萧各类著述特别是文艺著述的情况。从观念、批评、理论和创作入手，探讨四萧各自的文学思想及其异同、四萧及其各自文人群体在文学思想和创作方面对其时代文艺发展的贡献和存在的局限。通过对四萧文人群体与三曹文人群体及与钟嵘、刘勰等同时代文论家文艺思想的比较，揭示出文艺思想在魏晋南北朝时期起始阶段与总结时期的发展与变化，以及南朝齐梁时期文学思想的主要特点。

钟翠红《竟陵八友研究》，南京：博士学位论文，南京师范大学，2010 年

见前"沈约"条。

柏俊才《"竟陵八友"考辨》，北京：中国社会科学出版社 2011 年 2 月出版

见前"沈约"条。

许辉《萧衍》，南京：江苏人民出版社 2013 年 6 月出版

本书为"江苏历代名人传记丛书"，共十四章。全书主要内容包括：萧衍生活的时代，生于秫陵县同夏里，"竟陵八友"，支持萧鸾登帝位，雍州起兵，荆雍联兵，攻克建康，梁武帝统治的政治措施、经济措施、思想文化措施，梁武帝北伐及与魏的通使，侯景之乱，萧梁政权的衰亡，梁武帝的家族。书末附有《梁武帝年表》《萧梁世系表》。

闫春新等著《兰陵萧氏与中古文化研究》，济南：山东人民出版社 2013 年 8 月出版

见前"萧子良"条。

田丹丹《梁武帝萧衍的自我书写》，上海：博士学位论文，复旦大学，2014 年

本论文共五章。第一章主要说明相关文献和研究状况。第二章以萧衍与王融、任昉、宗夬、萧琛、王延、谢朓等人的唱和作品为中心文本，结合相关史料文献考察兰陵萧氏在宋齐两朝的发展情况及萧衍早期经历和自我认知、自我定位。第三章主要考察萧衍统治前期以儒家君主形象为主的自我书写文本，考察其统治前期的自我历史定位、自我书写的社会背景及意义。第四章主要考察萧衍统治中后期以佛教徒形象为主的自我书写文本，并对萧衍崇佛的原因和萧衍与佛教的关系提出新的看法。第五章主要考察萧衍的自我书写在家族内部的延续情况，即萧纲、萧绎兄弟的自我书写。

曹旭、陈路、李维立选注《齐梁萧氏诗文选注》，上海：上海古籍出版社 2015 年 8 月出版

见前"萧子良"条。

刘志伟、史国良、李永祥《齐梁萧氏文化概论》，上海：上海古籍出版社2015年8月出版

见前"萧子良"条。

薛锋、储佩成主编《南兰陵萧氏人物评传》，上海：上海古籍出版社2015年8月出版

本书为"齐梁文化研究丛书"系列，分别对齐梁文坛萧氏人物之事迹与文学成就给予评述。第五部分为林大志《萧衍评传》。余详"萧子良"条。

薛锋、储佩成主编《齐梁故里与文化论集》，上海：上海古籍出版社2015年8月出版

见前"萧子良"条。

张敏《南兰陵萧氏著作综录》，上海：上海古籍出版社2015年8月出版

见前"萧子良"条。

王融 (466—493)

钟翠红《竟陵八友研究》，南京：博士学位论文，南京师范大学，2010 年

见前"沈约"条。

柏俊才《"竟陵八友"考辨》，北京：中国社会科学出版社 2011 年 2 月出版

见前"沈约"条。

林晓光《王融与永明时代：南朝贵族及贵族文学的个案研究》，上海：上海古籍出版社 2014 年 8 月出版

本书是在作者的同题博士学位论文（复旦大学 2011 年）的基础上修订而成，全书共十章，前面有"绪言"，最后有"终章"。上篇为"历史篇"，共五章，分别论述了王融的家世盛衰、贵官仕途、性情形象、交际网络，并从永明政局考察拥立竟陵政变始末。下篇为"文学篇"。第六章从宫廷礼仪的视角，对王融代表作《三月三日曲水诗序》做文本解读，指出其中典故运用的特征。第七章也从宫廷礼仪的视角，比较研究王融《文惠太子哀策文》与谢朓《明敬皇后哀策文》，指出南朝宫廷文学中存在的模板化及其文学程式的意义。第八章以两届《策秀才文》中的时政书写为核心，分析论述永明政治中的王融文学。第九章论述南朝宗教中的王融文学。第十章从文学渊源、用典、风貌等方面，总论王融文学。终章综述南朝贵族社会与永明体运动。

吴均 (469—521)

(南朝梁) 吴均著,林家骊校注《吴均集校注》,杭州:浙江古籍出版社 2005 年 8 月出版

本书为"两浙作家文丛"系列。该书以清光绪十八年善化章经济堂重刊本明张溥《汉魏六朝百三家集》中的《吴朝请集》为底本,广参诸本。前言简要介绍吴均生平事迹、著述思想以及后世影响。正文分为书、表、赋、檄、说、连珠、乐府、诗几个部分,按篇目、原文、校记、注释编排,校记则是广参众本并出校勘记。注释翔实,资料丰富,凡人名、地名、器物、职官等皆逐一注解。书末附有《传记》《吴均诗文评论辑要》《吴均事迹诗文系年》。

陆倕（470—526）

钟翠红《竟陵八友研究》，南京：博士学位论文，南京师范大学，2010 年

见前"沈约"条。

柏俊才《"竟陵八友"考辨》，北京：中国社会科学出版社 2011 年 2 月出版

见前"沈约"条。

何逊（472？—519？）

（南朝梁）何逊撰，郝立权注《何水部诗注》，济南：齐鲁大学1937年出版

本书收录何逊诗作进行注说。全书按原文、注解编排，注释简要，考证精当。书末附有《梁书》何逊本传，及考证集说。

（南朝梁）何逊著，刘畅注，（南朝梁）阴铿著，刘国珺注《何逊集注·阴铿集注》，天津：天津古籍出版社1988年12月出版

本书属"汉魏六朝文史丛书"系列。第一部分为何逊集注，收录何逊部分作品进行注释。前言中简要述评了何逊的生平、艺术特色、艺术成就，以及《何逊集》简要的版本情况等。全书按原文、注释编排。注释较为详细，以注释字义为主，有的串讲句子大意。书末附有《梁书·何逊传》《南史·何承天传附何逊传》、集评、蒋立甫《何逊年谱简编》。

（南朝梁）何逊著，李伯齐校注《何逊集校注》，济南：齐鲁出版社1989年10月出版

本书以张溥《汉魏六朝百三家集》中《何记室集》为底本，广参诸本校勘。《前言》中简要评述了生平、著述、诗歌成就、艺术特征等。《凡例》中说明了《何逊集》的基本版本、此次校勘的底本和参校本、诗文编排顺序、校勘原则、注释方法等。每篇诗文，首录原文，次为题解，再次为校记。校文随注文列出。本书注释中，注意吸取前人研究成果。除注明典实之外，尽量对诗句、文句加以疏解，以求通俗易读。同时，在题下对诗文所涉及的有关人物、写作时间，加以必要的推考、说明。注释中引用旧注典实，概不注明；凡直接引用旧注中个人意见或须考辨者，则加以说明。各选本中评语，择其精当切要者，分别列于各诗题解之后。书末附有《历代著录及

序跋题识》《历代评论辑钞》《有关何逊的传记资料》《何逊行年考》。此书
又有修订本，中华书局 2010 年 1 月出版。

俞必睿《何逊诗歌声韵格律研究》，武汉：博士学位论文，武汉大学，
2011 年

本论文共五章。第一章为引言，论述了何逊诗歌研究概况、何逊诗歌声
韵研究选题与意义。第二章为何逊诗歌声韵研究的主要方法。第三章为何逊
诗歌声律分析。第四章为何逊、阴铿、刘孝绰诗歌声律对比研究。第五章为
何逊诗歌用韵研究。结论综括何逊作品的性质和声韵特色，何逊诗歌声韵研
究的意义。文末附有《何逊诗歌行内 2-4、2-5、3-5 位置音节声调对立
表》《阴诗行、联平仄声律模式表》。

王筠（482—550）

（梁）王筠撰，黄大宏校注《王筠集校注》，北京：中华书局 2013 年 9 月出版

本书是以收录王筠存作的最早文献为底本的重新辑录本。各篇后详列收录该篇之书目，既明流传线路，便于查考，又用以参校文字异同，供研究所需。本书将重辑诗文编为二卷，卷上收诸体文，卷下录乐府及诗。新辑佚作各依其体归诸本卷，不单列。诸篇皆有笺证，依汉唐旧例，合校注于一体，部分设集评一目，依所考系年排列作品次序，不可编年者置于其末。凡诗文佚目及疑误篇目的考证不入正文，附于书后。凡王筠相关传记、文献著录、诗文赠答、评论等并作搜集；对相关佚目及疑误作品进行辨证，且据其生平及诗文系年考证。后附《王筠年谱》。

萧子显（487—535）

詹秀惠《萧子显及其文学批评》，台北：文史哲出版社 1994 年 11 月出版

本书共五章。第一章从政治背景和文化环境两方面论述了萧子显的时代。第二章从萧子显生平和文学源流两方面考述了萧子显的事迹。第三章论述萧子显的思想，分别讨论了宗儒、扬佛、抑道的思想及其政治思想。第四章探讨萧子显的文学批评，主要内容包括：杂纯文学分野观与清谈非文学的窥探，气韵天成说与神思无象论，文学自然观与声律论，文体说与文章四体论。第五章阐述文学传承观与文学新变说。书末附《萧子显年谱》。

曹道衡《兰陵萧氏与南朝文学》，北京：中华书局 2004 年 7 月出版
见前"萧子良"条。

杜志强《兰陵萧氏家族及其文学研究》，成都：巴蜀书社 2008 年 6 月出版
见前"萧子良"条。

王淑娴《萧子显与〈南齐书〉研究》，台北：花木兰文化出版社 2012 年 9 月出版

本书为"古代历史文化研究辑刊"系列之一，全书共六章。第一章为绪论。第二章探讨魏晋南北朝之政治背景，论述萧子显之祖源世系、萧道成家族及其学术。第三章论述萧子显及其父兄在政坛与学术的表现，主要内容包括：萧嶷的权势与人格行为，萧子显及其兄弟之政治遭遇与仕宦情形，萧子显之学术成就与交游。第四章论述了魏晋南北朝史学发展的概况、《南齐书》的撰述情形、《南齐书》的特殊之处与历代相关评价。第五章论述由

《南齐书》之书法见萧子显的史学精神、由《南齐书》论萧子显之重要观点与思想。第六章为结论，综合概述作者观点。书末附有《萧子显生平简表》。

闫春新等著《兰陵萧氏与中古文化研究》，济南：山东人民出版社 2013年 8 月出版

见前"萧子良"条。

曹旭、陈路、李维立选注《齐梁萧氏诗文选注》，上海：上海古籍出版社 2015 年 8 月出版

见前"萧子良"条。

刘志伟、史国良、李永祥《齐梁萧氏文化概论》，上海：上海古籍出版社 2015 年 8 月出版

见前"萧子良"条。

薛锋、储佩成主编《南兰陵萧氏人物评传》，上海：上海古籍出版社2015 年 8 月出版

本书为"齐梁文化研究丛书"系列，分别对齐梁文坛的萧氏人物事迹与文学成就进行评述。第四部分为丁福林《萧子显评传》。

薛锋、储佩成主编《齐梁故里与文化论集》，上海：上海古籍出版社2015 年 8 月出版

见前"萧子良"条。

张敏《南兰陵萧氏著作综录》，上海：上海古籍出版社 2015 年 8 月出版

见前"萧子良"条。

萧统（501—531）

周贞亮《梁昭明太子萧统年谱》，台北：商务印书馆1981年10月出版

本书为"新编中国名人年谱集成"丛书第十四辑，此年谱按年记录昭明太子萧统一生的事迹与主要创作活动，勾稽索隐，考订辨证。书前有"编例"，详细梳理了年谱编写体例。本谱主要包括两方面内容：一是政治、经济和文化等方面的重大事件。二是谱主家世、经历、思想、性格、文学活动和交游方面的概况。

（南朝梁）萧统著，俞绍初校注《昭明太子集校注》，郑州：中州古籍出版社2001年7月出版

本书是在前人辑本的基础上重新加以整理并校注而成。本书按诗、赋、文分类编排，每类的篇目凡有作年可考或大致可考者，依时间先后编次；不能定年者，则放在一类之末。凡诸辑本所收诗文，其作者归属有疑论者，一律抽出，另入附编，并略说原委。每篇诗文都一一注明出处，首列的出处即为辑录底本，其余各书则为校本。在校勘中，除明显版本错讹，径改不出校外，凡遇有重要异文，一概出校。可以断定底本有误的字句即加以改正，并写入校勘记。校勘记随文入注，不再单独列出。诗文注释，主要注明词语出处，间亦训释词义，力求简明准确。

曹道衡、傅刚《萧统评传》，南京：南京大学出版社2001年12月出版

本书为"中国思想家评传"系列丛书，全书分为上、下两编，共十章。上编为萧统的家世和生平。第一章探讨兰陵萧氏的先世，包括萧氏来源的记载、兰陵萧氏和"北府兵"、齐梁两代皇室的血缘关系及其恩仇。第二章为齐梁易代与梁武帝，论述萧顺之、萧懿在南齐的地位，"竟陵八友"之一的梁武帝，齐明帝的"佐命之臣"与襄阳起兵代齐建梁。第三章论述梁武帝

在位前后期的政局状况、思想变化、学术文化方面的作用、文学创作。第四章论述梁武帝诸弟侄及梁武帝对他们的态度。第五章为萧统的生平，主要内容包括：萧统的出生及其所受的教育、思想性格、萧统之死和他同梁武帝的关系。第六章探讨萧统诸弟及萧统与他们的关系。第七章论述萧统的后人，主要有：萧欢和萧栋、萧誉、萧詧与后梁、隋炀帝皇后萧氏、萧铣、萧瑀和入唐以后的萧氏。下编为萧统的文学活动和文学思想。第八章论述以萧统为中心的天监、普通年间文学思想和创作。第九章论述萧统的文学活动、萧统与东宫学士、萧统的作品和《昭明太子集》，以及萧统的诗文写作、文学思想、编著。第十章探讨萧统与《文选》的编纂，包括《文选》的编辑宗旨和体例、选录标准、分类、《文选》所体现萧统的文学思想、《文选》的流传及影响、20 世纪《文选》学研究。书末附有《〈文选〉版本略说》。本书对于萧统家世、生平及其与《文选》相关问题的研究较为系统全面，具有开拓意义。本书又有该出版社 2011 年 4 月新版。

刘殿爵、陈方正、何志华编《梁昭明太子萧统集逐字索引》，香港：香港中文大学出版社 2001 年出版

本书属"魏晋南北朝古籍逐字索引丛刊·集部第十种"。《昭明太子萧统集》据《四部丛刊》影乌程许氏藏明本《昭明太子文集》，参其他版本互校，在"正文"或"逐字索引"中都加校改符号。逐字索引编排以单字为纲，按汉语拼音排列，每一例句后都加上编号。最末辑录篇名皆缺的作品。全书用字频数表清晰统计了文集字数。

林大志著《四萧文学研究》，保定：博士学位论文，河北大学，2003 年
见前"萧衍"条。

曹道衡《兰陵萧氏与南朝文学》，北京：中华书局 2004 年 7 月出版
见前"萧子良"条。

杜志强《兰陵萧氏家族及其文学研究》，成都：巴蜀书社 2008 年 6 月出版
见前"萧子良"条。

高云《四萧文艺思想研究》，沈阳：博士学位论文，辽宁大学，2010年
见前"萧衍"条。

孙雪敏编著《萧统与〈文选〉》，长春：吉林文史出版社2011年5月出版
本书为"中国古代文史大家"系列丛书之一，是关于萧统与《文选》
的普及性读本。主要内容包括：浩浩文苑淘尽黄沙始见金，昭明太子传奇一
生惊世人，多才并集文坛之盛前未有，五柳先生高蹈淡定终显贵，萧氏文学
集团与宫体文学。

闫春新等著《兰陵萧氏与中古文化研究》，济南：山东人民出版社2013
年8月出版
见前"萧子良"条。

曹旭、陈路、李维立选注《齐梁萧氏诗文选注》，上海：上海古籍出版
社2015年8月出版
见前"萧子良"条。

刘志伟、史国良、李永祥《齐梁萧氏文化概论》，上海：上海古籍出版
社2015年8月出版
见前"萧子良"条。

薛锋、储佩成主编《南兰陵萧氏人物评传》，上海：上海古籍出版社
2015年8月出版
本书为"齐梁文化研究丛书"系列，分别对齐梁文坛萧氏人物之事迹
与文学成就给予评述。第七部分为李华年、严建军所作《萧统评传》。

薛锋、储佩成主编《齐梁故里与文化论集》，上海：上海古籍出版社
2015年8月出版
见前"萧子良"条。

张敏《南兰陵萧氏著作综录》，上海：上海古籍出版社2015年8月出版
见前"萧子良"条。

萧纲 （503—551）

刘殿爵、陈方正、何志华编《梁简文帝萧纲集逐字索引》，香港：香港中文大学出版社 2002 年出版

本书属"魏晋南北朝古籍逐字索引丛刊·集部"系列。《萧纲集》诗集部分据丁福保《全汉三国晋南北朝诗》，文集部分据严可均《全上古三代秦汉三国六朝文》，参其他版本互校，在"正文"或"逐字索引"中都加校改符号。逐字索引编排以单字为纲，按汉语拼音排列，每一例句后都加上编号。全书用字频数表清晰统计了文集字数。

林大志《四萧文学研究》，保定：博士学位论文，河北大学，2003 年
见前"萧衍"条。

曹道衡《兰陵萧氏与南朝文学》，北京：中华书局 2004 年 7 月出版
见前"萧子良"条。

吴光兴《萧纲萧绎年谱》，北京：社会科学文献出版社 2006 年 10 月出版

本书为"中国社会科学院文学研究所学术文库"系列之一。本谱以《梁书》《南史》本纪为蓝本，结合史籍和谱主本人著作，并索子集释教诸书之事实，勾稽萧纲、萧绎兄弟的事迹，以补正二史记载的疏漏和讹误。本谱以学术、文学为主，除生平交游事迹外，酌情系录同时代学术、文学之重大事件。国家军政大事，与二谱主相关者，必有所交代。此外，仅择其尤要者录入。梁太清、承圣间之国家大事，因其与二谱主关系紧密，则尽量考证详细。二谱主之重要交往者、梁之重要作者，凡可考知，均著其生卒于本谱，并于其卒年下附小传。小传着重考述传主著述成就。本谱主体包括卷

前、年谱正文、附录三部分。年谱正文依据谱主身份的变化等因素，分为四卷。卷前表列萧氏世系，附录部分考述萧纲、萧绎著作，《〈金楼子·聚书篇〉疏证》则集中梳理萧绎一生聚书的事迹。本谱之编次方式，按年月日之次序。其时间大略可考者，酌情系于相应位置；仅能考知为某一时期者，则系于该时期之末以备考。本谱引用二谱主文章，多据严可均辑《全梁文》、逯钦立辑《梁诗》。如原出典籍有重要异文，则出注说明，或酌情校理。

杜志强《兰陵萧氏家族及其文学研究》，成都：巴蜀书社 2008 年 6 月出版
　　见前"萧子良"条。

李柏《萧衍、萧纲、萧绎诗文考述：对梁武帝萧衍、简文帝萧纲、元帝萧绎的文献学研究》，北京：博士学位论文，北京师范大学，2009 年
　　见前"萧衍"条。

高云《四萧文艺思想研究》，沈阳：博士学位论文，辽宁大学，2010 年
　　见前"萧衍"条。

（南朝梁）萧纲著，肖占鹏、董志广校注《梁简文帝集校注》，天津：南开大学出版社 2012 年 4 月出版
　　本书以张燮《七十二家集》本为底本，校本用《百三家集》与《文选遗集》，并以各类书、总集参校。《前言》简要介绍萧纲生平事迹及其著述。本书校勘，尽量不改底本文字。但底本讹误明显须加订正者，则径直改正并出校记，予以说明。底本少量诗文后附有他人唱和之作，但不出注，以别原作。本书笺注，重在"释事"，文中凡事出旧典或关涉掌故者，详加疏证，考明源流。凡征引前史或取意经籍者，亦追溯出处，标明篇卷。文字难识或意义不明者，则悉从旧注，不作臆断。

闫春新等著《兰陵萧氏与中古文化研究》，济南：山东人民出版社 2013 年 8 月出版
　　见前"萧子良"条。

朱周斌《比较诗学视野下的萧纲研究》，长春：吉林大学出版社 2014
年 5 月出版

本书共四章。第一章为"文"在政治之内，论述《梁书》列传中包含
的南梁政治结构。第二章为文与政治的交织重叠，论述《梁书》及萧纲文
笔作品中的形象。第三章为从政治逃逸到语言的游戏，论述萧纲诗歌的
"轻艳"面貌，主要内容包括：从"所以为治"到文字游戏解读，探讨《乐
府诗集》中的萧纲诗歌；游戏的诗歌、消失的主体角度，分析萧纲诗歌内
容；目光和嗅觉触及美人角度，论述萧纲诗歌对政治怀抱的改写。第四章探
讨在意识形态之网中写作的悲剧，论述萧纲"立身当须谨重"与当时意识
形态的关联、兴的缺失和想象的单一性、萧纲时代纯粹文学的不可能性。最
后概论文学意识的成熟与不稳定的政治结构间的相遇导致悲剧不可避免。书
末附有《萧纲年表》。

曹旭、陈路、李维立选注《齐梁萧氏诗文选注》，上海：上海古籍出版
社 2015 年 8 月出版

见前"萧子良"条。

刘志伟、史国良、李永祥《齐梁萧氏文化概论》，上海：上海古籍出版
社 2015 年 8 月出版

见前"萧子良"条。

薛锋、储佩成主编《南兰陵萧氏人物评传》，上海：上海古籍出版社
2015 年 8 月出版

本书为"齐梁文化研究丛书"系列，分别对齐梁文坛萧氏人物之事迹
与文学成就给予评述。第八部分为曹旭所作《萧纲评传》。

薛锋、储佩成主编《齐梁故里与文化论集》，上海：上海古籍出版社
2015 年 8 月出版

见前"萧子良"条。

张敏《南兰陵萧氏著作综录》，上海：上海古籍出版社 2015 年 8 月出版
见前"萧子良"条。

徐陵 (507—583)

（梁）徐陵撰，（清）吴兆宜笺注《徐孝穆集》，长沙：商务印书馆
1937 年 6 月出版

本书为"国学基本丛书"系列，据清康熙间吴郡宝翰楼刻本排印。全
书为竖排繁体，无新式标点，皆以圆点标识断句。

（清）纪容舒《玉台新咏考异》，长沙：商务印书馆 1937 年 12 月出版

本书据畿辅丛书本排印，全书为竖排繁体，无新式标点，皆以圆点标识
断句。

（陈）徐陵编，（清）吴兆宜注，（清）程琰删补，穆克宏点校《玉台
新咏笺注》，北京：中华书局 1985 年 6 月出版

本书为"中国古典文学基本丛书"系列。本书以乾隆三十九年刊行的
程琰删补的吴兆宜笺注《玉台新咏》为底本，广参诸本。校勘中凡有参考
价值的异文，皆出校记；能够断定讹误的，均在校记中注明，不直接改原
文。本书校勘记参考了已有的校勘成果，凡原本标注"一作某"者，有的
已查明其所据版本，则重新写入校勘记，其余照旧。注文部分，对明显的错
误予以改正。书末补辑序跋二十八篇作为附录。

刘跃进《玉台新咏研究》，北京：中华书局 2000 年 7 月出版

本书分为上、下两编。上编为《玉台新咏》丛考，共五章。第一章梳
理《玉台新咏》版本情况，包括版本叙录、版本考异、宋本管窥三方面。
第二章为《玉台新咏》成书年代新证，否定了"中大通六年说"，而据《法
宝联璧序》，认为《玉台新咏》成书于陈代。第三章为《玉台新咏》原貌考
索，包括《玉台新咏》的编者、不同名称、原本《玉台新咏》收诗悬测、

《玉台新咏》是一部歌辞总集等内容。其后附录有关于《玉台新咏》的续编、《古今乐录》辑存。第四章对《玉台新咏》所收梁代作家的事迹进行了详细的辑录。第五章为《玉台新咏》所收作品研究，包括七言诗渊源、《盘中诗》的年代、道教在六朝的流传与江南民歌隐语。下编为徐陵事迹编年丛考，分别从梁武帝天监六年（507）至天监十二年（513）、天监十三年（514）至中大通三年（531）、中大通四年（532）至梁敬帝太平元年（556）、陈武帝永定元年（557）至陈后主至德元年（583）四个时间段展开考述。本书从多个方面为《玉台新咏》的研究建立了文献基础，确立了今后研究的主要内容与论题。

刘殿爵、陈方正、何志华编《徐陵集逐字索引》，香港：香港中文大学出版社 2000 年出版

本书属"魏晋南北朝古籍逐字索引丛刊·集部第五种"。《徐陵集》据《四部丛刊》本《徐孝穆集》，参其他版本互校，在"正文"或"逐字索引"中都加校改符号。逐字索引编排以单字为纲，按汉语拼音排列，每一例句后都加上编号。徐陵集原文所录为十卷，最末辑录篇名皆缺的作品。徐陵集附录共 15 篇，皆为按他本所补录篇目。全书用字频数表清晰统计了文集字数。

张葆全译注《玉台新咏译注》，桂林：广西师范大学出版社 2007 年 12 月出版

本书收录《玉台新咏》进行注释译解。全书按原文、注释、译解编排，注释翔实，资料丰富，凡人名、地名、器物、职官等皆逐一注解。疑难字词附注音。译解旨在概说原文主旨，评点其思想。

张蕾《〈玉台新咏〉论稿》，北京：人民出版社 2007 年 12 月出版

本书是在作者同题博士学位论文（河北大学 2004 年）的基础上修订而成，全书分为上、下两篇，共九章。第一章从诗史意识、诗体意识、关注"当下"的热情、趋新的文学观念等角度论述了《玉台新咏》的编辑旨趣。第二章论述《玉台新咏》的"情"。第三章论述《玉台新咏》与《文选》选诗相重现象，论述巧合的情形和原因。第四章为关于编者徐陵及其他。第五章探讨明刻本增补《玉台新咏》的价值，论述回应原编旨趣、补原书之遗、增补作者所引发的思考、从增益行为看明人的"《玉台》观"。第六章

论述《续玉台新咏》续集与原编的关系，及从续集看南北诗风融合的问题。第七章从《唐诗玉台新咏》看唐诗与《玉台新咏》的因缘。第八章探讨拟玉台体诗与"玉台体"，论述拟玉台体诗对"玉台体"特色的捕捉与复现、拟诗的不同背景与相同指归、"玉台体"即宫体之约定俗成的感受。第九章是纪昀的《玉台新咏》研究管窥。第十章是程琰删补《玉台新咏笺注》发微。书末附录有《〈玉台新咏〉序跋补录》《程琰增补吴兆宜〈玉台新咏笺注〉作者小传简表》。

颜智英《〈昭明文选〉与〈玉台新咏〉之比较研究》，台北：花木兰文化出版社 2008 年 3 月出版

本书为"古典文学研究辑刊"第二十册，是关于《昭明文选》与《玉台新咏》的比较研究的专著。第一、二章分别为《昭明文选》和《玉台新咏》之外缘研究，从二书的编者、编撰动机展开论述。第三章论述萧、徐二书产生的时代背景、文学背景、文学派别。第四章探讨萧、徐二书编者之文学观。第五章探讨并比较了萧、徐二书选录之特色。第六章主要论述萧、徐二书之影响及评价。第七章为结论，提出评价《文选》与《玉台新咏》时应当持多元角度。

（陈）徐陵撰，许逸民校笺《徐陵集校笺》，北京：中华书局 2008 年 8 月出版

本书为"中国古典文学基本丛书"系列。《前言》中交代了笺注徐陵集的原由，评述了徐陵其人、其文。此校笺本不采用徐陵集旧本，而是重新爬梳，另辑新编，所录各篇，均一一注明出处。各篇独立，自定其底本和校本。底本文字可改可不改者，一律不改。若底本文字明显存在讹误，审慎加以改正，并将改正情况写入校勘记。底本义可两通的他本异文，一律写入校勘记，而不改底本；底本不误而他本有误者，其异文概不写入校勘记。本书注释即以揆度本事和征引典实为重，凡关乎时代背景与写作心境而又有本事可寻者，必援引之以为旁证；凡地理沿革、名物考实、辞藻典故之类，则必追溯其出处，并连类而及于出典旧注，以见其义。本书于各篇诗文前有题解，后有笺注、集说，广征博引。书末附有《书目著录》《版本序跋》《传记资料》《历代评论》和《徐陵年谱》。

黄颖《徐陵研究》，扬州：博士学位论文，扬州大学，2011 年

本论文共六章。第一章对东海徐氏徐陵一族的家族世系、家世背景、主要家庭成员的生平作了简要考证。第二章为徐陵与南朝文化学术，主要从礼学在南朝的兴盛、东海徐氏之礼学素养及对孝和忠的实践等方面论述了徐陵的儒学修养。第三章为徐陵乐府与文人诗研究，包括徐陵诗歌考辨、横吹乐府研究、边塞乐府的艺术成就、文人诗创作、纯净明朗的意境，并论徐陵诗歌的抒情、审美特征。第四章从"宫体"内涵辨析、徐陵的"艳诗"与"情诗"、徐陵"闺阁题材"诗歌与"宫体"之别等方面研究徐陵诗歌。第五章为徐陵骈文研究，论述了徐陵骈文与南朝贵族制度和徐陵骈文的形式美。第六章为徐陵与《玉台新咏》，论述《玉台新咏》编撰者与所录撰人、《玉台新咏》与"宫体"、《玉台新咏》与徐陵的诗学观。文末附有《徐陵〈在北齐与宗室书〉之北齐宗室考证》。

谈蓓芳、吴冠文、章培恒《玉台新咏新论》，上海：上海古籍出版社2012 年 6 月出版

本书为"光华文史文献研究丛书"系列，收录《玉台新咏》研究论文12 篇。全书主要内容包括：《玉台新咏》为张丽华所"撰录"考，再谈《玉台新咏》的撰录者问题，《玉台新咏》撰人讨论的几个遗留问题，《玉台新咏》版本考——兼论此书的编纂时间和编者问题，《玉台新咏》版本补考，关于今本《大唐新语》的真伪问题，再谈今本《大唐新语》的真伪问题——对《今本〈大唐新语〉非伪书辨》一文的异议，三谈今本《大唐新语》的真伪问题，藤原佐世与《日本国见在书目录》，《玉台新咏》的编者与梁陈文学思想的实际，《玉台新咏》选录标准所体现的女性特色，"宫体诗"的界定及其文体价值辨思。

胡大雷《〈玉台新咏〉编纂研究》，北京：人民文学出版社2013 年 2 月出版

本书共五章。主要内容有：《玉台新咏》编纂的文学生态，《玉台新咏》的编纂思想，《玉台新咏》诸刻本，《玉台新咏》编纂体例考辨，历代对《玉台新咏》编纂的评论，《玉台新咏》作品风格与特点论，《玉台新咏》系列作品研究。

（南北朝）徐陵编，（清）吴兆宜注，（清）程琰删补，尚成校点《玉台新咏》，上海：上海古籍出版社2013年8月出版

本书为"国学典藏"系列，以清乾隆三十九年程琰的删补本为底本，标点排印。在保存原貌的同时，对有明显错误的地方，则在相关的正文下简单的校记予以说明。

毛娜《〈徐陵集〉典故的语言学研究》，上海：博士学位论文，复旦大学，2013年

本论文从用典的辨认与判定、典故溯源、典故释义三大方面着手，对已有《徐陵集》笺注本中典故诠释方面仍然存在的难点和盲点进行研究。绪论部分谈及了选题缘起、研究意义和前人研究综述。第一章论述与用典相关的概念辨析，主要从"用典"与"用事"、典故与典故词语、语典词概念的提出展开论述。第二章为用典的认知性研究，主要论述用典的认知基础、隐喻与转喻理论、认知角度下的两种用典方式。第三章为典故注释研究，阐述了传统的典故训释在理论研究上的成果和认知语言学视角下的典故训释方法。第四章为《徐陵集》典故注释补正，从对判断失误而造成的缺注或误注现象的补正、对溯源失误而造成的缺注或误注现象的补正、对释义失误而造成的缺注或误注现象的补正展开论述。

刘跃进著，马燕鑫校补《〈玉台新咏〉史话》，北京：国家图书馆出版社2015年3月出版

本书为"中国珍贵典籍史话丛书"系列，全书共四章。第一章介绍了徐陵的生平，认为《玉台新咏》的成书年代应在陈代，并论述了它与南朝文学风尚及佛教影响的关系。第二章叙述了《玉台新咏》的性质与内容，包括《玉台新咏》的名称和歌辞性质，并分析了汉魏到齐梁的艳诗、宫体诗与歌行绝句等具体作品。第三章列叙了《玉台新咏》的版本，包括历代版本叙录、版本考异及陈玉父刻本和郑玄抚刻本两大系统。章末附论《玉台新咏》宋本管窥。第四章论述了《玉台新咏》的价值和影响，如古诗保存与律诗先声、对后世的影响。

萧绎（508—555）

钟仕伦《萧绎文学思想论稿》，成都：电子科技大学出版社1997年3月出版

本书共六章。全书主要内容包括：萧绎的文学观念、萧绎的文学创作思想、萧绎与梁代今古文体之争、萧绎的文学批评思想、萧绎文学批评思想的底蕴、从萧绎的创作看他的文学思想。书末附有《萧绎评论辑要》《读〈金楼子〉书后》《萧绎著述存目略考》。

钟仕伦《〈金楼子〉研究》，成都：博士学位论文，四川大学，2002年

本论文以鲍廷博知不足斋丛书本《金楼子》为主，辅以《太平御览》引文、《永乐大典》引文和文渊阁《四库全书》本《金楼子》进行研究。全文共十一章。第一章为《金楼子》成书时间考辨。第二章为《金楼子》的体例和版本。第三章为库本、鲍本《金楼子》疑误举例。第四章论述了《金楼子》的文献价值。第五章探讨《金楼子》的思想体系。第六章为《金楼子》的文笔理论。第七章为萧绎的文学本质观。第八章为《金楼子》的文学创作思想。第九章为《金楼子》的文学批评思想。第十章探讨了萧绎的文学创作成就。第十一章是萧绎与梁代今古文体之争。前五章是对现存《金楼子》本身存在的一些问题进行研究；后七章是对《金楼子》所表现出来的萧绎的思想学识、文学观念等进行研究。

林大志《四萧文学研究》，保定：博士学位论文，河北大学，2003年
见前"萧衍"条。

曹道衡《兰陵萧氏与南朝文学》，北京：中华书局2004年7月出版
见前"萧子良"条。

（梁）萧绎原著，曹冈解译《金鉴》，呼和浩特：内蒙古人民出版社
2005 年 5 月出版

本书为"中华大方略全书"系列，搜集萧绎现存文章，汇辑时政类掌
故等杂家典籍六卷、十六篇，包括兴王、箴戒、后妃、终制、戒子、聚书、
二南五霸、说蕃、立言、著书、捷对、志怪、杂记、自序等篇目。全书按篇
目、正文、译文编排，正文分段标点，译文简洁明了。

吴光兴《萧纲萧绎年谱》，北京：社会科学文献出版社 2006 年 10 月
出版

见前"萧纲"条。

杜志强《兰陵萧氏家族及其文学研究》，成都：巴蜀书社 2008 年 6 月
出版

见前"萧子良"条。

李柏《萧衍、萧纲、萧绎诗文考述：对梁武帝萧衍、简文帝萧纲、元
帝萧绎的文献学研究》，北京：博士学位论文，北京师范大学，2009 年

见前"萧衍"条。

高云《四萧文艺思想研究》，沈阳：博士学位论文，辽宁大学，2010 年

见前"萧衍"条。

陈志平《金楼子文献研究》，上海：博士后出站报告，华东师范大学，
2012 年

本论文主要是对《金楼子》版本、体例和创作心态的研究，也对已有
的研究成果进行了评定和补遗。第一章是对《金楼子》写作背景、历代流
传情况的研究，认为《金楼子》的创作时间跨越三十年，各篇写作时间不
一，是逐步积累而成的。第二章是对《金楼子》体例和创作心态的研究。
第三章是对《金楼子》版本的研究，着重考察了六卷本系统的来源，知不
足斋本和四库本的异同，勾勒出一卷本系统和六卷本系统的谱系图。第四章
是对《金楼子校笺》的补校、补注。第五章通过考证清代《四六丛话》的
写作时间来探讨《金楼子》文献研究的意义。

闫春新等《兰陵萧氏与中古文化研究》，济南：山东人民出版社 2013 年 8 月出版

见前"萧子良"条。

孙鸿博《萧绎的理想人格试探：以〈金楼子·后妃篇〉〈终制篇〉〈戒子篇〉为核心》，上海：博士学位论文，复旦大学，2013 年

本论文共五章。第一章为绪论。第二章包括萧绎其人的研究史，《金楼子》编撰、成书与版本的流传及整理的研究史，《金楼子》性质、内容与价值的研究史。第三章为《后妃篇》之研究，包括《后妃篇》的存佚、成立时间与编撰体例、内容和成立的背景，萧绎的后妃观与女性观。第四章为《终制篇》之研究，包括《终制篇》存佚、编撰与成文时间、内容和成立的背景，萧绎的终制思想。第五章为《戒子篇》之研究，包括《戒子篇》的编修、整理及性质、内容，家训发达的时代与兰陵萧氏的家风家学，萧绎的教育思想及特点。

曹旭、陈路、李维立选注《齐梁萧氏诗文选注》，上海：上海古籍出版社 2015 年 8 月出版

见前"萧子良"条。

刘志伟、史国良、李永祥《齐梁萧氏文化概论》，上海：上海古籍出版社 2015 年 8 月出版

见前"萧子良"条。

薛锋、储佩成主编《南兰陵萧氏人物评传》，上海：上海古籍出版社 2015 年 8 月出版

本书为"齐梁文化研究丛书"系列，分别对齐梁文坛萧氏人物之事迹与文学成就给予评述。第九部分为陈蒲清、钟锡南、陈祥华所作《萧绎评传》。

薛锋、储佩成主编《齐梁故里与文化论集》，上海：上海古籍出版社 2015 年 8 月出版

见前"萧子良"条。

张敏《南兰陵萧氏著作综录》，上海：上海古籍出版社 2015 年 8 月出版

见前"萧子良"条。

阴铿（约 511—约 563）

（南朝陈）阴铿撰，郝立权注《阴常侍诗注》，济南：齐鲁大学 1937 年出版

本书收录阴铿诗作进行注说。全书按原文、注解编排，注释简要精当。书末附有《陈书》阴铿本传，及考证集说。

（南朝梁）阴铿著，张澍编辑《阴常侍诗集（附诗话）》，北京：中华书局 1985 年出版

本书属"丛书集成初编"系列，据二酉堂丛书本《阴常侍集》排印，全书为竖排繁体，无新式标点。

蹇长春、王会绍、余贤杰编注《傅玄·阴铿诗注》兰州：甘肃人民出版社 1987 年 7 月出版

本书为"历代甘肃作家作品选注丛书"，分为上、下卷。下卷为阴铿诗注，收录阴铿诗进行注释。本书中未说明所采用底本，从所录原文及其顺序、文末附录来看，可能是以二酉堂丛书本《阴常侍集》为底本。疑难字词注音释义，注释以解释字义为主，有的也注明语典。卷末附有《历代诗评摘要》。

（南朝梁）何逊著，刘畅注，（南朝梁）阴铿著，刘国珺注《何逊集注·阴铿集注》，天津：天津古籍出版社 1988 年 12 月出版

本书属"汉魏六朝文史丛书"系列，第二部分为阴铿集注，收录阴铿诗作进行注释。前言中简要述评了阴铿的生平、艺术特色、艺术成就，以及《阴铿集》简要的版本情况等。全书按原文、注释编排。注释较为详细，以注释字义为主，有的串讲句子大意。书末附有存疑诗、《阴铿诗现存主要书

目》《〈阴铿集〉版本卷帙》、张溥《〈阴常侍集〉序》《阴铿评论资料》《南史·阴铿传》《陈书·阴铿传》、集评、蒋立甫《何逊年谱简编》。

（南朝陈）阴铿著，张帆、宋书麟校注《阴铿诗校注》，兰州：兰州大学出版社 1989 年 3 月出版

本书收录阴铿诗作进行校注释解。全书按篇名、题解、原文、注释编排。题解论述内容主旨，注释以疏通字句为主，历史典故、官名、地名皆简单注释，疑难字词附有注音。书前附有《阴铿诗校注序》《诗人阴铿及其创作简论》。

赵以武《阴铿与近体诗》，哈尔滨：黑龙江教育出版社 1998 年 5 月出版

本书为"六朝文学丛书"系列之一，系统探讨阴铿与近体诗的发展关系。一方面用诗史互证的方法，深入考察了南朝诗人阴铿的家世、生平，重新解说了阴铿现存重要作品的背景与思想意义。另一方面，又按照中古字音，标注阴诗四声，统计出阴诗与永明体、唐代定型的近体格律诗之间在声韵方面的对应状况，揭示了在中国古典诗歌由消极避忌声病转向积极遵守格律的进程中阴铿及其诗作的特殊地位。

李章甫《阴铿诗解读》，北京：中国戏剧出版社 2009 年 4 月出版

本书选录阴铿诗进行赏析解读，主要内容包括：《渡青草湖》诗赏析、《晚泊五洲》诗赏析、《五洲夜发》诗赏析、读阴铿《晚出新亭》、读阴铿《观钓》、《渡岸桥》诗赏析、读阴铿《游始兴道馆》、阴铿《游巴陵空寺》诗赏析、读阴铿《赋咏得神仙》诗赏析、《开善寺》赏析、读阴铿《咏鹤》、阴铿诗《雪里梅花》赏析、《咏石》诗赏析、读阴铿《行经古墓》、读阴铿《登武昌岸望》等。

庾信 （513—581）

谭正璧、纪馥华选注《庾信诗赋选》，上海：古典文学出版社 1958 年 2 月出版

本书共四部分。序言部分交代了庾信的生平事迹，认为庾信作品继承了现实主义的写作传统。赋选部分，对所选的赋作分段进行注释，并有简单的考证工作。诗选和乐府选部分，作者将诗的题名进行注解，如《和咏舞》题解为"梁简文帝有《咏舞》诗，此乃和作"。并对诗句进行了详细的注释和说明。本书将考证和释义相结合，依据作品资料和时代大背景，将外证与内证相结合，使得作品选的释义更加可信。

吴尚智《论庾信骈文》，香港：博士学位论文，香港中文大学，1971 年

本论文共分为七编。前三编论述庾信的生平和赋论的相关内容，将前后期赋作进行对比研究。第四、五编对庾信各体骈文进行分论，对庾信所作的表、序、书、启、连珠、铭碑、志铭中的骈文作品加以研究，论述每一类别的缘起和标准，分析其结构和主题。第六编论述庾信与徐陵两人的骈文创作，论述徐庾体与宫体之间的关系，将徐、庾二人的身世、作品进行比较。第七编论述了庾信骈文对后世影响及其在中国文学史上的地位。该论文是较早对庾信骈文进行专题研究的论著。

（北周）庾信撰，（清）倪璠注，许逸民校点《庾子山集注》，北京：中华书局 1980 年 10 月出版

本书为清人倪璠所注的《庾子山集注》十六卷本点校本，以康熙二十六年的原刊本为校点底本，并参校《四部丛刊》影印的屠隆本。书前附有明人张溥《原序》、倪璠《题辞》《庾子山年谱》《庾氏世系图》、李延寿《北史·庾信传》和滕王逌《原序》；书后附有《庾信集佚文辑存》，辑佚

诗歌 5 条，赋 5 条，碑文 2 条，墓志铭 1 条，序文 1 条。本书对存在舛谬或易生歧义的文字进行校勘补订，不仅弥补了原书中的脱误和疏漏，更对具体的问题作出了一系列的考证工作。校勘时寻根溯源，参照《艺文类聚》《初学记》等类书作为校本。本书诗歌部分用明人朱曰藩本进行比勘，《郊庙歌辞》部分还用《隋书·音乐志》进行覆核，其中个别篇章还参校了今存的碑刻。书中保留了原书十六卷后的《总释》部分及其序跋，有助于保存旧本的原貌。本书为目前庾信全集最好的校本。1983 年（台北）源流出版社再版的《庾子山集注》，将此本三册改为二册，其他并无改动。

舒宝璋选注《庾信选集》，郑州：中州书画社 1983 年 5 月出版

本书共分为庾信《诗选》《赋选》《文选》三部分，其中选诗 62 首，选赋 10 篇，选文 10 篇，每一部分作品均以时间先后顺序进行排列，且在作品下方作出注释。本书对庾信诗、赋、文作品的取舍方面，兼顾了不同时期作者的创作题材和风格，以及作品思想性和艺术性两个方面的内容，将庾信的作品以较为全面的面貌呈现在读者的视野当中。同时，对庾信诗、赋、文作品的注释简明精准，具有较高的参考价值。书末所附的《庾信集著录考略》，对清朝以前《庾信集》著录的相关文献力求详尽；《庾信诗文评辑要》辑录了北周以后历代文人对庾信诗文的评论，并且吸收了今人范文澜《中国通史简编·北朝的文化》、余冠英《汉魏六朝诗选》的研究成果，对读者深入学习、研究庾信其人及作品大有裨益。

许东海《庾信生平及其赋之研究》，台北：文史哲出版社 1984 年 9 月出版

本书共五章。第一章绪论，综述南北朝时期的政治背景和文学演变趋势，认为在南北文学由分而合的过程与现象中，庾信的作品是最好的代表。第二章《庾信评传》，论述庾信的家世、生平、交游以及作品评介的相关问题。在《生平行谊》一节中，将庾信的一生分为南朝登仕、哀乐中年、长安羁旅三个阶段，并逐一进行分析。第三章《庾信辞赋之分篇研究》，将庾信的赋作按照时间顺序从写作背景、结构内容、形式技巧等方面进行分析比较。第四章《庾信辞赋之特色与比较》进一步从活用典故、善用对偶、讲求声律、渲染辞采四个方面深入分析庾信辞赋的创作特色；从情感思想、题材内容、气力风格三个方面进一步论述庾信辞赋创作风格的改变；并涉及庾信辞赋创作的历代评价问题。第五章《结论》，将徐陵、王褒与庾信相提并

论，讨论庾信与南北朝文学风气之间的内在联系，进而论述庾信对后世文学创作的重要影响。本书对庾信不同时期的辞赋作品加以综合分析比较，将庾信生平经历与作品之间的关系进行反复印证。论述详略得当，条理清晰，突出了庾信辞赋在创作方面的成就及影响。本书于 2010 年由（台北）花木兰文化出版社再版，题名改为《庾信赋研究》。

刘文忠《鲍照和庾信》，上海：上海古籍出版社 1986 年 5 月出版

本书分为四部分。第一部分论述鲍照与庾信所处的时代和文学概况。第三部分论述庾信，主要内容有：庾信的家世与少年时代，从初入仕途到出使东魏，"侯景之乱"前后的庾信，出使西魏与羁留不归，庾信后期的生活经历，庾信前期的创作，庾信后期的创作，《拟咏怀二十七首》，庾信的乐府诗，庾信后期的赋作，《哀江南赋》及其序，如何评价庾信的"乡关之思"，庾信作品的艺术风格与艺术成就，历史上对庾信评价问题上的争论，庾信在文学史上的地位及其影响。第四部分为小结。余详"鲍照"条。

钟优民《望乡诗人庾信》，长春：吉林大学出版社 1988 年 3 月出版

本书共十节，书末附有《庾信年表》。前六节介绍庾信的身世、经历以及作品中反映出的"穷者达言，劳者歌事"的文学精神，指出在动荡的时代庾信依然坚持对文学创作的热爱。后四节分别介绍庾信诗追陈王、赋比屈宋、文齐潘陆的非凡成就。本书最为鲜明的特色是分条标目来论述庾信的生平及作品的成就。在庾信生平经历等具体问题上，采用辩证的论述方法，对庾信及其作品的评论较为中肯。

张蔷、曹萌《历史的庾信与庾信的文学》，沈阳：辽宁教育出版社 1989 年 12 月

本书共十一章。以对历史的庾信考证和对庾信的文学析论为主要内容，对庾信进行两个不同角度的考察。在对"历史的庾信"进行析论时，在历史事实的基础上，对庾信的生活环境、生平经历、性格发展、思想变化诸多情况作论述分析。在对"庾信的文学"进行论述时，将庾信的创作分为三个阶段，即文学争宠期、漂泊流亡期和羁旅哀伤期。并在此基础上，致力于对庾信创作风格的析论。本书取材角度较为新颖，侧重南北朝之际的历史状况对庾信的影响以及庾信本身的创作。本书中对庾信《燕歌行》作出了具体而微的例析，得出的结论较为中肯，有较高的参考价值。

　　许逸民译注，安平秋审阅《庾信诗文选译》，成都：巴蜀书社 1991 年
10 月出版

　　本书为"古代文史名著选译丛书"系列，分卷上和卷下两部分。卷上
为赋、文选译，选录共计 7 篇。卷下为诗歌选译，选录共计 12 首。各卷篇
目次序大抵以作品年代先后为准。对所选诗文作品进行深入、透彻的研究，
作出详细的注释和翻译。注释中有相关考证，不避繁琐。翻译部分将难读的
赋作翻译成白话，以便普及。本书不仅是一般读者的阅读和参考书，对于广
大研究者来说，也多有裨益。本书又有（台北）锦绣出版事业公司 1993 年
再版的繁体字本，其内容均与大陆初版相同。南京凤凰出版社 2011 年有修
订版，所选诗文与初版相同，修订的内容主要为诗文下方的注释和诗文后的
翻译部分，相关表述更加准确。

　　牛贵琥《肠断江南——庾信与齐梁文士现象》，太原：山西教育出版社
1994 年 1 月出版

　　本书共五部分。开篇介绍江南的断肠春色，描述庾信所处的社会背景。
第二部分论述齐梁时期两相唏嘘的王室身家。第三部分论述庾信"身非蛱
蝶自癫狂"的文士情怀。第四部分论述庾信在建业、长安"两地风流万古
哀"的艰难经历。最后对全书进行总结，认为庾信早年所处的江南是值得
伤悼的。本书以江南鲜丽的春色为切入点，并通过论述齐梁时期的文士集团
精致的生活以及精细的文学创作，揭示文士集团对南朝走向灭亡的现实，具
有较强的可读性和启发性。

　　陈晨编著《庾信》，北京：中国国际广播出版社 1996 年出版

　　本书内容简要，有助于读者快速了解庾信的生平事迹。作者分别从家
世、出仕、出使几个方面来呈现人物在前后期的不同生活面貌。对庾信生平
及其创作给出了较为公允的评价，肯定了庾信的创作成就，有助于读者进一
步的认识庾信、了解庾信。

　　鲁同群《庾信传论》，天津：天津人民出版社 1997 年 12 月出版

　　本书共八章，对庾信的家世、生平、思想、创作以及对后世的影响、后
人对他的评价，进行了系统、全面、深入的考论。本书中对庾信由南入北以
后仕宦经历作了考证，并在考证其诗赋写作年代的基础上，对庾信的代表作
进行重新考证分析。本书对庾信重要诗赋年代的考证突破了前人固有的看

法，提出了自己独到的见解，并为后来研究者相继沿用。尤其是对《哀江南赋》的考证，为庾信研究开创了一个新局面。附录有《庾信年谱》《历代评论选辑》。

林怡《庾信》，沈阳：春风文艺出版社 1999 年 1 月出版

本书共四部分，分别是"风流世家子""梦碎帝王州""恨心终不歇""文气荡千秋"，对庾信的家世和生平经历进行了梳理，对庾信诗赋的蕴含进行了解析，对庾信作品的文学风格和情感抒发做了论述。

林怡《庾信研究》，北京：人民文学出版社 2000 年 5 月

本书是在《庾信》一书基础上的进一步研究，共七章。前两章论述了庾信的家族世系以及庾信在梁时期仕宦经历。第三章分析庾信性格、心态与侯景之乱的关系。后四章分别论述庾信的文学思想、作品的时代精神、语言艺术和庾信在南北文风交融中的重要作用和影响。认为庾信作品中的气势美和辞藻美是有机统一的，有着"骄冠南北"的艺术成就，对南北文风的融合起着重要的作用，奠定了其在中国文坛上继往开来的一代宗师的地位。全书较为全面地勾画出南北朝文风交融的历史进程，引证资料翔实。

刘殿爵、陈方正、何志华编《庾信集逐字索引》，香港：香港中文大学出版社 2000 年出版

本书属"魏晋南北朝古籍逐字索引丛刊·集部第六种"。本书以《四部丛刊》影明屠隆本《庾子山集》为底本，以张溥《汉魏六朝百三家集》本《庾子山集》参校。本书所列字体一律采用正体，以单字为纲，列出该字出现的频数，并按原文先后列明该字出现的全部例句。在异文校勘方面，以逯钦立《先秦汉魏晋南北朝诗》和严可均《全上古三代秦汉三国六朝文》参校，并标示出文献出处。书末附有《全书用字频数表》《增字、删字、误字改正说明表》《汉语拼音检字表》等，便于检索。

杨明、杨焄《谢朓庾信及其他诗人诗文选评》，上海：上海古籍出版社2002 年 10 月出版

见前"谢朓"条。

徐宝余《庾信研究》，上海：学林出版社 2003 年 12 月出版

本书共四章。本书首先围绕南北文化交流的进程展开讨论，认为书籍的流通、使者往来、僧道播迁、户口流动、边境互市与南北馈遗都是文化交流的方式，而文化交流的范围则涉及了文学、礼乐制度、舆服、宗教等多渠道、多方面的交流形式和范围，而庾信作为南北文化使节的重要作用，更是不言而喻的。庾信的使者情结、隐归心理、乡关之思和史家意识铸就了庾信作为使者和诗人的双重品格。本书还详细讨论了庾信作品的结集过程，认为《隋书·经籍志》中多出的一卷内容是目录部分，今人所见庾集并非按时间先后编排。本书对庾信相关问题的研究比较客观，引证材料较为翔实可信。

叶慕兰《庾信年谱新编及其诗歌析论》，台北：洪叶文化公司 2004 年 12 月

本书分为上下两篇。在绪论和上篇部分，主要论述了庾信的生平行事，对清人倪璠所撰《庾子山年谱》进行了增补，订正了相关谬误，重新编订《庾信年谱新编》。下篇就庾信诗歌内涵和写作技巧进行分类析论，主要有小诗、乐府诗、宫体诗、出使东魏诗、战争诗、奉和诗等类别。在进行详细析论之后，认为庾信在诗歌方面的成就既是对汉魏六朝诗歌写作经验以及技巧的总结，又在一定程度上促进了南北文化的合流。

杜晓勤选注《谢朓庾信诗选》，北京：中华书局 2005 年 1 月出版

本书正文第二部分为"庾信诗选"。余详"谢朓"条。

吉定《庾信研究》，上海：上海古籍出版社 2008 年 7 月出版

本书在前人研究的基础上，着重论述了庾信的生平仕历、文学成就、作品的多元主题、艺术创新、文学观、作品考辩等问题。在庾信文学主题的研究中，提出了乡关之思、隐逸之念、秋景之悲三元主题说。论述庾信诗赋艺术的创新时，运用中西结合的原始意象理论和文艺美学理论，剖析庾信作品的秋意象和意境美。从庾信作品的体制、题材、立意、语言创新的视角切入，论述了庾信的艺术创新所在。将庾信文学思想的研究归纳为抒写真情、表达悲情、追求言高意远、追求文气四个方面。在庾信接受史的阐述方面，辨析唐史学家令狐德棻的"辞赋罪人"说。本书探幽索微，在比较研究中得出结论，令人信服。

包秀艳《庾信文学思想研究》，沈阳：博士学位论文，辽宁大学，2011 年

本论文共六章。第一章为导论，概述论文选题及创新点。第二章叙述庾信生平相关问题，以及庾信生平与文学创作、文学思想之间的关系。第三章评论庾信的创作，肯定其创作在内容和艺术上的突出成就。第四章和第五章具体论述庾信的文学思想。第六章论述庾信文学思想对后世显著而深远的影响。本论文从文艺学的角度研究庾信，具有一定的创新意义。

郑圣勋《庾信〈拟咏怀诗〉研究》，新竹：博士学位论文，清华大学，2011 年

本论文以庾信的《拟咏怀》组诗为研究对象和主要文本依据，对"文本"概念提出质疑，借助怪诞与荒诞的艺术形式进行分析，讨论庾信在《拟咏怀》组诗中如何透过"拟"的"借代—移情"过程，对历史时空的重新召唤、铺陈以及拒认，尝试开展一种以"移情的拒认"作为自我认同的可能性。论文认为庾信《拟咏怀》组诗的整体性的情感样貌，是一个移转哀悼的过程。庾信借着对"乡关之思"陈述、生产，得以移转羞耻、自我厌弃；以"无可奈何"的归乡的绝望，成功地完成了关于自我厌弃的哀悼，在重新开启的乡愁的过程中，获得了自我安慰。

何世剑《庾信诗赋接受研究》，南昌：江西人民出版社 2013 年 10 月出版

本书共九章。按照时代的先后顺序，将后世对庾信诗赋的接受分为隋前、唐代、宋金元、明、清五个部分，探讨庾信在后世的接受与传播。并结合各个时期的社会、政治、文化语境探讨庾信诗赋接受背后的深层原因，勾勒出千百年间庾信诗赋接受的发展演变的历史轮廓。本书以文学史、文论史、文化史为视角，考察庾信诗赋接受与研究的历程，揭示了历代对庾信接受之所以产生较大分歧的深层原因，乃在于对庾信"人格"思想有着不同的认识。

仲瑶《庾信在唐代诗坛的接受》，北京：博士学位论文，北京大学，2013 年

本论文共六章。从时代、风格、创作艺术上对唐人接受庾信的诗作艺术以及庾信接受产生的内在动机、外在表现、各阶段的沿革变迁背后隐藏着的

诗学内涵进行分析。第一章论述隋唐之际庾信的接受，分为对庾信体的接受、对庾信后期私人化创作及其绮艳诗风的接受。第二章论述初唐诗坛，以四杰、沈宋、陈子昂等人为代表，从体裁、题材、体制等层面探究庾信五言诗歌或继承或反驳的发展方向。第三章论述盛唐诗坛的庾信接受，提出继沈宋之后，王维将庾信五言艺术体制又加以进一步发展。第四章论述杜甫对庾信五言的字法、句法、章法、偶对、用典等技巧的领悟和借鉴。第五章、第六章论述中晚唐诗坛的庾信接受，包括李贺、李商隐对庾信"宫体"艺术的借鉴，认为中晚唐诗坛对庾信的同情达到了顶峰，并重塑了一个羁旅不归、悲哀愁苦、隐逸的庾信形象。

颜之推（约 520—约 594）

颜之推撰，赵曦明注，卢文弨补注《颜氏家训·附传补遗补正》，长沙：商务印书馆 1937 年 12 月出版

本书为"丛书集成初编"系列，以抱经堂丛书本《颜氏家训》为底本，附赵曦明注、卢文弨补注，后又取旧刻本及知不足斋影宋本重校订正。注释以双行小字夹注的形式附于原文中。注补正则另成篇附于后。全书为竖排繁体，无新式标点，皆以圆圈点标识断句。本书又有台湾商务印书馆 1979 年 4 月版。

（北齐）颜之推《颜氏家训》，北京：中华书局 1978 年 8 月出版

本书为"诸子集成"系列，第五部分为《颜氏家训》。全书为竖排繁体，无新式标点，皆以圆圈点标识断句。

（北齐）颜之推撰，王利器集解《颜氏家训集解》，上海：上海古籍出版社 1980 年 7 月出版

本书以卢文弨抱经堂校订本《颜氏家训》为底本，广参诸本。全书为竖排繁体，按照原文、校注编排。原文中以〔〕标注校注的数字序号，校注中逐一注释集解。校注与校勘记、集解合一，既有注释字词意义，也有版本的校勘记及集解。书前《叙录》简要论述颜之推生平及其《颜氏家训》的内容、成就、版本等。书后附录有：《序跋》《颜之推传》《颜氏家训佚文》《颜之推集辑佚》。此书后来又有增补本（新编诸子集成），中华书局 1993 年 12 月出版。

卢建荣《一位父亲的叮咛：颜氏家训》，台北：时报文化出版社 1981 年 3 月出版

本书属"中国历代经典宝库"系列，正文分两部分。第一部分探讨文

化的理想主义者颜之推，内容包括颜之推的生平、颜之推的思想、结论。第二部解读《颜氏家训》，以讲故事的方式，把《颜氏家训》中的十二篇编成故事讲解。书后附有《观我生赋——颜之推自传》《〈观我生赋〉解析》《颜之推文章风格释例一则》《本书主要人物所据资料》《〈颜氏家训〉一书的历史地位》《颜之推的治学——佛学在颜氏思想中比重的重新探讨》《原典精选》。本书又有（北京）东方出版社 2007 年 5 月版。

（北齐）颜之推《颜氏家训》，上海：上海书店 1986 年 7 月出版

本书据世界书局《诸子集成》本影印。全书为竖排繁体，无新式标点，皆以圆圈点标识断句。

（北齐）颜之推原著，闻远、张帆今译《白话颜氏家训》，西安：三秦出版社 1991 年 9 月出版

本书将《家训》内容分段，按"原文""白话"编排。白话译文通俗明白。本书又有该出版社 1996 年 11 月版。

黄永年译注《颜氏家训选译》，成都：巴蜀书社 1991 年 10 月出版

本书以清乾隆五十四年卢文弨抱经堂刻本为底本，广参诸本。正文脱误，为简省起见未一一出注说明。全书按题解、原文、注释、译文编排，题解根据原文内容概括主旨，评点其思想。注释则以脚注形式在正文中标识，对疑难字词注音释义。译文简洁，通俗晓畅。本书又有凤凰出版社 2011 年 5 月修订版。

（南北朝）颜之推著，曹东译《白话颜氏家训》，桂林：漓江出版社 1992 年 7 月出版

本书将《家训》原文译为白话，每篇后有注释，对专名及不易理解之处加以说明。书前有《谈颜之推和他的〈家训〉》、黄叔琳《颜氏家训》节抄本序、卢文弨《颜氏家训》注本序，黄、卢二序均译为白话。书后附作者小传和相关评论。

王宁主编《评析本白话世说新语·颜氏家训》，北京：北京广播学院出版社 1992 年 12 月出版

本书为《世说新语》《颜氏家训》两书的全译合订本。每部书后对其书

作者、写作的社会背景，历史地位及现实意义作了评介。第二部分为《颜氏家训》。全书按原文、译文、评析编排，译文简洁，通俗晓畅。评析则根据原文内容概括主旨，评点其思想。

（北齐）颜之推著，程小铭译注《颜氏家训全译》，贵阳：贵州人民出版社 1993 年 5 月出版

本书为"中国历代名著全译丛书"系列，原文沿用了王利器的《颜氏家训集解》，凡别本原文与《集解》有出入而意有可取者，均出注说明，但除明显讹误外，一般不改动《集解》原文，译文则择善而从。全书按题解、原文、注释、译文编排。注释遵从简明通俗的原则，译文中已解决的问题就不再出注。注释广泛参考了《集解》所列诸家解说，对《汇注》所列而《集解》未引者亦酌情采用。此外，也吸收了《颜氏家训选译》中的某些注译成果。为避烦琐，此书注释一般不一一注明出处，只是在诸家解说有歧异而可资参考时，或为强调原注者的成果及表明此解说为一家之言时，才酌情注明。《前言》简要介绍《颜氏家训》思想内容及其价值意义。

（北齐）颜之推撰，林涛译注《白话颜氏家训》，北京：农村读物出版社 1994 年 1 月出版

本书根据台湾商务印书馆《影印文渊阁四库全书》本影印，页码重新编排。全书将原文译成现代白话文，并有详细注释。书后附有《颜氏家训》原文，并用对《颜氏家训》的思想、特点、地位以及颜之推生平做详细介绍。

（北齐）颜之推撰，喻学诗、舒怀译注《〈颜氏家训〉译注》，武汉：华中理工大学出版社 1994 年 4 月出版

本书为"中国古典文学系列讲座丛书"，对《颜氏家训》进行译注。全书按原文、注释、译文编排，注释简略，译文直白，通俗易懂。

王国良《颜之推冤魂志研究》，台北：文史哲出版社 1995 年 6 月出版

本书属"文史哲学集成"系列，分上下两编。上编为综合探讨，分六个部分。第一部分是绪言。第二部分论述撰者生平与著述。第三部分探讨《冤魂志》之完成与著述，论述写作动机与成书年代、卷本分合与流传状况。第四部分论述《冤魂志》遗文考辨。第五部分阐述《冤魂志》的叙述手法与主题。第六部分评述《冤魂志》的价值与影响，包括史料上的价值、

语料上的价值、对后世作品的影响。第七部分综合概述。下编是《冤魂志》的辑佚校释。

钱国旗《〈颜氏家训〉研究》，南京：博士学位论文，南京大学，1997 年

本论文共七章。第一章结合儒家经典的思想轨迹、南北朝社会的动乱环境和士族力争家族延续的内在动机，考察了《颜氏家训》的贵生思想。第二章论述《颜氏家训》的齐家之道和扬名显亲思想，阐释《颜氏家训》家族意识对儒家世俗伦理的思想价值。第三章着重围绕《颜氏家训》的《风操》篇，分析颜之推的情礼观念。第四章考察了《颜氏家训》的勉学重教思想。第五章通过社会批判主题，展示了《颜氏家训》的另一个积极层面。第六章论述评价颜之推的文章学术之道。第七章利用家训及蒙学读物的具体材料对"韦伯命题"若干要点进行重新审视和检讨。

（北齐）颜之推著，吴玉琦、王秀霞注译《颜氏家训译注》，长春：吉林文史出版社 1998 年 1 月出版

本书为"中国古代名著今译丛书"，以宋人朱熹编辑整理的七卷本《颜氏家训》为底本。全书按题解、原文、注释、译文编排，题解翔实，依据内容进行详细的解说。注释部分对难字进行仔细注释，部分句子加以诠释。译文以直译为主，简明扼要。

周日健、王小莘主编《〈颜氏家训〉词汇语法研究》，广州：广东人民出版社 1998 年 8 月出版

本书共十四章。第一章为《颜氏家训》词汇概貌。第二章为《颜氏家训》中反映魏晋南北朝时代色彩的新词。第三章为《颜氏家训》词汇中所反映的魏晋南北朝时期的新义。第四章为《颜氏家训》中沿古的词和词义。第五章为从《颜氏家训》看魏晋南北朝词汇在汉语史中的承传作用。第六章为《颜氏家训》同义词语研究。第七章为《颜氏家训》反义词语研究。第八章从《颜氏家训》看魏晋南北朝汉语词汇的几个特点。第九章为《颜氏家训》中复音词的构成方式。第十章为《颜氏家训》实词用法综述。第十一章为《颜氏家训》虚词综述。第十二章为《颜氏家训》中的几种句式。第十三章为《颜氏家训》注译及标点商榷。第十四章为《颜氏家训》词典。

（北齐）颜之推著，易孟醇、夏光弘注译《颜氏家训》，长沙：岳麓书社 1999 年 7 月出版

本书以王利器《颜氏家训集解》为底本，参校其他善本，吸取历代先贤特别是当今学者的研究成果，也借鉴了其他译注本的精华，旨在为读者提供一个较为准确、简明、实用的古典家教读本。全书按提示、原文、注释、译文编排，提示是整篇原文的解读，注释翔实，疑难字词皆逐一注音释义，译文准确精当，通俗晓畅。

（南北朝）颜之推著，梁海明主编《颜氏家训》，太原：山西古籍出版社 1999 年 9 月出版

本书选录《颜氏家训》部分篇目进行注释解译，以清乾隆五十四年（1789）卢文弨的抱经堂刻本为底本，并以他本参校订正而成。本书的体例分为解题、原文、注释、译文。为了使读者便于阅读、对照，中间采用对原文分段注译，前有解题作为提示。本书注释和今译的原则是从整体出发，深入浅出，力求注释简明扼要，译文采取直译与意译相结合。

（北齐）颜之推著，庄辉明、章义和撰《颜氏家训译注》，上海：上海古籍出版社 1999 年 10 月出版

本书为"中华古籍译注丛书"系列，以王利器《颜氏家训集解》（上海古籍出版社 1980 年版）为依据。《颜氏家训》原文沿用《颜氏家训集解》，仅对个别异体字作了改动；注释则广泛参考了《颜氏家训集解》所列诸家解说，权衡后择善而从，偶有补充作者自己的看法。译文力求忠实于原著，通俗易懂。

（北齐）颜之推撰，刘彦捷、刘石注评《颜氏家训注评》，北京：学苑出版社 2000 年 5 月出版

本书为"学苑经典文库"系列，依据王利器《颜氏家训集解》，对《颜氏家训》加以详注，又在详注的基础上逐段疏解其大义，对其内容加以评说。全书按原文、注释、评论编排。书后附有《四库全书总目·颜氏家训提要》、余嘉锡《四库提要辨证·颜氏家训辨证》《北齐书·文苑传·颜之推传》、缪钺《颜之推年谱》。

（北齐）颜之推撰，贾二强校点《颜氏家训》，沈阳：辽宁教育出版社
2001 年 2 月出版

本书点校以抱经堂丛书本《颜氏家训》为底本，另选用《四部丛刊》
影印明嘉靖间傅钥刻二卷本及源出元本的清乾隆间鲍廷博辑刻《知不足斋
丛书》七卷本对校。参酌王利器撰《颜氏家训集解》（上海古籍出版社
1980 年）。全书不出校记，原文则考订断句，用新式标点分段标点。

（北齐）颜之推著，罗国威校注《冤魂志校注》，成都：巴蜀书社 2001
年 5 月出版

本书为一个重新辑佚的本子，系从各种版本的《冤魂志》中辑出、再
去其重复而成。原文的编纂排列以人为纲条列，以时代先后为序。各篇原文
所据底本和参校本，并不完全相同，故于每篇头条校注中做了说明。注文仿
汉唐人注书的方式，融合校、注于一体。校注采用脚注形式，一条之中，校
语在前，注文随后。书前“前言”，概述了《冤魂志》的内容和目录学著作
中的著录情况。书后附有《〈冤魂志〉佚文》《文渊阁四库全书本〈冤魂
志〉提要》《余嘉锡〈四库提要辨证〉》《北齐书·颜之推传》等。该书为
研究者提供了较为翔实的基本研究文献和文本材料。

（南北朝）颜之推著，张霭堂译注《颜之推全集译注》，济南：齐鲁书
社 2004 年 9 月出版

本书收录颜之推《颜氏家训》、自传体韵文《观我生赋》、小说《还冤记》
及诗歌作品等。本译注为保存古籍原貌，原文中的古体字和通假字一律保留
（在注释中注明），只将繁体改为简体，异体改为正体。书中收录长篇文章皆依
文义分段；生僻字、词，皆用汉语拼音注明读音。译文则采用现汉语体，力求
忠实于原作。注释则力求明白易懂，讲明训诂，注明人名、地名，不作繁琐考
证。凡采用前贤成说者，皆注出人物姓名。注释中凡有引文，皆注有出处。引
文文义艰涩难解或文字繁多者，只写出译文或大意，注明出处，不录原文。底
本字句有需增删改动者，皆注明依据，无依据时，说明改动理由。

秦永洲《颜之推与〈颜氏家训〉》，济南：山东文艺出版社 2004 年 10
月出版

本书属“齐鲁历史文化丛书”系列，简要介绍了颜之推的生平和《颜
氏家训》的内容，全书共六章。第一章论述“颜德”铸成“沂蒙魂”。第二

章论述历时四朝与"三为亡国之人"。第三章为喊出了向儒学回归的第一声，论述文化多元，个性张扬的时代；强调融汇三教、贯通南北、再兴儒学的影响。第四章肯定《颜氏家训》是一部最具权威的家训教科书，主要内容包括：从祖上的殷切叮咛探讨《颜氏家训》的撰写，从耕读传家论述"务先王之道，绍家世之业"，《颜氏家训》倡导的学风，颜之推的家教思想，家族凝聚力的呼唤。第五章从"古今家训，以此为祖"探讨《颜氏家训》的价值。第六章从"家训传万古，宝塔焕千秋"探讨其影响。

尤雅姿《颜之推及其家训之研究》，台北：文史哲出版社 2005 年 7 月出版

本书属"文史哲学集成"系列，是关于颜之推及其家训的综合性论著，全书共七章。书前《自序》简要论述研究动机与研究目的。第一章探讨波诡云谲之时代背景，论述兵连祸结之政治环境、虚华无实之学术风气、光怪陆离之社会现象。第二章探讨荼苦蓼辛之生平事迹，包括孝义流芳之先世、颠沛流离之人生、克绍箕裘之子裔。第三章从刻本和校注本角度展开《颜氏家训》版本研究。第四章为《颜氏家训》思想研究，论述其伦理思想、教育思想、宗教思想。第五章为《颜氏家训》文学理论研究，包括文体略论、论文章功用、论创作要则、论诗要语。第六章为《颜氏家训》散文艺术析论。第七章评述《颜氏家训》之价值及其影响，包括树家训文学之清范、开音辞训诂之广衢、聚学术史料之珍薮。

刘光明《〈颜氏家训〉语法研究》，合肥：合肥工业大学出版社 2006 年 3 月出版

本书共九章。绪论论述颜之推与《颜氏家训》，以及相关研究现状、写作宗旨与研究方法。第一章探讨代词，主要是人称代词、指示代词、疑问代词。第二章分析数词和量词。第三章探讨副词，逐一论述范围副词、程度副词、时间副词、累加副词、关联副词、语气副词、方式/情状副词。第四章分析介词，逐一论述时间/处所介词、范围介词、工具/方式介词、施事/受事介词、与事/对象介词、凭借/依据介词、原因/目的介词。第五章探讨连词，论述联合关系连词、主从关系连词。第六章分析助词，包括语气助词与结构助词。第七章探讨判断句，包括无判断词句与有判断词句。第八章分析被动式，论述"为"字式、"见"字式、"被"字式。第九章论述疑问句，包括疑问句的类型、疑问词与疑问语气的对应关系、疑问句的语用功能。

北京师联教育科学研究所编《颜之推家庭教育思想与〈颜氏家训〉解读》，北京：中国环境科学出版社、学苑音像出版社 2006 年 5 月出版

本书论述颜之推生平事迹、教育成就、教育思想评析和经典论著选读及注解解读导读两部分。全书分为上、下篇。上篇主要论述颜之推的教育活动和家庭教育思想，主要内容有：论教育作用和教育目的，论家庭教育和幼儿教育，论士大夫教育，论学习态度和学习方法。后附有《颜之推传》。下篇为《颜氏家训》解读，主要是《颜氏家训》解析、《颜氏家训》全读两部分。

殷海华、刘经华主编《〈颜氏家训〉教育智慧品读》，长春：吉林大学出版社 2008 年 3 月出版

本书是关于《颜氏家训》教育思想的解读专著。全书共五部分，主要内容包括：教育的作用与目的，教育的内容，教育原则，教育方法，论学习。书末附有《〈颜氏家训〉原文及译文》。

颜艳燕《教子有方：〈颜氏家训〉现代解读》，南京：江苏教育出版社 2008 年 9 月出版

本书主要内容包括：早教、健康、心态、道德、节俭、礼仪、学习、激励、艺术、独立、择业、家风、管理等，对以上这些方面的内容进行现代解读。书末附有《颜氏家训》原文。

张泰《颜氏家训解读》，贵州：贵阳人民出版社 2009 年 7 月出版

本书按导读、原文、注释、经典原意编排，导读简要提示全文思想内容。注释简略，疑难字词附有注音，经典原意则是对原文的翻译，通俗晓畅。

夏炎《颜之推》，昆明：云南教育出版社 2009 年 10 月出版

本书为"大家精要"系列，以正史记载为主，以笔记、文集、碑刻为辅，综合记述了颜之推一生的坎坷经历和仕宦沉浮。并运用史论结合、联系当代的方法深入浅出地对颜之推的各种思想精华进行了展现和剖析，并强调颜之推提出的严慈并济的教子方式、相互切磋的读书方法、严谨踏实的治学态度、华实并茂的文章风格、勤俭务实的做人准则、知足少欲的人生智慧等思想对当代人的启迪作用。本书又有陕西师范大学出版社 2017 年再版。

孙艳庆《中古琅邪颜氏家族学术文化与文学研究》，扬州：博士学位论文，扬州大学，2010 年

见前"颜延之"条。

张继合《〈颜氏家训〉新解》，北京：中国友谊出版社 2011 年 9 月出版

本书是关于《颜氏家训》的现代视角解读。全书共八章，逐一从求学、就业、婚姻、家庭、抚育、处世、终老等方面解读。

常昭《六朝琅邪颜氏家族文化与文学研究》，济南：博士学位论文，山东师范大学，2011 年

本论文主要以史为线索，挖掘并梳理颜氏家族在两汉魏晋南北朝时期的发展轨迹，综论颜氏家族在文化上的贡献，对文学创作的影响，以颜含、颜延之、颜之推三个重要人物为关键点进行以点带面的考察，试图寻找这个家族在四百年间发展的规律所在，并试图寻找其与先秦以来颜氏之儒的关系。全文共七章，其中部分章节论述颜之推。第六章主要研究颜之推与《颜氏家训》，重点考察了颜之推的人生与心路历程。结合颜之推的行迹，考察他在南朝湘东王文学集团及在北齐文林馆中所作的文化贡献。对于《颜氏家训》的研究主要侧重在其子书性质的辨析。颜之推文学创作成就卓著，推崇经世致用的文学主张反映了家族文化的印迹。余详"颜延之"条。

符得团、马建欣《古代家训培育个体品德探微：以〈颜氏家训〉为例》，北京：中国社会科学出版社 2012 年 5 月出版

本书以《颜氏家训》为中心，探讨古代家训培育中的个体品德。全书共六章，主要内容包括：古代个体品德培育的价值目标及实现理路，古代个体品德培育的基本道德规范，古代家训个案考察：《颜氏家训》源流，《颜氏家训》对个体品德培育基本道德规范的具体化，《颜氏家训》培育个体品德的方式和途径，古代家训培育个体品德的当代启示。

秦元《颜之推研究》，济南：齐鲁书社 2012 年 9 月出版

本书是在作者博士学位论文《论颜之推》（山东大学 2004 年）基础上修订而成。本文以颜之推及其文学作品为研究对象，重点探讨《颜氏家训》的思想内容与文学成就。绪论总结了以前关于颜之推及其文学作品、文学理

论的研究成果与存在问题，并简述了该论文的研究方法和研究思路。第一章探讨了颜之推的生平、思想与心态的发展变化以及入北之后的重要文化活动，及其对颜氏文学创作的影响。第二章从士族文化的角度出发，深入探讨《家训》的文化内涵，并对该书丰富的门第教育思想进行梳理。第三章着重探讨《家训》的文学成就。第四章研究颜之推的诗歌、辞赋和小说，重点探讨了《观我生赋》及其自注、志怪小说《冤魂志》的特点及其成就。书末附有《颜之推年谱》。

高光新《〈颜氏家训〉词汇研究》，北京：中国社会科学出版社2013年7月出版

本书是在作者同题博士学位论文（中国社会科学院研究生院2008年）的基础上修订而成，全书共五章。第一章为绪论，探讨时代背景与《颜氏家训》的语言风格、《颜氏家训》词汇的概况与研究现状、方法与材料。第二章探讨《颜氏家训》的单音词，包括单音词概况、单音词的共时研究和历时研究。第三章论述《颜氏家训》的复音词，包括《颜氏家训》复音词概况、复音词的共时研究和历时研究。第四章论述《颜氏家训》的熟语，论述成语、谚语。第五章为结语。书末附录有《颜氏家训》的单音词、《颜氏家训》的复音词、《颜氏家训》单音词在三地的分布、《颜氏家训》单音词到初唐的演变、《颜氏家训》复音词在三地的分布、《颜氏家训》复音词到初唐的演变、《颜氏家训》复音词到现代的演变、三地作者名录。

李勇强《颜之推三教一体思想研究》，北京：博士学位论文，中国人民大学，2013年

本论文运用哲学、历史学、教育学、文献学、考古学等多学科研究方法，将颜之推个体哲学思想置于大历史的视域中加以观照，依据现存《颜氏家训》《观我生赋》《冤魂志》及五首诗作和相关史料的文本，紧扣颜之推"务先王之道，绍家世之业"的学术宗旨，展开对颜之推三教一体思想的研究，不仅介绍了颜之推三教合一思想产生的历史背景、生平与著作，而且重点探讨了颜之推思想的核心——家的立身之本、齐家之道、处世之宜，进而揭示颜氏的儒佛道一体思想，以确立颜氏三教合一主张在中国三教一体思想演变发展史中的重要地位和作用。

田雪《〈颜氏家训〉中的士族文化研究》，石家庄：博士学位论文，河北师范大学，2013年

本论文共六章，对《颜氏家训》中所反映出的士族文化进行研究，并且通过与《袁氏世范》的对比，探求士族文化的基本特征。第一章至第五章以《颜氏家训》为研究对象，探讨南北朝时期士族文化的特征。第一章论述颜之推的家世和生平。第二章为《颜氏家训》中的士族文化之一：佛教信仰，主要论述了颜之推为何信佛、颜之推的佛教思想。第三章为《颜氏家训》中的士族文化之二：文学追求，主要论述了文学意识的觉醒、颜之推的担心、颜之推的文学理论、颜之推的《观我生赋》、关于士族的家学。第四章从对真实历史人物的评价和对传说人物的评价两方面论述《颜氏家训》的士族文化之三：人物品评。第五章为对《颜氏家训》中的士族文化的基本认识，论述了士族家庭与士族文化、魏晋南北朝时期的文化成就和士族阶层的文化特征。第六章为《颜氏家训》与《袁氏世范》的比较研究，论述了两书的文化差异和相同本质。结语为《颜氏家训》在家训文化史上的价值和地位。文末附有《家训研究综述》《〈观我生赋〉——颜之推》。

张瑶《〈颜氏家训〉中的教育思想》，长春：吉林文史出版社2014年1月出版

本书共三部分。第一部分论述颜之推生平。第二部分为《颜氏家训》简介，包括成书背景、篇章结构。第三部分为教育章句导读。

冯祖贻《家训之祖：颜氏家训》，郑州：中州古籍出版社2014年5月出版

本书为"华夏文库·儒学书系"系列，共四章。第一章为颜之推的家世、经历和写作《颜氏家训》的背景。第二章探讨《颜氏家训》其家训之祖的原因，逐一论述家庭教育、道德教育、学习的目的与方法、理想人生的度过、艺术修养和对家族传统的固守。第三章论述《颜氏家训》的叙事方法和教育方法，逐一论述以儒家经典、格言为出发点、以历代圣贤、明达之士作楷模、以亲身经历当教材、以古今事例供借鉴。第四章探讨《颜氏家训》对后世的影响，包括对颜氏后代的影响，对后世家训、家范、家诫的影响。

高方《穿越千年的叮咛：〈颜氏家训〉解读》，郑州：海燕出版社 2014 年 7 月出版

本书为国学普及读本"华夏文库"系列之一，全书从教子、修身、思想、民俗四方面，对所选内容条目一一进行解读。本书语言流畅，在复述《颜氏家训》蕴含的道理后，再加以简要的概括及评论。可作为古典文学、历史学爱好者的入门读物。

后 记

本书是刘跃进先生为首席专家的国家社会科学基金重大项目"汉魏六朝集部文献集成"（13&ZD109）子课题"汉魏六朝集部文献研究著作提要"的部分成果，出版时忝列《汉魏六朝集部文献整理与研究丛书》。感谢恩师刘跃进先生长期以来的提携、鼓励和帮助！

本书是由多人团结协作完成的。大致分工如下：两汉部分的提要，主要由马燕鑫撰写。魏晋南北朝部分的提要，主要由杨晓斌、杨沐晓撰写。其中在台湾和香港出版的著作，主要由（台湾）中国文化大学黄水云先生及其弟子提供相关资料，由杨晓斌统一撰写提要。杨晓斌负责全部文稿的统稿并统筹撰写和出版事宜。感谢燕鑫、沐晓的辛勤付出和精诚协作！感谢黄水云先生及其弟子的鼎力相助！

感谢中国社会科学出版社宫京蕾先生的慷慨相助！宫京蕾先生为此书的编辑出版付出了许多辛勤的劳动，她精益求精的学术追求令人敬佩。特此致谢！

由于学识和能力所限，也由于条件所限，拙著中对汉魏六朝文学研究著作的搜集收录还不够全面，提要的撰写也存在错误和疏漏之处。敬请方家批评指正。

杨晓斌

2022 年 3 月 31 日于西安